JN003256

"解答力"がぐんぐん身につく！

2024年版

ユーキャンの

宅建士

過去12年問題集

ユーキャン
自由国民社

はしがき

　宅建試験は、受験者の 6 人に 1 人くらいしか合格できない試験です（近年の合格率は約 14%〜18%）。このような試験に短期間の学習で合格するためには、まず "敵の正体を知る" ことが不可欠です。敵の正体も知らないまま、膨大な出題範囲をただ闇雲に学習しても、時間ばかりがかかり、良い結果はなかなか得られません。**宅建試験の正体を知ることこそが、合格のための第一歩**です。

　では、宅建試験の正体を知るためには、どうすれば良いのでしょうか。手がかりは、**過去の宅建試験で出題された問題（過去問）**にあります。実際に出題された問題を検討することによって、合格に必要な知識の範囲を把握することが可能になります。

　ただ、すべての過去問を検討するのは難しいですし、その必要もありません。宅建試験は、度々科目ごとの出題数に変更が加えられ、その出題傾向も徐々に変化してきています。そのため、**近時の試験問題を検討し、その出題傾向を把握することが重要**です。

　また、宅建試験に合格するために満点を獲得する必要はなく、年度ごとに変動する**合格基準点を確保できれば十分**です。多くの受験者が間違えるような難問は、正解できなくても合否に影響はありませんから、そのような問題までしっかり学習する必要はありません。

　そこで、本書では、近時の宅建試験の出題傾向をより詳細に把握していただくために、**直近 12 年間の試験問題とその解答・解説**だけでなく、**年度ごとの合格基準点や難易度に応じた科目ごとの得点目標**も具体的に明示しています。また、問題ごとに重要度も明示してありますから、合格に必要な問題も具体的に把握できるはずです。

　さらに、今年度の宅建試験に対応できるように、**法改正にも対応**しています。宅建試験は、過去に出題されたことのある知識が繰り返し出題される試験ですから、宅建試験直前期には "力だめし" の問題集としても活用できます。

　この問題集を十分に活用して、宅建試験合格を引き寄せてください。

ユーキャン宅建士試験研究会

目 次

宅地建物取引士資格試験

本書の使い方

STEP 1

1年分を本試験と同じ120分でチャレンジする。

※法改正のあった内容等については必要に応じて改題を
　しています。

※解答用紙は、それぞれの年度の最初のページに掲載し
　ています。

STEP 2

本冊の解答解説編で答え
合わせ！　自分の得点と
目安得点を比べて、弱点
科目・項目を確認する。

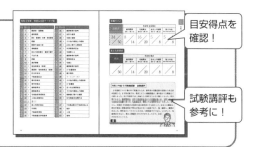

目安得点を
確認！

試験講評も
参考に！

STEP 3

弊社ホームページに寄せられたデータを基に算出した
「合格者正答率」を掲載しています。

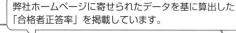

解けなかった問題はもち
ろん、解けた問題も解説
をしっかりチェック！
その際は重要度表示も参
考にしよう。

宅建試験の学習
を進めるうえで
の重要度を★の
数で表示してい
ます。重要度の
最も高い★★★
は特にしっかり
押さえましょう。

キャラのコメント
…試験に役立つ
アドバイスです。

❶ … 問題を解
く際の注意事項
です。

STEP 4

あやふやな知識は、リンク表記を参考にして姉妹書『きほんの教科書』
を確認しよう。

◆リンク表記　凡例			
参考	業法 L1　⇒　『きほんの教科書』宅建業法レッスン１参照		
〈略記〉	業法　⇒　宅建業法	権利　⇒　権利関係	
	制限　⇒　法令上の制限	税他　⇒　税・その他	

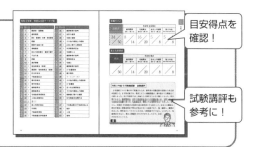

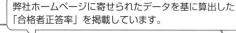

試験について

　ここでは宅地建物取引士試験合格までの流れを、フローチャートを使ってご紹介します。

1. 宅地建物取引士資格試験合格までの流れ

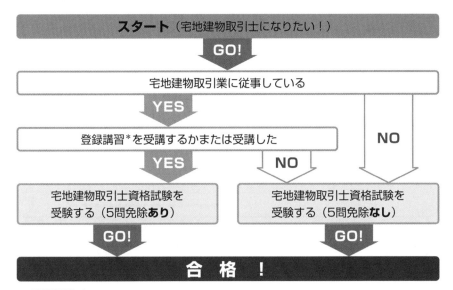

* 登録講習とは

登録講習とは、国土交通大臣の登録を受けた機関が実施する講習で、この講習を受講し修了試験に合格し「登録講習修了者証明書」の交付を受けることにより、試験科目の一部が免除されるというものです。

　　受講資格：宅地建物取引業に従事する者で一定の要件を満たす者が受講できます

　　免除期間：修了試験合格から3年以内に行われる試験

　　免除対象：「税・その他」の問題8問中の一定の5問（次頁（4）出題範囲参照）

注）上記フローチャートの内容および各講習の実施概要は例年の実績に基づいた内容です。

　　　令和6年度については変更される場合があります。

2. 試験概要

（1）試験実施機関

　　一般財団法人　不動産適正取引推進機構

　　電話：03－3435－8181／ホームページ：https://www.retio.or.jp

（2）受験資格

　　年齢、学歴等に関係なく、どなたでも受験できます。

（3）受験スケジュールと手続き（参考）

	インターネットによる申込み	郵送による申込み
申込書配布・掲載期間	7月上旬から7月中旬頃	例年7月上旬から7月下旬頃
申込書配布・掲載場所	一般財団法人不動産適正取引推進機構のホームページ	各都道府県の協力機関が指定する場所
申込受付期間	7月上旬から7月中旬頃	例年7月上旬から7月下旬頃
受験票の交付	例年9月末頃に受験者宛に郵送されます。	
試験実施日	例年10月の第3日曜日　午後1時〜午後3時（2時間）ただし、登録講習修了者は午後1時10分〜午後3時（1時間50分）	
合格者の発表	原則として、例年12月の第1水曜日または11月の最終水曜日に不動産適正取引推進機構のホームページ上に合格者の受験番号一覧が掲載されます。また、合格者には合格証書が送付されます。	

注）上記は例年の試験日程をもとにしています。令和6年度試験の実施概要については変更になる可能性がありますのでご注意ください。

（4）出題範囲

宅建試験の出題範囲は以下のとおりです。なお、出題の根拠となる法令等は、例年、試験が行われる年の4月1日において施行されている法令等とされています。

出題範囲	詳細
1. 土地の形質、地積、地目及び種別並びに建物の形質、構造及び種別に関すること	土地の一般常識、建物の一般常識
2. 土地及び建物についての権利及び権利の変動に関する法令に関すること	民法、借地借家法、不動産登記法、区分所有法
3. 土地及び建物についての法令上の制限に関すること	国土利用計画法、都市計画法、建築基準法、土地区画整理法、農地法、盛土規制法、その他の法令上の制限
4. 宅地及び建物についての税に関する法令に関すること	不動産取得税、固定資産税、所得税、登録免許税、印紙税、贈与税、相続税　等
5. 宅地及び建物の需給に関する法令及び実務に関すること	住宅金融支援機構法、不当景品類及び不当表示防止法、取引の実務、宅地建物の統計
6. 宅地及び建物の価格の評定に関すること	地価公示法、不動産鑑定評価基準
7. 宅地建物取引業法及び同法の関係法令に関すること	宅地建物取引業法

注）登録講習修了者が受ける5問免除の科目は、上記出題範囲の1と5になります。

（5）出題形式

50問4肢択一による筆記試験です。解答方式は、マークシート方式が採用されています。

　ここでは、出題一覧と学習優先度を掲載しています。出題一覧は過去 12 年間のうち、出題された年度に●をつけています。学習優先度は、受験者の問題ごとの正答率データをもとに合格に必要な知識か否かを徹底的に解析し、ここ 30 年の出題傾向を踏まえて、合格するための学習優先度を総合的に判断したものです。学習優先度が高いと思われるものから順に、高・中・低の 3 段階で表示しています。

テーマ	H24	25	26	27	28	29	30	R1	2	3	4	5	学習優先度
意思表示	●			●	●		●	●	●				高
制限行為能力者		●	●		●					●	●	●	中
代理	●		●			●	●				●		高
時効	●		●	●			●				●	●	高
条件							●						中
弁済・相殺・債権譲渡・債務引受		●	●	●	●					●		●	高
債務不履行・手付解除	●			●	●			●					高
売主の担保責任	●	●	●	●						●			高
委任契約・事務管理・請負契約等	●	●			●	●	●	●	●	●			中
物権変動	●			●	●	●	●	●			●	●	高
不動産登記法	●	●	●	●	●	●	●	●	●	●	●	●	高
抵当権・その他の担保物権	●	●	●	●	●	●	●	●	●		●	●	高
保証・連帯債務	●	●		●			●		●				高
賃貸借契約・使用貸借	●	●	●	●	●	●	●	●	●	●		●	高
借地借家法（借家）	●	●	●	●	●	●	●	●	●	●	●	●	高
借地借家法（借地）	●	●	●	●	●	●	●	●	●	●	●	●	高
不法行為	●	●	●		●			●		●			高
所有権・地役権	●	●				●	●		●			●	中
区分所有法	●	●	●	●	●	●	●	●	●	●	●	●	高
相続	●	●	●	●	●	●	●	●	●	●	●	●	高

権利関係 傾向と対策

　宅建士試験は、過去問の知識が7割から8割程度出題されます。したがって、出題頻度が高く、しかも、多くの合格者が得点してきた項目を徹底的に学習することで合格がグッと近づきます。

民法：「意思表示」「代理」「時効」「売主の担保責任」「物権変動」「賃貸借契約」「不法行為」「相続」は、民法のなかでは出題頻度の高い項目です。これらについては、テキスト記載の知識は確実に勉強しておきましょう。それ以外の項目のうち、「保証・連帯債務」については、保証・連帯保証・連帯債務の違いを意識して学習してみてください。「抵当権」は、出題パターンが決まっている物上代位と法定地上権を突破口にして学習を進めてください。

借地借家法：近年は、賃貸借・借地・借家の複合問題が2問出題される傾向にあります。多少覚えなければならない知識は多いのですが、過去問を徹底的に学習すれば、出題範囲はほぼカバーできます。

区分所有法：学習範囲が広い割に配点は1点しかありません。ここで時間をかけすぎるのは受験対策として得策ではありません。

不動産登記法：学習範囲が広く、しかも、内容自体が難解です。深入りは絶対に避けるべき項目です。比較的出題頻度の高い過去問の知識のみを学習しましょう。

宅建業法 過去 12 年間の出題一覧

　ここでは、出題一覧と学習優先度を掲載しています。出題一覧は過去 12 年間のうち、出題された年度に●をつけています。学習優先度は、受験者の問題ごとの正答率データをもとに合格に必要な知識か否かを徹底的に解析し、ここ 30 年の出題傾向を踏まえて、合格するための学習優先度を総合的に判断したものです。学習優先度が高いと思われるものから順に、高・中・低の 3 段階で表示しています。

テーマ	H24	25	26	27	28	29	30	R1	2	3	4	5	学習優先度
宅建業・宅建業者とは	●		●	●	●	●	●	●	●	●	●	●	高
免許①（免許の申請、免許の基準）	●	●	●	●	●		●	●	●	●	●		高
免許②（免許の効力等）	●		●		●	●		●				●	高
宅建士①（宅建士登録）		●	●		●	●	●	●		●	●	●	高
宅建士②（宅建士証等）	●		●		●	●	●	●		●	●		高
営業保証金	●	●	●	●	●	●	●	●	●	●	●	●	高
弁済業務保証金	●	●	●	●	●	●	●	●	●	●	●	●	高
媒介契約	●	●	●	●	●	●	●	●	●	●	●	●	高
広告に関する規制	●	●	●	●	●	●	●	●	●	●	●	●	高
重要事項の説明等	●	●	●	●	●	●	●	●	●	●	●	●	高
37 条書面等	●	●	●	●	●	●	●	●	●	●	●	●	高
その他の業務上の規制	●	●	●	●	●	●	●	●	●	●	●	●	高
自ら売主制限①	●	●	●	●	●	●	●	●	●	●	●	●	高
自ら売主制限②	●	●	●	●	●	●	●	●	●	●	●	●	高
自ら売主制限③	●	●	●	●	●	●	●	●	●	●	●	●	高
報酬に関する制限①（売買・交換）	●	●		●		●	●		●		●		高
報酬に関する制限②（貸借・要求制限等）		●	●	●	●	●	●	●	●	●		●	高
監督処分・罰則	●	●	●	●	●	●	●	●		●	●	●	中
住宅瑕疵担保履行法	●	●	●	●	●	●	●	●	●	●	●	●	高

宅建業法 傾向と対策

宅建業・宅建業者とは：1問出題されることが多いです。事例問題で出題されますが、出題パターンが出尽くしている感があるので、過去問題などをきちんと解いておけば、確実に得点できるでしょう。

免許：1～3問出題されます。免許の基準、変更の届出、廃業等の届出について出題されることが多くなっています。欠格要件、届出事由、届出期間、届出義務者などをしっかりと覚えておく必要があります。

宅建士：1～3問出題されます。免許の基準と登録の基準、廃業等の届出と死亡等の届出のように、「免許」分野の類似事項と比較しつつ学習することにより、知識が整理され記憶しやすくなります。

営業保証金・弁済業務保証金：それぞれ1問出題されます（平成27年度はあわせて1問）。知識をストレートに問う問題がほとんどです。保証金の金額や届出期間など、数字が問われることが多いので、数字を覚えておくことも重要です。

業務に関する規制：5～9問程度出題されます。媒介契約、重要事項の説明、37条書面に関する出題が多く、特に重要事項の説明は2問以上出題されることが多くなっています。重要事項の説明における説明事項を覚えるのは大変ですが、問題演習を繰り返して少しずつ覚えていきましょう。重要事項の説明と37条書面との比較もよく出題されています。媒介契約書面も含め、いつ交付するのか、誰に対して交付するのか、記載内容は何か、誰の記名が必要なのか等を比較しながら覚えるとよいでしょう。

自ら売主制限：2～4問程度出題されます。クーリング・オフや手付金等の保全措置については、独立した問題が出題されることが多く、それ以外の制度については、選択肢の1つか2つ程度の出題がほとんどです。自ら売主制限は、事例問題・総合問題の出題が多い分野なので、問題演習を特にしっかり行っておきましょう。

報酬に関する制限：1問出題（平成30年度は2問）されています。近年は比較的簡単な問題が続いているので、基本的な問題はマスターしておくとよいでしょう。なお、試験では電卓等を使用することができませんので、報酬額の計算も手計算で行う必要があります。

監督処分・罰則：独立した問題のほか、選択肢の1つとして出題されることもあります。なかでも、免許取消処分対象事由や処分権者がよく問われます。

住宅瑕疵担保履行法：平成22年度から出題範囲になり、それ以降毎年1問出題されています。一見すると難しく見えますが、4肢のうち2～3肢は同じ内容が繰り返し出題されています。

個数問題：出題テーマではなく出題形式の話ですが、宅建業法では個数問題が数多く出題されます（3～8問）。個数問題は、1肢でも正誤判定を誤ると正解できないので、難しく感じます。しかし、1つ1つの肢を見れば普通の問題ですから、普段から1肢ずつ正確に解くようにして行けば怖くありません。

　ここでは、出題一覧と学習優先度を掲載しています。出題一覧は過去 12 年間のうち、出題された年度に●をつけています。学習優先度は、受験者の問題ごとの正答率データをもとに合格に必要な知識か否かを徹底的に解析し、ここ 30 年の出題傾向を踏まえて、合格するための学習優先度を総合的に判断したものです。学習優先度が高いと思われるものから順に、高・中・低の 3 段階で表示しています。

	テーマ	H24	25	26	27	28	29	30	R1	2	3	4	5	学習優先度
都計法	都市計画	●	●	●	●	●		●	●	●	●	●	●	高
	開発許可制度	●	●	●	●	●	●		●	●	●	●	●	高
	開発許可制度以外の都市計画制限	●	●				●	●		●				高
建基法	建築基準法のしくみ	●						●				●		低
	建築確認	●		●	●			●				●		高
	集団規定	●	●	●	●	●	●		●	●	●	●	●	高
	単体規定	●	●	●		●	●				●		●	中
	建築協定	●				●								低
盛土法	宅地造成等工事規制区域	※	※	※	※	※	※	※	※	※	※	※	※	高
	造成宅地防災区域	●									●	●	●	中
区画法	土地区画整理法のしくみ	●						●						低
	土地区画整理事業の施行者	●					●			●	●			中
	換地計画	●	●						●	●			●	高
	建築行為等の制限					●								中
	仮換地			●		●	●		●			●	●	高
	換地処分			●	●	●				●		●		高
農地法	農地・採草放牧地	●	●	●	●					●				高
	3条・4条・5条許可	●	●	●	●	●								高
	許可を受けなかった場合	●				●			●	●				中
国土法・他	事後届出制	●	●	●	●	●	●	●	●	●	●	●	●	高
	事前届出制					●								低
	その他の法令		●	●			●						●	低

※　改正前の「宅地造成工事規制区域」については、出題あり。

法令上の制限 傾向と対策

都市計画法：開発許可制度に関する問題が出題されることが多く、最重要項目ですが、近年、開発許可制度以外の都市計画制限からの出題も増えており、手を抜けません。また、都市計画区域や都市計画の内容は、他の法律の前提ともなる部分であり、正確に理解しておく必要があります。

建築基準法：近年、特定の項目の知識だけでなく、複数の項目の知識が必要となる総合問題の出題が増えています。このような問題に対処するため、各項目について幅広く知識を押さえておく必要があります。

盛土規制法：例年1問出題されてきた宅地造成等規制法の改正リニューアル版の法律です。前身である宅地造成等規制法については、比較的限られた内容から出題されていました。ですから、宅地造成及び特定盛土等規制法（盛土規制法）についても、典型テーマである宅地造成等工事規制区域内での規制を中心に、ある程度ポイントを絞って学習しましょう。

土地区画整理法：出題範囲が広く、対策を立てづらい法律です。あまり深入りしないほうが、試験対策上は得策です。

農地法：農地の意味と3条・4条・5条許可からの出題がほとんどです。出題のポイントが少ないので、必ず得点できるように準備しておくべき法律です。

国土利用計画法：大別して事後届出制・事前届出制・許可制の3項目があります。このうち、事後届出制についての出題がほとんどですから、事後届出の要否の区別と手続きを中心に学習しましょう。

★上記以外の法律が出題されることもありますが、範囲が広い割に出題の可能性は低いので、ポイントだけを学習すれば十分です。

　ここでは、出題一覧と学習優先度を掲載しています。出題一覧は過去 12 年間のうち、出題された年度に●をつけています。学習優先度は、受験者の問題ごとの正答率データをもとに合格に必要な知識か否かを徹底的に解析し、ここ 30 年の出題傾向を踏まえて、合格するための学習優先度を総合的に判断したものです。学習優先度が高いと思われるものから順に、高・中・低の 3 段階で表示しています。

テーマ	H24	25	26	27	28	29	30	R1	2	3	4	5	学習優先度
不動産取得税	●		●		●		●		●	●		●	高
固定資産税		●		●		●		●			●		高
印紙税		●							●		●	●	高
所得税	●				●		●			●			高
登録免許税			●			●							中
贈与税					●								中
地価公示法		●	●	●		●		●			●		高
不動産鑑定評価基準	●				●				●	●		●	中
住宅金融支援機構法	●	●	●	●	●	●	●	●	●	●	●	●	高
不当景品類及び不当表示防止法	●	●	●	●	●	●	●	●	●	●	●	●	高
土　　地	●	●	●	●	●	●	●	●	●	●	●	●	高
建　　物	●	●	●	●	●	●	●	●	●	●	●	●	中

税・その他 傾向と対策

不動産取得税・固定資産税：ほとんどの場合、どちらか１問出題されます。納税義務者・課税標準・税率等の基本事項や、各種の軽減措置に関する問題が多く見られます。固定資産税では、閲覧・縦覧等の制度についても出題されています。税法の中では比較的得点しやすいところです。特に不動産取得税は、同じ内容が繰り返し出題されているので、出題されたら確実に得点できるようにしておきましょう。

印紙税：３年に１回程度、出題されます。課税文書かどうかの判断や記載金額の決定方法を中心に、同じような問題が繰り返し出題されています。ここも、出題されたら確実に得点できるようにしておきましょう。

所得税・登録免許税・贈与税：平成 22 年度以降、印紙税が出題されない年は、これら３つの税のうちの１つが出題されています。いずれも特例の適用要件を問うものが多く、特に、3,000 万円特別控除・特定の居住用財産の買換え特例（所得税）、居住用家屋に関する軽減措置（登録免許税）、住宅取得等資金の贈与を受けた場合の相続時精算課税の特例（贈与税）がよく出題されます。

地価公示法・不動産鑑定評価基準：どちらか１問出題されます。地価公示法は、同じような出題が繰り返されているので、得点源になるように学習すべきです。不動産鑑定評価基準は、見慣れない言葉が多く、最初は難しく感じられると思います。価格の種類、価格を求める手法に関する出題がほとんどですので、これらの点に絞って学習すると効率的です。

住宅金融支援機構法：業務の範囲に関する出題が中心です。住宅金融支援機構がどのような業務を行っているのか、融資の対象や条件はどうなっているのか等についてよく出題されています。もっとも、他の部分もそれほど量は多くないので、ひととおり学習しておいたほうがよいでしょう。

不当景品類及び不当表示防止法：主として表示規約から出題されますが、景品規約から肢１つ程度出題される年もあります。広告をする際にはどのような表示をしなければならないのか、どのような表示が禁止されているのか等に関して、具体的に理解しておく必要があります。

土地・建物：土地から１問、建物から１問出題されます。法律科目ではないため、出題範囲が明確ではありません。ただし、（宅建試験全体にもいえることですが）過去問題と同様の知識が問われることが多いので、過去問題を中心とした学習が有効です。

統計：地価公示、新設住宅着工戸数・床面積、土地白書に関する出題が中心です。

著者紹介

ユーキャン宅建士試験研究会

本会は、ユーキャン宅地建物取引士合格指導講座で、豊富な講義・教材制作の経験をもつ講師が集まり結成されました。通信講座の教材制作で蓄積したノウハウを活かし、よりわかりやすい書籍作りのために日々研究を重ねています。

■ 高野　敦（権利関係、法令上の制限）

1994（平成6）年に宅建講師となって以来、「偶然の出会いを運命の出会いに！」を胸に、一人ひとりの合格に寄り添う。受験者が真剣に切磋琢磨する企業研修や教室講義を特に愛する。現在、ユーキャン宅地建物取引士合格指導講座講師として、映像講義や教材執筆を中心に活躍中！

■ 宮本　真（宅建業法、税・その他）

予備校での講義を皮切りに、10年以上にわたり宅地建物取引士の受験指導を行っている。その間、テキスト等の執筆のほか、予備校における講義、大手金融機関や大企業における社員研修等を担当し、教材制作・講義の両面で豊富な経験を有する。

令和5年度
解答＆解説

令和 5 年度　解答＆出題テーマ一覧

科目	問題	解答	テーマ
権利関係	1	1	遺産分割（判決文）
	2	1	相隣関係
	3	2	請負
	4	4	相殺
	5	4	不在者財産管理
	6	3	物権変動
	7	3	配偶者居住権
	8	3	制限行為能力者
	9	2	賃貸借
	10	3	抵当権
	11	4	借地借家法（借地）
	12	3	賃貸借・借地借家法（借家）
	13	2	区分所有法
	14	2	不動産登記法
法令上の制限	15	4	都市計画法
	16	1	都市計画法
	17	3	建築基準法
	18	1	建築基準法
	19	1	盛土規制法
	20	4	土地区画整理法
	21	2	農地法
	22	1	国土利用計画法
税・その他	23	1	印紙税
	24	4	不動産取得税
	25	4	不動産鑑定評価基準

科目	問題	解答	テーマ
宅建業法	26	3	37 条書面
	27	4	建物状況調査
	28	3	業務上の規制（総合）
	29	2	監督処分（宅建業者）
	30	1	営業保証金
	31	4	広告の規制
	32	4	業務上の規制（総合）
	33	1	重要事項の説明
	34	3	報酬額の制限
	35	4	クーリング・オフ制度
	36	3	業務上の規制（総合）
	37	3	業務上の規制（総合）
	38	2	宅建業の意味・宅建士
	39	2	手付金等の保全措置
	40	4	媒介契約
	41	2	監督処分（宅建士）
	42	3	重要事項の説明
	43	4	37 条書面
	44	1	保証協会・弁済業務保証金
	45	4	住宅瑕疵担保履行法
税・その他	46	2	住宅金融支援機構
	47	2	景表法
	48	1	統計
	49	2	土地
	50	3	建物

合格ライン

合格点	科目別 目安得点			
	権利関係 (問1〜問14)	宅建業法 (問26〜問45)	法令上の制限 (問15〜問22)	税その他 (問23〜問25、問46〜問50)
36 ／ 50	8 ／ 14	16 ／ 20	6 ／ 8	6 ／ 8

あなたの得点

得点	科目別 得点			
	権利関係 (問1〜問14)	宅建業法 (問26〜問45)	法令上の制限 (問15〜問22)	税その他 (問23〜問25、問46〜問50)
／ 50	／ 14	／ 20	／ 8	／ 8

令和5年度　試験講評

　得点しにくい個数問題は前年度から2問増えて8問も出題され、やや面食らう組合せ問題も1問出題されている。しかし、全体としては近年の平均的なレベルに落ち着いた。科目別にみると、権利関係は、一般的な学習範囲を超える問題も多く、かなり難しかったといえる。宅建業法は、基礎知識からの出題が多いものの、電磁的方法に関する改正点の集中出題と個数問題7問集中が災いし、準備不十分な中位層以下には大打撃となった。しかしながら、法令上の制限では極端な難問はなく、税・その他も、不動産取得税や5問免除部分の統計を除けば得点しやすい内容であった。以上より、権利関係の大失点を法令上の制限と税・その他である程度カバーし、宅建業法で個数問題を拾って頭一つ抜けることができたかどうかで、合否が分かれたといえる。

問1 正解1 遺産分割（判決文）

1 **誤り。** 判決文では、「遺産は…相続開始から遺産分割までの間、共同相続人の共有に属する」としたうえで、「この間に遺産である賃貸不動産を使用管理した結果生ずる金銭債権たる賃料債権は…各共同相続人がその相続分に応じて分割単独債権として確定的に取得する」と述べている。つまり、相続開始から遺産分割までの間の賃料債権については、各共同相続人が相続分に応じて確定的に取得するということである。したがって、遺産分割によって当該不動産が帰属することになった相続人であっても、当該賃料債権を相続開始時にさかのぼって取得することはできない。

2 **正しい。** 相続人が数人あるときは、相続財産は、その共有に属する。判決文でも、「遺産は、相続人が数人あるときは…共同相続人の共有に属する」と述べている。この場合、各共同相続人は、その相続分に応じて被相続人の権利義務を承継する。

3 **正しい。** 遺産分割は、相続開始の時にさかのぼってその効力を生じる。ただし、第三者の権利を害することはできない。なお、ここでの「第三者」とは、たとえば、遺産分割前に共同相続人の一人から遺産に属する不動産の持分の譲渡を受けて所有権移転登記を備えた者などのことをいう。判決文では直接言及していないが、正しい内容の記述である。

4 **正しい。** 遺産である賃貸不動産から「遺産分割後に生じた賃料債権」については、遺産分割によって当該不動産が帰属した相続人が取得する。

❗判決文は、「相続開始から遺産分割までの間」に当該不動産から生じる賃料債権について、「各共同相続人がその相続分に応じて分割単独債権として確定的に取得する」と述べているだけであるので、肢4の判断に影響しない。

> いわゆる判決文問題です。例年1問だけですが、権利関係で定番の出題形式となっています。学習した知識だけでは解答できないことも多い問題ですが、解答のコツさえつかめば得点できる可能性が高くなります。以下のように対処しましょう。
>
> **【判決文問題の対処法】**
> ① （事例が示されている場合は）判決文の事例を、図を描いて分析する。
> ② （①の事例のもとで）判決文はどのような結論をとっているかを読み取る。
> ③その結論を前提に、選択肢と照らし合わせて正誤を判断する。
>
> 本問の場合、判決文の抜粋部分で事例は示されていないので、①は飛ばして、②→③の順で検討しましょう。少なくとも、正解である肢1の正誤は判断できるはずです。

★★ 【参考正答率 53.3%】

問2 正解1 相隣関係

参考 権利 L18

1 **正しい。** 土地の所有者は、原則として、一定の目的（①境界・その付近における障壁〈しきりの壁〉・建物その他の工作物の築造・収去・修繕、②境界標の調査または境界に関する測量、③土地の所有者が境界線を越える隣地の竹木の枝を例外的に自ら切除できる場合における枝の切取り）のため必要な範囲内で、隣地を使用できる。ただし、住家については、その居住者の承諾がなければ、立ち入ることはできない。

2 **誤り。** 土地の所有者は、隣地の竹木の枝が境界線を越えるときは、原則として、その竹木の所有者に、その枝を切除させることができるだけである。ただし、一定の場合（①竹木の所有者に枝を切除するよう催告したにもかかわらず、竹木の所有者が相当の期間内に切除しないとき、②竹木の所有者を知ることができず、またはその所在を知ることができないとき、③急迫の事情があるとき）には、土地の所有者が、自らその枝を切り取ることができる。本肢は、①の場合にあたる。

❗土地の所有者は、隣地の竹木の根が境界線を越えるときは、その根を切り取ることができる。

3 **誤り。** 相隣者の一人は、共有の障壁の高さを増すことができる。その際、他方の相隣者の承諾は不要である。

4 **誤り。** 他の土地に囲まれて公道に通じない土地の所有者は、公道に至るため、その土地を囲んでいる他の土地を通行することができる（公道に至るための他の土地の通行権）。この場合には、通行の場所および方法は、通行権を有する者のために必要であり、かつ、他の土地のために損害が最も少ないものを選ばなければならない。したがって、その土地を囲んでいる他の土地を自由に選んで通行できるわけではない。

 肢2については、枝の切除と根の切取りを対にして、ワンセットで覚えておきましょう。

★★★ 【参考正答率 80.4%】

問3 正解2 請負

参考 権利 L9

1 **正しい。** 不動産の所有者は、原則として、その不動産に従として付合した物の所有権を取得する。注文者所有の建物に対して独立性を有さずその構成

部分となる増築部分の工事請負契約を締結した請負人が、増築工事を終了させた場合であっても、同様である。したがって、建物の所有者である注文者Aは、請負人Bに請負代金を支払っているかどうかに関係なく、増築部分の所有権を取得する。

2 誤り。請負人が種類・品質に関して契約内容に適合しない仕事の目的物を注文者に引き渡した場合、注文者は、請負人に対して、損害賠償請求・解除・追完請求・報酬減額請求ができる（請負人の担保責任）。ただし、この場合において、注文者がその不適合を知った時から1年以内にその旨を請負人に通知しないときは、注文者は、その不適合を理由として、請負人の担保責任を追及できないとされている（担保責任の通知期間）。以上のとおり、請負人の担保責任の通知期間は、注文者がその不適合を知った時から1年以内であり、「工事が終了した日から1年以内」ではない。

3 正しい。請負人が種類・品質に関して契約内容に適合しない仕事の目的物を注文者に引き渡した場合において、注文者がその不適合を知った時から1年以内にその旨を請負人に通知しないときは、注文者は、原則として、その不適合を理由として、請負人の担保責任を追及できない。ただし、仕事の目的物を注文者に引き渡した時において、請負人が不適合を知り、または重大な過失によって知らなかったときは、例外的に、請負人の担保責任を追及できる。

4 正しい。注文者が提供した材料の性質または注文者が与えた指図によって契約不適合が生じた場合、注文者は、請負人がその材料または指図が不適当であることを知りながら告げなかったときを除き、その不適合を理由として、担保責任を追及できない。本肢では、注文者Aが提供した材料の性質によって契約不適合が生じ、請負人Bが材料が不適当であることを知らずに工事を終了しているので、Aは、Bに対して、契約不適合を理由とした修補請求はできない。

肢1は深入り禁止の知識ですが、肢2～4は基本知識からの出題です。ですから、肢1をスキップして、残り3肢で決着をつけましょう。

★★ **【参考正答率 54.0%】**

| 問4 | 正解4 | 相殺 | 参考 権利 L6 |

相殺適状となるには、原則として、対立する両債権が弁済期にあることが必

要とされている。ただし、少なくとも自働債権（本問では甲債権）の弁済期が
到来すれば、相殺できる。自働債権の弁済期が到来しているのであれば、相殺
の相手方（本問ではB）の期限の利益（＝期限まで弁済する必要がないという
利益）を害することはなく、また、相殺の意思表示をする者（本問ではA）は、
受働債権（本問では乙債権）の自らの期限の利益については放棄できるからで
ある。なお、弁済期の定めがない貸金債権は、消費貸借契約成立と同時に弁済
期が到来する。

　以上より、Aは、自働債権である甲債権について弁済期が到来している場合
（弁済期の定めがない場合を含む）には乙債権と相殺できるが、逆に、自働債
権である甲債権について弁済期が到来していない場合には乙債権と相殺できな
いということになる。受働債権である乙債権について弁済期が到来しているか
どうかは、本問を解答する際に検討不要である。

ア　相殺できる。自働債権である甲債権は「弁済期の定めのない」債権として
　弁済期が到来しているので、Aは、甲債権と乙債権とを相殺できる。

イ　相殺できる。自働債権である甲債権は弁済期が到来しているので、Aは、
　甲債権と乙債権とを相殺できる。

ウ　相殺できる。自働債権である甲債権は「弁済期の定めのない」債権として
　弁済期が到来しているので、Aは、甲債権と乙債権とを相殺できる。

エ　相殺できない。自働債権である甲債権は弁済期が到来していないので、A
　は、甲債権と乙債権とを相殺できない。

> 組合せ問題というタイプの問題です。問題自体は非常に難しいといえますが、記
> 述エの場合に「相殺できない」という結論は、基本知識です。ですから、少なく
> とも、「解答は、記述エが入っている肢3・4のいずれかしかありえない！」と
> いうところまで、迫らなければいけません。

★★　**【参考正答率 56.6%】**

問5　正解4　不在者財産管理

1　誤り。従来の住所または居所を去った者を「不在者」、不在者の財産の管
　理人を「管理人」という。不在者が管理人を置かなかったときは、家庭裁判
　所は、利害関係人または検察官の請求により、その財産の管理について必要
　な処分を命ずることができる。「当該不在者の生死が7年間明らかでない場
　合」に限られるわけではない。

2　誤り。不在者が管理人を置いた場合において、その不在者の生死が明らか

でないときは、家庭裁判所は、利害関係人または検察官の請求により、管理人を改任することができる。

3 **誤り。** 管理人は、①保存行為、②物・権利の性質を変えない範囲内での利用・改良行為については、家庭裁判所の許可を得ずにすることができる。本肢の「不在者を被告とする建物収去土地明渡請求を認容した第一審判決に対して控訴を提起する行為」は、不在者の財産の現状を維持する行為として①の保存行為に該当し、家庭裁判所により選任された管理人は、家庭裁判所の許可を得ずに、その行為をすることができる。

4 **正しい。** 肢3で説明したとおり、管理人は、①保存行為、②物・権利の性質を変えない範囲内での利用・改良行為については、家庭裁判所の許可を得ずにすることができる。これに対して、①または②を超える行為を必要とするときは、家庭裁判所の許可を得て、その行為をすることができるとされている。したがって、家庭裁判所により選任された管理人は、不在者の自宅の修理については、①の保存行為として家庭裁判所の許可を得ずにすることができ、これに対して、①または②を超える行為である不在者の自宅の売却については、家庭裁判所の許可を得てすることができる。

いわゆる捨て問です。試験対策上、まったく復習する必要のない問題です。

★ **【参考正答率 17.8%】**

問6 **正解3** **物権変動** 参考 権利 L10

ア **正しい。** 不動産の時効取得者は、時効完成前の第三者に対して、登記がなくても、時効取得を対抗できる。この場合、時効取得者（B）と時効完成前の第三者（C）は、当事者と同様の関係に立つからである。したがって、Bは、登記を備えていなくても、甲土地の所有権の時効取得をCに対抗できる。

イ **正しい。** 不動産の時効取得者と時効完成後の第三者では、登記を先にした者が勝つことから、時効取得者は、登記をしなければ、時効完成後の第三者に所有権を対抗できない。しかし、第三者の登記後に占有者がなお引き続き時効取得に必要な期間占有を継続した場合には、その第三者は、再度の時効取得者との関係で、時効完成前の第三者といえる。記述アで説明したとおり、不動産の時効取得者は、時効完成前の第三者に対して、登記がなくても、時効取得を対抗できる。したがって、再度の時効取得者Bは、登記を備えてい

なくても、甲土地の所有権の時効取得をDに対抗できる。

ウ　**正しい。**不動産の取得時効完成後、時効取得者への所有権移転登記がなされないまま、第三者が元の所有者から抵当権の設定を受けて抵当権設定登記をした場合において、時効取得者がその後引き続き所有の意思をもって平穏にかつ公然と時効取得に必要な期間占有を継続したときは、特段の事情がない限り、再度の時効取得により、占有者は不動産の所有権を取得し、その結果、抵当権は消滅する。

❗そもそも、所有権の時効取得とは、長期間の継続的な占有の結果、担保権などの負担のない所有権を取得する制度だからである。

> 正解率がきわめて低い問題ですから、いわゆる捨て問です。ただし、記述アは、超頻出知識ですから、しっかりと復習しておきましょう。

★　**【参考正答率30.1%】**

問7　正解3　配偶者居住権　参考 権利 L20

1　**誤り。**配偶者居住権の存続期間は、遺産分割協議、遺贈等により定めることができるが、このような定めがない場合、その存続期間は、終身の間となる。

2　**誤り。**配偶者居住権を取得した配偶者は、居住建物の所有者の承諾を得なければ、第三者に居住建物の使用収益をさせることができない。したがって、Bは、Cの承諾を得ずに甲建物を第三者Dに賃貸することはできない。「Bが高齢となり、バリアフリーのマンションに転居するための資金が必要になった場合」であっても、同様である。

3　**正しい。**居住建物の所有者は、配偶者居住権を取得した配偶者に対し、配偶者居住権の設定の登記を備えさせる義務を負う。

4　**誤り。**配偶者居住権を取得した配偶者は、居住建物の通常の必要費を負担する。

> 正解率は低いですが、配偶者居住権に関する出題は、今後も予想されます。ポイントとなる肢1～3の内容を中心に、きちんと復習しておきましょう。

★★★　**【参考正答率70.2%】**

問8　正解3　制限行為能力者　参考 権利 L2

1　**誤り。**未成年者が法定代理人の同意を得ないで契約をした場合、法定代理

人だけでなく、未成年者自身も、原則として、その契約を取り消すことができる。未成年者が取り消した場合であっても、取消しの効果は完全に生じ、取り消すことができる取消しとなるわけではない。したがって、Bは、自己が本件売買契約の取消しに同意していないことを理由に、Aの取消しの意思表示を取り消すことはできない。

2 **誤り。** 肢1で説明したとおり、未成年者が法定代理人の同意を得ないで契約をした場合、未成年者および法定代理人は、原則として、その契約を取り消すことができる。契約の相手方が善意無過失であっても、関係ない。

3 **正しい。** 未成年者は、法定代理人の同意を得ないでした契約については、原則として取り消すことができるが、成年に達し、自ら取消権を有することを知った後であれば、追認することができる。取り消すことができる契約は、取消権者が追認したときは、以後、取り消すことができなくなる。

4 **誤り。** 追認できる時以後に、取り消すことができる契約によって取得した権利の全部または一部の譲渡などの一定の事実があったときは、原則として、取り消すことができる契約を追認したとみなされる（法定追認）。これに対して、追認できる時より前であれば、当該事実があっても、法定追認の効果は生じない。本肢の場合、Aは、成年に達する前に、法定代理人Bの同意を得ずに甲建物を第三者Dに売却している。したがって、Aは、原則どおり、制限行為能力を理由として、本件売買契約を取り消すことができる。

> 正解の肢3の内容は、丸暗記するにはやや難しい知識です。しかし、未成年者自身や契約の相手方の立場で考えることができれば、結論自体は納得できるでしょう。一度納得しておけば、次に出題された際に、正誤を判断できるはずです。

★★ 【参考正答率51.8%】

問9 **正解 2** **賃貸借** <small>参考 権利 L14</small>

1 **正しい。** 賃借物の修繕が必要である場合において、賃貸人がその旨を知ったにもかかわらず、賃貸人が相当の期間内に必要な修繕をしないときは、賃借人は、その修繕をすることができる。

2 **誤り。** 賃借物の修繕が必要である場合において、賃借人が賃貸人に修繕が必要である旨を通知したにもかかわらず、賃貸人が相当の期間内に必要な修繕をしないときは、賃借人は、その修繕をすることができる。「直ちに」ではない。

3 正しい。賃借人の責めに帰すべき事由によって賃貸物の使用収益に必要な修繕が必要となったときは、賃貸人は、修繕義務を負わない。

4 正しい。賃借物の修繕が必要である場合において、急迫の事情があるときは、賃借人は、その修繕をすることができる。

本問について、選択肢単位でバラバラに学習するのは非効率です。次のように、知識をまとめて整理しておきましょう。

賃貸人の修繕義務（肢3）	原則	賃貸人は、賃貸物の使用収益に必要な修繕をする義務を負う
	例外	賃借人の責めに帰すべき事由によって修繕が必要となったときは、賃貸人は、修繕義務を負わない
賃借人の修繕権（肢1・2・4）	①または②の場合、賃借人は、賃借物の修繕ができる	①賃借人が賃貸人に修繕が必要である旨を通知し、または賃貸人がその旨を知ったにもかかわらず、賃貸人が相当の期間内に必要な修繕をしないとき
		②急迫の事情があるとき

★ **【参考正答率 47.2%】**

問10 正解3 抵当権

参考 権利L12

抵当権の順位の放棄の場合、放棄した抵当権者と放棄された抵当権者の本来の配当額を合計し、そこから債権額に応じて配当される。本問では、BとDの本来の配当額を合計すると、1,200万円である。BとDは、ここから債権額（Bは1,000万円、Dは2,000万円）に応じて、つまり、B：D＝1,000万円：2,000万円＝1：2の割合で、配当を受ける。したがって、Bの受ける配当額は、1＋2＝3のうちの1に相当する分であるので、1,200万円×1／3＝400万円となる。なお、Dの受ける配当額は、1,200万円×2／3＝800万円である。

抵当権の順位の放棄については、次のように、人物関係図と配当額の表を横並びで書き、頭を整理しつつ検討するのが実戦的です。コツをつかむことができれば、スルッと答えが出ます。

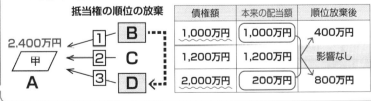

抵当権の順位の放棄

	債権額	本来の配当額	順位放棄後
B	1,000万円	1,000万円	400万円
C	1,200万円	1,200万円	影響なし
D	2,000万円	200万円	800万円

甲 2,400万円 A

問11 正解 4 借地借家法（借地） 参考 権利 L16

1 誤り。 借地契約において、地代または土地の借賃（地代等）が不相当になった場合、当事者は、原則として、将来に向かって地代等の額の増減を請求できる（地代等増減請求権）。一定期間は地代等を減額しない旨の特約がある場合でも、この特約は無効である。したがって、Bは、本肢の特約にかかわらず、Aに対して、地代の減額請求をすることができる場合がある。

🅰 借地契約において、一定期間は地代等を増額しない旨の特約がある場合、この特約は有効である。したがって、この場合、当該期間中は、地代等の増額請求はできない。

2 誤り。 土地上の建物の用途に関係なく、存続期間を50年以上として借地権を設定する場合であれば、契約の更新および建物の築造による存続期間の延長がなく、建物買取請求をしないこととする旨を定めることができる（一般定期借地権）。この場合においては、その特約は、書面（または電磁的記録）によってしなければならないが、公正証書でなくてもかまわない。

🅰 本肢は期間を「50年」とする土地の賃貸借契約を締結する場合であるので、存続期間を10年以上50年未満として設定しなければならない事業用定期借地権とすることはできない。

3 誤り。 借地権の存続期間が満了した場合において、契約の更新がないときは、借地権者は、借地権設定者に対して、建物買取請求権を行使できる。これに対して、借地権者の債務不履行によって借地契約が解除された場合には、借地権者は、建物買取請求権を行使できない。債務不履行をした借地権者を保護する必要はないからである。したがって、Bは、本件契約の「終了事由のいかんにかかわらず」建物買取請求権を行使できるというわけではない。

4 正しい。 借地権の存続期間が満了する場合において、借地権者が契約の更新を請求したときは、建物がある場合に限り、更新したものとみなされる（請求による更新）。ただし、借地権設定者が遅滞なく正当事由ある異議を述べたときは、更新されない。したがって、Bが契約の更新を請求したとしても、Aが遅滞なく正当事由ある異議を述べた場合は、本件契約は更新されない。

問12 正解 3 賃貸借・借地借家法（借家） 参考 権利 L14・15

1 誤り。 期間を1年未満とする建物の賃貸借契約は、期間の定めがない建物の賃貸借契約とみなされる。期間1年とみなされるのではない。

（❗）動産の賃貸借契約であれば、50年を超えない限り、自由に契約期間を定めることができる。

2 誤り。建物の賃貸借契約において、借賃が不相当になった場合、当事者は、原則として、将来に向かって借賃の額の増減を請求できる（借賃増減請求権）。一定期間は借賃を減額しない旨の特約がある場合でも、この特約は無効である。

（❗）本肢の特約は無効であるので、「現行賃料が不相当になった」などの一定の事情が生じたときは、借賃の減額を請求できる。なお、建物の賃貸借契約において、一定期間は借賃を増額しない旨の特約がある場合、この特約は有効である。したがって、この場合、当該期間中は、借賃の増額請求はできない。

3 正しい。賃借権の登記または借地借家法の規定による賃貸借の対抗要件を備えた不動産が譲渡された場合、その不動産の賃貸人たる地位は、原則として、その譲受人に移転する。ただし、不動産の譲渡人および譲受人が、賃貸人たる地位を譲渡人に留保する旨およびその不動産を譲受人が譲渡人に賃貸する旨の合意をしたときは、賃貸人たる地位は、譲受人に移転しない。

4 誤り。肢2で説明した借賃増減請求権について、行使時期の制限はない。したがって、現行賃料が定められた時から一定の期間が経過していなくても、借賃が不相当になった場合であれば、賃料増額請求が認められる。

肢2の内容は、借地の問題である問11肢1の内容と、ほぼ同じです。借賃を減額しない旨の特約と借賃増減請求権の関係について、しっかり確認しておきましょう。

★★★ 【参考正答率 88.0%】

問13 正解 2 区分所有法　　　参考 権利L19

1 正しい。集会においては、あらかじめ招集通知で通知された事項以外については、決議できないのが原則である。しかし、区分所有法で集会の決議につき特別の定数が定められている事項（特別決議事項）を除く事項、すなわち、区分所有者および議決権の各過半数の賛成により成立する決議事項（普通決議事項）については、規約で別段の定めをすれば、あらかじめ通知した事項以外についても決議することができる。

2 誤り。集会は、区分所有者全員の同意があるときは、招集の手続きを経ないで開くことができる。「4分の3以上の同意があるとき」ではない。

3 **正しい。** 共用部分の保存行為は、規約に別段の定めがある場合を除いて、各区分所有者が単独ですることができる。

4 **正しい。** 一部共用部分に関する事項で区分所有者全員の利害に関係しないものについての区分所有者全員の規約の設定・変更・廃止は、当該一部共用部分を共用すべき区分所有者の4分の1を超える者またはその議決権の4分の1を超える議決権を有する者が反対したときは、することができない。したがって、一部共用部分を共用すべき区分所有者が8人である場合、その4分の1（＝2人）を超える「3人」が反対したときは、当該規約を変更することはできない。

❗一部共用部分とは、一部の区分所有者のみの共用に供されるべきことが明らかな共用部分のことである。たとえば、下層階が店舗、上層階が住居となっているマンションで、店舗と住居とで別々に設けられている出入口やエレベーターなどのことである。

> 肢4の内容は、宅建試験対策上はかなり細かいです。ですから、宅建試験合格後に「マンション管理士試験」や「管理業務主任者試験」といったマンション関係の資格試験の学習を検討している方以外は、復習不要です。

★★★ **【参考正答率 78.1%】**

問14 正解 **2** 不動産登記法 　　　　　　　参考 権利 L11

1 **正しい。** 建物が滅失したときは、表題部所有者または所有権の登記名義人は、その滅失の日から1カ月以内に、当該建物の滅失の登記を申請しなければならない。

2 **誤り。** 何人も（＝誰でも）、正当な理由があるときは、登記官に対し、手数料を納付して、登記簿の附属書類である申請書（書面申請において提出された申請書）などの全部または一部（その正当な理由があると認められる部分に限る）の閲覧を請求できるとされている（なお、登記を申請した者が閲覧を請求する場合には、「正当な理由」は不要）。「正当な理由があるとき」という限定がある以上、「理由の有無にかかわらず」登記簿の附属書類である申請書を閲覧できるというわけではない。

❗登記簿の附属書類のうち、土地所在図、地積測量図、地役権図面、建物図面および各階平面図については、誰でも、正当な理由の有無に関係なく、登記官に対し、手数料を納付して、その全部または一部の写し（これらの図面が電磁的記録に記録されているときは、当該記録された情報の内容を証明した書面）の交付請求や、これらの図面（電磁的

記録にあっては、記録された情報の内容を法務省令で定める方法により表示したもの）の閲覧請求をすることができる。

3 **正しい。** 共有物分割禁止の定めに係る権利の変更の登記（共有物分割禁止の定めの登記）の申請は、当該権利の共有者であるすべての登記名義人が共同してしなければならない。

4 **正しい。** 所有権の保存の登記を申請できるのは、原則として、①表題部所有者またはその相続人その他の一般承継人、②所有権を有することが確定判決によって確認された者、③収用によって所有権を取得した者、のいずれかの者に限られている。ただし、区分建物の所有権の保存の登記については、表題部所有者から所有権を取得した者も、申請できる。

> 肢2・3で、やや細かい知識を出題しているにもかかわらず、正解率が高い問題です。ですから、少なくとも、肢1・4の内容は「正しい！」と判断して、「肢2・3のどちらか…」というところまで持ち込まなければいけません。

★★★ 【参考正答率 89.8%】

問15 正解 4 都市計画法
参考 制限 L1

1 **誤り。** 市街化調整区域は、市街化を抑制すべき区域である。
❶本肢は、準都市計画区域の意味内容とのひっかけである。

2 **誤り。** 高度利用地区は、用途地域内の市街地における土地の合理的かつ健全な高度利用と都市機能の更新とを図るため、建築物の容積率の最高限度および最低限度などを定める地区である。

3 **誤り。** 特定用途制限地域は、用途地域が定められていない土地の区域（市街化調整区域を除く）内において、その良好な環境の形成または保持のため当該地域の特性に応じて合理的な土地利用が行われるよう、制限すべき特定の建築物等の用途の概要を定める地域である。したがって、「用途地域が定められている土地の区域内」において定める地域ではない。

4 **正しい。** 地区計画は、①用途地域が定められている土地の区域のほか、②用途地域が定められていない土地の区域のうち、健全な住宅市街地における良好な居住環境その他優れた街区の環境が形成されている土地の区域などにも、定めることができる。

問16 正解 1 都市計画法　　　参考 制限 L2

1 **正しい。** 開発許可を申請しようとする者は、あらかじめ、開発行為に関係がある公共施設の管理者と協議し、その同意を得なければならない。

2 **誤り。** 開発許可を受けた者は、許可申請書に記載した事項の変更をしようとする場合には、原則として、都道府県知事の許可（変更の許可）を受けなければならない。ただし、開発行為に関する軽微な変更（たとえば、工事の完了予定年月日の変更など）をしたときは、変更の許可を受ける必要はないが、遅滞なく、その旨を都道府県知事に届け出なければならない

　❗申請内容を変更する場合については、「原則：届出必要、例外（軽微な変更）：届出不要」ではなく、「原則：許可必要、例外（軽微な変更）：届出必要」ということになる。

3 **誤り。** 開発許可を受けた者は、開発行為に関する工事を完了したときは、その旨を都道府県知事に届け出なければならない。都道府県知事は、この届出があったときは工事について検査し、開発許可の内容に適合しているときは検査済証を交付しなければならず、検査済証を交付したときは、遅滞なく工事が完了した旨を公告しなければならないとされている。したがって、公告を行うのは、「開発許可を受けた者」ではなく、都道府県知事である。

4 **誤り。** 市街化調整区域のうち「開発許可を受けた開発区域」以外の区域内においては、農林漁業を営む者の居住用の建築物の建築を行うなど一定の場合を除き、原則として、都道府県知事の許可を受けなければ、建築物の新築・改築などはできない。本肢の「自己の居住用の住宅を新築」するというだけでは、特に許可不要となる例外にはあたらないので、原則どおり、都道府県知事の許可が必要である。

　❗この許可制は、市街化調整区域内で開発行為を伴わないで行う「建築物」の新築・改築などの制限であり、「土地」の造成などの制限である開発許可とは別個のものである。

肢2のような出題でとまどわないように、法令上の制限については、常に「原則→例外」という視点を意識して学習しましょう。

問17 正解 3 建築基準法　　　参考 制限 L4・5

1 **正しい。** 地方公共団体は、条例で、津波、高潮、出水等による危険の著しい区域を災害危険区域として指定し、この災害危険区域内における住居の用

に供する建築物の建築の禁止その他建築物の建築に関する制限で災害防止上必要なものを定めることができる。

2　正しい。 建築物の避難階以外の階が一定の特殊建築物などに該当する場合（たとえば、①劇場、映画館、演芸場、観覧場、公会堂または集会場の用途に供する階でその階に客席、集会室などを有するもの、②物品販売業を営む店舗〈床面積の合計が1,500㎡を超えるものに限る〉の用途に供する階でその階に売場を有するもの）においては、その階から避難階または地上に通ずる2以上の直通階段を設けなければならない。したがって、本肢の「3階建て以上の建築物の避難階以外の階を、床面積の合計が1,500㎡を超える物品販売業の店舗の売場とする」場合には、前記②にあたるので、当該階から避難階または地上に通ずる2以上の直通階段を設けなければならない。

3　誤り。 建築物が防火地域および準防火地域にわたる場合においては、原則として、その全部について、防火地域内の建築物に関する規定が適用される。「準防火地域内の建築物に関する規定」が適用されるわけではない。

4　正しい。 建築物には、原則として、石綿をあらかじめ添加した建築材料を使用することはできない。

 肢2は、以前にも出題された内容ですが、かなり難解です。ですから、復習する必要はありません。

★★　【参考正答率 66.6%】

問18　正解 1　建築基準法　　参考 制限 L4

1　正しい。 ①「準防火地域内にある耐火建築物等または準耐火建築物等」で、かつ、②街区の角にある敷地で特定行政庁が指定するものの内にある建築物については、建蔽率は、都市計画で定められた建蔽率の数値に10分の2を加えた数値が限度となる。

❗「耐火建築物等」とは、耐火建築物または耐火建築物と同等以上の延焼防止性能を有するものとして政令で定める建築物のことをいい、「準耐火建築物等」とは、準耐火建築物または準耐火建築物と同等以上の延焼防止性能を有するものとして政令で定める建築物のことをいう。

2　誤り。 建築物または敷地を造成するための擁壁は、道路内に、または道路に突き出して建築・築造してはならない。ただし、地盤面下に設ける建築物などについては、道路内に建築できる。

3　誤り。 地方公共団体は、建築物の敷地が袋路状道路（＝その一端のみが他の道路に接続した道路）にのみ接する建築物で、延べ面積が150㎡を超えるものについて、その用途、規模または位置の特殊性により、接道義務の規定によっては避難または通行の安全の目的を十分に達成することが困難であると認めるときは、特殊建築物や階数が3以上である建築物などの場合と同様に、条例で、建築物の敷地または建築物と道路との関係に関して必要な制限を付加できるのが原則である。ただし、本肢のような「一戸建ての住宅」については、例外的に、制限を付加できない。

4　誤り。 日影規制の適用対象区域外にある高さが10mを超える建築物で、冬至日において対象区域内の土地に日影を生じさせるものは、日影規制が適用される。したがって、対象区域外にある建築物であれば一律に適用されないというわけではない。

 肢3の知識はやや細かいので、基本的な内容を問う肢1・2・4で勝負しましょう。

★★★　**【参考正答率 95.4%】**

問19 **正解 1** **盛土規制法** 　　　　 参考 制限 L6

1　誤り。 造成宅地防災区域を指定できる場所は、宅地造成等工事規制区域外のみである。したがって、都道府県知事は、造成宅地防災区域を宅地造成等工事規制区域内に指定することはできない。

2　正しい。 都道府県知事は、その地方の気候・風土・地勢の特殊性により、宅地造成・特定盛土等・土石の堆積に伴う崖崩れまたは土砂の流出の防止の目的を達し難いと認める場合には、都道府県の規則で、宅地造成等工事規制区域内において行われる宅地造成等に関する工事の技術的基準を強化し、または必要な技術的基準を付加することができる。

3　正しい。 都道府県知事は、宅地造成等工事規制区域内の土地（公共施設用地を除く）について、宅地造成等（宅地造成等工事規制区域の指定前に行われたものを含む）に伴う災害の防止のため必要があると認める場合には、その土地の所有者、管理者、占有者、工事主または工事施行者に対し、擁壁等の設置など宅地造成等に伴う災害の防止のため必要な措置をとることを勧告することができる。

4　正しい。 宅地造成等工事規制区域内の土地（公共施設用地を除く）におい

て、地表水等を排除するための排水施設などの除却の工事（擁壁等に関する工事）を行う者は、宅地造成等に関する工事の許可を受けた場合などを除き、その工事に着手する日の14日前までに、その旨を都道府県知事に届け出なければならない。

盛土規制法は、旧宅地造成等規制法の改正リニューアル版の法律です。改正によって内容的なボリュームがかなり増えましたが、だからこそ、ポイントとなる宅地造成等工事規制区域内での許可制・届出制を重点的に学習して、この範囲から出題された場合には、確実に得点できるようにしましょう。

★★★　【参考正答率 77.3%】

問20 正解 4 土地区画整理法 参考 制限 L7

1　**正しい。**換地計画において定められた清算金は、換地処分の公告があった日の翌日において確定する。

2　**正しい。**現に施行されている土地区画整理事業の施行地区となっている区域については、その施行者の同意を得なければ、その施行者以外の者は、土地区画整理事業を施行することができない。

3　**正しい。**施行者は、換地処分の公告があった場合において、施行地区内の土地・建物について土地区画整理事業の施行により変動があったときは、遅滞なく、その変動に係る登記を申請し、または嘱託しなければならない。

4　**誤り。**土地区画整理組合は、施行地区内の宅地について仮換地を指定する場合、あらかじめ、総会・その部会または総代会の同意を得なければならないが、土地区画整理審議会の同意を得る必要はない。

❗土地区画整理審議会は、公的施行（都道府県・市町村・国土交通大臣施行など）の場合に土地所有者等や有識者の意見を反映させるために設置される諮問機関であり、民間施行（個人・組合・区画整理会社施行）の場合には、そもそも設置されない。

土地区画整理法では、ときおり細かい内容が出題されます。本問でも、肢2は試験対策上は覚える必要のない知識です。肢1・3・4を再確認すれば十分です。

★★★　【参考正答率 84.1%】

問21 正解 2 農地法 参考 制限 L8

1　**正しい。**相続により農地を取得する場合や相続人が特定遺贈により農地を取得する場合は、例外的に、農地法3条の許可は不要である。これに対して、

「相続人に該当しない者」が特定遺贈により農地を取得する場合は、原則どおり、農地法3条の許可が必要である。

❗耕作目的で農地を取得する場合、原則として、農地法3条の許可を受ける必要がある。

2　**誤り。**農地を農地以外のものに転用する場合、原則として農地法4条の許可を得る必要があるが、自己所有の2アール未満の農地を農業用施設として利用する目的で転用する場合は許可不要である。本肢の場合は、4アールの農地を転用しようとしているので2アール未満ではなく、例外にはあたらない。

3　**正しい。**農地法3条または5条の許可を受けないでした行為はその効力を生じないので、これらの許可が必要な農地の売買について許可を受けずに売買契約を締結しても、その所有権の移転の効力は生じない。

4　**正しい。**学校法人、医療法人、社会福祉法人などの営利を目的としない一定の法人は、農地をその目的に係る業務の運営に必要な施設の用に供すると認められる場合（たとえば、社会福祉法人が、作業療法やリハビリテーションの施設として使用する農場とするために、農地の権利を取得しようとする場合など）には、たとえ当該法人が農地所有適格法人でなくても、農地法3条の農業委員会の許可を得て、農地の所有権を取得することができる。

 農地法は、基本的な内容からの出題が多い項目です。ただし、本問の肢4はいわゆる捨て肢です。肢1～3を復習すれば十分です。

★★★　**【参考正答率93.7%】**

問22　正解 1　国土利用計画法

参考 制限 L9

1　**正しい。**当事者の一方または双方が国や地方公共団体などである場合、事後届出は不要である。本肢では、国が売主であるので、当該一団の土地の買主は、事後届出を行う必要はない。

2　**誤り。**「土地売買等の契約」を締結した場合、権利取得者は、原則として、事後届出を行わなければならない。しかし、相続は、そもそも契約ではないので、「土地売買等の契約」にあたらない。したがって、Aの土地を相続したBは、事後届出を行う必要はない。

3　**誤り。**市街化区域内の2,000㎡以上の土地について土地売買等の契約を締結した場合、原則として事後届出が必要であるが、この場合に届出義務を負うのは権利取得者である。したがって、権利取得者である買主Dのみが届出

義務を負い、売主Cは、事後届出を行う必要はない。

4 　誤り。重要土地等調査法の規定による特別注視区域内にある200㎡以上（土地については面積、建物については床面積）の土地・建物に関する所有権またはその取得を目的とする権利の移転・設定契約を締結する場合には、当事者は、原則として、あらかじめ、内閣総理大臣に届け出なければならないとされている。したがって、土地の規模が「100㎡」である本肢の場合、内閣総理大臣への届出は不要である。

❗重要土地等調査法とは、我が国の領海等の保全と安全保障に寄与することなどを目的として、近年制定された法律である。この法律では、重要施設の周辺の区域内および国境離島等の区域内にある土地等が重要施設または国境離島等の機能を阻害する行為の用に供されることを防止するため、特別注視区域内にある土地等に係る契約の届出等の措置などについて定めている。

国土利用計画法とその他の法令の混合問題ですが、その他の法令に関する肢4は、いわゆる捨て肢なので復習不要です。国土利用計画法に関する肢1～3について正誤判断ができれば十分です。

★★★　【参考正答率 88.6%】

問23 　正解1　印紙税　　　参考 税他 L3

1 　正しい。売主・買主のようにその契約の直接の当事者に交付する文書だけでなく、不動産売買契約の仲介人や消費貸借の保証人などに交付する文書も課税対象になる。

2 　誤り。不動産の譲渡契約と請負契約を1通の契約書にそれぞれ区分して記載した場合、請負金額が譲渡金額を超えるときは、請負契約に関する契約書に該当し、請負金額が記載金額となる。本肢では、請負金額である6,000万円が記載金額となる。

3 　誤り。不動産の贈与契約書は、記載金額のない不動産の譲渡に関する契約書として印紙税が課される。贈与契約書に評価額などが記載されていても、その額は記載金額にはならない。

4 　誤り。契約金額等の記載のある原契約書が作成されていることが明らかであり、かつ、変更契約書に変更金額が記載されている場合、金額を減少させる変更契約書は、記載金額のない文書となる。

問24 正解 4 不動産取得税 参考 税他 L1

1 誤り。不動産取得税の徴収は、普通徴収の方法（納税通知書が納税義務者に送付され、それを用いて納付する方法）による。

2 誤り。不動産取得税は、普通税（使い道が特定されない税）である。目的税（使い道があらかじめ定められている税）ではない。

3 誤り。不動産取得税は、不動産の取得に対し、当該不動産所在の都道府県において、当該不動産の取得者に課される。

4 正しい。不動産取得税は、国、都道府県、市町村、特別区などには課すことができない。

問25 正解 4 不動産鑑定評価基準 参考 税他 L8

1 誤り。原価法は、価格時点における対象不動産の再調達原価を求め、この再調達原価について減価修正を行って対象不動産の試算価格（積算価格）を求める手法である。

2 誤り。原価法は、対象不動産が土地のみである場合においても、再調達原価を適切に求めることができるときは適用することができる。

3 誤り。採用可能な取引事例は、取引事情が正常なものと認められるか、正常なものに補正できるものである。したがって、特殊事情のある事例でも、事情補正できるものであれば採用することができる。

4 正しい。取引事例比較法は、近隣地域もしくは同一需給圏内の類似地域等において対象不動産と類似の不動産の取引が行われている場合または同一需給圏内の代替競争不動産の取引が行われている場合に有効である。

問26 正解 3 37 条書面 参考 業法 L11

ア 正しい。37 条書面の電磁的方法による提供を行うには、あらかじめ相手方から書面等による承諾を得る必要がある。

イ 誤り。37 条書面の電磁的方法による提供を行う場合、提供に係る宅建士を明示しなければならない。本肢のような例外はない。

ウ 正しい。37 条書面の電磁的方法による提供を行う場合、提供されたファイルへの記録を相手方が出力することにより書面を作成することができるも

のでなければならない。

エ **正しい。** 37条書面の電磁的方法による提供を行う場合、ファイルに記録された記載事項について、改変が行われていないかどうかを確認することができる措置を講じていなければならない。

以上より、正しいものはア、ウ、エの三つで、肢3が正解となる。

> 宅建業法では個数問題が多く出題されますが、普段から1つ1つの肢の正誤をきちんと判断できるような学習をしていれば、怖くありません。

★★ 【参考正答率85.1%】

問27 正解 **4** 建物状況調査　　参考 業法 L8、11

1 **正しい。** 建物状況調査とは、建物の構造耐力上主要な部分または雨水の浸入を防止する部分として国土交通省令で定めるもの（＝建物の構造耐力上主要な部分等）の状況の調査であって、経年変化その他の建物に生じる事象に関する知識および能力を有する者として国土交通省令で定める者が実施するものをいう。

2 **正しい。** 建物状況調査を実施する者は、建築士法2条1項に規定する建築士であって国土交通大臣が定める講習を修了した者でなければならない。

3 **正しい。** 建物状況調査を実施する者のあっせんは、媒介業務の一環であるため、報酬とは別にあっせんに係る料金を受領することはできない。

4 **誤り。** 建物の売買・交換の場合、当該建物が既存の建物であるときは、建物の構造耐力上主要な部分等の状況について当事者の双方が確認した事項を37条書面に記載しなければならない。しかし、本肢は貸借なので、当該事項を記載する必要はない。

★★ 【参考正答率92.9%】

問28 正解 **3** その他の業務上の規制等　参考 業法 L10、11、12

ア **違反する。** 宅建業者は、相手方等が当該契約を締結しない旨の意思（当該勧誘を引き続き受けることを希望しない旨の意思を含む）を表示したにもかかわらず、当該勧誘を継続してはならない。

イ **違反する。** 宅建業者は、勧誘に際し、現在・将来の利用の制限、環境等に関する事項で、相手方等の判断に重要な影響を及ぼすこととなるものについて、故意に事実を告げず、または不実のことを告げる行為をしてはならない。

ウ 違反する。宅建業者は、勧誘に際し、深夜または長時間の勧誘その他の私生活または業務の平穏を害するような方法によりその者を困惑させることをしてはならない。

エ 違反しない。宅建業者は、37条書面を作成したときは、宅建士をして記名させなければならないが、押印をさせる必要はない。

以上より、違反するものはア、イ、ウの三つで、肢3が正解となる。

★★ 【参考正答率91.7%】

問29 正解 2 免許取消処分

参考 業法 L18

1 誤り。禁錮以上の刑に処せられた者は欠格要件に該当する。そして、宅建業者の役員または政令で定める使用人（＝事務所の代表者）が欠格要件に該当する場合、当該宅建業者は、免許を取り消される。

2 正しい。所得税法に違反して罰金の刑に処せられても欠格要件に該当しないので、その者を役員にしている法人が免許を取り消されることはない。

3 誤り。宅建業法に違反して罰金の刑に処せられた者は欠格要件に該当する。そして、宅建業者は、欠格要件に該当した場合、免許を取り消される。

4 誤り。脅迫罪を犯して罰金の刑に処せられた者は欠格要件に該当する。そして、宅建業者の役員または政令で定める使用人が欠格要件に該当する場合、当該宅建業者は、免許を取り消される。このことは、役員が非常勤であっても変わりがない。

> 罰金刑でも免許の欠格要件に該当するのは、宅建業法や暴力団員による不当な行為の防止等に関する法律の規定に違反したり、傷害罪・傷害現場助勢罪・暴行罪・凶器準備集合罪・脅迫罪・背任罪・暴力行為等処罰に関する法律の罪を犯したりした場合です。

★★ 【参考正答率87.7%】

問30 正解 1 営業保証金

参考 業法 L6

ア 誤り。免許権者は、免許をした日から3カ月以内に宅建業者が営業保証金を供託した旨の届出をしないときは、その届出をすべき旨の催告をしなければならない。「6か月」ではない。なお、本肢の後半は正しい記述である。

イ 正しい。宅建業者は、営業保証金を供託したときは、供託物受入れの記載のある供託書の写しを添付して、その旨を免許権者に届け出なければならず、当該届出をした後でなければ、事業を開始することができない。

ウ 誤り。宅建業者は、還付による営業保証金の不足額を供託したときは、2週間以内に、その旨を免許権者に届け出なければならない。「30日以内」ではない。

エ 誤り。営業保証金の取戻しは、原則として、還付請求権者に対し6カ月を下らない一定期間内に申し出るべき旨を公告し、その期間内にその申出がなかった場合でなければすることができない。「3か月」ではない。
以上より、正しいものはイの一つで、肢1が正解となる。

★★★　【参考正答率 93.9%】

問31　正解 4　広告に関する規制　参考 業法 L9

1　誤り。宅建業者は、①広告をするとき、②注文を受けたときは遅滞なく、取引態様の別を明示しなければならない。①と②は別の義務なので、取引態様の別を明示した広告を見た者から注文を受けた場合にも、取引態様の別を遅滞なく明示しなければならない。

2　誤り。広告をする場合に建物状況調査を実施しているかどうかの明示は義務づけられていない。

3　誤り。宅建業者は、宅地の造成または建物の建築に関する工事の完了前においては、当該工事に関し必要とされる開発許可・建築確認等の処分があった後でなければ、広告をしてはならない。この規制は、貸借の媒介・代理にも適用される。

4　正しい。販売する宅地または建物の広告に関し、著しく事実に相違する表示をしたことは、誇大広告等の禁止に違反する。この場合、監督処分の対象となるほか、6カ月以下の懲役もしくは100万円以下の罰金またはこれらの併科に処せられることがある。

★★　【参考正答率 89.1%】

問32　正解 4　免許の効力等　参考 L3、12

1　正しい。宅建業を営む支店は、事務所に当たる。そして、宅建業者は、事務所の名称・所在地に変更があった場合、30日以内に、その旨を免許権者に届け出なければならない（変更の届出）。

2　正しい。法人が合併により消滅した場合、消滅した法人を代表する役員であった者は、30日以内に、その旨を免許権者に届け出なければならない（廃業等の届出）。

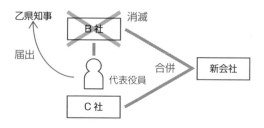

3　正しい。 宅建業者は、事務所に置かれる専任の宅建士の氏名に変更があった場合、30日以内に、その旨を免許権者に届け出なければならない（変更の届出）。

4　誤り。 宅建業者は、売買契約の締結または買受けの申込みの受付を行う展示会場を設置する場合、業務を開始する日の10日前までに、所在地等を免許権者と所在地の都道府県知事に届け出なければならない（案内所等の届出）。「5日前」ではない。

★★　【参考正答率67.6%】

問33　正解1　重要事項の説明　参考 L10

1　正しい。 重要事項の説明は、相手方が取得または借りようとする宅地・建物について行うものである。したがって、Aは、相手方Bが取得する甲宅地に関しては説明を行う義務があるが、自分が取得する乙宅地に関しては説明を行う義務がない。

2　誤り。 宅地・建物の引渡しの時期は、重要事項の説明の内容ではない。

3　誤り。 登記以後に受領する金銭は支払金・預り金に該当しないので、施行規則16条の4に定める保全措置（＝支払金・預り金の保全措置）を講ずるかどうか等について重要事項説明書に記載する必要はない。

4　誤り。 重要事項説明書を電磁的方法によって提供するには、書面等（書面や電子メール等）による承諾を得る必要がある。

肢3の「支払金・預り金」とは、宅建業者が相手方等から受領する代金・交換差金・借賃その他の金銭のうち、（ⅰ）50万円未満のもの、（ⅱ）手付金等の保全措置が講ぜられているもの、（ⅲ）宅建業者が登記以後に受領するもの、（ⅳ）報酬、を除いたものをいいます。

★★ 【参考正答率 83.0%】

問34　正解 3　報酬に関する制限　　参考 L17

ア 違反する。居住用建物の貸借の媒介の場合、当事者の一方からの受領額の限度は、依頼を受けるにあたって承諾を得ているときを除き、借賃の 0.5 カ月分（消費税 10％を上乗せすれば 0.55 カ月分）である。したがって、本記述では 6 万 6,000 円が限度である。

イ 違反しない。宅建業者は、依頼者の特別の依頼による広告に要した実費を、報酬とは別に受領することができる。

ウ 違反する。宅建業者は、特別の依頼により行う遠隔地での調査費用など、依頼者の特別の依頼による特別の費用で、事前に依頼者の承諾があるものであれば、報酬とは別に受領することができる。しかし、契約書の作成費用は、これに該当しない。

エ 違反する。賃貸借の媒介の場合、依頼者双方からの受領合計額の限度は、借賃の 1 カ月分（消費税 10％を上乗せすれば 1.1 カ月分）である。したがって、合計で 2.2 カ月分を受領することはできない。

以上より、違反するものはア、ウ、エの三つで、肢 3 が正解となる。

★★ 【参考正答率 92.5%】

問35　正解 4　クーリング・オフ　　参考 業法 L13

1 誤り。クーリング・オフについて告げる際には、書面を交付して告げなければならない。電磁的方法で告げることはできない。

2 誤り。クーリング・オフは、書面で行わなければならない。電磁的方法によることはできない。

3 誤り。売主の事務所で買受けの申込みが行われた場合、クーリング・オフ制度は適用されない。したがって、Bは、クーリング・オフをすることができない。

4 正しい。売主から代理・媒介の依頼を受けた宅建業者の事務所で買受けの申込みが行われた場合、クーリング・オフ制度は適用されない。したがって、Bは、クーリング・オフをすることができない。

★★ 【参考正答率 93.8%】

問36　正解 3　その他の業務上の制限　　参考 L12

ア 違反する。宅建業者は、相手方等が契約の申込みの撤回を行うに際し、既

43

に受領した預り金を返還することを拒んではならない。かかった諸費用を差し引くことは、この規定に違反する。

イ 違反する。宅建業者は、手付について貸付けその他信用の供与をすることにより契約の締結を誘引する行為をしてはならない。手付の分割払いを認めることは、「信用の供与」に当たる。

ウ 違反しない。宅建業者は、取引のあったつど、その年月日、その取引に係る宅地または建物の所在および面積等を帳簿に記載しなければならないが、これらの事項が電子計算機に備えられたファイルまたは磁気ディスク（電子媒体）に記録され、必要に応じ紙面に表示されるときは、帳簿への記載に代えることができる。

エ 違反する。宅建業者は、勧誘に先立って宅建業者の商号・名称、当該勧誘を行う者の氏名、契約の締結について勧誘をする目的である旨を告げずに、勧誘を行ってはならない。

以上より、違反するものはア、イ、エの三つで、肢3が正解となる。

★★ 【参考正答率 98.2%】

問37 正解 **3** 従業者証明書等 　　参考 L12

1 誤り。従業者証明書を携帯させるべき者の範囲には、代表者、非常勤の役員、単に一時的に事務の補助をする者等も含まれる。

2 誤り。宅建業者は、その事務所ごとに、従業者名簿を備え、取引の関係者から請求があったときは、従業者名簿をその者の閲覧に供しなければならない。

3 正しい。宅建業者の従業者は、取引の関係者の請求があったときは、従業者証明書を提示しなければならない。このことは、相手方が宅建業者であっても変わりがない。

4 誤り。宅建業者は、従業者名簿を最終の記載をした日から10年間保存しなければならない。「5年間」ではない。

★ 【参考正答率 52.8%】

問38 正解 **2** 宅建業・宅建士 　　参考 L1、4

ア 正しい。自ら貸借を行うことは、宅建業に該当しない。

イ 誤り。宅建士とは、宅建士証の交付を受けた者をいう。宅建試験に合格して登録を受けただけでは、宅建士ではない。

ウ 誤り。宅地の売買の媒介を業として行うことは、宅建業に該当する。このことは、建設業者が建築請負工事の受注を目的として行う場合でも、変わりがない。

エ 正しい。宅建士は、宅地または建物の取引に係る事務に必要な知識および能力の維持向上に努めなければならない。

以上より、正しいものはア、エの二つで、肢2が正解となる。

★★ 【参考正答率 83.7%】

問39 正解 2 手付金等の保全措置　参考 業法 L15

1 誤り。宅建業者は、必要な保全措置を講じた後でなければ、手付金等を受領してはならない。受領後に保全措置を講じるのではない。

2 正しい。保証保険契約の要件の1つとして、保険期間が、少なくとも保証保険契約が成立した時から宅建業者が受領した手付金等に係る宅地または建物の引渡しまでの期間であることがある。

3 誤り。保証保険によって保全措置を講ずる場合、保険事業者との間において保証保険契約を締結し、かつ、保険証券またはこれに代わるべき書面を買主に交付することが必要である。

4 誤り。本肢の書面の交付に代えて、電磁的方法により措置を講ずるには、買主から書面等による承諾を得る必要がある。

★★★ 【参考正答率 97.5%】

問40 正解 4 媒介契約　参考 業法 L8

1 誤り。宅建業者は、媒介契約の目的物である宅地・建物の売買・交換の申込みがあったときは、遅滞なく、その旨を依頼者に報告しなければならない。

2 誤り。既存建物の場合、建物状況調査を行う者のあっせんに関する事項を媒介契約書面に記載しなければならない。したがって、書面の交付後に確認するのではなく、書面を交付する前に確認する必要がある。

3 誤り。宅建業者は、専任媒介契約を締結したときは、契約締結の日から休業日数を除いて7日以内（専属専任媒介契約では5日以内）に指定流通機構へ登録しなければならない。「休業日数を含め」ではない。

4 正しい。専任媒介契約の場合、依頼者が他の宅建業者の媒介・代理によって売買・交換の契約を成立させたときの措置を媒介契約書面に記載しなければならない。

問41 正解 2 宅建士に対する監督処分 参考 業法 L18

1 誤り。都道府県知事は、その登録を受けている宅建士および当該都道府県の区域内でその事務を行う宅建士に対して、宅建士の事務の適正な遂行を確保するため必要があると認めるときは、その事務について必要な報告を求めることができる。本肢の場合、甲県内で事務を行う宅建士も対象になる。

2 正しい。宅建士が、自己が専任の宅建士として従事している事務所以外の事務所の専任の宅建士である旨の表示をすることを宅建業者に許し、当該宅建業者がその旨の表示をしたとき（宅建士が名義貸しをしたとき）は、指示処分の対象になる。そして、指示処分は、宅建士が登録を受けている都道府県知事のほか、行為地の都道府県知事も行うことができる。

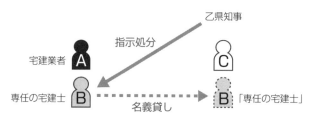

3 誤り。宅建士が不正の手段により宅建士証の交付を受けた場合、登録をしている都道府県知事は、当該登録を消除しなければならない。「消除することができる」という任意的なものではない。

4 誤り。宅建士に対して監督処分をした場合、その旨を公告する必要はない。
❶公告が必要なのは、宅建業者に対して業務停止処分・免許取消処分をした場合である。

問42 正解 3 重要事項の説明 参考 業法 L78

ア 誤り。宅建士は、重要事項の説明をする場合、相手方からの請求の有無に関係なく、宅建士証を提示しなければならない。

イ 誤り。重要事項の説明は、売主に対しては行う必要がない。

ウ 正しい。相手方が宅建業者である場合、重要事項説明書の交付は必要であるが、説明をする必要はない。

エ 誤り。代金の額・支払時期・支払方法は、重要事項の説明の内容ではない。
以上より、誤っているものはア、イ、エの三つで、肢3が正解となる。

問43　正解 4　37 条書面

1　誤り。売買・交換の場合、移転登記の申請時期を 37 条書面に記載しなければならない。そして、相手方が宅建業者であっても、37 条書面の記載内容に変わりはない。

2　誤り。37 条書面の交付時期は、売買契約等の締結後、遅滞なくである。「契約成立前」ではない。

3　誤り。宅建業者は、宅建士をして 37 条書面に記名させなければならないが、「専任」の宅建士であることは必要ない。

4　正しい。天災その他不可抗力による損害の負担に関する定めがあるときは、その内容を 37 条書面に記載しなければならない。

問44　正解 1　保証協会・弁済業務保証金

1　正しい。保証協会は、苦情の解決について必要があると認めるときは、社員に対し、文書もしくは口頭による説明を求め、または資料の提出を求めることができる。社員は、正当な理由がある場合でなければ、これを拒んではならない。

2　誤り。保証協会は、社員が一部の事務所を廃止したことに伴って弁済業務保証金分担金を返還しようとするときは、公告をする必要がない。

❶一部の事務所を廃止したことに伴って「営業保証金」を取り戻す場合には、原則として公告が必要である。

3　誤り。弁済業務保証金から還付を受けるためには、保証協会の認証を受けなければならない。また、還付をするのは供託所であって、保証協会ではない。

4　誤り。手付金等の保全措置の 1 つである「指定保管機関による保管」は、工事完了後に売買契約を締結した場合にしか使えない。したがって、手付金等保管事業（＝指定保管機関が行う保管事業）は、工事完了前の買主からの手付金等を対象にすることができない。

問45　正解 4　住宅瑕疵担保履行法

1　誤り。住宅瑕疵担保履行法の「宅地建物取引業者」には、宅建業を営む信

託会社や金融機関も含まれる。したがって、これらの者も、資力確保義務を負う。

2 誤り。供託所の所在地等の説明は、書面を交付して行わなければならないが、書面等により買主の承諾を得れば、書面の交付に代えて電磁的方法により提供することができる。

3 誤り。住宅販売瑕疵担保保証金の供託は、宅建業者の主たる事務所の最寄りの供託所に行う。「住宅」の最寄りの供託所ではない。

4 正しい。住宅の構造耐力上主要な部分の瑕疵は、資力確保義務の対象である。そして、資力確保義務は、買主の承諾を得ても免除されない。

❶本肢のような瑕疵担保責任を負わない旨の特約は、住宅の品質確保の促進等に関する法律（品確法）の規定より買主に不利なものなので、品確法の規定により無効となる。

★★★ 【参考正答率 95.3%】

問46 正解 2 住宅金融支援機構　　参考 税他 L9

1 正しい。機構は、子どもを育成する家庭または高齢者の家庭（単身の世帯を含む）に適した良好な居住性能および居住環境を有する賃貸住宅の建設に必要な資金の貸付けを業務として行っている。

2 誤り。証券化支援事業（買取型）においては、新築住宅だけでなく、中古住宅の購入、住宅の建設に付随する土地・借地権の取得、住宅の購入に付随する土地・借地権の取得や住宅の改良に対する貸付債権も買取りの対象としている。

3 正しい。機構は、証券化支援事業（買取型）において、ＺＥＨおよび省エネルギー性、耐震性、バリアフリー性、耐久性・可変性に優れた住宅を取得する場合に、貸付金の利率を一定期間引き下げる制度を実施している。

4 正しい。機構は、マンション管理組合や区分所有者に対するマンション共用部分の改良に必要な資金の貸付けを業務として行っている。

肢3のZEH（ゼッチ）とは、断熱・省エネ性能を高めてエネルギー消費を減らすとともに、太陽光発電によってエネルギーを創り出し、エネルギー消費が実質ゼロ以下である住宅のことです。

★★　【参考正答率80.5%】

問47　正解 2　不当景品類及び不当表示防止法　参考 税他 L10

1　誤り。物件は存在するが、実際には取引する意思がない物件に関する表示（おとり広告）は、不当表示になる。

2　正しい。物件の名称には、当該物件から直線距離で50メートル以内に所在する街道その他の道路の名称（坂名を含む）を用いることができる。

3　誤り。デパート、スーパーマーケット、コンビニエンスストア、商店等の商業施設を表示する場合は、物件からの道路距離または徒歩所要時間を明示して表示することとされている。したがって、自転車による所要時間を明示しても、徒歩による所要時間の明示義務は免除されない。

4　誤り。新たに造成された宅地、新築の住宅または一棟リノベーションマンションについて、一般消費者に対し、初めて購入の申込みの勧誘を行う場合、新発売と表示することができる。

★　【参考正答率37.8%】

問48　正解 1　統計

1　誤り。令和4年3月末における宅建業者の全事業者数は、12万8,597業者で、8年連続で増加した。本肢は、「14万業者を超え」とする点が誤り。

2　正しい。令和4年1月以降の1年間の地価について、地方圏平均では、全用途平均、住宅地、商業地のいずれも2年連続で上昇し、工業地は6年連続で上昇した。

3　正しい。令和4年の民間非居住建築物の着工床面積は、前年と比較すると、工場および倉庫は増加したが、事務所および店舗が減少したため、全体で減少となった。

4　正しい。令和3年度における不動産業の売上高営業利益率は11.1%と2年連続で前年度と比べ上昇し、売上高経常利益率も12.5%と2年連続で前年度と比べ上昇した。

★★　【参考正答率94.4%】

問49　正解 2　土地　参考 税他 L11

1　適当。自然堤防の後背湿地側の縁（川とは反対側の縁）は、砂が緩く堆積していて、地下水位も浅いため、地震時に液状化被害が生じやすい地盤である。

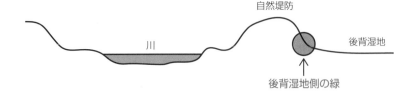

自然堤防

川

後背湿地

後背湿地側の縁

2 **最も不適当**。軟弱な地盤は、地震動（地震の揺れ）を増幅する。したがって、谷底低地に軟弱層が厚く堆積している所では、震動が大きくなる。

3 **適当**。1923年の関東地震の際には、東京の谷底低地で多くの水道管や建物が被害を受けた。

4 **適当**。大都市の近郊の丘陵地では、丘を削り谷部に盛土し造成宅地が造られた。盛土造成に際しては、地下水位を下げるため排水施設を設け、締め固める等の必要がある。

★★ 【参考正答率 80.1%】

問50 正解 3 建物   参考 税他 L12

1 **適当**。鉄筋コンクリート構造は、耐震性、耐風性、耐火性に優れている。

2 **適当**。鉄筋コンクリート構造は、躯体（柱、梁、壁など、建物を支える部分）の断面が大きく、材料の質量が大きいので、建物の自重が大きくなる。

3 **最も不適当**。鉄筋とコンクリートを一体化するには、表面に突起をつけた棒鋼である異形棒鋼の方が、断面が円形の棒鋼である丸鋼の方より、優れている。本肢は逆の記述である。

!鉄筋の表面に突起がある方が鉄筋とコンクリートがよく噛み合うので、鉄筋とコンクリートが一体化しやすい。

4 **適当**。鉄筋コンクリート構造は、コンクリートが固まって所定の強度が得られるまでに日数がかかり、現場での施工も多いので、工事期間が長くなる。

令和4年度
解答＆解説

令和4年度　解答＆出題テーマ一覧

科目	問題	解答	テーマ
権利関係	1	3	物権変動
	2	3	相続
	3	4	制限行為能力者
	4	1	抵当権
	5	2	期間の計算
	6	3	賃貸借・使用貸借
	7	4	失踪宣告
	8	3	地上権・賃借権
	9	1	辞任
	10	2	時効（取得時効）
	11	3	借地借家法（借地）
	12	1	賃貸借・借地借家法（借家）
	13	1	区分所有法
	14	2	不動産登記法
法令上の制限	15	3	都市計画法
	16	2	都市計画法
	17	3	建築基準法
	18	3	建築基準法
	19	4	盛土規制法
	20	1	土地区画整理法
	21	4	農地法
	22	3	国土利用計画法
税・その他	23	3	印紙税
	24	2	固定資産税
	25	2	地価公示法

科目	問題	解答	テーマ
宅建業法	26	2	事務所
	27	1	報酬に関する制限
	28	1	重要事項の説明
	29	3	宅建士
	30	3	業務総合
	31	1	媒介契約
	32	1	37条書面
	33	2	宅建士
	34	4	重要事項の説明
	35	4	重要事項の説明・37条書面
	36	1	重要事項の説明
	37	2	広告に関する規制
	38	4	クーリング・オフ
	39	4	弁済業務保証金
	40	2	重要事項の説明
	41	2	営業保証金・弁済業務保証金
	42	2	媒介契約
	43	2	自ら売主制限
	44	4	37条書面
	45	3	住宅瑕疵担保履行法
税・その他	46	1	住宅金融支援機構
	47	4	不当景品類及び不当表示防止法
	48	なし	統計
	49	2	土地
	50	4	建物

合格ライン

合格点	科目別 目安得点			
	権利関係 (問1～問14)	宅建業法 (問26～問45)	法令上の制限 (問15～問22)	税その他 (問23～問25、問46～問50)
36 / 50	9 / 14	16 / 20	5 / 8	6 / 8

あなたの得点

得点	科目別 得点			
	権利関係 (問1～問14)	宅建業法 (問26～問45)	法令上の制限 (問15～問22)	税その他 (問23～問25、問46～問50)
/ 50	/ 14	/ 20	/ 8	/ 8

令和4年度　試験講評

　まず形式面では、やや面食らう組合せ問題は1問、得点しにくい個数問題は前年度同様の6問であった。次に内容面では、全体としては例年並みのレベルである。科目別にみると、高得点必至の宅建業法は、重要事項の説明や広告の規制の問題で得点しにくく、例年よりやや難しい。権利関係は、過去未出題の項目が目立ったものの、正解肢を推測できる問題もあり、例年並みに得点できている。法令上の制限も、農地法難問化という衝撃があったが、例年並みのレベルである。税・その他は、税の2問で手こずるものの、5問免除部分は全問正解できる内容であり、合格者・不合格者の正答率の差が最も大きい科目となった。以上より、「宅建業法で大崩れせず、権利関係と法令上の制限を手堅く守り、税・その他でゴールラッシュ！」といけたかどうかで、合否が分かれたといえる。

問1　正解 3　物権変動

参考　権利 L10

1　**誤り。**背信的悪意者に対しては、登記がなくても、不動産の所有権取得を対抗できる。したがって、Bは、登記が未了の間でも、背信的悪意者Cに対して、不動産の所有権取得を対抗できる。その反面、Cは、登記を完了したとしても、当該不動産の所有権取得をBに対抗できない。

2　**誤り。**不動産の所有権取得を第三者に対抗するには、原則として、登記が必要である。売買契約の先後は関係ない。したがって、先に買い受けたBであっても、登記が未了であれば、不動産の所有権取得を後に買い受けたCに対抗できない。

3　**正しい。**判決文は、「丁（転得者）は、乙（第一の買主）に対する関係で丁自身が背信的悪意者と評価されるのでない限り、当該不動産の所有権取得をもって乙に対抗することができる」としている。逆にいえば、第二の買主Cだけでなく転得者Dも第一の買主Bに対する関係で背信的悪意者に該当するときは、Dは、登記を完了したとしても、当該不動産の所有権取得をBに対抗できないことになる。

4　**誤り。**不動産の所有権取得は、原則として、登記をしなければ、第三者に対抗できない。この場合、第三者の善意・悪意は関係ない。したがって、登記を完了した第二の買主Cは、第一の買主Bが登記未了であることにつき悪意であっても、当該不動産の所有権取得をBに対抗できる。

> いわゆる判決文問題です。例年1問だけですが、権利関係で定番の出題形式となっています。学習した知識だけでは解答できないことも多い問題ですが、解答のコツさえつかめば得点できる可能性が高くなります。以下のように対処しましょう。
>
> 【判決文問題の対処法】
> ①判決文の事例を、図を描いて分析する。
> ②その事例のもとで、判決文はどのような結論をとっているかを読み取る。
> ③その結論を前提に、選択肢と照らし合わせて正誤を判断する。
>
>
> 本問の場合、この方法で対処すれば、少なくとも、正解である肢3の正誤は判断できます。

問2　正解 3　相続

参考　権利 L20

1　**正しい。**相続開始前には、家庭裁判所の許可を受けたときに限り、遺留分

を放棄することができる。

2 正しい。相続の放棄は、相続開始前にはできない。なお、相続の放棄をする者は、その旨を家庭裁判所に申述しなければならない。

3 誤り。遺留分を放棄しても、相続を放棄したことにはならない。したがって、遺留分を放棄した相続人でも、被相続人の遺産を相続する権利を失わない。

4 正しい。兄弟姉妹には遺留分がない。

★　【参考正答率 86.9%】

問3　正解4　制限行為能力者　　参考 権利 L2

1 誤り。成年後見人は、後見監督人（＝後見人の事務の監督などを職務とする者をいい、多くの場合、一定の者の請求などにより家庭裁判所によって選任される）の同意を得なくても、成年被後見人の法律行為（＝契約など）を取り消すことができる。

❗後見人が、被後見人に代わって一定の重要な行為（例. 不動産の売買契約）などをするには、後見監督人があるときは、原則としてその同意を得なければならない。

2 誤り。相続の放棄をする者とこれによって相続分が増加する者とは、利益が相反する関係にあるといえる。したがって、共同相続人の1人が他の共同相続人の成年後見人である場合に、その成年後見人が成年被後見人である他の共同相続人に代わって相続の放棄を行うことは、利益相反行為にあたる可能性がある。なお、「相続の放棄は相手方のない単独行為である」とする点は、正しい内容の記述である。

❗利益相反行為にあたる場合、成年後見人は、成年被後見人のために、特別代理人の選任を家庭裁判所に請求しなければならない。

3 誤り。保佐人は、被保佐人の一定の重要な行為に対する同意権と取消権を有するだけでなく、家庭裁判所の審判によって特定の法律行為について代理権が付与されることがある。なお、「成年後見人は成年被後見人の法定代理人である」とする点は、正しい内容の記述である。

4 正しい。令和4年4月1日からは、成年年齢が18歳となった。したがって、18歳の者は、年齢を理由とする後見人の欠格事由（未成年者は、後見人となることができない）に該当しない。

現場思考で正解肢の推測がつくことから、正答率は高いです。しかし、肢1・2・4は、試験対策上は、かなり細かい内容です。肢3だけ復習すれば十分です。

問4 正解 1 抵当権

1 **正しい。**抵当不動産を買い受けた第三者（第三取得者）が、抵当権者の請求に応じてその抵当権者にその代価を弁済（代価弁済）したときは、抵当権は、その第三者のために消滅する。

2 **誤り。**抵当権者に対抗することができない賃貸借により抵当権の目的である「建物」の使用・収益をする者であって、競売手続の開始前から使用・収益をする者は、その建物の競売における買受人の買受けの時から6カ月を経過するまでは、その建物を買受人に引き渡す必要はない（明渡し猶予制度）。しかし、抵当権の目的物が「土地」の場合、明渡し猶予制度はない。

3 **誤り。**土地に抵当権が設定された後、抵当地に建物が築造された場合、抵当権者は、土地とともにその建物を競売することができる（一括競売）。ただし、一括競売をするかどうかは、抵当権者の任意であって、義務ではない。したがって、「甲土地とともに乙建物の競売も申し立てなければならない」というのは、誤りである。

4 **誤り。**抵当不動産の被担保債権の主たる債務者や保証人などは、抵当権消滅請求をすることができない。

問5 正解 2 期間の計算

1 **誤り。**日、週、月または年によって期間を定めた場合、原則として、期間の初日（令和6年10月17日）は、算入しない（初日不算入の原則）。この場合、期間は、暦に従って計算し、週、月または年の初めから期間を起算しないときは、原則として、最後の週、月または年においてその起算日に応当する日の前日に満了する（以上については、肢2・4でも同様）。引渡日を契約締結日（令和6年10月17日）から1年後とした場合、起算日（期間の初日である令和6年10月17日は算入しないので、令和6年10月18日）に応当する日（令和7年10月18日）の前日は、令和7年10月17日である。したがって、令和7年10月17日が引渡日である。

2 **正しい。**日、週、月または年によって期間を定めた場合には、期間は、その末日の終了をもって満了する。弁済期限を契約締結日（令和6年8月31日）から1か月後とした場合、起算日（9月1日）に応当する日（10月1日）の前日は、9月30日である。したがって、令和6年9月30日の終了をもっ

て弁済期限となる。

3 誤り。期間の末日が日曜日、国民の祝日に関する法律に規定する休日その他の休日に当たるときは、その日に取引をしない慣習がある場合に限り、期間は、その翌日に満了する。

4 誤り。月または年によって期間を定めた場合において、最後の月に応当する日がないときは、期間は、その月の末日に満了する。代金の支払期限を契約締結日（令和6年5月30日）から1か月後とした場合、最後の月（令和6年6月）に起算日（5月31日）に応当する日（31日）がないので、期間は、月の末日である6月30日に満了する。したがって、令和6年6月30日の終了をもって支払期限となる。

★★★ **【参考正答率 80.0%】**

問6　正解 **3**　賃貸借・使用貸借　参考 権利 L14

1 誤り。賃貸借契約の場合、貸主は、借主が賃借物を受け取る前でも、自由に契約を解除できない。口頭での契約でも、同様である。したがって、①では、Aは、口頭での契約の場合でも自由に解除できない。これに対して、使用貸借契約の場合、貸主は、借主が借用物を受け取るまで、原則として契約の解除ができるが、書面による使用貸借については例外的に解除できない。したがって、②では、Aは、書面で契約を締結している場合には、自由に解除できない。

2 誤り。賃貸借契約の場合、賃借人は、賃貸人の承諾を得なければ、賃借権の譲渡または賃借物の転貸ができない。これとほぼ同様に、使用貸借契約の場合、借主は、貸主の承諾を得なければ、第三者に借用物の使用または収益をさせることができない。したがって、Bは、①だけでなく②でも、Aの承諾がなければ甲土地を適法に転貸できない。

3 正しい。賃貸借契約の場合、当事者が賃貸借の期間を定めた場合でも、その期間内に解約をする権利を留保した当事者は、いつでも解約の申入れができる。この場合には、土地の賃貸借は、解約申入れの日から1年を経過することによって終了する。したがって、①では、Bは、期間内に解約する権利を留保しているときには期間内に解約の申入れをして解約できる。これに対して、使用貸借契約の場合、借主は、いつでも契約の解除ができる。したがって、②では、Bは、期間内に解除する権利を留保していなくてもいつでも解除できる。

4 誤り。賃貸借契約の場合でも、使用貸借契約の場合でも、契約の本旨に反する使用・収益によって生じた損害の賠償および借主が支出した費用の償還は、賃貸人・貸主が返還を受けた時から1年以内に請求しなければならない。したがって、②だけでなく①でも、Aは、甲土地の返還を受けた時から1年以内に請求しなければならない。

★　【参考正答率 9.7%】

問7　正解4　失踪宣告

　失踪者が生存すること、または、失踪宣告により死亡したものとみなされる時と異なる時に死亡したことの証明があったときは、家庭裁判所は、本人または利害関係人の請求により、失踪の宣告を取り消さなければならない。ただし、失踪宣告の取消しは、失踪の宣告後その取消し前に「善意でした行為」の効力に影響を及ぼさない。この「善意でした行為」とは、契約については、契約当時、当事者双方とも善意であることが必要である。したがって、Cが本件売買契約に基づき取得した甲土地の所有権をAに対抗できるのは、本件売買契約当時に、Aの生存について、「Bが善意でCが善意」である（ア）の場合だけである。

❗失踪宣告とは、不在者が一定の期間生死不明となっている場合に、その者を死亡したものとして扱う制度である。利害関係人の申立てを受けて家庭裁判所が失踪宣告をすると、その不在者は、死亡したものとみなされる。ただし、失踪宣告が取り消されると、その者を死亡したものとみなす効力が失われる。

本問は、正答率がきわめて低い問題です。試験対策上、覚える必要のない知識ですから、復習する必要はありません。

★　【参考正答率 41.4%】

問8　正解3　地上権・賃借権

参考 権利 L14

　地上権は、工作物（建物など）・竹木の所有を目的として土地を利用できる権利であり（地代の支払は必須ではない）、物権と呼ばれる権利の一種である。これに対して、賃借権のうち土地賃借権は、賃料を支払って土地を利用できる権利であり、債権とよばれる権利の一種である。両者は、土地利用権という点で共通するが、違いもある。

❗本問の本文で登場する「権原」とは、一定の法律行為などをすることを正当化する法律上

の原因のことをいい、「地上権」と「土地賃借権」は、土地を利用する「権原」の典型例である。

1 誤り。②の賃借権では、賃貸人は、特約がなくても、賃借人に対して、賃貸物の使用・収益に必要な修繕をする義務を負う。これに対して、①の地上権では、土地所有者である地上権設定者は、特約なしに、地上権者に対して、目的となる土地の使用・収益に必要な修繕をする義務を負わない。

2 誤り。②の賃借権では、賃借人は、賃貸人の承諾を得なければ、賃借権を譲渡できない。もし、賃借人がこれに違反して無断で賃借権を譲渡して第三者に賃借物の使用・収益をさせたときは、賃貸人は、賃貸借契約の解除ができるが、たとえ契約を解除しなくても、直接、賃借権の譲受人である第三者に対して賃借物の明渡しを請求できる。したがって、この場合、BはCに対して、甲土地の明渡しを請求できる。これに対して、①の地上権では、地上権者は、そもそも土地所有者（地上権設定者）の承諾なしに適法に地上権を譲渡できる。したがって、BはCに対して、甲土地の明渡しを請求できない。

3 正しい。抵当権の目的とすることができるのは、民法上は、①不動産（土地・建物）、②地上権、③永小作権のみである。したがって、Aは、①の地上権を目的とする抵当権は設定できるが、②の賃借権を目的とする抵当権は設定できない。

> ❶永小作権とは、小作料を支払って他人の土地で耕作・牧畜ができる権利であり、物権と呼ばれる権利の一種である。

4 誤り。土地の占有を第三者が妨害している場合には、①では、地上権者は、地上権に基づく妨害排除請求権を行使して土地の不法占拠者の妨害の排除を求めることができる。同様に、②でも、土地賃借人は、賃借権の登記または借地上の建物の自己名義の登記を備えている場合には、土地の占有を妨害している第三者に対して妨害の停止を求めることができる。

> イメージとしては、物権である地上権のほうが、債権である土地賃借権よりも強力です。たとえば、肢2のように、地上権については、土地賃借権と異なり、土地所有者（地上権設定者）の承諾なしに譲渡できます。

★ 【参考正答率 32.2%】

問9 正解 1 辞任 参考 権利 L9

ア 正しい。委任による代理権は、委任の終了によって消滅する。委任契約は、

各当事者がいつでもその解除をすることができる。報酬を受ける特約をしている場合でも、同様である。したがって、委任によって代理権を授与された者は、いつでも委任契約を解除して代理権を消滅させて、代理人を辞することができる。

❗委任の解除をした者は、相手方に不利な時期に委任を解除したなど一定の場合には、やむを得ない事由があったときを除き、相手方の損害を賠償しなければならない。

イ **誤り。**親権を行う父または母（親権者）は、やむを得ない事由があるときは、家庭裁判所の許可を得て、親権または管理権（子の財産の管理権）を辞することができる。「法務局に届出」を行うことによってできるのではない。

ウ **誤り。**後見人（成年後見人・未成年後見人）は、正当な事由があるときは、家庭裁判所の許可を得て、その任務を辞することができる。「後見監督人の許可」を得てできるのではない。

エ **誤り。**遺言執行者は、正当な事由があるときは、家庭裁判所の許可を得て、その任務を辞することができる。「相続人の許可」を得てできるのではない。

❗遺言執行者とは、遺言の内容を実現するため、相続財産の管理その他遺言の執行に必要な一切の行為をする権利義務を有する者をいう。遺言により指定されるが、遺言執行者がないとき、またはなくなったときは、家庭裁判所が、利害関係人の請求によって選任できる。

 記述イ・ウ・エは細かい内容ですから、本問を正解できなくても構いません。記述アを正しいと判断できれば十分です。

★★★ 【参考正答率 78.5%】

問10 正解 2 時効（取得時効） 参考 権利 L4

1 **誤り。**時効取得のための占有は、直接的なものだけでなく、間接的なものでもよい。本肢の場合には、Bは、Dという代わりの者を通じて間接的に甲土地を占有していることになるので、甲土地の占有を失わない。したがって、Bは、占有期間などの要件を満たせば、甲土地の所有権を時効取得できる。

2 **正しい。**占有権は、原則として、占有者が占有物の所持を失うことによって消滅する。ただし、占有を奪われた者が、占有回収の訴えを提起して勝訴し、現実にその物の占有を回復した場合には、占有が継続していたものとみなされる。したがって、Eに占有を奪われていた期間も時効期間に算入される。

❶占有回収の訴えとは、占有を奪われたときに、その物の返還と損害賠償を請求する訴えのことである。占有の訴え（占有権を守るために占有者が提起できる訴え）の1つである。

3 **誤り。**所有権の取得時効の成立要件の1つである占有における「所有の意思」の有無は、占有を取得した原因事実によって外形的客観的に定められる。本肢のように、甲土地を購入して、代金と引換えに甲土地の引渡しを受けたBには、外形的客観的に所有の意思が認められ、その後、BがAC間の売買などの事実を知ったとしても、これによって当然に所有の意思が認められなくなるわけではない。したがって、Bは、占有期間などの要件を満たせば、甲土地を時効取得できる。

4 **誤り。**時効取得した者は、時効完成前の第三者に対しては、登記がなくても、時効取得を対抗できる。したがって、Bが甲土地の所有権を時効取得した場合、Bは登記を備えなくても、その所有権を時効完成時において所有者であったCに対抗できる。

> 本問のBは甲土地の第一の買主ですが、Bのような所有権に基づいて不動産を占有する者についても、取得時効の適用があります。このような者でも、登記を備えていないために売買契約による所有権の取得を第三者に主張できない場合などがあるので、時効取得の主張も認められたほうがよいからです。なお、正解である肢2の内容はかなり細かいので、肢1・3・4を誤りと判断して、消去法で解答できれば十分です。

★★　**【参考正答率 62.2%】**

問11 正解 3 借地借家法（借地）　参考 権利L16

1 **誤り。**借地権の存続期間が満了する前に建物の滅失があった場合において、借地権者が借地権の残存期間を超えて存続すべき建物を築造したときは、その建物を築造することにつき借地権設定者の承諾がある場合に限り、借地権は、承諾があった日または建物が築造された日のいずれか早い日から20年間（残存期間がこれより長いとき、または当事者がこれより長い期間を定めたときは、その期間）存続する（建物の再築による借地権の期間の延長）。したがって、建物の築造について借地権設定者の承諾がない場合には、借地権の期間の延長の効果は生じない。

2 **誤り。**転借地権が設定されている場合においては、転借地権者がする建物の築造を借地権者がする建物の築造とみなして、借地権者と借地権設定者との間について建物の再築による借地権の期間の延長（肢1解説参照）や借地

契約の更新後の建物の滅失による解約等の規定が適用される。したがって、転借地上の建物が滅失したとしても、転借地権は当然には消滅せず、転借地権者（転借人）は建物を再築できる。

3　**正しい。**建物の再築による借地権の期間の延長などの規定に反する特約で借地権者に不利なものは、無効とされる。したがって、本肢のような「残存期間を超えて存続する建物を築造しない」旨の特約は無効である。

4　**誤り。**借地上の建物所有者は、借地権設定者に建物買取請求権を適法に行使した場合、買取代金の支払があるまでは建物の引渡しを拒むことができる。しかし、これに基づく敷地の占有については、不当利得として、借地権設定者に対して、その賃料相当額を支払う必要がある。

★★★　**【参考正答率 73.2%】**

問12　正解 1　賃貸借・借地借家法（借家）　参考　権利 L14・15

1　**誤り。**定期建物賃貸借契約を締結しようとするときは、建物の賃貸人は、あらかじめ、建物の賃借人に対し、契約の更新がなく、期間の満了によって終了することについて、その旨を記載した書面を交付（または、建物賃借人の承諾を得て、当該書面に記載すべき事項を電磁的方法で提供）して説明しなければならない。この書面は、賃貸借契約書とは別個独立の書面でなければならない。

2　**正しい。**建物賃借権は、①賃借権の登記、または②建物の引渡しを受けていれば、第三者に対抗できる。定期建物賃貸借契約であっても、同様である。したがって、建物賃借人Aは、「甲建物の引渡し」を受けているので、甲建物をBから購入したCに対して、賃借人であることを主張できる。

3　**正しい。**居住用建物（床面積 200㎡未満）の定期建物賃貸借において、転勤・療養・親族の介護等のやむを得ない事情により、賃借人が自己の生活の本拠として使用することが困難になったときは、賃借人は、解約を申し入れることができる。この規定に反する特約で建物の賃借人に不利なものは、無効である。したがって、Aに不利な「Aの中途解約を禁止する」特約があっても当該特約は無効であるので、Aは本件契約の解約の申入れができる。

4　**正しい。**賃貸人は、賃貸借が終了し、かつ、賃貸物の返還を受けたときは、賃借人に対し、受け取った敷金の額から賃貸借に基づいて生じた賃借人の賃貸人に対する債務の額を控除した残額を返還しなければならない。つまり、賃貸物の返還が先、敷金の返還が後である。したがって、Bは甲建物の返還

を受けるまでは、Aに対して敷金を返還する必要はない。

★★★ 【参考正答率 79.8%】

問13 正解 1 区分所有法

参考 権利 L19

1 誤り。管理者は、規約または集会の決議により、その職務に関し、区分所有者のために、原告または被告となることができるが、このうち規約により原告または被告となったときは、遅滞なく、区分所有者にその旨を通知しなければならない。

2 正しい。管理者がないときは、区分所有者の5分の1以上で議決権の5分の1以上を有するものは、集会を招集できる。ただし、この定数は、規約で減ずることができる。

3 正しい。集会において、管理者の選任・解任を行う場合、規約に別段の定めがない限り、区分所有者および議決権の各過半数で決する。

4 正しい。管理組合（区分所有法3条に規定する区分所有者の団体をいう）は、区分所有者および議決権の各4分の3以上の多数による集会の決議で法人となる旨、その名称・事務所を定め、かつ、その主たる事務所の所在地において登記をすることによって法人となる。

★★ 【参考正答率 71.3%】

問14 正解 2 不動産登記法

参考 権利 L11

1 正しい。所有権の移転の登記など権利に関する登記を申請する場合には、申請人は、法令に別段の定めがある場合を除き、その申請情報とあわせて登記原因を証する情報を提供しなければならない。

2 誤り。登記権利者および登記義務者が共同して権利に関する登記の申請をする場合には、申請人は、登記識別情報が通知されなかったなど一定の正当な理由がある場合を除き、その申請情報とあわせて登記義務者の登記識別情報を提供しなければならない。当該申請を登記の申請の代理を業とすることができる代理人（例．司法書士）によってする場合でも正当な理由があるとみなされるわけではなく、この場合でも、原則どおり、登記義務者の登記識別情報を提供することが必要である。

3 正しい。所有権の移転の登記の申請をする場合において、登記権利者（例．買主）が登記識別情報の通知を希望しない旨の申出をしたときは、当該登記に係る登記識別情報は通知されない。

4 正しい。所有権の移転の登記の申請をする場合において、その登記が完了した際に交付される登記完了証を送付の方法により交付することを求めるときは、その旨および送付先の住所を申請情報の内容としなければならない。

 肢3・4は、試験対策上、覚える必要のない知識です。肢1・2だけを復習しておきましょう。

★★★ 【参考正答率 83.1%】

問15 正解 3 都市計画法 参考 制限 L1

1 正しい。市街化区域については、都市計画に、少なくとも（＝必ず）用途地域を定める。

❶市街化調整区域については、都市計画に、原則として用途地域を定めない。

2 正しい。準都市計画区域については、都市計画に、特別用途地区を定めることができる。

3 誤り。高度地区については、都市計画に、「建築物の容積率」ではなく、建築物の高さの最高限度または最低限度を定める。

❶本肢は、「建築物の容積率の最高限度および最低限度」などを都市計画に定める「高度利用地区」とのひっかけである。

4 正しい。工業地域は、主として工業の利便を増進するため定める地域である。

★★ 【参考正答率 61.1%】

問16 正解 2 都市計画法 参考 制限 L2

1 誤り。開発行為を行う者は、原則として、都道府県知事の許可（開発許可）を受けなければならない。ただし、市街地再開発事業の施行として開発行為を行う者は、例外として、場所や規模に関係なく、開発許可を受ける必要はない。

2 正しい。駅舎その他の鉄道の施設、図書館、公民館、変電所、公園施設、博物館など一定の公益上必要な建築物の建築の用に供する目的で行われる開発行為を行う者は、例外として、場所や規模に関係なく、開発許可を受ける必要はない。

3 誤り。自己の業務用施設の建築目的で行う開発行為については、自己の居住用住宅の建築目的で行う開発行為と異なり、開発区域内に、建築基準法の

災害危険区域、地すべり等防止法の地すべり防止区域、土砂災害警戒区域等における土砂災害防止対策の推進に関する法律の土砂災害特別警戒区域などの開発行為を行うのに適当でない区域内の土地（いわゆる「災害レッドゾーン」）を含んではならないとする開発許可基準が適用される（災害レッドゾーンでの開発禁止の基準）。しかし、「土砂災害警戒区域内の土地」であれば、この基準に抵触しない。

❗近年、頻発・激甚化する自然災害の危険性の高いエリアで開発抑制を図るための開発許可基準である。

4 **誤り。**市街化調整区域における開発行為（主として第二種特定工作物の建設の用に供する目的で行う開発行為を除く）については、当該申請に係る開発行為およびその申請の手続が都市計画法33条の基準（技術基準）に定める要件に該当するほか、当該申請に係る開発行為が、都道府県知事が開発審査会の議を経て、開発区域の周辺における市街化を促進するおそれがなく、かつ、市街化区域内において行うことが困難または著しく不適当と認める開発行為などでなければ、都道府県知事は、開発許可をしてはならない。

★★★　【参考正答率 93.8%】

問17　正解 3　建築基準法　参考 制限 L 3・5

1 **誤り。**建築基準法の改正により、現に存する建築物が改正後の建築基準法の規定に適合しなくなった場合、その建築物のことを既存不適格建築物という。この既存不適格建築物には、原則として、改正後の建築基準法の規定は適用されない。したがって、当該建築物はただちに違反建築物となるわけではなく、原則として、改正後の建築基準法の規定に適合させる必要はない。

2 **誤り。**規模の大きい木造の建築物（木造の建築物で、①3階以上、②延べ面積500㎡超、③高さ13m超、④軒の高さ9m超のいずれかにあたるもの）や規模の大きい木造以外の建築物（木造以外の建築物で、①2階以上、②延べ面積200㎡超のいずれかにあたるもの）について大規模の修繕をする場合、場所に関係なく、建築確認が必要である。したがって、木造・木造以外のいずれであっても、「延べ面積が500㎡を超える」建築物については、建築確認が必要である。

3 **正しい。**地方公共団体は、その地方の気候・風土の特殊性または特殊建築物の用途・規模により、建築基準法の単体規定などのみによっては建築物の安全、防火または衛生の目的を充分に達し難いと認める場合においては、条

例で、建築物の敷地、構造または建築設備に関して安全上、防火上または衛生上必要な制限を付加できる。

4　**誤り。** 地方公共団体は、条例で、津波、高潮、出水などによる危険の著しい区域を災害危険区域として指定できる。この災害危険区域内における住居の用に供する建築物の建築の禁止その他建築物の建築に関する制限で災害防止上必要なものは、当該条例で定める。したがって、「一律に禁止」されるわけではない。

 肢3の内容は、かなり細かいので、覚える必要はありません。肢1・2・4を誤りと判断して、消去法で正解肢をあぶり出せれば十分です。

★　**【参考正答率 41.0%】**

問18　正解 3　建築基準法　参考 制限 L4

1　**誤り。** 神社・寺院・教会は、すべての用途地域内において建築できる。したがって、第一種低層住居専用地域内においても建築できる。

2　**誤り。** その敷地内に一定の空地を有し、かつ、その敷地面積が一定規模以上である建築物で、特定行政庁が交通上、安全上、防火上および衛生上支障がなく、かつ、その建蔽率、容積率および各部分の高さについて総合的な配慮がなされていることにより市街地の環境の整備改善に資すると認めて許可したものの「容積率または各部分の高さ」は、その許可の範囲内において、関係規定による限度を超えるものとすることができる（敷地内に広い空地を有する建築物の容積率等の特例）。ただし、「建蔽率」については、規制緩和の対象から除外されている。

❗総合設計制度という特別な制度に基づいて公開空地というオープンスペースを設けることの見返りとして、特定行政庁が容積率や高さの制限を緩和する規定である。本肢のように「建蔽率」が規制緩和の対象から除外されているのは、建築物の敷地面積に対する建築面積の割合である建蔽率を緩和することは、オープンスペースを設けて市街地の環境の整備改善を図ろうとする総合設計制度の趣旨に反するからである。

3　**正しい。** 都市計画区域・準都市計画区域の指定・変更などにより建築基準法第3章の規定（集団規定）が適用されるに至った際、現に建築物が立ち並んでいる幅員1.8ｍ未満の道で、あらかじめ、建築審査会の同意を得て特定行政庁が指定したものは、集団規定上の道路とみなされる。

❗集団規定が適用されたときにすでに建築物が立ち並んでいた幅員4ｍ未満の道で、特定

66

行政庁の指定したものは、集団規定上の道路とみなされるが、特定行政庁が、この規定により幅員1.8ｍ未満の道を指定する場合には、建築審査会の同意も必要ということになる。

4 誤り。第一種低層住居専用地域・第二種低層住居専用地域・田園住居地域内においては、建築物の高さは、一定の場合を除き、10ｍまたは12ｍのうち当該地域に関する都市計画において定められた建築物の高さの限度を超えてはならない。しかし、「第一種住居地域内」においては、この規定の適用はない。

肢2・3の正誤は、相当な実力者でも判断できません。肢1・4を誤りと判断して、正解は肢2・3のどちらかというところまで絞り込むことができれば、十分に合格レベルです。

★★★ 【参考正答率 94.0%】

問19 正解4 盛土規制法
参考 制限16

1 正しい。宅地造成等工事規制区域内の土地（公共施設用地を除く）において、地表水等を排除するための排水施設などの除却の工事（擁壁等に関する工事）を行う者は、宅地造成等に関する工事の許可を受けた者など一定の者を除き、その工事に着手する日の14日前までに、その旨を都道府県知事に届け出なければならない。

2 正しい。宅地造成等工事規制区域内において宅地以外の土地を宅地にするために行う盛土その他の土地の形質の変更で一定規模のもの（盛土・切土をする土地の面積が500㎡を超える場合や切土部分に生じる崖の高さが2ｍを超える場合など）については、「宅地造成」として、原則として、都道府県知事の許可（宅地造成等に関する工事の許可）が必要である。したがって、本肢の「森林を宅地にするために行う切土であって、高さ3ｍの崖を生ずることとなるものに関する工事」は「宅地造成」にあたり、工事主は、原則として、都道府県知事の許可を受けなければならない。

3 正しい。宅地造成等工事規制区域内の土地（公共施設用地を除く）の所有者、管理者または占有者は、宅地造成等（宅地造成等工事規制区域の指定前に行われたものを含む）に伴う災害が生じないよう、その土地を常時安全な状態に維持するように努めなければならない（土地の保全義務）。過去に宅地造成等に関する工事が行われ、現在は工事主とは異なる者がその工事が行

われた土地を所有している場合であっても、同様である。

4 誤り。「造成された盛土の高さが5m未満」であっても、盛土をした土地の面積が3,000㎡以上であるなど一定の基準に該当する一団の造成宅地の区域については、造成宅地防災区域として指定できる。

 肢4は、本来の「造成宅地防災区域の指定の基準」をひねってでっち上げた嘘の内容ですから、このひっかけ方自体を意識的に覚える必要はありません。とはいえ、肢1・2・3は基本的な内容ですから、消去法で正解できなければいけません。

★★★ **【参考正答率 91.4%】**

問20 正解 1 土地区画整理法　　参考 制限 L7

1 誤り。土地区画整理組合が施行する土地区画整理事業の場合、その組合の設立の認可の公告があった日後、換地処分の公告がある日までは、施行地区内において、土地区画整理事業の施行の障害となるおそれがある土地の形質の変更や建築物の新築等を行う者は、都道府県知事等（都道府県知事または市長）の許可を受けなければならない。「土地区画整理組合の許可」ではない。

2 正しい。換地処分は、原則として、換地計画に係る区域の全部について土地区画整理事業の工事が完了した「後」において、遅滞なく、しなければならない。ただし、土地区画整理組合の定款（土地区画整理組合が準拠すべき基本ルール）に別段の定めがある場合には、換地計画に係る区域の全部について工事が完了する「以前」においても換地処分をすることができる。

❗「規準、規約、施行規程」に別段の定めがある場合も同様である。なお、「定款」を含むこれらは、要するに「施行者が準拠すべき基本ルール」である。施行者の種類によって名前が異なり、①一人で施行する個人施行者と区画整理会社施行の場合は「規準」、②数人共同で施行する個人施行者の場合は「規約」、③組合施行の場合は「定款」、④公的施行の場合は「施行規程」となっている。試験対策上は、「施行者が準拠すべき基本ルール」に別段の定めがある場合と理解しておけば十分なので、それぞれを区別して覚える必要はない。

3 正しい。仮換地の指定を受けたことにより使用・収益することができる者のなくなった従前の宅地は、その処分により当該宅地を使用・収益することができる者のなくなった時から換地処分の公告がある日までは、施行者が管理する。

4 正しい。清算金の徴収・交付に関する権利義務は、換地処分の公告によっ

て換地についての所有権が確定することとあわせて、施行者と換地処分時点の換地所有者との間に確定的に発生するものである。したがって、換地処分後に行われた当該換地の所有権の移転に伴い当然に移転する性質を有するものではない。

肢4は、法令上の制限では珍しく、判例からの出題です。試験対策上覚える必要のない知識ですから、いわゆる捨て肢です。復習の際に、解説を読む必要もありません。

★ 【参考正答率 40.6%】

問21 正解 4 農地法

参考 制限 L8

1 誤り。農地の賃貸借は、その登記（賃借権の登記）がなくても、農地の引渡しがあったときは、その後農地の所有権を取得した第三者に対抗できる。しかし、農地の使用貸借にはこの規定の適用はないので、農地の引渡しがあっても、その後農地の所有権を取得した第三者に農地の使用貸借を対抗できない。

2 誤り。農地所有適格法人でない法人（一般の株式会社など）であっても、農地法3条の許可を受けて、耕作目的で農地を借り入れることができる。

3 誤り。農地法4条・5条の違反について原状回復等の措置命令の対象者（違反転用者等）には、当該規定に違反した者またはその一般承継人だけでなく、当該違反に係る土地について工事を請け負った者なども含まれる。

4 正しい。農地法の適用については、土地の面積は、登記簿の地積による。ただし、登記簿の地積が著しく事実と相違する場合および登記簿の地積がない場合には、実測に基づき、農業委員会が認定したところによる。

例年であれば得点しやすい農地法ですが、珍しく正答率が低い問題です。肢3・4は試験対策上は覚える必要のない知識なので、肢1・2を誤りと判断して、肢3・4の二択勝負まで持ち込むことができれば十分です。

★★★ 【参考正答率 95.4%】

問22 正解 3 国土利用計画法

参考 制限 L9

1 誤り。当事者の一方または双方が国や地方公共団体などである場合、事後届出は不要である。本肢では、地方公共団体であるA市が売主であるので、

Bは事後届出を行う必要はない

⚠ Bが宅建業者であることは、結論に影響しない。典型的な「ゆさぶりワード」である。

2 **誤り。** 事後届出にあたっては、土地の利用目的などだけでなく、土地に関する権利の移転・設定の対価の額についても、届け出なければならない。

3 **正しい。** 市街化区域を除く都市計画区域内（＝市街化調整区域・非線引区域内）の5,000㎡以上の土地について、土地売買等の契約を締結した場合、権利取得者は、原則として事後届出を行う必要があるが、この事後届出の面積要件は、買主などの権利取得者を基準に判断する。したがって、一団の土地である甲土地（面積3,500㎡）と乙土地（面積2,500㎡）の合計6,000㎡の土地を購入したEは、事後届出を行わなければならない。

⚠ 肢1と同様に、Eが宅建業者であることは、結論に影響しない。

4 **誤り。** 都道府県知事は、土地利用審査会の意見を聴いて、事後届出をした者に対し、当該事後届出に係る土地の利用目的について必要な変更をすべきことを勧告することができ、勧告を受けた者がその勧告に従わないときは、その旨および勧告の内容を公表できる。ただし、この場合でも、その勧告に反する土地売買等の契約は確定的に有効であり、都道府県知事がこれを取り消すことはできない。

正解の肢3は、一種の事例型問題です。勘違い防止のため、権利関係や宅建業法と同様に、問題文の余白に事例図をかいて検討しましょう。

★★ 【参考正答率 58.6%】

問23 正解 3 印紙税　　　　　　　　　　　　　参考 税他 L3

1 **誤り。** 契約の成立等を証明する目的で作成される文書は「契約書」に該当する。後で本契約書を作成するかどうかは関係ない。したがって、本肢の覚書には印紙税が課される。

2 **誤り。** 1通の契約書に複数の譲渡金額が記載されている場合、合計額が記載金額になる。したがって、本肢の契約書の記載金額は9,000万円である。

⚠ 1通の契約書に譲渡金額と請負金額が区分記載されている場合は、高いほうが記載金額になる。本肢のように複数の譲渡金額が記載されている場合と区別して覚えてほしい。

3 **正しい。** 覚書等の表題を用いて原契約書の内容を変更する文書を作成する場合、その覚書等に重要な事項が記載されていれば、印紙税が課される。契約期間は重要な事項なので、本肢の覚書には印紙税が課される。

4 誤り。駐車場の一定の場所に駐車することの契約書は、駐車場という施設の賃貸借契約書なので、印紙税が課されない。

> 肢4と異なり、駐車場としての設備のない更地を駐車する場所として貸し付ける場合の賃貸借契約書は、土地の賃借権の設定に関する契約書として印紙税が課されます。土地を貸すのか施設を貸すのかの違いです。

★★　【参考正答率 58.1%】

問24　正解 2　固定資産税　［参考］税他 L2

1 誤り。固定資産税の徴収方法は、普通徴収である。

2 正しい。縦覧期間は、毎年4月1日から、4月20日または当該年度の最初の納期限の日のいずれか遅い日以後の日までの間である。

土地価格等縦覧帳簿・家屋価格等縦覧帳簿の縦覧期間

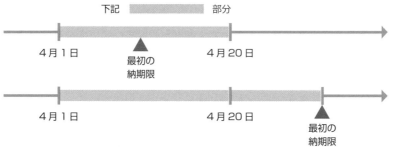

下記 ███████ 部分

4月1日　　最初の納期限　　4月20日

4月1日　　4月20日　　最初の納期限

3 誤り。固定資産税の賦課期日は、1月1日である。このことは、地方税法（つまり、国の法律）で定められている。「市町村の条例で定める」のではない。

4 誤り。固定資産税は、固定資産の所有者（質権または100年より永い存続期間の定めのある地上権の目的である土地については、その質権者または地上権者）に対して課税される。したがって、賃借権者には課されない。

★★★　【参考正答率 82.3%】

問25　正解 2　地価公示法　［参考］税他 L7

1 正しい。土地鑑定委員会は、標準地の単位面積当たりの正常な価格を判定したときは、すみやかに、標準地の単位面積当たりの価格等を官報で公示しなければならない。公示事項には、標準地の地積および形状も含まれる。

2 誤り。正常な価格とは、土地に建物その他の定着物がある場合には、当該

定着物が存しないものとして通常成立すると認められる価格をいう。「存するものとして」ではない。

3 　正しい。不動産鑑定士は、公示区域内の土地について鑑定評価を行う場合において、当該土地の正常な価格を求めるときは、公示価格を規準としなければならない。公示価格を規準とするとは、本肢後半のような方法で価格の均衡を保たせることをいう。

4 　正しい。公示区域とは、都市計画区域その他の土地取引が相当程度見込まれるものとして国土交通省令で定める区域（規制区域を除く）をいう。

★★ 【参考正答率 88.4%】

問26 　正解 **2** 　事務所　　　　　　　　　参考 業法 L2、5、12

1 　誤り。継続的に業務を行うことができる施設を有する場所で、宅建業に係る契約を締結する権限を有する使用人を置くものは、宅建業法上の「事務所」である。これに当たれば、「商業登記簿に登載されていない営業所」も事務所に該当する。また、支店もそこで宅建業を営んでいれば事務所に該当する。

2 　正しい。宅建業を営んでいない支店は、事務所に該当しない。

3 　誤り。事務所には、標識・報酬額の掲示や従業者名簿・帳簿の備付けが必要であるが、免許証の掲示は必要ない。

4 　誤り。宅建業者は、既存の事務所等が専任の宅建士の設置義務を満たさなくなったときは、2週間以内に必要な措置を執らなければならない。「30日以内」ではない。

★★ 【参考正答率 87.4%】

問27 　正解 **1** 　報酬に関する制限　　　　参考 業法 L16、17

1 　正しい。宅建業者は、依頼者の特別の依頼により行う遠隔地における現地調査に要する費用相当額を、媒介報酬とは別に受領することができる。

2 　誤り。通常の借賃の算定に当たっては、必要に応じて不動産鑑定業者の鑑定評価を求めることとされている。「求めなければならない」のではない。

3 　誤り。貸借の場合、依頼者双方から受領できる報酬の合計限度額は、借賃の 1.1 カ月分である。依頼者から承諾を得ても、1.1 カ月分を超えて受領することはできない。

4 　誤り。建物代金 220 万円には消費税等 20 万円が含まれるので、税抜きの代金額は土地 80 万円＋建物 200 万円＝ 280 万円である。400 万円以下の宅

地・建物なので、通常の報酬額に現地調査等の費用を加算すると、280万円 × 4％ + 2万円 = 13万2,000円に5万円を足した18万2,000円であるが、合計18万円が限度である。そうすると、AがBから受領できる報酬の限度額は、18万円に消費税10％を上乗せした19万8,000円になる。

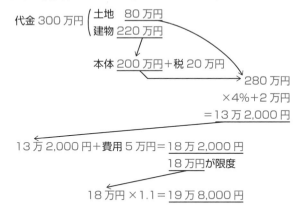

★★★ 【参考正答率 69.9％】

問28 正解 1 重要事項の説明 参考 業法L10

1 正しい。重要事項の説明は買主・借主・交換の当事者に対して行うものである。本肢の宅建業者は売主に対して説明等をする必要がなく、また、買主は自分自身である。したがって、本肢の宅建業者は、重要事項の説明義務や重要事項説明書の作成義務を負わない。

2 誤り。調査不足により重要事項説明書に事実と異なる内容を記載した場合、重要事項説明書の作成義務を果たしたことにならないので、意図的でなくても宅建業法違反となる。

3 誤り。重要事項の説明は買主・借主・交換の当事者に対して行うものなので、売主に対しては、重要事項の説明や重要事項説明書の交付をする必要がない。

4 誤り。重要事項説明書への記名や重要事項の説明は、宅建士が行う必要がある。しかし、重要事項説明書の作成を宅建士が行わなければならない旨の規定はない。

問29 正解 **3** 宅建士

参考 業法L4、5、18

1 正しい。登録を受けている者が、禁錮以上の刑に処せられ、その刑の執行を終わり、または執行を受けることがなくなった日から5年を経過しない者になった場合、本人は、その日から30日以内に、登録を受けた都道府県知事に届け出なければならない。

2 正しい。宅建士は、事務禁止処分を受けたときは、速やかに、宅建士証をその交付を受けた都道府県知事に提出しなければならない。これを怠ると、10万円以下の過料に処される。

3 誤り。宅建士証の更新の際には、登録をしている都道府県知事が指定する講習を受講しなければならない。「国土交通大臣が指定する講習」ではない。

4 正しい。宅建士は、宅建士の信用または品位を害するような行為をしてはならない。信用を害する行為には、職務に必ずしも直接関係しない行為や私的な行為も含まれる。

問30 正解 **3** 業務総合

参考 業法L12

ア 誤り。割賦販売とは、代金の全部または一部について、目的物の引渡し後1年以上の期間にわたり、かつ、2回以上に分割して受領することを条件として販売することをいう。「6か月以上」ではない。

イ 正しい。宅建業のうち、宅地・建物の売買契約の締結やその代理・媒介が特定取引とされている。

❶犯罪収益移転防止法における「特定取引」とは、顧客について本人確認等が必要になる取引のことである。

ウ 正しい。宅建業者は、その従業者に対し、その業務を適正に実施させるため、必要な教育を行うよう努めなければならない。

エ 正しい。宅建業者の使用人その他の従業者は、正当な理由がある場合でなければ、宅建業の業務を補助したことについて知り得た秘密を他に漏らしてはならない。

以上より、正しいものはイ、ウ、エの三つで、肢3が正解となる。

★★★ 【参考正答率 95.6%】

問31 正解 1 媒介契約

参考 業法L8

1 正しい。媒介価額に関する意見の根拠の明示は法律上の義務なので、そのために行った価額の査定等に要した費用は、依頼者に請求することができない。

2 誤り。媒介契約書面には、売買すべき価額を記載しなければならない。このことは、一般媒介契約でも変わりがない。

3 誤り。専任媒介契約の有効期間は、依頼者の申出により、更新することができる。ただし、更新の時から3カ月を超えることができない。したがって、「3か月を超える内容に定めることができる」とする本肢は誤り。

4 誤り。売買・交換の媒介契約を締結したときは、遅滞なく、依頼者に対し媒介契約書面を交付しなければならない。このことは、一般媒介契約でも変わりがない。

★ 【参考正答率 94.7%】

問32 正解 1 37条書面

参考 業法L11

1 誤り。1つの取引に複数の宅建業者が関与した場合、それぞれの宅建業者が37条書面の作成義務を負い、それぞれの宅建業者の宅建士が37条書面に記名しなければならない。したがって、Aの宅建士の記名も必要である。

2 正しい。宅建士は、取引の関係者から請求があったときは、宅建士証を提示しなければならない。

3 正しい。手付金等の保全措置の概要は、重要事項説明書の記載事項であるが、37条書面の記載事項ではない。

4 正しい。売買・交換の場合、種類・品質に関する契約不適合責任についての定めがあるときは、その内容を37条書面に記載しなければならない。

★ 【参考正答率 83.6%】

問33 正解 2 宅建士

参考 業法L4、5

ア 誤り。宅建業に係る営業に関し成年者と同一の行為能力を有する未成年者は、他の登録欠格要件に該当しなければ、登録を受けることができる。したがって、「登録は成年に達するまでいかなる場合も受けることができない」とする本肢は誤り。なお、宅建試験には受験資格の制限がないので、未成年者でも受験することができる点は正しい。

イ 誤り。登録をしている者は、登録をしている都道府県以外に所在する宅建業者の事務所の業務に従事し、または従事しようとするときは、登録の移転の申請をすることができる。登録の移転の申請は任意なので、「しなければならない」とする本問は誤り。

ウ 正しい。事務禁止処分を受け、その期間が満了していないときは、登録の移転を申請することができない。

エ 正しい。登録の移転の申請とともに宅建士証の交付の申請があったときは、移転後の都道府県知事は、前の宅建士証の有効期間が経過するまでの期間（＝前の宅建士証の有効期間の残り）を有効期間とする宅建士証を交付しなければならない。

以上より、正しいものはウ、エの二つで、肢2が正解となる。

★★ 【参考正答率 47.4%】

問34 正解 4 重要事項の説明 参考 業法L10

1 正しい。既存の建物の場合、1年以内に建物状況調査を実施しているかどうか、およびこれを実施している場合におけるその結果の概要を、重要事項として説明しなければならない。

2 正しい。宅地・建物が造成宅地防災区域内にあるときは、その旨を重要事項として説明しなければならない。

3 正しい。建物の場合、当該建物について、石綿の使用の有無の調査の結果が記録されているときは、その内容を重要事項として説明しなければならない。

4 誤り。建物の場合、当該建物（昭和56年6月1日以降に新築の工事に着手したものを除く）が一定の耐震診断を受けたものであるときは、その内容を重要事項として説明しなければならない。「その旨」ではない。

★★ 【参考正答率 90.5%】

問35 正解 4 重要事項の説明・37条書面 参考 業法L10、11、12

1 誤り。従業者は、取引の関係者の請求があったときは、従業者証明書を提示しなければならない。従業者名簿や宅建士証の提示で代えることはできない。

2 誤り。相手方が宅建業者である場合、宅建士が記名した重要事項説明書を交付すれば足り、説明は不要である。したがって、Bが宅建業者である場合

にも説明が必要とする本問は誤り。

3 誤り。重要事項の説明は、売買・交換・貸借の契約が成立するまでの間に行わなければならない。「契約が成立したとき」ではない。

4 正しい。37条書面は契約の当事者に交付しなければならず、相手方が宅建業者であるか否かは関係がない。したがって、Fは、買主Gが宅建業者か否かに関係なく、Gに37条書面を交付しなければならない。

問36 正解 **1** 重要事項の説明 　参考 業法L10

1 正しい。既存建物の売買・交換の場合、設計図書、点検記録その他の建物の建築および維持保全の状況に関する書類の保存状況を、重要事項として説明しなければならない。検査済証もこの説明義務の対象に含まれる。そして、検査済証がない場合は、その旨を説明しなければならない。

2 誤り。代金の額等は、重要事項として説明する必要がない。

3 誤り。本肢の図面（水害ハザードマップ）に宅地・建物の位置が表示されているときは、当該図面における当該宅地・建物の所在地を重要事項として説明しなければならない。図面が存在していることの説明では足りない。

4 誤り。宅地・建物の引渡しの時期は、重要事項として説明する必要がない。

代金の額等（肢2）、引渡しの時期（肢4）、移転登記の申請の時期は、重要事項の説明の対象に含まれていません。よく出題されるので、必ず覚えましょう。

問37 正解 **2** 広告に関する規制 　参考 業法L9

ア 正しい。当初の建築確認を受けた後、変更の確認の申請書を建築主事へ提出している期間、または提出を予定している場合においては、変更の確認を受ける予定である旨を表示し、かつ、当初の確認の内容も当該広告にあわせて表示すれば、変更の確認の内容を広告することができる。

❗変更後の内容について建築確認をまだ受けていなくても、本肢のような表示をすれば、変更の確認の内容を広告することができる（広告開始時期制限に反しない）。

イ 誤り。宅建業法は誇大広告等をすること自体を禁止しているので、問合せや申込みがなかったとしても、誇大広告等の禁止の規定に違反する。

ウ 正しい。同じ物件について数回の広告を行うときでも、毎回、取引態様の

別を明示しなければならない。また、広告をするときに明示していても、注文を受けたときに改めて明示しなければならない。

以上より、正しいものはア、ウの二つで、肢2が正解となる。

問38 正解 4 クーリング・オフ　　参考 業法L13

1 誤り。宅地・建物の引渡しを受け、かつ、その代金の全部を支払ったときは、クーリング・オフをすることができなくなる。したがって、引渡しを受けただけでクーリング・オフできなくなるとする本肢は誤り。

2 誤り。クーリング・オフ制度は自ら売主制限なので、買主が宅建業者の場合には適用されない。

3 誤り。買受けの申込みと売買契約の締結の場所が異なる場合には、買受けの申込みの場所を基準にクーリング・オフの可否を判断する。本肢の場合、喫茶店で買受けの申込みがされているので、クーリング・オフ制度の適用がある。

4 正しい。クーリング・オフがされた場合、宅建業者は、速やかに、買受けの申込みまたは売買契約の締結に際し受領した手付金その他の金銭を返還しなければならない。

 本問の正誤には影響しませんが、買主の自宅・勤務場所は、買主がそこで説明を受ける旨を申し出た場合には「事務所等」に該当します。しかし、肢3では売主が申し出ているので「事務所等」に該当しません。

問39 正解 4 弁済業務保証金　　参考 業法L7

1 誤り。保証協会は、認証に係る事務を処理する場合には、認証申出書の受理の順序に従ってしなければならない。「取引が成立した時期の順序」ではない。

2 誤り。弁済業務保証金の供託は、法務大臣および国土交通大臣の定める供託所（東京法務局）にしなければならない。

3 誤り。弁済業務保証金分担金は、金銭で納付しなければならず、有価証券で納付することはできない。

4 正しい。弁済業務保証金から還付を受けることができる者には、社員が社

員となる前にその者と宅建業に関し取引をした者が含まれる。

★★ 【参考正答率 53.9%】

問40 正解 2 重要事項の説明 参考 業法 L10

ア 違反する。IT重説は、図面等の書類および説明の内容について十分に理解できる程度に映像を視認できる環境で行わなければならない。したがって、映像を見ることができない環境において電話で説明することは、宅建業法の規定に違反する。

イ 違反する。自ら貸借は宅建業に該当しないので、貸主は重要事項の説明義務を負わず、本問で重要事項の説明義務を負うのは、媒介業者のみである。したがって、媒介業者が重要事項説明書を作成し、媒介業者の宅建士が記名して、媒介業者の宅建士が説明しなければならない。

ウ 違反しない。宅建士が重要事項説明書に記名して説明をし、宅建士証の提示も行っているので、宅建業法の規定に違反しない。

エ 違反しない。宅建士が記名した重要事項説明書をあらかじめ交付（電磁的方法による提供を含む）したうえで、テレビ会議を用い、映像や音声の状況を確認し、宅建士証を提示して相手方が画面上で視認できたことを確認しているので、IT重説に必要な手順を踏んでいる。

以上より、違反しないものはウ、エの二つで、肢2が正解となる。

★★ 【参考正答率 81.0%】

問41 正解 2 営業保証金・弁済業務保証金 参考 業法 L6、7

ア 誤り。免許が取り消された場合、公告をした上で、営業保証金を取り戻すことができる。本肢のような制限はない。

イ 正しい。宅建業者は、営業保証金が還付されたため不足額を供託すべき旨の通知書の送付を受けたときは、その送付を受けた日から2週間以内に不足額を供託しなければならない。

ウ 正しい。保証協会の社員は、苦情の解決に関し説明や資料の提出の求めがあったときは、正当な理由がある場合でなければ、これを拒んではならない。

エ 誤り。弁済業務保証金からの還付額の限度は、当該社員が社員でないとしたならばその者が供託すべき営業保証金の額に相当する額の範囲内(つまり、営業保証金の場合と同じ額)である。

以上より、誤っているものはア、エの二つで、肢2が正解となる。

問42 正解 2 媒介契約

参考 業法 L8

1 **誤り。**専属専任媒介契約を締結した場合、宅建業者は、依頼者に対し、1週間に1回以上、業務の処理状況を報告しなければならない。「2週間に1回以上」は、専属専任媒介契約ではない専任媒介契約の場合である。

2 **正しい。**宅建業者は、売買すべき価額または評価額について意見を述べるときは、その根拠を明らかにしなければならない。そして、根拠の明示方法には特に制限がなく、口頭でも書面でもかまわない。

3 **誤り。**専任媒介契約の有効期間は3カ月を超えることができず、例外はない。

4 **誤り。**専任媒介契約の場合、指定流通機構に登録をした宅建業者は、登録を証する書面を遅滞なく依頼者に引き渡さなければならない。引渡しの依頼の有無は関係がない。

問43 正解 2 自ら売主制限

参考 業法 L14、15

1 **正しい。**宅建業者が自ら売主となる宅地・建物の売買契約の場合、手付は解約手付になり、買主に不利な特約は無効である。したがって、売主が契約の履行に着手するまでは、買主は手付を放棄して契約の解除をすることができる。

2 **誤り。**宅建業者が自ら売主となる宅地・建物の売買契約の場合、種類・品質に関する契約不適合責任に関し買主に不利な特約は、原則として無効である。例外は、通知期間を引渡しの日から2年以上とする特約である。したがって、本肢のように「引渡しの日から1年間」とする特約はすることができない。

3 **正しい。**宅建業者が自ら売主となる宅地・建物の売買契約の場合、損害賠償額の予定と違約金の合算額は、代金額の10分の2を超えてはならない。したがって、本問のように代金額2,500万円の10分の2である500万円と設定することはできる。

4 **正しい。**宅建業者が自ら売主となる宅地・建物の割賦販売の場合、宅地・建物を買主に引き渡し、かつ、代金の額の10分の3を超える額の金銭の支払を受けた後は、担保の目的で当該宅地・建物を譲り受けてはならない。

★★ 【参考正答率 98.4%】

問44 正解 4 37条書面

参考 業法 L11

1 違反しない。37条書面は契約の当事者に交付しなければならないが、契約に関与した宅建業者に交付することは特に禁止されていない。したがって、買主Bに加え代理をしたCに交付しても、宅建業法の規定に違反しない。

2 違反しない。37条書面を交付する者に関しては特に制限がないので、宅建士でない従業員が交付してもかまわない。

3 違反しない。貸借の場合、借賃以外の金銭の授受に関する定めがあるときは、その額・授受時期・授受目的を37条書面に記載しなければならない。

4 違反する。宅建業者は、37条書面を作成して、契約の当事者に交付しなければならない。したがって、交付をしなかったことは宅建業法の規定に違反する。

★★ 【参考正答率 82.3%】

問45 正解 3 住宅瑕疵担保履行法

参考 業法 L19

1 誤り。住宅販売瑕疵担保保証金の供託または住宅販売瑕疵担保責任保険契約の締結をする義務を負うのは、宅建業者が自ら売主として宅建業者でない買主との間で新築住宅の売買契約を締結し、引き渡す場合である。買主も宅建業者である場合には、上記の義務を負わない。

2 誤り。住宅販売瑕疵担保責任保険契約は、新築住宅の引渡し時から10年以上有効でなければならず、本問のような例外はない。

3 正しい。宅建業者は、基準日から3週間を経過する日までの間において、当該基準日前10年間に自ら売主となる売買契約に基づき宅建業者でない買主に引き渡した新築住宅（住宅販売瑕疵担保責任保険契約に係る新築住宅を除く）について、住宅販売瑕疵担保保証金の供託をしていなければならない。

❗簡単にいえば、供託は基準日から3週間以内に行わなければならず、供託額は過去10年間に引き渡した新築住宅の数で決まるのである。

4 誤り。宅建業者は、基準日において住宅販売瑕疵担保保証金の額が当該基準日に係る基準額を超えることとなったときは、宅建業の免許を受けた国土交通大臣または都道府県知事の承認を受けて、その超過額を取り戻すことができる。

問46　正解 **1**　住宅金融支援機構　参考 税他 L9

1　**誤り。** 機構は、住宅の建設・購入資金についてだけではなく、住宅の建設に付随する土地・借地権の取得資金や、住宅の購入に付随する土地・借地権の取得または住宅の改良資金についても、その貸付債権の譲受けを業務として行っている。

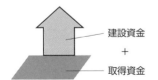
建設資金
＋
取得資金

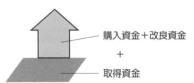
購入資金＋改良資金
＋
取得資金

2　**正しい。** 団体信用生命保険業務では、貸付けを受けた者が死亡した場合や重度障害の状態になった場合に、保険金を当該貸付けの弁済に充当することができる。

3　**正しい。** 証券化支援事業（買取型）において譲受けの対象となる貸付債権の償還方法には、元利均等と元金均等がある。

4　**正しい。** 機構は、証券化支援事業（買取型）において、ＭＢＳを発行して債券市場から資金を調達している。

問47　正解 **4**　不当景品類及び不当表示防止法　参考 税他 L10

1　**誤り。** 徒歩所要時間は、道路距離 80 メートルにつき１分間で、１分未満の端数は１分として算出（端数切り上げ）しなければならない。端数切捨てではない。

2　**誤り。** 物件は存在するが、実際には取引の対象となり得ない物件に関する表示は、おとり広告に該当する。したがって、本肢の契約済みの物件の広告は、おとり広告として不当表示になる。

3　**誤り。** 住戸により管理費の額が異なる場合において、そのすべての住宅の管理費を示すことが困難であるときは、最低額および最高額のみで表示することができる。最高額のみでは足りない。

4　**正しい。** 建築条件付土地の取引については、当該取引の対象が土地である旨ならびに当該条件の内容および当該条件が成就しなかったときの措置の内容を明示して表示しなければならない。

★

問48 正解なし 統計

※統計問題は、出題時の数値をそのまま掲載しています。内容を覚える必要はありません。

また、本試験で正解なしとされましたが、そのまま掲載しています。

1 誤り。令和3年の新設住宅着工戸数は、前年比で、持家、貸家および分譲住宅が増加した。したがって、「貸家及び分譲住宅は前年比で減少した」とする本肢は誤り。

2 誤り。令和3年1月以降の住宅地の地価は、三大都市圏および地方圏のいずれにおいても上昇した。したがって、三大都市圏では下落したとする本肢は誤り。

3 誤り。令和3年の全国の土地取引件数は約133万件となり、ほぼ横ばい(若干の増加)である。したがって、令和元年以降減少が続いているとする本肢は誤り。

4 誤り。全国の商業用不動産総合の季節調整値は、令和3年の第2四半期においては対前期比減となっている。

★★ 【参考正答率 94.1%】

問49 正解 2 土地

1 適当。台地の上の浅い谷は、豪雨時には一時的に浸水することがあり、注意を要する。

2 最も不適当。低地は、一般に洪水や地震、津波、高潮に対して弱く、防災的見地からは住宅地として好ましくない。

3 適当。埋立地は、平均海面に対し4〜5mの比高があり護岸が強固であれば、宅地としての利用も可能である。

4 適当。国土交通省ハザードマップポータルサイトでは、洪水、土砂災害、高潮、津波のリスク情報などを地図や写真に重ねて表示することができる。

★ 【参考正答率 91.5%】

問50 正解 4 建物

1 適当。木構造(木造)は、主要構造を木質系材料で構成するもので、在来軸組構法での主要構造は、一般に軸組、小屋組、床組からなる。

2 適当。在来軸組構法の軸組は、通常、水平材である土台、桁、胴差と、垂

直材の柱および耐力壁からなる。

3 **適当。**小屋組とは、屋根の骨組のことをいう。小屋梁、小屋束、母屋、垂木等の部材を組み合わせた和小屋と、陸梁、束、方杖等の部材で形成するトラス構造の洋小屋がある。

4 **最も不適当。**真壁のみで構成するのは和風構造、大壁のみで構成するのは洋風構造であり、本肢は逆の記述である。また、これらを併用していることが多いので、「これらを併用する場合はない」とする点も誤り。

❶内壁で、柱が見えるのが真壁、柱が見えないのが大壁である。

令和3年度
解答＆解説

令和3年度　解答＆出題テーマ一覧

科目	問題	解答	テーマ
権利関係	1	1	賃貸借・留置権
	2	2	連帯債務
	3	4	委任・賃貸借・売買・使用貸借
	4	1	相続
	5	4	制限行為能力者
	6	2	債権譲渡
	7	3	売主の担保責任・債務不履行
	8	1	不法行為
	9	1	相続
	10	2	選択債権
	11	3	借地借家法（借地）
	12	2	賃貸借・借地借家法（借家）
	13	4	区分所有法
	14	3	不動産登記法
法令上の制限	15	3	都市計画法
	16	2	都市計画法
	17	4	建築基準法
	18	2	建築基準法
	19	4	盛土規制法
	20	3	土地区画整理法
	21	3	農地法
	22	4	国土利用計画法
税・その他	23	1	所得税
	24	1	不動産取得税
	25	3	不動産鑑定評価基準

科目	問題	解答	テーマ
宅建業法	26	2	重要事項の説明
	27	4	免許の基準
	28	4	宅建士登録
	29	4	その他の業務上の規制
	30	2	広告に関する規制等
	31	3	弁済業務保証金
	32	1	宅建業とは
	33	1	重要事項の説明
	34	2	営業保証金
	35	3	宅建士
	36	1	重要事項の説明
	37	3	37条書面等
	38	4	媒介契約
	39	1	クーリング・オフ
	40	3	その他の業務上の規制等
	41	1	37条書面
	42	2	自ら売主制限総合
	43	4	その他の業務上の規制
	44	2	報酬額に関する制限
	45	3	住宅瑕疵担保履行法
税・その他	46	1	住宅金融支援機構
	47	2	不当景品類及び不当表示防止法
	48	3	統計
	49	4	土地
	50	3	建物

合格ライン

合格点	科目別 目安得点			
	権利関係 (問1〜問14)	宅建業法 (問26〜問45)	法令上の制限 (問15〜問22)	税その他 (問23〜問25、問46〜問50)
34 / 50	8 / 14	16 / 20	5 / 8	5 / 8

あなたの得点

得点	科目別 得点			
	権利関係 (問1〜問14)	宅建業法 (問26〜問45)	法令上の制限 (問15〜問22)	税その他 (問23〜問25、問46〜問50)
/ 50	/ 14	/ 20	/ 8	/ 8

令和3年度10月実施試験　試験講評

　2年連続でコロナ禍の中で実施されたが、前年度の受験自粛の反動から申込者が急増した。まず形式面では、得点しにくい個数問題が、前年度から2問増えて6問となった。次に内容面では、全体として例年よりかなり難しくなった。科目別にみると、権利関係は、近年の民法改正点からの出題が多かったが、予想していても高得点は困難であった。宅建業法は、例年より正答率が大きく下がった。とはいえ、合格者・不合格者の正答率の差は前年度よりも拡大した。法令上の制限は、都市計画法と建築基準法で得点が見込めない大波乱であり、税・その他のうちの税・価格も、難問が目立った。例年並のレベルといえるのは、5問免除だけである。したがって、宅建業法を中心に、取れる問題をどれだけ守りきったかで、合否が分かれたといえる。

問1　正解 1　賃貸借・留置権　

1　正しい。留置権とは、たとえば、自動車修理工場が修理代金を受け取るまで、修理した自動車を預かっておく場合のように、他人の物の占有者（修理工場）は、その物に関して生じた債権（修理代金債権＝被担保債権）を有するときは、その債権の弁済を受けるまで、その物（自動車）を留置することができる権利のことである。判決文は、「賃貸人は、特別の約定のないかぎり、賃借人から家屋明渡を受けた後に前記の敷金残額を返還すれば足りる」としている。このように賃借人の家屋明渡債務が賃貸人の敷金返還債務に対し先履行の関係に立つと解する場合には、家屋の明渡しまでは敷金返還請求権は発生しない。したがって、被担保債権（＝敷金返還請求権）は存在しないのだから、賃借人は賃貸人に対し家屋につき留置権を取得する余地はない。

2　誤り。売買のように、契約当事者が互いに対価的な関係にある債務（売主の目的物引渡債務と買主の代金債務）を負担している契約を双務契約という。これに対し、敷金契約は、賃貸借契約に附随するものであるが、賃貸借契約そのものではない。したがって、賃貸借の終了に伴う賃借人の家屋明渡債務と賃貸人の敷金返還債務とは、一個の双務契約によって生じた対価的債務の関係にはない。

3　誤り。本問の前提となる判例によれば、賃貸借における敷金は、賃貸借の終了後家屋の明渡しまでに生ずる賃料相当額の損害金債権その他賃貸借契約により賃貸人が賃借人に対して取得することのある一切の債権を担保するものであり、賃貸人は、賃貸借の終了後家屋の明渡しがされた時においてそれまでに生じた被担保債権を控除してなお残額がある場合に、その残額につき返還義務を負担する。したがって、賃貸人は、賃貸借終了後明渡しまでに生じた債権を敷金から控除できる。

4　誤り。本問のように、賃貸借の終了に伴う賃借人の家屋明渡債務と賃貸人の敷金返還債務の間に同時履行の関係を肯定すると、賃貸借終了後明渡しまでに生じた債権を敷金から控除できない。したがって、家屋の明渡しまでに賃貸人が取得することのある一切の債権を担保することを目的とする敷金の性質に適合しない。

本問では、判決文にある「家屋明渡債務と敷金返還債務とは同時履行の関係にたつものではない」と、肢3の「敷金は、賃貸借の終了後家屋の明渡までに生ずる賃料相当額の損害金債権その他賃貸借契約により賃貸人が賃借人に対して取得することのある一切の債権を担保する」という知識を身に付けてください。

★★★　【参考正答率 70.3%】

問 2　正解 2　連帯債務

参考 権利 L13

1　**正しい。**連帯債務者の1人に対する請求の効力は、債権者および他の連帯債務者の1人が別段の意思を表示したときを除き、他の連帯債務者に及ばない（相対効）。同様に、裁判上の請求に関する時効の完成猶予・更新の効力も他の連帯債務者に生じない。したがって、DがAに対して裁判上の請求を行ったとしても、BとCの債務の消滅時効の完成には影響しない。

2　**誤り。**連帯債務者の1人が債権者に対して債権を有する場合において、その債権を有する連帯債務者が相殺を援用しない間は、その連帯債務者の負担部分の限度において、他の連帯債務者は、債権者に対して債務の履行を拒むことができる。しかし、他の連帯債務者は、その債権で相殺することはできない。したがって、Cは、Bの負担部分（300万円×1/3＝100万円）の限度で、Dに債務の履行を拒むことができるが、Bの債権で相殺することはできない。

3　**正しい。**連帯債務者の1人に対する免除の効力は、債権者および他の連帯債務者の1人が別段の意思を表示したときを除き、他の連帯債務者に及ばない（相対効）。したがって、Dは、AおよびBに対して、300万円全額の支払を請求することができる。

4　**正しい。**連帯債務者の1人と債権者との間に更改があったときは、債権は、すべての連帯債務者の利益のために消滅する（絶対効）。更改とは、新たな債務を成立させ、従来の債務を消滅させる契約をいう。たとえば、本問のDとAの間で、300万円の連帯債務を消滅させる代わりに、Aの土地の所有権をDに移転させる債務を成立させるような場合である。

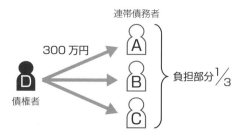

連帯債務者

300万円

債権者

負担部分1/3

連帯債務者の1人について生じた事由は、原則として、他の債務者に影響しません（相対効）。これに対して、連帯債務者の1人について、①弁済等、②更改、③相殺、④混同があったときは、他の債務者に影響します（絶対効）。なお、相対効とされている事由について、債権者および他の連帯債務者が特約をしたときは、当該他の連帯債務者に対する効力は、その特約に従います。

★★★ 【参考正答率 59.0%】

問3 正解4 委任・賃貸借・売買・使用貸借 参考 権利L9、14

ア 誤り。委任は、委任者が法律行為（契約の締結など）をすることを受任者に委託し、準委任契約とは、土地の管理の委託などの法律行為以外の事務を委託する場合に結ぶ契約である。委任契約と準委任契約は、法律上は同じに扱う。そして、準委任契約は、契約当事者（委任者・受任者）の死亡によって終了する。したがって、受任者Aの相続人は、特段の合意がなければ、Aが委託された清掃業務を行う義務を負わない。

イ 誤り。賃貸借契約は、契約当事者（賃貸人・賃借人）の死亡によって終了しない。この場合、契約当事者の地位は、その相続人が承継する。したがって、賃貸人Aの相続人は、賃借人Cとの賃貸借契約をAの死亡を理由に解除することはできない。

ウ 誤り。売買契約は、契約当事者（売主・買主）の死亡によって終了しない。この場合、契約当事者の地位は、その相続人が承継する。したがって、売主Aの相続人が売主の地位を承継し、売買契約は無効とならない。

エ 誤り。使用貸借契約は、借主の死亡によって終了する。したがって、借主Aの相続人は、特段の合意がなければ、借主の地位を相続して建物を使用することはできない。なお、使用貸借契約は、貸主の死亡によって終了しない。

記述アに関連して、代理において本人・代理人の死亡により、代理権は消滅することも併せて覚えましょう。また、記述イとエについては、借主の相続人は、「賃借権は相続するが、使用借権は相続しない」とまとめて覚えましょう。

★★ 【参考正答率 33.8%】

問4 正解 1 相続 参考 権利 L20

1 正しい。配偶者居住権の存続期間は、配偶者の終身の間となる。ただし、遺産の分割の協議・遺言に別段の定めがあるときには、その定める期間となる。この場合、配偶者居住権は、その期間が満了することによって消滅し、その延長や更新はできない。

2 誤り。配偶者居住権を取得した配偶者は、居住建物の所有者の承諾を得なければ、第三者に居住建物の使用・収益をさせることができない。したがって、Bは、建物の所有者の承諾を得なければ、第三者に建物を賃貸できない。

3 誤り。配偶者居住権は、配偶者の死亡によって消滅する。したがって、Bの相続人Cは、配偶者居住権を相続しない。

4 誤り。配偶者居住権は、その登記がなければ、第三者に対抗することができない。したがって、Bは、配偶者居住権の登記をしなければDに対抗することができない。

★★★ 【参考正答率 93.1%】

問5 正解 4 制限行為能力者 参考 権利 L2

1 誤り。年齢18歳をもって成年とするので、18歳未満の者は、未成年者である。未成年者が契約をするには、単に権利を得または義務を免れる場合などを除き、親権者など法定代理人の同意を得なければならない。したがって、15歳の者は、成年ではなく、その時点で法定代理人の同意なしに携帯電話サービスの契約や不動産の賃貸借契約を締結することはできない。なお、15歳に達した者は、遺言をすることができる。

2 誤り。養育費（子の監護に要する費用）とは、子どもの監護や教育のために必要な費用のことをいう。一般的には、子どもが「経済的・社会的に自立するまで」に要する費用を意味し、衣食住に必要な経費、教育費、医療費などがこれに当たる。この養育費を何歳まで支払うかは、民法には規定されていないが、一般的には「子どもが独立するまで」とされている。たとえば、

18歳で高校を卒業して就職すれば、独立したとみなされるので養育費を支払う必要は無くなったといる。しかし、大学に進学した場合は、卒業する22歳までは独立したとはいえない。したがって、一律に「子供が成年（18歳）に達したとき」に当然に養育費の支払義務が終了するわけではない。

3 **誤り。**営業を許された未成年者は、その営業に関しては成年者と同一の行為能力を有する。したがって、未成年者が許された営業に関して行った契約については、法定代理人が取り消すことはできない。これに対して、未成年者が法定代理人の同意なしに許された営業に関係なく行った契約については、法定代理人は、単に権利を得または義務を免れる場合を除き、取り消すことができる。したがって、本問の法定代理人は、負担付贈与を取り消すことができる。

4 **正しい。**意思能力のない状態で行った契約は、無効である。後見開始の審判を受けているか否かに関係はない。

 肢1に関連して、成年年齢（18歳）と遺言年齢（15歳）は併せて覚えましょう。肢2は細かい知識ですから、一読したら先に進んでください。

★★★ 【参考正答率 70.0%】

問6 正解2 債権譲渡

参考 権利 L6

1 **正しい。**譲渡制限の意思表示がある債権の譲渡は、原則として有効である。そして、債務者は、譲渡制限の意思表示がされた債権が譲渡されたときは、その債権の全額に相当する金銭を供託所に供託することができる。

2 **誤り。**債権が譲渡された場合、その意思表示の時に債権が現に発生していないときは、譲受人は、発生した債権を当然に取得する。

3 **正しい。**債務者は、譲渡制限の意思表示について悪意または善意重過失の譲受人に対しては、原則として、その債務の履行を拒むことができ、かつ、譲渡人に対する弁済その他の債務を消滅させる事由をもって譲受人に対抗することができる。

4 **正しい。**債権譲渡（現に発生していない債権の譲渡を含む）は、譲渡人が債務者に通知をし、または債務者が承諾をしなければ、債務者に対抗することができない。これに対して、債権の二重譲渡が行われた場合の各譲受人など債務者以外の第三者に対しては、確定日付のある証書によって債権譲渡の通知または承諾をしなければ、債権譲渡を対抗することができない。

本問は、近年の改正を含む債権譲渡に関する基礎的な知識を問う問題です。肢4については、債務者に対する対抗要件（通知と承諾）と第三者に対する対抗要件（確定日付ある証書による通知と承諾）を分けて覚えましょう。

★★★ 【参考正答率 86.2%】

問7 正解3 売主の担保責任・債務不履行 参考 権利 L8、7

1　正しい。 引き渡された目的物が種類、品質または数量に関して契約の内容に適合しないもの（契約不適合）であるときは、買主は、売主に対し、目的物の修補、代替物の引渡しまたは不足分の引渡しによる履行の追完を請求することができる（買主の追完請求権）。したがって、BはAに対して、甲自動車の修理を請求できる。なお、不適合が買主の責めに帰すべき事由によるものであるときは、買主は、履行の追完の請求をすることができない。

2　正しい。 引き渡された目的物が契約不適合である場合において、買主が相当の期間を定めて履行の追完の催告をし、その期間内に履行の追完がないときは、買主は、その不適合の程度に応じて代金の減額を請求することができる。ただし、履行の追完が不能であるなど一定の場合は、買主は、催告をすることなく、直ちに代金の減額を請求できる。したがって、甲自動車に契約の内容に適合しない修理不能な損傷がある＝履行の追完が不能である場合、BはAに対して、（催告をすることなく、直ちに）売買代金の減額を請求できる。

3　誤り。 債権者は、債務者がその債務を履行しない場合には、相当の期間を定めて履行を催告し、その期間内に履行がないときでなければ、債務不履行を理由に契約を解除することができない。ただし、債務の全部の履行が不能である場合には、催告をすることなく、直ちに契約の解除をすることができる。したがって、甲自動車の修理が可能な場合には、BはAに対して、履行の催告として修理を請求したうえでなければ、本件契約の解除をすることができない。

4　正しい。 売買の目的について権利を主張する者があるなどの事由により、買主がその買い受けた権利の全部・一部を取得することができず、または失うおそれがあるときは、買主は、売主が相当の担保を供したときを除き、その危険の程度に応じて、代金の全部・一部の支払を拒むことができる。

見慣れない中古自動車の売買の事例なので面食らいますが、中古の別荘の売買を念頭におけば理解しやすい問題といえます。いずれの内容も近年の改正も含む基本的な知識を問う問題です。

★★★ 【参考正答率 92.6%】

問8 正解 1 不法行為

参考 権利 L17

1 誤り。土地の工作物の設置・保存に瑕疵があることによって他人に損害を生じたときは、その工作物の占有者は、被害者に対してその損害を賠償する責任を負う。ただし、占有者が損害の発生を防止するのに必要な注意をしたときは、所有者がその損害を賠償しなければならない。したがって、甲建物の占有者である賃借人Aは、損害の発生の防止に必要な注意をしなかったのであれば、Bに対して不法行為責任を負う。

2 正しい。土地の工作物の設置・保存に瑕疵があることによって他人に損害が生じた場合、その工作物の占有者が損害の発生を防止するのに必要な注意をしたときは、所有者がその損害を賠償する責任を負う。この所有者の責任は、損害の発生を防止するのに必要な注意をしていたとしても、責任を免れることはできない（無過失責任）。したがって、甲建物の所有者Aは、損害の発生の防止に必要な注意をしたとしても、Bに対して不法行為責任を負う。

3 正しい。不法行為による損害賠償請求権は、①被害者またはその法定代理人が損害および加害者を知った時から3年間（人の生命・身体を害する不法行為の場合は5年間）行使しないとき、または、②不法行為の時から20年間行使しないときは、時効によって消滅する。したがって、BのAに対する損害賠償請求権は、BまたはBの法定代理人が損害または加害者を知らないときでも、本件事故の時から20年間行使しないときは、前記②にあたり、時効により消滅する。

4 正しい。不法行為による損害賠償請求権は、①被害者またはその法定代理人が損害および加害者を知った時から3年間（人の生命・身体を害する不法行為の場合は5年間）行使しないとき、または、②不法行為の時から20年間行使しないときは、時効によって消滅する。本問のBはケガをしているので、BのAに対する損害賠償請求権は、前記①人の身体を害する不法行為によるものといえる。したがって、BまたはBの法定代理人が損害および加害者を知った時から5年間行使しないときは、当該損害賠償請求権は、時効に

よって消滅する。

土地の工作物等の占有者及び所有者の責任は、被害者の側から見ると請求に順番があります。まず占有者に、占有者が免責を得たときは、最終的には所有者となります。

★★★ 【参考正答率 30.2%】

問9 正解1 相続

参考 権利 L20

　まず、相続人を確定させる。被相続人の配偶者は、常に、相続人となるが、法律上の婚姻関係がある場合に限る。したがって、離婚をした元配偶者は、相続人とはならない。したがって、Aは相続人となるが、Eは相続人とはならない。また、被相続人の子は、相続人となる。離婚した元配偶者との間の子であっても同様で、親権を元配偶者が有していても関係ない。これに対して、再婚した配偶者の子（いわゆる連れ子）は、被相続人と養子縁組をしていない限り、相続人とはならない。したがって、Dの子F・Gは相続人となるが、Aの子Cは相続人とはならない。以上より、Dの相続人は、配偶者Aと子F・Gである。

　次に、各相続人の法定相続分を求める。本問のように、配偶者と子が相続人の場合の法定相続分は、配偶者が 1/2、子が全体で 1/2 となる。さらに、子が複数いる場合、子の相続分は平等（頭数割り）である。したがって、Aの相続分は 1/2、F・Gそれぞれの相続分は $1/2 \times 1/2 = 1/4$ となる。

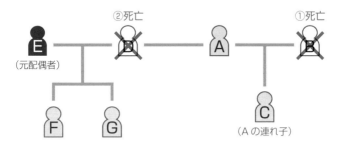

具体的な法定相続分が問われている問題の解き方は以下のようになります。
まず、問題の事例の図を描きます。そのうえで、相続人を確定させて、各相続人の法定相続分を求めます。本問では、相続人を確定させた段階で選択肢を見ると、相続人の組合せとして正しいのは肢1だけであることが判明します。つまり、法定相続分を求めなくても正解肢に達することができます。

問10 正解 **2** 選択債権

1 **誤り。**選択債権とは、数個の給付の中から選択によって内容が決まる債権をいう。本問のように、売主Aが美術品甲または乙のいずれかを買主Bに給付するという内容の債権は選択債権にあたります。そして、選択債権における選択権が第三者にある場合において、第三者が選択をすることができず、または選択をする意思を有しないときは、選択権は、債務者に移転する。したがって、第三者Cが選択できないときは、選択権は、引渡しについての債務者Aに移転する。債権者「B」ではない。

2 **正しい。**選択債権の目的である給付の中に不能のものがある場合において、その不能が選択権を有する者の過失によるものであるときは、債権は、その残存するものについて存在する。したがって、選択権者Aの失火（過失）により甲が全焼した（給付が不能となった）ときは、給付の目的物は、残存する乙となる。

3 **誤り。**選択債権における選択権は、原則として、債務者に属する。したがって、選択権に関する特段の合意がない場合、債務者Aが選択権者となる。債権者「B」ではない。

4 **誤り。**選択権が第三者にある場合において、その選択は、債権者「または」債務者に対する意思表示によってする。したがって、選択権者である第三者Dが選択権を行使するときは、債務者Aか債権者Bの「どちらか一方」に対する意思表示によってすればよく、「AとBの両者」に対して意思表示をする必要はない。

売主
A
（債務者）

売買

甲
乙 } どちらか

買主
B
（債権者）

本問は、出題頻度の非常に低い知識を問う問題です。一読して次に進んでください。その際、売主Aが引渡し債務の「債務者」で、買主が「債権者」であることを念頭に読み進めてください。

問11 正解 3 借地借家法（借地） 参考 権利 L16

本問では、「期間が満了した時点で、確実に借地契約が終了」することが前提となっていることから、契約の更新や建物の再築による借地権の期間の延長の規定が適用される普通借地権は除かれる。

1 正しい。土地上の建物の用途に関係なく、存続期間を50年以上として借地権を設定する場合においては、契約の更新および建物の築造による存続期間の延長がない旨を定めることができる（一般定期借地権）。その特約は、書面（または、電磁的記録）によってしなければならないが、公正証書でなくてもよい。

2 正しい。専ら事業の用に供する建物（居住の用に供するものを除く）の所有を目的とし、かつ、存続期間を10年以上50年未満として借地権を設定する場合、更新や建物の築造による存続期間の延長がない借地権を設定することができる（事業用定期借地権）。この契約は、公正証書によってしなければならない。したがって、事業用定期借地権であれば、公正証書によって「期間を20年とし契約の更新や建物の築造による存続期間の延長がない旨」を定めることはできる。しかし、「居住の用に供する建物を所有することを目的とする場合」には設定できない。

3 誤り。借地権を設定する場合において、借地権を消滅させるため、その設定後30年以上を経過した日に借地権の目的である土地の上の建物を借地権設定者に相当の対価で譲渡する旨を定めることができる（建物譲渡特約付借地権）。したがって、建物譲渡特約付借地権を設定する場合には、「20年が経過した日」に譲渡する旨を定めることはできない。

4 正しい。臨時設備の設置その他一時使用のために借地権を設定したことが明らかな場合には、借地権の存続期間、契約の更新、建物の再築による借地権の期間の延長などの規定は、適用されない。したがって、期間を5年と定め、契約の更新や建物の築造による存続期間の延長がない旨を借地契約に定めることができる。

借地契約には、「普通借地権」「一般定期借地権」「事業用定期借地権」「建物譲渡特約付借地権」があります。それぞれについて、「存続期間」「更新できるか否か」「建物買取請求権があるか否か」「書面の要否」「建物用途の制限」についてまとめておいてください。

問12 [正解 2] 賃貸借・借地借家法(借家) 参考 権利 L14、15

1 誤り。期間の定めがない建物賃貸借契約において、当事者はいつでも解約の申入れができる。そして、建物の賃貸人が賃貸借の解約の申入れをした場合においては、建物の賃貸借は、解約の申入れの日から、6カ月を経過することによって終了する。3カ月ではない。なお、賃貸人からの解約の申入れは、正当の事由があると認められる場合でなければすることができない。

2 正しい。賃貸借の対抗要件（建物賃貸借の場合、賃借権の登記または建物の引渡し）を備えた場合において、その不動産が譲渡されたときは、その不動産の賃貸人たる地位は、その譲受人に移転する。この場合、特段の合意がない限り、敷金返還債務（未払賃料債務等に充当した後の敷金の残額）は、譲受人が承継する。したがって、本件契約の敷金は、他に特段の合意がない限り、BのAに対する未払賃料債務に充当され、残額がCに承継される。

3 誤り。建物の転貸借がなされている場合に、建物の賃貸借が期間満了または解約の申入れによって終了するときは、賃貸人は、転借人にその旨の通知をしなければ、その終了を建物の転借人に対抗することができない。賃貸人がこの通知をしたときは、建物の転貸借は、その通知がされた日から、6カ月で終了する。3カ月ではない。

4 誤り。定期建物賃貸借において、期間が1年以上である場合には、賃貸人は、期間満了の1年前から6カ月前までの間に賃借人に対し期間満了により賃貸借が終了する旨の通知をしなければ、一定の場合を除いて、その終了を賃借人に対抗することができない。したがって、「従前の契約と同一条件で契約を更新したものとみなされる」ことはない。

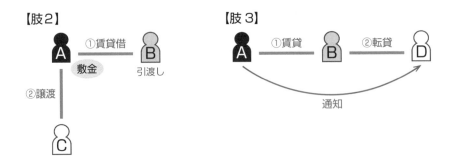

【肢2】

A ①賃貸借 B
敷金　　　引渡し
②譲渡
C

【肢3】

A ①賃貸 B ②転貸 D
通知

問13 正解 4 区分所有法

1 正しい。区分所有法または規約により集会において決議をすべき場合において、区分所有者「全員」の承諾があるときは、書面または電磁的方法による決議をすることができる。したがって、区分所有者が1人でも反対するときは、集会を開催せずに書面によって決議をすることはできない。

2 正しい。形状または効用の著しい変更を伴う共用部分の変更は、区分所有者および議決権の各4分の3以上の多数による集会の決議で決する。ただし、この区分所有者の定数は、規約でその過半数まで減ずることができる。

3 正しい。敷地利用権が数人で有する所有権その他の権利である場合には、区分所有者は、規約に別段の定めがあるときを除き、その有する専有部分とその専有部分に係る敷地利用権とを分離して処分することができない。

4 誤り。各共有者の共用部分の持分は、規約で別段の定めがある場合を除き、その有する専有部分の床面積の割合による。この床面積は、壁その他の区画の「内側線」で囲まれた部分の水平投影面積による。「中心線」ではない。

問14 正解 3 不動産登記法

1 誤り。所有権の登記の抹消は、所有権の移転の登記がない場合に限り、所有権の登記名義人が単独で申請することができる。

2 誤り。本人が死亡した場合、原則として、代理人の代理権は消滅する。ただし、登記の申請をする者の委任による代理人の権限（委任によって与えられた登記申請の代理権）は、本人の死亡によっては消滅しない。

3 正しい。相続または法人の合併による権利の移転の登記は、登記権利者が単独で申請することができる。たとえば、法人Aが法人Bを吸収合併する場合、登記権利者である法人Aが単独で申請することができる。登記義務者となるはずの法人Bは、合併により消滅しているからである。

4 誤り。信託の登記は、受託者が単独で申請することができる。なお、信託とは、受託者をして一定の目的に従って財産の管理または処分をさせるために、受託者に財産を移転することをいう。信託財産が不動産の場合、信託の登記をしなければ、当該不動産が信託財産に属することを第三者に対抗できない。

問15 正解 3 都市計画法

1 正しい。 地区計画については、都市計画に、①区域の面積、②当該地区計画の目標、③当該区域の整備、開発および保全に関する方針などを定めるよう努めるものとされている。

❗地区計画については、上記のほか、都市計画に、①地区計画の種類、名称、位置および区域、②地区整備計画（地区施設・建築物等の整備や土地の利用に関する計画）を定めるものとされている。なお、「地区施設」とは、主として街区内の居住者等の利用に供される道路、公園などをいう。

2 正しい。 肢1で説明したとおり、地区計画については、都市計画に、区域の面積などを定めるよう努めるものとされている。

3 誤り。 都市計画区域については、必要があるときは、都市計画に、市街化区域と市街化調整区域との区分（区域区分）を定めることができる（大都市などでは必ず定める）。そこで、都市計画区域のマスタープランである「都市計画区域の整備、開発および保全の方針」には、区域区分の決定の有無を定めるものとされている。このように、まずは大枠の計画を決めることになる。これに対して、本肢の「地区整備計画」については、区域区分の決定の有無を定めることはできない。街の一部に焦点を当てた具体的な計画だからである。

❗都市計画区域については、どのような街づくりを目指すのかを示すために、まずは、都市計画に、「都市計画区域の整備、開発および保全の方針」というマスタープランを定める。

4 正しい。 地区整備計画においては、①地区施設の配置および規模、②建築物等の用途の制限、③建築物の容積率の最高限度または最低限度、④建築物の建蔽率の最高限度、⑤建築物の敷地面積または建築面積の最低限度、⑥壁面の位置の制限、⑦建築物等の高さの最高限度または最低限度を定めることができる（市街化調整区域内において定められる地区整備計画については、建築物の容積率の最低限度、建築物の建築面積の最低限度、建築物等の高さの最低限度を除く）。

地区計画や地区整備計画に定める事項を正確に記憶するのは難しいです。とはいえ、本問では、都市計画は「大枠の計画→具体的な計画」の流れで決めるというイメージをもっていれば、肢3を誤りと判断できます。

問16 正解 2 都市計画法 　　　参考 制限 L2

1 　**誤り。** 開発行為を行う者は、原則として、都道府県知事の許可（開発許可）を受けなければならない。ただし、駅舎その他の鉄道の施設、図書館、公民館、変電所、「公園施設」など一定の公益上必要な建築物の建築の用に供する目的で行われる開発行為を行う者は、例外として、場所や規模に関係なく、開発許可を受ける必要はない。

2 　**正しい。** 市街化区域内では、1,000㎡未満（首都圏整備法に規定する既成市街地のような大都市などでは500㎡未満）の開発行為を行う者は、開発許可を受ける必要はない（小規模な開発行為の例外）。しかし、本肢の「首都圏整備法に規定する既成市街地内にある市街化区域」での開発行為の規模は800㎡であるから、小規模な開発行為の例外にはあたらず、原則どおり、開発許可を受けなければならない。

3 　**誤り。** 準都市計画区域内では、3,000㎡未満の開発行為を行う者は、開発許可を受ける必要はない（小規模な開発行為の例外）。本肢の開発行為の規模は2,000㎡であるから、開発許可を受ける必要はない。

4 　**誤り。** 土地区画整理事業の施行として開発行為を行う者は、例外として、場所や規模に関係なく、開発許可を受ける必要はない。

 肢1・2の内容は、かなり細かいです。肢3・4を誤りと判断して、正解は肢1・2のどちらかというところまで持ち込むことができれば、実力十分です。

問17 正解 4 建築基準法 　　　参考 制限 L3・4・5

1 　**誤り。** 居室の内装の仕上げには、一定基準を超える量のホルムアルデヒドを発散させる建築材料を使用することはできないが、その一方で、一定基準以下の量のホルムアルデヒドを発散させる建築材料であれば、一定面積を超えなければ、使用することができる。

2 　**誤り。** 映画館、ホテル、「共同住宅」などの用途に供する特殊建築物、「階数が3以上」である建築物などの敷地内には、屋外に設ける避難階段および避難階に設けた屋外への出口から道または公園、広場その他の空地に通ずる幅員が1.5ｍ以上（原則）の通路を設けなければならない。「2ｍ以上」ではない。

解説

令和3年度

3 誤り。防火地域または準防火地域内にある建築物で、外壁が耐火構造であるものについては、その外壁を隣地境界線に接して設けることができる。外壁が「防火構造」であるものについてではない。

4 正しい。規模の大きい建築物（木造の場合、①3階以上、②延べ面積500㎡超、③高さ13m超、④軒の高さ9m超のいずれかにあたる建築物）を新築等する場合においては、当該建築物の建築主は、原則として、検査済証の交付を受けた後でなければ、当該新築等に係る建築物を使用し、または使用させてはならない。ただし、特定行政庁が、安全上、防火上および避難上支障がないと認めたなど一定の場合には、例外として、検査済証の交付を受ける前においても、仮に、当該建築物を使用し、または使用させることができる。

 本問は、正答率がきわめて低い問題です。肢1・2は試験対策上覚える必要のない知識ですから、肢3・4を中心に復習しておきましょう。

★　**【参考正答率 44.1%】**

問18　正解 2　建築基準法　　　参考 制限 L4

1 正しい。①都市計画で定められた建蔽率の限度が10分の8とされている地域外で、準防火地域内にある耐火建築物等または準耐火建築物等で、かつ、②街区の角にある敷地で特定行政庁が指定するものの内にある建築物については、建蔽率は、都市計画で定められた建蔽率の数値に10分の2を加えた数値が限度となる（建蔽率制限の緩和）。したがって、本肢の場合、建蔽率の限度は、10分の6に10分の2を加えた10分の8となる。

❗「耐火建築物等」とは、①耐火建築物または②耐火建築物と同等以上の延焼防止性能を有する建築物、「準耐火建築物等」とは、①準耐火建築物または②準耐火建築物と同等以上の延焼防止性能を有する建築物である。

2 誤り。市町村は、用途地域における用途の制限を補完し、当該地区計画等（集落地区計画を除く）の区域の特性にふさわしい土地利用の増進等の目的を達成するため必要と認める場合には、国土交通大臣の承認を得て、市町村の条例で、用途制限を緩和することができる。したがって、本肢の「集落地区計画の区域」においては、国土交通大臣の承認を得て用途制限を緩和することはできない。

❗「地区計画等」とは地区の実情に合ったきめ細かい規制を行う都市計画の制度の総称で、

これには、地区計画や集落地区計画など5種類がある。このうち「集落地区計画」は、市街化調整区域などの田園集落の維持・活性化を図るために、公共施設の整備や建築物の建築等に関し必要な事項を定める都市計画の制度である。

3 **正しい。**居住環境向上用途誘導地区内においては、公衆便所、巡査派出所、学校、駅舎、卸売市場など公益上必要な一定の建築物を除き、建築物の建蔽率は、居住環境向上用途誘導地区に関する都市計画において建築物の建蔽率の最高限度が定められたときは、当該最高限度以下でなければならない。

❗最近の生産年齢人口の減少などに対応するには都市をコンパクトにしなければならないが、その前提として、まちなかの魅力を向上させる必要がある。そこで、医療・福祉・商業施設など都市の居住環境を向上するのに役立つ用途の施設を誘導するための地区（「居住環境向上用途誘導地区」）を、地域地区の1つとして都市計画に定めることができる。

4 **正しい。**都市計画区域内においては、卸売市場、火葬場またはと畜場、汚物処理場、ごみ焼却場などの用途に供する建築物は、原則として、都市計画においてその敷地の位置が決定しているものでなければ、新築・増築できない。ただし、特定行政庁が都道府県都市計画審議会や市町村都市計画審議会の議を経てその敷地の位置が都市計画上支障がないと認めて許可したなどの場合は、例外である。

肢2・3・4は、きわめて細かい内容です。近年の改正点（準防火地域内の延焼防止性能が高い一定の建築物などについて建蔽率の緩和措置を拡大）を出題した肢1を正しいと判断できれば十分です。

★★★　【参考正答率 93.6%】

問19 **正解 4** **盛土規制法** 　参考 制限 L6

1 **正しい。**宅地造成等工事規制区域内において宅地以外の土地を宅地にするために行う盛土その他の土地の形質の変更で一定規模のもの（盛土・切土をする土地の面積が500㎡を超える場合や切土部分に生じる崖の高さが2mを超える場合など）については、「宅地造成」として、原則として、都道府県知事の許可（宅地造成等に関する工事の許可）が必要である。しかし、本肢の場合、切土をする土地の面積が「500㎡」で、切土部分に生じる崖の高さが「1.5 m」であるから、宅地造成等に関する工事の許可を受ける必要はない。

2 **正しい。**都道府県知事は、宅地造成等に関する工事の許可の申請があった

ときは、遅滞なく、許可または不許可の処分をしなければならない。なお、都道府県知事は、当該申請をした者に、許可の処分をしたときは許可証を交付し、不許可の処分をしたときは文書をもってその旨を通知しなければならない。

3 　正しい。都道府県知事は、その地方の気候・風土・地勢の特殊性により、宅地造成等に伴う崖崩れまたは土砂の流出の防止の目的を達し難いと認める一定の場合には、都道府県の規則で、宅地造成等工事規制区域内において行われる宅地造成等に関する工事の技術的基準を強化し、または必要な技術的基準を付加することができる。

4 　誤り。造成宅地防災区域は、宅地造成等工事規制区域内に指定することはできない。

❗造成宅地防災区域とは、宅地造成または特定盛土等に伴う災害で相当数の居住者その他の者に危害を生ずるものの発生のおそれが大きい一団の造成宅地（宅地造成等工事規制区域内の土地を除く）の区域であって一定の基準に該当するものとして都道府県知事が指定したものをいう。古くから造成工事が行われた既存の宅地造成地をイメージしておこう。

肢4は、定番のひっかけです。「造成宅地防災区域➡宅地造成等工事規制区域内に指定不可」とシンプルに覚えておきましょう。

★★★　【参考正答率 92.6%】

問20　正解3　土地区画整理法　　参考 制限 L7

1 　正しい。換地計画において参加組合員に対して与えるべきものとして定められた宅地は、換地処分の公告があった日の翌日において、当該宅地の所有者となるべきものとして換地計画において定められた参加組合員が取得する。

2 　正しい。換地計画において換地を定める場合には、換地および従前の宅地の位置、地積、土質、水利、利用状況、環境等が照応するように定めなければならない（換地照応の原則）。

3 　誤り。土地区画整理組合が施行する土地区画整理事業の場合、その組合の設立の認可の公告があった日後、換地処分の公告がある日までは、施行地区内において、土地区画整理事業の施行の障害となるおそれがある土地の形質の変更や建築物の新築等を行おうとする者は、都道府県知事等（都道府県知

事または市長）の許可を受けなければならない。「当該土地区画整理組合の許可」ではない。

4 正しい。土地区画整理組合の組合員は、組合員の3分の1以上の連署をもって、その代表者から理由を記載した書面を組合に提出して、理事または監事の解任を請求することができる。

 肢1・4は細かい内容ですが、頻出の肢3が正解ですから、正答率が高くなっています。本試験の現場では、知らない肢にまどわされることなく、知っている肢で点数を積み重ねましょう。

★★★ 【参考正答率 96.4%】

問21 正解 3 農地法
`参考` 制限 L8

1 正しい。遺産分割により農地を取得する場合には、農地法3条の許可は不要である。ただし、農地の権利を取得した者は、遅滞なく、その農地の存する市町村の農業委員会にその旨を届け出なければならない。

2 正しい。農地法3条の許可を受けないでした行為は、その効力を生じない。したがって、その許可を受けずに売買契約を締結しても、所有権移転の効力は生じない。

3 誤り。砂利採取のために農地を借り受けることは農地を農地以外に転用する目的での権利移動にあたるので、本肢の場合、原則として、農地法5条の許可が必要である。農地を一時的に借り受ける場合であっても同様である。

4 正しい。国または都道府県等が、農地を農地以外に転用する目的で取得する場合においては、国または都道府県等と都道府県知事等との協議が成立すれば、農地法5条の許可があったものとみなされる。

❶国または都道府県等が、道路、農業用用排水施設等の地域振興上または農業振興上の必要性が高いと認められる一定の施設の用に供するため権利を取得する場合には、そもそも農地法5条の許可が不要である。したがって、本肢の「協議成立→許可みなし」の規定は適用されない。

★★★ 【参考正答率 87.9%】

問22 正解 4 国土利用計画法
`参考` 制限 L9

1 誤り。土地売買等の契約を締結した場合、権利取得者は、その契約を締結した日から起算して2週間以内に、原則として事後届出を行わなければなら

ない。「その契約を締結した日の翌日」から起算して「3週間以内」ではない。

2　誤り。 都道府県知事は、事後届出があった場合において、その届出をした者に対し、土地の利用目的について助言をすることができる。しかし、「対価の額」について助言をすることはできない。

> ❗「勧告」の制度と同じように考えればよい。都道府県知事は、「土地の利用目的」については「勧告」できるが、「対価の額」については「勧告」できない。「地価高騰からほど遠い昨今。『対価の額』まで干渉する必要なし！」とイメージしておこう。

3　誤り。 事後届出が必要な土地売買等の契約により権利取得者となった者が事後届出を行わなかった場合でも、都道府県知事から届出を行うよう勧告されることはない。しかし、この場合、罰則（6カ月以下の懲役または100万円以下の罰金）は適用される。

4　正しい。 当事者の一方または双方が国や地方公共団体などである場合、事後届出は不要である。したがって、地方公共団体であるB市は事後届出を行う必要はない。その一方で、都市計画区域外（準都市計画区域を含む）の1ヘクタール（10,000㎡）以上の土地について、土地売買等の契約を締結した場合、権利取得者は、原則として事後届出を行う必要がある。したがって、準都市計画区域内の10,000㎡の土地を購入したCは、一定の場合を除き事後届出を行う必要がある。

> ❗権利取得者（本肢では買主C）が「宅建業者」であることを理由に事後届出不要となることはない点に注意してほしい。典型的な「ゆさぶりワード」である。

★　**【参考正答率 33.9%】**

問23　正解 1　所得税　　　参考 税他 L4

1　正しい。 総合課税の譲渡所得の特別控除額（50万円）は、まず短期譲渡所得（所有期間5年以下）から控除し、控除しきれない場合は、それ以外の譲渡所得（長期譲渡所得）から控除する。

※まず短期譲渡所得から控除する。

2　誤り。 取得費には、その資産の取得時に支出した購入代金や購入手数料だけでなく、その資産の取得後に支出した設備費や改良費も含まれる。

3 誤り。土地の賃借権の設定の対価として支払を受ける権利金の額が、その土地の価額の10分の5に相当する金額を超えるときは、譲渡所得として課税される。「不動産所得」ではない。

4 誤り。総合課税の短期譲渡所得（所有期間5年以下）の場合は、特別控除をした後の金額がそのまま課税標準とされる。「2分の1」ではない（肢1の図を参照）。

❗2分の1になるのは総合課税の長期譲渡所得の場合である。

★★★ 【参考正答率 71.8%】

問24 正解 1 不動産取得税　　　参考 税他 L1

1 正しい。既存住宅の場合、①個人の自己居住用、②床面積が50㎡以上240㎡以下、③昭和57年以降に新築または一定の耐震基準に適合することの証明がある、という要件を満たせば、新築時期に応じた額（平成9年4月1日以後に新築された場合は、1,200万円）の控除がされる。

2 誤り。家屋が新築された日から6カ月（宅建業者の場合は1年）を経過しても当該家屋について最初の使用または譲渡が行われない場合、当該家屋が新築された日から6カ月（宅建業者の場合は1年）を経過した日において家屋の取得がなされたものとみなし、当該家屋の所有者を取得者とみなして、これに対して不動産取得税を課する。「3年」ではない。

3 誤り。不動産取得税の徴収方法は、普通徴収（納税通知書を納税者に交付することによって徴収すること）である。「申告納付」ではない。

4 誤り。不動産取得税の標準税率は、原則として4％であるが、住宅や土地の場合は3％である。標準税率とは通常の税率のことで、都道府県は、必要があると認める場合には、別の税率を定めることができる。そして、不動産取得税に制限税率（税率の上限）の規定はない。したがって、4％を超えることができないとする本肢は誤り。

★★ 【参考正答率 50.3%】

問25 正解 3 不動産鑑定評価基準　　　参考 税他 L8

1 正しい。不動産鑑定士の通常の調査の範囲では、対象不動産の価格への影響の程度を判断するための事実の確認が困難な特定の価格形成要因が存する場合、当該価格形成要因について調査の範囲に係る条件を設定することができる。ただし、調査範囲等条件を設定することができるのは、調査範囲等条

件を設定しても鑑定評価書の利用者の利益を害するおそれがないと判断される場合に限られる。

2 正しい。再調達原価とは、対象不動産を価格時点において再調達することを想定した場合において必要とされる適正な原価の総額をいう。建設資材、工法等の変遷により、対象不動産の再調達原価を求めることが困難な場合には、対象不動産と同等の有用性を持つものに置き換えて求めた原価（置換原価）を再調達原価とみなすものとされている。

3 誤り。本肢の内容は、事情補正の定義である。なお、時点修正とは、取引事例等に係る取引等の時点が価格時点と異なることにより、その間に価格水準に変動があると認められる場合には、当該取引事例等の価格等を価格時点の価格等に修正することをいう。

4 正しい。不動産の鑑定評価によって求める賃料は、一般的には正常賃料または継続賃料であるが、鑑定評価の依頼目的に対応した条件により限定賃料を求めることができる場合がある。

★★★ 【参考正答率 96.6%】
問26 正解 2 重要事項の説明　参考 業法 L10

1 誤り。重要事項の説明は、宅建士が行わなければならないが、専任の宅建士である必要はない。

2 正しい。宅建業者は、代金・交換差金・借賃以外に授受される金銭の額・授受目的を重要事項として説明しなければならない。

3 誤り。宅建業者は、宅地・建物の上に存する登記された権利の種類・内容等を重要事項として説明しなければならないが、移転登記の申請の時期は重要事項の説明の内容ではない。

4 誤り。宅地・建物の引渡しの時期は、重要事項の説明の内容ではない。

①代金・交換差金・借賃の額（代金等「以外」でないことに注意。肢2とは異なります）、②移転登記の申請時期、③引渡しの時期は、重要事項の説明の内容ではありません。なお、これらは、37条書面には必ず記載しなければなりません。

★★ 【参考正答率 97.3%】
問27 正解 4 免許の基準　参考 業法 L2

1 誤り。不正の手段により免許を受けたとして免許取消処分を受けた者は、

取消しの日から5年間、欠格要件に該当する。取消しの日から5年を経過すれば、他の欠格事由に該当しない限り、免許を受けることができる。

2 誤り。破産手続開始の決定を受けて復権を得ない者は、欠格要件に該当するが、復権を得れば、すぐに免許を受けることができる。

3 誤り。刑に処せられたとは、刑が確定したことをいう。控訴して裁判が係属中の場合には、刑が確定していないので、欠格要件に該当しない。

4 正しい。宅建業法の規定に違反して罰金の刑に処された者は、刑の執行を終え、または刑の執行を受けることがなくなった日から5年間、欠格要件に該当する。したがって、そのような者を役員にしているE社は、免許を受けることができない。

★★　**【参考正答率 87.6%】**

問28 正解 4 宅建士登録　参考 業法 L4

1 誤り。登録の移転の申請は、現に登録をしている都道府県知事を経由して、移転先の都道府県知事に対して行う。したがって、「直接乙県知事に対して」とする本肢は誤り。

2 誤り。宅建士登録を受けているが宅建士証の交付を受けていない者が、宅建士としてすべき事務を行い、情状が特に重いときは、登録をしている都道府県知事は、登録を消除しなければならない。したがって、「情状のいかんを問わず」とする本肢は誤り。

3 誤り。登録を受けている者は、登録を受けている事項に変更があったときは、遅滞なく、登録をしている都道府県知事に変更の登録を申請しなければならない。勤務先の宅建業者の商号、名称、免許証番号は登録事項であり、退職・再就職によりそれらに変更が生じるので、Cは、変更の登録を申請しなければならない。

4 正しい。宅建試験に合格した者は、自分が合格した試験を行った都道府県知事の登録を受けることができる。したがって、甲県で合格したFは、甲県知事に登録を申請しなければならない。

★★　**【参考正答率 86.2%】**

問29 正解 4 その他の業務上の規制　参考 業法 L12

1 誤り。従業者名簿は、最終の記載をした日から10年間保存しなければならない。「5年間」ではない。なお、本肢の前半は正しい記述である。

2 誤り。宅建業者は、一団の宅地・建物の分譲を行う案内所には、標識を掲示しなければならない。その案内所において契約の締結を行うかどうかは関係ない。

3 誤り。報酬額の掲示は、事務所のみに義務付けられており、案内所には必要がない。

4 正しい。事務所以外の継続的に業務を行うことができる施設を有する場所において、契約の締結またはその申込みの受付をする場合には、専任の宅建士を置かなければならない。本肢では、それらの行為を行わないので、専任の宅建士を置く必要はない。

> 一定の案内所等で、契約の締結またはその申込みの受付をする場合には、専任の宅建士を置かなければならず（肢4参照）、案内所等の届出も必要です。これに対し、標識の掲示は、契約の締結等を行うかどうかに関係なく必要です（肢2）。

★★★ 【参考正答率 97.0%】

問30 正解 2 広告に関する規制等　[参考] 業法 L9、17

ア 正しい。宅建業者は、その業務に関して広告をするときは、宅地・建物の現在・将来の利用の制限等について、著しく事実に相違する表示をし、または実際のものよりも著しく優良・有利であると人を誤認させるような表示をしてはならない。

イ 誤り。宅建業者は、原則として、法律で定められた限度額を超えて報酬を受領することはできないが、依頼者の依頼によって行う広告の料金に相当する額は、報酬と別に受領することができる。したがって、「依頼の有無にかかわらず」受領することができるとする本肢は誤り。

ウ 誤り。数回に分けて広告をするときでも、毎回、取引態様の別を明示しなければならない。

エ 正しい。宅建業者は、工事の完了前においては、当該工事に必要とされる開発許可・建築確認等の処分があった後でなければ広告をすることができない。この広告開始時期制限は、貸借の媒介・代理にも適用される。

❶貸借の媒介・代理の場合、広告開始時期制限は適用されるが、契約締結時期制限は適用されない。

以上より、正しいものはア、エの二つで、肢2が正解となる。

問31　正解 3　弁済業務保証金　　参考 業法 L7

1　正しい。 保証協会は、社員が社員となる前に当該社員と宅建業に関し取引をした者の有するその取引により生じた債権に関し弁済業務保証金の還付が行われることにより弁済業務の円滑な運営に支障を生ずるおそれがあると認めるときは、当該社員に対し、担保の提供を求めることができる。

2　正しい。 保証協会は、社員である宅建業者の相手方等から苦情の解決の申出がなされ、その解決について必要があると認めるときは、当該社員に対し、文書・口頭による説明を求め、または資料の提出を求めることができる。社員は、正当な理由がある場合でなければ、これを拒んではならない。

3　誤り。 保証協会から還付充当金の納付の通知を受けた社員は、その通知を受けた日から2週間以内に、その通知された額の還付充当金を保証協会に納付しなければならない。還付がなされた日から2週間以内ではない。

4　正しい。 保証協会は、新たに社員が加入し、または社員がその地位を失ったときは、直ちに、その旨を当該社員である宅建業者が免許を受けた国土交通大臣または都道府県知事に報告しなければならない。

問32　正解 1　宅建業とは　　参考 業法 L1

1　正しい。 本肢の土地は、用途地域外にあり、かつ、建物が建っておらず、建物を建てる目的もないので、宅地に当たらない。したがって、A社の行為は、宅建業に当たらず、免許は必要ない。

❗現に建物が建っているか、建てる目的で取引する土地は、宅地に当たる。これら以外でも、用途地域内の土地（現に道路・公園・河川・広場・水路であるものは除く）は宅地に当たる。

2　誤り。 住宅用地は宅地なので、その分譲をしようとするB社は、免許が必要である。換地処分により取得した換地であることは関係がない。

3　誤り。 宅地の売却の代理を業として行う場合には、免許が必要である。Cが農業協同組合であることや、組合員が所有する宅地の売却であることは、関係がない。

4　誤り。 住宅を建築する目的で取引する土地は、宅地に当たる。したがって、その売買の媒介を業として行う場合には、免許が必要である。地方公共団体が所有する土地の売却であることは、関係がない。

問33 正解 1 重要事項の説明

参考 業法 L10

宅建業者は、水害ハザードマップに宅地・建物の位置が表示されているときは、当該水害ハザードマップにおける当該宅地・建物の所在地を重要事項として説明しなければならない。

1 正しい。宅建業者は、市町村に照会し、当該市町村が取引の対象となる宅地・建物の位置を含む水害ハザードマップの全部または一部を作成せず、または印刷物の配布もしくはホームページ等への掲載等をしていないことが確認された場合は、その照会をもって調査義務を果たしたことになる。この場合は、重要事項説明書にその旨を記載し、提示すべき水害ハザードマップが存しない旨の説明を行う必要がある。

2 誤り。水害ハザードマップにおける宅地・建物の所在地の説明は、取引の対象となる宅地・建物の位置を含む水害ハザードマップを、洪水・内水・高潮のそれぞれについて提示し、当該宅地・建物の概ねの位置を示すことにより行うこととされている。したがって、いずれか1種類を提示すればよいとする本肢は誤り。

3 誤り。水害ハザードマップに関する説明は、売買・交換・貸借のいずれにおいても義務付けられている。

4 誤り。上記のとおり、宅建業者は、水害ハザードマップにおける宅地・建物の所在地を説明しなければならない。

水害ハザードマップに関する説明（令和2年改正）は、令和3年試験から出題範囲となりました。かなり細かい点まで出題されていますが、今後数年間は、同様の肢が出題される可能性が高いと考えられます。

問34 正解 2 営業保証金

参考 業法 L6

1 誤り。宅建業者は、営業保証金を供託したときは、その旨をその免許を受けた国土交通大臣または都道府県知事に届け出なければならない。

2 正しい。宅建業者と宅建業に関し取引をした者は、その取引によって生じた債権に関し、営業保証金から弁済を受けることができるが、例外として、宅建業者に該当する者は、営業保証金から弁済を受けることができない。

3 誤り。営業保証金は、金銭のほか有価証券で供託することができ、金銭と

有価証券の併用は禁止されていない。

❶弁済業務保証金も金銭・有価証券で供託することができる。これに対し、弁済業務保証
金分担金の納付は金銭のみである。

4 誤り。有価証券で供託する場合、国債証券は額面金額の100%、地方債証券・政府保証債証券は額面金額の90%、その他の有価証券は額面金額の80%に評価される。

★★ 【参考正答率 81.1%】

問35 正解 3 宅建士　　　参考 業法 L4、5

ア 正しい。宅建士は、事務禁止処分を受けたときは、速やかに、宅建士証をその交付を受けた都道府県知事に提出しなければならない。これに違反したときは、10万円以下の過料に処せられることがある。

イ 正しい。事務禁止処分を受け、その禁止の期間中に本人の申請により登録が消除され、まだその期間が満了しない者は、登録を受けることができない。このことは、別の都道府県で宅建試験に合格しても変わりがない。

ウ 誤り。登録を受けている者は、登録を受けている都道府県以外の都道府県に所在する宅建業者の事務所の業務に従事し、または従事しようとするときは、登録の移転を申請することができる。本肢では、住所を移転しているだけなので、登録の移転を申請することができない。

エ 正しい。登録を受けている者は、登録を受けている事項に変更があったときは、遅滞なく、登録をしている都道府県知事に変更の登録を申請しなければならない。本籍は登録事項なので、その変更があったときは、変更の登録の申請が必要である。

以上より、正しいものはア、イ、エの三つで、肢3が正解となる。

★★ 【参考正答率 80.3%】

問36 正解 1 重要事項の説明　　　参考 業法 L10

1 掲げられていない。建物の貸借の場合、都市計画法29条1項の規定に基づく制限（開発許可）は、重要事項の説明事項として掲げられていない。

❶建物を借りている人はその敷地について開発行為をしないのが普通なので、開発許可は
説明事項に含まれていない。

2 掲げられている。建物の売買・交換・貸借の場合、「石綿の使用の有無の調査の結果が記録されているときは、その内容」が、重要事項の説明事項と

113

して掲げられている。

3 掲げられている。建物の貸借の場合、「台所、浴室、便所その他の当該建物の設備の整備の状況」が、重要事項の説明事項として掲げられている。

4 掲げられている。宅地・建物の貸借の場合、「敷金その他いかなる名義をもって授受されるかを問わず、契約終了時において精算することとされている金銭の精算に関する事項」が、重要事項の説明事項として掲げられている。

★★ 【参考正答率 87.2%】

問37 正解 3 37条書面等

参考 業法 L10、11

1 誤り。区分所有建物の場合、専有部分の用途その他の利用の制限に関する規約の定めがあるときは、その内容を重要事項説明書に記載しなければならないが、37条書面に記載する必要はない。

2 誤り。宅建業者は、手付金等を受領しようとする場合における手付金等の保全措置の概要を重要事項説明書に記載しなければならないが、保全措置が不要な場合における保全措置を講じない旨は、重要事項説明書の記載事項とされていない。また、手付金等の保全措置に関する事項は、37条書面の記載事項でもない。したがって、手付金の保全措置を講じないことは、重要事項説明書と37条書面のどちらにも記載する必要がない。

3 正しい。代金・交換差金・借賃以外の金銭の授受に関する定めがあるときは、その額・授受時期・授受目的を37条書面に記載しなければならない。

4 誤り。自ら貸主となる賃貸借契約（自ら貸借）をすることは宅建業に当たらないので、37条書面の作成・交付をする必要はない。なお、売買契約をした場合に関しては正しい記述である。

★★ 【参考正答率 42.7%】

問38 正解 4 媒介契約

参考 業法 L8

ア 違反しない。一般媒介契約には有効期間の制限はない。そして、有効期間は依頼者と宅建業者の合意によって決まるので、依頼者が6カ月としたい旨の申出をしたのに対し、協議により3カ月としても問題はない。

イ 違反しない。宅建業者は、媒介契約の目的物である宅地・建物の売買・交換の申込みがあったときは、遅滞なく、その旨を依頼者に報告しなければならない。この報告義務は一般媒介契約にも適用されるが、本肢では申込みがなかったので、この報告をする必要はない。また、一般媒介契約には、定期

的な業務処理状況の報告義務はないので、口頭で14日に1回以上行っても宅建業法の規定に違反しない。

ウ 違反しない。専任媒介契約の場合、指定流通機構に登録をした宅建業者は、登録を証する書面を遅滞なく依頼者に引き渡さなければならない。しかし、本肢は一般媒介契約なので、この引渡義務の規定は適用されない。

エ 違反しない。媒介契約に関する規制は、売買・交換の媒介にのみ適用される。したがって、貸借に係る媒介契約の内容等は、宅建業法による制限を受けない。

以上より、違反しないものはア、イ、ウ、エの四つで、肢4が正解となる。

一般媒介契約に適用されるのは、媒介契約書面の規定（売買すべき価額等について意見を述べるときは根拠を明らかにしなければならない旨の規定を含む）と、申込みがあったときの報告の規定だけです。

★★ 【参考正答率 73.3%】

問39 正解 1 クーリング・オフ 　参考 業法 L13

1 正しい。告知書面には、クーリング・オフによる買受けの申込みの撤回または売買契約の解除があったときは、宅建業者は、その買受けの申込みの撤回または売買契約の解除に伴う損害賠償または違約金の支払を請求することができないことを記載しなければならない。

2 誤り。告知書面には、クーリング・オフについて告げられた日から起算して8日を経過する日までの間は、宅地・建物の引渡しを受け、かつ、その代金の全部を支払った場合を除き、書面により買受けの申込みの撤回または売買契約の解除を行うことができることを記載しなければならない。「又は」ではない。

3 誤り。告知書面には、クーリング・オフによる買受けの申込みの撤回または売買契約の解除は、買受けの申込みの撤回または売買契約の解除を行う旨を記載した書面を発した時に、その効力を生ずることを記載しなければならない。「到達した時点」ではない。

4 誤り。告知書面には、売主である宅建業者の商号・名称・住所・免許証番号を記載しなければならないが、媒介をしたBの商号等の記載は不要である。

肢1から肢3は、告知書面の記載事項を覚えていなくても解くことができます。クーリング・オフ制度の内容を書面にしているだけだからです。

問40 正解 3 その他の業務上の規制等 参考 業法 L2、12

1 誤り。宅建業者は、その事務所ごとに、その業務に関する帳簿を備え、取引のあったつど、その年月日、その取引に係る宅地・建物の所在、面積その他国土交通省令で定める事項を記載しなければならない。宅建業を営む支店は事務所に当たるので、支店には備え付ける必要がないとする本肢は誤り。

2 誤り。宅建業者（個人に限り、未成年者を除く）が宅建業の業務に関し行った行為は、行為能力の制限によっては取り消すことができない。

3 正しい。宅建業者は、一団の宅地・建物の分譲をする場合における当該宅地・建物の所在する場所に、標識を掲示しなければならない。

4 誤り。宅建業者は、正当な理由がある場合でなければ、その業務上取り扱ったことについて知り得た秘密を他に漏らしてはない。本肢のように、税務署の職員から質問検査権の規定に基づき質問を受けたときは、「正当な理由」が認められるので、回答をしても守秘義務に違反しない。

問41 正解 1 37 条書面 参考 業法 L11

ア 正しい。複数の宅建業者が取引に関わった場合、それぞれの宅建業者が37条書面の作成・交付義務を負う。したがって、ＢもＡも、宅建士をして37条書面に記名させなければならない。

イ 誤り。代金・交換差金・借賃以外の金銭の授受に関する定めがあるときは、その額・授受時期・授受目的を37条書面に記載しなければならない。本肢では、授受の時期も記載しなければならず、手付金の額が売買代金の5％未満であるかどうかは関係がない。

ウ 誤り。相手方が宅建業者であっても、37条書面を交付する必要がある。

エ 誤り。宅地・建物に設定されている抵当権の内容は、37条書面の記載事項ではない。

以上より、正しいものはアの一つで、肢1が正解となる。

問42 正解 2 自ら売主制限総合 参考 業法 L14、15

1 誤り。宅建業者は、自ら売主となる割賦販売を行った場合において、引渡しまでに代金額の 3/10 を超える額の支払を受けていないときは、その額

の支払を受けるまでに登記その他引渡し以外の売主の義務を履行しなければならない。本肢では、3,200万円の3/10である960万円を超える支払を受けるまでに、所有権の移転登記をしなければならない。

2 正しい。買主が登記をしたとき、または受領しようとする手付金等の額が少ないときは（本肢のように工事完了前に売買契約を締結した場合は、代金額の5％以下かつ1,000万円以下）、保全措置を講じなくても、手付金等を受領することができる。したがって、本肢では、3,200万円の5％である160万円までは、保全措置を講じなくても受領することができる。

3 誤り。宅建業者が自ら売主となる売買契約において損害賠償額の予定や違約金の定めをするときには、それらの合計額が代金額の2/10を超えてはならない。本肢では、3,200万円の2/10である640万円が限度なので、本肢の特約は有効である。

4 誤り。宅建業者が自ら売主となる売買契約において損害賠償額の予定や違約金の定めをするときには、それらの合計額が代金額の2/10を超えてはならない。この規定は、損害賠償額の予定等をする場合にその額を制限する規定である。損害賠償額の予定をしていない場合における損害賠償の請求額を制限するものではない。

★★ **【参考正答率 93.3%】**

問43 正解 4 その他の業務上の規制 参考 業法 L12

ア 違反する。宅建業者は、手付について貸付けその他信用の供与をすることにより契約の締結を誘引する行為をしてはならない。手付の分割払いを認めることは、「信用の供与」に当たる。

イ 違反する。宅建業者は、正当な理由なく、契約を締結するかどうかを判断するために必要な時間を与えることを拒んではならない。本肢では、事実を歪めて「明日では契約締結できなくなる」と述べ、時間を与えることを拒んでいるので、宅建業法の規定に違反する。

ウ 違反する。宅建業者は、勧誘に先立って宅建業者の商号・名称、当該勧誘を行う者の氏名、契約の締結について勧誘をする目的である旨を告げずに、勧誘を行ってはならない。

エ 違反する。宅建業者は、相手方等が契約の申込みの撤回を行うに際し、既に受領した預り金を返還することを拒んではならない。

以上より、違反するものはア、イ、ウ、エの四つで、肢4が正解となる。

問44 正解 2 報酬額に関する制限 参考 業法 L16、17

1 誤り。居住用建物の貸借の場合、権利金を基準に報酬計算をすることはできない。借賃を基準にすると、双方から受領する報酬額の限度は、1カ月の借賃20万円に消費税10%を上乗せした22万円になる。

2 正しい。本肢における報酬合計額の限度は、1,000万円×3％＋6万円＝36万円の2倍である72万円に消費税10%を上乗せした79万2,000円である。売主からの限度額も、代理なので同様である。したがって、買主から303,000円の報酬を受領する場合、売主からは792,000円－303,000円＝489,000円が限度になる。

3 誤り。400万円以下の宅地・建物の売買の媒介の場合、一定の要件を満たせば、売主からは、通常の報酬額に費用を加えた額（合計で税抜き18万円が限度）を受領することができる。本肢では、300万円×4％＋2万円＝14万円に費用6万円を足すと20万円であるが、合計で18万円が限度なので、これに消費税10%を上乗せした19万8,000円が売主からの限度額になる。買主から受領する報酬には費用を上乗せできないので、買主からの限度額は、14万円に消費税10%を上乗せした15万4,000円である。したがって、合計額の限度は、19万8,000円＋15万4,000円＝35万2,000円である。

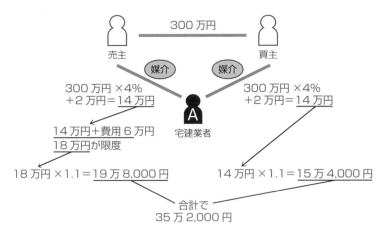

4 誤り。居住用建物の貸借の媒介の場合には、一方から受領する報酬額の制限があるが、ここでの「居住用建物」とは、専ら居住の用に供する建物を指し、本肢の店舗兼住宅は該当しない。したがって、本肢では、一方からの受領額の制限はない。

問45　正解 3　住宅瑕疵担保履行法　　参考 業法L19

1　誤り。住宅販売瑕疵担保保証金の供託または住宅販売瑕疵担保責任保険契約の締結（＝資力確保措置）を講じる義務を負うのは、宅建業者が自ら売主として宅建業者でない買主との間で新築住宅の売買契約を締結し、引き渡す場合である。したがって、買主Bが建設業者であっても、Aは資力確保措置を講じる義務を負う。

2　誤り。住宅販売瑕疵担保責任保険契約は、買主が売主から新築住宅の引渡しを受けた時から10年以上の期間にわたって有効であることが必要である。「2年以上」ではない。

3　正しい。指定住宅紛争処理機関は、住宅瑕疵担保責任保険契約に係る新築住宅の売買契約に関する紛争の当事者の双方または一方からの申請により、当該紛争のあっせん、調停、仲裁の業務を行うことができる。

4　誤り。瑕疵担保責任を負わない旨の特約があれば資力確保措置が免除されるという規定はない。なお、本肢のような瑕疵担保責任を負わない旨の特約は、住宅の品質確保の促進等に関する法律（品確法）の規定より買主に不利なものなので、品確法の規定により無効となる。

問46　正解 1　住宅金融支援機構　　参考 税他L9

1　誤り。機構による譲受けの対象となるのは、本人・親族が居住するための住宅の建設・購入等に必要な資金の貸付債権である。賃貸住宅の購入に必要な資金の貸付債権は、譲受けの対象とされていない。

2　正しい。機構は、市街地の土地の合理的な利用に寄与する一定の建築物（合理的土地利用建築物）の建設に必要な資金の貸付けを業務として行っている。

3　正しい。機構は、証券化支援事業（買取型）において、バリアフリー性、省エネルギー性、耐震性または耐久性・可変性に優れた住宅を取得する場合には、貸付金の利率を一定期間引き下げる制度（優良住宅取得支援制度）を設けている。

4　正しい。機構は、経済事情の変動に伴い、貸付けを受けた者の住宅ローンの元利金の支払が著しく困難になった場合に、償還期間の延長等の貸付条件の変更を行っている。

問47 正解 2 不当景品類及び不当表示防止法 参考 税他 L10

1 誤り。住宅の居室等の広さを畳数で表示する場合、畳1枚当たりの広さは1.62平方メートル以上の広さがあるという意味で用いなければならない。実際の畳の数で表示しなければならないという規定はない。

　❗たとえば、9平方メートルの部屋の場合、9÷1.62＝5.555…なので、畳数で表示するならば5.5畳などと表示しなければならない。

2 正しい。団地と駅その他の施設との間の道路距離または所要時間は、取引する区画のうちそれぞれの施設ごとにその施設から最も近い区画（マンションおよびアパートにあっては、その施設から最も近い建物の出入口）を起点として算出した数値とともに、その施設から最も遠い区画（マンションおよびアパートにあっては、その施設から最も遠い建物の出入口）を起点として算出した数値も表示しなければならない。

3 誤り。宅地・建物のコンピュータグラフィックス、見取図、完成図、完成予想図は、その旨を明示して用い、当該物件の周囲の状況について表示するときは、現況に反する表示をしてはならない。本肢のように存在しない公園等を表示することは、現況に反する表示に当たるので、禁止されている。

4 誤り。過去の販売価格を比較対照価格とする二重価格表示をすることができるのは、原則として、値下げの日から6か月以内である。「1年以内」ではない。

問48 正解 3 統計

※統計問題は、出題時の数値をそのまま掲載しています。内容を覚える必要はありません。

1 誤り。令和2年1月から令和2年12月までの新設住宅着工戸数は約81.5万戸となり、4年連続の減少となった。

2 誤り。土地取引について、売買による所有権移転登記の件数でその動向を見ると、令和2年の全国の土地取引件数は約128万件となり、ほぼ横ばいとなっている。

3 正しい。令和2年1月以降の1年間の地価の変動を見ると、全国平均の用途別では、住宅地・商業地は下落に転じているが、工業地は5年連続の上昇となっている。

4 誤り。令和元年度における不動産業の営業利益は約4兆2,621億円であり、

前年度を下回った。

問49　正解 4　土地　　　　　　　　　　　　参考 税他 L11

1　**適当**。森林は、木材資源としても重要で、水源涵養（水を貯め、河川に流れ込む水の量を調整し、水質を浄化すること）、洪水防止等の大きな役割を担っている。

2　**適当**。活動度の高い火山の火山麓では、火山活動に伴う災害にも留意する必要がある。

3　**適当**。林相（木の種類や生え方などからみた森林の状態）は良好でも、破砕帯（断層によって地層等が砕かれた部分）や崖錐（岩屑が堆積した地形）等の上の杉の植林地は、豪雨に際して崩壊することがある。

4　**最も不適当**。崖錐や小河川の出口で堆積物の多い所等は、土石流の危険が大きいとされている。

問50　正解 3　建物　　　　　　　　　　　　参考 税他 L12

1　**適当**。鉄骨構造は、主要構造の構造形式にトラス、ラーメン、アーチ等が用いられ、高層建築の骨組に適している。

2　**適当**。鉄骨構造の床は既製気泡コンクリート板、プレキャストコンクリート板等でつくられる。

3　**最も不適当**。鉄骨構造は、耐火被覆構法の進展や鋼材の加工性のよさが見直されたことにより、現在は住宅、店舗、事務所等の建物にも用いられている。

4　**適当**。鉄骨構造は、工場、体育館、倉庫等の単層で大空間の建物に利用されている。

令和 2 年度
解答&解説

02

令和2年度 解答＆出題テーマ一覧

科目	問題	解答	テーマ
権利関係	1	1	相隣関係
	2	4	保証
	3	2	債務不履行・解除
	4	3	賃貸借
	5	1	委任
	6	3	意思表示
	7	2	保証
	8	2	相続
	9	3	売買・贈与
	10	2	時効
	11	4	借地借家法（借地）
	12	3	借地借家法（借家）
	13	4	区分所有法
	14	1	不動産登記法
法令上の制限	15	4	都市計画法
	16	2	都市計画法
	17	1	建築基準法
	18	3	建築基準法
	19	3	盛土規制法
	20	2	土地区画整理法
	21	1	農地法
	22	1	国土利用計画法
税・その他	23	3	印紙税
	24	4	不動産取得税
	25	4	不動産鑑定評価基準

科目	問題	解答	テーマ
宅建業法	26	3	免許
	27	2	広告に関する規制
	28	3	宅建士
	29	3	媒介契約
	30	4	報酬に関する制限
	31	1	重要事項の説明
	32	1	自ら売主制限
	33	1	37条書面
	34	4	宅建士
	35	3	営業保証金
	36	4	弁済業務保証金
	37	1	37条書面
	38	4	媒介契約
	39	2	従業者名簿
	40	2	クーリング・オフ
	41	3	重要事項の説明
	42	1または4	自ら売主制限
	43	2	免許
	44	4	重要事項の説明
	45	2	住宅瑕疵担保履行法
税・その他	46	2	住宅金融支援機構
	47	1	不当景品類及び不当表示防止法
	48	3	統計
	49	4	土地
	50	3	建物

合格ライン

合格点	科目別 目安得点			
	権利関係 (問1〜問14)	宅建業法 (問26〜問45)	法令上の制限 (問15〜問22)	税その他 (問23〜問25、問46〜問50)
38 / 50	9 / 14	17 / 20	6 / 8	6 / 8

あなたの得点

得点	科目別 得点			
	権利関係 (問1〜問14)	宅建業法 (問26〜問45)	法令上の制限 (問15〜問22)	税その他 (問23〜問25、問46〜問50)
/ 50	/ 14	/ 20	/ 8	/ 8

令和2年度10月実施試験　試験講評

　注目の民法大改正の初出題に加え、新型コロナウィルス感染拡大の影響による受験自粛要請・追加試験の実施など、まさに異例尽くめの年となった。形式面については、得点しにくい個数問題は、例年よりやや少ない4問であった。内容面については、権利関係は、改正点から8問も出題されたうえに、一般的な学習範囲を超える問題が散見され、やや難しかったといえる。法令上の制限と税・その他は、問題ごとの難易差がはっきりしていたものの、平均すれば例年並みのレベルであった。他方、宅建業法は、例年よりかなり易しく、過去問対策が万全であれば17〜18点を確保できたはずである。その結果、上位層の総合得点が上昇し、実力差が如実にあらわれる高得点勝負となった。例年以上に宅建業法の実力が合格の決め手となったであろう。

問1　正解1　相隣関係　　参考 権利L18

1　正しい。分割によって公道に通じない土地が生じたときは、所有者は、公道に至るため、他の分割者の所有地のみを通行することができ、償金を支払うことを要しない。したがって、Aは他の分割者の所有地を、償金を支払わずに通行することができる。

無償で通行できる

2　誤り。自動車による隣地通行権の成否・具体的内容は、自動車による通行を認める必要性、周辺の土地の状況、他の土地の所有者が被る不利益等の諸事情を総合考慮して判断される。つまり、事情によっては、自動車による通行権が認められる。

3　誤り。不動産が譲渡された場合に隣地の賃借権も移転する旨の規定はない。したがって、Aが甲土地をBに売却しても、乙土地の賃借権は当然にはBに移転しない。

　❗賃借権が対抗要件を備えている場合、賃貸物である不動産を譲渡すると、賃貸人たる地位も移転する。本肢は、この規定とは場面が異なる。

4　誤り。隣地通行権は、公道に通じない土地とその土地を囲んでいる土地の所有者間で認められる権利である。所有者が変われば、新たな所有者間で隣地通行権が成立する。したがって、Cが時効取得したことは、Aの隣地通行権に影響しない。

問2　正解4　保証　　参考 権利L13

1　誤り。保証契約は、書面（または、電磁的記録）でしなければ効力を生じ

ない。したがって、ケース①では口頭でも有効とする本肢は誤り。

2 誤り。一定の範囲に属する不特定の債務を主たる債務とする保証契約を、根保証契約という。保証人が個人である根保証契約（個人根保証契約）は、極度額を定めなければ効力を生じない。ケース②は根保証契約であるが、保証人Eが法人のときは極度額を定めなくてもよいので、法人でも極度額を定めなければ効力を生じないとする本肢は誤り。なお、ケース①は根保証契約ではないので、極度額を定める必要はない。

3 誤り。連帯保証人は、催告の抗弁権（や検索の抗弁権）を有しない。したがって、ケース①のCとケース②のEは、どちらも催告の抗弁を主張することはできない。よって、Cは催告の抗弁を主張することができるとする本肢は誤り。

4 正しい。事業資金の借入債務を、主たる債務者の事業に関与しない個人が保証または根保証する場合、その保証契約に先立ち、その締結の日前1カ月以内に作成された公正証書で保証人となろうとする者が保証債務を履行する意思を表示していなければ、保証契約は効力を生じない。ケース①は事業資金の借入債務の保証なので、保証契約は無効であるが、ケース②は事業資金の借入れの保証ではないので、保証契約は有効である。

> 事業資金の保証は多額になりがちで、保証人の生活が破綻することも多いのに、保証人が十分にリスクを認識しないで、安易に保証人になってしまうことがあります。そこで、肢4のケース①のように、公証人が保証人になろうとする人の意思を事前に確認することにし、その確認を経ていない保証契約を無効としたのです。

★★　【参考正答率 66.3%】

| 問3 | 正解 2 | 債務不履行・解除 | 参考 権利 L7 |

1 正しい。判決文は「附随的義務の履行を怠ったに過ぎないような場合には、特段の事情の存しない限り、相手方は当該契約を解除することができない」としている。したがって、付随的義務である税金相当額の償還をしなかった場合、特段の事情がない限り、売主は当該売買契約の解除をすることができない。

2 誤り。帰責事由の有無と付随的義務か否かとは別の問題である。債務不履行について帰責事由がなければ付随義務になる旨の規定はない。判決文もそのようなことは述べていない。

3 正しい。相当期間を定めて催告した場合でも、催告期間の経過時に債務不

履行が軽微であるときは、債権者は契約の解除をすることができない。

4 正しい。債務者が債務の全部の履行を拒絶する意思を明確に表示したときは、債権者は、催告なしに直ちに契約を解除することができる。

★★★ 【参考正答率 94.0%】

問 4 正解 **3** 賃貸借 参考 権利 L14

1 誤り。賃借人は、通常の使用および収益によって生じた賃借物の損耗ならびに賃借物の経年変化については、原状回復義務を負わない。

2 誤り。賃借人は、賃借物を受け取った後に生じた損傷がある場合でも、その損傷が賃借人の帰責事由によらないものであるときは、原状回復義務を負わない。

3 正しい。敷金の返還請求権の発生時期は、賃貸借が終了し、かつ、賃貸物の返還を受けたときである。つまり、賃貸物の返還が先であるから、賃貸人は、賃貸物の返還を受けるまで、敷金の返還を拒むことができる。

4 誤り。賃借人は、賃貸人に対し、敷金をその債務の弁済に充てることを請求することができない。

★ 【参考正答率 59.8%】

問 5 正解 **1** 委任 参考 権利 L9

1 正しい。債権者（委任者Ａ）の帰責事由によって債務を履行することができなくなったときは、債権者は、反対給付の履行（報酬の支払）を拒むことができない。この場合において、債務者（受任者Ｂ）は、自己の債務を免れたことによって利益を得たときは、これを債権者に償還しなければならない。

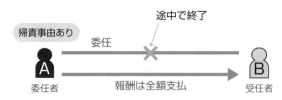

❶肢1は、危険負担の話である。買主のせいで建物が滅失した場合、買主は代金の支払を拒絶できないのと同様に、委任者のせいで委任が途中で終了した場合、受任者は報酬の支払を拒絶できないのである。

2 誤り。受任者は、委任の本旨に従い、善良な管理者の注意をもって、委任事務を処理する義務を負う。「自己の財産に対するのと同一の注意」ではない。

3 　誤り。委任が履行の中途で終了したときは、受任者は、既にした履行の割合に応じて報酬を請求することができる。したがって、Bの帰責事由による終了の場合でも、履行割合に応じた報酬を請求することができる。

4 　誤り。委任が終了した場合において、急迫の事情があるときは、受任者またはその相続人もしくは法定代理人は、委任者またはその相続人もしくは法定代理人が委任事務を処理することができるに至るまで、必要な処分をしなければならない。したがって、「急迫の事情の有無にかかわらず」とする本肢は誤り。

途中終了の場合、委任者の帰責事由によるときは、報酬全額の請求ができます（肢1）。これに対し、委任者の帰責事由によらない（＝受任者の帰責事由または双方に帰責事由なし）ときは、履行割合に応じた報酬の請求ができます（肢3）。

★★　【参考正答率 85.5%】

問6　正解3　意思表示 　　　　参考 権利 L1

　錯誤が表意者の重大な過失によるものであった場合には、次の場合を除き、取消しをすることができない。

① 　相手方が表意者に錯誤があることを知り、または重大な過失によって知らなかったとき。

② 　相手方が表意者と同一の錯誤に陥っていたとき。

1 　できない。本肢では、表意者Aに重大な過失がある。そして、BはAに錯誤があることを過失なく知らなかったので、上記の例外に該当せず、Aは取消しをすることができない。

2 　できない。Aは、10万円で壺を売る意思は有しているので、その点に錯誤はなく、100万円の壺を10万円程度と勘違いして10万円で売る気になったという動機の錯誤の事例である。動機の錯誤を理由に取り消すためには、動機の表示がされていたことが必要であるが、本肢では、動機の表示がない。したがって、Aは取消しをすることができない。

3 　できる。本肢では、「贋作であるので」と動機の表示がされている。Aの重過失の有無は不明であるが、Bも同一の錯誤に陥っているので、上記②により、Aの重過失の有無に関係なく、Aは取消しをすることができる。

4 　できない。為替レートの換算ミスは、重要な錯誤に該当しない可能性がある。また、本肢では、表意者Aに重大な過失があり、BはAに錯誤があるこ

とを過失なく知らなかったので、上記の例外に該当しない。いずれにせよ、Aは取消しをすることができない。

★　【参考正答率 70.7%】

問7　正解 2　保証　〔参考〕権利 L13

1　**正しい。**特定物売買における売主の保証人は、特に反対の意思表示がない限り、売主の債務不履行により契約が解除された場合には、原状回復義務である既払代金の返還義務についても保証する責任がある。

❗簡単にいえば、売主の債務を保証した人は、解除された場合の代金返還まで責任を持つという意味である。

2　**誤り。**主たる債務の目的が保証契約の締結後に加重されても、保証人の負担は加重されない（付従性の例外）。また、主たる債務者が時効の利益を放棄しても、その効力は連帯保証人に及ばない。時効の利益の放棄は、相対的効力しかないからである。

3　**正しい。**保証人が主たる債務者の委託を受けて保証をした場合において、主たる債務の弁済期前に債務の消滅行為をしたときは、その保証人は、主たる債務者に対し、主たる債務者がその当時利益を受けた限度において求償権を有する。この場合において、主たる債務者が債務の消滅行為の日以前に相殺の原因を有していたことを主張するときは、保証人は、債権者に対し、その相殺によって消滅すべきであった債務の履行を請求することができる。たとえば、保証人が期限前に 500 万円を弁済したが、主たる債務者が債権者に 300 万円の債権を持っていてその分は相殺できたはずだったという場合、保証人は、主たる債務者には 500 万円 − 300 万円 = 200 万円しか求償することができないが、債権者には相殺があれば消滅するはずだった 300 万円の支払を請求することができるのである。

❗簡単にいえば、保証人は、①主たる債務者が支払わなくて済んだはずの分は、求償できない、②その分を債権者に請求できる、ということである。

4　**正しい。**保証人が主たる債務者の委託を受けて保証をした場合において、主たる債務者にあらかじめ通知しないで債務の消滅行為をしたときは、主たる債務者は、債権者に対抗することができた事由をもってその保証人に対抗することができる。保証人が履行の請求を受けたことは要件とされていないので、本肢は正しい。たとえば、主たる債務者が債権者に対して債権を持っていてその分は相殺できる場合、保証人がいきなり弁済してしまうと、主た

130

る債務者の相殺の機会が失われる。そこで、保証人が主たる債務者に通知しないで弁済等をした場合、主たる債務者は「自分は相殺できたはずだった」と保証人に対抗することができ、それによって保証人の主たる債務者に対する求償権が制限されるのである。

★★ 【参考正答率 63.3%】

問8 正解 2 相続

参考 権利 L20

1 正しい。 相続回復の請求権は、相続人またはその法定代理人が相続権を侵害された事実を知った時から5年間行使しないときは、時効によって消滅する。なお、相続開始の時から20年を経過したときも、同様である。

2 誤り。 代襲者（相続人の孫）が死亡していたときは、代襲者の子（相続人のひ孫）が相続人となる（再代襲）。したがって、「代襲者の子が相続人となることはない」とする本肢は誤り。なお、前半は正しい。

3 正しい。 血族相続人は、子（孫等）→直系尊属→兄弟姉妹（おい、めい）の順である。前の順位の相続人がいれば、後の順位の者は相続人にならない。したがって、直系尊属が相続人となる場合には、兄弟姉妹は相続人となることはない。

4 正しい。 相続人となるはずの兄弟姉妹が死亡していたときは、その子（被相続人のおい、めい）が代襲する。しかし、おい、めいも死亡していたときは、その子（兄弟姉妹の孫）は、再代襲しない。

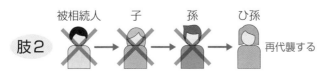

肢2　被相続人　子　孫　ひ孫　再代襲する

肢4　被相続人　兄弟姉妹　甥・姪　甥・姪の子　再代襲しない

親→子→孫→ひ孫と財産が受け継がれるのは自然なことなので、ひ孫は再代襲します（肢2）。これに対し、兄弟姉妹の子孫とはだんだん縁が薄くなっていくのが普通なので、兄弟姉妹の孫は再代襲しません（肢4）。いわゆる「笑う相続人」（思わぬ財産が手に入って喜んでいる相続人）を防ぐためです。

問9　正解 3　売買・贈与

1　誤り。相手方が契約の履行に着手した後は、手付による解除をすることができない。Bが履行期の到来後に代金支払の準備をしてAに履行の催告をしたことは、「履行に着手」にあたる。したがって、相手方Aは、手付による解除をすることができない。

2　誤り。書面によらない贈与は、各当事者が解除をすることができる。ただし、履行の終わった部分については解除することができない。不動産の場合、引渡しか登記のどちらかがあれば、「履行の終わった」に該当し、解除することができなくなる。したがって、「両方が終わるまでは」解除することができるとする本肢は誤り。

3　正しい。負担付贈与については、贈与者は、その負担の限度において、売主と同じく担保の責任を負う。したがって、負担付贈与をしたAは、その負担の限度において、売主と同じく担保責任を負う。

4　誤り。負担付贈与には、債務不履行を理由とする解除の規定が準用される。したがって、②の契約について負担の不履行を理由とする解除権が発生しないとする本肢は誤り。なお、売買契約を債務不履行を理由として解除することはできるから、前半は正しい。

問10　正解 2　時効

1　正しい。占有者の承継人は、自己の占有のみを主張することも、自己の占有に前の占有者の占有を併せて主張することもできる。Bの占有とCの占有を併せれば20年になるので、Cは甲土地の所有権を時効取得することができる。

2　誤り。占有の開始時に善意・無過失の場合、取得時効期間は10年である。このことは、途中で悪意になっても変わりがない。Dは、占有開始時に善意無過失であるから、10年間占有を継続すれば、甲土地の所有権を時効取得することができる。

3　正しい。占有の開始時に善意・無過失の場合、取得時効期間は10年である。このことは、途中で占有の承継があっても変わりがない。Dが占有開始時に善意無過失なので、その後悪意のFが占有を承継しても、合計で10年間占有すれば、Fは甲土地の所有権を時効取得することができる。

4 正しい。所有権は、消滅時効にかからない。したがって、甲土地の所有権が消滅時効にかかることはない。

❗他人が所有権を時効取得することによって、もともとの所有者が所有権を失うことはある。しかし、これは「取得時効」の効果であって、「消滅時効」によるものではない。

問11 正解 4 借地借家法（借地） 参考 権利L16

1 誤り。借地権の対抗要件は、借地権の登記、借地上の建物の登記、滅失の場合の掲示のいずれかである。借家の場合と異なり、引渡しは対抗要件にならない。したがって、Bは、引渡しを受けていても、Cに対して借地権を主張することができない。

2 誤り。当事者は、地代等が不相当になったときは、契約の条件にかかわらず、地代等の増減を請求することができるのが原則であるが、一定の期間増額しない旨の特約がある場合には、その定めに従う。これに対し、減額しない旨の特約は無効になる。本肢では、借賃の増額を請求することはできないが、借賃の減額を請求することはできる。

3 誤り。債務不履行を理由に契約が解除された場合、借地権者は、建物買取請求権を有しない。したがって、本肢の合意は、借地借家法の規定より借地権者に不利なものではなく、有効である。

❗もともと法律で認められていないものを「認めない」と言っているだけなので、法律より借地権者に不利ではない。

4 正しい。最初の更新の場合、存続期間は20年（20年より長い期間を定めた場合は、その期間）になり、20年未満の期間を定めた場合には、20年になる。したがって、15年と定めたとしても、存続期間は20年になる。

問12 正解 3 借地借家法（借家） 参考 権利L15

1 正しい。不動産が譲渡され、その不動産の賃借人が対抗要件を備えている場合、賃貸人たる地位は、譲受人に移転する。そして、建物の賃借人は、賃料の前払いの効果をその建物の所有権を取得した新賃貸人に主張することができる。したがって、Bは、賃料全額の前払いを、Cに対抗することができる。

2 正しい。定期建物賃貸借で、借賃の改定に係る特約がある場合には、借賃

増減請求権の規定は適用されない。しかし、本肢では、「賃料改定に関する特約がない」ので、AはBに対し、賃料増額請求をすることができる。

3 誤り。居住用建物（床面積200㎡未満）の定期建物賃貸借においては、建物の賃借人は、一定の場合に、解約を申し入れ、申入れの日から1カ月後に賃貸借を終了させることができる。本肢は、賃貸人Aに中途解約権が認められるとしているので誤り。

4 正しい。定期建物賃貸借にも、造作買取請求権の規定の適用がある。したがって、特約がなければ、Bは本肢のような造作買取請求をすることができる。

★★ 【参考正答率 61.1%】

問13 正解4 区分所有法　　参考 権利L19

1 誤り。共用部分の変更（その形状または効用の著しい変更を伴わないものを除く）とは、いわゆる重大変更のことである。重大変更は、区分所有者および議決権の各4分の3以上の多数による集会の決議で決するが、区分所有者の定数は、規約でその過半数まで減ずることができる。「2分の1以上」ではない。

❗過半数は、半数を超えるという意味なので、半数（2分の1）ちょうどを含まない。これに対し、2分の1以上の場合は、2分の1ちょうどを含む。

2 誤り。各共有者は、規約に別段の定めがない限りその持分に応じて、共用部分の負担に任じる。したがって、共用部分の管理に係る費用も、原則として持分の割合に応じて負担するのであり、「等分」ではない。

3 誤り。保存行為は、規約に別段の定めがない限り、各共有者がすることができる。

4 正しい。一部共用部分は、これを共用すべき区分所有者の共有に属するが、規約で別段の定めをすることにより、区分所有者全員の共有にすることもできる。

❗別段の定めによって一部共用部分の所有者にすることができるのは、管理者か区分所有者である。したがって、区分所有者全員の共有にすることも認められる。

★★ 【参考正答率 45.8%】

問14 正解1 不動産登記法　　参考 権利L11

1 正しい。区分建物の場合、表題部所有者から所有権を取得した者も、所有

権の保存の登記を申請することができる。この場合、敷地権付き区分建物であるときは、当該敷地権の登記名義人の承諾を得なければならない。

2 誤り。所有権に関する仮登記に基づく本登記は、登記上の利害関係を有する第三者がある場合には、当該第三者の承諾があるときに限り、申請することができる。

3 誤り。登記識別情報の通知が必要なのは、申請人自らが登記名義人になる場合である。本肢では、Bへの所有権の移転の登記を申請しているので、登記名義人になるのはBである。ところが、申請人はAなので、「申請人自らが登記名義人になる場合」にあたらない。したがって、Aへの登記識別情報の通知は必要ない。

4 誤り。配偶者居住権は、登記することができる権利に含まれている。

 肢1の内容に関しては、平成25年度問14肢3の解説で、くわしく説明しています。

★ **【参考正答率 43.9%】**

問15 正解4 都市計画法　参考 制限 L1、2

1 誤り。地区計画については、都市計画に、①地区計画の種類、名称、位置および区域、②地区整備計画（地区施設・建築物等の整備や土地の利用に関する計画）を定めるものとされている。したがって、「地区整備計画」（「地区施設」に関する計画を含む）を定めることは義務であり、「定めるよう努める」という努力義務ではない。なお、「地区施設」とは、主として街区内の居住者等の利用に供される道路、公園など一定の施設のことである。

❗地区計画については、都市計画に、①区域の面積、②当該地区計画の目標、③当該区域の整備、開発および保全に関する方針などを「定めるよう努める」ものとされている。本肢は、これとのひっかけである。

2 誤り。都市計画事業の認可等の告示があったときは、施行者は、すみやかに、一定事項を公告しなければならない。この公告の日の翌日から起算して10日を経過した後に事業地内の土地建物等を有償で譲り渡そうとする者は、原則として、予定対価の額や譲渡の相手方などを書面で施行者に届け出なければならない。「許可を受けなければならない」のではない。

3 誤り。第二種住居地域は、主として住居の環境を保護するため定める地域である。

⚠️ 「中高層住宅に係る良好な住居の環境を保護するため定める地域」とは、第一種中高層住居専用地域である。

4 **正しい。**市街化調整区域における地区計画は、市街化区域における市街化の状況等を勘案して、地区計画の区域の周辺における市街化を促進することがない等当該都市計画区域における計画的な市街化を図る上で支障がないように定めることとされている。

 肢4は内容的にかなり細かいですし、肢1もやや細かいです。肢2・3を誤りと判断して、残り2択まで絞り込むことができれば十分です。

★★　【参考正答率 68.6%】

問16 　正解 **2** 　都市計画法　　　　　参考 制限 L2

1 **正しい。**開発許可を申請しようとする者は、あらかじめ、開発行為または開発行為に関する工事により設置される公共施設を管理することとなる者（＝将来できる公共施設の管理予定者）と協議しなければならない。

⚠️ 開発行為に関係がある公共施設の管理者（＝既存の公共施設の管理者）については、協議するだけでなく、その「同意」を得なければならない。

2 **誤り。**市街化調整区域のうち「開発許可を受けた開発区域」以外の区域内においては、原則として、都道府県知事の許可を受けなければ、建築物を新築することはできない。ただし、都市計画事業の施行として行う場合などについては、例外的に都道府県知事の許可は不要である。

3 **正しい。**開発許可を受けた開発行為により公共施設が設置されたときは、その公共施設は、工事完了の公告の日の翌日において、原則としてその公共施設の存する市町村の管理に属する。

4 **正しい。**開発許可を受けた者から当該開発区域内の土地の所有権その他当該開発行為に関する工事を施行する権原を取得した者（特定承継人　例．開発許可を受けた土地の買主など）は、都道府県知事の承認を受けて、当該開発許可を受けた者が有していた当該開発許可に基づく地位を承継することができる。

⚠️ 一般承継人（例．開発許可を受けた者の相続人など）の場合は、都道府県知事の承認を受けることなく当然に、開発許可に基づく地位を承継する。

 不合格者の半数近くは、肢3か肢4を誤りとして選択しています。開発許可制度の手続きについても、しっかり学習しておきましょう。

問17 正解 1 建築基準法

1 **正しい。** 規模の大きい木造以外の建築物（木造以外の建築物で、①2階以上、②延べ面積200㎡超のいずれかにあたるもの）の建築（新築、増改築、移転）、大規模の修繕、大規模の模様替をしようとする場合、建築主は、当該工事に着手する前に、建築確認を受け、確認済証の交付を受けなければならない。本肢の鉄骨造の建築物は、「階数が2」であるので①にあたる規模の大きい木造以外の建築物である。したがって、建築主は、当該工事に着手する前に、確認済証の交付を受けなければならない。

❗本肢の階数が2で鉄骨造の共同住宅は、延べ面積200㎡超でないので規模の大きい特殊建築物ではないが、規模の大きい木造以外の建築物である。

2 **誤り。** 居室の天井の高さは、2.1m以上でなければならない。この天井の高さは、室の床面から測り、一室で天井の高さの異なる部分がある場合においては、その平均の高さによる。したがって、「室の床面から天井の最も低い部分までの高さを2.1m以上」としなければならないわけではない。

3 **誤り。** 延べ面積が1,000㎡を超える建築物は、原則として、防火上有効な構造の防火壁または防火床によって有効に区画し、かつ、各区画の床面積の合計をそれぞれ1,000㎡以内としなければならない。ただし、耐火建築物・準耐火建築物などは例外である。したがって、「準耐火建築物」である本肢の建築物については、この規定は適用されない。

❗近年の法改正により、「防火床」によって区画することも認められた。

4 **誤り。** 高さ31mを超える建築物には、原則として、非常用の昇降機を設けなければならない。したがって、「高さ30mの建築物」であれば、その必要はない。

❗「高さ20mを超える建築物」には、周囲の状況によって安全上支障がない場合を除き、有効に避雷設備を設けなければならない。

 合格者と不合格者の正答率の差がとても大きい問題です。不合格者の約3割が肢3で誤答していることから、改正点学習の重要性がうかがえます。

問18 正解 3 建築基準法

1 **誤り。** 公衆便所および巡査派出所については、特定行政庁が通行上支障が

ないと認めて建築審査会の同意を得て許可したものでなければ、道路に突き
出して建築することはできない。したがって、「特定行政庁の許可を得ない」
で建築することはできない。

2　**誤り。**客席の部分の床面積の合計が200㎡以上の映画館は、近隣商業地域、
商業地域、準工業地域内において建築することができる。

　❗客席の部分の床面積の合計が200㎡未満の映画館は、近隣商業地域、商業地域、準工業
　地域に加え、準住居地域内においても建築することができる。

3　**正しい。**建築物の容積率の算定の基礎となる延べ面積には、老人ホーム等
の共用の廊下・階段の用に供する部分の床面積は、算入しない。なお、エレ
ベーターの昇降路の部分または共同住宅の共用の廊下・階段の用に供する部
分の床面積についても、同様である。

　❗「地階の住宅・老人ホーム等の部分」の例外と異なり、「3分の1を限度として算入し
　ない」という限定はない。

4　**誤り。**日影による中高層の建築物の高さの制限（日影規制）に関する日影
時間の測定は、冬至日の一定時刻の間について行われる。冬至日が1年で最
も日影が長いからである。したがって、「夏至日」に測定が行われるのでは
ない。なお、一定時刻とは、本肢の記述のとおり、真太陽時（標準時ではな
く、太陽の南中時刻を正午として修正した時刻）の午前8時から午後4時ま
で（北海道の区域内では、午前9時から午後3時まで）である。

内容的にやや細かい肢1・4に惑わされてはいけません。肢2・3は基本知識か
らの出題ですから、実質2択のつもりで正解を選び出しましょう。

★★★　**【参考正答率 87.1%】**

問19　正解 **3**　盛土規制法　　　　　参考 制限L6

1　**正しい。**都道府県知事などが、基礎調査のために他人の占有する土地に立
ち入って測量・調査を行う必要がある場合において、その必要の限度におい
て当該土地に立ち入って測量・調査を行うときは、当該土地の占有者は、正
当な理由がない限り、立入りを拒み、または妨げてはならない。

2　**正しい。**「宅地造成」とは、宅地以外の土地を宅地にするために行う盛土
その他の土地の形質の変更で一定規模のものをいう。したがって、「宅地を
宅地以外の土地にするために行う土地の形質の変更」は、「宅地造成」に該
当しない。なお、「特定盛土等」（＝宅地または農地等において行う盛土その

他の土地の形質の変更で、当該宅地または農地等に隣接し、または近接する宅地において災害を発生させるおそれが大きい一定規模のもの）に該当する可能性はある。

3 誤り。宅地造成等工事規制区域内において、公共施設用地を宅地または農地等に転用した者は、宅地造成等に関する工事を行わない場合でも、その転用した日から14日以内に、その旨を都道府県知事に届け出なければならないとされている。事前に「都道府県知事の許可」を受けなければならないのではない。

4 正しい。宅地造成等に関する工事の許可を受けた者は、当該許可に係る宅地造成等に関する工事の計画の変更をしようとするときは、原則として、都道府県知事の許可（変更の許可）を受けなければならない。ただし、工事施行者の氏名・名称または住所の変更など一定の軽微な変更をしたときは、遅滞なくその旨を都道府県知事に届け出ればよく、改めて許可を受ける必要はない。

 不合格者の半数近くは、肢2か肢4で誤答しています。いずれも過去問頻出の内容ですから、反射的に正誤を判断できるようにしましょう。

★ 【参考正答率 41.0%】

問20 正解 2 土地区画整理法 参考 制限 L7

1 誤り。土地区画整理組合の設立の認可を申請しようとする者は、定款や事業計画などについて、施行地区となるべき区域内の宅地について所有権を有するすべての者およびその区域内の宅地について借地権を有するすべての者のそれぞれの3分の2以上の同意を得なければならない。ただし、未登記の借地権で「申告のないもの」は、一定の申告期間経過後は、この同意の規定の適用については、存しないものとみなされる（逆にいえば、未登記の借地権で「申告のあるもの」は、この同意の規定の適用について存することになる）。したがって、未登記の借地権で「申告のあるもの」を有する者については、同意を得る必要がある。

2 正しい。土地区画整理組合の総会の会議は、定款に特別の定めがある場合を除くほか、原則として組合員の半数以上が出席しなければ開くことができない。

❶総会の議事は、定款に特別の定めがある場合を除くほか、出席組合員の過半数で決し、

可否同数の場合においては、議長の決するところによるのが原則である。

3 誤り。土地区画整理組合は、その事業に要する経費に充てるため、賦課金として参加組合員以外の組合員（＝一般の組合員）に対して金銭を賦課徴収できる。この賦課金の額は、組合員が施行地区内に有する宅地または借地の位置、地積等を考慮して「公平」に定めなければならない。したがって、「一律」に定めなければならないわけではない。

4 誤り。参加組合員として土地区画整理組合の組合員となるのは、「独立行政法人都市再生機構、地方住宅供給公社その他政令で定める者」であって、土地区画整理組合が都市計画事業として施行する土地区画整理事業に参加することを希望し、定款で定められたものだけである。したがって、これら以外の者は、たとえ参加を希望しても、参加組合員となることはできない。

 本問は、合格者正答率が低い問題ですから、深入り禁止です。

★★★ **【参考正答率 98.8%】**

問21 正解 1 農地法 参考 制限 L8

1 正しい。農地法３条の許可を受けないでした行為は、その効力を生じない。したがって、農地法３条の許可が必要な農地の売買について許可を受けずに売買契約を締結しても、その所有権移転の効力は生じない。

2 誤り。市街化区域内にある農地を、「あらかじめ」農業委員会に届け出て、農地以外に転用する場合には、農地法４条の許可を受ける必要はない。つまり、この場合の農業委員会への届出は、「農地転用した後」ではなく、「あらかじめ」しなければならない。

3 誤り。相続により農地を取得する場合は、例外的に、農地法３条の許可を受ける必要はない。

❶ただし、農地の取得者は、遅滞なく、農業委員会に届け出なければならない。

4 誤り。農地を耕作の目的で取得する場合、農地の権利移動（農地を使う人の変更）として、原則として農地法３条の許可が必要である。しかし、農地に抵当権を設定する場合には、農地を使う人の変更は生じないので、農地法３条の許可を受ける必要はない。

❶その後、抵当権に基づき競売が行われ第三者が当該農地を取得する場合には、農地法３条または５条の許可を受ける必要がある。

法令上の制限で、合格者正答率の最も高い問題です。取りこぼしは致命傷となりますので、肢2〜4が誤りとなる理由をきちんと再確認しておきましょう。

★★★ 【参考正答率 92.7%】

問22 正解 1 国土利用計画法

参考 制限 L9

1　正しい。 売買契約や売買の予約は、事後届出が必要な「土地売買等の契約」にあたる。また、事後届出が必要な土地の面積は、市街化区域内では 2,000㎡以上、市街化調整区域内では 5,000㎡以上である。したがって、市街化区域内の 1,500㎡の土地を購入したBは、事後届出を行う必要はない。これに対して、市街化調整区域内の 6,000㎡の土地について売買の予約をしたDは、事後届出を行う必要がある。

2　誤り。 市街化区域内の 2,000㎡以上の土地について土地売買等の契約を締結した場合、権利取得者は、その契約を締結した日から起算して2週間以内に、事後届出を行わなければならない。したがって、Fは、「当該土地の所有権移転登記を完了した日」から起算して2週間以内ではなく、売買契約を締結した日から起算して2週間以内に、事後届出を行う必要がある。

3　誤り。 事後届出が必要な「土地売買等の契約」とは対価を得て行われた契約に限られるので、贈与契約は、「土地売買等の契約」にあたらない。したがって、Hは、事後届出を行う必要はない。

4　誤り。 交換契約は、事後届出が必要な「土地売買等の契約」にあたる。また、事後届出が必要な土地の面積は、市街化調整区域内では 5,000㎡以上、都市計画区域外では 10,000㎡以上である。この面積要件を満たすかどうかの判断は、権利取得者について行う。本肢では、いずれの土地についても、面積要件を満たしている。したがって、IおよびJは、いずれも事後届出を行う必要がある。

❗交換の場合には契約当事者の双方が権利取得者であるので、IとJのそれぞれについて、面積要件を満たすかどうかをチェックしなければならない。

肢1・4の正誤判断のカギを握るのは、面積要件です。試験の現場で考え込むことのないように、寝言でも言えるぐらいの深さで覚えておきましょう。

問23 正解 3 印紙税

1 誤り。請負に関する契約書等において、①消費税および地方消費税の額（＝消費税額等）が区分記載されている場合、または、②税込価格および税抜価格が記載されていることにより、その取引に当たって課されるべき消費税額等が明らかとなる場合は、消費税額等を記載金額に含めない。したがって、本肢の記載金額は、消費税額等を控除した1,000万円である。

❗簡単にいえば、消費税等の額が分かるように記載されている請負契約書等は、税抜額が記載金額になる。

2 誤り。交換契約書の記載金額は、交換金額（＝不動産の価額）が記載されているときは交換金額であり、双方の価額が記載されているときは高いほうである。本肢では、5,000万円と4,000万円のうちの高いほうである5,000万円が記載金額になる。

3 正しい。国・地方公共団体（国等）と国等以外の者とが共同して作成した文書で、国等以外の者が保存するものは、国等が作成したものとみなされ、印紙税が課されない。本肢では、C社が保存するものは、国が作成したものとみなされ、印紙税が課されない。

4 誤り。土地賃借権に関する契約書の場合、その設定・譲渡の対価である金銭の額が記載金額になる。これは、権利金、礼金、更新料その他の名称を問わず、契約に際して貸主に交付するもので返還されることが予定されていない金額をいう。賃料は、設定・譲渡の対価ではないので、記載金額に該当しない。したがって、本肢の契約書は、記載金額100万円である。

問24 正解 4 不動産取得税

1 誤り。不動産取得税の標準税率は、住宅・土地に係るものは3％、住宅以外の家屋に係るものは4％である。土地はすべて3％なので、住宅用以外の土地は4％とする本肢は誤り。

2 誤り。課税標準となるべき額が一定の額に満たない場合には、不動産取得税が課されない（免税点）。しかし、本肢のように一定の面積に満たないことを理由に不動産取得税が課されないとする制度はない。

3 誤り。家屋を改築したことにより、当該家屋の価格が増加した場合、当該改築が家屋の取得とみなされて、不動産取得税が課される。

4 正しい。共有物の分割による不動産の取得の場合、分割前の持分の割合を超えなければ、不動産取得税が課されない。

 肢4は、共有している土地を分けたときに、もともとの自分の分までであれば不動産取得税はかからないという意味です。たとえば、ABが共有している土地（持分1/2ずつ）を、2区画の土地に分けて、AとBが1区画ずつ取得したとします。この場合、Aの取得した土地が、分割前の土地の1/2までであれば、不動産取得税はかかりません。実質的には新たな土地を取得していないからです。

★★　【参考正答率 92.3%】

問25　正解 4　不動産鑑定評価基準　　参考 税他 L8

1 正しい。不動産の価格は、その不動産の効用が最高度に発揮される可能性に最も富む使用（最有効使用）を前提として把握される価格を標準として形成される。ある不動産についての現実の使用方法は、必ずしも最有効使用に基づいているものではなく、不合理なまたは個人的な事情による使用方法のために、当該不動産が十分な効用を発揮していない場合があることに留意すべきである。

2 正しい。造成に関する工事が完了していない土地または建築に係る工事が完了していない建物について、当該工事の完了を前提として鑑定評価の対象とすることがある。

3 正しい。特殊価格とは、一般的に市場性を有しない不動産について、その利用現況等を前提とした不動産の経済価値を適正に表示する価格をいう。例として、本肢のような文化財の評価があげられる。

4 誤り。原価法は、対象不動産が建物または建物およびその敷地である場合において、再調達原価の把握および減価修正を適切に行うことができるときに有効であり、対象不動産が土地のみである場合においても、再調達原価を適切に求めることができるときはこの手法を適用することができる。したがって、土地のみの場合は適用することができないとする本肢は誤り。

★★★　【参考正答率 99.3%】

問26　正解 3　免許　　参考 業法 L1、2、3

1 誤り。合併の場合に存続会社が消滅会社の免許を承継することができる旨の規定はない。なお、合併消滅した旨の届出（廃業等の届出）をするのは、合併消滅した会社（A社）を代表する役員であった者である。

2 誤り。信託会社や信託業を兼営する金融機関が宅建業を営もうとするときは、国土交通大臣に届出をしなければならないが、免許を受ける必要はない。

3 正しい。Cは、宅地を不特定多数の者に分譲しようとしているので、免許を受けなければならない。このことは、宅建業者に販売代理を依頼しても、変わりがない。

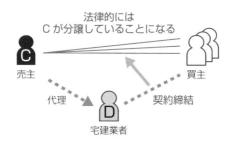

4 誤り。1つの都道府県内にのみ事務所を有する場合は、事務所の数がいくつであっても、都道府県知事の免許である。Eは乙県知事免許なので、乙県内にのみ事務所を有している。したがって、乙県内に2以上の事務所を設置しても、乙県知事免許のままでよく、免許換えの申請をする必要はない。

★★　【参考正答率 75.2%】

問27　正解 **2**　広告に関する規制

参考 業法 L9

ア 誤り。宅建業者は、①宅地・建物の売買・交換・貸借に関する広告をするとき、②宅地建物の売買・交換・貸借に関する注文を受けたときに、遅滞なく、取引態様の別を明示しなければならない。これらは別々の義務なので、広告をするときに明示していても、注文を受けたときに改めて明示しなければならない。取引態様に変更がない場合には明示しなくてよい旨の規定はない。

イ 正しい。宅建業者は、実際のものよりも著しく優良であると人を誤認させる表示（誇大広告）をしてはならないが、誤認させる方法には限定がなく、一部を表示しないことにより誤認させることも禁止されている。

ウ 正しい。宅建業者は、広告をするときは、その都度、取引態様の別を明示しなければならない。

エ 誤り。宅建業者は、宅地の造成または建物の建築に関する工事の完了前においては、当該工事に必要とされる開発許可・建築確認等の処分があった後でなければ、その宅地・建物に関する広告をしてはならない。「許可等の申

請をした後」ではない。

以上より、正しいものはイ、ウの二つであり、肢2が正解になる。

★★　【参考正答率 91.8%】

問28　正解 3　宅建士　　　参考 業法 L4、5

1　**誤り。**宅建試験の合格は、不正受験を理由に取り消されない限り一生有効であり、登録の申請をしないと無効になる旨の規定はない。

2　**誤り。**宅建士証の有効期間の更新について、申請期間の規定はない。なお、宅建士証の有効期間の更新を受けようとする者は、登録をしている都道府県知事が指定する講習で、申請前6カ月以内に行われるものを受講しなければならない。

❗宅建業の免許の更新を受けようとする者は、免許の有効期間満了日の90日前から30日前までに免許申請書を提出しなければならない。本肢は、このこととのひっかけである。

3　**正しい。**宅建士は、重要事項の説明をするときは説明の相手方からの請求の有無にかかわらず宅建士証を提示しなければならない。また、取引の関係者から請求があったときには、宅建士証を提示しなければならない。

4　**誤り。**登録の移転の申請に際しては、講習を受講する必要はない。なお、新たな宅建士証の交付をあわせて申請する場合でも、（宅建士証の交付申請に通常であれば必要な）都道府県知事の指定する講習を受講する必要はない。

★★　【参考正答率 81.6%】

問29　正解 3　媒介契約　　　参考 業法 L8

ア　**正しい。**指定流通機構へ登録をした宅建業者は、登録を証する書面を遅滞なく依頼者に引き渡さなければならない。

イ　**正しい。**法34条の2第1項の規定に基づき交付すべき書面（＝媒介契約書面）には、当該媒介契約が国土交通大臣が定める標準媒介契約約款に基づくものであるか否かの別を記載しなければならない。

ウ　**誤り。**専任媒介契約の有効期間の更新は，有効期間の満了に際して依頼者の申出がなければすることができない。したがって、自動的に更新する旨の特約をすることはできない。このことは、依頼者Bの要望があっても変わりがない。

エ　**正しい。**宅建業者は、非専属型の専任媒介契約においては2週間に1回以

上、専属専任媒介契約においては1週間に1回以上、依頼者に対し業務の処理状況を報告しなければならない。

以上より、正しいものはア、イ、エの三つであり、肢3が正解になる。

★★ 【参考正答率76.4%】

問30 正解4 報酬に関する制限 参考 業法L16、17

1 **誤り。**双方から受領する報酬の合計額の上限は、5,000万円×3％＋6万円＝156万円の2倍である312万円に消費税等10％を上乗せした343万2,000円である。したがって、合計で514万8,000円の報酬を受領することができるとする本肢は誤り。

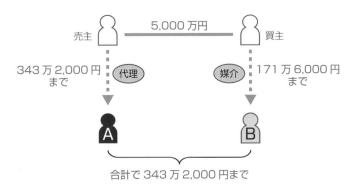

売主 ──── 5,000万円 ──── 買主

343万2,000円 まで ┈┈ 代理 　 媒介 ┈┈ 171万6,000円 まで

A　　　　　B

合計で343万2,000円まで

2 **誤り。**居住用建物の貸借を課税業者が媒介した場合、依頼を受けるにあたって承諾を得ていなければ、当事者の一方からは借賃の0.5月分に10％を上乗せした0.55カ月分までしか受領することができない。「報酬請求時まで」ではない。

3 **誤り。**借賃を基準にした場合は、1カ月分の借賃25万円に10％を上乗せした27万5,000円が上限額になる。権利金を基準にした場合には（居住用建物以外の貸借なので、権利金を基準にすることができる）一方からは、300万円（税抜きの権利金額）×4％＋2万円＝14万円に10％を上乗せした15万4,000円が上限額になる。いずれにしても、一方から30万8,000円を受領することはできない。

4 **正しい。**居住用建物以外の貸借の場合は、肢2のような0.55カ月分ずつという制限はない。したがって、双方から合計して1.1カ月分以内であればよく、割合の決め方や一方のみから報酬を受領することについて制限はない。

問31　正解 1　重要事項の説明

1　正しい。重要事項の説明においては、損害賠償額の予定または違約金に関する事項を説明しなければならない。このことは、貸借の媒介・代理であっても変わりがない。

2　誤り。建物の場合、石綿の使用の有無の調査の結果が記録されているときは、その内容を重要事項として説明しなければならない。この規定は、記録がされているときにその内容を説明する義務を定めたものであって、記録がないとき等に宅建業者に独自に調査する義務を負わせるものではない。

3　誤り。既存建物の場合、建物状況調査（実施後1年を経過していないものに限る）を実施しているかどうか、およびこれを実施している場合におけるその結果の概要を説明しなければならない。

4　誤り。区分所有建物の場合、専有部分の用途その他の利用の制限に関する規約の定め（案を含む）があるときは、その内容を重要事項として説明しなければならない。このことは、貸借の媒介・代理であっても変わりがない。

問32　正解 1　自ら売主制限

1　正しい。相手方が契約の履行に着手した後は、解約手付による解除はできなくなる。本肢では、Bが契約の履行に着手しているので、Aは解除することができない。

2　誤り。クーリング・オフがされた場合、宅建業者は、速やかに、手付金その他の金銭を返還しなければならない。そして、クーリング・オフの規定より買主等に不利な特約は、無効になる。

3　誤り。割賦販売で賦払金の支払がない場合、宅建業者は、30日以上の相当の期間を定めてその支払を書面で催告し、その期間内にその義務が履行されないときでなければ、賦払金の支払の遅滞を理由として、契約を解除し、または支払時期の到来していない賦払金の支払を請求することができない。したがって、支払がないときに直ちに解除することはできない。

4　誤り。工事完了前に契約を締結している場合、受領額が代金の5％以下かつ1,000万円以下であれば、保全措置は不要である。したがって、本肢では、250万円までは保全措置不要である。

問33 正解 1 37 条書面

参考 業法 L11

1 正しい。貸借の代理・媒介の場合、借賃の額・支払時期・支払方法を 37 条書面に記載しなければならない。そして、37 条書面は、契約の各当事者に交付しなければならない。

2 誤り。37 条書面には、宅地・建物の引渡しの時期を記載しなければならない。このことは、重要事項説明書に記載等をしたかどうかに関係がない。なお、引渡しの時期は、重要事項説明の対象ではない。

3 誤り。宅建業者は、宅建士をして、37 条書面に記名させなければならない。このことは、相手方が宅建業者であっても変わりない。

4 誤り。売買・交換において、代金・交換差金についての金銭の貸借のあっせんに関する定めがある場合、当該あっせんに係る金銭の貸借が成立しないときの措置を 37 条書面に記載しなければならない。

> 重要事項説明書と 37 条書面には、従来は宅建士の「記名押印」が必要でしたが、近年の改正により「記名」で足りるようになりました。ハンコが不要になったのです。

問34 正解 4 宅建士

参考 業法 L4、5

1 誤り。登録を受けようとする者は、自分が合格した宅建試験を行った都道府県知事に対して登録の申請をしなければならない。したがって、本肢では、甲県知事あてに申請しなければならない。

2 誤り。登録を受けている者は、登録事項（氏名、本籍、住所、勤務先の宅建業者の商号・名称・免許証番号等）に変更があったときは、遅滞なく、登録を受けている都道府県知事に変更の登録を申請しなければならない。

3 誤り。勤務先の宅建業者の「事務所の所在地」は登録事項ではないので、勤務先の宅建業者の事務所の所在地に変更があっても、変更の登録の申請をする必要はない。

4 正しい。登録の移転の申請とともに宅建士証の交付の申請をした場合、移転前の宅建士証の有効期間が経過するまでの期間（前の宅建士証の有効期間の残り）を有効期間とする宅建士証が交付される。

問35　正解 3　営業保証金

参考 業法 L6

1　誤り。営業保証金から弁済を受けることができるのは、宅建業者と宅建業に関する取引をし、その取引によって生じた債権を有する者（宅建業者を除く）である。請負は「取引」に該当しないので、建設工事を請け負った建設業者は、営業保証金から弁済を受けることができない。

2　誤り。宅建業者は、新たに事務所を設置したときは、主たる事務所の最寄りの供託所にその事務所の分の営業保証金を供託し、供託した旨の届出をした後でなければ、新設した事務所での事業を開始してはならない。供託しただけでは足りない。

❗「主たる事務所」の最寄りの供託所に供託する点にも注意。新設した事務所の最寄りの供託所ではない。

3　正しい。宅建業者は、営業保証金が還付されたため不足額を供託すべき旨の通知書の送付を受けたときは、その送付を受けた日から2週間以内に不足額を供託しなければならない。

4　誤り。営業保証金の額は、主たる事務所につき 1,000 万円、その他の事務所につき事務所ごとに 500 万円の合計額なので、Aが供託すべき額は 1,000 万円 + 500 万円 × 2 = 2,000 万円である。

問36　正解 4　弁済業務保証金

参考 業法 L7

1　誤り。弁済業務保証金から弁済を受けられる額の限度は、営業保証金の場合と同じである。弁済業務保証金分担金の額の範囲内ではない。たとえば、事務所が 1 カ所の場合、弁済業務保証金分担金は 60 万円であるが、弁済限度額は 1,000 万円である。

2　誤り。還付請求は供託所に対して行うのであって、保証協会に対してではない。弁済業務保証金は供託所に供託されているからである。なお、保証協会の認証を受けなければならない点は正しい記述である。

3　誤り。保証協会は、弁済業務保証金の還付があったときは、当該還付に係る社員または社員であった者に対し、当該還付額に相当する額の還付充当金を保証協会に納付すべきことを通知しなければならない。「供託所に供託」ではない。

4　正しい。保証協会は、弁済業務保証金の還付があったときは、国土交通大

臣から還付の通知を受けた日から2週間以内に、当該還付額に相当する額の弁済業務保証金を供託しなければならない。

★★ 【参考正答率 88.5%】

問37 正解 1 37条書面

参考 業法 L11

ア 誤り。37条書面は契約の各当事者に交付すれば足り、その内容を説明する必要はない。

イ 誤り。供託所等に関する事項は、37条書面の記載事項ではない。

ウ 正しい。宅建業者は、契約後遅滞なく、37条書面を交付しなければならない。37条書面の作成・交付義務は、相手方が宅建業者であっても適用される。

エ 誤り。宅地・建物の引渡し時期、売買・交換の場合の移転登記の申請時期は、37条書面に必ず記載しなければならない。相手方が宅建業者であっても変わりがない。

以上より、正しいものはウの一つであり、肢1が正解になる。

★★ 【参考正答率 92.9%】

問38 正解 4 媒介契約

参考 業法 L8

1 誤り。法34条の2第1項の規定に基づき交付すべき書面（媒介契約書面）には、宅建業者の記名押印は必要であるが、宅建士の記名は必要ない。

2 誤り。宅建業者は、宅地・建物を売買すべき価額または評価額について意見を述べるときは、その根拠を明らかにしなければならない。しかし、その方法については制限がないので、口頭で明示してもかまわない。

3 誤り。宅建業者は、一般媒介契約を締結した場合には、指定流通機構に登録する義務を負わない。

4 正しい。宅建業者は、一般媒介契約を締結した場合でも、媒介契約書面の作成・交付義務を負う。そして、媒介契約の有効期間および解除に関する事項は、媒介契約書面の記載事項に含まれている。

近年の改正により、重要事項説明書と37条書面では宅建士の「記名」で足りることになりましたが、媒介契約書面に宅建業者の「記名押印」が必要な点は改正されておらず、そのままです。

問39　正解 2　従業者名簿

参考 業法 L12

1　誤り。宅建業者は、取引の関係者から請求があったときは、従業者名簿を
その者の閲覧に供しなければならない。「取引の関係者か否かを問わず」で
はない。

2　正しい。宅建業者は、従業者に、従業者証明書を携帯させなければ、その
者をその業務に従事させてはならない。このことは、宅建士証を携帯してい
るかどうかに関係がない。

3　誤り。退職した従業者に関する事項を従業者名簿から消去する旨の規定は
ない。なお、宅建業者は、従業者名簿を最終の記載をした日から10年間保
存しなければならない。事務所ごとに従業者名簿を備えなければならない点
は正しい記述である。

4　誤り。従業者証明書を携帯させるべき者には、非常勤の役員や単に一時的
に事務の補助をする者も含まれる。

問40　正解 2　クーリング・オフ

参考 業法 L13

ア　行うことができない。クーリング・オフ期間は、クーリング・オフについ
て書面で告げられた日から起算して8日間である。したがって、告げられた
日の「翌日」から起算して8日目（＝告げられた日から起算すると9日目）
にクーリング・オフする旨の書面を発しても、解除することはできない。

イ　行うことができる。クーリング・オフできなくなるのは、①クーリング・
オフについて書面で告げられた日から起算して8日間を経過したとき、②買
主が引渡しを受け、かつ代金の全部を支払ったときである。売主が契約の履
行に着手したことは、クーリング・オフできない事由に当たらない。

ウ　行うことができる。クーリング・オフの規定より買主等に不利な特約は無

効である。喫茶店で買受けの申込みをした場合にはクーリング・オフ制度の適用があるので、クーリング・オフしない旨の特約は無効である。

エ **行うことができない。** クーリング・オフの可否は、買受けの申込みの場所で決まる。そして、事務所以外で、継続的に業務を行うことができる施設を有し、専任の宅建士の設置義務のある場所は、「事務所等」にあたり、クーリング・オフ制度の適用がない。したがって、Bは、解除することができない。

以上より、解除を行うことができるものはイ、ウの二つであり、肢2が正解になる。

★★★ 【参考正答率 99.0%】

問41 正解 **3** 重要事項の説明 参考 業法 L10

1 **誤り。** 重要事項説明書には、宅建士の記名が必要である。代表者の記名押印があれば宅建士の記名が不要になる旨の規定はない。

2 **誤り。** 重要事項説明書への記名や重要事項の説明をするのは、宅建士であればよく、専任の宅建士でなくてもかまわない。専任でなければならないのは、宅建士の設置義務に関してだけである。

3 **正しい。** 宅建士は、重要事項の説明をするときは、説明の相手方に対し、宅建士証を提示しなければならない。宅建士証を亡失した場合、再交付を受けるまでは宅建士証を提示することができないので、重要事項の説明をすることができない。

4 **誤り。** 重要事項の説明を行う場所に関しては、制限がない。したがって、事務所以外の場所で行うこともできる。

★★ 【参考正答率 95.4%】

問42 正解 **1** または **4** 自ら売主制限 参考 業法 L14、15

1 **誤り。** 宅建業法の自ら売主制限では、通知期間を引渡しの日から2年以上とする特約を除き、種類・品質に関する契約不適合責任について民法の規定より買主に不利な特約は無効となる。民法では、買主が契約不適合を知った時から1年以内にその旨を売主に通知すれば、買主は、(消滅時効にかかるまでは)売主に対して種類・品質に関する契約不適合責任を追及できる。しかし、本問の特約では、買主Bがたとえ契約不適合を知った時から1年以内に売主Aに通知した場合でも、Bが契約不適合を知った時から2年を経過す

れば、BはAに対して担保責任を追及できなくなる。したがって、本問の特約は民法の規定より買主に不利な特約であり、無効となる。

2　正しい。工事完了前に契約を締結した場合、代金額の5%以下かつ1,000万円以下（本肢では250万円以下）であれば、保全措置は不要である。本肢では、手付金と中間金を合計すると500万円になるので、中間金を受領する前に、保全措置を講じなければならない。

3　正しい。手付金等の保全措置は自ら売主制限なので、買主も宅建業者である場合には適用されない。本肢では、買主Dが宅建業者なので、Aは、手付金等の保全措置を講じる必要がない。

4　誤り。民法では、種類・品質に関する契約不適合責任の通知期間は不適合を知った時から1年である。宅建業法の自ら売主制限では、通知期間を引渡しの日から2年以上とする特約を除き、種類・品質に関する契約不適合責任について民法より不利な特約は無効となる。種類・品質に関する契約不適合責任を一切負わない旨の特約は、民法より不利なので無効である。この場合、責任の内容は民法のとおりになるのであって、「引渡日から2年」にはならない。

> 本来、正解肢は1つだけですが、数年に1回程度、出題ミスにより正解肢が2つある問題が出題されます。この場合、どちらかをマークすれば点を与えられます。本問の場合、1か4にマークすれば、点を与えられました。

★★★　**【参考正答率 98.7%】**

問43　正解 2　免許

参考 業法L2、3

1　誤り。執行猶予期間が満了した場合、すぐに免許を受けることができる。執行猶予期間が満了した日から5年を経過するまで待つ必要はない。

2　正しい。宅建業者の死亡、免許の有効期間満了・取消し等の場合、当該宅建業者であった者またはその一般承継人は、当該宅建業者が締結した契約に基づく取引を結了する目的の範囲内においては、宅建業者とみなされる。したがって、相続人Cは、Bの締結した売買契約の目的物を買主に引き渡すことができる。

3　誤り。宅建業者について破産手続開始の決定があった場合、破産管財人が廃業等の届出をしなければならず、届出のときに免許の効力が失われる。「代表する役員」「破産手続開始の決定の日」ではない。

4 誤り。破産手続開始の決定があっても、復権を得れば、すぐに免許を受けることができる。したがって、E社の取締役が復権を得れば、E社はすぐに免許を受けることができる。

★★ 【参考正答率 85.0%】

問44 正解 4 重要事項の説明　　　参考 業法 L10

1 正しい。建物（昭和56年6月1日以降に新築の工事に着手したものを除く）が一定の耐震診断を受けたものであるときは、その内容を重要事項として説明しなければならない。本肢の建物は、昭和55年に新築の工事に着手しているので、説明が必要である。

2 正しい。貸借の媒介・代理の場合、敷金その他いかなる名義をもって授受されるかを問わず、契約終了時において精算することとされている金銭の精算に関する事項を重要事項として説明しなければならない。

3 正しい。相手方が宅建業者の場合、宅建士が記名した重要事項説明書を交付すれば足り、説明は不要なのが原則である。例外として、信託受益権の売主となる場合には、相手方が宅建業者であっても、重要事項説明書を交付して説明をしなければならない。

❶信託受益権の売主となる場合に関する出題はほとんどないので、気にする必要はない。

4 誤り。区分所有建物の売買・交換の場合、当該一棟の建物の計画的な維持修繕のための費用の積立てを行う旨の規約の定めがあるときは、その内容および既に積み立てられている額を重要事項として説明しなければならない。

★★ 【参考正答率 90.0%】

問45 正解 2 住宅瑕疵担保履行法　　　参考 業法 L19

1 誤り。住宅販売瑕疵担保保証金の供託または住宅販売瑕疵担保責任保険契約（以下「資力確保措置」）を講じる義務を負うのは、自ら売主となる宅建業者である。したがって、Aは資力確保措置を講じる必要がある。

2 正しい。住宅販売瑕疵担保保証金の供託をしている者は、基準日において当該住宅販売瑕疵担保保証金の額が当該基準日に係る基準額を超えることとなったときは、その超過額を取り戻すことができる。そして、その際には、免許を受けた国土交通大臣または都道府県知事の承認を受けなければならない。

3 誤り。宅建業者は、基準日ごとに、当該基準日に係る資力確保措置の状況

について、基準日から3週間以内に、免許を受けた国土交通大臣または都道府県知事に届け出なければならない。「50日以内」ではない。

❗「基準日から」3週間以内である点にも注意。「基準日の翌日から」ではない。

4 誤り。資力確保措置を講じる義務を負うのは、宅建業者が自ら売主として宅建業者でない買主との間で新築住宅の売買契約を締結し、引き渡す場合である。したがって、買主も宅建業者である場合には資力確保措置を講じる必要はない。

★★★ 【参考正答率 83.3%】

問46 正解 2 住宅金融支援機構　参考 税他 L9

1 正しい。機構は、証券化支援事業（買取型）において、買い取った住宅ローン債権を担保として MBS（資産担保証券）を発行している。

2 誤り。機構は、災害により住宅が滅失した場合におけるその住宅に代わるべき住宅（＝災害復興建築物）の建設・購入に係る貸付金について、元金据置期間（＝元本の返済が猶予される期間）を設けることができる。

3 正しい。機構が証券化支援事業（買取型）により譲り受けるのは、貸付けを受ける本人または親族が住むための住宅の建設・購入資金の貸付債権である。したがって、賃貸住宅の建設・購入資金の貸付債権は、譲受けの対象にならない。

4 正しい。機構は、本肢のような団体信用生命保険に関する業務を行っている。

★★ 【参考正答率 98.0%】

問47 正解 1 不当景品類及び不当表示防止法　参考 税他 L10

1 正しい。路地状部分のみで道路に接する土地であって、その路地状部分の面積が当該土地面積のおおむね30パーセント以上を占めるときは、路地状部分を含む旨および路地状部分の割合または面積を明示しなければならない。

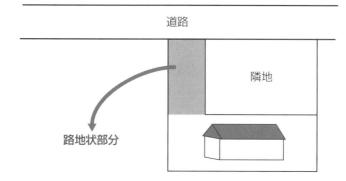

道路

隣地

路地状部分

2 誤り。徒歩による所要時間は、道路距離 80 メートルにつき 1 分間（端数切上げ）を要するものとして算出した数値を表示しなければならない。

3 誤り。宅地の造成または建物の建築に関する工事の完了前においては、宅建業法 33 条に規定する許可等の処分があった後でなければ、広告表示をしてはならない。予告広告とは、価格等が決定していない物件について、取引開始時期をあらかじめ告知する広告のことをいうが、予告広告も、上記の広告表示の開始時期の制限を受ける。

4 誤り。管理費は、原則として 1 戸当たりの月額を表示しなければならない。ただし、住戸により管理費の額が異なる場合において、そのすべての住宅の管理費を示すことが困難であるときは、最低額および最高額のみで表示することができる。「平均額」ではない。

予告広告とは、価格や賃料が確定していないため、直ちに取引することができない物件について、その取引開始時期をあらかじめ告知する広告表示のことをいいます。価格等が決まっていない場合、価格等の記載ができないため本来は広告をすることができませんが、消費者に早くから情報を提供するために例外的に認められています。

★ **【参考正答率 92.4%】**

問48 正解 **3** 統計

※統計問題は、出題時の数値をそのまま掲載しています。内容を覚える必要はありません。

1 誤り。平成 31 年 1 月以降の 1 年間の地価変動は、全国平均では、住宅地、商業地のいずれについても上昇した。「住宅地については下落」ではない。

2 誤り。令和元年の全国の土地取引件数は約 131 万件となり、前年に比べて横ばいであった。「大きく増加」ではない。

3 正しい。平成 31 年 1 月から令和元年 12 月までの持家と分譲住宅の新設住宅着工戸数は前年に比べて増加したが、貸家の新設住宅着工戸数は減少した。

4 誤り。不動産業の売上高経常利益率は、平成 26 年度から平成 30 年度までの 5 年間は、10.9% から 14.0% の間である。「いずれも 5% 以下」ではない。

★★　【参考正答率 98.3%】

問49　正解 4　土地　　　参考 税他 L11

1 適当。都市の中小河川の氾濫の原因の一つは、急速な都市化、宅地化に伴い、降雨時に雨水が短時間に大量に流れ込むようになったことである。

2 適当。中小河川に係る防災の観点から、宅地選定に当たっては、その地点だけでなく、周辺の地形と防災施設に十分注意することが必要である。

3 適当。地盤の液状化については、宅地の地盤条件について調べるとともに、過去の地形についても古地図などで確認することが必要である。

4 最も不適当。地形や地質的な条件については、宅地に適しているか調査する必要がある。また、周辺住民の意見を聴くことも必要である。

★★　【参考正答率 33.6%】

問50　正解 3　建物　　　参考 税他 L12

1 適当。建物の構成は、大きく基礎構造と上部構造からなっており、基礎構造は基業と基礎盤から構成されている。

2 適当。基礎の種類には、基礎の底面が建物を支持する地盤に直接接する直接基礎と、建物を支持する地盤が深い場合に使用する杭基礎（杭地業）がある。

3 最も不適当。直接基礎の種類には、形状により、柱の下に設ける独立基礎、壁体等の下に設ける布基礎（連続基礎）、建物の底部全体に設けるべた基礎等がある。本肢は、「布基礎（連続基礎）」と「べた基礎」が逆である。

4 適当。上部構造は、重力、風力、地震力等の荷重に耐える役目を負う主要構造と、屋根、壁、床等の仕上げ部分等から構成されている。

令和元年度
解答＆解説

令和元年度　解答＆出題テーマ一覧

科目	問題	解答	テーマ
権利関係	1	1	物権変動
	2	4	意思表示・物権変動
	3	1	担保責任
	4	4	不法行為
	5	2	代理
	6	2	相続
	7	1	弁済・同時履行の抗弁権
	8	2	請負
	9	4	時効
	10	1	抵当権
	11	3	賃貸借・借地借家法（借地）
	12	4	借地借家法（借家）
	13	3	区分所有法
	14	3	不動産登記法
法令上の制限	15	4	都市計画法
	16	1	都市計画法
	17	4	建築基準法
	18	2	建築基準法
	19	3	盛土規制法
	20	1	土地区画整理法
	21	1	農地法
	22	3	国土利用計画法
税・その他	23	2	所得税
	24	4	固定資産税
	25	3	地価公示法

科目	問題	解答	テーマ
宅建業法	26	4	宅建業とは
	27	1	宅建業法総合
	28	4	重要事項の説明
	29	3	監督・罰則
	30	4	広告に関する規制等
	31	1	媒介契約
	32	4	報酬に関する制限
	33	3	弁済業務保証金
	34	2	37条書面
	35	4	宅建業法総合
	36	2	37条書面
	37	3	自ら売主制限
	38	2	クーリング・オフ
	39	3	重要事項の説明
	40	2	その他の業務上の規制
	41	1	重要事項の説明
	42	1	宅建業とは
	43	2	免許の基準
	44	3	宅建士
	45	1	住宅瑕疵担保履行法
税・その他	46	1	住宅金融支援機構
	47	4	不当景品類及び不当表示防止法
	48	2	統計
	49	3	土地
	50	4	建物

合格ライン

合格点	科目別 目安得点			
	権利関係 (問 1 ～問 14)	宅建業法 (問 26 ～問 45)	法令上の制限 (問 15 ～問 22)	税その他 (問 23～問 25、問 46～問 50)
35／50	9／14	15／20	5／8	6／8

あなたの得点

得点	科目別 得点			
	権利関係 (問 1 ～問 14)	宅建業法 (問 26 ～問 45)	法令上の制限 (問 15 ～問 22)	税その他 (問 23～問 25、問 46～問 50)
／50	／14	／20	／8	／8

令和元年度　試験講評

　まず形式面について、個数問題は、前年度から倍増して 6 問となった。したがって、出題形式の点で、やや得点しにくくなった。なお、組合せ問題は出題されていない。次に内容面について、権利関係では、難問が目立ったものの、問 4・9・10 のように何となく正解できる問題も散見され、手応え以上に得点できた受験者も多かったであろう。宅建業法では、個数問題が増加したので若干得点しにくかったが、近年の改正点が 2 年連続で出題され、過去問対策が万全であれば 16 点以上を確保できた。税・その他は、難問は少なく、得点しやすかった。他方、法令上の制限では、問 17・18・20 が難問のため、基本問題で取りこぼすと大量失点となったであろう。全体としては、前年度よりやや難化し、近年の平均的なレベルに落ち着いたといえる。

問1　正解 1　物権変動　参考 権利 L10

1　誤り。不動産の物権変動は、登記をしなければ、第三者に対抗することができないが、不法占有者は、この「第三者」にあたらない。つまり、所有者は、登記をしなくても、不法占有者に対して所有権を主張することができる。本肢では、Bは、所有権移転登記を備えていなくても、Cに対して所有権を主張して明渡請求をすることができる。

2　正しい。売主からの賃借人は、上記の「第三者」にあたる。つまり、買主は、登記をしなければ、売主からの賃借人に対して所有者であることを主張することができない。したがって、Bは、所有権移転登記を備えていない場合には、Dに対して所有者であることを主張することができない。

3　正しい。転々移転の場合における前主は、上記の「第三者」にあたらない。つまり、後主は、登記をしなくても、前主に対して所有権を主張することができる。したがって、Eは、所有権移転登記なくして、Aに対して所有権を主張することができる。

4　正しい。時効取得者は、時効完成前の第三者に対しては、登記をしなくても、所有権を主張することができる。Bは、Fの時効完成前に売買契約を締結していると考えられるので、時効完成前の第三者である。したがって、Fは、所有権移転登記を備えていなくても、Bに対して所有権を主張することができる。

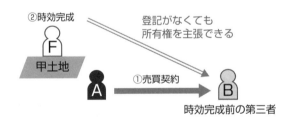

問2　正解 4　意思表示・物権変動　参考 権利 L1、10

1　正しい。取り消した者と取消後の第三者との関係は、対抗問題となる。したがって、原則として登記をした者が優先するが、背信的悪意者に対しては、登記がなくても所有権を主張することができる。よって、AC間の関係は対抗問題となり、Aは、背信的悪意者ではないCに対して、登記なくして甲土

地の返還を請求することができない。

2 **正しい。** 取消前の第三者との関係においては、詐欺を理由とする取消しは、善意無過失の第三者に対抗することができない。しかし、本肢では、Cが悪意なので、Aは、Cに対して、甲土地の返還を請求することができる。Cが所有権移転登記を備えていることは関係がない。

3 **正しい。** 錯誤を理由とする意思表示の取消しは、善意無過失の第三者に対抗することができない。したがって、Aは、善意無過失のCに対して、取消しを主張して甲土地の返還を請求することができない。

4 **誤り。** 錯誤による意思表示をした者に重大な過失がある場合、①相手方が表意者の錯誤について悪意または善意重過失のとき、または②相手方が表意者と同一の錯誤に陥っていたときを除いて、錯誤を理由として取り消すことができない。本肢では、Aに重大な過失があるので、①②に該当しなければ、意思表示を取り消すことができない。

★★ 【参考正答率 90.5%】

問3 正解 1 担保責任 　　参考 権利 L8

1 **正しい。** 売主は、担保責任を負わない旨の特約をしたときであっても、知りながら告げなかった事実、および自ら第三者のために設定しまたは第三者に譲り渡した権利については、責任を免れることはできない。Aは、不適合を知っていながらBに告げていないので、当該不適合については、引渡しから3カ月に限り担保責任を負う旨の特約は無効になる。そして、種類・品質に関する不適合の場合、買主は、その不適合を知った時から1年以内にその旨を売主に通知しないときは、原則として、担保責任を追及することができないが、売主が引渡しの時にその不適合を知り、または重大な過失によって知らなかったときは、この限りではない。本肢では、Aが不適合を知っているので、上記の期間制限は適用されない。このように、引渡しから3カ月に限る旨の特約は無効となり、期間制限の規定も適用されないので、Bは、Aに対して担保責任を追及することができる。

2 **誤り。** 担保責任における買主の損害賠償請求や解除は、債務不履行の規定に基づく。そして、債務の不履行が債権者の責めに帰すべき事由によるものであるときは、債権者は、契約を解除することができない。したがって、債務の不履行が債権者（買主）Bの責めに帰すべき事由によるものであるときは、Bは売買契約を解除することができない。

163

3 誤り。解除権の行使は、損害賠償の請求を妨げない。つまり、解除権と損害賠償請求権とは両立するのが原則であり、本肢のような制限はない。したがって、Bは、解除することができる場合であっても、損害賠償請求の要件を満たせば、その請求をすることができる。

4 誤り。売買契約における担保責任は売主の負う責任である。したがって、Bは、媒介をしたCに対して担保責任を追及することができない。

★★ **【参考正答率 86.6%】**

問4 正解4 不法行為

1 誤り。火災保険金は、損益相殺として控除されるべき利益にはあたらない。保険金は、保険料の対価だからである。したがって、控除しなければならないとする本肢は誤り。損益相殺とは、損害の原因と同一の原因により被害者が利益を受けた場合、その分を賠償額から控除することができるという考え方である。たとえば、死亡による損害賠償額の算定では、被害者が将来支払うはずだった生活費が控除される。死亡により損害が発生するとともに、将来の生活費の支出を免れるという利益が生じているからである。これに対し、保険金額は、損害賠償請求金額から控除されない。保険金は、既に払い込んだ保険料の対価であって、火災による利益とはいえないからである。

2 誤り。本肢のような場合、利益額が賠償額から控除されることがある。したがって「控除されることはない」とする本肢は誤り。判例は、不法行為の被害者の相続人が、被害者が受給できたはずの退職年金額を損害として賠償請求したのに対し、支給が確定した遺族年金額を控除した。つまり、不法行為による損害額（退職年金額）から利益額（遺族年金額）を控除したのである。

3 誤り。第三者による債権の侵害は、不法行為になる可能性がある。したがって、第三者は不法行為責任を負うことはないとする本肢は誤り。たとえば、AがBに対して建物の引渡義務を負う場合に、CがAをそそのかして建物を取り壊させ、引渡義務を履行不能にしたとする。この場合、債務者Aは債権者Bに対して債務不履行責任を負うが、第三者Cも、引渡債権の侵害を理由として不法行為責任を負う可能性がある。

4 正しい。損害賠償は、金銭賠償が原則である。ただし、他人の名誉を毀損した者に対しては、裁判所は、被害者の請求により、損害賠償に代えて、または損害賠償とともに、名誉を回復するのに適当な処分（謝罪広告）を命ず

ることができる。また、名誉を侵害された者は、人格権としての名誉権に基づき、加害者に対し、現に行われている侵害行為を排除し、または将来生ずべき侵害を予防するため、侵害行為の差止めを求めることができる。

★★　【参考正答率 84.9%】

問5　正解 2　代理

参考 権利 L3

1　**正しい。** 判決文は、「追認拒絶の後は本人であっても追認によって無権代理行為を有効とすることができず」としている。

2　**誤り。** 本人が追認拒絶をした後に無権代理人が本人を相続した場合、判決文は、「無権代理行為が有効になるものではない」としている。これに対し、本人が追認も追認拒絶もせずに死亡し、無権代理人が本人を単独で相続した場合、無権代理行為は当然に有効になる。したがって、法律効果は同じであるとする本肢は誤り。

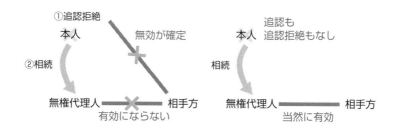

3　**正しい。** 無権代理行為の追認は、別段の意思表示がないときは、契約の時にさかのぼってその効力を生じるが、第三者の権利を害することはできない。

4　**正しい。** 本人が無権代理人を相続した場合、当該無権代理行為は、その相続により当然には有効とはならない。

★　【参考正答率 53.2%】

問6　正解 2　相続

参考 権利 L20

1　**誤り。** 被相続人は、遺言で、相続開始の時から5年を超えない期間を定めて、遺産の分割を禁止することができる。したがって、遺言によって遺産分割を禁止することができないとする本肢は誤り。なお、共同相続人は、上記の遺言がある場合を除き、いつでも、その協議で、遺産の全部または一部の分割をすることができる。

2　**正しい。** 共同相続人の全員は、既に成立している遺産分割協議の全部また

は一部を合意により解除した上、改めて遺産分割協議を成立させることができる。したがって、本肢は正しい。判例は、遺産分割協議を債務不履行を理由として解除することはできないとしている。もしこれを認めると、他の共同相続人を巻き込んだ再分割が必要になり、法的安定性を欠くからである。これに対し、本肢のように、全員の合意により解除（合意解除）することはできる。全員の合意があれば、再分割をすることになっても問題ないからである。

3 誤り。預貯金債権は、相続時には分割されず、遺産分割の対象になる。したがって、相続開始と同時に当然に相続分に応じて分割されるという本肢は誤り。

❗なお、各共同相続人は、相続開始時の預貯金債権の額×3分の1×法定相続分について（同一の金融機関に対しては、150万円が限度）、単独で権利を行使することができる。

4 誤り。遺産の分割は、相続開始の時にさかのぼって効力を生じる。したがって、「遺産分割協議が成立した時から」とする本肢は誤り。なお、第三者の権利を害することはできない点は正しい記述である。

★★ 【参考正答率 57.2%】

問7 正解1 弁済・同時履行の抗弁権 参考 権利 L6、7

1 誤り。受領権者以外の者であって取引上の社会通念に照らして受領権者としての外観を有する者（以下「受領権者としての外観を有する者」）に対して、善意無過失で弁済した場合は、有効な弁済になる。この場合を除き、受領権者以外の者に対してした弁済は、債権者がこれによって利益を受けた限度においてのみ、有効になる。本肢では、Bに過失があるので、後者の問題になるが、AはCが受領した代金を受け取っているので、弁済によって利益を受けたといえる。したがって、弁済は有効にならないとする本肢は誤り。

2 正しい。代理人と称する者は受領権者としての外観を有する者にあたる。したがって、Bが善意無過失であれば、Bの弁済は有効となる。

3 正しい。相続人と称する者は受領権者としての外観を有する者にあたる。したがって、Bが善意無過失であれば、Bの弁済は有効となる。

4 正しい。当事者の一方は、相手方がその債務の履行を提供するまでは、自己の債務の履行を拒むことができるのが原則である（同時履行の抗弁権）。したがって、Bは、自己の代金債務の履行期が過ぎた場合であっても、相手方Aから甲建物の引渡債務の履行の提供を受けていないことを理由として、

代金の支払を拒むことができる。

問 8　正解 2　請負

参考 権利 L9

1　**正しい。**請負人の担保責任には、売主の担保責任の規定が準用される。したがって、引き渡された目的物が種類、品質または数量に関して契約の内容に適合しないものであるときは、注文者は、請負人に対し、履行の追完を請求することができる。ただし、不適合が注文者の供した材料の性質または注文者の与えた指図によって生じたものであるときや、不適合が注文者の責めに帰すべき事由によるものであるときは、履行の追完の請求をすることができない。本肢では、不適合があり、その不適合が、Aの供した材料の性質またはAの与えた指図によって生じたものでなく、かつ、注文者Aの責めに帰すべき事由によるものでもないので、AはBに対し履行の追完を請求することができる。

2　**誤り。**債権の消滅時効期間は、原則として、債権者が権利を行使できることを知った時から5年間、権利を行使することができる時から10年間である。そして、民法には、この期間を伸長できる旨の規定はないので、引渡しから20年と定めることはできない。したがって、本肢は誤り。

❗品確法には、新築住宅について瑕疵担保責任の期間を引渡しから20年以内に限り伸長することができる旨の規定があるが、本肢は事務所なので、この規定の適用はない。

3　**正しい。**債務の履行が契約その他の債務の発生原因および取引上の社会通念に照らして不能であるときは、債権者は、その債務の履行を請求することができない。つまり、履行不能になった債務は消滅する。本肢では、建物の焼失により未履行部分の仕事完成債務の履行が不能になっているので、Bはその部分の仕事完成債務を免れる。

4　**正しい。**請負人が仕事を完成しない間は、注文者は、いつでも損害を賠償して契約の解除をすることができる。したがって、Bが仕事を完成しない間は、AはいつでもBに対して損害を賠償して本件契約を解除することができる。

問 9　正解 4　時効

参考 権利 L4

1　**正しい。**裁判上の請求があった場合において、確定判決または確定判決と同一の効力を有するものによって権利が確定したときは、時効の更新が生じ

る。したがって、Aが訴えを提起した（裁判上の請求）場合において、確定判決によって権利が確定したときは、時効の更新が生じる。

2 **正しい。**権利の承認があったときは、時効の更新が生じる。したがって、BがAの金銭支払請求権を承認したときは、時効の更新が生じる。

3 **正しい。**民事訴訟法275条1項の和解（訴え提起前の和解）があった場合において、確定判決と同一の効力を有するもの（和解が成立した旨の調書の記載）によって権利が確定したときは、時効の更新が生じる。したがって、AB間で訴え提起前の和解が成立し、その旨が調書に記載されることによって権利が確定したときは、時効の更新が生じる。

4 **誤り。**催告があったときは、その時から6カ月を経過するまでの間は、時効は完成しないが（時効の完成猶予）、催告だけでは時効の更新は生じない。

★★ 【参考正答率 73.3%】

問10 正解 1 抵当権 参考 権利 L12

抵当権の順位の譲渡があった場合、①譲渡がなかった場合の配当額（以下「本来の配当額」）を計算し、②譲渡した者と譲渡された者の本来の配当額を合計し、③そこから譲渡された者が優先的に配当を受け、④残りがあれば譲渡した者が配当を受ける。

本問でも、まず本来の配当額を計算する。本来であれば、6,000万円をBCDの順に配当するので、Bは債権額の2,000万円、Cは債権額の2,400万円の配当を受ける。残りは1,600万円なので、Dの配当額は1,600万円である。次に、BとDの本来の配当額を合計すると、2,000万円＋1,600万円＝3,600万円である。ここからDが優先的に配当を受けるので、Dは債権額の3,000万円の配当を受ける。残りは600万円なので、Bの受ける配当額は600万円になる。

抵当権の順位の譲渡は、「優先権を譲る」というイメージです。譲られた者（D）が先に配当を受け、譲った者（B）が後になるのです。他の者（C）には影響を与えません。なお、抵当権の順位の放棄は、「優先権を放棄して、平等になる」というイメージです。この場合、放棄した者と放棄を受けた者が債権額に応じて配当を受けることになります。

★★ 【参考正答率 69.0%】

問11 正解 3 賃貸借・借地借家法（借地） 参考 権利 L14、16

1 誤り。建物所有を目的としない土地の賃借権には、借地借家法は適用されず、民法だけが適用される。民法では、賃貸借の存続期間は 50 年を超えることができないとされている。したがって、ケース①では期間は 50 年となるので本肢は誤り。なお、民法には、賃貸借の存続期間の下限はないので、ケース②については正しい記述である。

2 誤り。建物所有を目的とする土地の賃借権は、借地権にあたる。そして、普通の借地権には存続期間の上限がなく、下限は 30 年であり、書面によらずに契約してもかまわない。したがって、普通の借地権であれば、ケース①では期間は 50 年となり、ケース②では、期間は 30 年となる。

3 正しい。居住の用に供する建物を所有する目的の場合、事業用定期借地権は設定できないので、更新がない旨を定めることができるのは一般定期借地権だけである。一般定期借地権の存続期間は 50 年以上でなければならず、更新がない旨等を書面（または、電磁的記録）で定める必要がある。ケース①は期間 50 年なので、更新がない旨の特約は有効である。これに対し、ケース②は期間 15 年なので、一般定期借地権にはならない。その結果、更新がない旨の特約は無効となり、普通の借地権になって期間は 30 年となる。

4 誤り。一般定期借地権は、土地上の建物の用途に関係なく設定することができるので、ケース①でも設定することができる。その場合、書面（または、電磁的記録）で定めればよく、公正証書でなくてもかまわない。したがって、「契約の更新がないことを公正証書で定めた場合に限りその特約は有効」とする本肢は誤り。次に、事業用定期借地権は、専ら事業の用に供する建物（居住の用に供するものを除く）を所有する目的の場合に設定することができ、存続期間は 10 年以上 50 年未満であって、公正証書で契約しなければならない。ケース②は、工場を所有する目的で期間 15 年なので、事業用定期借地権を設定することができる。したがって、本肢は、契約の更新がないこと

を公正証書で定めても無効とする点でも誤り。

問12 正解 4 借地借家法（借家） 参考 権利L15

1 誤り。定期建物賃貸借をする場合には、書面を交付（または、電磁的方法により提供）して事前説明をする必要がある。書面で契約するだけでは足りない。

2 誤り。定期建物賃貸借には、建物の用途の制限はない。したがって、居住の用に供する建物の賃貸借であっても、定期建物賃貸借をすることができる。

3 誤り。期間の定めのある建物賃貸借の場合、期間満了の1年前から6カ月前までの間に更新しない旨の通知等をしなければ、従前の契約と同一の条件で契約を更新したものとみなされるが、期間は定めのないものとされる。「3月前」ではない。

4 正しい。建物の転貸借がされている場合において、建物賃貸借が期間満了または解約申入れによって終了するときは、賃貸人は、転借人にその旨の通知をしなければ、賃貸借の終了を転借人に対抗することができない。

問13 正解 3 区分所有法 参考 権利L19

1 誤り。専有部分が数人の共有に属するときは、共有者は、議決権を行使すべき者1人を定めなければならない。「それぞれ議決権を行使することができる」のではない。

❶集会の招集通知は、各区分所有者にしなければならないのが原則であるが、専有部分が数人の共有に属するときは、上記の規定により定められた議決権を行使すべき者（その者がないときは、共有者の1人）にすれば足りる。

2 誤り。区分所有者の承諾を得て専有部分を占有する者は、会議の目的たる事項につき利害関係を有する場合には、集会に出席して意見を述べることができるが、議決権を行使することはできない。

3 正しい。集会においては、規約に別段の定めがある場合および別段の決議をした場合を除いて、管理者または集会を招集した区分所有者の1人が議長となる。

4 誤り。集会の議事は、区分所有法または規約に別段の定めがない限り、区分所有者および議決権の各過半数で決する。「各4分の3以上」ではない。

問14 正解 3 不動産登記法

参考 権利 L11

1 正しい。登記の申請に係る不動産の所在地が当該申請を受けた登記所の管轄に属しないときは、登記官は、理由を付した決定で、当該申請を却下しなければならない。たとえば、東京の土地についての登記を大阪の登記所に申請した場合、その申請が却下される。

2 正しい。所有権の登記名義人が相互に異なる土地の合筆の登記は、することができない。

3 誤り。登記官は、申請がない場合であっても、一筆の土地の一部が別の地目となったときは、職権で、その土地の分筆の登記をしなければならない。したがって、職権ですることができないとする本肢は誤り。

4 正しい。登記の申請をする者の委任による代理人の権限は、本人の死亡によっては、消滅しない。

> 分筆または合筆の登記は、表題部所有者または所有権の登記名義人の申請によって行われるのが原則です。1つの土地の大きさをどうするか（分筆して小さく分ける、合筆して大きくまとめる）は、所有者の自由意思で決めるべきだからです。ところが、一筆の土地の要件として、同一の地目であることが必要とされているので、一筆の土地の一部が別の地目となったときは、分筆の登記をする必要があります。そのために、肢3解説のように、職権による分筆の登記の制度が定められています。

問15 正解 4 都市計画法

参考 制限 L1

1 正しい。高度地区は、用途地域内において市街地の環境を維持し、または土地利用の増進を図るため、建築物の高さの最高限度または最低限度を定める地区である。

2 正しい。特定街区とは、市街地の整備改善を図るため街区の整備または造成が行われる地区について、その街区内における容積率、高さの最高限度、壁面の位置の制限を定める街区である。そこで、特定街区については、都市計画に、容積率、高さの最高限度、壁面の位置の制限を定めるものとされている。

3 正しい。準住居地域は、道路の沿道としての地域の特性にふさわしい業務の利便の増進を図りつつ、これと調和した住居の環境を保護するため定める地域である。

❶準住居地域は、13種類ある「用途地域」の1つである。

4 誤り。特別用途地区は、用途地域内の一定の地区における当該地区の特性にふさわしい土地利用の増進、環境の保護等の特別の目的の実現を図るため当該用途地域の指定を補完して定める地区である。したがって、「用途地域が定められていない土地の区域」に定めることはできないし、「制限すべき特定の建築物等の用途の概要を定める地区」ではない。

❶本肢は、「特定用途制限地域」の意味内容とのひっかけである。ちなみに、特定用途制限地域とは、用途地域が定められていない土地の区域（市街化調整区域を除く）内において、その良好な環境の形成または保持のため当該地域の特性に応じて合理的な土地利用が行われるよう、制限すべき特定の建築物等の用途の概要を定める地域である。

 肢4のような他の地域地区の意味内容とのひっかけに対処できるよう、最低限、主な地域地区の名称とキーワードを覚えておきましょう。

★★★ 【参考正答率 89.7%】

問16 正解 1 都市計画法

参考 制限 L2

1 正しい。準都市計画区域内では、原則として 3,000 m² 未満の開発行為を行う者は、都道府県知事の許可（開発許可）を受ける必要はない（小規模な開発行為の例外）。しかし、本肢の開発行為の規模は 4,000 m² であるから、小規模な開発行為の例外にはあたらず、原則どおり、開発許可を受けなければならない。

2 誤り。市街化区域内では、原則として 1,000 m² 未満の開発行為を行う者は開発許可を受ける必要はない（小規模な開発行為の例外）。しかし、本肢の開発行為の規模は 1,500 m² であるから、小規模な開発行為の例外にはあたらない。また、農林漁業を営む者の居住用の建築物を建築するための開発行為の例外は、市街化区域内では適用されない。よって、原則どおり、開発許可を受けなければならない。

3 誤り。主として特定工作物の建設の用に供する目的で行う土地の区画形質の変更であれば、開発行為にあたる。野球場については、庭球場・遊園地・墓園などと同様、1ヘクタール（10,000 m²）以上の規模であれば、第二種特定工作物にあたる。そうすると、本肢の 8,000 m² の野球場は第二種特定工作物にあたらず、その建設の用に供する目的で行う土地の区画形質の変更は、そもそも開発行為ではない。よって、本肢の場合、開発許可を受ける必要はない。

4 誤り。病院は開発許可が不要となる公益上必要な建築物にあたらないので、公益上必要な建築物の建築の用に供する目的で行われる開発行為の例外にはあたらない。また、市街化調整区域において行う開発行為については、面積により開発許可不要となる例外はない。よって、原則どおり、開発許可を受けなければならない。

「開発行為」にあたらなければ、そもそも開発許可制度の対象外です。ですから、肢3について、「市街化調整区域では、小規模であるという理由で開発許可が不要となる例外はない」ということを考慮する必要はありません。

★★　【参考正答率 52.3%】

問17　正解 4　建築基準法　参考 制限 L4、5

1　正しい。特定行政庁は、緊急の必要がある場合においては、建築基準法の規定に違反した建築物の所有者などに対して、仮に、使用禁止または使用制限の命令をすることができる。

❶使用禁止・使用制限の命令の対象者に対しては、原則として意見書の提出や公開による意見の聴取の機会を与える必要があるが、本肢のように緊急の必要がある場合には、その必要はない。

2　正しい。地方公共団体は、条例で、津波、高潮、出水等による危険の著しい区域を災害危険区域として指定することができる。この災害危険区域内における住居の用に供する建築物の建築の禁止その他建築物の建築に関する制限で災害防止上必要なものは、当該条例で定めることとされている。

3　正しい。防火地域内にある看板などの工作物で、建築物の屋上に設けるものなどは、その主要な部分を不燃材料で造り、または覆わなければならない。

❶防火地域内特有の規制である。準防火地域内ではこのような規制はない点に注意してほしい。

4　誤り。一定の規模の大きい建築物などの居室、一定面積以上の窓その他の開口部を有しない居室、これらの居室から地上に通じる廊下・階段その他の通路などには、原則として、非常用の照明装置を設けなければならない。これに対して、一戸建の住宅や本肢の「共同住宅の住戸」などについては、設ける必要はない。

肢1・4は、内容的にかなり細かいです。肢2・3を正しいと判断して、残り2択まで絞り込むことができれば十分です。

問18　正解 2　建築基準法

1　**誤り。**第一種低層住居専用地域内においても、兼用住宅（＝居住以外の用途を兼ねる住宅）で、非住宅部分（理髪店、美容院、クリーニング取次店など一定の用途に限る）の床面積の合計が 50 m² 以下かつ建築物の延べ面積の 2 分の 1 未満のものについては、建築することができる。本肢の兼用住宅は、クリーニング取次店の用に供する非住宅部分の床面積（20 m²）が 50 m² 以下であり、かつ、これは建築物の延べ面積（60 m²）の 2 分の 1 未満である。したがって、建築することができる。

2　**正しい。**工業地域および工業専用地域内においては、原則として、学校（幼稚園、小学校、中学校、高等学校）を建築することができない。しかし、幼保連携型認定こども園については、例外的にすべての用途地域において建築できるので、工業地域内において建築することができる。

❶要するに、幼保連携型認定こども園の用途制限は、幼稚園（「学校」の一種）ではなく、児童福祉施設である保育所の用途制限と同じである。

3　**誤り。**都市計画で定められた建蔽率の限度が 10 分の 8 とされている地域外で、「防火地域内にある耐火建築物等」や「準防火地域内にある耐火建築物等または準耐火建築物等」の建蔽率であれば、都市計画で定められた建蔽率の数値に 10 分の 1 を加えた数値が限度となる。しかし、本肢のような「防火地域内にある準耐火建築物」の建蔽率については、特定行政庁が指定する角地にある場合などを除き、制限は緩和されない。

❶「耐火建築物等」とは耐火建築物または耐火建築物と同等以上の延焼防止性能を有する建築物のことをいい、「準耐火建築物等」とは準耐火建築物または準耐火建築物と同等以上の延焼防止性能を有する建築物のことをいう。

4　**誤り。**地方公共団体は、その敷地が袋路状道路（＝その一端のみが他の道路に接続した道路）にのみ接する建築物で、延べ面積が 150 m² を超えるものについて、その用途、規模または位置の特殊性により、接道義務の規定によっては避難または通行の安全の目的を十分に達成することが困難であると認めるときは、条例で、その敷地が接しなければならない道路の幅員、その敷地が道路に接する部分の長さその他その敷地または建築物と道路との関係に関して必要な制限を付加することができるのが原則である。しかし、本肢のような「一戸建ての住宅」については例外とされている。

❗特殊建築物や階数が3以上である建築物などの場合と同様の規定である。なお、条例で必要な制限を「付加」（加重）できるだけで、「緩和」できない。

 本問は、合格者正答率がきわめて低い問題です。ですから、肢3以外の選択肢については、深入り禁止です。

★★ 【参考正答率 65.9%】

問19 **正解 3** **盛土規制法** 　　　　　参考 制限 L6

1 **誤り。**盛土規制法には、「宅地造成等工事規制区域および特定盛土等規制区域」外において行われる工事について、届出を必要とする規定はない。

2 **誤り。**宅地造成等工事規制区域内において行われる宅地造成等に関する工事の許可を受けた者は、一定の軽微な変更を除き、その工事の計画を変更しようとするときは、原則として、都道府県知事の「許可」（変更の許可）を受けなければならない。「届け出」なければならないのではない。

❗宅地造成等に関する工事の許可を受けた者が一定の軽微な変更をしたときについては、遅滞なく、その旨を都道府県知事に「届け出」なければならない。

3 **正しい。**宅地造成等工事規制区域の指定の際、当該宅地造成等工事規制区域内において行われている宅地造成等に関する工事の工事主は、その指定があった日から21日以内に、当該工事について都道府県知事に「届け出」なければならない。しかし、当該工事について都道府県知事の「許可」を受ける必要はない。

4 **誤り。**都道府県知事は、宅地造成、特定盛土等または土石の堆積（＝宅地造成等）に伴い災害が生ずるおそれが大きい市街地・市街地となろうとする土地の区域または集落の区域（これらの区域に隣接し、または近接する土地の区域を含む）であって、宅地造成等に関する工事について規制を行う必要があるものを、「宅地造成等工事規制区域」として指定することができる。「造成宅地防災区域」としてではない。

❗都道府県知事は、宅地造成または特定盛土等（宅地において行うものに限る）に伴う災害で相当数の居住者等に危害を生ずるものの発生のおそれが大きい一団の造成宅地（宅地造成等工事規制区域内の土地を除く）の区域であって政令で定める基準に該当するものを、「造成宅地防災区域」として指定することができる。

不合格者だけでみると、正解の肢3より不正解の肢4を選択した人のほうが多い問題です。ひっかからないように、「宅地造成等工事規制区域」と「造成宅地防災区域」の判別ができるようにしておきましょう。

★ **【参考正答率 14.2%】**

問20 正解 1 土地区画整理法

参考 制限 L7

1 誤り。「換地処分の公告があった日後」においては、土地区画整理事業の施行による施行地区内の土地および建物の変動に係る登記がされるまでは、登記の申請人が確定日付のある書類によりその公告前に登記原因が生じたことを証明した場合を除き、施行地区内の土地および建物に関しては他の登記をすることができないとされている。「仮換地の指定があった日後」においてではない。

2 正しい。施行者が個人施行者、土地区画整理組合、区画整理会社、市町村、独立行政法人都市再生機構、地方住宅供給公社であるときは、その換地計画について都道府県知事の認可を受けなければならない。

❗要するに、施行者が「都道府県と国土交通大臣」以外の場合には、換地計画について都道府県知事の認可が必要となる。

3 正しい。個人施行者以外の施行者は、換地計画を定めようとする場合においては、その換地計画を2週間公衆の縦覧に供しなければならない。

4 正しい。換地処分の公告があった場合においては、換地計画において定められた換地は、その公告があった日の翌日から従前の宅地とみなされ、換地計画において換地を定めなかった従前の宅地について存する権利は、その公告があった日が終了した時において消滅する。

令和元年度本試験で、合格者正答率が最低の問題です。とはいえ、正解肢（肢1）のひっかけが巧妙なだけで、肢3以外の知識は重要です。肢1・2・4の知識を再確認しておきましょう。

★★★ **【参考正答率 82.7%】**

問21 正解 1 農地法

参考 制限 L8

1 正しい。市街化区域外の農地を農地以外に転用する場合、原則として、農地法4条の許可が必要である。しかし、本肢のように農地以外（原野）を農

地に転用する場合には、農地法4条の許可は不要である。

2 誤り。農地を耕作の目的で取得する場合、つまり農地を使う人がかわる場合には、農地の権利移動として、原則として農地法3条の許可が必要である。しかし、農地に抵当権を設定する場合には、農地を使う人がかわるわけではないので、農地法3条の許可は不要である。

3 誤り。市街化区域内にある農地を、あらかじめ農業委員会に届け出て、農地以外に転用する場合には、農地法4条の許可は不要である。

4 誤り。砂利採取のために農地を貸し付けることは農地を農地以外に転用する目的での権利移動にあたるので、本肢の場合、原則として、農地法5条の許可が必要である。

❗農地を一時的に貸し付ける場合であっても同様である。

> 肢1の知識は、農地法の基本中の基本です。それにもかかわらず、不合格者の正答率は、合格者の約半分です。差がつくのは、決して細かい内容ではないことを肝に銘じましょう。

★★★ 【参考正答率 97.8%】

問22 正解 3 国土利用計画法

参考 制限 L9

1 誤り。市街化区域内において、2,000㎡以上の土地について土地売買等の契約を締結した場合、権利取得者は、原則として事後届出を行わなければならない。この場合、2,000㎡以上という面積要件を満たすかどうかの判断は、買主などの権利取得者について行う。本肢の場合、買主であるBおよびCは、1,000㎡ずつの土地を取得しているだけなので、いずれも面積要件を満たしていない。したがって、B、Cは、事後届出を行う必要はない。

2 誤り。相続は、そもそも契約ではないので、事後届出が必要とされる「土地売買等の契約」にあたらない。したがって、Dが所有する土地を相続により取得したEは、事後届出を行う必要はない。

3 正しい。面積要件を満たす一団の土地について複数回に分割して土地売買等の契約を締結した場合には、各契約が面積要件を満たさなかったとしても、契約ごとに事後届出が必要となるのが原則である。市街化調整区域内で事後届出が必要とされる面積は5,000㎡以上であるから、6,000㎡の一団の土地を一定の計画に従って分割して購入したGは、事後届出を行わなければならない。

4 誤り。当事者の一方または双方が国や地方公共団体などである場合、事後届出は不要である。したがって、地方公共団体である甲市から購入したHは、事後届出を行う必要がない。

肢1・3で問われている事後届出の面積要件については、ほぼ毎年問われているので、絶対に覚えなければいけません。早め早めに、頭に刷り込んでしまいましょう。

★★ 【参考正答率 58.7%】

問23 正解 2 所得税

参考 税他 L4

1 正しい。5,000万円特別控除と、居住用財産を譲渡した場合の軽減税率の特例は、重複して適用を受けることができる。

2 誤り。居住用財産を譲渡した場合の軽減税率の特例は、前年、前々年にこの特例の適用を受けているときは、適用を受けることができない。したがって、令和4年にこの特例の適用を受けているときは、令和6年にこの特例の適用を受けることができない。

3 正しい。3,000万円特別控除は、配偶者・直系血族など特別の関係にある者に譲渡した場合には、適用を受けることができない。孫は直系血族にあたるので、孫に譲渡した場合には、この特例の適用を受けることができない。この場合、生計を一にしているか否かは関係がない。

❗直系血族とは、父母、祖父母、曽祖父母等や、子、孫、ひ孫等のように、上下に直線的に自分と連なった血族のことをいう。

4 正しい。収用等に伴い代替資産を取得した場合の課税の特例と、居住用財産を譲渡した場合の軽減税率の特例は、重複して適用を受けることができない。

5,000万円特別控除、3,000万円特別控除、特定の居住用財産の買換え特例、収用等に伴い代替資産を取得した場合の課税の特例、居住用財産を譲渡した場合の軽減税率、優良住宅地の造成等のために土地等を譲渡した場合の軽減税率のうち、重ねて適用を受けることができるのは、①5,000万円特別控除と居住用財産を譲渡した場合の軽減税率、②3,000万円特別控除と居住用財産を譲渡した場合の軽減税率だけです。

問24　正解 4　固定資産税

参考　税他 L2

1　**誤り。**区分所有家屋に対して課する固定資産税は、当該区分所有家屋に係る固定資産税額を専有部分の床面積割合に応じて按分（あんぶん）するが、その際、居住用超高層建築物では、高層階になるほど税額が高くなるように補正する。したがって、取引価格の割合に応じて按分するという本肢は誤り。なお、補正率は、1階を100とし、1階増えるごとに 10/39 を足していく。たとえば、20階は104.9、40階は110となる。つまり、床面積が同じであれば、40階の住戸の固定資産税額は、1階のそれより10%高くなる。

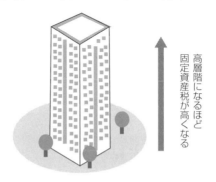

高層階になるほど固定資産税が高くなる

2　**誤り。**小規模住宅用地に対して課する固定資産税の課税標準は、当該小規模住宅用地に係る固定資産税の課税標準となるべき価格の6分の1の額とされている。「3分の1」ではない。

3　**誤り。**固定資産税の納期は、原則として、4月、7月、12月および2月中において市町村の条例で定めるが、特別の事情があるときは、これと異なる納期を定めることができる。したがって、「市町村はこれと異なる納期を定めることはできない」とする本肢は誤り。

4　**正しい。**固定資産税は、固定資産の所有者に対して課されるが、質権または100年より永い存続期間の定めのある地上権が設定されている土地については、所有者ではなくその質権者または地上権者が固定資産税の納税義務者となる。

問25　正解 3　地価公示法

参考　税他 L7

1　**誤り。**都市およびその周辺の地域等において、土地の取引を行う者は、取

引の対象土地に類似する利用価値を有すると認められる標準地について公示された価格を指標として取引を行うよう努めなければならない。「最も近傍の標準地」ではない。

2 誤り。標準地は、規制区域内からは選定されないが、都市計画区域外からは選定することができる。

3 正しい。標準地の正常な価格とは、土地について、自由な取引が行われるとした場合におけるその取引（一定の場合を除く）において通常成立すると認められる価格をいい、当該土地に建物その他の定着物がある場合または当該土地に関して地上権その他当該土地の使用もしくは収益を制限する権利が存する場合には、これらの定着物または権利が存しないものとして通常成立すると認められる価格をいう。

4 誤り。土地鑑定委員会は、自然的および社会的条件からみて類似の利用価値を有すると認められる地域において、土地の利用状況、環境等が通常と認められる一団の土地について標準地を選定する。「特に良好」ではない。

★★　**【参考正答率 96.9%】**

| 問26 | 正解 **4** | 宅建業とは | 参考 業法 L1 |

1 誤り。宅建業者は、自己の名義をもって、他人に宅建業を営ませてはならず、また、自己の名義をもって、他人に、宅建業を営む旨の表示をさせ、または宅建業を営む目的をもってする広告をさせてはならない。したがって、広告をさせることもできない。

2 誤り。宅建業とは、宅地または建物（建物の一部を含む）の売買等をする行為で業として行うものをいう。したがって、建物の一部の売買の代理を業として行う行為も、宅建業に当たる。

3 誤り。宅建業の免許を受けていない者が宅建業を営むことは、無免許営業に当たる。宅建業者が代理または媒介として関与していても、無免許営業であることに変わりがない。

4 正しい。宅建業者の従業者であっても、当該宅建業者とは別に自己のために宅建業を営む場合には、宅建業の免許を受ける必要がある。免許を受けずに宅建業を営めば、無免許営業に当たる。

問27　正解 1　宅建業法総合　　参考 業法 L12、14

ア 誤り。宅建業者は、自己の所有しない宅地・建物については、自ら売主となる売買契約（予約を含む）を締結することができないのが原則である。したがって、予約を行うことはできるとする本肢は誤り。

イ 誤り。民法の規定では、種類・品質に関する不適合の場合、買主は、不適合を知った時から１年以内にその旨を売主に通知しないと、契約不適合責任を追及することができなくなる。そして、宅建業者が自ら売主となる宅地・建物の売買契約においては、通知期間を引渡しの日から２年以上とする特約を除き、民法の規定よりも買主に不利な特約は無効となる。したがって、本肢の「引渡しの日から１年」とする特約は無効となる。このことは、相手方（買主）が同意をしていても変わりがない。

ウ 誤り。宅建業者は、正当な理由がある場合でなければ、その業務上取り扱ったことについて知り得た秘密を他に漏らしてはならない。正当な理由があれば秘密を漏らしてもよいので、「いかなる理由があっても」ではない。

エ 正しい。宅建業者等は、宅建業に係る契約の締結の勧誘をするに際し、相手方等に対し、利益を生ずることが確実であると誤解させるべき断定的判断を提供する行為をしてはならない。

以上より、正しいものはエの一つであり、肢１が正解になる。

問28　正解 4　重要事項の説明　　参考 業法 L10

1 誤り。建物の売買・交換において、当該建物が住宅性能評価を受けた新築住宅であるときは、その旨を重要事項として説明しなければならない。しかし、本問は、貸借の媒介なので、説明する必要はない。

2 誤り。既存建物の売買・交換においては、設計図書、点検記録その他の建物の建築および維持保全の状況に関する書類で国土交通省令で定めるものの保存の状況を重要事項として説明しなければならない。しかし、本問は、貸借の媒介なので、説明する必要はない。

3 誤り。取引物件が建物である場合において、当該建物について石綿の使用の有無の調査の結果が記録されているときは、その内容を重要事項として説明しなければならない。しかし、自ら調査を実施して説明する義務はない。

4 正しい。取引物件が区分所有建物である場合において、専有部分の用途そ

の他の利用の制限に関する規約の定めがあるときは、その内容を重要事項として説明しなければならない。この規定は、貸借の媒介・代理の場合も適用される。

本問は建物の貸借の媒介を行う場合に関する問題ですが、そのことは各肢ではなく、その上の問題文に書かれています。この部分を読みとばさないようにしましょう。

★ 【参考正答率 44.8%】

問29 正解 3 監督・罰則

参考 業法 L18

ア 誤り。国土交通大臣は、一定の規定に違反したことを理由として監督処分をしようとするときは、あらかじめ、内閣総理大臣に協議しなければならない。しかし、本肢では、甲県知事が監督処分をしようとしているので、内閣総理大臣に協議する必要はない。

イ 正しい。国土交通大臣または都道府県知事は、監督処分をする場合には、宅建業者の事務所の所在地または宅建業者（法人の場合、役員）の所在を確知できないことを理由として免許取消処分をするときを除き、公開による聴聞を行わなければならない。したがって、指示処分をしようとするときは、聴聞を行わなければならず、聴聞の期日における審理は、公開により行わなければならない。

ウ 正しい。免許を受けてから1年以内に事業を開始しないこと、または引き続いて1年以上事業を休止したことは、必要的免許取消事由である。そして、免許取消処分を行うのは、免許権者である。したがって、Cが免許を受けてから1年以内に事業を開始しないときは、丙県知事はCの免許を取り消さなければならない。

エ 正しい。国土交通大臣は、宅建業を営むすべての者に対して、都道府県知事は、当該都道府県の区域内で宅建業を営む者に対して、宅建業の適正な運営を確保するため必要があると認めるときは、その業務について必要な報告を求め、またはその職員に事務所その他その業務を行う場所に立ち入り、帳簿、書類その他業務に関係のある物件を検査させることができる。この報告をしなかった者等や、検査を拒んだ者等は、50万円以下の罰金に処すると規定されている。したがって、Dは50万円以下の罰金に処せられることがある。

以上より、正しいものはイ、ウ、エの三つであり、肢3が正解になる。

問30　正解 4　広告に関する規制等　参考 業法 L9、17

ア　**違反する。** 宅建業者は、工事の完了前においては、当該工事に必要とされる開発許可・建築確認等の処分があった後でなければ広告をすることができない。この規定は、貸借の媒介・代理にも適用される。したがって、建築確認を受ける前に広告を行ったことは、宅建業法の規定に違反する。

❶契約締結時期制限は、売買・交換の場合にだけ適用される。対比しつつ覚えよう。

イ　**違反する。** 宅建業者は、広告をするときは、取引態様の別を明示しなければならない。複数回の広告を行うときには、毎回、取引態様の別を明示しなければならない。したがって、2回目以降の広告の際に取引態様の別を明示しなかったことは、宅建業法の規定に違反する。

ウ　**違反する。** 宅建業者は、依頼者の特別の依頼による広告の料金に相当する額であれば、報酬とは別に受領することができる。しかし、本肢は依頼者の依頼によらない広告を行った場合なので、限度額の報酬と別に広告料金に相当する額を受領することは、宅建業法の規定に違反する。

エ　**違反する。** アで述べたとおり、宅建業者は、工事の完了前においては、当該工事に必要とされる開発許可・建築確認等の処分があった後でなければ広告をすることができない。したがって、建築確認を受ける前に広告を行ったことは、宅建業法の規定に違反する。

以上より、宅建業法の規定に違反するものはア、イ、ウ、エの四つであり、肢4が正解になる。

問31　正解 1　媒介契約　参考 業法 L8

ア　**誤り。** 宅建業者は、非専属型の専任媒介契約（専属専任媒介契約でない媒介契約）を締結したときは、その日から7日（宅建業者の休業日を除く）以内に指定流通機構に登録しなければならない。したがって、「休業日数を算入しなければならない」とする本肢は誤り。

イ　**誤り。** 専任媒介契約の有効期間は3カ月を超えてはならず、3カ月を超える定めをしたときは3カ月になる。媒介契約が無効となるのではない。

ウ　**誤り。** 宅建業者は、非専属型の専任媒介契約を締結した場合には、2週間に1回以上、依頼者に対し、業務の処理状況を報告しなければならない。このことは、依頼者が宅建業者であっても変わりがない。

エ　正しい。建物状況調査を実施する者のあっせんを行う場合、建物状況調査を実施する者は建築士であって国土交通大臣が定める講習を修了した者でなければならない。

以上より、正しいものはエの一つであり、肢1が正解になる。

★★【参考正答率 69.3%】

問32　正解 4　報酬に関する制限　　参考 業法 L16、17

1　正しい。空家等（消費税抜きの代金額等が 400 万円以下の宅地・建物）の売買・交換の代理で、通常の媒介・代理と比較して現地調査等の費用を特別に要するものの場合、売主または交換を行う者である依頼者からは、「通常の媒介の場合の方法で計算した額＋現地調査等の費用の額」（消費税抜きで合計 18 万円が限度）＋「通常の媒介の場合の方法で計算した額」まで受領することができる。つまり、媒介の場合の「売主からの限度額＋買主からの限度額」が限度額になる。本肢では、200 万円 × 5 ％ ＋ 費用 8 万円 ＝ 18 万円と、200 万円 × 5 ％ ＝ 10 万円を足した 28 万円に、消費税 10％を上乗せした 30 万 8,000 円が限度額になる。

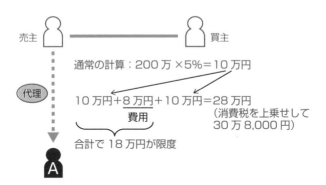

2　正しい。賃貸借の媒介の場合、依頼者双方から受領する報酬の合計の限度額は、消費税抜きの借賃 1 カ月分に消費税等を上乗せした額である。本肢では、消費税抜きの 1 カ月の借賃（110 万円 ÷ 1.1 ＝ 100 万円）に消費税 10％を上乗せした 110 万円の限度額になる。

3　正しい。宅建業者は、原則として、報酬と別に費用等の名目で金銭を受け取ることはできない。そして、建物状況調査を実施する者のあっせんは、媒介業務の一環であるので、報酬と別にあっせんに係る料金を受領することはできない。

4 誤り。空家等の媒介・代理において、現地調査等の費用額を加算すること
ができるのは、そのような費用を特別に要する場合である。費用を特別に要
しない場合は、費用額を加算することはできず、このことは売主の同意を得
ていても変わりがない。本肢では、200万円×5％＝10万円に、消費税
10％を上乗せした11万円が限度額になる。

問33 　正解 **3** 　弁済業務保証金 　参考 業法 L7

1 誤り。宅建業者で保証協会に加入しようとする者は、その加入しようとす
る日までに、弁済業務保証金分担金を保証協会に納付しなければならない。
「加入した者は」「その加入の日から2週間以内」ではない。

2 誤り。保証協会の社員となった宅建業者が、保証協会に加入する前に供託
していた営業保証金を取り戻すときは、還付請求権者に対する公告をする必
要はない。

3 正しい。保証協会の社員は、新たに事務所を設置したときは、その日から
2週間以内に、その事務所の分に相当する弁済業務保証金分担金を保証協会
に納付しなければならない。これに違反したときは、保証協会の社員の地位
を失う。

4 誤り。保証協会の社員の地位を失った宅建業者に関し、本肢のような地位
の回復の規定はない。なお、保証協会の社員が社員としての地位を失ったと
きは、その日から1週間以内に営業保証金を供託しなければならない。

問34 　正解 **2** 　37 条書面 　参考 業法 L11

1 誤り。損害賠償額の予定・違約金の定めがあるときは、その内容を37条
書面に記載しなければならない。予定額が代金額の10分の2を超えるか否
かは関係がない。

2 正しい。既存建物の売買・交換の場合、建物の構造耐力上主要な部分等の
状況について当事者の双方が確認した事項を37条書面に記載しなければな
らない。

3 誤り。売買・交換の場合、宅地・建物に係る租税その他の公課の負担に関
する定めがあるときは、その内容を37条書面に記載しなければならない。
したがって、記載する必要はないとする本肢は誤り。

4 誤り。宅建業者は、宅建士をして37条書面に記名させなければならないが、35条書面に記名した宅建士と同じ者であることまでは必要がない。

★★★ 【参考正答率 85.3%】

問35 正解 4 宅建業法総合 参考 業法 L 3、9、11、14

1 違反する。宅建業者は、他人の所有する宅地・建物については、自ら売主となる売買契約(予約を含む)を締結することができないのが原則である。ただし、宅建業者が当該宅地・建物を取得する契約・予約(停止条件付のものを除く)を締結しているときなど、宅建業者が当該宅地・建物を取得できることが明らかなときは、他人物売買契約を締結することができる。本肢では、所有者BとAとの売買契約に停止条件が付いているので、その停止条件が成就する前にAがCと売買契約を締結することは、宅建業法の規定に違反する。

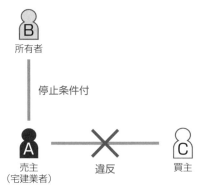

所有者 B

停止条件付

売主 A（宅建業者） ── 違反 ── 買主 C

2 違反する。宅建業者は、事務所等の専任の宅建士が不足したときは、2週間以内に、必要な措置を執らなければならない。したがって、2週間を経過した後に専任の宅建士Eを置いた本肢は、宅建業法の規定に違反する。

3 違反する。宅建業者は、注文を受けたときは、遅滞なく、その注文をした者に対し、取引態様の別を明示しなければならない。相手方が宅建業者か否かは関係がない。したがって、Fに対して取引態様の別を明示しなかった本肢は、宅建業法の規定に違反する。

4 違反しない。宅建業者は、工事の完了前においては、当該工事に必要とされる開発許可・建築確認等の処分があった後でなければ、自ら売買・交換をすることや、売買・交換の代理・媒介をすることができない。しかし、この契約締結時期制限は貸借には適用されないので、Aが賃貸借契約を成立させ

たことは、宅建業法の規定に違反しない。

問36　正解 2　37 条書面

ア　正しい。宅地・建物を特定するために必要な表示について 37 条書面で交付する際、工事完了前の建物については、重要事項の説明の時に使用した図書を交付することにより行うものとされている。

イ　誤り。自ら貸借をすることは宅建業に当たらないので、宅建業法の規定は適用されない。したがって、Aは、37 条書面の作成・交付義務を負わない。

ウ　誤り。契約の解除に関する定めがあるときは、その内容を 37 条書面に記載しなければならない。本肢の取決めは契約を解除できるという内容なので、契約の解除に関する定めに当たり、その内容を記載しなければならない。

エ　正しい。ウで述べたとおり、契約の解除に関する定めがあるときは、その内容を 37 条書面に記載しなければならない。このことは、売買・交換・貸借を問わない。

　以上より、正しいものはア、エの二つであり、肢2が正解になる。

自ら貸借をすることは宅建業に当たらないので、宅建業法の規定が適用されません。したがって、宅建業の免許を受ける必要はありません。また、媒介契約、重要事項の説明、37 条書面などの規制も受けません。

問37　正解 3　自ら売主制限

　宅建業者は、自ら売主となる売買契約においては、保全措置を講じた後でなければ、手付金等を受領してはならない。ただし、買主が登記をしたとき、または受領しようとする手付金等の額が少ないときは（本問のように工事完了前に売買契約を締結した場合は、代金額の5％以下かつ 1,000 万円以下）、保全措置を講じなくても、手付金等を受領することができる。

1　誤り。Aは、代金額の5％（150 万円）を超える 200 万円の手付金を受領しようとしているので、保全措置を講じなければならない。このことは、保全措置を講じない旨を買主に書面で告げても変わりがない。

2　誤り。宅建業者が自ら売主となる売買契約において手付が支払われたときは、相手方が履行に着手するまでは、買主は手付を放棄して、売主は手付の

倍額を現実に提供して、契約を解除することができる。この場合、「正当な理由」は必要ない。

3 正しい。保全措置が必要な額は、既に受領した額を含め、受領しようとする額の全額である。本肢では、手付金150万円と中間金50万円とを合計した200万円である。

4 誤り。保全措置が必要な額は、上記のとおり、既に受領した額を含め、受領しようとする額の全額である。本肢では、手付金150万円と中間金500万円とを合計した650万円について保全措置を講じれば、中間金を受領することができる。なお、宅建業者は、自ら売主となる売買契約の締結に際して、代金の10分の2を超える額の手付を受領することはできないが、この規定は手付金が対象であり、中間金は関係ない。

手付金等の保全措置の「手付金等」には、手付金のほか、中間金、残代金なども含まれる可能性があります。これに対し、「手付額の制限」や「解約手付」は、手付金だけに関する規定です。

★★ 【参考正答率 68.0%】

問38 正解2 クーリング・オフ

参考 業法 L13

ア 誤り。宅建業者は、クーリング・オフに伴う損害賠償または違約金の請求をすることができない。クーリング・オフに関し買主に不利な特約は無効となるので、違約金についての定めがあっても、Aは、Bに対して違約金の支払を請求することができない。

イ 正しい。本肢では、喫茶店で買受けの申込みがされているので、クーリング・オフ制度の適用がある。クーリング・オフ期間は、クーリング・オフできる旨とその方法を書面で告げられた日から起算して8日間である。本肢では、買受けの申込みの3日後にクーリング・オフできる旨を告げられているので、買受けの申込みの日から起算すると11日間になる。したがって、10日間とする旨の特約は、買主に不利な特約なので、無効となる。

ウ 誤り。売主である宅建業者から代理・媒介の依頼を受けた宅建業者の事務所等で買受けの申込みがされた場合、クーリング・オフ制度の適用はない。本肢では、Aが媒介を依頼したCの事務所で買受けの申込みがされているので、Bは、クーリング・オフによる解除をすることができない。
以上より、誤っているものはア、ウの二つであり、肢2が正解になる。

問39 正解 3 重要事項の説明

参考 業法 L10

1 誤り。既存建物の売買・交換においては、設計図書、点検記録その他の建物の建築および維持保全の状況に関する書類で国土交通省令で定めるものの保存の状況を重要事項として説明しなければならない。しかし、本肢は、貸借の媒介なので、説明する必要はない。

2 誤り。重要事項の説明においては、宅地・建物の上に存する登記された権利の種類・内容・登記名義人等を説明しなければならない。引渡しまでに抹消される予定であっても、説明しなければならないことに変わりがない。

3 正しい。宅地の貸借の媒介・代理において、契約終了時における当該宅地の上の建物の取壊しに関する事項を定めようとするときは、その内容を重要事項として説明しなければならない。

4 誤り。重要事項の説明においては、宅地・建物が津波災害警戒区域内にあるときは、その旨を説明しなければならない。この規定は、貸借の媒介・代理の場合にも適用されるので、貸借の場合は説明しなくてよいとする本肢は誤り。

問40 正解 2 その他の業務上の規制

参考 業法 L12

1 正しい。従業者は、取引の関係者の請求があったときは、従業者証明書を提示しなければならない。また、宅建士は、重要事項の説明をするときは、相手方からの請求がなくても、説明の相手方に対し、宅建士証を提示しなければならない。

2 誤り。宅建業者は、帳簿を各事業年度の末日をもって閉鎖し、閉鎖後5年間（当該宅建業者が自ら売主となる新築住宅に係るものにあっては、10年間）当該帳簿を保存しなければならない。「各取引の終了後」ではない。

3 正しい。宅建業者が、一団の宅地・建物の分譲を案内所を設置して行う場合、その案内所が一時的かつ移動が容易な施設であるときは、当該案内所には、クーリング・オフ制度の適用がある旨等所定の事項を表示した標識を掲げなければならない。

❶「一時的かつ移動が容易な施設」とは、テント張りの案内所などのことである。そのような場所で買受けの申込み等をした場合にはクーリング・オフ制度の適用があるので、その旨を表示するとされている。

4 正しい。宅建業者が一団の宅地・建物の分譲をするための案内所で、契約を締結し、または契約の申込みを受ける場所には、専任の宅建士を置かなければならない。

★★★ 【参考正答率 90.2%】

問41 正解 1 重要事項の説明 参考 業法 L10

1 正しい。区分所有建物以外の貸借の場合、当該宅地・建物の管理が委託されているときは、その委託を受けている者の氏名（法人にあっては、その商号・名称）・住所（法人にあっては、その主たる事務所の所在地）を重要事項として説明しなければならない。また、区分所有建物の場合、当該一棟の建物およびその敷地の管理が委託されているときは、その委託を受けている者の氏名（法人にあっては、その商号・名称）・住所（法人にあっては、その主たる事務所の所在地）を重要事項として説明しなければならない。したがって、本肢では、区分所有建物であるか否かにかかわらず、管理会社の商号およびその主たる事務所の所在地について、借主に説明しなければならない。

2 誤り。宅建業者は、物件を取得し、または借りようとしている者（＝買主、交換の両当事者、借主）に対して重要事項の説明をしなければならない。したがって、売主である宅建業者は、買主に対して重要事項の説明をする義務を負う。売主である宅建業者が他の宅建業者に媒介を依頼した場合には、媒介をする宅建業者も重要事項の説明をする義務を負うが、売主が重要事項説明の義務を免れるわけではない。

3 誤り。宅建業者は、法令に基づく制限に関する事項の概要を重要事項として説明しなければならない。しかし、建物の貸借の媒介・代理の場合、容積率や建蔽率に関する制限の内容は、上記の説明事項に含まれていない。

4 誤り。重要事項の説明においては、代金、交換差金および借賃以外に授受される金銭の額・授受目的を説明しなければならないが、代金、交換差金または借賃の額については説明する必要がない。本肢は、逆の記述である。

★★ 【参考正答率 89.5%】

問42 正解 1 宅建業とは 参考 業法 L1

1 誤り。用途地域内の土地は、原則として宅地に当たるが、例外として、道路、公園、河川、広場、水路の用に供せられているものは宅地に当たらない。

したがって、そのような土地は用途地域内であれば宅地とされるとする本肢は誤り。なお、建物の敷地に供せられる土地は用途地域の内外を問わず宅地とされる点は正しい。

2 **正しい。**宅地、すなわち「建物の敷地に供せられる土地」とは、現に建物の敷地に供せられている土地に限らず、広く建物の敷地に供する目的で取引の対象とされた土地をいうものであり、その地目、現況の如何を問わない。

3 **正しい。**建物の敷地に供せられる土地は、宅地である。どのような区域にあるかは関係がない。

4 **正しい。**準工業地域は、用途地域の一種である。用途地域内の土地は原則として宅地であり、建築資材置場は、肢1で述べた例外に含まれない。

★★★ 【参考正答率 96.5%】

問43 正解 **2** 免許の基準 　　　　参考 業法 L2

1 **誤り。**禁錮以上の刑（懲役刑はこれにあたる）に処せられ、その刑の執行を終わり、または刑の執行を受けることがなくなった日から5年を経過していないことは、欠格要件に該当する。そして、役員または政令で定める使用人が欠格要件に該当する法人は、免許を受けることができない。本肢の「非常勤役員」は、欠格要件に該当するので、本肢の法人は免許を受けることができない。

2 **正しい。**執行猶予付きで禁錮以上の刑に処せられた場合、執行猶予期間中は欠格要件に該当するが、執行猶予期間を満了したときは、欠格要件に該当しなくなる。したがって、本肢の政令で定める使用人は欠格要件に該当しないので、当該法人は免許を受けることができる。

3 **誤り。**法人である宅建業者の役員または政令で定める使用人に欠格要件に該当する者がいる場合、その法人は免許を受けることができないが、専任の宅建士であるというだけでは、役員や政令で定める使用人には該当しない。また、器物損壊罪で罰金の刑に処せられたことは、欠格要件に該当しないので、そもそも本肢の専任の宅建士は、欠格要件に該当しない。したがって、本肢の法人は免許を受けることができる。なお、罰金刑で欠格要件に該当するのは、宅建業法・暴力団員による不当な行為の防止等に関する法律の規定に違反した場合や、傷害罪・傷害現場助勢罪・暴行罪・凶器準備集合罪・脅迫罪・背任罪・暴力行為等処罰に関する法律の罪を犯した場合である。

❶簡単にいえば、宅建業法違反、暴力関係の犯罪、背任罪で罰金刑の場合、欠格要件に該

当する。

4　誤り。拘留の刑（罰金刑よりさらに軽い刑である）に処せられたことは、欠格要件に該当しない。したがって、本肢の法人は免許を受けることができる。

問44　正解 3　宅建士　　参考 業法 L4

1　誤り。①不正の手段により宅建業の免許を受けた、②業務停止事由に該当し情状が特に重い、③業務停止処分に違反した、のいずれかの理由で法人が免許を取り消された場合，その取消しに係る聴聞の期日および場所の公示の日前60日以内にその法人の役員であった者は、取消しの日から5年間登録を受けることができない。この規定は、役員であった者が対象である。したがって、政令で定める使用人であった者は5年間登録を受けることができないとする本肢は誤り。

2　誤り。登録を受けている者は、登録を受けている事項（氏名、住所、本籍、勤務先の宅建業者の商号・名称・免許証番号等）に変更があったときは、遅滞なく、登録をしている都道府県知事に変更の登録を申請しなければならない。本肢では、乙県知事ではなく、甲県知事に対して申請する必要がある。

3　正しい。登録を受けている者は、登録を受けている事項に変更があったときは、遅滞なく、登録をしている都道府県知事に変更の登録を申請しなければならない。登録を受けている者の義務なので、宅建士証の交付を受けていない者でも、変更の登録の申請義務を負う。

4　誤り。宅建試験に合格した者が登録をするためには、2年以上の実務経験を有するか、または、その者と同等以上の能力を有すると国土交通大臣が認めた場合（たとえば、国土交通大臣の登録を受けた登録実務講習を修了した者）でなければならない。この場合、合格から1年以内であれば登録実務講習を受講しなくてよいとの規定はない。

❗合格から1年以内であれば免除されるのは、宅建士証の交付を受ける際の講習（登録をしている都道府県知事の指定する講習）である。

問45　正解 1　住宅瑕疵担保履行法　　参考 業法 L19

1　誤り。住宅販売瑕疵担保保証金の供託または住宅販売瑕疵担保責任保険契

約の締結を行う義務を負うのは、宅建業者が自ら売主として宅建業者でない買主との間で新築住宅の売買契約を締結し、引き渡す場合である。売主の義務なので、媒介をする場合には、当該義務を負わない。

2 正しい。自ら売主として新築住宅を販売する宅建業者は、住宅販売瑕疵担保保証金の供託をしている場合、当該住宅の売買契約を締結するまでに、当該住宅の宅建業者ではない買主に対し、供託所の所在地等について、それらの事項を記載した書面を交付して（当該書面に記載すべき事項を電磁的方法により提供する場合を含む）説明しなければならない。

3 正しい。自ら売主として新築住宅を宅建業者ではない買主に引き渡した宅建業者は、基準日ごとに基準日から3週間以内に、当該基準日に係る住宅販売瑕疵担保保証金の供託および住宅販売瑕疵担保責任保険契約の締結の状況について、宅建業の免許を受けた国土交通大臣または都道府県知事に届け出なければならない。

4 正しい。住宅販売瑕疵担保責任保険契約を締結している宅建業者は、当該保険に係る新築住宅に、構造耐力上主要な部分または雨水の浸入を防止する部分の瑕疵（構造耐力または雨水の浸入に影響のないものを除く）がある場合に、特定住宅販売瑕疵担保責任の履行によって生じた損害について保険金を請求することができる。

★★ 【参考正答率 96.0%】

問46 正解 **1** 住宅金融支援機構　参考 税他 L9

1 誤り。証券化支援事業において、買取りの対象となるのは、本人や親族が住むための住宅の建設や新築住宅・中古住宅の購入のための貸付債権、建設・購入に付随する土地・借地権の取得のための貸付債権、購入に付随する当該住宅の改良のための貸付債権である。したがって、中古住宅を購入するための貸付債権は買取りの対象としていないとする本肢は誤り。

2 正しい。証券化支援事業（買取型）において、バリアフリー性、省エネルギー性、耐震性または耐久性・可変性に優れた住宅を取得する場合には、貸付金の利率を一定期間引き下げる制度（優良住宅取得支援制度）が実施されている。

❗可変性とは、リフォームのしやすさのことをいう。たとえば、住む人数の変化に合わせて個室を作ったり、逆に仕切りを取り払って大きな空間を作り出したりすることや、設備の更新をすること等の容易さのことである。

3 正しい。機構は、マンション管理組合や区分所有者に対するマンション共用部分の改良に必要な資金の貸付けを業務として行っている。

4 正しい。機構は、災害により住宅が滅失した場合において、それに代わるべき建築物（災害復興建築物）の建設または購入に必要な資金の貸付けを業務として行っている。

★★ 【参考正答率 46.4%】

問47 正解 4 不当景品類及び不当表示防止法 参考 税他 L10

1 誤り。建物建築の発注先を購入者が自由に選定できることとなっていても、建築条件付土地に該当するので、「建築条件付土地」と表示しなければならない。したがって、本肢は誤り。建築条件付土地とは、自己の所有する土地を取引するに当たり、自己と土地購入者との間において、自己または自己の指定する建設業を営む者（建設業者）との間に、当該土地に建築する建物について一定期間内に建築請負契約が成立することを条件として取引される土地をいい、建築請負契約の相手方となる者を制限しない場合を含む。つまり、一定期間内に建築することを条件として取引する土地であれば、発注先を自由に選べるときでも、建築条件付土地に該当する。建築条件付土地取引について広告をするときは、工事完了前の建物の取引と区別するために（工事完了前の建物に関する広告表示の規制を受けないために）、取引の対象が建築条件付土地である旨等を表示しなければならない。

2 誤り。賃料については、取引するすべての住戸の1カ月当たりの賃料を表示しなければならないのが原則である。ただし、新築賃貸マンションまたは新築賃貸アパートの賃料については、パンフレット等の媒体を除き、1住戸当たりの最低賃料および最高賃料を表示すれば足りる。「標準的な1住戸1か月当たりの賃料」ではない。

3 誤り。建物を増築、改築、改装または改修したことを表示する場合は、その内容および時期を明示しなければならない。この規定は、改装等をしたことを表示する場合の表示内容を定めたものであり、改装済みである旨の表示を義務づけたものではない。

4 正しい。新築とは、建築工事完了後1年未満であって、居住の用に供されたことがないものをいう。購入者から買い取って再度販売する場合でも、上記の要件を満たせば、新築に該当する。

問48　正解 2　統計

※統計問題は、出題時の数値をそのまま掲載しています。内容を覚える必要はありません。

1　誤り。平成29年度における不動産業の経常利益は、13.8％増加した。「減少」ではない。

2　正しい。平成30年1月以降の1年間の地価変動率は、全国平均では住宅地、商業地、工業地のいずれについても上昇となった。

3　誤り。平成30年3月末における宅地建物取引業者数は12万3,782業者である。「約20万」ではない。

4　誤り。平成30年の貸家の新設着工戸数は約39.6万戸となっており、7年ぶりの減少となった。「7年連続の増加」ではない。

問49　正解 3　土地

 参考 税他 L11

1　適当。台地、段丘は、農地として利用され、また都市的な土地利用も多く、地盤も安定している。

2　適当。台地を刻む谷や台地上の池沼を埋め立てた所では、地盤の液状化の発生する可能性がある。

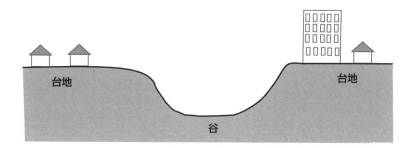

3　最も不適当。台地、段丘は、水はけも良く、宅地として積極的に利用されており、自然災害に対して安全度の高い所である。

4　適当。旧河道や低湿地、海浜の埋立地では、地震による地盤の液状化対策が必要である。

 地盤の液状化は、地盤の条件と地震の揺れ方等によって発生します。東日本大震災によって、肢2や肢4のような事実が明らかになっています。

問50 正解 4 建物

1 **適当**。地震に対する建物の安全確保においては、耐震、制震、免震という考え方がある。

2 **適当**。制震は制振ダンパーなどの制振装置を設置し、地震等の周期に建物が共振することで起きる大きな揺れを制御する技術である。

3 **適当**。免震はゴムなどの免震装置を設置し、上部構造の揺れを減らす技術である。

4 **最も不適当**。耐震は、建物の強度や粘り強さで地震に耐える技術である。既存不適格建築物の地震に対する補強には、耐震、制震、免震のいずれも利用される。

平成 30 年度
解答&解説

30

平成 30 年度　解答&出題テーマ一覧

科目	問題	解答	テーマ
権利関係	1	4	意思表示
	2	4	代理
	3	3	条件
	4	2	時効
	5	3	事務管理
	6	1	抵当権
	7	2	債権譲渡
	8	1	賃貸借
	9	3	相殺
	10	4	代理・共有・相続
	11	2	借地借家法（借地）
	12	3	借地借家法（借家）
	13	1	区分所有法
	14	4	不動産登記法
法令上の制限	15	1	国土利用計画法
	16	4	都市計画法
	17	4	都市計画法
	18	3	建築基準法
	19	2	建築基準法
	20	4	盛土規制法
	21	3	土地区画整理法
	22	1	農地法
税・その他	23	2	登録免許税
	24	3	不動産取得税
	25	1	不動産鑑定評価基準

科目	問題	解答	テーマ
宅建業法	26	2	広告に関する規制
	27	4	宅建業法総合
	28	1	宅建業法総合
	29	2	自ら売主制限等
	30	4	報酬に関する制限
	31	3	報酬に関する制限
	32	1	監督処分
	33	4	媒介契約等
	34	2	37 条書面
	35	3	重要事項の説明
	36	3	免許
	37	2	クーリング・オフ
	38	1	手付金等の保全措置
	39	4	重要事項の説明
	40	2	その他の業務上の規制
	41	3	宅建業とは
	42	4	宅建士
	43	1	営業保証金
	44	2	弁済業務保証金
	45	3	住宅瑕疵担保履行法
税・その他	46	1	住宅金融支援機構
	47	2	不当景品類及び不当表示防止法
	48	3	統計
	49	4	土地
	50	3	建物

合格ライン

合格点	科目別 目安得点			
	権利関係 (問1〜問14)	宅建業法 (問26〜問45)	法令上の制限 (問15〜問22)	税その他 (問23〜問25、問46〜問50)
37 / 50	9 / 14	16 / 20	6 / 8	6 / 8

あなたの得点

得点	科目別 得点			
	権利関係 (問1〜問14)	宅建業法 (問26〜問45)	法令上の制限 (問15〜問22)	税その他 (問23〜問25、問46〜問50)
/ 50	/ 14	/ 20	/ 8	/ 8

平成30年度　試験講評

　まず形式面について、知識の精度を高めないと得点できない「個数問題」は前年度（平成29年度）から半減して3問、慣れないと戸惑う「組合せ問題」は前年度同様に1問だけで、その他は単純4肢択一問題であった。したがって、出題形式の点で、前年度より得点しやすかったといえる。次に内容面について、権利関係では、受験者を悩ませてきた「民法の条文に規定されているもの」を問う出題はなかった。宅建業法と法令上の制限では、大方の予想どおり近年の改正点からの出題が目立ったとともに、正解肢を絞りやすい基本的な問題が多かった。税・その他については、税・価格で難問があったものの、5問免除は例年どおり得点しやすかった。以上の結果から、全体として、例年よりも大きく得点を伸ばすことができたと考えられる。

問1 正解 4 意思表示

参考 権利 L1

1 正しい。契約が取り消された場合、当事者は原状回復義務を負う。したがって、BはAに登記を移転する義務を、AはBに代金を返還する義務を負う。これらの義務は、同時履行の関係になる。

代金を返還

同時履行

登記を移転

2 正しい。錯誤を理由とする取消しは、本人、代理人、承継人（相続人など）に限り行うことができる。したがって、相手方Bは、Aの錯誤を理由として売買契約を取り消すことができない。

3 正しい。虚偽表示による無効は、善意の第三者に対抗することができない。したがって、Aは、善意のCに対し無効を対抗することができない。

4 誤り。第三者の詐欺の場合、相手方が悪意または善意有過失の場合に限り、取り消すことができる。本肢では、相手方Bが善意無過失なので、Aは取り消すことができない。このことは、転得者Dが悪意でも変わりがない。

問2 正解 4 代理

参考 権利 L3

1 誤り。代理人が、自己または第三者の利益を図る目的で、代理権の範囲内の行為をした場合（代理権の濫用）、相手方が悪意または善意有過失であれば、無権代理行為とみなされる。本肢では、相手方Cが悪意なので、無権代理行為とみなされ、契約の効果は本人Aに帰属しない。

❶代理人の行為によるリスクは原則として本人が負担すべきであるから、代理権の濫用があっても、代理行為は原則として有効である。ただし、悪意や過失のある相手方を保護する必要はないから、その場合には無権代理行為とみなされる。

2 誤り。制限行為能力者が代理人としてした行為は、原則として、行為能力の制限によっては取り消すことができない。すなわち、制限行為能力者も、原則として有効に代理権を取得することができる。したがって、Bは有効に

代理権を取得することができないとする本肢は誤り。

3 誤り。代理人が相手方の代理人も兼ねること（双方代理）は、原則として、無権代理行為とみなされる。ただし、①本人があらかじめ許諾した場合、②債務の履行の場合は、例外である。したがって、許諾の有無にかかわらず無権代理行為となるとする本肢は誤り。

4 正しい。代理人が後見開始の審判を受けたことは、代理権の消滅事由である。本肢では、後見開始の審判を受けた時点でBの代理権が消滅しているので、その後に行われた本件契約の締結は無権代理行為となる。

★★★ 【参考正答率 82.1%】

問3 正解3 条件 　　　　参考 権利L5

1 正しい。停止条件とは、効力の発生に付いている条件のことをいう。本件約定は、「合格したときには〜贈与する」と、効力の発生に条件が付けられた贈与契約なので、停止条件付贈与契約である。

2 正しい。条件付法律行為の各当事者は、条件の成否が未定である間は、条件が成就した場合にその法律行為から生ずべき相手方の利益を害してはならない。Aが甲建物に放火したことは、この義務に違反する。したがって、AはBに対して損害賠償責任を負う。

3 誤り。停止条件付法律行為は、原則として、停止条件が成就した時からその効力を生じる。したがって、Bは、原則として、本件試験に合格した時に甲建物の所有権を取得する。

4 正しい。意思能力のない者の行為は無効である。Aは約定の時点で意思能力がなかったのであるから、本件約定の契約は無効である。したがって、Bは、本件試験に合格しても、甲建物の所有権を取得することができない。

★ 【参考正答率 31.8%】

問4 正解2 時効 　　　　参考 権利L4

1 正しい。時効の利益の放棄をした場合、放棄をした者は援用権を失うが、他の者には影響しない（相対効）。したがって、主たる債務者が時効の利益を放棄しても、保証人は時効を援用することができる。

2 誤り。後順位抵当権者は、先順位抵当権の被担保債権の消滅時効を援用することができない。たとえば、A所有の甲土地に、Bの1番抵当権とCの2番抵当権が設定されているとする。この場合、Bの1番抵当権（先順位抵当

権）の被担保債権の消滅時効が完成していても、Ｃ（後順位抵当権者）は、当該時効を援用することができない。

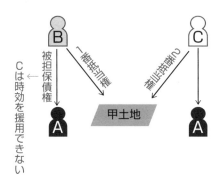

3 　正しい。詐害行為の受益者は、債権者から詐害行為取消権を行使されている場合、当該債権者の有する被保全債権について、消滅時効を援用することができる。詐害行為取消権とは、債権者を害する債務者の行為の取消し等を裁判所に請求することができる権利のことをいう。たとえば、ＡはＢに対してお金を貸しているが、Ｂは唯一の財産である甲土地を、事情を知っているＣにわざと贈与して、無資力になった（Ａにお金を返せなくなった）とする。この場合、Ａは、詐害行為取消権を行使することにより、ＢＣ間の贈与を取り消して、甲土地をＢに戻すことができる（Ａを債権者、Ｂを債務者、Ｃを受益者という。また、Ａの債権を、詐害行為取消権によって守られる債権という意味で、被保全債権という）。ただし、ＡのＢに対する債権（被保全債権）の消滅時効が完成している場合には、受益者Ｃは、被保全債権の消滅時効を援用することができる。Ａの債権が消滅すれば、Ａは詐害行為取消権を行使できなくなるので、Ｃは甲土地を取り返されずにすむのである。

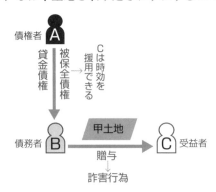

4 正しい。 債務者が時効完成後に債務の承認（権利の承認）をした場合、債務者はその時効を援用することができなくなる。承認時に時効完成の事実を知っていたかどうかは関係ない。

★　**【参考正答率 34.1%】**

問5　正解3　事務管理　　参考 権利L9

　法律上の義務がないのに他人（本人）のために物事を行うことを事務管理といい、事務管理をしている者を管理者という。AはBからの依頼なくB宅の屋根を修理しているので、Aの行為は事務管理にあたる。

1 正しい。 事務管理には報酬請求権の規定がないので、管理者は、他の法律で報酬請求権が認められている場合等を除き、報酬を請求することができない。したがって、Aは、特段の事情がない限り、報酬を請求することができない。

2 正しい。 管理者は、本人の請求があるときは、いつでも事務の処理の状況を報告しなければならない。したがって、Aは、Bの請求があったときには、いつでも状況を報告しなければならない。

3 誤り。 管理者は、本人の身体、名誉または財産に対する急迫の危害を免れさせるために事務管理をしたときは（緊急事務管理）、悪意または重大な過失がある場合に限り、損害賠償責任を負う。管理者は、通常は善良な管理者の注意義務を負うが、緊急事務管理の場合には、注意義務が軽減されているのである。Aは、B宅に対する急迫の危害を免れさせるために修理をしたので、緊急事務管理に該当し、善良な管理者の注意義務を負わない。

4 正しい。 管理者は、本人のために有益な費用を支出したときは、本人に対し、その償還を請求することができる。ただし、管理者が本人の意思に反して事務管理をしたときは、本人が現に利益を受けている限度に限られる。本肢では、Bの意思に反することなく修理が行われているので、Aは、有益な費用全額の償還を請求することができる。

人は助け合うべきだと考えれば、事務管理を推奨して報酬を与える方向になります。逆に、他人に勝手に干渉すべきではないと考えれば、事務管理を禁止する方向になります。民法は、事務管理を認める一方で報酬請求権を与えていないので、中間の考え方を採っています。

問6　正解1　抵当権

　法定地上権の成立要件は、①抵当権設定当時、土地の上に建物が存在すること、②抵当権設定当時、土地と建物の所有者が同一であること、③抵当権の実行により、土地と建物の所有者が異なるに至ったこと、である。

1　**誤り。**法定地上権が成立するためには、抵当権設定当時、土地と建物の所有者が同一であることが必要であるが（上記②）、登記名義まで同一である必要はない。本問では、AがBから乙建物を買い取った時点で、甲土地と乙建物の所有者が同一になっており、その後に抵当権が設定されているので、②の要件を満たす。したがって、法定地上権は成立しないとする本肢は誤り。

2　**正しい。**更地に抵当権を設定した場合、上記①の要件を満たさない。したがって、更地の状態で抵当権が設定されている本肢では、法定地上権は成立しない。

3　**正しい。**土地とその土地上の建物に共同抵当権を設定した後、建物が取り壊されて新たに建物が建築された場合、特段の事情がない限り、新建物のために法定地上権は成立しない。もし法定地上権の成立を認めると、競売で土地が安くしか売れず、抵当権者が困るからである。したがって、本肢では、法定地上権は成立しない。

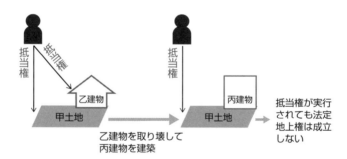

4　**正しい。**土地と建物の所有者が同一という要件は、抵当権設定当時に満たしていればよく（上記②）、その後に土地または建物が譲渡されていてもかまわない。本問では、抵当権設定時には土地と建物の所有者がAなので、建物が譲渡された後に抵当権が実行されても、法定地上権が成立する。

問7　正解 2　債権譲渡

1 正しい。預貯金債権以外の場合、譲渡禁止特約に反した債権譲渡も有効である。ただし、債務者は、悪意または善意重過失の第三者に対しては、債務の履行を拒むことができる。本肢では、第三者に重過失があるので、債務者は、当該第三者に対して債務の履行を拒むことができる。

2 誤り。上記の「第三者」には、転得者も含まれるので、善意無重過失の転得者に対しては、履行を拒むことができない。

3 正しい。預貯金債権以外の場合、譲渡禁止特約に反した債権譲渡も有効である。したがって、譲渡人は、もはや債権者ではないので、債務者に対して債務の履行を請求することができない。

4 正しい。譲渡禁止特約付き債権について質権の設定を受けた者は、上記の「第三者」にあたる。したがって、質権者が悪意または重過失の場合には、債務者は、質権の実行としての債権取立てに対し、支払を拒むことができる。

問8　正解 1　賃貸借

1 誤り。判決文によれば、通常損耗（＝通常の使用をした場合に生ずる価値の減少等）による減価の回収は、賃料の中に含ませてその支払を受けることにより行われている。いいかえれば、通常ではない使用による減価分は、賃料に含まれていないのである。したがって、どのように使用しても賃料に含まれるとする本肢は誤り。

2 正しい。判決文は、通常損耗とは「賃借人が社会通念上通常の使用をした場合に生ずる賃借物件の劣化又は価値の減少を意味する」としている。

3 正しい。判決文は、通常損耗についての原状回復義務を負わせるのは、賃借人に予期しない特別の負担を課すことになるとしつつ、通常損耗についての原状回復義務が認められるためには、通常損耗補修特約が明確に合意されていることが必要だとしている。つまり、通常損耗の分は賃料に含まれているのだから、賃借人は通常損耗についての原状回復義務を負担しないのが原則であり、明確な合意なしに通常損耗についての原状回復義務を負わせるのは、賃借人に予期しない特別の負担を課すことになるから妥当ではないと考えているのである。このように考えると、本肢のように、契約書への明記も口頭での説明等もない場合に賃借人に通常損耗についての原状回復義務を負

わせることは、賃借人に予期しない特別の負担を課すことになる。

4 **正しい。** 判決文は、通常損耗についての原状回復義務が認められるためには、その旨の特約が明確に合意されていることが必要だとしている。本肢のように、賃借人が原状回復義務を負う旨が定められていても、それだけでは、通常損耗について原状回復義務を負うことの明確な合意とはいえない。したがって、賃借人が賃料とは別に通常損耗の補修費を支払う義務があるとはいえない。

★★ **【参考正答率 78.0%】**

問9 正解3 相殺 　　　　　　　　　　 参考 権利L6

1 **誤り。** 相殺をするためには、自働債権と受働債権が弁済期にあることが必要である。12月1日の時点では、自働債権である貸金債権の弁済期（12月31日）が到来していないので、Bは相殺することができない。なお、自働債権の弁済期が到来すれば、受働債権の期限の利益を放棄して相殺することができるが、本肢は自働債権の弁済期が到来していないので、これに該当しない。

❗本問では、各肢ともBが相殺をしようとしているので、Bの債権が自働債権、Bの代金債務（Aの代金債権）が受働債権である。

2 **誤り。** 受働債権の差押え後に自働債権を取得した場合、原則として、相殺をもって差押債権者に対抗することができない。本肢では、Bは、Cによる受働債権の差押え（11月1日）の後（11月2日から12月1日の間）に自働債権を取得しているので、相殺をもってCに対抗することができない。このことを慣用的に「相殺することができない」と表現する場合もあるので、「相殺することができる」とする本肢は誤りと考えられる。

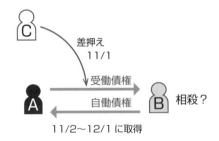

3 **正しい。** 不法行為に基づく損害賠償債務を受働債権とする相殺はできない場合があるが、不法行為に基づく損害賠償債権を自働債権とする相殺は禁止

されていない。本肢では、自働債権が不法行為に基づく損害賠償債権、受働債務が代金債務なので、Ｂは相殺をすることができる。

4 誤り。自働債権が時効消滅しても、消滅前に相殺適状になっていた場合には、相殺が可能である。しかし、本肢では、自働債権である貸金債権が時効消滅（９月30日）した後に、代金債務が発生（10月１日）しているので、時効消滅前に相殺適状になっていたという要件を満たさない。したがって、Ｂは相殺をすることができない。

★★★ 【参考正答率 87.9%】

問10　正解 4　代理・共有・相続　参考 権利 L3、18、20

1 正しい。無権代理人が本人を単独相続した場合、無権代理行為は、当然に有効になる。したがって、本肢の場合、本人が自ら当該不動産を売却したのと同様な法律上の効果が生じる。

2 正しい。遺産分割前に、共同相続人の１人が勝手に相続財産について自己名義の登記をし、第三者に売却しても、他の共同相続人は、自己の持分を登記なくして第三者に対抗することができる。

3 正しい。連帯債務者の各共同相続人は、相続分に応じて分割された債務を承継し、その承継した範囲において、本来の債務者とともに連帯債務者となる。なぜなら、金銭債務は、相続開始時に、相続分に応じて当然に分割されるからである。

4 誤り。協議なくして単独で共有物を占有する共有者に対して、他の共有者は、共有物の明渡しを請求することができない。このことは、請求する者の持分価格が過半数を超えていても同様である。

★★ 【参考正答率 55.1%】

問11　正解 2　借地借家法（借地）　参考 権利 L16

1 誤り。事業用定期借地権は、専ら事業の用に供する建物の所有を目的とする場合にしか設定することができないが、他の借地権は、建物の使用目的を問わない。したがって、本肢の場合、普通の借地権なども設定することが可能である。そして、事業用定期借地権の場合は公正証書による必要があるが、一般定期借地権の場合は書面（または、電磁的記録）であればよく、普通の借地権の場合は口頭の契約でも有効に成立する。したがって、本肢の場合、事業用定期借地権以外の借地権を設定するのであれば、公正証書によらなく

ても有効である。

2　正しい。存続期間を 20 年とすることができる借地権は、事業用定期借地権だけである。しかし、居住用の建物の所有を目的とする場合は、事業用定期借地権を設定することができない。したがって、本肢のような定めが許される借地権はなく、本肢の規定は無効となる。

3　誤り。借地権の存続期間に関しては、事業用定期借地権（10 年以上 50 年未満）を除いて、最長期間の制限はない。また、「○年以上の定めをするときは、公正証書によらなければならない」のような規定もない。したがって、60 年とする定めは、原則として有効であり、公正証書による必要はない。

4　誤り。借地上の建物の登記は、借地権の対抗要件になるが、そのためには借地権者本人の名義であることが必要であり、他人名義の登記では借地権の対抗要件にならない。したがって、Ｂの長男名義の登記をしていても、新所有者に対して借地権を対抗することはできない。

肢1は、借地上に建てる建物が事業用だと述べているだけで、事業用定期借地権を設定するとは述べていないことがポイントです。普通の借地権などの場合でも、借地上に事業用の建物を建てることはできます。その場合、借地権の設定は公正証書によらなくてもよいのです。

★★　**【参考正答率 87.4%】**

問12　正解 3　借地借家法（借家）　　参考 権利 L15

1　誤り。期間が 1 年以上の定期建物賃貸借の場合、賃貸人は、期間の満了の 1 年前から 6 カ月前までの間に賃借人に対し期間の満了により賃貸借が終了する旨の通知をしなければ、終了を賃借人に対抗することができない。本肢は、期間 5 年の定期建物賃貸借なので、上記の通知が必要であり、「5 年経過をもって当然に」終了を対抗できるわけではない。

2　誤り。床面積 200 m² 未満の居住用建物の定期建物賃貸借において、転勤、療養、親族の介護その他のやむを得ない事情により、賃借人が建物を自己の生活の本拠として使用することが困難となったときは、賃借人は、解約の申入れをすることができる。本肢では、この規定による途中解約の申入れができる可能性がある。

3　正しい。期間の定めのある建物賃貸借において、期間満了の 1 年前から 6 カ月前までの間に更新拒絶等の通知がなかったときは、従前の契約と同一の

条件で契約を更新したものとみなされるが、期間は定めのないものとなる。

4 誤り。建物の賃貸借が期間の満了または解約の申入れによって終了する場合、賃借人だけでなく転借人も、原則として賃貸人に対して造作買取請求権を有する。したがって、CはAに対する買取請求権を有しないとする本肢は誤り。

★★ 【参考正答率 82.1%】

問13 正解 1 区分所有法
参考 権利 L19

1 誤り。規約の設定、変更または廃止は、区分所有者および議決権の各4分の3以上の多数による集会の決議によって行う。「区分所有者の過半数」ではない。

2 正しい。規約を保管する者は、利害関係人の請求があったときは、正当な理由がある場合を除いて、規約の閲覧を拒んではならない。この規定に違反して、正当な理由がないのに閲覧を拒んだときは、20万円以下の過料に処される。

3 正しい。規約の保管場所は、建物内の見やすい場所に掲示しなければならない。

4 正しい。占有者は、建物またはその敷地もしくは附属施設の使用方法につき、区分所有者が規約または集会の決議に基づいて負う義務と同一の義務を負う。

★★ 【参考正答率 51.7%】

問14 正解 4 不動産登記法
参考 権利 L11

1 正しい。登記は、法令に別段の定めがある場合を除き、当事者の申請または官庁もしくは公署の嘱託がなければ、することができない。この場合の「法令に別段の定め」とは、職権による表示に関する登記（肢2）などのことを指す。

2 正しい。表示に関する登記は、登記官が、職権ですることができる。

3 正しい。建物の種類・構造・床面積などに変更があったときは、表題部所有者または所有権の登記名義人は、当該変更のあった日から1カ月以内に、変更の登記を申請しなければならない。

4 誤り。所有権の登記名義人の住所の変更の登記は、権利に関する登記なので、権利に関する登記一般の原則どおり、申請義務は課されていない。

表示に関する登記には原則として申請義務が課されており、権利に関する登記には原則として申請義務が課されていません。肢3の「建物の床面積」は、どのような建物なのかに関する事項なので、表示に関する登記であり、変更があった場合には申請義務が課されています。これに対し、肢4の「所有権の登記名義人の住所」は、所有権の登記をしている人の住所のことなので、権利に関する登記です。そこで、変更があっても申請義務は課されていません。

問15 正解 1 国土利用計画法 参考 制限 L9

1 **正しい。** 都道府県知事は、事後届出に係る土地の利用目的について勧告をした場合において、勧告を受けた者が勧告に従わないときは、その旨および勧告の内容を公表することができる。勧告を受けた者がAのような宅建業者であっても同様である。

❗事後届出制で勧告の対象となるのは「土地の利用目的」だけである。土地の権利の移転等の「対価の額」は、届出事項ではあるが勧告の対象にならない。

2 **誤り。** 当事者の一方または双方が国や地方公共団体などである場合、事後届出は不要である。したがって、地方公共団体である乙県から買い受けた者は、事後届出を行う必要がない。

3 **誤り。** 事後届出を行うにあたっては、権利取得者は、原則として、当該土地が所在する市町村の長を経由して、都道府県知事に届け出なければならない。なお、例外として、指定都市の区域内に所在する土地についての事後届出は、直接、指定都市の長にすることになっている。

4 **誤り。** 市街化区域内において、2,000m² 以上の土地について土地売買等の契約を締結した場合、権利取得者は、原則として、事後届出を行わなければならない。宅建業者間の取引の場合も同様である。したがって、市街化区域内の 2,500m² の土地を購入した宅建業者Cは、事後届出を行わなければならない。

肢1や4で宅建業者が登場するのは、受験者を惑わすための罠です。そもそも国土利用計画法では、宅建業者であることを理由とする例外はありません。

問16　正解 4　都市計画法

参考 制限 L1、2

1　正しい。田園住居地域内の農地（＝耕作の目的に供される土地）の区域内において、土地の形質の変更や建築物の建築その他工作物の建設などを行う場合は、一定の場合を除き、市町村長の許可を受けなければならない。

❗田園住居地域内の建築等の制限についての出題である。「都道府県知事」の許可でない点に注意！

2　正しい。風致地区内における建築物の建築、宅地の造成、木竹の伐採その他の行為については、一定の基準に従い、地方公共団体の条例で、都市の風致を維持するため必要な規制をすることができる。

3　正しい。市街化区域については、少なくとも（＝必ず）用途地域を定めるものとされ、市街化調整区域については、原則として用途地域を定めないものとされている。

4　誤り。準都市計画区域については、都市計画に、市街化区域と市街化調整区域との区分（＝区域区分）を定めることはできない。なお、都市計画区域については、無秩序な市街化を防止し、計画的な市街化を図るため必要があるときは、都市計画に、区域区分を定めることができる。

❗準都市計画区域では、都市計画に、高度地区（建築物の高さの最高限度のみ）や特定用途制限地域などを定めることはできるが、区域区分、高度利用地区、防火地域・準防火地域、市街地開発事業などを定めることはできない。

肢4について、準都市計画区域内に定めることができる都市計画は、大規模な開発や建築が無秩序に行われないようにするための土地利用規制のプランに限られます。定めることができる都市計画か否かを判別できるようにしておきましょう。

問17　正解 4　都市計画法

参考 制限 L2

1　正しい。非常災害のため必要な応急措置として開発行為をしようとする者は、場所に関係なく、開発許可を受ける必要はない。

2　正しい。開発許可を受けた開発区域内においては、開発行為に関する工事完了の公告があった後は、原則として、その開発許可に係る予定建築物以外の建築物を新築することはできない。ただし、①都道府県知事が支障がないと認めて許可したとき、または、②その開発区域内の土地について用途地域

等が定められているときは、例外である。本肢では、「用途地域等の定めがない土地」という文言で、②の例外にあたらないことが明示されている。したがって、①の「都道府県知事の許可」を受けなければ、当該開発許可に係る予定建築物以外の建築物を新築することはできない。

3 **正しい。**「都市計画区域および準都市計画区域」外の区域内で1ヘクタール（10,000m²）未満の開発行為を行う者は、開発許可を受ける必要はない。本肢の開発行為の規模は8,000m²であるから、1ヘクタール未満であり、開発許可を受ける必要はない。

❗️都市計画区域および準都市計画区域外の区域内では、1ヘクタール（10,000m²）以上の開発行為をする場合にのみ、開発許可制度が適用される。

4 **誤り。**本肢の建築物の建築を目的とした土地の区画形質の変更は、開発行為にあたる。しかし、準都市計画区域など市街化区域外の区域内において、農業を営む者の居住の用に供する建築物の建築を目的とした開発行為を行う者は、開発許可を受ける必要はない。また、準都市計画区域内では、原則として3,000m²未満の開発行為を行う者は開発許可を受ける必要はないので、開発行為の規模が1,000m²である本肢の場合、この点からも開発許可を受ける必要はないといえる（小規模な開発行為の例外）。

> 肢4では、「農林漁業用などの建築物を建築するための開発行為」の例外と「小規模な開発行為」の例外の両方にあてはまりますが、そもそも、「開発許可が不要となる例外」のいずれか1つにあたるだけで開発許可不要となることに注意しましょう。

★★★ 【参考正答率 91.8%】

問18 正解3 建築基準法　　　参考 制限 L3、5

1 **誤り。**建築物の高さ31m以下の部分にある「3階以上」の階には、原則として、非常用の進入口を設けなければならない。「全て」の階ではない。

2 **誤り。**防火地域および準防火地域内において建築物の増築・改築・移転をする場合、その増築・改築・移転に係る部分の床面積にかかわらず、建築確認が必要である。建築主は、建築確認を受けた建築等の工事を完了したときは、完了検査を受けなければならない。したがって、建築主は、本肢の増築の工事が完了した際に、完了検査を受けなければならない。

❗️建築確認が必要な工事については、完了検査も必要となる点に注意！

3　正しい。共同住宅など一定の用途に供する特殊建築物や階数が3以上である建築物などの屋上広場または2階以上の階にあるバルコニーその他これに類するものの周囲には、安全上必要な高さが1.1m以上の手すり壁、さくまたは金網を設けなければならない。

4　誤り。建築基準法の改正により、現に存する建築物が改正後の建築基準法の規定に適合しなくなった場合、その建築物のことを既存不適格建築物という。この既存不適格建築物には、原則として、改正後の建築基準法の規定は適用されない。したがって、当該建築物の所有者または管理者は、原則として、改正後の建築基準法の規定に適合させる必要はない。

 肢1は、内容的に細かいので捨て肢です。特に復習する必要はありません。肢2〜4を再確認しておけば十分です。

★★★　**【参考正答率 84.9%】**

問19　**正解 2**　**建築基準法**　　　　参考 制限 L4

1　正しい。第一種低層住居専用地域・第二種低層住居専用地域・田園住居地域内においては、建築物の高さは、一定の場合を除き、10mまたは12mのうち当該地域に関する都市計画において定められた建築物の高さの限度を超えてはならない。

❗田園住居地域についての出題である。田園住居地域内での集団規定の制限は、原則として、第二種低層住居専用地域内での制限と同じである。

2　誤り。建築物の敷地が2以上の用途地域にわたる場合には、敷地の全部について敷地の過半の属する用途地域の制限が適用される。本肢では、敷地の過半にあたる60%が第一種中高層住居専用地域にあるので、敷地の全部について第一種中高層住居専用地域の用途制限が適用される。大学は「第一種低層住居専用地域、第二種低層住居専用地域、田園住居地域、工業地域および工業専用地域」以外の用途地域において建築することができる。したがって、本肢の場合、大学を建築することができる。

3　正しい。都市計画区域・準都市計画区域の指定・変更などにより建築基準法第3章の規定（集団規定）が適用されたときにすでに建築物が立ち並んでいた幅員4m未満の道で、特定行政庁の指定したものは、建築基準法第3章の規定上の道路とみなされる。

4　正しい。特定行政庁は、街区内における建築物の位置を整えその環境の向

上を図るために、「壁面線」という一定の線を指定して、この線を越えて建築物の壁や柱などを建築してはならないという制限をすることができる。容積率規制を適用するにあたっては、前面道路などの境界線から後退して壁面線の指定がある場合において、特定行政庁が一定の基準に適合すると認めて許可した建築物については、当該前面道路などの境界線は、当該壁面線にあるものとみなされる。この場合においては、当該建築物の敷地のうち前面道路と壁面線との間の部分の面積は、敷地面積に算入しない。

肢4は、深入り禁止の捨て肢です。本解説で「壁面線」という用語だけ確認しておけば十分です。

★★★ 【参考正答率 99.2%】

問20 正解 4 盛土規制法 参考 制限 L6

1 **正しい。**宅地造成等工事規制区域内の土地（公共施設用地を除く）の所有者、管理者または占有者は、宅地造成等に伴う災害が生じないよう、その土地を常時安全な状態に維持するように努めなければならない（土地の保全義務）。現在は工事主とは異なる者がその宅地造成等に関する工事が行われた土地を所有している場合であっても同様である。

2 **正しい。**宅地造成等工事規制区域内において行われる宅地造成等に関する工事について許可をする都道府県知事は、その許可に、工事の施行に伴う災害を防止するため必要な条件を付することができる。

3 **正しい。**「宅地造成」とは、宅地以外の土地を宅地にするために行う盛土その他の土地の形質の変更で一定規模のものをいう。したがって、「宅地を宅地以外の土地にするために行う土地の形質の変更」は、「宅地造成」に該当しない。なお、「特定盛土等」（＝宅地または農地等において行う盛土その他の土地の形質の変更で、当該宅地または農地等に隣接し、または近接する宅地において災害を発生させるおそれが大きい一定規模のもの）に該当する可能性はある。

4 **誤り。**宅地造成等工事規制区域内において宅地以外の土地を宅地にするために行う盛土その他の土地の形質の変更で一定規模のもの（盛土・切土をする土地の面積が500㎡を超える場合や切土部分に生じる崖の高さが2mを超える場合など）については、「宅地造成」として、原則として、都道府県知事の許可（宅地造成等に関する工事の許可）が必要である。本肢の場合、

切土をする土地の面積が「400㎡」で、切土部分に生じる崖の高さが「1m」であるので、都道府県知事の許可を受ける必要はない。

肢4解説の「超える」には、ちょうどの数字は含まれません。したがって、500㎡ちょうどや2mちょうどだったら、「500㎡を超える」や「2mを超える」にあたりません。ちょうどの数字でも判断できるようにしましょう。

問21　正解3　土地区画整理法　参考 制限 L7

1　**誤り。** 土地区画整理事業とは、都市計画区域内の土地について、公共施設の整備改善および宅地の利用の増進を図るため、土地区画整理法で定めるところに従って行われる土地の区画形質の変更などの事業をいう。したがって、「都市計画区域外」の土地で土地区画整理事業が行われることはない。

2　**誤り。** 土地区画整理組合が施行する土地区画整理事業の場合、その組合の設立の認可の公告があった日後、換地処分の公告がある日までは、施行地区内において、土地区画整理事業の施行の障害となるおそれがある①土地の形質の変更、②建築物その他の工作物の新築・改築・増築などを行おうとする者は、都道府県知事等（＝「都道府県知事または市長」）の許可を受けなければならない。「都道府県知事及び市町村長」の許可ではない。

3　**正しい。** 土地区画整理事業の施行者は、仮換地を指定した場合において、従前の宅地に存する建築物を移転し、または除却することが必要となったときは、当該建築物を移転し、または除却することができる。

4　**誤り。** 土地区画整理事業の施行者は、仮換地を指定した場合において、その仮換地に使用または収益の障害となる物件が存するときその他特別の事情があるときは、その仮換地について使用または収益を開始することができる日をその仮換地の指定の効力発生の日と別に定めることができる。「同一の日」として定めなければならないわけではない。

❶従前の宅地の所有者などは、仮換地の指定の効力発生の日から従前の宅地の使用・収益ができなくなるとともに、その別に定める日まで仮換地を使用・収益することもできない。

肢2の解説の「都道府県知事等」とは、正確には、①市の区域内において個人施行者・土地区画整理組合・区画整理会社が施行し、または市が施行区域の土地について施行する土地区画整理事業においては、当該市の長のことを、②①以外の土地区画整理事業においては、都道府県知事のことをいいます。簡単にいえば、「都道府県知事または市長」ということです。そこで、肢2の「都道府県知事及び市町村長」という記述は、「及び」という文言と「町村（長）」という文言の2カ所が誤っています。

★★★　【参考正答率 92.2%】

問22　正解 1　農地法　　　　　参考 制限 L8

1　**正しい。** 農地を農地以外に転用する目的で取得する場合、原則として、農地法5条の許可を受けなければならない。しかし、市街化区域内にある農地について、あらかじめ農業委員会に届け出て取得する場合、例外的に農地法5条の許可を受ける必要はない。

2　**誤り。** 農地を耕作目的で取得する場合には、原則として、農地法3条の許可を受ける必要がある。しかし、遺産の分割により農地を取得する場合、例外的に農地法3条の許可を受ける必要はない。

❗相続・包括遺贈・相続人に対する特定遺贈により農地を取得する場合も同様である。なお、これらの場合、農地の権利を取得した者は、遅滞なく、農地の存する市町村の農業委員会にその旨を届け出なければならない。

3　**誤り。** 農地所有適格法人（＝主たる事業が農業であることなど所定の要件を満たす法人）でない法人（一般の株式会社など）であっても、農地法3条の許可を受けて、耕作目的で農地を借り入れることができる。

4　**誤り。** 農地法で「農地」とは、耕作の目的に供される土地をいう。登記簿上の地目は関係ない。したがって、「耕作している土地」は、登記簿上の地目が雑種地であっても、農地法の適用を受ける農地にあたる。

肢2の解説❗の農業委員会への届出が必要なのは、農業委員会が農地などの権利者を把握できるようにするためです。

★　【参考正答率 32.3%】

問23　正解 2　登録免許税　　　　　参考 税他 L5

1　**誤り。** 住宅用家屋の所有権の移転登記に係る登録免許税の税率の軽減措置

（以下「この軽減措置」）では、家屋の床面積が 50m² 以上であることが要件とされており、共有の場合に関する特別な規定はない。したがって、共有の場合も床面積が 50m² 以上であればよく、「床面積に自己が有する共有持分の割合を乗じたものが 50m² 以上」でなければならないとする本肢は誤り。

2 正しい。この軽減措置は、売買または競落の場合に限って適用されるので、交換の場合には適用されない。

3 誤り。既存住宅の場合、建築基準法施行令の規定もしくは国土交通大臣が財務大臣と協議して定める地震に対する安全性に係る基準に適合するもの、または、昭和 57 年 1 月 1 日以後に建築されたものであることが要件とされている。「または」なので、どちらか一方に該当すれば要件を満たす。

4 誤り。この軽減措置の適用を受けるためには、登記の申請書に、その家屋が一定の要件を満たす住宅用の家屋であることについての市町村長等（市町村長または特別区の区長）の証明書を添付しなければならない。「税務署長」ではない。

 この軽減措置には、上記のほかに、①取得者が個人であること、②取得者の自己居住用であること、③ 1 年以内に登記を受けること、という要件があります。

★★ 【参考正答率 86.7%】

問24 **正解 3** **不動産取得税** 参考 税他 L1

1 誤り。不動産取得税の徴収は、普通徴収の方法（納税通知書が納税義務者に送付され、それを用いて納付する方法）による。したがって、申告納付しなければならないとする本肢は誤り。

2 誤り。家屋を改築したことにより、当該家屋の価格が増加した場合、当該改築が家屋の取得とみなされて、不動産取得税が課される。

3 正しい。相続による不動産の取得については、不動産取得税は課されない。

4 誤り。課税標準となるべき額が一定の額に満たない場合には、不動産取得税が課されない（免税点）。しかし、本肢のように一定の面積に満たないことを理由に不動産取得税が課されないとする制度はない。

★ 【参考正答率 53.4%】

問25 **正解 1** **不動産鑑定評価基準** 参考 税他 L8

1 正しい。不動産の価格は、その不動産の効用が最高度に発揮される可能性

に最も富む使用を前提として把握される価格を標準として形成される（最有効使用の原則）。その不動産を最も有効に使うことができる人が、その不動産に最も高い価格を付けることができるからである。

2 　誤り。収益還元法は、自用の不動産であっても、賃貸を想定することにより適用される。したがって「適用すべきではない」とする本肢は誤り。なお、本肢の前半は正しい記述である。

3 　誤り。不動産の価格を求める鑑定評価の基本的な手法は、原価法、取引事例比較法および収益還元法に大別され、地域分析および個別分析により把握した対象不動産に係る市場の特性等を適切に反映した複数の鑑定評価の手法を適用すべきであるとされている。「いずれか１つ」ではない。

4 　誤り。本肢は、特定価格の説明である。限定価格とは、市場性を有する不動産について、不動産と取得する他の不動産との併合または不動産の一部を取得する際の分割等に基づき正常価格と同一の市場概念の下において形成されるであろう市場価値と乖離することにより、市場が相対的に限定される場合における取得部分の当該市場限定に基づく市場価値を適正に表示する価格をいう。

★★　【参考正答率 95.3%】

問26　正解 2　広告に関する規制　　　参考　業法 L9

1 　誤り。取引する意思のない物件等の広告（おとり広告）や虚偽物件の広告は、誇大広告等に当たる。したがって、広告した物件の売買契約成立後に継続して掲載した場合、誇大広告等の禁止に違反する。

2 　正しい。業務に関する広告に著しく事実に相違する表示をした場合、誇大広告等の禁止に違反し、監督処分の対象となるほか、６カ月以下の懲役もしくは 100 万円以下の罰金またはこれらの併科に処されることがある。

3 　誤り。宅建業者は、工事の完了前においては、当該工事に必要とされる開発許可・建築確認等の処分があった後でなければ広告をすることができない。この制限は、貸借の媒介・代理にも適用されるので、「貸借の媒介に関する広告はすることができる」とする本肢は誤り。

4 　誤り。誇大広告等の禁止の規定には、誤認させる方法についての限定はないので、制限の一部を表示しないことによって誤認をさせた場合も、誇大広告等の禁止に違反する。

問27 正解 4 宅建業法総合 参考 業法 L8、10、11

1 誤り。既存建物の場合、媒介契約書面に、依頼者に対する建物状況調査を実施する者のあっせんに関する事項を記載しなければならないが、買主に対して建物状況調査を実施する者のあっせんの有無について確認しなければならないとの規定はない。

2 誤り。既存建物の売買・交換の場合、設計図書、点検記録その他の建物の建築および維持保全の状況に関する書類で国土交通省令で定めるものの保存の状況を重要事項として説明しなければならない。しかし、「それぞれの書類に記載されている内容」まで説明する必要はない。

3 誤り。既存建物の場合、建物状況調査（1年以内のものに限る）を実施しているかどうか、およびそれを実施している場合における結果の概要を重要事項として説明しなければならない。しかし、本肢の建物状況調査は2年前に行われたものなので、「建物状況調査を実施している旨及びその結果の概要について説明しなければならない」とする本肢は誤り。

4 正しい。既存建物の売買・交換の場合、構造耐力上主要な部分等の状況について当事者の双方が確認した事項を37条書面に記載しなければならない。このことは、買主が宅建業者であっても変わりがない。

問28 正解 1 宅建業法総合 参考 業法 L8、10、11

ア 誤り。宅建業者は、宅地の造成または建物の建築に関する工事の完了前においては、当該工事に必要とされる開発許可・建築確認等の処分があった後でなければ、自ら売買・交換をすることや、売買・交換の代理・媒介をすることができない。したがって、都市計画法29条1項の許可（開発許可）の申請中に売買契約を締結することはできず、このことは、買主が宅建業者であっても変わりがない。

イ 誤り。買主として売買契約を締結した宅建業者は、売主に対して37条書面を交付しなければならない。このことは、売主が宅建業者であっても変わりがない。

ウ 誤り。宅建業者は、相手方等（宅建業者を除く）に対して、契約が成立するまでの間に、供託所等の説明をするようにしなければならない。本肢の場合、買主が宅建業者なので、売主である宅建業者は、買主に対して供託所等

の説明をする必要がない。

エ　正しい。 媒介契約を締結した宅建業者は、当該媒介契約の目的物である宅地・建物の売買・交換の申込みがあったときは、遅滞なく、その旨を依頼者に報告しなければならない。このことは、依頼者が宅建業者であっても変わりがない。

以上より、正しいものはエの一つであり、肢1が正解になる。

★★★【参考正答率 97.9%】

問29　正解 2　自ら売主制限等　　参考 業法 L11、14、15

1　違反する。 宅建業者は、宅建士をして、37条書面に記名させなければならない。このことは、交付の相手方が宅建業者であっても変わりがない。

2　違反しない。 宅建業者が自ら売主となる売買契約において損害賠償額の予定や違約金の定めをするときには、それらの合計額が代金額の2/10を超えてはならない。しかし、この制限は、買主も宅建業者である場合には適用されない。したがって、買主Bが宅建業者である本肢では、代金額の2/10（400万円）を超える600万円の損害賠償を定めても、宅建業法の規定に違反しない。

3　違反する。 宅建業者は、自ら売主となる売買契約の締結に際して、代金額の2/10を超える額の手付を受領することはできない。したがって、代金額の2/10を超える500万円の手付を受領した本肢は、宅建業法の規定に違反する。

4　違反する。 宅建業者が自ら売主となる売買契約においては、種類・品質に関する契約不適合責任につき買主に不利な特約は無効となるが、例外として、当該責任の通知期間を引渡しの日から2年以上とする特約は許される。したがって、「引渡しの日から1年以内」とする本肢の特約は、宅建業法の規定に違反する。

★★★【参考正答率 86.4%】

問30　正解 4　報酬に関する制限　　参考 業法 L17

1　誤り。 貸借の媒介における報酬額の限度は、借賃を基準にするときは、貸主・借主からあわせて借賃の1カ月分以内（消費税10％を上乗せすれば1.1カ月分以内）である。本肢の場合、BとCからあわせて11万円が限度である。また、本肢で権利金を基準にした場合は、BとCからそれぞれ150万円×5％

= 7万5,000円に消費税10%を上乗せした8万2,500円ずつが限度である。したがって、どちらを基準にしても、BとCからそれぞれ11万円の報酬を受けることはできない。

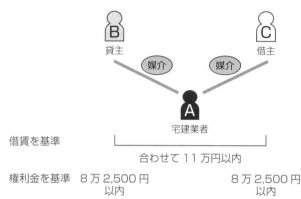

借賃を基準

合わせて11万円以内

権利金を基準　8万2,500円
以内　　　　　　　　8万2,500円
　　　　　　　　　　以内

2　誤り。居住用建物の賃貸借の場合、権利金を基準に報酬額を計算することはできない。したがって、権利金の額を基準に限度額を算出している本肢は誤り。

3　誤り。依頼者の特別の依頼による広告に要した実費は、報酬とは別に受領することができる。しかし、本肢の場合は、Bからの依頼に基づかない広告なので、報酬と別に広告料金に相当する額を請求することはできない。

4　正しい。定期建物賃貸借の再契約に関して宅建業者が受けることができる報酬についても、報酬額の制限の規定が適用される。

★★　【参考正答率 40.2%】

問31　正解 3　報酬に関する制限　参考 業法 L16、17

　空家等の売買・交換の媒介で、通常の媒介と比較して現地調査等の費用を特別に要するものの場合、売主または交換を行う者である依頼者からは、通常の方法で計算した額＋現地調査等の費用の額を受領することができる。ただし、合計で18万円（報酬に対する消費税10%を上乗せすれば19万8,000円）が限度になる。この特例の対象となる「空家等」とは、消費税抜きの代金額（交換の場合は多いほうの評価額）が400万円以下の宅地・建物のことをいう。

1　誤り。代金額が500万円なので、特例の対象にならない。したがって、AがBから受け取ることができる報酬の上限額は、500万円×3%＋6万円＝21万円に消費税10%を上乗せした23万1,000円である。

2 誤り。買主から受け取る報酬は、特例の対象にならない。したがって、AがCから受け取ることができる報酬の上限額は、300万円×4％＋2万円＝14万円に消費税10％を上乗せした15万4,000円である。

3 正しい。代金額が350万円であり、売主から受け取る報酬なので、特例の対象になる。したがって、AがDから受け取ることができる報酬の上限額は、350万円×4％＋2万円＝16万円と費用2万円を足した18万円に消費税10％を上乗せした19万8,000円である。

4 誤り。貸借の場合は、特例の対象にならない。賃貸借の場合、報酬の上限額は、貸主・借主からあわせて借賃の1カ月分（消費税10％を上乗せすれば1.1カ月分）である。なおかつ、居住用建物の貸借の媒介の場合、依頼を受けるにあたって承諾を得ているときを除き、当事者の一方からは借賃の0.5カ月分（消費税10％を上乗せすれば0.55カ月分）が上限額である。したがって、AがEから受け取ることができる報酬の上限額は、承諾を得ていなければ7万5,000円に10％を上乗せした8万2,500円、承諾を得ていても、15万円に10％を上乗せした16万5,000円である。

★★ 【参考正答率 65.0%】

問32 正解 1 監督処分 参考 業法 L18

1 正しい。宅建士が監督処分を受けた場合において、宅建業者の責めに帰すべき理由があることは、指示処分・業務停止処分（情状が特に重いときは免許取消処分）の対象事由である。

2 誤り。不正の手段により登録を受けたことは、登録消除処分の対象事由であるが、合格の取消しや受験の禁止の対象事由ではない。合格の取消しや受験の禁止の対象事由は、不正の手段によって試験を受け、または受けようとしたことである。

3 誤り。国土交通大臣は、すべての宅建業者に対し、購入者等の利益の保護を図るため必要な指導、助言および勧告をすることができる。すべての「宅地建物取引士」に対してではない。

4 誤り。宅建士は、事務禁止処分を受けたときは、速やかに、宅建士証をその交付を受けた都道府県知事に提出しなければならない。甲県知事登録の宅建士は、甲県知事から宅建士証の交付を受けているので、提出先も甲県知事である。「乙県知事」ではない。

問33　正解 4　媒介契約等

1　**誤り**。既存建物の場合、媒介契約書面に、依頼者に対する建物状況調査を実施する者のあっせんに関する事項を記載しなければならない。このことは、依頼者があっせんを希望したかどうかに関係ない。したがって、Aは、当該事項を記載しなければならない。

2　**誤り**。宅建業者は、専属専任媒介契約を締結したときは、その日から5日以内（宅建業者の休業日を除く）に、指定流通機構に物件の所在等を登録しなければならない。「7日以内」ではない。

❗非専属型の専任媒介契約（専属専任媒介契約でない専任媒介契約）の場合は、7日以内（宅建業者の休業日を除く）である。

3　**誤り**。宅建業者は、依頼者の依頼に基づく遠隔地での調査費用など、依頼者の特別の依頼に基づく特別の費用であれば、報酬と別に請求することができる。しかし、本肢では、Bの承諾を得ていないので、報酬と別に請求することはできない。

4　**正しい**。専任媒介契約を締結した場合、法34条の2第1項の規定に基づき交付すべき書面（媒介契約書面）に、依頼者が他の宅建業者の媒介・代理によって売買・交換の契約を成立させたときの措置について記載しなければならない。

問34　正解 2　37 条書面

ア　**記載する必要はない**。売買・交換の場合には、当該宅地・建物の種類・品質に関する契約不適合責任または当該責任の履行に関して講ずべき保証保険契約の締結その他の措置についての定めがあるときは、その内容を記載しなければならない。しかし、本問は貸借なので、記載する必要はない。

イ　**必ず記載しなければならない**。37条書面には、当事者の氏名（法人にあっては、その名称）および住所を記載しなければならない。

ウ　**必ず記載しなければならない**。37条書面には、宅地・建物の引渡しの時期を記載しなければならない。

エ　**記載する必要はない**。既存建物の売買・交換の場合には、建物の構造耐力上主要な部分等の状況について当事者の双方が確認した事項を37条書面に記載しなければならない。しかし、本問は貸借なので、記載する必要はない。

以上より、必ず記載しなければならない事項はイ、ウの二つであり、肢2が正解になる。

★★ 【参考正答率 71.0%】

問35 正解 3 重要事項の説明　　　　参考 業法 L10

1 誤り。宅建業者は、建物（昭和56年6月1日以降に新築の工事に着手したものを除く）が一定の耐震診断を受けたものであるときは、その内容を重要事項説明書に記載しなければならない。しかし、耐震診断を受ける義務はない。

2 誤り。宅建業者は、相手方も宅建業者である場合は、宅建士が記名した重要事項説明書を交付すれば足り、宅建士をして説明させる必要はない。このことは、対象となる建物が未完成であっても変わりがない。

3 正しい。宅建業者は、宅地・建物の種類・品質に関する契約不適合責任の履行に関し保証保険契約の締結その他の措置を講ずるかどうか、講ずる場合におけるその措置の概要を重要事項説明書に記載しなければならない。

4 誤り。宅建業者は、支払金・預り金を受領しようとする場合において、保全措置を講ずるかどうか、講ずる場合におけるその措置の概要を重要事項説明書に記載しなければならない。ただし、50万円未満の場合等は、対象から除かれる。本肢は30万円なので、重要事項説明書に記載する必要はない。

★★★ 【参考正答率 97.3%】

問36 正解 3 免許　　　　　　　　　　参考 業法 L2、3

1 誤り。免許の更新の申請があった場合において、有効期間の満了の日までにその申請について処分がなされないときは、従前の免許は、有効期間の満了後もその処分がなされるまでの間は、なお効力を有する。したがって、Aの従前の免許は、申請についての処分がなされるまで効力を有する。

2 誤り。都道府県知事免許の宅建業者でも、日本全国で宅建業に関する取引をすることができる。したがって、Bは、乙県所在の宅地を媒介する場合でも、国土交通大臣へ免許換えの申請をする必要はない。国土交通大臣への免許換えの申請が必要になるのは、2以上の都道府県内に事務所を有することとなった場合である。

3 正しい。禁錮以上の刑（懲役刑は、これに該当する）に処せられ、その刑の執行を終わり、または執行を受けることがなくなった日から5年を経過し

ない者は、免許を受けることができない。したがって、Cは、免許を受けることができない。

4 誤り。法人である宅建業者は、役員または政令で定める使用人の氏名に変更があった場合、30日以内にその旨を免許権者に届け出なければならない（変更の届出）。役員には、非常勤の取締役も含まれる。したがって、F社は、Eについても変更の届出をしなければならない。

★★ 【参考正答率 55.4%】

問37 正解 2 クーリング・オフ

ア 正しい。クーリング・オフ期間は、クーリング・オフの告知の日から起算して8日であり、その期間内にクーリング・オフする旨の書面を発すれば、クーリング・オフの効力が生じる。そして、クーリング・オフに関し、買主等に不利な特約は無効である。したがって、本肢の8日以内に到達させなければ解除できない旨の特約は無効である。

イ 正しい。買受けの申込みと売買契約の締結とが異なる場所で行われた場合、クーリング・オフができるかどうかは、買受けの申込みを基準に判断する。本肢では、売主Aから媒介・代理の依頼を受けた宅建業者Bの事務所で買受けの申込みが行われているので、クーリング・オフによる契約の解除はできない。

ウ 誤り。相手方（＝申込者・買主）から自宅・勤務場所で売買契約に関する説明を受ける旨を申し出た場合であれば、自宅・勤務場所は「事務所等」にあたり、クーリング・オフ制度が適用されない。しかし、本肢では、媒介をしたBからの提案によりCの自宅で買受けの申込みが行われているので、クーリング・オフ制度が適用される。そして、クーリング・オフについて告げられていないので、告知の日から8日間という制限もまだ始まっていない。したがって、クーリング・オフによる契約の解除はできないとする本肢は誤り。

エ 誤り。クーリング・オフについて告げる書面には、売主である宅建業者の商号または名称、住所、免許証番号を記載しなければならない。本問の場合、売主Aの商号等の記載が必要であり、媒介をしたBの商号等ではない。
以上より、正しいものはア、イの二つであり、肢2が正解になる。

宅建業者と買主のどちらが申し出たかでクーリング・オフ制度の適用の有無が変わるのは、肢ウの「自宅・勤務場所」だけです。これら以外の場所は、申出の有無やどちらが申し出たかに関係なく、場所だけでクーリング・オフ制度の適用の有無が決まります。

問38 正解 1 手付金等の保全措置 参考 業法 L15

　宅建業者は、自ら売主となる売買契約においては、原則として、保全措置を講じた後でなければ、手付金等を受領してはならない。ただし、

① 　買主が登記をしたとき、または、

② 　受領しようとする手付金等の額が、工事完了前に売買契約を締結した場合は、代金額の5％以下かつ1,000万円以下、工事完了後に売買契約を締結した場合は、代金額の10％以下かつ1,000万円以下のとき

は、保全措置を講じなくても手付金等を受領することができる。

1 　正しい。保全措置の要否は、既に受領した額も含めて判断する。本肢で中間金300万円を受領する際には、手付金200万円と合計すると500万円になり、代金額の10％（300万円）を超えるので、保全措置が必要である。保全措置の対象は、既に受領した額も含めた全額なので、本肢では500万円である。

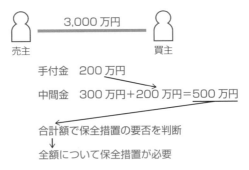

2 　誤り。工事完了前に売買契約を締結しているので、代金額の5％（125万円）を超える150万円の手付金を受領する際には、保全措置が必要である。

3 　誤り。工事完了前に売買契約を締結した場合、保全措置の方法は、①銀行等による保証、②保険事業者による保証保険のどちらかである。本肢の③指定保管機関による保管の方法は、工事完了後に売買契約を締結した場合にし

か使えない。

4 誤り。銀行等による保証の場合、保証契約は、少なくとも宅地・建物の引渡しまでを保証期間とする必要がある。「建築工事の完了まで」ではない。

問39 正解 4 重要事項の説明 参考 業法 L10

1 正しい。重要事項の説明の相手方が宅建業者の場合、重要事項説明書の交付は必要であるが、宅建士をして説明させる必要はない。

2 正しい。既存建物の場合、建物状況調査を実施しているかどうか、およびこれを実施している場合におけるその結果の概要を重要事項として説明しなければならない。

3 正しい。建物の貸借の場合、台所、浴室、便所その他の当該建物の設備の整備の状況を重要事項として説明しなければならない。

4 誤り。ＩＴを活用して重要事項の説明を行うときは、宅建士が、宅建士証を提示し、説明を受けようとする者が当該宅建士証を画面上で視認できたことを確認していることが必要である。相手方の承諾があれば提示を承諾できる旨の規定はない。

ＩＴを活用した重要事項の説明は、以前は貸借の代理・媒介の場合にのみ認められていましたが、近年の改正により、売買・交換の場合も可能になりました。

問40 正解 2 その他の業務上の規制 参考 業法 L12

ア 違反する。宅建業者は、手付について貸付けその他の信用の供与をすることにより契約の締結を誘引してはならない。具体的には、手付金を貸し付けることのほか、手付の後払いや分割払いを認めることなどが「信用の供与」に当たる。Aは、手付金の分割払いを提案しているので、宅建業法の規定に違反する。

イ 違反しない。値引きをすることは、上記の「信用の供与」に当たらない。値引きをすることは宅建業法で禁止されていないので、Aの行為は宅建業法の規定に違反しない。

ウ 違反しない。重要事項の説明は宅建士しか行うことができないが、それ以外の場面で宅建士でない者が説明をすることは禁止されていない。したがっ

て、Aの行為は宅建業法の規定に違反しない。

エ **違反する。**宅建業者等は、相手方等が当該契約を締結しない旨の意思（当該勧誘を引き続き受けることを希望しない旨の意思を含む）を表示したにもかかわらず、当該勧誘を継続することをしてはならない。勧誘を継続することが禁止されているので、本肢のように、勧誘方法を電話から自宅訪問に変えて勧誘を継続することも宅建業法の規定に違反する。

以上より、違反するものはア、エの二つであり、肢2が正解になる。

★★ 【参考正答率 93.2%】

問41 正解 3 宅建業とは

参考 業法 L1

1 **含まれない。**土地を区分けすることや、建物を建築することは、宅建業に当たらない。また、自ら貸借をすることも、宅建業に当たらない。

2 **含まれない。**自ら貸借することは宅建業に当たらないので、そのための募集広告をすること等は、宅建業に当たらない。

3 **含まれる。**建物の貸借の代理を行うことは、宅建業に当たる。そして、管理業者であっても、宅建業を営む場合には、宅建業の免許を要する。

4 **含まれない。**建物の建築を請け負うことは、宅建業に当たらない。

★★★ 【参考正答率 89.1%】

問42 正解 4 宅建士

参考 業法 L4、5

1 **誤り。**登録を受けている者が死亡した場合、その相続人は、死亡の事実を知った日から30日以内に登録をしている都道府県知事に届け出なければならない。「死亡した日から」ではない。

2 **誤り。**登録を受けている者は、登録を受けている都道府県以外の都道府県に所在する宅建業者の事務所の業務に従事し、または従事しようとするときは、登録の移転を申請することができる。登録の移転は「することができる」という任意的なものなので、申請しなければならないとする本肢は誤り。

3 **誤り。**宅建士は、事務禁止処分を受けたときは、宅建士証をその交付を受けた都道府県知事に提出しなければならない。したがって、「提出しなくてよい」とする本肢は誤り。なお、登録消除処分を受けたときは返納しなければならない点は正しい記述である。

4 **正しい。**宅建士は、取引の関係者から請求があったときは、宅建士証を提示しなければならない。このことは、専任の宅建士であるかどうかに関係な

い。

問43　正解 1　営業保証金　　　参考 業法 L6

1　**正しい。**国土交通大臣または都道府県知事は、免許をした日から３カ月以内に宅建業者が営業保証金を供託した旨の届出をしないときは、その届出をすべき旨の催告をしなければならず、催告が到達した日から１カ月以内に宅建業者が届出をしないときは、その免許を取り消すことができる。

❗ここでの催告は「しなければならない」という義務的なものであるのに対し、取消しは「取り消すことができる」という任意的なものである点にも注意。

2　**誤り。**宅建業者と宅建業に関し取引をした者（宅建業者を除く）は、その取引によって生じた債権に関し、営業保証金から弁済を受けることができる。家賃収納代行業務は、管理業務の一環であり、宅建業には当たらない。したがって、本肢の債権は、宅建業に関する取引によって生じた債権に当たらないので、営業保証金から弁済を受けることができない。

3　**誤り。**宅建業者は、営業保証金を供託した旨の届出をした後でなければ、事業を開始してはならない。事業の開始後１週間以内に届け出るのではない。

4　**誤り。**営業保証金の供託額は、主たる事務所について 1,000 万円、その他の事務所について１カ所あたり 500 万円である。有価証券で供託する場合、国債証券は額面金額の 100%、地方債証券・政府保証債証券は額面金額の 90%、その他の有価証券は額面金額の 80% に評価される。本肢では、事務所２カ所を増設するので 1,000 万円を供託する必要がある。そして、額面金額 800 万円の地方債証券は 720 万円に評価されるので、額面金額 280 万円の国債証券が必要になる。

問44　正解 2　弁済業務保証金　　　参考 業法 L7

1　**誤り。**保証協会は、社員が社員の地位を失ったときは、当該社員であった者に係る宅建業に関する取引により生じた債権に関し弁済業務保証金から弁済を受ける権利を有する者に対し、６カ月を下らない一定期間内に保証協会の認証を受けるため申し出るべき旨を公告しなければならない。本肢の場合、公告をするのは保証協会であり、Ａではない。

2　**正しい。**保証協会は、宅建業者の相手方等の申出に係る苦情の解決につい

て必要があると認めるときは、当該社員に対し、文書もしくは口頭による説明を求め、または資料の提出を求めることができる。したがって、保証協会は、Aに対し、文書または口頭による説明を求めることができる。

3 **誤り。**宅建業者は、保証協会の社員の地位を失ったときは、1週間以内に、営業保証金を供託しなければならない。弁済業務保証金分担金として150万円の納付をしていた場合、事務所の数は4カ所なので（主たる事務所60万円＋その他の事務所30万円×3カ所）、営業保証金の額は、1,000万円＋500万円×3＝2,500万円である。したがって、「1,500万円」とする本肢は誤り。

4 **誤り。**保証協会は、社員が事務所の一部を廃止したことを理由として弁済業務保証金分担金を返還する場合は、公告をする必要がない。したがって、公告をした後でなければ弁済業務保証金分担金の返還を受けられないとする本肢は誤り。

 本問のように正解肢（肢2）の正誤判断が難しい場合でも、他の肢が誤りであることが分かれば、消去法で正解を出すことができます。

★★★ 【参考正答率 96.0%】

問45 正解3 住宅瑕疵担保履行法　参考 業法 L19

1 **誤り。**住宅販売瑕疵担保保証金の供託または住宅販売瑕疵担保責任保険契約の締結を行う義務を負うのは、宅建業者が自ら売主として宅建業者でない買主との間で新築住宅の売買契約を締結し、引き渡す場合である。「新築住宅の売買の媒介をする場合」は、含まれない。

2 **誤り。**宅建業者は、基準日ごとに、当該基準日に係る住宅販売瑕疵担保保証金の供託または住宅販売瑕疵担保責任保険契約の締結の状況について、基準日から3週間以内に、その免許を受けた国土交通大臣または都道府県知事に届け出なければならない。「引き渡した日から」ではない。

3 **正しい。**宅建業者は、肢2で述べた届出をしなければ、当該基準日の翌日から起算して50日を経過した日以後においては、新たに自ら売主となる新築住宅の売買契約を締結することができない。

　❗基準日の「翌日から起算して」という点にも注意。肢2の「基準日から」と区別して覚える必要がある。

4 **誤り。**住宅販売瑕疵担保責任保険契約の対象となるのは、住宅のうち構造

耐力上主要な部分または雨水の浸入を防止する部分の瑕疵によって生じた損害である。したがって、「住宅の構造耐力上主要な部分の瑕疵によって生じた損害についてのみ」とする本肢は誤り。

★★★ 【参考正答率 95.9%】

問46 正解 1 住宅金融支援機構　参考 税他 L9

1 誤り。機構が譲受けの対象としている金融機関の貸付債権は、①住宅の建設・購入資金、②住宅の建設・購入に付随する土地・借地権の取得資金、③住宅の購入に付随する当該住宅の改良資金に係るものである。したがって、②を対象としていないとする本肢は誤り。

2 正しい。機構は、金融機関による住宅資金の供給を支援するため、住宅融資保険法による保険（＝住宅融資保険）の引受けを行っている。住宅融資保険とは、住宅ローンの貸付けを受けた者が金融機関に返済をしない等の場合、機構がその金融機関に保険金を支払うという制度である。

3 正しい。機構は、証券化支援事業（買取型）において、ＭＢＳ（資産担保証券）を発行することにより、債券市場（投資家）から資金を調達している。

4 正しい。機構は、高齢者の家庭に適した良好な居住性能および居住環境を有する住宅とすることを主たる目的とする住宅の改良（高齢者が自ら居住する住宅について行うものに限る）に必要な資金の貸付けを業務として行っている。これは、バリアフリー工事や耐震改修工事の資金の貸付けのことである。

★★ 【参考正答率 73.5%】

問47 正解 2 不当景品類及び不当表示防止法　参考 税他 L10

1 誤り。過去の販売価格を比較対照価格とする二重価格表示が許されるための要件の１つに、過去の販売価格の公表日および値下げした日を明示することがある。したがって、価格Ａ（＝過去の販売価格）の公表日や値下げした日を表示する必要はないとする本肢は誤り。

2 正しい。土地上の古家が使用可能な場合に「売地」と表示して販売することを禁止する規定はない。また、土地取引において、当該土地上に古家、廃屋等が存在するときは、その旨を明示することが必要であるが、本肢では古家がある旨を表示している。したがって、本肢の場合、不当表示に問われることはない。

3 誤り。宅地・建物のコンピュータグラフィックス、見取図、完成図、完成予想図は、その旨を明示して用い、当該物件の周囲の状況について表示するときは、現況に反する表示をしないこととされている。本肢のように電柱や電線を消去する加工をした場合、現況に反する表示になるので、不当表示になる。

4 誤り。取引態様は、「売主」、「貸主」、「代理」または「媒介」(「仲介」)の別をこれらの用語を用いて表示することとされており、原則として、個々の物件ごとに取引態様を表示しなければならない。本肢のように取引対象が複数混在している場合に、どの物件がどの取引態様かを明示していないときは、不当表示になる。

★　【参考正答率 93.5%】

問48　正解 **3**　統計

※統計問題は、出題時の数値をそのまま掲載しています。内容を覚える必要はありません。

1 誤り。平成29年の新設住宅着工戸数は前年比0.3%の減少であったが、新設住宅のうち、分譲住宅の着工戸数は前年比1.9%の増加となった。本肢は、増加と減少が逆である。

2 誤り。平成28年度における全産業の売上高は前年度に比べ1.7%増加し、不動産業の売上高も9.1%増加した。したがって、不動産業の売上高が減少したとする本肢は誤り。

3 正しい。平成29年1月以降の1年間の地価変動率は、住宅地の全国平均では、昨年の横ばいから10年ぶりに上昇に転じた。

4 誤り。平成29年の全国の土地取引件数は132万件となり、3年連続で増加した。したがって、5年連続で減少したとする本肢は誤り。

★★★　【参考正答率 98.2%】

問49　正解 **4**　土地　　　　参考 税他 L11

1 適当。山麓の地形の中で、地すべりによってできた地形は一見なだらかで、水はけもよく、住宅地として好適のように見えるが、このような地形、特に末端の急斜面部等は斜面崩壊の危険度が高い。

2 適当。台地の上の浅い谷は、現地に入っても気付かないことが多いが、豪雨時には一時的に浸水することがあり、注意を要する。

3 適当。日本の大都市の大部分は、低地に立地している。日本の低地は、こ

の数千年の間に形成され、かつては湿地や旧河道であった地域が多く、地震災害に対して脆弱で、また洪水、高潮、津波、地盤の液状化等の災害の危険度も高い。

4　**最も不適当**。低地の中で比較的災害の危険度の低い所は、扇状地の中の微高地、自然堤防、廃川敷となった旧天井川等であり、逆に特に危険度の高い所が沿岸部の標高の低いデルタ地域、旧河道等である。本肢は逆の記述である。

★★★　【参考正答率 97.7%】

問50　正解**3**　**建物**　　　　　参考　税他 L12

1　**適当**。木造建物を造る際には、強度や耐久性において、できるだけ乾燥している木材を使用するのが好ましい。木材の強度は、乾燥しているほうが大きくなるからである。

2　**適当**。集成木材構造は、集成木材で骨組を構成したもので、体育館等の大規模な建物にも使用される。

❗集成木材は、小さい木材を接着剤で張り合わせたものであり、割れなどの欠点のない、ムラのない木材である。そこで、高い強度が要求される大規模な建物にも使われる。

3　**最も不適当**。鉄骨構造は不燃構造であるが、耐火構造にするには、耐火材料で被覆する必要がある。

4　**適当**。鉄筋コンクリート構造でコンクリートが中性化すると、鉄筋が腐食しやすくなり、それがコンクリートのひび割れ等を招くので、構造体の耐久性や寿命に影響する。したがって、耐久性を高めるためには、中性化の防止やコンクリートのひび割れ防止の注意が必要である。

平成 29 年度
解答&解説

29

平成 29 年度　解答＆出題テーマ一覧

科目	問題	解答	テーマ
権利関係	1	3	代理
	2	4	意思表示・時効・物権変動
	3	3	共有
	4	2	民法総合
	5	4	同時履行の抗弁権・売買
	6	3	相続
	7	3	請負
	8	2	連帯債務
	9	3	相続
	10	1	抵当権・質権
	11	2	賃貸借・借地借家法（借地）
	12	4	借地借家法（借家）
	13	2	区分所有法
	14	3	不動産登記法
法令上の制限	15	4	農地法
	16	1	都市計画法
	17	2	都市計画法
	18	4	建築基準法
	19	1	建築基準法
	20	4	盛土規制法
	21	4	土地区画整理法
	22	1	法令上の制限総合
税・その他	23	1	所得税
	24	3	固定資産税
	25	3	地価公示法

科目	問題	解答	テーマ
宅建業法	26	1	報酬に関する制限
	27	1	担保責任の特約の制限
	28	4	宅建業法総合
	29	4	監督処分
	30	1	宅建業法総合
	31	4	クーリング・オフ等
	32	1	営業保証金
	33	2	重要事項の説明
	34	3	その他の業務上の規制
	35	3	帳簿等
	36	4	免許
	37	3	宅建士等
	38	2	37 条書面
	39	2	営業保証金・弁済業務保証金
	40	3	37 条書面
	41	2	重要事項の説明
	42	4	広告に関する規制
	43	1	媒介契約等
	44	4	免許
	45	2	住宅瑕疵担保履行法
税・その他	46	3	住宅金融支援機構
	47	4	不当景品類及び不当表示防止法
	48	2	統計
	49	4	土地
	50	1	建物

合格ライン

合格点	科目別 目安得点			
	権利関係 (問1〜問14)	宅建業法 (問26〜問45)	法令上の制限 (問15〜問22)	税その他 (問23〜問25、問46〜問50)
35 / 50	8 / 14	16 / 20	5 / 8	6 / 8

あなたの得点

得点	科目別 得点			
	権利関係 (問1〜問14)	宅建業法 (問26〜問45)	法令上の制限 (問15〜問22)	税その他 (問23〜問25、問46〜問50)
/ 50	/ 14	/ 20	/ 8	/ 8

平成29年度　試験講評

　出題形式については、得点しにくい「個数問題」が前年度（平成28年度）と同じ6問なのに対し、得点しやすい「組合せ問題」は、前年度より1問減って1問であった。したがって、出題形式だけでいえば、前年度より若干得点しにくくなった。これに対して、出題内容については、全体的には、難化傾向が続いた平成24〜27年度あたりと比較すると、それほど難しいとはいえない。科目別では、問題ごとのレベル差が大きい「権利関係」と「法令上の制限」は、例年より易しい問題の割合が大きく、やや得点しやすかった。また、「税・その他」は、5問免除が易しく、ある程度の点数を狙える内容であった。これに対して、高得点必須の「宅建業法」は、「個数問題」6問すべてが集中したことから、やや得点しにくかったといえる。

問1 正解 3 代理

1 **正しい。**売買契約締結の代理権を与えられた者は、特段の事情がない限り、相手方から当該売買契約の取消しの意思表示を受ける権限も有する。たとえば、本人Aが代理人Bに売買契約締結の代理権を与えた場合、Bは、売買契約の相手方から取消しの意思表示を受ける権限も有する（相手方は、Bに対して取消しの意思表示をしてもよい）。

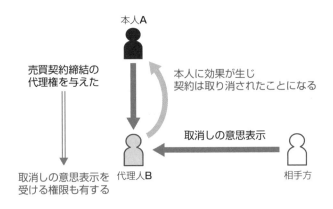

本人A

売買契約締結の
代理権を与えた

本人に効果が生じ
契約は取り消されたことになる

取消しの意思表示

代理人B　　　　相手方

取消しの意思表示を
受ける権限も有する

2 **正しい。**委任による代理人は、①本人の許諾を得たとき、②やむを得ない事由があるときに、復代理人を選任することができる。

3 **誤り。**復代理人が委任事務を処理するに当たり金銭を受領し、これを代理人に引き渡したときは、代理人に対する受領物引渡義務が消滅するだけでなく、本人に対する受領物引渡義務も消滅する。復代理人は、本人と代理人の両者に対して受領物引渡義務を負い、どちらかに引き渡せば、両者に対する義務が消滅するのである。

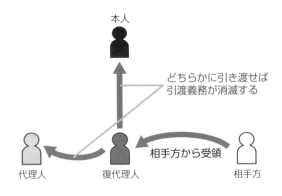

本人

どちらかに引き渡せば
引渡義務が消滅する

相手方から受領

代理人　　　復代理人　　　相手方

4 正しい。 夫婦は、日常家事の範囲内ではお互いに代理権を有する。これ
は、法定代理権の一種である。したがって、夫婦の一方は、個別に代理権の
授権がなくとも、日常家事に関する事項について、他の一方を代理して法律
行為をすることができる。

問2 正解4 意思表示・時効・物権変動   参考 権利L1、4、10

1 誤り。 時効の効果は、時効の起算点までさかのぼる。したがって、Bは甲
土地の占有を開始した時に所有権を取得したことになる。

2 誤り。 無権利者から買い受けても、所有権を取得しないのが原則である。
Aは乙建物の所有権を有していないので、AB間で売買契約を締結しても、
Bは原則として乙建物の所有権を取得しない。

3 誤り。 契約による所有権移転の場合、所有権移転時期は、原則として契約
時であるが、特約があれば、特約のとおりになる。したがって、本肢では、
丙土地の所有権は、特約のとおり、代金の完済時にBに移転する。

4 正しい。 契約を取り消した場合、契約は最初からなかったことになる。し
たがって、AB間の売買契約を取り消すと、丁土地の所有権はAに戻り、初
めからBに移転しなかったことになる。

> 他人物売買は有効ですが、これは「売主が所有権を取得して買主に移転する」旨
> の約束として有効という意味であり、買主が所有権を取得するか否かとは別の話
> です。

問3 正解3 共有   参考 権利L18

　各共有者は、共有物の全部について、その持分に応じた使用をすることがで
きる。具体的にどのように使用するのかは（たとえば、1週間交代で使う、数
部屋ある家を1部屋ずつ使うなど）、共有者の協議により、持分の価格の過半
数で決めることになる。

　協議がない場合、各共有者は、共有物を排他的に占有する権原を主張するこ
とができない。つまり、勝手に共有物を独占的に使う権利はないのである。し
かし、共有者の1人が占有してしまえば、他の共有者は、当然にはその共有者
に対して明渡しを請求することができない。なぜなら、占有している共有者に

も使用する権利があるからである。たとえば、ＡＢが共有する建物を、協議な
しにＡが１人で使っている場合、Ｂは、当然にはＡに対して明渡しを請求する
ことができない。Ｂは、使用についての協議をＡとするか、持分権の侵害を理
由として損害賠償を請求するしかない。なお、Ａは、自己の持分を超える使用
の対価をＢに償還する義務を負う。

明渡しを請求できない

排他的に占有する権原はないが、
持分に応じた使用をする権利は有する

　判決文は、以上のことを前提に、共有者の協議に基づかずに共有者の１人か
ら占有使用することを許された第三者の立場について述べている。
　判決文の前半は、第三者は共有物を独占的に使う権原を主張することはでき
ないと述べている。占有使用を許した共有者にもそのような権利がないからで
ある。上記の例でＡがＣに使用を許した場合でも、Ａが持っていない権利（独
占的に使う権原）をＣに与えることはできないのである。
　後半は、他の共有者は、当然には第三者に対して明渡しを請求することがで
きないと述べている。上記の例で、Ｂは、当然にはＣに対して明渡しを請求す
ることができない。もしＡが占有していれば、ＢはＡに対して明渡しを請求す
ることができないので、Ａから使用を許されたＣに対しても明渡しを請求する
ことができないのである。

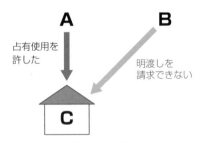

占有使用を
許した

明渡しを
請求できない

排他的に占有する権原はないが、
Ａから占有使用を許されている

1　**正しい。** 上記のとおり、共有者は、協議がない場合、共有物を排他的に占

有する権原を有しない。

2 正しい。上記のとおり、他の共有者は、協議なしに共有者の1人から使用・占有を許された第三者に対して当然には共有物の明渡しを請求することができない。したがって、Bは、Aと使用貸借契約を締結したCに対して、当然には建物の明渡しを請求することはできない。

3 誤り。上記のとおり、第三者は建物を排他的に占有する権原を主張することはできない。したがって、Fはそのような権原をEに対して主張することはできない。

4 正しい。共有者が持分を放棄した場合、その持分は他の共有者に帰属する。したがって、Gが持分を放棄した場合、その持分は他の共有者であるHに帰属する。

★　**【参考正答率 71.5%】**

問4　正解2　民法総合　参考 権利 L4、18、10、14

1 規定されていない。民法には、承認による時効の更新の規定があるが、これは時効の完成前に承認をした場合の規定である。本肢のように、時効完成後に承認をした場合については、民法に規定がない。本肢の内容は、判例によって認められているものである。

2 規定されている。民法210条1項は、「他の土地に囲まれて公道に通じない土地の所有者は、公道に至るため、その土地を囲んでいる他の土地を通行することができる。」と規定している。

3 規定されていない。民法には、所有権の移転時期についての規定はない。

4 規定されていない。賃借人の原状回復義務の対象となる損傷からは、通常の使用および収益によって生じた賃借物の損耗ならびに賃借物の経年劣化が除かれている。したがって、それらが含まれるとする本肢の内容は、民法の条文に規定されていない。

★★★　**【参考正答率 83.6%】**

問5　正解4　同時履行の抗弁権・売買　参考 権利 L7、8

1 誤り。売買契約においては、売主の債務と買主の債務は、原則として同時履行の関係になる。したがって、Cは、原則として、自動車の引渡しと同時でなければ100万円を支払う必要がない。

2 誤り。売主の担保責任は、売主が負う責任である。したがって、Cは、売

主Aに対しては契約不適合を理由に修補を請求することができるが、媒介をしたBに対しては当該請求をすることができない。

3 誤り。手付の放棄または倍返しによる解除をすることができるのは、相手方が契約の履行に着手するまでである。「いつでも」ではない。

4 正しい。他人物売買は有効である。したがって、売買契約締結時に自動車が売主Aの所有物ではなくても、ＡＣ間の売買契約は有効に成立する。

★★ 【参考正答率 22.7%】

問6 正解 3 相続 参考 権利 L20

1 誤り。配偶者と子が相続人の場合、相続分は 1/2 ずつである。したがって、①では、Bの相続分は 1/2 になる。次に、複数の子が相続人の場合、相続分は均等（頭割り）である。したがって、②でも、Bの相続分は 1/2 になる。よって、Bの相続分は、①と②で同じである。

2 誤り。遺産分割協議は、相続人全員で行うことが必要である。したがって、Aの遺産分割については、BとCで協議を行うのが原則となる。ところが、本肢では協議成立前にBが死亡しているので、Bの相続人であるDとEが、Bの権利を引き継いでAの遺産分割について協議に参加することになる。このように、Eは、Bを相続したのであって、Aの遺産を代襲相続したのではない。したがって、「Eが代襲相続人として分割協議を行う」とする本肢は誤り。

3 正しい。相続開始から遺産分割までの間に生じた賃料債権は、各共同相続人に相続分に応じて分割されて帰属し、遺産分割の影響を受けない。したがって、Cが取得した賃料債権は、遺産分割によって不動産をBが取得したことの影響を受けないので、清算する必要はない。

4 誤り。限定承認は、共同相続人全員でしなければならず、本肢のように、1人が限定承認をする旨の申述をすれば他の相続人も申述したものとみなされる旨の規定はない。

★ 【参考正答率 46.1%】

問7 正解 3 請負 参考 権利 L9

1 正しい。本肢は、もともと請負代金として支払うべきだった分は注文者の負担であり、それを超えた額だけ請負人に請求することができるという内容である。たとえば、請負人Aは、注文者Bから建築工事を代金 1,000 万円で請け負ったが、80％施工したところで放置したので、BはAに 800 万円だけ

を支払う一方で、第三者Cに300万円を支払って工事を完成させたとする。この場合にBがAに請求することができる額は、残工事の施工に要した額300万円のうち、請負人の未施工部分に相当する請負代金額（1,000万円のうちの20％である200万円）を超える額（100万円）になる。なぜなら、200万円分はもともとBが負担すべき金額であるから（Aが工事を完成させていれば、Bはこの200万円もAに支払うことになったはずである）、第三者に頼んで工事を完成させて300万円を支払った場合も、200万円はBが負担すべきであって、Aが工事を完成させなかったことにより余計にかかった額（100万円）だけをAに負担させるべきだからである。

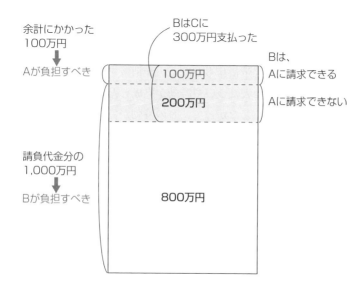

余計にかかった
100万円

→ Aが負担すべき

BはCに
300万円支払った

Bは、
Aに請求できる

100万円

200万円   Aに請求できない

請負代金分の
1,000万円

→ Bが負担すべき

800万円

2　正しい。 債権者の責めに帰すべき事由による履行不能の場合、債務は消滅するが、反対債権は存続し、債権者は、反対給付の履行を拒絶することができない（危険負担）。したがって、請負契約において、注文者（仕事完成義務における債権者）の責めに帰すべき事由により仕事の完成が不可能になった場合、請負人は残債務を免れる一方で、請負代金債権は存続する。この場合、債務者（請負人）は、自己の債務を免れたことによって利益を得たときは、これを債権者（注文者）に償還しなければならない。

3　誤り。 請負人が品質に関して契約の内容に適合しない仕事の目的物を注文者に引き渡した場合、原則として、損害賠償請求権と報酬債権が同時履行の関係に立ち、当事者の一方は、相手方から債務の履行を受けるまでは、自己

の債務の履行を拒むことができる。したがって、注文者は、原則として、報酬全額の支払を拒むことができる。

4 **正しい。**請負人は、担保責任を負わない旨の特約をしたときであっても、知りながら告げなかった事実については、その責任を免れることができない。

問8 **正解 2** **連帯債務** 　　 参考 権利 L13

1 **誤り。**連帯債務者の1人に対して請求をした場合、他の連帯債務者にはその効力が及ばない。したがって、DがAに対して履行の請求をした場合、BとCにはその効力が生じない。

2 **正しい。**連帯債務者の1人が、自分の債権と連帯債務とを相殺した場合、他の連帯債務者にもその効力が及ぶ。したがって、Aが200万円について相殺した場合、BとCの連帯債務も200万円が消滅する。

3 **誤り。**連帯債務者の1人について時効が完成した場合、他の連帯債務者にはその効力が及ばない。したがって、Bの時効が完成しても、AやCの債務は消滅しない。

4 **誤り。**連帯債務の場合、免責を得た額が自己の負担部分を超えるかどうかにかかわらず、弁済額等の全額について負担部分の割合に応じて求償することができる。本肢の場合、負担部分が1/3ずつなので、100万円を弁済したCは、AとBに対して1/3ずつ求償することができる。

問9 **正解 3** **相続** 　　 参考 権利 L20

　Aには配偶者がなく、子がいるので、本来であれば子B、C、Dが相続人になるはずである。ところが、Bは相続を放棄しているので相続人にならず、相続放棄の場合には代襲相続しないので、Bの子Eも相続人にならない。また、Cは相続欠格事由に該当し相続人にならないが、相続欠格の場合は代襲相続するので、Cの子Fは相続人になる。したがって、相続人は、DとFである。

　次に相続分についてである。CとDが相続人であれば、相続分は1/2ずつになる。そして、FはCの相続分を引き継ぐので、相続分はDとFが1/2ずつになる。額にすれば、Dが6,000万円、Fが6,000万円となるので、肢3が正しい。

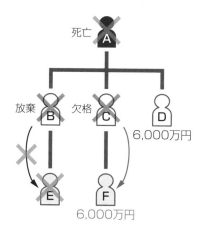

死亡 A

放棄 B　欠格 C　D

6,000万円

E　F

6,000万円

★★　【参考正答率 83.9%】

問10　正解 1　抵当権・質権

参考 権利 L12

1　誤り。不動産質権の場合、設定行為に別段の定めがない限り、被担保債権の利息は担保されない。抵当権の場合、被担保債権の利息は、原則として、満期となった最後の2年分についてのみ担保される。本肢は逆の記述である。

2　正しい。不動産質権の存続期間は10年を超えることができず、10年を超える存続期間を定めたときは10年になる。これに対し、抵当権には、存続期間に関する制限はない。

3　正しい。権利質以外の質権の設定は、債権者にその目的物を引き渡すことによって、その効力を生じる。したがって、不動産質においては、目的物の引渡しが効力の発生要件である。これに対し、抵当権には、そのような規定はない。抵当権は、抵当権者と抵当権設定者との合意によって生じる。

4　正しい。不動産質権は、その名のとおり、不動産に関する物権である。また、抵当権の目的は、不動産、地上権、永小作権なので、やはり不動産に関する物権である。そして、どちらも登記が対抗要件とされている。

本問は難しく見えますが、「抵当権の場合、利息は原則として満期となった最後の2年分のみ担保される」ことさえ知っていれば、正解肢を見つけることができます。

問11　正解 2　賃貸借・借地借家法（借地）　参考 権利 L14、16

1　誤り。二重賃貸借の場合、先に対抗力を備えた賃借人が優先する。このことは、建物所有を目的とするかどうかに関係ない。本肢では、AがBとCに二重に賃貸しているので、先に対抗力を備えたほうが優先する。

2　正しい。建物所有を目的とする土地賃借権は、借地権に該当する。事業用定期借地権以外の借地権の場合、30 年未満の存続期間を定めると 30 年になるので、本肢前半は正しい。これに対し、本肢後半は更地で利用する目的なので、民法だけが適用される。民法では、存続期間は 50 年を超えてはならないが、最短期間の制限はないので、10 年とする定めは有効である。したがって、本肢後半も正しい。

　❗事業用定期借地権の存続期間は 10 年以上 50 年未満なので、存続期間を 10 年と定めることもできる。しかし、居住用の建物を所有する目的の場合には事業用定期借地権を設定することができないので、本肢前半は事業用定期借地権ではない。

3　誤り。借地契約において、社会情勢の変化により賃料が不相当となったときは、契約の条件にかかわらず、原則として、賃料の増減額請求をすることができる。したがって、賃料の増減額請求をすることができないとする本肢は誤り。なお、定期建物賃貸借において、借賃の改定に係る特約がある場合には、借賃増減請求権の規定は適用されない。しかし、本肢は借地権の問題なので、このことは関係ない。

4　誤り。契約の更新がなく、建物の買取りの請求をしない旨を定めた借地権（定期借地権）を設定する場合、一般定期借地権であれば特約を書面（または、電磁的記録）でしなければならず、事業用定期借地権であれば契約を公正証書でしなければならない。しかし、あらかじめ書面を交付して説明する義務はない。このような説明義務が課されているのは、定期建物賃貸借の場合である。

問12　正解 4　借地借家法（借家）　参考 権利 L15

1　誤り。更新拒絶の通知の期間は期間満了の 1 年前から 6 カ月前までであるが、賃貸人から更新拒絶の通知をする場合には、正当事由が必要である。したがって、Aが期間満了の 1 年前に更新拒絶の通知をしても、正当事由がなければ、契約は更新されたものとみなされる。

2　誤り。期間の定めのある賃貸借契約は、中途解約することができないのが

原則である。賃貸人が解約申入れをした場合に3カ月で建物の賃貸借契約が終了する旨の特約は、賃借人に不利な特約なので、無効となる。

3 誤り。建物賃貸借が期間満了または解約申入れによって終了するときは、賃貸人は、転借人にその旨の通知をしなければ、その終了を転借人に対抗することができない。転貸借は、通知がされた日から6カ月で終了する。本肢では、賃貸人AがCに通知しなければならず、CがBから聞かされていただけでは足りない。

4 正しい。定期建物賃貸借の場合、賃貸人は、賃借人に対して、契約前に、契約の更新がなく期間の満了により終了する旨を記載した書面を交付（または、電磁的方法により提供）して説明しなければならない。これに違反したときは、契約の更新がない旨の定めは無効となる。

★★　【参考正答率 74.1%】

問13 正解 2 区分所有法
参考 権利L19

1 正しい。管理者は、少なくとも毎年1回集会を招集しなければならない。

2 誤り。区分所有者の5分の1以上で議決権の5分の1以上を有するものは、管理者に対し、会議の目的たる事項を示して、集会の招集を請求することができるが、この定数は、規約で減ずることができる。

3 正しい。集会の招集の通知は、区分所有者が管理者に対して通知を受けるべき場所を通知したときはその場所にあててすれば足りる。

❗区分所有者が通知を受けるべき場所を通知しなかったときは、区分所有者の所有する専有部分が所在する場所にあててすれば足りる。

4 正しい。集会は、区分所有者全員の同意があるときは、招集の手続を経ないで開くことができる。

★　【参考正答率 42.7%】

問14 正解 3 不動産登記法
参考 権利L11

1 正しい。建物の名称があるときは、その名称が当該建物の表示に関する登記の登記事項に含まれる。

❗建物の名称とは、「○○ビル」のように、建物の所有者が建物を特定するために付した名称のことである。

2 正しい。地上権の設定の登記をする場合において、地上権の存続期間の定めがあるときは、その定めが登記事項に含まれる。

3 誤り。賃借権の設定の登記をする場合において、敷金があるときは、その旨が登記事項に含まれる。

4 正しい。事業用定期借地権として借地借家法 23 条 1 項の定め（契約の更新や建物の築造による存続期間の延長がなく、建物買取請求をしない旨の定め）がある賃借権の設定の登記をする場合、その定めが登記事項に含まれる。

 登記事項は登記の種類等によって異なるので、覚えようとすると大変な量になります。本問は解けなくてもかまわない問題です。

問15 正解 4 農地法　　　　　参考 制限 L8

1 誤り。農地法 3 条の許可には、農地法 4 条・5 条の許可と異なり、市街化区域内の例外はない。したがって、市街化区域内の農地を耕作のために借り入れる場合、原則として、農地法 3 条の許可を受ける必要がある。

> ❶市街化区域内の農地について、農地以外に転用する場合や農地以外に転用する目的で取得する場合には、あらかじめ農業委員会に届出をすれば、農地法 4 条・5 条の許可を受ける必要はない。3 条の許可と対比しておいてほしい。

2 誤り。農地を農地以外に転用する目的で取得する場合、原則として、農地法 5 条の許可を受けなければならない。この場合の許可権者は、取得する農地の面積にかかわらず、都道府県知事等である。「農林水産大臣」ではない。

3 誤り。農地を耕作の目的で取得する場合には農地法 3 条の許可が、農地を農地以外に転用する目的で取得する場合には農地法 5 条の許可が、原則として必要である。つまり、農地について使う人がかわる場合、原則として、農地法 3 条または 5 条の許可が必要となる。しかし、農地に抵当権を設定する場合、農地を使う人がかわるわけではないので、農地法 3 条または 5 条の許可を受ける必要はない。

4 正しい。相続により農地を取得した者は、農地法 3 条の許可を受ける必要はないが、遅滞なく、その農地の存する市町村の農業委員会にその旨を届け出なければならない。

問16 正解 1 都市計画法　　　　　参考 制限 L2

ア 正しい。都市計画施設の区域または市街地開発事業の施行区域内において

建築物の建築をしようとする者は、非常災害のため必要な応急措置として行うなど一定の場合を除き、都道府県知事等の許可を受けなければならない。

イ 誤り。地区整備計画が定められている地区計画の区域内において、土地の区画形質の変更、建築物の建築、工作物の建設などを行おうとする者は、原則として、その行為に着手する日の30日前までに、行為の種類、場所などを市町村長に届け出なければならない。「都道府県知事」等の「許可」を受けなければならないのではない。

ウ 正しい。都市計画事業の認可の告示があった後、当該認可に係る事業地内において、当該都市計画事業の施行の障害となるおそれがある土地の形質の変更、建築物の建築、工作物の建設などを行おうとする者は、都道府県知事等の許可を受けなければならない。

エ 誤り。都市計画事業の認可等の告示があったときは、施行者（市町村や都道府県など）は、すみやかに、一定事項を公告しなければならない。この公告の日の翌日から起算して10日を経過した後に事業地内の土地建物等を有償で譲り渡そうとする者は、原則として、予定対価の額や譲渡の相手方などを書面で施行者に届け出なければならない。「許可を受けなければならない」のではない。なお、届出後30日以内に施行者が届出をした者に対し届出に係る土地建物等を買い取るべき旨の通知をしたときは、当該土地建物等について、施行者と届出をした者との間に売買が成立したものとみなされる。この届出をした者は、一定期間内は、当該土地建物等を譲渡できない（土地建物等の先買い制度）。

以上より、正しいものはア、ウであり、肢1が本問の正解肢となる。

> 本問のような組合せ問題では、肢1～4の組合せに目を配りつつ、判断の容易な記述から着手しましょう。本問では、基本知識を問うアを正しいと判断できれば、その時点で即、アを含まない肢3・4を不正解として消去できます。

★★★ 【参考正答率 82.7%】

問17 正解 2 都市計画法
参考 制限 L2

1 誤り。準都市計画区域内では、原則として3,000 m² 未満の開発行為を行う者は、開発許可を受ける必要はない（小規模な開発行為の例外）。本肢の開発行為の規模は1,000 m² であるから、開発許可を受ける必要はない。

2 正しい。市街化区域内では、原則として 1,000 m² 未満の開発行為を行

う者は、開発許可を受ける必要はない（小規模な開発行為の例外）。しかし、本肢の開発行為の規模は1,000m²であるから、この例外にはあたらない。また、農林漁業を営む者の居住用の建築物を建築するための開発行為の例外は、市街化区域内では適用されない。したがって、あらかじめ、開発許可を受けなければならない。

❗農林漁業を営む者の居住用の建築物を建築するための開発行為の例外は、市街化区域以外で適用される。

3 誤り。「都市計画区域および準都市計画区域」外の区域内で1ヘクタール（10,000m²）未満の開発行為を行う者は、開発許可を受ける必要はない。本肢の開発行為の規模は1,000m²であるから、1ヘクタール未満であり、開発許可を受ける必要はない。

4 誤り。主として特定工作物の建設の用に供する目的で行う土地の区画形質の変更であれば、開発行為にあたる。遊園地については、野球場・庭球場・墓園などと同様、1ヘクタール（10,000m²）以上の規模であれば、第二種特定工作物にあたる。したがって、本肢の3,000m²の遊園地は第二種特定工作物にあたらず、その建設の用に供する目的で行う土地の区画形質の変更は、そもそも開発行為ではない。よって、本肢の場合、開発許可を受ける必要はない。

開発許可の要否は、①「開発行為」にあたるか？（あたるとして）②許可不要となる例外にあたるか？の2段階で検討します。たとえば肢1は、①の段階はクリアするものの、②の段階で小規模な開発行為の例外として許可不要となります。これに対して、肢4は、そもそも①の段階で「開発行為」にあたらないことから、許可不要となります。

★★★ 【参考正答率 87.3%】

問18 **正解4** **建築基準法** 　　　参考 制限 L3、5

1 正しい。規模の大きい建築物（本肢のような木造以外の建築物の場合、2階以上または延べ面積が200m²を超えるもの）の新築などをする場合、建築主は、原則として、検査済証の交付を受けた後でなければ、当該建築物を使用することはできない。ただし、特定行政庁が、安全上、防火上および避難上支障がないと認めたときなど一定の場合には、検査済証の交付を受ける前においても、仮に、当該建築物を使用することができる。

2 正しい。長屋または共同住宅の各戸の界壁は、一定の場合（長屋または共

同住宅の天井の構造が、隣接する住戸からの日常生活に伴い生ずる音を衛生上支障がないように低減するために天井に必要とされる性能に関して政令で定める技術的基準〈遮音性能に関する技術的基準〉に適合するもので、国土交通大臣が定めた構造方法を用いるものまたは国土交通大臣の認定を受けたものである場合）を除き、小屋裏または天井裏に達するものとしなければならない（単体規定）。

3 正しい。下水道法に規定する処理区域内では、便所は、汚水管が公共下水道に連結された水洗便所としなければならない（単体規定）。

4 誤り。建築物の用途を変更して規模の大きい特殊建築物（その用途に供する部分の床面積の合計が 200 m² を超える特殊建築物）とする場合、原則として、建築確認を受けなければならない。本肢の 300 m² の建築物の用途を変更して特殊建築物である共同住宅にする場合、建築確認が必要である。

❗特殊建築物とは、共同住宅・ホテル・映画館・飲食店のような人がたくさん出入りしたりする建築物をいう。

内容的にかなり細かい肢2・3については、解説を読む必要もありません。それに対して、正解である肢4の内容は、過去問頻出の基本知識です。メリハリのある学習を心掛けましょう。

★★ 【参考正答率 59.9%】

問19 正解 1 建築基準法
参考 制限 L4

1 正しい。都市計画区域または準都市計画区域内における用途地域の指定のない区域内の建築物の建蔽率の上限値は、原則として、建築基準法で定めた数値（10分の3、10分の4、10分の5、10分の6、10分の7）のうち、特定行政庁が土地利用の状況等を考慮し当該区域を区分して都道府県都市計画審議会の議を経て定めるものとなる。

2 誤り。第一種・第二種低層住居専用地域、田園住居地域、第一種・第二種中高層住居専用地域、工業地域、工業専用地域では、特定行政庁が許可した場合などを除き、原則として、ホテルまたは旅館を建築することはできない。

3 誤り。幅員4m以上であり、都市計画区域・準都市計画区域の指定・変更などにより建築基準法第3章の規定（集団規定）が適用されるに至った際現に存在する道は、特定行政庁の指定なしに、建築基準法第3章の規定上の道路となる。

❗幅員４m未満の道については、特定行政庁の指定がなければ、建築基準法第３章の規定上の道路とみなされない。勘違いに注意！

4 **誤り。** 建築物の前面道路の幅員により制限される容積率（前面道路の幅員が12m未満である建築物の容積率）について、前面道路が２つ以上ある場合には、これらの前面道路の幅員の最大の数値を用いて算定する。「最小」の数値を用いて算定するわけではない。

正解である肢１の内容は細かいですが、他の肢は基本的です。消去法で正解肢を絞りましょう。

問20 正解 **4** 盛土規制法　　　参考 制限 L6

1 **正しい。** 都道府県知事は、宅地造成等工事規制区域内の土地（公共施設用地を除く）で、宅地造成・特定盛土等に伴う災害の防止のため必要な擁壁等が設置されていないなどのために、これを放置するときは、宅地造成等に伴う災害の発生のおそれが大きいと認められるものがある場合においては、その災害の防止のため必要であり、かつ、土地の利用状況その他の状況からみて相当であると認められる限度において、当該宅地造成等工事規制区域内の土地または擁壁等の所有者、管理者または占有者に対して、相当の猶予期限を付けて、擁壁等の設置などの工事を行うことを命ずることができる（改善命令）。

2 **正しい。** 都道府県知事は、宅地造成等工事規制区域内の土地（公共施設用地を除く）の所有者、管理者または占有者に対して、当該土地または当該土地において行われている工事の状況について報告を求めることができる。その工事が「宅地造成等に関する工事」であるかどうかは、関係ない。

3 **正しい。** 宅地造成等工事規制区域内において行われる宅地造成等に関する工事は、政令で定める技術的基準に従い、擁壁等の設置その他宅地造成等に伴う災害を防止するため必要な措置が講ぜられたものでなければならないが、都道府県知事は、一定の場合には、都道府県の規則で、宅地造成等に関する工事の技術的基準を強化し、または必要な技術的基準を付加することができる。

4 **誤り。** 宅地造成等工事規制区域内の土地（公共施設用地を除く）において、地表水等を排除するための排水施設などの除却の工事を行おうとする場合

は、宅地造成等に関する工事の許可を受けたなど一定の場合を除き、その工事に着手する日の 14 日前までに、その旨を都道府県知事に届け出なければならない。その除却の工事が一定の技術的基準を満たすかどうかは、関係ない。

❗「技術的基準を満たす〜」というフレーズは、受験者を揺さぶるためのひっかけに過ぎない。

 肢3の内容は、やや細かいので、覚える必要はありません。

★★★　【参考正答率 86.7%】

問21 正解 4 土地区画整理法　参考 制限 L7

1　正しい。土地区画整理組合が事業の完成など一定の事由により解散しようとする場合には、その解散について都道府県知事の認可を受けなければならない。

2　正しい。施行地区内の宅地について組合員の有する所有権または借地権の全部または一部を承継した者がある場合には、その組合員がその所有権または借地権の全部または一部について土地区画整理組合に対して有する権利義務は、その承継した者に移転する。

3　正しい。土地区画整理組合を設立しようとする者は、事業計画の決定に先立って組合を設立する必要があると認める場合には、7 人以上共同して、定款および事業基本方針を定め、その組合の設立について都道府県知事の認可を受けることができる。

4　誤り。土地区画整理組合が施行する土地区画整理事業に係る施行地区内の宅地について所有権または借地権を有する者は、すべてその組合の組合員となる。したがって、「借地権のみを有する者」も、土地区画整理組合の組合員となる。

★　【参考正答率 65.0%】

問22 正解 1 法令上の制限総合　参考 制限 L9

1　正しい。津波防護施設区域内で土地の掘削、盛土または切土などをしようとする者は、一定の場合を除き、津波防護施設管理者（津波防護施設を管理する都道府県知事または市町村長）の許可を受けなければならない。なお、「津波防護施設」とは、一定の盛土構造物などであって、津波浸水想定を踏まえ

て津波による人的災害を防止・軽減するために都道府県知事や市町村長が管理するものをいう。

2 **誤り。**事後届出が必要な「土地売買等の契約」とは、対価を得て行われた契約に限られる。したがって、贈与契約は、「土地売買等の契約」にあたらない。よって、本肢の権利取得者は、事後届出を行う必要はない。

3 **誤り。**景観計画区域内で、建築物の新築、増築、改築または移転などをしようとする者は、あらかじめ、行為の種類、場所などを景観行政団体（都道府県・指定都市・中核市など）の長に届け出なければならない。「工事着手後」ではない。なお、「景観計画」とは景観行政団体が定める良好な景観の形成に関する計画のこと、「景観計画区域」とは景観計画の区域のことをいう。

4 **誤り。**道路の区域が決定された後、道路の供用が開始されるまでの間は、道路管理者（国土交通大臣・都道府県・市町村）が当該区域（道路予定区域）についての土地に関する権原を取得する前でも、道路管理者の許可を受けなければ、当該区域内において土地の形質を変更したり、工作物を新築したりしてはならない。

 本問は正解できなくても構わない捨て問です。肢2・4だけを復習すれば十分です。

★　**【参考正答率 10.4%】**

問23　正解 **1**　所得税　参考 税他 L4

1 **正しい。**災害・盗難・横領により、生活に通常必要でない資産について受けた損失の金額（保険金、損害賠償金等により補てんされる部分の金額を除く）は、その損失を受けた日の属する年分またはその翌年分の譲渡所得の金額の計算上控除すべき金額とみなされる。つまり、損失額をその年か翌年の譲渡所得から控除することができる。そして、本肢の「主として保養の用に供する目的で所有する別荘」は、生活に通常必要でない資産にあたるので、上記の規定が適用される。

2 **誤り。**建物等の所有を目的とする地上権・土地の賃借権等の設定の対価として支払を受ける金額がその土地の価額の10分の5を超えるときは、譲渡所得として課税される。「不動産所得」ではない。

❶不動産所得は不動産の賃貸等による所得のことであり、譲渡所得は資産の譲渡（資産の売却等）による所得のことである。土地の賃借権の設定の対価は、原則として不動産所

得になるが、例外として、土地の価額の10分の5に相当する金額を超えるときは譲渡所得になる。

3 誤り。営利を目的として継続的に行われる資産の譲渡による所得は、譲渡所得に含まれない。

4 誤り。贈与、相続（限定承認に係るものを除く）等により取得した譲渡所得の基因となる資産を譲渡した場合における譲渡所得の金額の計算については、取得者が引き続きこれを所有していたものとみなされる。すなわち、譲渡所得の計算では、被相続人等が所有していた期間も相続人等が所有していたとみなされて、被相続人の取得価額や取得時期を使って計算する（被相続人等の取得価額や取得時期を相続人等が引き継ぐ）。したがって、「その相続の時における価額に相当する金額により取得したものとして計算される」とする本肢は誤り。

問24 正解 **3** 固定資産税　　　参考 税他 L2

1 誤り。固定資産税は、固定資産の所有者（質権または100年より永い存続期間の定めのある地上権の目的である土地については、その質権者または地上権者）に対して課税される。したがって、固定資産が賃借されている場合は、所有者に対して課税される。

2 誤り。縦覧期間は、毎年4月1日から、4月20日または当該年度の最初の納期限の日のいずれか遅い日以後の日までの間である。

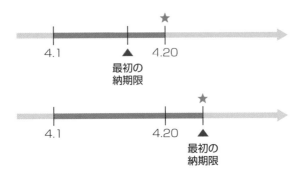

4月1日から★の日以後の日まで縦覧に供する。
つまり、最低限、■■■■の期間は縦覧に供する。

3　正しい。固定資産税の納税者は、固定資産課税台帳に登録された価格について不服があるときは、一定の場合を除いて、文書をもって、固定資産評価審査委員会に審査の申出をすることができる。

❗固定資産評価審査委員会に審査の申出ができるのは、登録された価格についての不服のみである。

4　誤り。固定資産税の賦課期日は、1月1日である。そして、住宅用地に対する課税標準の特例は、住宅の敷地に供されている土地が対象なので、1月1日現在において更地である本肢では適用されない。

★★★　【参考正答率 82.3%】

問25　正解 3　地価公示法　　　参考 税他 L7

1　誤り。土地鑑定委員会は、標準地の単位面積当たりの価格などの事項を官報で公示しなければならないが、当該標準地の前回の公示価格からの変化率は公示事項に含まれていない。

2　誤り。土地鑑定委員会は、公示区域内の標準地について、毎年1回、2人以上の不動産鑑定士の鑑定評価を求め、その結果を審査し、必要な調整を行って、一定の基準日における当該標準地の単位面積当たりの正常な価格を判定し、これを公示するものとされている。「毎年2回」ではない。

3　正しい。標準地は、土地鑑定委員会が、自然的および社会的条件からみて類似の利用価値を有すると認められる地域において、土地の利用状況、環境等が通常と認められる一団の土地について選定する。

4　誤り。本肢のような義務（標準地の場合には公示価格で取引を行う義務）はない。なお、都市およびその周辺の地域等において、土地の取引を行う者

は、取引の対象土地に類似する利用価値を有すると認められる標準地について公示された価格を指標として取引を行うよう努めなければならない。これは、公示価格を目安にしてほしいという規定であり、公示価格での取引を義務づける規定ではない。

★★ 【参考正答率 90.1%】

問26 正解 1 報酬に関する制限 参考 業法 L17

1 正しい。居住用建物以外の賃貸借の場合、権利金の額を基準に報酬額を計算することができ、借賃を基準にした場合と比べて高い方の額が限度になる。借賃を基準にした場合、借賃1カ月分である9万円に消費税10%を上乗せした99,000円が限度である。権利金を基準にした場合には、200万円×5％＝10万円の2倍である20万円に消費税10%を上乗せした220,000円が限度なので、本肢では高い方である220,000円が限度になる。

2 誤り。依頼者の特別の依頼による特別の費用は、報酬のほかに受領することができる。したがって、Aは、本肢の広告費用を別途受領することができる可能性がある。

3 誤り。「重要事項の説明を行った対価」は特別の費用にあたらないので、限度額の報酬と別に受領することはできない。

4 誤り。居住用建物の賃貸借の場合には、権利金を基準に報酬額を計算することができないし、返還されるものは「権利金」に当たらない。したがって、本肢では借賃のみが基準になり、限度額の合計は、借賃1カ月分である9万円に消費税10%を上乗せした99,000円になる。

★★★ 【参考正答率 88.3%】

問27 正解 1 担保責任の特約の制限 参考 業法 L14

ア 誤り。宅建業者が自ら売主となる売買契約においては、通知期間を引渡しの日から2年以上とするものを除き、種類・品質に関する契約不適合責任につき民法の規定より買主に不利な特約は無効となる。本肢の特約は、通知期間を引渡しの日から2年間とするものなので有効である。

イ 正しい。種類・品質に関する契約不適合責任に基づく解除は、債務不履行の規定に基づく。そして、債務不履行を理由とする解除は、債権者（この場合は買主）に帰責事由がある場合にはできないが、債務者（売主）の帰責事由の有無は問わない。したがって、売主の責めに帰すべき事由による場合に

のみ解除をすることができる旨の特約は、民法の規定より買主に不利なので、無効となる。

ウ **誤り**。種類・品質に関する契約不適合責任が成立する場合、買主は、追完請求、代金減額請求、損害賠償請求、契約の解除をすることができる可能性がある。したがって、契約を解除することができないとする特約は、民法の規定より買主に不利なので無効となる。

以上より、正しいものはイの一つであり、肢1が正解になる。

★★ 【参考正答率 76.8%】

問28 正解 4 宅建業法総合   参考 業法 L8、12、15

ア **違反する**。宅建業者は、帳簿を各事業年度の末日をもって閉鎖し、閉鎖後5年間（当該宅建業者が自ら売主となる新築住宅に係るものにあっては、10年間）当該帳簿を保存しなければならない。したがって、遅滞なく廃棄したことは、宅建業法の規定に違反する。

イ **違反する**。宅建業者は、専任代理契約を締結したときは、代理契約を締結した日から7日以内（専属専任代理契約の場合は5日以内。いずれも宅建業者の休業日を含まない）に、指定流通機構に登録しなければならず、これに反する特約は無効である。したがって、登録をしない旨の特約は無効となり、登録をしなかったことは宅建業法の規定に違反する。

❗媒介契約に関する規制と同様の規制が、代理契約にも適用される。たとえば、指定流通機構への登録義務、業務処理状況の報告義務、代理契約書面の作成・交付義務などが、代理契約にも適用される。

ウ **違反する**。宅建業者等は、勧誘に先立って、宅建業者の商号・名称、当該勧誘を行う者の氏名、当該契約の締結について勧誘をする目的である旨を告げずに、勧誘を行ってはならない。したがって、宅建業者Aの名称を告げずに勧誘を行ったことは、宅建業法の規定に違反する。

エ **違反する**。宅建業者が自ら売主となる売買契約において手付が支払われたときは、当事者の一方が履行に着手するまでは、買主は手付を放棄して、売主は手付の倍額を現実に提供して、契約を解除することができる。したがって、売主Aが解除をするには、手付と同額の現実の提供では足りず、倍額を現実に提供する必要があるので、本肢は宅建業法の規定に違反する。

以上より、違反しないものはなく、肢4が正解になる。

★　**【参考正答率 57.0%】**

問29　正解 4　監督処分　参考 業法 L18

1　**誤り。**宅建業以外に関して不正また不当な行為をしたこと等は、指示処分の対象事由ではない。

2　**誤り。**国土交通大臣または都道府県知事は、その免許を受けた宅建業者の事務所の所在地を確知できないとき、またはその免許を受けた宅建業者の所在（法人である場合においては、その役員の所在）を確知できないときは、官報または当該都道府県の公報でその事実を公告し、その公告の日から30日を経過しても当該宅建業者から申出がないときは、当該宅建業者の免許を取り消すことができる。Bは乙県知事の免許を受けているので、その免許を取り消すことができるのは、国土交通大臣ではなく乙県知事である。

3　**誤り。**国土交通大臣は、重要事項の説明の規定などに違反したことを理由に監督処分をしようとするときは、あらかじめ、内閣総理大臣に協議しなければならない。監督処分をした後に通知するのではない。

4　**正しい。**国土交通大臣は、宅建業を営むすべての者に対して、都道府県知事は、当該都道府県の区域内で宅建業を営む者に対して、宅建業の適正な運営を確保するため必要があると認めるときは、その業務について必要な報告を求め、またはその職員に事務所その他その業務を行う場所に立ち入り、帳簿、書類その他業務に関係のある物件を検査させることができる。この立入検査を拒み、妨げ、または忌避（きひ）した者は、50万円以下の罰金に処せられることがある。

★★　**【参考正答率 88.8%】**

問30　正解 1　宅建業法総合　参考 業法 L3、4、5、12

1　**誤り。**登録を受けている者は、登録を受けている都道府県以外の都道府県に所在する宅建業者の事務所の業務に従事し、または従事しようとするときは、登録の移転を申請することができる。本肢のように住所を変更しただけでは、登録の移転を申請することはできない。

2　**正しい。**宅建業者は、一団の宅地・建物の分譲を行うために案内所を設置し、当該案内所で契約を締結し、または契約の申込みを受ける場合には、当該案内所について案内所等の届出（＝法50条2項に定める届出）をしなければならない。この案内所等の届出は、免許権者と案内所等の所在地を管轄する都道府県知事に対して、業務を開始する日の10日前までにしなければ

ならない。

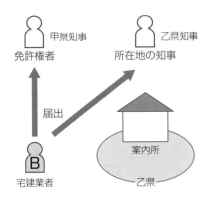

3 正しい。宅建士証の交付を受けようとする者は、①宅建試験合格の日から
1年以内に交付を受ける場合と、②すでに宅建士証の交付を受けている者が
登録の移転とともに新たな宅建士証の交付を受ける場合を除き、登録をして
いる都道府県知事が指定する講習で交付の申請前6カ月以内に行われるもの
を受講しなければならない。Cは、合格の日から1年を経過した後（18カ
月後）に宅建士証の交付を受けようとしているので、甲県知事が指定する講
習を交付の申請前6カ月以内に受講しなければならない。

4 正しい。法人が合併により消滅した場合、その合併消滅した法人を代表す
る役員であった者は、30日以内にその旨を免許権者に届け出なければならな
い（廃業等の届出）。したがって、D社を代表する役員であった者は、30
日以内に合併消滅した旨を甲県知事に届け出なければならない。

★★★ 【参考正答率 92.3%】

問31 正解4 クーリング・オフ等 参考 業法 L13、14

ア 誤り。相手方の自宅・勤務場所は、相手方がそこで売買契約に関する説明
を受ける旨を申し出た場合には「事務所等」にあたる。この場合、クーリン
グ・オフの規定（37条の2の規定）は適用されないので、買受けの申込み
の撤回を行うことはできない。

イ 誤り。クーリング・オフの効力は、クーリング・オフする旨の書面を発し
た時に生じる。宅建業者Aが書面を受け取った時ではない。

　❗意思表示は相手方に到達した時に効力を生じるのが原則であるが、クーリング・オフは、
　その旨の書面を発した時に効力が生じる。クーリング・オフには期間制限があるので、
　郵便の延着等を考慮して発信主義を採ったのである。

ウ 誤り。宅建業者が自ら売主となる売買契約において損害賠償額の予定や違約金の定めをするときには、それらの合計額が代金額の2/10を超えてはならない。本問の場合、代金額が3,000万円なので、その2/10（600万円）を超える900万円とする定めをすることはできない。

以上より、正しいものはなく、肢4が正解になる。

問32　正解 1　営業保証金　[参考] 業法 L6

1 誤り。宅建業者は、主たる事務所を移転したため最寄りの供託所に変更があった場合、①金銭のみをもって営業保証金を供託しているときは、遅滞なく、営業保証金を供託している供託所に対し、移転後の主たる事務所の最寄りの供託所への営業保証金の保管替えを請求し、②その他のときは、遅滞なく、営業保証金を移転後の主たる事務所の最寄りの供託所に新たに供託しなければならない。本肢では、金銭のみで供託しているので、①にあたり、保管替えの請求が必要である。

2 正しい。宅建業者は、事業の開始後新たに事務所を設置するため営業保証金を供託したときは、供託物受入れの記載のある供託書の写しを添付して、その旨を免許を受けた国土交通大臣または都道府県知事に届け出なければならない。

3 正しい。宅建業者は、一部の事務所を廃止したことにより営業保証金の額が法定の額を超えたことを理由に営業保証金を取り戻す場合には、原則として、還付請求権者に対して、6カ月以上の期間を定めて申し出るべき旨の公告をしなければならない。

4 正しい。宅建業者は、営業保証金の還付があったために営業保証金に不足が生じたときは、国土交通大臣または都道府県知事から不足額を供託すべき旨の通知書の送付を受けた日から2週間以内に、不足額を供託しなければならない。

問33　正解 2　重要事項の説明　[参考] 業法 L10

1 誤り。重要事項の説明は、物件を取得しようとする者（買主・交換の当事者）や借りようとする者（借主）に対して行うものであり、売主や貸主に対して行う必要はない。

2 正しい。売買・交換の場合、代金または交換差金に関する金銭の貸借のあっせんの内容および当該あっせんに係る金銭の貸借が成立しないときの措置を重要事項として説明しなければならない。

3 誤り。建物の貸借以外の場合、私道に関する負担に関する事項を重要事項として説明しなければならない。しかし、本肢は建物の貸借なので、説明する必要はない。

4 誤り。天災その他不可抗力による損害の負担に関する定めの内容は、重要事項の説明事項ではない。なお、37条書面では、天災その他不可抗力による損害の負担に関する定めがあるときは、その内容を記載しなければならない。

★★ 【参考正答率 65.7%】

問34 正解 3 その他の業務上の規制 参考 業法 L12

1 正しい。宅建業者は、手付について貸付けその他の信用の供与をすることにより契約の締結を誘引してはならない。具体的には、手付金を貸し付けることのほか、手付の後払いや分割払いを認めることなどが「信用の供与」にあたる。これに対し、手付の減額は「信用の供与」にあたらないので、宅建業法の規定に違反しない。

2 正しい。宅建業者等は、勧誘に先立って、宅建業者の商号・名称、当該勧誘を行う者の氏名、当該契約の締結について勧誘をする目的である旨を告げずに、勧誘を行ってはならない。したがって、勧誘目的であることを告げずに勧誘を行ったことは、宅建業法の規定に違反する。

3 誤り。肢1の手付と異なり、媒介報酬については、分割受領による契約の締結の勧誘を禁止する規定はない。

4 正しい。宅建業者は、手付について貸付けその他の信用の供与をすることにより契約の締結を誘引してはならない。この規定に違反した場合、業務停止処分（情状が特に重いときは免許取消処分）の対象となるほか、6カ月以下の懲役もしくは100万円以下の罰金またはこれらの併科に処せられることがある。

★★ 【参考正答率 90.9%】

問35 正解 3 帳簿等 参考 業法 L12

1 誤り。自ら貸借をすることは宅建業にあたらないので、宅建業法の規定は

適用されない。したがって、帳簿への記載義務も生じない。

2 誤り。宅建業者は、その事務所ごとに、その業務に関する帳簿を備えなければならない。したがって、従たる事務所にも帳簿を備えなければならない。

3 正しい。帳簿の記載事項には、報酬の額が含まれる。そして、帳簿の備付け・記載義務に違反した場合、指示処分の対象になる。

4 誤り。従業者名簿に記載すべき者（や従業者証明書を携帯させるべき者）には、非常勤の役員や、単に一時的に事務の補助をする者も含まれる。したがって、一時的に事務の補助のために雇用した者についても、従業者名簿に記載しなければならない。

★★ 【参考正答率 89.5%】

問36 正解 4 免許 参考 業法 L1、3

1 誤り。宅建業者が免許の更新申請をしたにもかかわらず、従前の免許の有効期間の満了の日までに、その申請について処分がなされないときは、従前の免許は、有効期間の満了後もその処分がなされるまでの間は、効力を有する。つまり、新たな免許を与えるかどうかが決まるまで、前の免許の有効期間が延びる。したがって、Aは、処分がなされるまで、宅建業を営むことができる。

2 誤り。宅建業の免許を受けない者は、宅建業を営む旨の表示をし、または宅建業を営む目的をもって、広告をしてはならない。したがって、Bは、免許の申請をしただけでは、広告をすることができない。

3 誤り。「宅建業以外の事業を行っているときは、その事業の種類」は宅建業者名簿の登載事項であるが、当該事項に変更があっても、変更の届出をする必要はない。したがって、Cは、不動産管理業を営む旨の届出をする必要はない。

4 正しい。宅建業者の免許が失効したり取り消されたりした場合であっても、その宅建業者や一般承継人（相続人、合併でできた会社）は、その宅建業者が締結した契約に基づく取引を結了する目的の範囲内においては宅建業者とみなされる。したがって、Eは、Dが締結した契約に基づく取引を結了する目的の範囲内において宅建業者とみなされる。

問37 正解 3 宅建士等

参考 業法 L4、5、12

1 誤り。宅建士は、①取引の関係者から請求があったとき、②重要事項の説明をするときは、宅建士証を提示しなければならない。これらは別個の義務なので、請求があったときに提示していても、重要事項の説明をするときには改めて提示しなければならない。

2 誤り。登録を受けている者は、登録を受けている都道府県以外の都道府県に所在する宅建業者の事務所の業務に従事し、または従事しようとするときは、登録の移転を申請することができる。すなわち、登録の移転は任意的なものであり、義務ではない。したがって、「登録を移転しなければならない」とする本肢は誤り。

3 正しい。登録を受けるには、①宅建試験に合格し、②2年以上の実務の経験を有するものまたは国土交通大臣がその実務の経験を有するものと同等以上の能力を有すると認めたもの（登録実務講習の修了など）であり、③法で定める事由（登録欠格要件）に該当しないことが必要である。

①宅建試験合格

②2年以上の実務経験または国土交通大臣の登録を受けた講習（登録実務講習）の修了等　③登録欠格要件にあたらないこと

宅建士登録

登録をしている都道府県知事の指定する講習で申請前6カ月以内に行われるものの受講

宅建士証の交付 ➡ 宅建士

4 誤り。宅建業者の従業者は、取引の関係者から従業者証明書の提示の請求があったときは、従業者証明書を提示しなければならない。重要事項の説明をする際でも、宅建士証の提示をもって従業者証明書の提示に代えることはできない。

問38 正解 2 37 条書面

参考 業法 L11

1 違反する。37条書面は、契約の当事者に交付しなければならない。したがって、Aは、売主にも37条書面を交付しなければならない。

2 違反しない。手付金等の保全措置の内容は、37条書面の記載事項ではない。

3 違反する。契約の解除に関する定めがあるときは、その内容を37条書面

に記載しなければならない。

4 **違反する。**売買・交換の場合、宅地・建物の種類・品質に関する契約不適合責任または当該責任の履行に関して講ずべき保証保険契約の締結その他の措置についての定めがあるときは、その内容を 37 条書面に記載しなければならない。このことは、宅建業者間の売買であっても変わりがない。

★★★　【参考正答率 80.2%】

問39 正解 2 営業保証金・弁済業務保証金 参考 業法 L6、7

ア **誤り。**宅建業者は、事業の開始後新たに事務所を設置したときは、当該事務所についての営業保証金を主たる事務所の最寄りの供託所に供託し、その旨を免許権者に届け出なければならない。「従たる事務所の最寄りの供託所」ではない。

イ **誤り。**宅建業者は、弁済業務保証金から弁済を受けることができない。したがって、宅建業者Aは、弁済業務保証金から弁済を受けることができない。

❗宅建業者が還付請求権者から除外されているのは、一般消費者の保護を優先するためである。

ウ **正しい。**保証協会の社員である宅建業者が社員の地位を失ったときは、その日から1週間以内に営業保証金の供託をしなければならない。

エ **正しい。**保証協会の社員は、還付充当金の納付をすべき旨の通知を受けたときは、その日から2週間以内に保証協会に還付充当金を納付しなければならない。

以上より、正しいものはウ、エの二つであり、肢2が正解になる。

> 営業保証金・弁済業務保証金のところでは「2週間」という期間制限が多くなっています（たとえば、肢エ）。したがって、2週間以外のものを意識して覚えると効率的です。たとえば、肢ウです。肢ウの「1週間」は大変重要なので、ぜひ覚えてほしいところです。

★★　【参考正答率 92.1%】

問40 正解 3 37 条書面 参考 業法 L11

1 **違反する。**代金の支払の時期や引渡しの時期は 37 条書面の記載事項なので、これを記載しなかった本肢は宅建業法の規定に違反する。このことは、重要事項説明書に記載して説明を行っていても変わりがない。

2 違反する。売主である宅建業者Bと媒介をした宅建業者Cは、それぞれ37条書面の作成・交付義務を負う。したがって、BとCはそれぞれ宅建士をして37条書面に記名をさせなければならないので、Bが記名をさせていない本肢は宅建業法の規定に違反する。

3 違反しない。37条書面の交付方法は特に定められていないので、交付時に宅建士証を提示する義務はない（なお、宅建士でない者が交付してもかまわない）。したがって、宅建士証を提示せずに37条書面を交付しても宅建業法の規定に違反しない。

4 違反する。37条書面は、契約の当事者に交付しなければならない。したがって、売主であるIに37条書面を交付しなかった本肢は宅建業法の規定に違反する。

★★ **【参考正答率 94.0%】**

問41 正解 2 重要事項の説明 参考 業法 L10

1 正しい。区分所有建物の場合、一棟の建物およびその敷地の管理が委託されているときは、その委託を受けている者の氏名（法人にあっては、その商号・名称）・住所（法人にあっては、その主たる事務所の所在地）を、重要事項として説明しなければならない。

2 誤り。移転登記の申請の時期は、37条書面の記載事項であるが、重要事項として説明する必要はない。

3 正しい。飲用水、電気およびガスの供給ならびに排水のための施設の整備の状況（これらの施設が整備されていない場合においては、その整備の見通しおよびその整備についての特別の負担に関する事項）は、重要事項として説明しなければならない。この「ガスの供給のための施設の整備の状況」の一内容として、ガス配管設備等に関して、当該住宅の売買後においても当該ガス配管設備等の所有権が家庭用プロパンガス販売業者にあるものとするときは、その旨を説明する必要がある。

4 正しい。区分所有建物の売買・交換の場合、一棟の建物の計画的な維持修繕のための費用の積立てを行う旨の規約の定め（案を含む）があるときは、その内容および既に積み立てられている額を、重要事項として説明しなければならない。

問42 正解 4 広告に関する規制　参考 業法 L9

ア　正しい。宅建業者は、その業務に関して広告をするときは、当該広告に係る宅地・建物の所在、規模、形質、現在・将来の利用の制限・環境・交通その他の利便、代金・借賃等の対価の額・その支払方法、代金・交換差金に関する金銭の貸借のあっせんについて、著しく事実に相違する表示をし、または実際のものよりも著しく優良・有利であると人を誤認させるような表示をしてはならない（誇大広告等の禁止）。したがって、宅地の将来の環境について、著しく事実に相違する表示をしてはならない。

イ　正しい。アの「現在・将来の利用の制限」には、公法上の制限（都市計画法、建築基準法等による制限の設定等）と、私法上の制限（借地権、地上権等の有無等）が含まれる。

ウ　正しい。販売する意思のない物件について販売する旨の広告をすること（おとり広告）は、誇大広告にあたる。そのような広告をすること自体が宅建業法の規定に違反し、相手方が実際に誤認したか否かや損害を受けたか否かには関係がない。そして、誇大広告等の禁止の規定に違反した場合、業務停止処分（情状が特に重いときは免許取消処分）の対象となる。

エ　正しい。宅建業者は、①　宅地・建物の売買・交換・貸借に関する広告をするとき、②　宅地・建物の売買・交換・貸借に関する注文を受けたときに、遅滞なく、取引態様の別を明示しなければならない。これらは別々の義務なので、広告をするときに明示していても、注文を受けたときには遅滞なく明示しなければならない。

以上より、正しいものはア、イ、ウ、エの四つであり、肢4が正解になる。

問43 正解 1 媒介契約等　参考 業法 L8、17

ア　正しい。宅建業者は、専属専任媒介契約ではない専任媒介契約（非専属型の専任媒介契約）を締結した場合には2週間に1回以上、依頼者に対し、業務の処理状況を報告しなければならない。また、媒介契約を締結した宅建業者は、当該媒介契約の目的物である宅地・建物の売買・交換の申込みがあったときは、遅滞なく、その旨を依頼者に報告しなければならない。

❗申込みがあった旨の報告義務は、一般媒介契約にも適用される。

イ　誤り。専任媒介契約の有効期間は3カ月を超えてはならない。また、専任

媒介契約の有効期間は、依頼者の申出により更新することができるが、この申出は更新のときにされなければならず、事前に自動更新する旨の特約をすることは認められない。このことは、依頼者が宅建業者であっても変わりがない。

ウ 誤り。指定流通機構へ登録をした宅建業者は、登録を証する書面を遅滞なく依頼者に引き渡さなければならない。「提示」では足りない。なお、宅建業者は、専属専任媒介契約でない専任媒介契約を締結したときは、その日から7日以内（宅建業者の休業日を含まない）に指定流通機構に登録しなければならない。この点は正しい記述である。

エ 誤り。依頼者の特別の依頼による特別の費用は、報酬のほかに受領することができる。したがって、BがAに特別に依頼した広告に係る費用は、報酬の限度額を超えて請求することができる。しかし、通常の広告の費用や指定流通機構への情報登録の費用は、Aの負担である。したがって、報酬の限度額を超えて情報登録の費用を請求できるとする本肢は誤り。

以上より、正しいものはアの一つであり、肢1が正解になる。

★★　【参考正答率 85.3%】

問44　正解 4　免許　　参考 業法 L3

1 誤り。合併により存続する法人が消滅する法人の免許を承継できる旨の規定はない。したがって、B社はA社の免許を承継することができない。

2 誤り。個人とその個人が設立した法人とは法的には別の者であり、一方の免許を他方が承継できる旨の規定はない。したがって、D社はCの免許を承継することができない。

3 誤り。宅建業者が死亡した場合、その相続人は、死亡の事実を知った日から30日以内に、免許権者に届け出なければならないが（廃業等の届出）、免許は死亡時に失効する。「届出があった日」ではない。

4 正しい。法人である宅建業者が合併・破産手続開始の決定以外の理由により解散した場合、その清算人は、その日から30日以内に、その旨を免許権者に届け出なければならない。

★★★　【参考正答率 84.2%】

問45　正解 2　住宅瑕疵担保履行法　　参考 業法 L19

1 誤り。住宅販売瑕疵担保保証金の供託をしている供託所の所在地等の説明

および書面の交付は、売買契約を締結するまでに行わなければならない。「住宅を引き渡すまで」ではない。

2 正しい。住宅販売瑕疵担保保証金を供託する場合、新築住宅の合計戸数の算定に当たって、床面積 55 ㎡以下の住宅は2戸をもって1戸と数える。

3 誤り。宅建業者は、基準日に係る住宅販売瑕疵担保保証金の供託および住宅販売瑕疵担保責任保険契約の締結の状況についての届出をしなければ、当該基準日の翌日から起算して 50 日を経過した日以後においては、原則として、新たに自ら売主となる新築住宅の売買契約を締結してはならない。「基準日から1月」ではない。

4 誤り。住宅販売瑕疵担保責任保険契約は、住宅の基本構造部分（構造耐力上主要な部分または雨水の浸入を防止する部分。柱、はり、屋根、外壁など）の瑕疵に関する損害をてん補するものである。したがって、Aは、給水設備・ガス設備の瑕疵によって生じた損害について保険金の支払を受けることができない。

住宅瑕疵担保履行法の問題は、文章が長いので一見難しく見えます。しかし、内容的には同じことが繰り返し出題されているので、過去問を解いてポイントをつかめば得点源にすることができます。

★★ **【参考正答率 96.1%】**

問46 正解 **3** 住宅金融支援機構　参考 税他 L9

1 正しい。機構は、団体信用生命保険業務において、①貸付けを受けた者が死亡した場合、②貸付けを受けた者が重度障害となった場合、支払われる生命保険の保険金を当該貸付けに係る債務の弁済に充当することができる。すなわち、①②の場合には保険金が残りの住宅ローンの弁済に充てられるのである。

2 正しい。機構は、直接融資業務において、高齢者の死亡時に一括償還をする方法により貸付金の償還を受けるときは、当該貸付金の貸付けのために設定された抵当権の効力の及ぶ範囲を超えて、弁済の請求をしないことができる。つまり、当該高齢者の債務を相続した相続人の債務の範囲を、担保物件の処分による回収資金に限定することができるのである。

3 誤り。証券化支援業務（買取型）に係る貸付金の利率は、金融機関が定めるため、同一とは限らない。

4 正しい。証券化支援業務（買取型）において、機構による譲受けの対象と

なる住宅の購入に必要な資金の貸付けに係る金融機関の貸付債権には、当該住宅の購入に付随する改良に必要な資金も含まれる。すなわち、改良資金だけの貸付債権は譲受けの対象外であるが、住宅を購入して改良する資金の貸付債権は対象になる。

★★★ 【参考正答率 74.9%】

問47 正解 4 不当景品類及び不当表示防止法 参考 税他 L10

1 誤り。Bは間違った情報を表示して広告しているので、不当表示に問われる可能性がある。

2 誤り。取引する建物の写真・動画を用いることができない事情がある場合、取引する建物を施工する者が過去に施工した建物であり、かつ、外観については、取引する建物と構造、階数、仕様が同一であって、規模、形状、色等が類似するものに限り、他の建物の写真・動画を用いることができる。本問では、「構造、階数、仕様は同一ではない」建物の外観写真を掲載しているので、不当表示になる。

3 誤り。徒歩による所要時間は、道路距離80メートルにつき1分間を要するものとして算出した数値を表示し、1分未満の端数が生じたときは1分として算出（端数切上げ）する。したがって、5.25分の場合には6分と表示しなければならないので、「甲駅から5分」との表示は不当表示になる。

4 正しい。建物の面積（マンションにあっては、専有面積）は、取引するすべての建物の面積を表示するのが原則である。ただし、新築分譲住宅、新築分譲マンション、一棟リノベーションマンション、新築賃貸マンション、新築賃貸アパート、共有制リゾートクラブ会員権については、パンフレット等の媒体を除き、最小建物面積および最大建物面積のみで表示することができる。したがって、パンフレットには全戸数の専有面積を表示し、インターネット広告では最小建物面積および最大建物面積のみを表示することは不当表示にならない。

建物の内部に関しては、取引する建物の写真・動画を用いることができない事情がある場合において、取引する建物を施工する者が過去に施工した建物であり、かつ、写される部分の規模、仕様、形状等が同一のものに限り、他の建物の写真または動画を用いることができます。また、外観・内部のいずれの場合も、他の建物である旨等を明示する必要があります。

問48 正解 2 統計

※統計問題は、出題時の数値をそのまま掲載しています。内容を覚える必要はありません。

1 誤り。平成29年地価公示によれば、住宅地の公示地価の全国平均は、横ばいである。したがって、下落したとする本肢は誤り。

2 正しい。建築着工統計によれば、平成28年の持家の新設着工戸数は約29.2万戸となり、3年ぶりに増加に転じた。

3 誤り。平成29年版土地白書によれば、平成28年の全国の土地取引件数は129万件となり、前年比で増加している。したがって、「減少」とする本肢は誤り。

4 誤り。平成27年度法人企業統計年報によれば、平成27年度における不動産業の経常利益は約4兆3,000億円となっており、前年度比7.5%減となった。したがって、「増」とする本肢は誤り。

問49 正解 4 土地   参考 税他 L11

1 適当。扇状地は、山地から河川により運ばれてきた砂礫等が堆積して形成された地盤である。

2 適当。三角州は、河川の河口付近に見られる軟弱な地盤である。

3 適当。台地は、一般に地盤が安定しており、低地に比べ、自然災害に対して安全度は高い。

4 最も不適当。埋立地は、一般に海面に対して比高(ひこう)を持ち、干拓地に比べ、水害に対して安全である。干拓地は、一般に海面以下であり、洪水等の危険が高いからである。

問50 正解 1 建物   参考 税他 L12

1 最も不適当。木材の強度は、含水率が小さい状態の方が高くなる。つまり、乾燥している方が強度は高くなる。

2 適当。鉄筋は、炭素含有量が多いほど、引張強度が増大する傾向がある。すなわち、炭素を多く含むほど硬くなり、引っ張られる力に対して強くなる。

3 適当。常温、常圧において、鉄筋と普通コンクリートを比較すると、熱膨張率はほぼ等しい。鉄筋とコンクリートが同じような割合で膨張するので、両者がはがれにくいのである。

4　適当。鉄筋コンクリート構造は、耐火性、耐久性があり、耐震性、耐風性にも優れた構造である。

鉄は、炭素含有量が少ないほど、軟らかく粘り強い性質を持ちます。反対に炭素含有量が多いほど、引張強さや硬さが増大しますが、伸びが減少し、もろくなります。つまり、炭素含有量が多いと、地震などで無理な力が加わったときに折れやすくなるのです。そのため、鉄骨造には、一般に炭素含有量が少ない鋼が用いられます。

平成 28 年度
解答&解説

28

平成 28 年度　解答＆出題テーマ一覧

科目	問題	解答	テーマ
権利関係	1	4	民法総合
	2	4	制限行為能力者
	3	3	意思表示・物権変動
	4	2	抵当権
	5	3	債権譲渡
	6	3	売主の担保責任
	7	3	賃貸借・不法行為
	8	1	賃貸借
	9	2	説明義務違反
	10	4	相続
	11	1	借地借家法（借地）
	12	2	借地借家法（借家）
	13	2	区分所有法
	14	1	不動産登記法
法令上の制限	15	3	国土利用計画法
	16	1	都市計画法
	17	4	都市計画法
	18	1	建築基準法
	19	4	建築基準法
	20	1	盛土規制法
	21	4	土地区画整理法
	22	3	農地法
税・その他	23	2	印紙税
	24	3	不動産取得税
	25	2	不動産鑑定評価基準

科目	問題	解答	テーマ
宅建業法	26	1	監督処分
	27	3	媒介契約
	28	4	自ら売主制限
	29	3	その他の業務上の規制等
	30	4	重要事項の説明・37 条書面
	31	4	弁済業務保証金
	32	1	広告に関する規制
	33	3	報酬に関する制限
	34	2	その他の業務上の規制等
	35	4	免許の効力等
	36	4	重要事項の説明
	37	2	免許
	38	1	宅建士等
	39	2	37 条書面
	40	1	営業保証金
	41	3	宅建業法総合
	42	4	37 条書面
	43	2	手付金等の保全措置
	44	2	クーリング・オフ
	45	3	住宅瑕疵担保履行法
税・その他	46	2	住宅金融支援機構
	47	4	不当景品類及び不当表示防止法
	48	1	統計
	49	3	土地
	50	1	建物

合格ライン

合格点	科目別 目安得点			
	権利関係 (問1〜問14)	宅建業法 (問26〜問45)	法令上の制限 (問15〜問22)	税その他 (問23〜問25、問46〜問50)
35／50	8／14	16／20	5／8	6／8

あなたの得点

得点	科目別 得点			
	権利関係 (問1〜問14)	宅建業法 (問26〜問45)	法令上の制限 (問15〜問22)	税その他 (問23〜問25、問46〜問50)
／50	／14	／20	／8	／8

平成28年度　試験講評

　「個数問題」の出題が6問、「組合せ問題」の出題が2問の合計8問であり、平成27年度よりも2問減少した。特に、平成24年度以降増加傾向にあった「個数問題」の出題が3問減少したことが、平成28年度の特徴として挙げられる。より知識の正確性が問われ、難易度が高いことが多い「個数問題」が減少したことで、全体として得点しやすい問題であったといえる。科目別に見てみても、例年難問が出題されることが多い「権利関係」が比較的易しく、また、個数問題が昨年度より3問減少した「宅建業法」も得点しやすい問題であり、高得点を確保したい内容であった。また、「法令上の制限」は、難問もあるものの、全体としてはやや易しめであり、ある程度の得点を確保したい内容であった。

問1 正解 4 民法総合 参考 権利L7、14、6

1 **規定されていない。**利息を生ずべき債権について別段の意思表示がないときは、その利率は、現在は年3%とされている。「5％」ではない。

2 **規定されていない。**判例によれば、賃貸借終了後に賃借物の所有権が移転した場合、敷金に関する権利義務の関係は新所有者に承継されない。この場合、賃貸借関係が新所有者に引き継がれないので、敷金関係も承継されないのである。このように、本肢の内容は判例で認められているものであり、民法の条文には規定されていない。

3 **規定されていない。**免責的債務引受は、債権者と引受人となる者との契約によってすることができる。この場合につき、債務者の意思に反するときは行うことができない旨の規定はなく、債務者の意思に反していても免責的債務引受をすることができる。なお、免責的債務引受とは、引受人が債務を引き受けることによって、債務が債務者から引受人に移転し、旧債務者が債務を免れる制度のことである。たとえば、BがAに対して負う100万円の甲債務についてCが免責的債務引受をすると、Cだけが甲債務を負う。

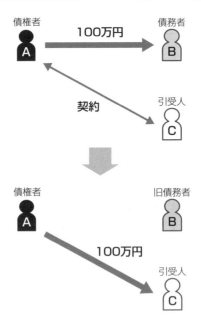

4 **規定されている。**民法は「契約により当事者の一方が第三者に対してある給付をすることを約したときは、その第三者は、債務者に対して直接にその

給付を請求する権利を有する」と規定している。「契約により当事者の一方が第三者に対してある給付をすることを約」するとは、たとえば、売主Aと買主Bとが売買契約を締結する際に「Bは代金をAにではなく第三者Cに払うこととする」のように定めることである。このような定めを「第三者のためにする契約」と呼ぶ。この場合、本肢の規定のとおり、CはBに対して直接に代金支払請求権を有する。

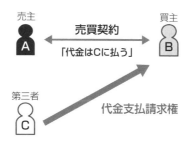

★★ 【参考正答率 80.1%】

問2 　正解 4 　制限行為能力者 　　参考 権利L2

1 　誤り。営業を許された未成年者は、その営業に関しては、成年者と同一の行為能力を有する。本肢では、古着の仕入販売に関する営業を許されているが、自己居住用の建物の購入は、その営業に関する行為ではないと考えられるので、取消しの対象になる。

2 　誤り。被保佐人が、不動産その他重要な財産に関する権利の得喪を目的とする行為をする場合や、贈与の申込みを拒絶する場合には、保佐人の同意が必要である。

3 　誤り。成年後見人は、成年被後見人に代わって、成年被後見人が居住している建物やその敷地について売却等をするには、家庭裁判所の許可を得なければならない。本肢のような後見監督人の許可の規定はない。

4 　正しい。制限行為能力者が行為能力者であることを信じさせるため詐術を用いたときは、その行為を取り消すことができない。これには、保護者の同意を得ていたと信じさせた場合を含む。

★★★ 【参考正答率 76.9%】

問3 　正解 3 　意思表示・物権変動 　　参考 権利L1、10

1 　誤り。不動産の二重譲渡の場合、一方の買主は、登記をしなければ他方の

買主に対して所有権を主張することができない。売買契約の先後は関係ない。したがって、Cは、登記を備えなければ、Bに対して甲土地の所有権を主張することができない。

2 誤り。取消前の第三者に対して詐欺を理由とする取消しを対抗することができるかどうかは、第三者が善意無過失かどうかで決まる。第三者の登記の有無は関係ない。したがって、Dが登記を備えていても、Dが善意有過失か悪意であれば、AはDに対して甲土地の所有権を主張することができる。

3 正しい。背信的悪意者に対しては、登記がなくても、所有権を対抗することができる。Eは「Bに高値で売りつけて利益を得る目的」で甲土地を購入しているので、背信的悪意者である。したがって、Bは、登記を備えていなくてもEに対して甲土地の所有権を主張することができる。言い換えれば、EはBに対して甲土地の所有権を主張することができない。

4 誤り。錯誤を理由とする取消しは、本人、代理人、承継人（相続人など）に限り行うことができる。したがって、相手方Aは、Bの錯誤を理由として売買契約を取り消すことができない。

 肢4では、動機の表示（＝「事情」が法律行為の基礎とされていることの表示）の有無や表意者の重過失の有無が明らかではないので、本人Bが売買契約を取り消すことができるかは不明です。しかし、いずれにしても「A」が取り消せるとする肢4は誤りです。

★★ 【参考正答率 33.6%】

問4 **正解 2** **抵当権**　　　参考 権利 L12

1 正しい。抵当権設定時に「土地上に建物が存在し、同一所有者である」という要件を満たしていれば、その後、売買等により土地と建物の所有者が異なっていても、抵当権の実行により法定地上権が成立する。したがって、本肢では法定地上権が成立するので、土地買受人であるDは、建物所有者Cに対して甲土地の明渡しを求めることができない。

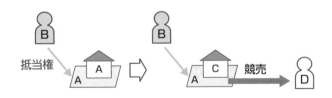

2 誤り。物上代位をすることができるのは、滅失等のあった目的物の抵当権者である。本肢では、建物が焼失しているので、物上代位をすることができるのは建物の抵当権者であり、土地の抵当権者であるBは物上代位をすることができない。

3 正しい。抵当権の順位の変更には、各抵当権者の合意と利害関係者の同意が必要であるが、ここでの利害関係者には、債務者や抵当権設定者は含まれない。

4 正しい。第三取得者は、一定の事項を記載した書面（383条所定の書面）を送付して、抵当権消滅請求をすることができる。

★　【参考正答率 70.0%】

問5　正解 3　債権譲渡　参考 権利 L6

1 誤り。預貯金債権以外の場合、譲渡制限の意思表示がある債権の譲渡は、譲受人が悪意または善意重過失であっても有効である。

2 誤り。債権譲渡の債務者に対する対抗要件は、通知または承諾である。どちらか一方があれば足りる。したがって、債務者Bによる承諾があれば、CはBに債権譲渡を対抗することができるので、Bは弁済を拒否することができない。

❗契約は、原則として申込みと承諾が合致することにより成立するが、債権譲渡の対抗要件である通知と承諾は、どちらか一方があれば足りる。

3 正しい。将来債権の譲渡とは、たとえば、AがBに継続的に商品を販売している場合において、Aが今後Bに販売する商品の代金債権をCに譲渡するようなことをいう。債権譲渡の時点では譲渡される債権が具体的には発生していないので、将来債権の譲渡と呼ばれる。このような債権譲渡も、譲渡される債権が特定でき（＝どの債権が譲渡されたのかを判断でき）、特段の事情（たとえば、公序良俗違反）がなければ有効である。

4 誤り。受働債権が譲渡された場合でも、債務者は、対抗要件具備時より前に自働債権を取得していれば、相殺を譲受人に対抗することができる。本肢の場合、Bは、受働債権であるAのBに対する債権の譲渡通知を受けるより前から、自働債権であるBのAに対する貸金債権を有していたので、相殺を譲受人Cに対抗することができる。

★★★　【参考正答率 84.7%】

問6　正解 3　売主の担保責任　参考 権利 L8

1 正しい。全部他人物売買において、売主が買主に所有権を移転することが

できない場合、債務不履行に基づく損害賠償や解除の規定が適用される。そして、債務不履行が債務者（本問では売主）の帰責事由によらない場合、債権者（本問では買主）は、損害賠償を請求することができない。したがって、Bは、損害賠償を請求することはできない。

2 正しい。肢1で述べたとおり、本肢では債務不履行に基づく解除の規定が適用される。そして、債権者（買主）に帰責事由がある場合は、買主は解除をすることができないが、本肢ではBに帰責事由がないので、解除をすることができる。

3 誤り。引き渡された目的物が種類、品質または数量に関して契約の内容に適合しないものである場合、買主に帰責事由がなければ、買主は、売主に対して履行の追完を請求することができる。本肢では、売主Aに帰責事由がないとされているだけで、買主Bの帰責事由の有無は不明である。もしBに帰責事由がなければ、履行の追完の請求をすることができるので、本肢は誤り。

4 正しい。肢3で述べたとおり、買主に帰責事由がなければ、履行の追完を請求することができる。しかし、本肢では、Bに帰責事由があるので、履行の追完を請求することはできない。

★ **【参考正答率 52.8%】**

問7 正解3 賃貸借・不法行為 参考 権利 L14、17

ア 正しい。目的物の一部が滅失等によって使用・収益できなくなり、賃借人に帰責事由がない場合、賃料は、使用・収益できなくなった部分の割合に応じて減額される。したがって、Aが支払うべき賃料は、使用・収益できなくなった部分の割合に応じて減額される。

イ 正しい。目的物の一部が滅失等によって使用・収益できなくなり、残存部分だけでは賃借した目的を達成できない場合は、賃借人は契約の解除をすることができる。したがって、Aは、賃貸借契約を解除することができる。

ウ 正しい。使用者責任に基づき被害者に賠償した使用者は、被用者に対して求償することができるが、その範囲は、損害の公平な分担の見地から信義則上相当と認められる限度に制限される。したがって、Cは、Dに対して求償することができるが、その範囲が信義則上相当と認められる限度に制限される場合がある。

以上より、正しいものはア、イ、ウの三つであり、肢3が正解となる。

問8　正解 1　賃貸借

参考 権利 L14

1　誤り。賃借人の債務不履行を理由に賃貸借契約を解除する場合、転借人に対して催告をする必要はない。したがって、「賃料支払の催告をして甲建物の賃料を支払う機会を与えなければならない」とする本肢は誤り。

2　正しい。承諾転貸の場合、転借人は、賃貸借に基づく賃借人の債務の範囲を限度として、賃貸人に対して、転貸借に基づく債務を直接履行する義務を負う。本肢ではAB間の賃料が 10 万円、BC間の賃料が 15 万円なので、AはCに対して、賃料 10 万円をAに直接支払うよう請求することができる。

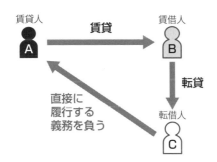

3　正しい。賃貸人は、賃借人の債務不履行を理由とする賃貸借契約の解除を転借人に対抗することができる。したがって、AはCに対して甲建物の明渡しを請求することができる。このことは、CのBに対する賃料不払いの有無に関係がない。

4　正しい。賃貸人と賃借人が賃貸借契約を合意解除しても、その解除の当時、賃貸人が賃借人の債務不履行による解除権を有していたときを除き、合意解除を転借人に対抗することはできない。したがって、AはCに対して、当然には甲建物の明渡しを求めることができない。

問9　正解 2　説明義務違反

参考 権利 L7、17

　判決文は「契約するかどうかに影響する情報を相手方に提供しなかった場合、不法行為責任が発生することはあるが、債務不履行責任は発生しない」という内容である。

1　正しい。上記のとおり、本問の損害賠償請求権は、不法行為責任に基づくものである。そして、不法行為に基づく損害賠償請求権は、①被害者または

その法定代理人が損害および加害者を知った時から３年間（人の生命・身体を害する不法行為の場合は５年間）行使しないとき、または②不法行為の時から20年間行使しないときに、時効によって消滅する。本肢は、①の（　）内に該当する。

2　誤り。肢１で述べたとおり、本問の損害賠償請求権は、不法行為の時（本問では売買契約時）から20年間行使しないときは、時効によって消滅する。「10年間」ではない。

3　正しい。①悪意による不法行為に基づく損害賠償の債務や、②人の生命または身体の侵害による損害賠償の債務を受働債権とする相殺は禁止されている。本問の損害賠償請求権は人の身体の侵害による不法行為責任に基づくものであるから、これを受働債権とする相殺をもって買主に対抗することはできない。

4　正しい。前記のとおり、本問の損害賠償請求権は不法行為責任に基づくものであり、債務不履行責任ではない。

★★★　【参考正答率 71.0%】

問10　正解 **4**　相続

参考　権利 L20

1　正しい。相続人が相続財産の全部または一部を処分したときは単純承認をしたものとみなされるが（法定単純承認）、①保存行為、②土地について５年、建物について３年を超えない賃貸をすることは、単純承認とはみなされない。不法占拠者に対する明渡請求は保存行為にあたるので、Ｂは単純承認をしたものとはみなされない。

2　正しい。相続財産である債権を取り立てて収受領得することは、肢１で述べた相続財産の処分にあたる。したがって、Ｃは単純承認をしたものとみなされる。

3　正しい。共同相続の場合に限定承認を行うときは、共同相続人の全員が共同して行わなければならない。したがって、Ｃが単純承認をすると、Ｂは限定承認をすることができない。

　❗共同相続人の１人が相続放棄をした場合は、その者は最初から相続人でなかったとみなされるので、残りの相続人全員が共同して限定承認をすることができる。

4　誤り。相続人が、自己のために相続の開始があったことを知った時から３カ月以内に、限定承認または放棄をしなかったときは、単純承認をしたものとみなされる。したがって、Ｂが相続開始を知らなかった場合は、３カ月が

経過しても、単純承認をしたものとはみなされない。

問11 正解 1 借地借家法（借地） 参考 権利 L16

1 正しい。借地上の建物の自己名義の登記は、借地権の対抗要件になるが、他人名義の登記では、借地権の対抗要件にならない。本肢の場合、借地権者A名義の登記ではないので、Dに対して借地権を対抗することはできない。

❗自己名義の登記であれば、表題部所有者の記録（表示の登記）でもよい。

2 誤り。肢1で述べたとおり、借地上の建物の自己名義の登記は、借地権の対抗要件になる。そして、借地上の建物の登記に表示された所在地番および床面積が実際と異なる場合でも、所在地番の相違が職権による表示の変更の登記に際し登記官の過誤により生じたものであること、床面積の相違は建物の同一性を否定するようなものではないことなどの事情があるときは、借地権を対抗することができる。したがって、少しでも実際のものと相違している場合には借地権を対抗することができないとする本肢は誤り。

3 誤り。存続期間30年で、更新がなく、終了時には建物を収去すべき旨を定めることができるのは、事業用定期借地権だけであるが、居住用建物を所有する目的の場合には、事業用定期借地権を設定することはできない。したがって、本肢のような定めを有効に規定することはできず、このことは公正証書で行うかどうかに関係がない。

4 誤り。借地権者が建物買取請求権を有するのは、借地権の存続期間が満了した場合である。債務不履行を理由に解除された場合には、建物買取請求権を有しない。したがって、Bには甲建物を時価で買い取る義務はない。

肢3では、更新がなく、終了時には建物を収去すべき旨を定めようとしています。このような定めが可能な借地権は、事業用定期借地権と一般定期借地権です。ところが、本問は、居住用建物を所有する目的の土地賃貸借なので事業用定期借地権を設定することはできず、また、期間30年なので一般定期借地権（存続期間を50年以上としなければならない）も設定することができません。

問12 正解 2 借地借家法（借家） 参考 権利 L15

1 正しい。期間の定めのある建物賃貸借は、期間満了の1年前から6カ月前までの間に、更新拒絶の通知等がされなければ、従前の契約と同一の条件で

解説 平成28年度

更新したものとみなされるが、期間は定めがないものとされる。

2 誤り。正当事由の有無は、建物の使用を必要とする事情のほか、賃貸借の従前の経過、建物の利用状況、建物の現況、財産上の給付（明渡し料）の申出等を考慮して判断される。諸々の事情を総合的に判断するのであって、一定額以上の財産上の給付の申出があれば正当事由があるとみなされるということはない。

3 正しい。建物の転貸借が行われている場合、賃貸借が期間満了または解約申入れによって終了するときは、転借人は賃貸人に対して造作買取請求権を有する。したがって、CはBに対してその造作を時価で買い取るよう請求することができる。

4 正しい。期間1年以上の定期建物賃貸借の場合、賃貸人は、期間満了の1年前から6カ月前までの間に賃借人に対し期間満了により賃貸借が終了する旨の通知をしなければ、その終了を賃借人に対抗することができない。

★★★ **【参考正答率 83.5%】**

問13 正解 **2** 区分所有法　　参考 権利 L19

1 誤り。管理者は、集会において、毎年1回一定の時期に、その事務に関する報告をしなければならない。「毎年2回」ではない。

2 正しい。管理者は、規約に特別の定めがあるときは、共用部分を所有することができる。

3 誤り。管理者になることができる者には、特に制限がない。自然人（＝人間）でも法人でもよく、区分所有者でなくてもよい。

4 誤り。各共有者の共用部分の持分は、規約に別段の定めがなければ、専有部分の床面積の割合による。

★★ **【参考正答率 42.4%】**

問14 正解 **1** 不動産登記法　　参考 権利 L11

1 誤り。新築した建物または区分建物以外の表題登記がない建物の所有権を取得した者は、その所有権の取得の日から1カ月以内に、表題登記を申請しなければならない。「所有権の保存の登記」ではない。

❶所有権保存登記は権利に関する登記なので、申請義務はない。

2 正しい。登記することができる権利は、所有権、地上権、永小作権、地役権、先取特権、質権、抵当権、賃借権、配偶者居住権、採石権である。

3 正しい。建物が滅失したときは、表題部所有者または所有権の登記名義人
は、その滅失の日から１カ月以内に、当該建物の滅失の登記を申請しなけれ
ばならない。

4 正しい。区分建物にあっては、表題部所有者から所有権を取得した者も、
所有権の保存の登記を申請することができる。

★★★ 【参考正答率 90.3%】

問15 正解 **3** 国土利用計画法　　　　　参考 制限 L9

1 誤り。市街化区域内の 2,000㎡ 以上の土地について、土地売買等の契約を
締結した場合には、権利取得者は、原則として、その契約を締結した日から
起算して２週間以内に、事後届出を行わなければならない。「３週間以内」
ではない。

2 誤り。監視区域内に所在する届出対象面積以上の土地について土地売買等
の契約を締結しようとする場合、原則として、「事前届出」を行わなければ
ならない。しかし、「事後届出」を行う必要はない。

3 正しい。都市計画区域外の 10,000㎡ 以上の一団の土地について、土地
売買等の契約を締結した場合には、権利取得者は、原則として、事後届出を
行わなければならない。そして、事後届出の面積要件を満たすかどうかは権
利取得者を基準に判断する。本肢では、一団の土地である甲土地と乙土地の
合計 11,000㎡ の土地を購入する契約を締結しているので、事後届出を行わ
なければならない。

4 誤り。市街化区域内の 2,000㎡ 以上の土地について、土地売買等の契約を
締結した場合には、権利取得者は、原則として、事後届出を行わなければな
らない。そして、それぞれ届出対象面積以上の複数の土地について個々に契
約を締結した場合、それぞれの契約を締結した後に事後届出を行わなければ
ならない。したがって、本肢の場合、甲土地の事後届出と乙土地の事後届出
は別個に行う必要があり、あわせて行うことはできない。なお、その複数の
土地が一団の土地である場合でも同様である。

★ 【参考正答率 38.2%】

問16 正解 **1** 都市計画法　　　　　　　参考 制限 L1

1 正しい。市街地開発事業等予定区域に係る市街地開発事業または都市施設
に関する都市計画には、施行予定者をも定めなければならない。

2 誤り。準都市計画区域については、都市計画に防火地域または準防火地域を定めることができない。

❗防火地域または準防火地域を定めることができるのは、都市計画区域である。

3 誤り。高度利用地区は、用途地域内の市街地における土地の合理的かつ健全な高度利用と都市機能の更新とを図るため、建築物の容積率の最高限度および最低限度、建築物の建蔽率の最高限度、建築物の建築面積の最低限度ならびに壁面の位置の制限を定める地区である。「用途地域内において市街地の環境を維持し、又は土地利用の増進を図るため、建築物の高さの最高限度又は最低限度を定める地区」は、高度地区である。

4 誤り。地区計画については、都市計画に、地区計画の種類、名称、位置および区域などを定めるとともに、区域の面積などを定めるよう努めるものとされている。しかし、建築物の建蔽率および容積率の最高限度について定めなければならない旨の規定はない。

 本問については、肢2と肢3の知識をマスターしておきましょう。肢1と肢4については一読しておくだけで十分です。

★★★ 【参考正答率 66.0%】

問17 正解4 都市計画法   参考 制限 L2

1 誤り。開発許可を受けた者は、開発行為に関する工事を廃止したときは、遅滞なく、その旨を都道府県知事に届け出なければならない。しかし、開発行為に関する工事を廃止するときに、都道府県知事の許可を受ける必要はない。

2 誤り。2以上の都府県にまたがる開発行為は、それぞれの都府県の「知事」の許可を受けなければならない。「国土交通大臣」の許可ではない。

3 誤り。開発許可を受けた者から当該開発区域内の土地の所有権その他当該開発行為に関する工事を施行する権原を取得した者（特定承継人）は、都道府県知事の承認を受けて、当該開発許可を受けた者が有していた当該開発許可に基づく地位を承継することができる。したがって、都道府県知事の承認が必要である。

❗一般承継人の場合は、都道府県知事の承認は不要である。

4 正しい。都道府県知事は、用途地域の定められていない土地の区域における開発行為について開発許可をする場合において必要があると認めるときは、当該開発区域内の土地について、建築物の建蔽率、建築物の高さ、壁面

の位置その他建築物の敷地、構造および設備に関する制限を定めることができる。

★★★ 【参考正答率 93.9%】

問18 正解 1 建築基準法 参考 制限 L4、5

1 正しい。防火地域または準防火地域内にある建築物で、外壁が耐火構造のものについては、その外壁を隣地境界線に接して設けることができる。

2 誤り。高さ31mを超える建築物には、原則として、非常用の昇降機を設けなければならない。しかし、高さ30mの建築物であれば、その必要はない。

3 誤り。準防火地域内においては、地階を除く階数が4以上である建築物または延べ面積が1,500m²を超える建築物は、耐火建築物相当の政令で定める一定の技術的基準に適合する建築物としなければなりません。したがって、「準耐火建築物としなければならない」わけではありません。

4 誤り。延べ面積が1,000m²を超える建築物は、原則として、防火上有効な構造の防火壁または防火床によって有効に区画し、かつ、各区画の床面積の合計をそれぞれ1,000m²以内としなければならない。ただし、耐火建築物または準耐火建築物は例外であり、その必要はない。

★★ 【参考正答率 24.6%】

問19 正解 4 建築基準法 参考 制限 L4

1 正しい。第一種低層住居専用地域内においては、原則として、飲食店を建築することができないが、特定行政庁が許可した場合には、第一種低層住居専用地域内においても飲食店を建築することができる。

2 正しい。前面道路の幅員による容積率制限は、前面道路の幅員が12m未満である場合に適用される。前面道路の幅員が12m以上ある場合は適用されない。

3 正しい。建蔽率の制限は、公園、広場、道路、川その他これらに類するものの内にある建築物で特定行政庁が安全上、防火上および衛生上支障がないと認めて許可したものについては適用されない。

4 誤り。第一種・第二種低層住居専用地域、田園住居地域内においては、建築物の外壁またはこれに代わる柱の面から敷地境界線までの距離（外壁の後退距離）は、当該地域に関する都市計画において外壁の後退距離の限度が定められた場合においては、原則として、当該限度以上でなければならない。

しかし、第一種住居地域には、このような制限はない。

★　【参考正答率 69.5%】

問20　正解 1　盛土規制法　参考 制限 L6

1　誤り。造成された盛土の高さが５m未満であっても、盛土をした土地の面積が 3,000㎡以上であるなど一定の基準に該当する一団の造成宅地の区域については、造成宅地防災区域として指定することができる。

2　正しい。宅地造成等に伴う災害を防止するため必要な措置のうち一定の資格を有する者の設計によらなければならないのは、①高さが５mを超える擁壁の設置に係る工事と、②盛土または切土をする土地の面積が 1,500㎡を超える土地における排水施設の設置に係る工事のみである。したがって、「盛土又は切土をする土地の面積が 600㎡」の土地における「排水施設」であれば、一定の資格を有する者によって設計される必要はない。

3　正しい。宅地造成等工事規制区域内の土地（公共施設用地を除く）において、高さが２mを超える擁壁などの除却の工事（擁壁等に関する工事）を行おうとする者は、宅地造成等に関する工事の許可を受けたなどの場合を除き、その工事に着手する日の 14 日前までに、その旨を都道府県知事に届け出なければならない。

4　正しい。宅地造成等工事規制区域内において、公共施設用地を宅地または農地等に転用した者は、宅地造成等に関する工事の許可を受けたなどの場合を除き、その転用した日から 14 日以内に、その旨を都道府県知事に届け出なければならない。

 本問については、肢３と肢４の知識をマスターしておきましょう。肢１については細かい知識なので一読しておくだけで十分です。

★★★　【参考正答率 97.5%】

問21　正解 4　土地区画整理法　参考 制限 L7

1　正しい。施行者は、換地処分を行う前において、①土地の区画形質の変更、公共施設の新設・変更に係る工事のため必要がある場合、または、②換地計画に基づき換地処分を行うため必要がある場合においては、施行地区内の宅地について仮換地を指定することができる。

2　正しい。仮換地が指定された場合においては、従前の宅地について権原に

基づき使用・収益することができる者は、仮換地の指定の効力発生の日から
換地処分の公告がある日まで、仮換地について、従前の宅地について有する
権利の内容である使用・収益と同じ使用・収益をすることができる。

3 **正しい。**施行者は、仮換地を指定した場合において、その仮換地に使用・
収益の障害となる物件が存するときその他特別の事情があるときは、その仮
換地について使用・収益を開始することができる日を仮換地の指定の効力発
生日と別に定めることができる。

4 **誤り。**土地区画整理組合が施行する土地区画整理事業の場合、その組合の
設立の認可の公告があった日後、換地処分の公告がある日までは、施行地区
内において、土地区画整理事業の施行の障害となるおそれがある土地の形質
の変更などを行おうとする者は、都道府県知事等の許可を受けなければなら
ない。「当該土地区画整理組合の許可」ではない。

★★　【参考正答率 92.5%】

問22 　正解 3 　農地法　参考 制限 L8

1 **誤り。**相続により農地を取得する場合だけでなく、相続人に対する特定遺
贈により農地を取得する場合も、農地法3条の許可を受ける必要はない。し
かし、「相続人に該当しない者」に対する特定遺贈により農地を取得する場
合には、農地法3条の許可を受ける必要がある。

2 **誤り。**農地所有適格法人（＝主たる事業が農業であることなど所定の要件
を満たす法人）でない法人（一般の株式会社など）であっても、農地法3条
の許可を受けて、耕作目的で農地を借り入れることができる。

3 **正しい。**農地法3条または5条の許可が必要な行為を許可を受けないでし
た場合、その行為は効力を生じない。したがって、必要な農地法3条または
5条の許可を受けずに農地の売買契約を締結しても、その所有権の移転の効
力は生じない。

4 **誤り。**耕作しておらず遊休化している農地も、農地法上の「農地」に含ま
れる。農地を農地以外のものに転用する場合には、原則として、農地法4条
の許可を受ける必要がある。ただし、市街化区域内にある農地を、あらかじ
め農業委員会に届け出て、転用する場合には、例外的に農地法4条の許可を
受ける必要はない。しかし、市街化調整区域内の農地には、このような例外
はない。したがって、本肢の場合、農地法4条の許可を受ける必要がある。

問23 正解 2 印紙税　　　　　　　　　　　　参考 税他 L3

1 誤り。課税文書に印紙を貼り付けなかった場合には、原則として、納付しなかった印紙税額とその2倍に相当する金額との合計額（すなわち、印紙税額の3倍）の過怠税が徴収される。ただし、自主的に不納付の申出をしたときは、納付しなかった印紙税額とその10％に相当する金額との合計額（すなわち、印紙税額の1.1倍）になる。本肢は税務調査により判明した場合なので、原則どおり、納付しなかった印紙税額とその2倍に相当する金額との合計額である。

2 正しい。交換契約書の記載金額は、交換金額（＝不動産の価額）が記載されているときは交換金額であり、双方の価額が記載されているときは高いほうである。したがって、本肢では、3,000万円と3,500万円のうちの高いほうである3,500万円が記載金額になる。

3 誤り。不動産の贈与契約書は、記載金額のない不動産の譲渡に関する契約書として印紙税が課される。贈与契約書に評価額が記載されていても、その額は記載金額にはならない。

4 誤り。記載金額（受取金額）が5万円未満の受取書は、非課税である。したがって、本肢の領収書には、印紙税が課されない。

問24 正解 3 不動産取得税　　　　　　　　　　参考 税他 L1

1 誤り。家屋が新築された日から6カ月（宅建業者等が売り渡す住宅については1年）を経過しても当該家屋について最初の使用または譲渡が行われない場合、当該家屋が新築された日から6カ月（1年）を経過した日において家屋の取得がなされたものとみなし、当該家屋の所有者が取得者とみなされて不動産取得税が課される。「3年」ではない。

2 誤り。不動産取得税は、法人の合併による取得の場合には課されない。

3 正しい。床面積が50m²（戸建以外の賃貸住宅は40m²）以上240m²以下の新築住宅に係る不動産取得税の課税標準の算定については、当該新築住宅の価格から1,200万円が控除される。

4 誤り。不動産取得税の標準税率は、住宅・土地に係るものは3/100（3％）、住宅以外の家屋に係るものは4/100（4％）である。土地の場合は用途に関係なく3/100（3％）なので、住宅用以外の家屋の土地に係る不動産取得

税の税率が 4/100（4％）とする本肢は誤り。

新築の家屋については、原則として、最初の使用または譲渡が行われた日に家屋の取得がなされたものとみなされます。ただし、肢1の解説のとおり、新築の日から6カ月（1年）を経過しても最初の使用または譲渡が行われない場合には、新築の日から6カ月（1年）を経過した日において家屋の取得がなされたものとみなされます。

問25 正解 2 不動産鑑定評価基準　参考 税他 L8

1 誤り。不動産の鑑定評価によって求める価格は、基本的には正常価格であるが、鑑定評価の依頼目的に対応した条件により限定価格、特定価格または特殊価格を求める場合がある。もっとも、限定価格と特定価格は市場性を有する不動産についての価格なので、市場性を有しない不動産について限定価格や特定価格を求める場合があるとする本肢は誤り。

2 正しい。同一需給圏とは、一般に対象不動産と代替関係が成立して、その価格の形成について相互に影響を及ぼすような関係にある他の不動産の存する圏域をいう。そして、同一需給圏は、不動産の種類、性格および規模に応じた需要者の選好性によってその地域的範囲を異にするものであり、その地域的範囲は狭められる場合もあれば、広域的に形成される場合もある。

3 誤り。鑑定評価の各手法の適用に当たって必要とされる取引事例等については、取引等の事情が正常なものと認められるものまたは正常なものに補正することができるものから選択するものとされている。売り急ぎ、買い進み等の特殊な事情が存在する事例も、正常なものに補正することができるものであれば選択することができる。

❗取引事例には、投機的取引と認められる事例を用いることはできない。

4 誤り。市場における不動産の取引価格の上昇が著しいときは、取引価格と収益価格との乖離が増大するものであるので、先走りがちな取引価格に対する有力な検証手段として、この収益還元法が活用されるべきである。したがって、「適用は避けるべきである」とする本肢は誤り。なお、収益還元法は、対象不動産が将来生み出すであろうと期待される純収益の現在価値の総和を求めることにより対象不動産の試算価格を求める手法である点は正しい。

問26 正解 1 監督処分

参考 業法 L18

1 **正しい。**宅建業者が重要事項の説明を怠ったことは指示処分・業務停止処分（情状が特に重いときは免許取消処分）の対象となるので、Aは、甲県知事から業務停止を命じられることがある。

2 **誤り。**宅建業に関する業務において不正または著しく不当な行為を行った場合、業務停止処分（情状が特に重いときは免許取消処分）の対象となる。そして、指示処分・業務停止処分は、免許権者と当該宅建業者が業務を行っている都道府県知事が行うことができる。したがって、乙県知事は、Aに対し、業務停止を命ずることができる。

3 **誤り。**指示処分に従わない場合、業務停止処分（情状が特に重いときは免許取消処分）の対象となる。しかし、業務停止処分の期間は1年以内なので、1年を超える期間を定めることはできない。

4 **誤り。**自分が貸主または借主となって貸借をすること（自ら貸借）は、宅建業に当たらない。したがって、本肢の行為に宅建業法は適用されないので、業務停止を命じられることもない。

問27 正解 3 媒介契約

参考 業法 L8

1 **誤り。**宅建業法34条の2第1項に規定する書面（＝媒介契約書面）には、当該媒介契約が国土交通大臣が定める標準媒介契約約款に基づくものであるか否かの別を記載しなければならない。このことは、一般媒介契約であるか専任媒介契約であるかを問わない。

2 **誤り。**宅建業者は、指定流通機構へ登録した宅地・建物の売買・交換契約が成立したときは、遅滞なく、指定流通機構へ通知しなければならない。したがって、引渡しが完了していなければ通知する必要はないとする本肢は誤り。

3 **正しい。**媒介契約書面には、宅建業者の記名押印は必要であるが、宅建士の記名は必要ない。

❗宅建士の記名が必要なのは、重要事項説明書（35条書面）と37条書面だけである。

4 **誤り。**媒介契約書面には、売買すべき価額を記載しなければならない。このことは、一般媒介契約であるか専任媒介契約であるかを問わない。したがって、「記載する必要はない」とする本肢は誤り。

問28　正解 4　自ら売主制限　参考 業法 L14、15

ア　違反する。 工事完了前に売買契約を締結した場合、代金額の5％以下かつ1,000万円以下の手付金等であれば、保全措置を講じずに受領することができる。したがって、本肢の場合、200万円を超える手付金等を受領しようとするときには保全措置が必要である。そして、保全措置の要否は、すでに受領している額を含めた額で判断する。本肢の場合、手付金と中間金を合計すると200万円を超えるので、中間金を受領する前に保全措置が必要である。

イ　違反しない。 工事完了後に売買契約を締結した場合、代金額の10％以下かつ1,000万円以下であれば、保全措置が不要である。したがって、本肢の場合、400万円までは保全措置を講じずに受領することができる。

ウ　違反する。 宅建業者が自ら売主となる売買契約において手付が支払われたときは、当事者の一方が履行に着手するまでは、買主は手付を放棄して、売主は手付の倍額を現実に提供して、契約を解除することができる。したがって、Aから解除する場合には、手付金500万円の倍額である1,000万円を現実に提供する必要がある。

エ　違反する。 宅建業者が自ら売主となる売買契約において、損害賠償額の予定や違約金を定めるときは、あわせて代金額の2/10を超えてはならない。したがって、本問では、800万円を超えてはならない。

以上より、違反するものはア、ウ、エの三つであり、肢4が正解になる。

問29　正解 3　その他の業務上の規制等　参考 業法 L12、15

ア　違反する。 宅建業者は、一団の宅地・建物の分譲をする場合における案内所に、標識を掲示しなければならない。このことは、その案内所で契約の締結や申込みの受付をするかどうかに関係がない。

> ❗契約の締結や申込みの受付をするかどうかが関係するのは、専任の宅建士の設置義務と案内所等の届出義務の有無である。

イ　違反する。 宅建業者は、手付について貸付けその他の信用の供与をすることにより契約の締結を誘引してはならない。手付の貸付けを行うことは「信用の供与」に当たる。そして、契約の締結を誘引（勧誘）することが禁止されているので、信用の供与をして勧誘すれば宅建業法違反になり、売買の成立の有無は関係ない。

ウ 違反しない。宅建業者は、その事務所ごとに、その業務に関する帳簿を備えなければならないが、従業者名簿と異なり、閲覧の規定はない。

エ 違反する。宅建業者は、自ら売主となる割賦販売契約においては、30日以上の相当の期間を定めて支払を書面で催告し、その期間内に履行がないときでなければ、契約を解除し、または支払時期の到来していない賦払金の支払を請求することができない。したがって、直ちに契約を解除することはできない。

以上より、違反するものはア、イ、エの三つであり、肢3が正解になる。

★★★ 【参考正答率 98.2%】

問30 正解 4 重要事項の説明・37条書面 参考 業法 L10、11

1 誤り。借賃の額・支払時期・支払方法は、37条書面の記載事項であるが、重要事項として説明する必要はない。

2 誤り。宅建士は、重要事項の説明をする際には、宅建士証を提示しなければならない。相手方からの請求があったかどうかは関係ない。

3 誤り。37条書面を交付する際に、書面の交付に代えて電磁的方法で提供するには、当事者の承諾が必要である。

4 正しい。宅建業者は、宅建士をして37条書面に記名させなければならないが、37条書面の交付は宅建士でない者に行わせることができる。

★★★ 【参考正答率 98.0%】

問31 正解 4 弁済業務保証金 参考 業法 L7

1 誤り。保証協会に加入することは宅建業者の任意であるが、宅建業者は、同時に複数の保証協会の社員になることができない。

2 誤り。保証協会の社員（＝保証協会に加入している宅建業者）は、新たに事務所を設置したときは、その日から2週間以内に、その事務所の分に相当する弁済業務保証金分担金を保証協会に納付しなければならず、納付しないときは社員の地位を失う。「1月以内」ではない。

3 誤り。保証協会から還付充当金の納付の通知を受けた社員は、その通知を受けた日から2週間以内に、その通知された額の還付充当金を保証協会に納付しなければならない。「主たる事務所の最寄りの供託所に供託」するのではない。

4 正しい。弁済業務保証金から弁済を受けることができる額の限度は、営業

保証金の場合と同じである。150万円の弁済業務保証金分担金を納付している宅建業者は、事務所を4カ所設置していることになる（主たる事務所60万円＋その他の事務所30万円×3＝150万円）。この宅建業者が営業保証金を供託する場合には、主たる事務所1,000万円＋その他の事務所500万円×3＝2,500万円を供託しなければならないので、弁済を受けることができる額の限度も2,500万円である。

営業保証金と弁済業務保証金（分担金）の額の換算は、「500万円と30万円とが対応する」と考えれば簡単です。肢4の場合、150万円は30万円の5倍なので、営業保証金なら500万円の5倍の2,500万円になります。

★★ 【参考正答率 97.9%】

問32 正解 1 広告に関する規制 参考 業法 L9

1 違反しない。宅建業者は、宅地の造成または建物の建築に関する工事の完了前においては、当該工事に必要とされる開発許可・建築確認等の処分があった後でなければ、その宅地・建物に関する広告をしてはならない。本肢の場合、許可等の処分があった後に広告を行っているので、宅建業法の規定に違反しない。

2 違反する。肢1で述べたとおり、建築確認の処分があった後でなければ広告をしてはならない。このことは、「建築確認申請済」と表示しても変わりがない。

3 違反する。宅建業者は、宅地・建物の売買・交換・貸借に関する広告をするときは、取引態様の別を明示しなければならない。本肢の場合、取引態様の別を明示せずに広告を掲載しているので、その時点で宅建業法の規定に違反する。広告を見た者からの問い合わせの有無等は関係ない。

4 違反する。宅建業者が業務の全部の停止処分を受けた場合、その停止期間中はすべての業務を行うことができないので、広告を行うこともできない。このことは、契約締結を停止期間の経過後に行うことにしても変わりがない。

★★ 【参考正答率 66.2%】

問33 正解 3 報酬に関する制限 参考 業法 L17

ア 誤り。宅建業者は、国土交通大臣が定める報酬の限度額を超える報酬を受領してはならない。このことは、本肢のような場合でも変わりない。

イ 誤り。宅建業者は、依頼者の特別の依頼による広告に要した実費であれば、

報酬の限度額とは別に受領することができる。しかし、本肢のように依頼者の依頼によらない通常の広告費は、限度額の報酬と別に受領することができない。

ウ　誤り。居住用建物以外の賃貸借の場合、権利金の額を売買に係る代金の額とみなして報酬額を計算することができる。しかし、本肢は居住用建物の貸借なので、そのような計算をすることはできない。

以上より、誤っているものはア、イ、ウの三つであり、肢3が正解になる。

★★　**【参考正答率 98.0%】**

問34　正解 2　その他の業務上の規制等　参考 業法 L10、12

1　正しい。宅建業者等は、勧誘をするに際し、一定の重要な事項について、故意に事実を告げず、または不実のことを告げる行為をしてはならない。取引関係者の資力・信用に関する事項で、相手方等の判断に重要な影響を及ぼすものは、この「重要な事項」に含まれる。したがって、Aの行為は、宅建業法の規定に違反する。

2　誤り。宅建業者等は、勧誘に際して、宅地・建物の将来の環境または交通その他の利便について誤解させるべき断定的判断を提供してはならない。間違いなく駅ができると告げることは、断定的判断の提供に該当する。そして、この規定には「故意に」という言葉がないので、故意にだましたわけでなくても、宅建業法の規定に違反する。

3　正しい。手付放棄・倍返しによる解除をすることができるのは、相手方が契約の履行に着手するまでの間である。本肢では、売主が所有権の移転登記を行い引渡しも済んでいるので、買主は手付放棄による解除をすることができない。したがって、Aは、そのことを理由に当該契約の解除を拒むことができる。

4　正しい。宅建業者は、手付について貸付けその他の信用の供与をすることにより契約の締結を誘引してはならない。手付の分割払いを認めることは「信用の供与」に当たる。そして、契約の締結を誘引することが禁止されているので、契約締結に至ったかどうかは関係ない。したがって、Aの行為は、宅建業法の規定に違反する。

問35　正解 4　免許の効力等

参考 業法 L3

1　誤り。免許証の返納義務は、①免許換えにより従前の免許が効力を失ったとき、②免許取消処分を受けたとき、③亡失した免許証を発見したとき、④廃業等の届出をするとき、に課されている。したがって、本肢のように免許の有効期間が満了した場合には、免許証を返納する必要はない。

2　誤り。業務停止期間中は免許の更新を受けられない旨の規定はない。

　❶宅建士は、事務禁止期間中は登録の移転の申請を行うことができない。このことと区別する必要がある。

3　誤り。宅建業者が破産手続開始の決定を受けた場合、破産管財人は、その日から 30 日以内にその旨を免許権者に届け出なければならない（廃業等の届出）。したがって、代表する役員が届け出なければならないとする本肢は誤り。なお、国土交通大臣へ廃業等の届出をする場合には、主たる事務所の所在地を管轄する都道府県知事を経由する点は正しい記述である。

4　正しい。宅建業者の免許が失効したり取り消されたりした場合であっても、その宅建業者や一般承継人（相続人、合併でできた会社）は、その宅建業者が締結した契約に基づく取引を結了する目的の範囲内においては宅建業者とみなされる。FはEの一般承継人なので、Eが生前締結した売買契約を結了する目的の範囲内においては、なお宅建業者とみなされる。このことは死亡した旨の届出（廃業等の届出）をした後でも変わりがない。

問36　正解 4　重要事項の説明

参考 業法 L10

ア　正しい。区分所有建物の売買・交換においては、当該建物を所有するための一棟の建物の敷地に関する権利の種類および内容を、重要事項として説明しなければならない。このことは、登記がされているかどうかに関係がない。

イ　正しい。宅建業者は、法令に基づく制限に関する事項の概要を、重要事項として説明しなければならない。そして、宅地が流通業務市街地の整備に関する法律に規定する流通業務地区にある場合、同法5条1項の規定による制限（流通業務地区内の規制）の概要は、説明すべき事項に含まれる。

ウ　正しい。代金の額・支払時期・支払方法は、重要事項として説明する必要がない。これに対し、代金以外に授受される金銭の額・授受目的は、重要事項として説明しなければならない。

エ 正しい。建物が工事の完了前のものであるときは、必要に応じ当該建物に係る図面を交付した上で、建築の工事の完了時における形状、構造、建築の工事の完了時における当該建物の主要構造部、内装および外装の構造または仕上げならびに設備の設置および構造を、重要事項として説明しなければならない。

以上より、正しいものはア、イ、ウ、エの四つであり、肢4が正解になる。

問37 正解 2 免許　　　参考 業法 L2、3

ア 誤り。免許換えの申請を怠っていることが判明したことは、必要的免許取消処分事由である。したがって、Aは甲県知事から免許取消処分を受けるのであって、業務停止の処分を受けることはない。

イ 正しい。宅建業者の免許が失効したり取り消されたりした場合であっても、その宅建業者や一般承継人（相続人、合併でできた会社）は、その宅建業者が締結した契約に基づく取引を結了する目的の範囲内においては宅建業者とみなされる。したがって、Bは本肢の売買契約に基づく取引を結了する目的の範囲内においては、宅建業者として当該取引に係る業務を行うことができる。

ウ 正しい。免許の申請前5年以内に宅建業に関し不正または著しく不当な行為をした者は、免許の欠格要件に該当する。その行為について刑に処せられたかどうかは関係ない。したがって、Cは免許を受けることができない。

エ 誤り。免許換えの申請をした場合、新たな免許を受けたときに、従来の免許の効力が失われる。したがって、国土交通大臣に免許換えの申請をしていても、国土交通大臣の免許を受けるまでは従来の免許が有効なので、Dは、甲県知事免許業者として業務を行うことができる。

以上より、正しいものはイ、ウの二つであり、肢2が正解になる。

問38 正解 1 宅建士等　　　参考 業法 L4、5、12

ア 誤り。登録の移転の申請とともに宅建士証の交付の申請があったときは、移転後の都道府県知事は、従来の宅建士証の有効期間が経過するまでの期間を有効期間とする宅建士証を交付しなければならない。

❗つまり、この場合の有効期間は、従来の宅建士証の有効期間の残りの期間である。

イ 誤り。宅建業者は、従業者に従業者証明書を携帯させなければならないが、携帯させなければならない者の範囲には代表者も含まれる。そして、従業者は、取引の関係者の請求があったときは、従業者証明書を提示しなければならない。したがって、代表者である宅建士は従業者証明書がないので提示をしなくてよいとする本肢は誤り。なお、宅建士は取引の関係者から宅建士証の提示を求められたときは宅建士証を提示しなければならない点は正しい記述である。

ウ 誤り。宅建士が精神の機能の障害により宅建士の事務を適正に行うに当たって必要な認知、判断および意思疎通を適切に行うことができない者となったときは、本人またはその法定代理人もしくは同居の親族は、30日以内に、その旨を登録をしている都道府県知事に届け出なければならない。「3月以内」ではない。

エ 正しい。宅建士資格登録簿には、閲覧の規定はない。これに対し、宅建業者名簿は一般の閲覧に供され、その登載事項には、事務所ごとに置かれる専任の宅建士の氏名が含まれる。

以上より、正しいものはエの一つであり、肢1が正解になる。

★★★ 【参考正答率 87.7%】

問39 **正解 2** **37条書面** 参考 業法 L11

1 誤り。専有部分の用途その他の利用の制限に関する規約の内容は、37条書面の記載事項ではない。なお、区分所有建物において、専有部分の用途その他の利用の制限に関する規約の定め（案を含む）があるときは、その内容が重要事項説明の対象とされている。

2 正しい。契約の解除に関する事項は、重要事項説明の対象である。また、契約の解除に関する定めがあるときは、その内容を37条書面に記載しなければならない。

3 誤り。貸借の場合、借賃の額・支払時期・支払方法を37条書面に記載しなければならない。この記載義務は、当事者の承諾を得ても免除されない。

4 誤り。天災その他不可抗力による損害の負担に関する定めがあるときは、その内容を37条書面に記載しなければならない。損害の負担に関する定めをしたときにその内容を記載する義務があるだけで、損害の負担に関する定めがない場合にその旨を記載する必要はない。

問40　正解 1　営業保証金

1　正しい。宅建業者は、主たる事務所を移転したため最寄りの供託所が変更した場合、（1）金銭のみをもって営業保証金を供託しているときは、遅滞なく、営業保証金を供託している供託所に対し、移転後の主たる事務所の最寄りの供託所への営業保証金の保管替えを請求し、（2）その他のときは、遅滞なく、営業保証金を移転後の主たる事務所の最寄りの供託所に新たに供託しなければならない。本肢は（2）に該当する。

❗（2）の場合、新たに供託した後に、従来の供託所から営業保証金を取り戻すことができる。その際には、還付請求権者に対する公告は不要である。

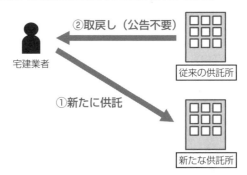

2　誤り。宅建業者は、還付による営業保証金の不足額を供託したときは、その供託書の写しを添附して、2週間以内に、その旨を免許権者に届け出なければならない。「30日以内」ではない。

3　誤り。営業保証金から弁済を受けることができる額の限度は、供託されている営業保証金の額である。本問では、1,500万円の営業保証金が供託されているので、限度額も1,500万円である。

4　誤り。主たる事務所の最寄りの供託所の変更により新たに供託した場合において、従前の営業保証金を取り戻すときは、還付請求権者に対する公告を行う必要がない。

問41　正解 3　宅建業法総合

1　誤り。宅建業者は、売買・交換の媒介契約を締結したときは、遅滞なく、媒介契約の内容を記載した書面（媒介契約書面）を作成・交付しなければならない。同様に、売買・交換の代理契約を締結したときは、遅滞なく、代理

契約の内容を記載した書面を作成・交付しなければならない。したがって、本肢は後半が誤り。

2 誤り。37条書面は、作成・交付すれば足り、内容を説明する必要はない。したがって、宅建士をして説明させなければならないとする本肢は誤り。

3 正しい。宅建業者は、自己の所有に属しない宅地・建物については、自ら売主となる売買契約（予約を含む）を締結できないのが原則である。しかし、この規定は自ら売主制限なので、買主が宅建業者の場合には適用されない。

4 誤り。宅建業者は、専属専任媒介契約を締結したときは、その日から5日以内（宅建業者の休業日を除く）に指定流通機構に登録しなければならない。したがって、「休業日数を含め5日以内」とする本肢は誤り。

★★★ 【参考正答率 89.2%】

問42 正解 4 37条書面
参考 業法L11

1 誤り。引渡しの時期は、37条書面の記載事項である。そして、37条書面の規定は当事者が宅建業者か否かに関係なく適用されるので、宅建業者間の売買契約を媒介した場合でも、記載事項に変わりはない。

2 誤り。代金の額・支払時期・支払方法は37条書面の記載事項である。そして、消費税等相当額は代金の額の一部となるので、代金の額の記載に当たっては、消費税等相当額を記載しなければならない。

3 誤り。37条書面の作成・交付義務や37条書面に宅建士をして記名させる義務は、売買・交換の当事者である宅建業者にも、売買・交換・貸借の媒介・代理をした宅建業者にも、それぞれ課されている。したがって、Dが宅建士をして37条書面に記名させている場合でも、Aは宅建士をして37条書面に記名させる義務を負う。

4 正しい。肢3で述べたとおり、貸借の代理をした宅建業者は、37条書面の作成・交付義務を負う。交付の相手方は、契約の当事者であるFとGである。

★★★ 【参考正答率 82.8%】

問43 正解 2 手付金等の保全措置
参考 業法L15

宅建業者は、自ら売主となる売買契約においては、保全措置を講じた後でなければ、手付金等を受領してはならない。ただし、買主が登記をしたとき、または受領しようとする手付金等の額が少ないときは（本問のように工事完了前

に売買契約を締結した場合は、代金額の5％以下かつ1,000万円以下。したがって、本問では150万円以下）、保全措置を講じなくても、手付金等を受領することができる。

ア 正しい。宅建業者が必要な保全措置を講じないときは、買主は、手付金等を支払わないことができる。したがって、Bは、手付金の支払を拒否することができる。

イ 誤り。報酬は保全措置が必要な手付金等に含まれないし、保全措置は自ら売主となる宅建業者の義務であって、媒介・代理をした宅建業者の義務ではない。したがって、Cは保全措置を講じる必要はない。

ウ 正しい。既に受領した額があるときは、その額を含めて保全措置の要否を判断し、保全措置が必要であれば、既に受領した額も含めた全額について保全措置が必要である。本肢では、合計額500万円を基準に判断するので保全措置が必要であり、500万円について保全措置を講じなければならない。

エ 誤り。上記のとおり、工事完了前に売買契約を締結した場合、代金額の5％以下かつ1,000万円以下であれば保全措置は不要である。このことは、途中で工事が完了しても変わりがない。本肢の場合、中間金を受領する段階では合計で300万円になるので、この時点で5％を超え、保全措置を講じる必要がある。

以上より、正しいものはア、ウの二つであり、肢2が正解になる。

★★　**【参考正答率 86.4％】**

問44 **正解2** **クーリング・オフ**　　　参考 業法 L13

宅建業者がクーリング・オフについて告げるときに交付すべき書面の記載事項は、次のとおりである。

① 買受けの申込みをした者または買主の氏名（法人にあっては、その商号または名称）および住所

② 売主である宅建業者の商号または名称および住所ならびに免許証番号

③ 告げられた日から起算して8日を経過する日までの間は、宅地または建物の引渡しを受け、かつ、その代金の全部を支払った場合を除き、書面により買受けの申込みの撤回または売買契約の解除を行うことができること。

④ ③の買受けの申込みの撤回または売買契約の解除があったときは、宅建業者は、その買受けの申込みの撤回または売買契約の解除に伴う損害賠償または違約金の支払を請求することができないこと。

⑤ ③の買受けの申込みの撤回または売買契約の解除は、買受けの申込みの撤回または売買契約の解除を行う旨を記載した書面を発した時に、その効力を生ずること。

⑥ ③の買受けの申込みの撤回または売買契約の解除があった場合において、その買受けの申込みまたは売買契約の締結に際し手付金その他の金銭が支払われているときは、宅建業者は、遅滞なく、その全額を返還すること。

1 正しい。上記①と②により、記載事項とされている。

2 誤り。上記③により、「宅地の引渡しを受け、かつ、その代金の全部を支払った場合を除き」クーリング・オフできる旨が記載されていなければならない。ところが、本肢には「宅地の引渡しを受け、かつ、」の部分がない。したがって、本肢は誤り。

3 正しい。上記⑤により、記載事項とされている。

4 正しい。上記④と⑥により、記載事項とされている。

本問では、記載すべきとされている内容がクーリング・オフ制度の説明として正しいかどうかを検討すれば、正解を出すことができます。誤っている内容を記載事項として法定するはずがないからです。

★★　【参考正答率 96.1%】

問45　正解 3　住宅瑕疵担保履行法　参考 業法 L19

1 誤り。合計戸数の算定に当たっては、販売新築住宅のうち、その床面積の合計が 55㎡以下のものは、その2戸をもって1戸とされる。「100㎡以下」ではない。

2 誤り。宅建業者は、基準日ごとに、当該基準日に係る住宅販売瑕疵担保保証金の供託または住宅販売瑕疵担保責任保険契約の締結の状況について、基準日から3週間以内に、その免許を受けた国土交通大臣または都道府県知事に届け出なければならない。「引き渡した日から3週間以内」ではない。

3 正しい。宅建業者は、住宅販売瑕疵担保保証金の供託をする場合、新築住宅の売買契約を締結するまでに、供託所の所在地等について書面を交付して（当該書面に記載すべき事項を電磁的方法により提供する場合を含む）説明しなければならない。

4 誤り。住宅販売瑕疵担保責任保険契約について、本肢のような、10年以内に転売したときは解除しなければならない旨の規定はない。

問46　正解 **2**　住宅金融支援機構　　参考　税他 L9

1　正しい。機構の業務には、子どもを育成する家庭または高齢者の家庭に適した良好な居住性能および居住環境を有する賃貸住宅の建設または改良に必要な資金の貸付けが含まれている。

2　誤り。証券化支援事業（買取型）において譲受けの対象となる貸付債権は、債務者または債務者の親族が居住する住宅の建設または購入に必要な資金の貸付けに係るものである。賃貸住宅の建設または購入に必要な資金の貸付けに係るものは対象とされていない。

3　正しい。機構は、証券化支援事業（買取型）において、バリアフリー性、省エネルギー性、耐震性、耐久性・可変性（＝リフォームのしやすさ）に優れた住宅を取得する場合に、貸付金の利率を一定期間引き下げる制度を実施している。

4　正しい。機構の業務には、マンション管理組合や区分所有者に対するマンション共用部分の改良に必要な資金の貸付けが含まれている。

問47　正解 **4**　不当景品類及び不当表示防止法　　参考　税他 L10

1　誤り。物件は存在するが、実際には取引の対象となり得ない物件に関する表示は、おとり広告であり、不当表示になる。本肢の場合、掲載前に契約済みとなっているので、取引の対象となり得ない物件に関する表示に該当し、不当表示になる。このことは、消費者からの問合せに取引できない旨を説明しても変わりはない。

2　誤り。市街化調整区域に所在する土地については、原則として、「市街化調整区域。宅地の造成及び建物の建築はできません。」と明示すること（新聞折込チラシ等およびパンフレット等の場合には 16 ポイント以上の大きさの文字を用いること。）とされている。したがって、宅地の造成や建物の建築ができない旨も表示しなければならない。

3　誤り。学校、病院、官公署、公園その他の公共・公益施設は、原則として、現に利用できるものを、物件からの道路距離または徒歩所要時間を明示し、その施設の名称を表示して（公立学校および官公署の場合は、パンフレットを除き、省略することができる）、表示することとされている。半径 300 m 以内に所在していれば道路距離等の表示を省略することはできるとの規定は

ない。

4　正しい。新設予定の鉄道、都市モノレールの駅もしくは路面電車の停留場またはバスの停留所は、当該路線の運行主体が公表したものに限り、その新設予定時期を明示して表示することができる。

「物件が存在しないため、実際には取引することができない物件に関する表示」や「物件は存在するが、実際には取引する意思がない物件に関する表示」も、おとり広告になります。後者の具体例は、広告した物件を案内することを拒否したり、案内はするが広告した物件の欠点を強調して他の物件を勧めたりする場合です。

★　【参考正答率 92.0%】

問48　正解 1　統計

※統計問題は、出題時の数値をそのまま掲載しています。内容を覚える必要はありません。

1　正しい。平成 27 年 1 月以降の 1 年間の地価は、全国平均では、住宅地はわずかに下落しているものの下落幅は縮小しており、全用途平均では昨年までの下落から上昇に転じている。

2　誤り。平成 26 年の住宅地、工業用地等の宅地は、全国で約 193 万ヘクタールであり、平成 25 年より増加している。したがって、「近年、減少傾向にある」とする本肢は誤り。

3　誤り。分譲住宅の着工戸数のうち、一戸建住宅は前年に比べて減少しているが、マンションは前年に比べて増加している。したがって、ともに減少しているとする本肢は誤り。

4　誤り。平成 27 年 3 月末時点の宅建業者数は 122,685 業者となっており、前年 3 月末時点に比べ増加している。したがって、「減少した」とする本肢は誤り。

★★★　【参考正答率 99.3%】

問49　正解 3　土地

参考　税他 L11

1　適当。豪雨による深層崩壊は、山体岩盤の深いところに亀裂が生じ、巨大な岩塊が滑落し、山間の集落などに甚大な被害を及ぼす。斜面が地盤の深いところから崩れるので、大規模な崩壊になり、大きな被害が起こるのである。

2　適当。花崗岩が風化してできた、まさ土地帯においては、近年発生した土石流災害によりその危険性が再認識された。

❶一般に、凝灰岩、集塊岩、頁岩、花崗岩（風化して、まさ土化したもの）等が崩壊しやすく、玄武岩、安山岩、珪質岩等は崩壊しにくいとされている。

3 **最も不適当**。山麓や火山麓の地形の中で、土石流や土砂崩壊による堆積でできた地形は、斜面崩壊や地すべり等の危険性が高い。

4 **適当**。丘陵地や台地の縁辺部の崖崩れについては、山腹で傾斜角が25度を超えると急激に崩壊地が増加する。

★★★ 【参考正答率 92.3%】

問50 正解 **1** 建物　　　　　　　　　　　参考 税他 L12

1 **最も不適当**。鉄骨造は、自重が小さく（軽く）、靭性が大きいことから、大空間の建築の骨組みや高層建築の骨組みに適している。

2 **適当**。鉄筋コンクリート造においては、骨組の形式はラーメン式の構造が一般に用いられている。

3 **適当**。鉄骨鉄筋コンクリート造は、鉄筋コンクリート造にさらに強度と靭性を高めた構造である。

4 **適当**。ブロック造を耐震的な構造にするためには、鉄筋コンクリートの布基礎および臥梁（壁の頂部を固めるための梁）により壁体の底部と頂部を固めることが必要である。

平成 27 年度
解答&解説

27

平成 27 年度　解答＆出題テーマ一覧

科目	問題	解答	テーマ
権利関係	1	4	民法総合
	2	2	意思表示
	3	4	賃貸借・使用貸借
	4	3	時効
	5	3	占有
	6	2	抵当権
	7	2	抵当権
	8	1	同時履行の抗弁権
	9	1	賃貸借
	10	4	相続
	11	4	借地借家法（借家）
	12	1	借地借家法（借家）
	13	1	区分所有法
	14	4	不動産登記法
法令上の制限	15	4	都市計画法
	16	1	都市計画法
	17	3	建築基準法
	18	2	建築基準法
	19	2	盛土規制法
	20	4	土地区画整理法
	21	1	国土利用計画法
	22	4	農地法
税・その他	23	3	贈与税
	24	4	固定資産税
	25	1	地価公示法

科目	問題	解答	テーマ
宅建業法	26	1	宅建業とは
	27	4	免許の基準
	28	4	媒介契約
	29	2	重要事項の説明
	30	3	媒介契約
	31	2	重要事項の説明
	32	2	重要事項の説明等
	33	3	報酬に関する制限
	34	3	自ら売主制限
	35	4	宅建士
	36	1	自ら売主制限
	37	3	広告開始・契約締結時期の制限
	38	2	37 条書面
	39	3	自ら売主制限
	40	4	手付金等の保全措置等
	41	1	業務上の規制
	42	3	営業保証金・弁済業務保証金
	43	2	監督処分
	44	2	案内所等に関する規制
	45	4	住宅瑕疵担保履行法
税・その他	46	3	住宅金融支援機構
	47	3	不当景品類及び不当表示防止法
	48	2	統計
	49	3	土地
	50	1	建物

合格ライン

合格点	科目別 目安得点			
	権利関係 (問1～問14)	宅建業法 (問26～問45)	法令上の制限 (問15～問22)	税その他 (問23～問25、問46～問50)
31 / 50	7 / 14	13 / 20	5 / 8	6 / 8

あなたの得点

得点	科目別 得点			
	権利関係 (問1～問14)	宅建業法 (問26～問45)	法令上の制限 (問15～問22)	税その他 (問23～問25、問46～問50)
/ 50	/ 14	/ 20	/ 8	/ 8

平成27年度　試験講評

　「個数問題」が9問出題されたことが平成27年度の大きな特徴として挙げられる。平成24年度以降、知識の正確性が問われる「個数問題」が増加し、難化傾向にあったが、平成26年度よりもさらに2問増加したことで、その傾向がいっそう明確になった。また、「法令上の制限」において、平成25年度、26年度は選択肢1つの出題にとどまっていた国土利用計画法から1問出題されたことも特徴として挙げられる。内容的には、「権利関係」は難問の出題が非常に多く、得点しにくい内容であった。また、個数問題が8問出題された「宅建業法」も例年のような高得点は望みにくい内容であった。これに対して、「法令上の制限」は平均的な難易度、「税・その他」はやや易しめであり、ある程度の得点を確保したい内容であった。

問1 正解 4 民法総合

参考 権利 L4、13、6、7

1 **規定されていない。**債権の消滅時効期間は、原則として、債権者が権利を行使することができることを知った時から5年間、権利を行使することができる時から10年間である。本肢のような例外規定は設けられていない。

2 **規定されていない。**民法448条2項は「主たる債務の目的又は態様が保証契約の締結後に加重されたときであっても、保証人の負担は加重されない」と規定している。付従性の例外であり、主たる債務を後から重くしても保証債務は重くならないのである。したがって、保証債務も重くなるという本肢の内容は民法の条文に規定されていない。

3 **規定されていない。**併存的債務引受は、債権者、債務者および引受人となる者の三面契約（立場の異なる当事者3人による契約）によっても行うことができるが、このことは民法の条文には規定されていない。民法が規定しているのは、①債権者と引受人となる者の契約、②債務者と引受人となる者の契約＋債権者が引受人となる者に対して承諾、という2つの場合である。なお、併存的債務引受とは、債務が引受人に移転するとともに、当初の債務者も引き続き債務を負うことであり、債務引受の一種である。たとえば、BがAに対して負う100万円の甲債務についてCが併存的債務引受をすると、BとCは連帯して100万円の債務を負う。

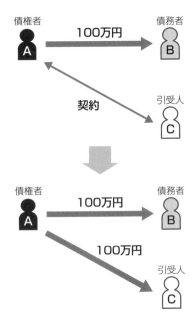

4 規定されている。民法 418 条は「債務の不履行又はこれによる損害の発生若しくは拡大に関して債権者に過失があったときは、裁判所は、これを考慮して、損害賠償の責任及びその額を定める。」と規定している（過失相殺）。

★★★ 【参考正答率 53.7%】

問2 正解2 意思表示 参考 権利 L1

Aは、甲土地を譲渡する意思がないのに、相手方Bと通謀して、仮装の売買契約を締結している。したがって、AB間の売買契約は虚偽表示にあたり、無効である。

1 正しい。虚偽表示による無効は善意の第三者に対抗することができない。第三者が登記をしているか否かは関係ない。したがって、Aは、Cが登記を備えていなくても、AB間の売買契約の無効をCに主張することができない。

2 誤り。土地の虚偽表示の相手方が、その土地上に建物を建てて、善意の賃借人に賃貸しても、表意者は、虚偽表示による無効を建物賃借人に対抗することができる。なぜなら、建物賃借人は建物を借りているにすぎず、虚偽表示による売買契約の対象となった土地自体を借りているのではないからである。

したがって、Aは無効をCに主張することができる。

3 正しい。虚偽表示の相手方の債権者が、目的物を善意で差し押さえた場合、表意者は、虚偽表示による無効を、その債権者に対抗することができない。したがって、Aは、甲土地を差し押さえた善意のCに対して、AB間の売買契約の無効を主張することができない。

❶表意者は、（差押えをしていない）単なる債権者に対しては、無効を主張することができる。

4 正しい。虚偽表示による売買契約の目的物が第三者からさらに売却された場合、どこかで善意の者が出現すれば、表意者は虚偽表示による無効を対抗できなくなる。本肢では、Dが善意なので、AはAB間の売買契約の無効をDに主張することができない。

問3 正解 4 賃貸借・使用貸借 参考 権利 L14

1 正しい。 相続人は被相続人の権利義務を引き継ぐのが原則であるが、使用貸借では、借主が死亡すると契約が終了する。したがって、①では、賃借人の相続人が賃借権を引き継ぐので賃貸借契約は終了しないが、②では、借主の死亡により使用貸借契約が終了する。

2 正しい。 賃貸借では、必要費を支出した賃借人は、直ちにその償還を賃貸人に請求することができる。これに対し、使用貸借では、借主は通常の必要費を負担しなければならない。ただで借りているので、通常の必要費（＝通常の修繕費）は借主が負担すべきとされているのである。

3 正しい。 賃貸借契約は、賃貸人と賃借人の合意（＝意思表示の合致）により成立する。また、使用貸借契約も、貸主と借主の合意により成立する。このように、合意のみで成立する契約を「諾成契約」という。

4 誤り。 賃貸人は、売買における売主と同様に、担保責任を負う。したがって、①は正しい。これに対し、使用貸借の場合、貸主は使用貸借の目的である物を、使用貸借の目的として特定した時の状態で引き渡すことを約したものと推定される。この規定は、貸主は契約不適合について担保責任を負うことを前提に、特定時の状態で引き渡せば責任を負わないのが原則である旨を定めた規定である。したがって、②でも担保責任を負うことがあるので、本肢は誤り。

> ただであげる契約が「贈与」、ただで貸す契約が「使用貸借」です。これらの場合、贈与者・貸主は贈与・使用貸借の目的として特定した時の状態で引き渡せば担保責任を負わないのが原則です。ただなので、売買や賃貸借の場合より責任が軽くなっているのです。

問4 正解 3 時効 参考 権利 L4

1 誤り。 賃借人の相続人は、賃借人自身と同様、所有の意思が認められないので、所有権を時効取得することができないのが原則である。もっとも、相続人が、相続財産として新たに事実上支配することによって占有を開始して、その占有に所有の意思があると認められる場合には、所有の意思がある占有に変わる。しかし、本肢では、Bは賃料を支払い続けているので、所有の意思があると認められない。したがって、Bは20年間甲土地を占有しても、

時効によって甲土地の所有権を取得することはできない。

2　誤り。占有を承継した者は、前の占有者の占有期間をあわせて主張することも（この場合は、前の占有者の善意・悪意や過失の有無を引き継ぐ）、自己の占有期間のみを主張することもできる。本肢の場合、Bは父の占有期間とあわせて20年間の占有を主張することができるので、それによって甲土地の所有権を時効取得することができる（仮にBの父が悪意または善意有過失であったとしても、20年で時効が完成する）。

3　正しい。時効取得者は、時効完成前の第三者（＝時効が完成する前に出現した第三者）に対しては、登記がなくても時効による取得を主張することができる。本肢では、Bの時効完成前にCが甲土地を買い受けているので、Cは時効完成前の第三者である。したがって、Bは、時効が完成した場合、Cに対し、登記がなくても甲土地の所有者であることを主張することができる。

4　誤り。農地の賃借権の時効取得には、農地法3条（＝権利移動）の規定の適用はなく、農地法3条の許可がなくても、賃借権の時効取得が認められる。なぜなら、農地法3条は、非耕作目的の権利移動を規制する趣旨なので、賃料を支払って農地を占有し耕作している場合に賃借権の時効取得を認めても、農地法3条の趣旨には反しないからである。したがって、Bは農地法の許可がなければ賃借権を時効取得できないとする本肢は誤り。

★　**【参考正答率 46.5%】**

問5　正解3　占有

1　誤り。隣家から建物を日常的に監視できる場合には、鍵をかけていなくても、所有者に占有が認められる。したがって、本肢は誤り。占有が認められるためには、物を事実上支配していることが必要である。たとえば、手に持っていたり身に付けていたりする場合だけでなく、自分の部屋や家で保存している場合や、倉庫に保管して鍵を所持している場合も、事実上支配していると言える。さらに、留守宅にある家財道具や、居住している家屋、耕作している土地、経営している工場なども、事実上支配していると言える。本肢のように、建物の所有者が隣家から日常的に監視できる場合、施錠・標札等で占有を表示していなくても占有が認められる。

2　誤り。民法は「占有者が占有物について行使する権利は、適法に有するものと推定する。」と規定している。しかし、この規定は、権利変動（＝所有権の取得や賃借権の設定など）には適用されない。たとえば、所有者に対し

賃借権を主張する者は、賃借権の存在を立証すべきであって、「占有している
から賃借権があるのだ」との推定を主張することはできないのである。し
たがって、Cがこの規定を根拠として明渡しを拒否することができるとする
本肢は誤り。

3　正しい。占有は、自分で直接に占有する場合のほか、他人を介して占有す
る場合にも認められる。たとえば、XがX所有の丙土地をDに賃貸して、D
が居住している場合、D（＝占有代理人）が丙土地を直接に占有しているが、
XもDを介して占有している。

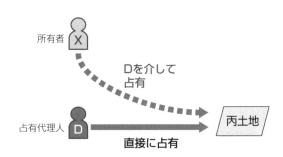

　そして、占有者は、占有を妨害されたときは、占有保持の訴えにより、妨
害の停止および損害の賠償を請求することができる。上記のとおり、占有代
理人も占有をしているので「占有者」にあたる。したがって、占有代理人D
も、占有保持の訴えを提起することができる。

4　誤り。占有者が占有を奪われたときは、占有回収の訴えにより、返還およ
び損害の賠償を請求することができる。ただし、占有回収の訴えは、善意の
特定承継人には提起することができない。たとえば、Aの占有物がBに奪わ
れた場合、AはBに対して占有回収の訴えを提起することができる。しかし、
Bが善意のCに目的物を売却してしまった場合には、Aは占有回収の訴えを
提起することができなくなる。このように、善意の特定承継人に対しては提
起できないので、「特定承継人に対して当然に提起することができる」とす
る本肢は誤り。

★★　【参考正答率 80.7%】

問6　正解2　抵当権　参考 権利 L12

1　正しい。借地上の建物に抵当権が設定された場合、その抵当権は、原則と
して、借地権に及ぶ。

❶ 「建物に対する抵当権は、土地（の所有権）には及ばない」ことと区別して覚えてほしい。

2 誤り。主たる債務者、保証人およびこれらの者の承継人は、抵当権消滅請求をすることができない。したがって、連帯保証人は抵当権消滅請求できるとする本肢は誤り。

3 正しい。抵当不動産の第三取得者が、抵当権者の請求に応じてその代価を抵当権者に弁済したときは、抵当権はその第三者のために消滅する（代価弁済）。

4 正しい。土地に抵当権が設定された後に抵当地に建物が築造されたときは、原則として、抵当権者は土地とともに建物を競売することができる（一括競売）。ただし、優先弁済を受けることができるのは、土地の代価についてのみである。

★★ 【参考正答率 33.8%】

問7 正解2 抵当権

参考 権利 L12

抵当権の順位の譲渡・放棄は、抵当権者間で行う。これに対し、抵当権の譲渡・放棄は、抵当権者が無担保債権者に対して行う。いずれの場合も、「譲渡」では、譲渡された者が譲渡した者より優先的に配当を受け、「放棄」では、放棄した者と放棄された者が債権額に応じて配当を受ける。どの場合も、他の抵当権者の配当額には影響を与えない。配当額の計算方法は、次のとおりである。

まず、譲渡・放棄がなかった場合の配当額を計算する。本問では、Bに2,000万円、Cに2,400万円、Dに1,000万円の配当になり、Eには配当されない。

	債権額	5,400万円を配当 配当額
B	2,000万円	2,000万円
C	2,400万円	2,400万円
D	4,000万円	1,000万円
E	2,000万円	0円

次に、各肢の解説のとおり、譲渡・放棄した者とされた者の配当額を計算しなおす。

1 正しい。抵当権の譲渡の場合、譲渡した抵当権者の本来の配当額から、まず譲渡された無担保債権者が配当を受け、残りがあれば譲渡した抵当権者に配当される。本肢では、Bの本来の配当額は2,000万円である。ここからEが2,000万円の配当を受けるので、Bへの配当は0円である。

2 誤り。抵当権の順位の譲渡の場合、譲渡した抵当権者と譲渡された抵当権者の本来の配当額を合計し、そこからまず譲渡された抵当権者が配当を受け、残りがあれば譲渡した抵当権者に配当される。本肢では、BとDの本来の配当額を合計すると、3,000万円である。ここからDが3,000万円の配当を受けるので、Bへの配当は0円である。

3 正しい。抵当権の放棄の場合、放棄した抵当権者の本来の配当額から、放棄した抵当権者と放棄された無担保債権者に対し、それらの者の債権額に応じて配当される。本肢では、Bの本来の配当額2,000万円から、債権額（BもEも2,000万円）に応じて配当を受けるので、配当額は、BもEも1,000万円になる。

4 正しい。抵当権の順位の放棄の場合、放棄した抵当権者と放棄された抵当権者の本来の配当額を合計し、そこから債権額に応じて配当される。本肢では、BとDの本来の配当額を合計すると、3,000万円である。ここから債権額（Bは2,000万円、Dは4,000万円）に応じて配当を受けるので、配当額は、Bが1,000万円、Dが2,000万円になる。

★★ 【**参考正答率** 70.7%】

問8 **正解 1** 同時履行の抗弁権　　　参考 権利L7、14

ア 誤り。敷金返還債務と、建物の明渡債務は、同時履行の関係に立たない。明渡しが先である。

イ 誤り。契約が解除された場合、当事者双方の原状回復義務は、同時履行の関係に立つ。したがって、売主の代金返還債務と、買主の目的物返還債務は、同時履行の関係に立つ。

ウ 正しい。売買契約における売主の債務と買主の債務は、原則として同時履行の関係に立つ。

以上より、正しいものはウの一つであり、肢1が正解となる。

問9　正解1　賃貸借

　判決文は、「背信行為と認めるに足りない特段の事情があるため無断転貸を理由に解除できない場合には、賃貸人が賃借人と合意解除をしても、債務不履行を理由とする解除ができる事情等があるとき以外は、合意解除を転借人に対抗できず、したがって、転借人に明渡しを請求することができない」という内容である。つまり、無断転貸を理由とする解除も債務不履行を理由とする解除もできない場合には、賃貸人は、合意解除を転借人に対抗できないのである。

1　**誤り。**上記のとおり、無断転貸を理由に解除できない場合には、合意解除をしても、原則として（＝債務不履行を理由に解除できる等の事情がなければ）、転借人に対して明渡しを請求することができない。

2　**正しい。**転貸借の承諾がある場合、無断転貸ではないので、無断転貸を理由とする解除はできない。これに対し、合意解除は、無断転貸であるかには関係なく可能である。

3　**正しい。**無断転貸があっても、背信行為と認めるに足りない特段の事情がある場合には解除することができない。また、賃料の不払いがあっても、信頼関係の破壊がなければ、債務不履行を理由に解除することができない。

4　**正しい。**上記のとおり、賃貸人は、合意解除をしても、転借人に明渡しを請求することができない場合がある。転借人の側から見れば、賃貸人からの明渡し請求を拒絶することができる場合があることになる。

問10　正解4　相続

1　**誤り。**自筆証書中の加除その他の変更は、遺言者が、その場所を指示し、これを変更した旨を付記して特にこれに署名し、かつ、その変更の場所に印を押さなければ、その効力を生じない。本肢のように、一部削除した場合、「遺言者が変更する箇所に二重線を引いて、その箇所に押印する」ことに加えて、「この項全部削除　甲野一郎」等のように変更した旨の付記と署名をすることが必要である。

2　**誤り。**自筆証書によって遺言をするには、遺言者が、原則として、その全文、日付および氏名を自書し、これに印を押さなければならない。この印について、遺言書の入れられた封筒の封じ目にされた印でもよいとした判例がある。したがって、「自署と離れた箇所に押印があっても、押印の要件とし

て有効となることはない」とする本肢は誤り。

3 誤り。遺言執行者がある場合には、相続人は、相続財産の処分その他遺言の執行を妨げるべき行為をすることができない。これに違反する行為は無効であるが、その無効を善意の第三者に対抗することはできない。

4 正しい。遺留分が侵害された場合、遺留分権利者は、受遺者または受贈者に対し、遺留分侵害額に相当する金銭の支払を請求することができる。

 遺留分が侵害された場合、以前は、現物返還が原則でした。ところが、平成30年の法改正により、遺留分減殺請求から遺留分侵害額請求に改められ、金銭の支払請求権になりました。

★★★ 【参考正答率 56.4%】

問11 正解4 借地借家法（借家） 参考 権利L15

1 誤り。期間の定めがある建物賃貸借において、当事者が期間の満了の1年前から6カ月前までの間に相手方に対して更新をしない旨の通知または条件を変更しなければ更新をしない旨の通知をしなかったときは、従前の契約と同一の条件で契約を更新したものとみなされるが、その期間は、定めがないものとされる。したがって、「期間3年」とする本肢は誤り。

2 誤り。期間の定めのない建物賃貸借において、賃貸人が正当事由のある解約申入れをした場合、賃貸借は、解約申入れの日から6カ月後に終了する。本肢の場合、正当事由の有無が不明なので、賃貸借が終了するとは限らない。また、終了する場合でも、「3か月後」ではなく6カ月後である。

❶賃借人から解約申入れをする場合には、正当事由は不要であり、賃貸借は、解約申入れの日から3カ月後に終了する。

3 誤り。目的物が二重に賃貸された場合、賃貸借契約の先後で優劣が決まるのではなく、先に対抗要件を備えた者が優先する。建物賃借権の対抗要件は、賃借権の登記か建物の引渡しである。本肢では、Bが引渡しにより対抗要件を備えている。したがって、Cがそれにより先に対抗要件を備えていなければBが優先し、その場合には、Cは賃借権をBに対抗することができない。

4 正しい。造作買取請求権が認められるのは、建物賃貸借が期間の満了または解約の申入れによって終了するときである。債務不履行を理由として解除された場合には、造作買取請求権は認められない。

問12 正解 1 借地借家法（借家）

参考 権利 L15

1 正しい。 賃借権の対抗要件は、民法では賃借権の登記であるが、建物賃貸借の場合には、借地借家法により建物の引渡しも対抗要件とされている。この点に関し賃借人に不利な特約は無効となる。したがって、賃借権の登記をしない限り対抗できない（＝建物の引渡しを対抗要件と認めない）旨の特約は無効になる。このことは、定期借家契約でも普通借家契約でも変わりがない。

2 誤り。 建物賃貸借では、原則として、契約の条件にかかわらず借賃増減請求権が認められる。すなわち、借賃の増減をしない旨の特約は無効になるのが原則である。ただし、①一定期間借賃を増額しない旨の特約は有効であり、また、②定期借家契約で借賃の改定に関する特約があるときは、借賃増減請求権の規定が適用されない。したがって、本肢の 3 年間賃料を増額しない旨の特約は、定期借家契約でも普通借家契約でも有効である。

3 誤り。 造作買取請求権を認めない旨の特約は有効である。このことは、定期借家契約でも普通借家契約でも変わりがない。したがって、「普通借家契約では無効である」とする本肢は誤り。

4 誤り。 床面積 200 ㎡ 未満の居住用建物の定期借家契約の場合、賃借人は、やむをえない事情により自己の生活の本拠として使用することが困難になったときは、解約申入れをすることができる。これに反する特約で賃借人に不利なものは無効なので、定期借家契約では、中途解約できない旨の特約が無効となる場合がある。したがって、「定期借家契約では有効」とする本肢は誤り。これに対し、期間の定めのある普通借家契約の場合には、期間中の中途解約（解約申入れ）を認める規定がない。したがって、中途解約を認めない旨の特約は、賃借人に不利ではないので有効である。よって、「普通借家契約では無効である」とする点も誤り。

問13 正解 1 区分所有法

参考 権利 L19

1 正しい。 集会においては、規約に別段の定めがある場合および別段の決議をした場合を除いて、管理者または集会を招集した区分所有者の 1 人が議長となる。本肢の場合、管理者がいないので、原則として集会を招集した区分所有者の 1 人が議長となる。

解説 平成27年度

2　誤り。集会の招集の通知は、会日より少なくとも１週間前に、各区分所有者に発しなければならないが、この期間は、規約で伸縮することができる。「２週間前」ではない。

❗「伸縮」なので、期間を伸ばすことも縮めることもできる。

3　誤り。議事録が書面で作成されているときは、議長および集会に出席した区分所有者の２人がこれに署名しなければならない。「１人」ではない。

❗近年の改正で、「署名」をすれば十分とされ、「押印」は不要となった。

4　誤り。管理者の任期については、特に制限はない。したがって、「２年以内としなければならない」とする本肢は誤り。なお、区分所有者は、規約に別段の定めがない限り集会の決議によって、管理者を選任することができる点は正しい。

★　【参考正答率 20.7%】

問14　正解 4　不動産登記法　参考 権利 L11

1　正しい。何人（なんぴと）も（＝誰でも）、登記官に対し、手数料を納付して、登記事項証明書の交付を請求することができる。利害関係を有する部分に限る等の制限はないので、交付請求の際に利害関係を明らかにする必要はない。

2　正しい。登記を申請した者以外の者は、土地所在図、地積測量図、地役権図面、建物図面および各階平面図を除く登記簿の附属書類（例. 申請書など）については、正当な理由がある場合において、正当な理由がある場合に限り、閲覧を請求することができる。つまり、登記を申請した者でなくても、登記簿の附属書類のうち、土地所在図等は正当な理由の有無に関係なく閲覧することができるが、それ以外は正当な理由がある場合において、正当な理由がある部分に限り、閲覧することができる。

3　正しい。登記事項証明書の交付を請求する場合、書面を登記所に提出する方法と、本肢のように電子情報処理組織を使用して登記所に提供する方法（オンライン請求）がある。

4　誤り。何人も、登記官に対し、手数料を納付して、筆界特定書の写しの交付を請求することができる。利害関係を有する部分に限るという制限はない。

筆界とは、簡単に言えば、登記時に決められた、一筆の土地と隣の土地との境目のことです。筆界は登記時に決められているのですが、登記制度は明治時代に設けられたものなので、その時に正確な地図が作られていなかったり、その後の開発等により現況が変わっていたりして、筆界が実際の土地のどこにあたるのかが不明確な場合があります。そこで、現地における筆界の位置に関する行政庁の判断を示す手続きとして、筆界特定制度が設けられています。つまり、筆界特定制度とは「ある一筆の土地と隣の土地との境目はここだと考えていますよ」との登記官の判断を示す制度です。そして、筆界特定書とは、筆界特定手続の結論等を記載した書面であり、肢4の解説のとおり、誰でもその写しの交付を請求することができます。

★★ 【参考正答率 24.7%】

問15　正解 4　都市計画法　　参考 制限 L2

1　誤り。開発許可を受けた者は、開発許可の申請書に記載した事項を変更しようとする場合には、原則として、都道府県知事の許可（変更の許可）を受けなければならない。ただし、開発許可が不要なものに変更しようとするときは、例外的に、都道府県知事の許可は不要である。市街化区域内において規模が 100 ㎡ であれば、開発許可は不要であるから、本肢の変更には、都道府県知事の許可は不要である。

2　誤り。開発許可を受けた開発区域内の土地において、開発許可に係る予定建築物を建築しようとする者が都道府県知事に届け出なければならないとする規定はない。

　❶開発許可を受けた開発区域内においては、工事完了の公告後は、原則として、予定建築物等以外の建築物の新築などが禁止されている。

3　誤り。開発許可を受けた開発区域内において、工事完了の公告があるまでの間であっても、その開発行為に同意をしていない土地の所有者は、都道府県知事が支障がないと認めたときでなくても、その権利の行使として建築物を建築することができる。

4　正しい。市街化調整区域のうち開発許可を受けた開発区域以外の区域内においては、都道府県知事の許可を受けなければ、原則として、建築物の新築などをしてはならない（この許可は、開発許可ではなく、建築物の新築・改築等の許可である〈市街化調整区域内における建築等の制限〉。また、「何人も」とは、誰でもという意味である。）。ただし、仮設建築物の新築については、例外的に、都道府県知事の許可は不要である。

問16 正解 1 都市計画法

参考 制限 L1

1 **正しい。**第二種住居地域、準住居地域、工業地域などの区域の地区計画については、一定の条件に該当する場合、開発整備促進区を定めることができる。

2 **誤り。**準都市計画区域には、区域区分を定めることはできない。

❶区域区分を定めることができるのは、都市計画区域である。

3 **誤り。**工業専用地域が、風致地区に隣接してはならないとする規定はない。

4 **誤り。**市町村が定めた都市計画が、都道府県が定めた都市計画と抵触するときは、その限りにおいて、都道府県が定めた都市計画が優先する。

問17 正解 3 建築基準法

参考 制限 L3

1 **正しい。**防火地域および準防火地域外において建築物を改築する場合、その改築に係る部分の床面積の合計が 10 m² 以内であるときは、建築確認は不要である。

❶増築、移転についても同様である。

2 **正しい。**規模の大きい木造建築物（木造の建築物で、①3階以上、②延べ面積 500 m² 超、③高さ 13 m 超、④軒の高さ 9 m 超、のいずれかにあたるもの）を新築する場合、その場所にかかわらず、建築確認が必要である。本肢の木造建築物は①にあたるので、建築確認が必要である。

3 **誤り。**建築物の用途を変更して規模の大きい特殊建築物（その用途に供する部分の床面積の合計が 200 m² を超える特殊建築物）とする場合、一定の類似の用途相互間の変更を除き、建築確認が必要である。ホテルは特殊建築物にあたるので、事務所を 500 m² のホテルに用途変更する場合、建築確認が必要である。

4 **正しい。**規模の大きい特殊建築物（その用途に供する部分の床面積の合計が 200 m² を超える特殊建築物）の改築をする場合、原則として、建築確認が必要である。映画館は特殊建築物にあたるので、300 m² の映画館の改築をする場合、建築確認が必要である。

問18 正解 2 建築基準法

参考 制限 L4、5

1 正しい。エレベーターの昇降路の部分または共同住宅・老人ホーム等の共用の廊下・階段の用に供する部分の床面積は、一定の場合を除き、建築物の容積率の算定の基礎となる延べ面積には算入しない。

2 誤り。建築物の敷地が建蔽率に関する制限を受ける地域または区域の2以上にわたる場合、その建築物の建蔽率は、各地域または区域内の建築物の建蔽率の限度に、その敷地の当該地域または区域内にある各部分の面積の敷地面積に対する割合を乗じて得たものの合計以下でなければならない。「2分の1以下でなければならない」わけではない。

3 正しい。道路内であっても、地盤面下に設ける建築物は、建築することができる。

4 正しい。建築協定の目的となっている建築物に関する基準が建築物の借主の権限に係る場合、その建築協定については、その建築物の借主は、土地の所有者等とみなされる。

> 本問については、肢1〜3の知識を確実にマスターしておきましょう。なお、肢1の例外となる「一定の場合」については、きわめて限定された場合であるとともに出題可能性も低いですから、試験対策上、気にする必要はありません。

問19 正解 2 盛土規制法

参考 制限 L6

1 正しい。都道府県知事は、宅地造成等工事規制区域内の土地（公共施設用地を除く）について、宅地造成等（宅地造成等工事規制区域の指定前に行われたものを含む）に伴う災害の防止のため必要があると認める場合には、その土地の所有者、管理者、占有者、工事主または工事施行者に対し、擁壁等の設置などの措置をとることを勧告することができる。

2 誤り。宅地造成等工事規制区域の指定の際に、その宅地造成等工事規制区域内において宅地造成等に関する工事を行っている者は、その指定があった日から21日以内に、都道府県知事に届け出なければならないが、都道府県知事の許可を受ける必要はない。

3 正しい。宅地造成等に関する工事の許可を受けた者が、軽微な変更をする場合には、遅滞なくその旨を都道府県知事に届け出ればよく、改めて許可を

受ける必要はない。工事施行者の氏名・名称または住所などの変更は、軽微な変更にあたる。

4 正しい。宅地造成等工事規制区域内において宅地以外の土地を宅地にするために行う盛土その他の土地の形質の変更で一定規模のもの（盛土・切土をする土地の面積が500㎡を超える場合や切土部分に生じる崖の高さが2mを超える場合など）については、「宅地造成」として、原則として、都道府県知事の許可（宅地造成等に関する工事の許可）が必要である。本肢の場合、切土をする土地の面積が「500㎡」で、切土部分に生じる崖の高さが「1.5m」であるので、都道府県知事の許可を受ける必要はない。

★★　【参考正答率 74.9%】

問20 　正解 4 　土地区画整理法 　　参考 制限 L7

1 正しい。仮換地の指定は、仮換地となるべき土地の所有者および従前の宅地の所有者に対し、仮換地の位置・地積、仮換地の指定の効力発生の日を通知してするものとされている。

2 正しい。施行地区内の宅地について存する地役権は、土地区画整理事業の施行により行使する利益がなくなった場合は、換地処分があった旨の公告があった日が終了した時において消滅するが、その場合を除き、換地処分があった旨の公告があった日の翌日以後においても、なお従前の宅地の上に存する。

3 正しい。換地計画において定められた保留地は、換地処分があった旨の公告があった日の翌日において、施行者が取得する。

4 誤り。土地区画整理事業の施行により生じた公共施設の用に供する土地は、換地処分があった旨の公告があった日の翌日において、原則として、その公共施設を管理すべき者に帰属するものとされている。「すべて市町村に帰属する」わけではない。

★★★　【参考正答率 89.2%】

問21 　正解 1 　国土利用計画法 　　参考 制限 L9

1 正しい。都市計画区域外の10,000㎡以上の土地について、土地売買等の契約を締結した場合には、権利取得者は、原則として、事後届出を行わなければならない。しかし、相続は、土地売買等の契約にはあたらない。したがって、Bは、事後届出を行う必要はない。

2 誤り。市街化区域内の 2,000 m² 以上の土地について、土地売買等の契約を締結した場合には、権利取得者は、原則として、事後届出を行わなければならない。したがって、Bは事後届出を行わなければならないが、Aは事後届出を行う必要はない。

3 誤り。市街化調整区域内の 5,000 m² 以上の土地について、土地売買等の契約を締結した場合には、権利取得者は、原則として、事後届出を行わなければならない。しかし、農地法3条の許可を受けて土地売買等の契約を締結した場合は、例外的に、事後届出を行う必要はない。

4 誤り。市街化区域内の 2,000 m² 以上の土地について、土地売買等の契約を締結した場合には、権利取得者は、原則として、事後届出を行わなければならない。本肢では、甲土地については土地売買等の契約を締結しているが、乙土地については対価の授受を伴わず賃借権の設定を受けているにすぎず、土地売買等の契約にあたらない。したがって、Aは、市街化区域内の 1,500 m² の土地について、土地売買等の契約を締結していることになるので、事後届出を行う必要はない。

❗土地売買等の契約にあたるときだけ、面積要件を満たすか判断すればよい。

★★★ 【参考正答率 78.7%】

問22 　正解 4 　農地法 　参考 制限 L8

1 誤り。農地を耕作目的で取得する場合には、原則として、農地法3条の許可を受ける必要がある。そして、農地法3条の許可には、市街化区域内の農地について、あらかじめ農業委員会に届け出れば許可不要となる例外はない。したがって、原則どおり、農地法3条の許可を受ける必要がある。

2 誤り。農地を転用する場合には、原則として、農地法4条の許可を受ける必要がある。農業者が自己所有の市街化区域外の農地に賃貸住宅を建設するため転用する場合であっても、例外にあたらず、原則どおり、農地法4条の許可を受ける必要がある。

3 誤り。農地を転用する場合には、原則として、農地法4条の許可を受ける必要がある。農業者が自己所有の市街化区域外の農地に自己の居住用の住宅を建設するため転用する場合であっても、例外にあたらず、原則どおり、農地法4条の許可を受ける必要がある。

4 正しい。農地を取得する場合には、原則として、耕作目的であれば農地法3条の許可を、転用目的であれば農地法5条の許可を受ける必要がある。競

売によって農地を取得する場合であっても、例外にあたらず、原則どおり、農地法3条または5条の許可を受ける必要がある。

★★ 【参考正答率 50.3%】

問23 正解 3 贈与税

参考 税他 L6

1 誤り。本問の特例（以下「この特例」）は、住宅取得等資金の贈与を受けた場合の特例なので、家屋の贈与を受けた場合には適用を受けることができない。すなわち、この特例は、「お金をもらって家を買った」場合等を対象としているので、「家をもらった」場合には適用を受けることができないのである。

2 誤り。この特例は、日本国内で家屋を新築・取得・増改築した場合に限り適用を受けることができる。

3 正しい。この特例には、贈与者の年齢制限はない。

4 誤り。この特例には、受贈者の贈与を受けた年の合計所得金額が原則として 2,000 万円以下という適用要件がある。

> 本問の特例は、「住宅取得等資金の贈与を受けた場合の相続時精算課税の特例」と名前が似ていますが、別の特例です。本問の特例は、その年の1月1日現在 18歳以上で、贈与を受けた年の合計所得金額が原則として 2,000 万円以下である者が、直系尊属（父母、祖父母等）から住宅取得等資金の贈与を受けた場合、適用要件を満たせば、一般住宅では 500 万円までが非課税になるという制度です。

★★ 【参考正答率 69.1%】

問24 正解 4 固定資産税

参考 税他 L2

1 誤り。固定資産税は、賦課期日（たとえば令和6年度分の場合は、令和6年1月1日）に所在する固定資産に対して課される。令和6年1月15日に新築された家屋は、令和6年1月1日の時点では所在しないので、令和6年度分の固定資産税は課されない。「税額の2分の1が減額される」のではない。

2 誤り。固定資産税の税率の上限（＝制限税率）は、現在は定められていない。
❗以前は、2.1％という制限税率が定められていたが、平成16年に廃止された。

3 誤り。区分所有家屋の土地に対して課される固定資産税は、一定の要件を満たせば、各区分所有者が土地の持分割合に応じて納税義務を負うことになる。「各区分所有者が連帯して納税義務を負う」のではない。

4 正しい。同一の者が同一市町村内に所有する土地に対する固定資産税の課

税標準となるべき額が、財政上その他特別の必要があるとして市町村の条例で定める場合を除き、30万円に満たない場合には、固定資産税を課することができない（＝免税点）。

★★★　【参考正答率 83.8%】
問25 正解 1 地価公示法
参考 税他 L7

1 誤り。公示区域とは、都市計画区域その他の土地取引が相当程度見込まれるものとして国土交通省令で定める区域（規制区域を除く）のことである。規制区域が除かれているだけなので、都市計画区域外の区域を公示区域とすることもできる。

2 正しい。正常な価格とは、土地について、自由な取引が行われるとした場合におけるその取引において通常成立すると認められる価格をいう。そして、この「取引」には、農地、採草放牧地または森林の取引は原則として含まれないが、それらを農地、採草放牧地および森林以外のものとするための取引は含まれる。

　❗簡単に言えば、農地等のままの取引は含まれないが、住宅地等にするための取引は含まれるのである。

3 正しい。土地鑑定委員会は、公示区域内の標準地について、毎年1回、2人以上の不動産鑑定士の鑑定評価を求め、その結果を審査し、必要な調整を行って、一定の基準日における当該標準地の単位面積当たりの正常な価格を判定し、これを公示するものとされている。

4 正しい。土地鑑定委員会は、標準地の単位面積当たりの正常な価格を判定したときは、すみやかに、次に掲げる事項を官報で公示しなければならない。

① 標準地の所在の郡、市、区、町村および字ならびに地番
② 標準地の単位面積当たりの価格および価格判定の基準日
③ 標準地の地積および形状
④ 標準地およびその周辺の土地の利用の現況
⑤ その他国土交通省令で定める事項

　したがって、「標準地の形状」についても公示しなければならない。

★★　【参考正答率 70.1%】
問26 正解 1 宅建業とは
参考 業法 L1

ア 正しい。用途地域内の土地は、原則として宅地である。ただし、現に道路・

公園・河川・広場・水路である土地は除かれる。本肢の土地は工業専用地域（用途地域の一種）内の建築資材置き場なので、宅地に該当する。

イ 誤り。建物の貸借の媒介を反復継続して行うことは、宅建業にあたり、宅建業の免許を必要とする。このことは、社会福祉法人がサービス付き高齢者向け住宅の貸借の媒介をする場合でも変わりがない。

ウ 誤り。建物が建っている土地は宅地である。倉庫も「建物」なので、本肢の土地は宅地に該当する。

エ 誤り。建物の貸借の媒介を反復継続して行うことは、宅建業にあたり、宅建業の免許を必要とする。このことは、管理業者が管理業務と合わせて入居者募集の依頼を受けた場合でも変わりがない。

以上より、正しいものはアの一つであり、肢1が正解になる。

★★★ 【参考正答率 43.3%】

問27 正解4 免許の基準　　　参考 業法 L2

1 正しい。免許の不正取得等の理由で免許取消処分の聴聞の期日および場所が公示された日から、その処分をする日またはその処分をしないことを決定する日までの間に相当の理由なく合併により消滅した法人において、公示の日前60日以内に役員であった者は、法人の合併消滅の日から5年間免許を受けることができない。Bは、これに該当する。

Aの期間に役員であった者は、
法人の合併消滅の日から5年間免許を受けられない。

2 正しい。執行猶予付きで禁錮以上の刑に処せられた者は、その執行猶予期間中は、欠格要件に該当する。そして、法人の役員または政令で定める使用人が欠格要件に該当する場合、その法人は免許を受けることができない。本肢の場合、Dの執行猶予期間が満了していなければ、E社の政令で定める使用人が欠格要件に該当することになるので、E社は免許を受けることができない。

3 正しい。成年者と同一の行為能力を有しない未成年者は、未成年者自身または法定代理人（法定代理人が法人である場合には、その役員を含む）が欠

格要件に該当する場合は、免許を受けることができない。そして、背任罪により罰金刑に処せられた者は、刑の執行を終え、または刑の執行を受けることがなくなった日から5年間、免許を受けることができない。したがって、法定代理人Gの刑の執行が終わった日から5年を経過していなければ、Fは免許を受けることができない。

4 誤り。暴力団員による不当な行為の防止等に関する法律に規定する暴力団員（以下「暴力団員」という）であることは欠格要件に該当し、そのような者を役員にしている法人は免許を取り消される。しかし、その法人が取消しの日から5年間免許を受けられない旨の規定はない。また、IはH社の取締役を退任しているので、H社は、法人の役員または政令で定める使用人が欠格要件に該当する場合にも該当しない。したがって、H社は免許を受けることができないとする本肢は誤り。

問28 [正解 4] 媒介契約　　　　　参考 業法 L8

ア 誤り。法第34条の2第1項に規定する書面(＝媒介契約書面)に関しては、説明義務はない。なお、宅建業者が媒介契約書面に記名押印しなければならない点と、依頼者にその書面を交付しなければならない点は正しい記述である。

イ 誤り。宅建業者は、専任媒介契約を締結したときは、当該専任媒介契約の目的物である宅地・建物につき、①所在、②規模、③形質、④売買すべき価額、⑤当該宅地・建物に係る都市計画法その他の法令に基づく制限で主要なもの、⑥当該専任媒介契約が宅地・建物の交換の契約に係るものである場合にあっては、当該宅地・建物の評価額、⑦当該専任媒介契約が専属専任媒介契約である場合にあっては、その旨を、指定流通機構に登録しなければならない。したがって、「依頼者の氏名」は登録する必要がない。

ウ 誤り。宅建業者は、売買・交換の媒介契約を締結したときは、遅滞なく、媒介契約書面を作成・交付しなければならない。しかし、本肢では貸借の媒介契約を締結しているので、媒介契約書面を作成・交付する必要はない。
以上より、正しいものはなく、肢4が正解になる。

問29 正解 2 重要事項の説明

1 誤り。宅建業者は、宅地・建物を取得し、または借りようとしている者に対して、売買・交換・貸借の契約が成立するまでの間に、宅建士をして、書面（重要事項説明書）を交付して説明をさせなければならない。すなわち、説明の相手方は買主、宅地・建物の取得者、借主であり、売主に対しては説明する必要がない。

❗ 37条書面の交付の相手方と対比して覚えるとよい。重要事項の説明と異なり、37条書面の交付は、売主や貸主にも行う必要がある。

2 正しい。重要事項の説明や書面の交付をする場所については、規制がない。

3 誤り。肢1で述べたとおり、買主に対しては重要事項の説明をする必要がある。代理人が売買契約を締結する場合でも、買主は代理を依頼した本人なので、本人に対して重要事項の説明をする必要がある。

4 誤り。重要事項の説明や、重要事項説明書に対する記名は、宅建士が行わなければならないが、専任の宅建士である必要はない。

問30 正解 3 媒介契約

ア 違反する。宅建業者は、売買・交換の媒介契約を締結したときは、遅滞なく、34条の2の規定に基づく書面（媒介契約書面）を作成・交付しなければならない。このことは、依頼者が宅建業者であっても変わりがない。

イ 違反する。宅建業者は、非専属型の専任媒介契約を締結したときは、その日から7日（専属専任媒介契約の場合は5日。どちらも宅建業者の休業日を含まない）以内に指定流通機構に登録しなければならない。そして、登録義務に関し宅建業法の規定に反する特約は無効である。したがって、登録しない旨の特約は無効であり、Aは指定流通機構に登録しなければならない。

ウ 違反する。肢イで述べたとおり、Aは7日または5日以内に指定流通機構に登録しなければならない。短期間で売買契約を成立することができると判断したことは関係ない。Aは9日後まで登録しなかったのであるから、宅建業法の規定に違反する。

エ 違反しない。宅建業者は、非専属型の専任媒介契約を締結した場合には2週間に1回以上（専属専任媒介の場合は1週間に1回以上）、依頼者に対し、業務の処理状況を報告しなければならない。本肢のように報告日を毎週金曜

日とした場合、1週間に1回報告をすることになるので、宅建業法の規定に違反しない。

以上より、違反するものはア、イ、ウの三つであり、肢3が正解になる。

問31　正解 2　重要事項の説明　参考 業法 L10

ア　**違反する。** 宅地の貸借の媒介においては、道路斜線制限の概要を重要事項として説明しなければならない。宅地の借主はその上に建物を建てるので、道路斜線制限は借主にとって重要だからである。

イ　**違反する。** 建物の貸借の媒介においては、新住宅市街地開発法に基づく造成宅地等の上に建築された建築物に関する処分の制限について、その概要を説明しなければならない。この「処分の制限」は、建築物の売買・賃貸等には都道府県知事の承認が必要という内容である。つまり、借主は都道府県知事の承認を受けなければ建物を借りられないので、借主にとってこの制限は重要であり、説明事項とされている。

ウ　**違反しない。** 建物の貸借の媒介においては、準防火地域内の建築物の構造に係る制限について説明する必要がない。建物の借主は、通常は建物をそのまま使うだけなので、準防火地域内の制限は借主にとって重要とはいえない。そこで、説明事項とされていない。

以上より、違反するものはア、イの二つであり、肢2が正解になる。

> 本問は、説明事項の1つである「法令上の制限の概要」の具体的内容を問うもので、難問です。「法令上の制限の概要」の内容を全部覚えることは無理なので、本問は解けなくてかまいません。

問32　正解 2　重要事項の説明等　参考 業法 L10、11

1　**誤り。** 宅建業者は、支払金または預り金を受領する場合において、保全措置を講ずるかどうか、およびその措置を講ずる場合におけるその措置の概要を重要事項として説明しなければならない。支払金・預り金とは、宅建業者が、相手方等から取引の対象となる宅地・建物に関す受領する金銭のことをいうが、次のどれかに該当するものは除かれる。

① 50万円未満のもの

②手付金等の保全措置が講ぜられている手付金等

③売主または交換の当事者である宅建業者が登記以後に受領するもの

④報酬

　したがって、「預り金の額が売買代金の額の100分の10以下」であっても、上記①〜④のどれかに該当しなければ、説明をする必要がある。

2　正しい。宅地の貸借の媒介を行う場合、当該宅地について定期借地権を設定しようとするときは、その旨を重要事項として説明しなければならない。

3　誤り。消費生活用製品安全法に規定する特定保守製品の保守点検に関する事項は、重要事項の説明の対象に含まれていない。

4　誤り。建物の貸借の媒介を行う場合、契約期間および契約の更新に関する事項を重要事項として説明しなければならない。したがって、契約の更新については説明する必要はないとする本肢は誤り。また、契約の更新については37条書面の記載事項ではないので、この点に関しても本肢は誤り。

★★　【参考正答率 62.4%】

問33　正解 **3**　報酬に関する制限　　参考 業法 L16、17

ア　違反する。3,000万円の売買を媒介・代理した場合、報酬合計額の限度は、3,000万円 × 3% + 6万円 = 96万円の2倍である192万円に消費税10%を上乗した211万2,000円である。したがって、合計で316万8,000円を報酬として受領している本肢は、宅建業法の規定に違反する。

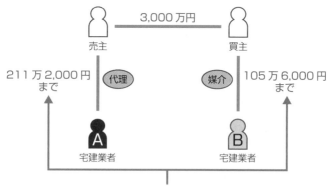

イ　違反しない。居住用建物以外の賃貸借で権利金の交付がある場合、権利金額を代金額とみなして、売買の場合の計算方法で報酬額の計算をすることができる。本肢では、500万円 × 3% + 6万円 = 21万円に消費税10%を上乗

せした 23 万 1,000 円を双方から受領できる。したがって、本肢は宅建業法の規定に違反しない。

ウ **違反する。**貸借の媒介における報酬額の限度は、借賃を基準にするときは、貸主・借主から合わせて借賃の 1 カ月分以内（消費税 10％を上乗せすれば 1.1 カ月分以内）である。複数の宅建業者が関与した場合でも、同様である。したがって、A と B の報酬合計額の限度は 11 万円であり、合わせて 13 万 5,000 円を受領している本肢は、宅建業法の規定に違反する。なお、居住用建物の賃貸借を媒介した場合、依頼を受けるにあたって承諾を得ているときを除き、当事者の一方からは借賃の 0.5 カ月分（消費税 10％を上乗せすれば 0.55 カ月分）までしか受領することができない。承諾を得れば一方から 0.55 カ月分を超える報酬を受領することができるが、その場合でも報酬合計額の限度が 1.1 カ月分であることには変わりがない。

以上より、違反するものはア、ウの二つであり、肢 3 が正解になる。

★★★ 【参考正答率 89.9％】

問34 正解 3 自ら売主制限　　参考 業法 L13、14

1 **誤り。**宅建業者は、他人の所有する宅地・建物については、自ら売主となる売買契約（予約を含む）を締結することができないのが原則である。ただし、宅建業者が当該宅地・建物を取得する契約・予約（停止条件付のものを除く）を締結しているときなどは、他人物売買契約を締結することができる。本肢の場合、建物を取得する契約の効力の発生に条件（＝停止条件）が付いているので、他人物売買契約を締結することができない。したがって、「この限りではない」（＝ A B 間で売買契約を締結することができる）とする本肢は誤り。

2 **誤り。**宅建業者が自ら売主となる売買契約においては、通知期間を引渡しの日から 2 年以上とするものを除き、種類・品質に関する契約不適合責任につき買主に不利な特約は無効となる。したがって、本肢の特約は無効である。しかし、その結果として、通知期間は法律の規定どおり（不適合を知ったときから 1 年間）になるのであり、引渡しの日から 2 年間にはならない。

3 **正しい。**「喫茶店」は事務所等にあたらないので、そこで買受けの申込みがなされている本肢の売買契約には、クーリング・オフ制度の適用がある。もっとも、①クーリング・オフできる旨とその方法を書面で告げられた日から起算して 8 日間経過したとき、または、②宅地・建物の引渡しを受け、か

つ代金の全部を支払ったときは、クーリング・オフできなくなる。しかし、本肢では、契約締結後の4日後に解除が書面によって通知されているので（契約締結日の翌日に引渡しがされ、その3日後に解除が書面で通知された）、①に該当しない。また、代金の全部の支払がされていないので（残代金の決済は契約の5日後に予定されていたが、契約の4日後に解除されている）、②にも該当しない。したがって、Bのクーリング・オフは有効なので、Aは契約の解除を拒むことができない。

4 誤り。宅建業者は、クーリング・オフに伴う損害賠償または違約金の請求をすることができず、これに反する特約で申込者等に不利なものは無効である。AはBに対して損害賠償を請求することができる旨の特約は、Bに不利なので無効である。

★ 【参考正答率 74.3%】

問35 正解 4 宅建士　　　　　参考 業法 L4

1 誤り。宅建業法は、「宅地建物取引士は、宅地建物取引業の業務に従事するときは、宅地又は建物の取引の専門家として、購入者等の利益の保護及び円滑な宅地又は建物の流通に資するよう、公正かつ誠実にこの法律に定める事務を行うとともに、宅地建物取引業に関連する業務に従事する者との連携に努めなければならない。」と規定している。したがって、「規定はないもの」とする本肢は誤り。なお、本肢の前半は正しい記述である。

2 誤り。宅建業法は、「宅地建物取引士は、宅地建物取引士の信用又は品位を害するような行為をしてはならない。」と規定している。「宅地建物取引業の業務に従事するときは」という限定はない。職務に直接関係しない行為や私的な行為においても「信用又は品位を害するような行為をしてはならない」のである。

3 誤り。本肢のような規定はない。なお、専任の宅建士の「専任」とは、原則として、宅建業を営む事務所に常勤して、専ら宅建業に従事する状態をいう。しかし、専任でない者も含めた宅建士一般について、本肢のような義務が課されているわけではない。

❗近年の改正により、ITの活用により適切な業務ができる体制を確保したうえで、宅建業者の事務所以外において通常の勤務時間を勤務する場合も「常勤」といえるとされた。リモートワークでも専任の宅建士になることができるのである。

4 正しい。宅建業法は、「宅地建物取引業者は、その従業者に対し、その業

務を適正に実施させるため、必要な教育を行うよう努めなければならない。」
「宅地建物取引士は、宅地又は建物の取引に係る事務に必要な知識及び能力
の維持向上に努めなければならない。」と規定している。

★★ 【参考正答率 93.0%】

問36 正解 1 自ら売主制限 参考 業法 L14、15

ア 誤り。宅建業者が自ら売主となる売買契約において損害賠償額の予定や違
約金の定めをするときには、それらの合計額が代金額の 2/10 を超えては
ならない。2/10 を超える定めは、超える部分につき無効になる。したがって、
「全体として無効となる」とする本肢は誤り。

イ 誤り。宅建業者は、自ら売主となる売買契約の締結に際して、代金の
2/10 を超える額の手付を受領することはできない。このことは、買主の承
諾を得たかどうかには関係ない。したがって、承諾を得れば 480 万円を超え
る手付金を受領することができるとする本肢は誤り。

ウ 正しい。宅建業者は、自ら売主となる売買契約においては、保全措置を講
じた後でなければ、手付金等を受領してはならない。ただし、買主が登記を
したとき、または受領しようとする手付金等の額が少ないときは（本肢のよ
うに工事完了前に売買契約を締結した場合は、代金額の 5％以下かつ 1,000
万円以下）、保全措置を講じなくても、手付金等を受領することができる。
本問の代金額は 2,400 万円なので、手付金の額が 120 万円以下であるときは、
手付金等の保全措置を講じることなく手付金を受領することができる。
以上より、正しいものはウの一つであり、肢 1 が正解になる。

★★ 【参考正答率 93.7%】

問37 正解 3 広告開始時期制限・契約締結時期制限 参考 業法 L9、11

宅建業者は、宅地の造成または建物の建築に関する工事の完了前においては、
当該工事に必要とされる開発許可・建築確認等の処分があった後でなければ、
その宅地・建物について、①広告をすることができず（広告開始時期制限）、
また、②自ら売買・交換をすることや、売買・交換の代理・媒介をすることが
できない（契約締結時期制限）。すなわち、貸借の媒介・代理には、広告開始
時期制限は適用されるが、契約締結時期制限は適用されない。

1 誤り。本肢は貸借の媒介なので、契約締結時期制限は適用されない。

2 誤り。建築確認を受けた後でなければ広告をすることができない。このこ

とは、建築確認の申請中である旨を表示しても変わりがない。

3 正しい。広告開始時期制限は貸借の代理にも適用される。

4 誤り。建築確認を受けた後でなければ契約を締結することができない。このことは、建築確認を受けることを停止条件とする特約を付けても変わりがない。

★★ **【参考正答率 49.1%】**

問38 正解 **2** 37 条書面　　　参考 業法 L11

ア 正しい。売買・交換の37条書面には、種類・品質に関する契約不適合責任またはその履行に関して講ずべき保証保険契約の締結等の措置について定めがあるときは、その内容を記載しなければならない。そして、37条書面は契約の当事者（売主、買主、交換の当事者、貸主、借主）に交付しなければならない。

イ 誤り。37条書面には、引渡しの時期を記載しなければならず、売買・交換の37条書面には、移転登記の申請時期を記載しなければならない。したがって、本肢の場合には両方を記載しなければならないので、「引渡しの時期又は移転登記の申請の時期のいずれか」とする本肢は誤り。なお、売主および買主が宅建業者であっても37条書面を交付しなければならない点は正しい記述である。

ウ 誤り。自ら貸借を行うこと（＝貸主または借主になること）は、宅建業に当たらない。したがって、本肢のAは、37条書面の作成・交付義務を負わない。

エ 正しい。売買・交換の37条書面には、租税その他の公課の負担に関する定めがあるときは、その内容を記載しなければならない。そして、37条書面は契約の当事者に交付しなければならず、このことは相手方が宅建業者であっても変わりがない。

以上より、正しいものはア・エの二つであり、肢2が正解になる。

★★ **【参考正答率 93.0%】**

問39 正解 **3** 自ら売主制限　　　参考 業法 L13、14、15

1 誤り。クーリング・オフできる旨とその方法を書面で告げられた日から起算して8日間経過したときはクーリング・オフできなくなるが、クーリング・オフは、その旨の書面を発した時に効力を生じる。本肢では、7日目に書面

を発送しているので、その時点でクーリング・オフの効力が生じている。

2 誤り。宅建業者が自ら売主となる売買契約においては、通知期間を引渡しの日から2年以上とするものを除き、種類・品質に関する契約不適合責任につき買主に不利な特約は無効となる。種類・品質に関する契約不適合責任を負わない旨の特約は、買主に不利なものなので無効である。建物を短期間使用後取り壊す予定であることは関係ない。

3 正しい。宅建業者が自ら売主となる売買契約において損害賠償額の予定や違約金の定めをするときには、それらの合計額が代金額の2/10を超えてはならない。しかし、この規定は、自ら売主制限なので、買主も宅建業者である場合には適用されない。

4 誤り。肢2で述べたとおり、通知期間を引渡しの日から2年以上とする特約は有効である。しかし、本肢の特約は、契約締結日の1カ月後に引き渡し、通知期間を契約締結日から2年間とするものなので、引渡しの日からの通知期間は1年11カ月となる。したがって、本肢のような特約を定めることはできない。

★★　【参考正答率 27.1%】

問40　正解 **4**　手付金等の保全措置等　　参考 業法 L15

ア 誤り。宅建業者が自ら売主となる売買契約において、手付が支払われたときは、相手方が履行に着手するまでは、買主は手付を放棄して、売主は手付の倍額を現実に提供して、契約を解除することができる。これより買主に不利な特約は無効である。Bは手付金10万円を放棄すれば契約を解除することができるので、代金の1割（＝300万円）を支払うことで解除ができる旨の特約は買主に不利なものであり、無効である。

イ 誤り。保険事業者による保証保険の方法で手付金等の保全措置を講ずる場合、保証保険契約を締結し、かつ、保険証券またはこれに代わるべき書面を買主に交付すること等が必要である。そして、宅建業者は、必要な手付金等の保全措置を講じた後でなければ、手付金等を受領することができない。したがって、「手付金300万円を受領し、後日保険証券をBに交付した」ことは誤った行為である。

ウ 誤り。工事完了前に売買契約を締結した場合は、代金額の5％以下かつ1,000万円以下（本肢の場合は150万円以下）の手付金等であれば、手付金等の保全措置を講じなくても受領することができる。しかし、Aは、中間

337

金を受領する時点では、既に受領していた手付金と合わせて 300 万円を受領しているので、「保全措置を講じなかった」ことは誤った行為である。

以上より、正しいものはなく、肢4が正解になる。

★★ 【参考正答率 68.6%】

問41 正解 1 業務上の規制 参考 業法 L12

ア **違反する。**宅建業者等は、勧誘に際して、宅地・建物の将来の環境または交通その他の利便について誤解させるべき断定的判断を提供してはならない。したがって、「将来、建つとしても公共施設なので、市が眺望を遮るような建物を建てることは絶対ありません」との発言は、宅建業法の規定に違反する。

イ **違反する。**宅建業者等は、宅建業に係る契約の締結を勧誘するに際し、相手方に対し、利益が生ずることが確実であると誤解させるべき断定的判断を提供する行為をしてはならない。したがって、「5年後値上がりするのは間違いありません」との発言は、宅建業法の規定に違反する。

ウ **違反しない。**宅建業者は、手付について貸付けその他の信用の供与をすることにより契約の締結を誘引してはならない。具体的には、手付金を貸し付けることのほか、手付の後払いや分割払いを認めることなどが「信用の供与」にあたる。しかし、本肢では、提携銀行が手付金も融資対象にしている旨を告げているだけなので、「信用の供与」にはあたらない。

エ **違反する。**宅建業者は、相手方等が契約の申込みを行うに際し、既に受領した預り金を返還することを拒んではならない。したがって、5,000 円分の返還を拒んだことは宅建業法の規定に違反する。

以上より、違反しないものはウの一つであり、肢1が正解になる。

★★★ 【参考正答率 95.3%】

問42 正解 3 営業保証金・弁済業務保証金 参考 業法 L6、7

1 **誤り。**弁済業務保証金分担金は、金銭で納付しなければならない。したがって、本肢は誤り。なお、営業保証金は金銭または有価証券で供託できる点は正しい記述である。

2 **誤り。**一部の事務所を廃止したことにより弁済業務保証金を取り戻す場合には、公告は不要である。したがって、本肢は誤り。なお、営業保証金の取戻しについては正しい記述である。

3 　正しい。営業保証金の額は、主たる事務所について 1,000 万円、その他の事務所について 1 カ所あたり 500 万円の合計額である。また、弁済業務保証金分担金の額は、主たる事務所について 60 万円、その他の事務所について 1 カ所あたり 30 万円の合計額である。

4 　誤り。弁済業務保証金からの還付限度額は、営業保証金の場合と同じ（その宅建業者が営業保証金を供託するとした場合に供託すべき額）である。また、還付は、保証協会が供託した弁済業務保証金から受けるのであり、社員が納付した弁済業務保証金分担金からではない。したがって、本肢は誤り。なお、営業保証金からの還付の場合には営業保証金の額が上限になる点は正しい記述である。

> 弁済業務保証金分担金は、金銭で納付しなければなりませんが、営業保証金や弁済業務保証金は、金銭または有価証券で供託することができます。「分担金」は金銭、「保証金」は有価証券もＯＫと覚えるとよいです。

問43 　正解 **2** 　監督処分 　　　　　参考 業法 L18

1 　正しい。宅建業者が自ら売主となる売買契約においては、通知期間を引渡しの日から 2 年以上とするものを除き、種類・品質に関する契約不適合責任につき買主に不利な特約をしてはならない。したがって、本肢の特約をしたＡの行為は宅建業法の規定に違反するので、指示処分の対象になる。そして、指示処分は、免許権者のほか、宅建業者が処分対象行為を行った都道府県の都道府県知事も行うことができる。したがって、Ａは乙県知事から指示処分を受けることがある。

2 　誤り。業務停止処分は、免許権者のほか、宅建業者が処分対象行為を行った都道府県の都道府県知事も行うことができる。しかし、本肢では、国土交通大臣の免許を受けたＢが、乙県で処分対象行為を行っているので、甲県知事は業務停止処分をすることができない。

3 　正しい。宅建業者等は、宅建業に係る契約を締結させ、または宅建業に係る契約の申込みの撤回もしくは解除を妨げるため、宅建業者の相手方等を威迫してはならない。この規定に違反して情状が特に重いときは、必要的免許取消事由にあたる。そして、免許取消処分は、免許権者が行うことができる。

❶指示処分（肢 1 ）や業務停止処分（肢 2 ）と異なり、免許取消処分は免許権者しかでき

ないことに注意。

4 正しい。 国土交通大臣は、宅建業を営むすべての者に対して、都道府県知事は、当該都道府県の区域内で宅建業を営む者に対して、宅建業の適正な運営を確保するため必要があると認めるときは、その業務について必要な報告を求め、またはその職員に事務所その他その業務を行う場所に立ち入り、帳簿、書類その他業務に関係のある物件を検査させることができる。また、国土交通大臣はすべての宅建業者に対して、都道府県知事は当該都道府県の区域内で宅建業を営む宅建業者に対して、宅建業の適正な運営を確保し、または宅建業の健全な発達を図るため必要な指導、助言および勧告をすることができる。Dは、甲県内に事務所を設置しているので、甲県知事から必要な報告を求められ、かつ、指導を受けることがある。

★★ **【参考正答率 87.1%】**

問44 正解 **2** 案内所等に関する規制　　参考 業法 L12

1 誤り。 宅建業者は、他の宅建業者が行う一団の宅地・建物の分譲の代理・媒介を案内所を設置して行う場合、当該案内所に標識を掲示しなければならない。この義務は案内所を設置して代理・媒介を行う宅建業者に課されているので、本肢では、Bが標識を掲示しなければならず、Aは標識を掲示する必要がない。

2 正しい。 宅建業者は、一団の宅地・建物の分譲を案内所を設置して行う場合、標識を掲示しなければならない。このことは、そこで契約の締結または契約の申込みの受付を行うか否かに関係がない。

　❗契約の締結等をするか否かが関係するのは、専任の宅建士の設置義務や案内所等の届出義務である。

3 誤り。 本肢では、Cが案内所を設置して契約の締結業務を行うので、Cが専任の宅建士の設置義務と案内所等の届出義務を負う。したがって、AまたはCが専任の宅建士を置けばよいとする本肢は誤り。

4 誤り。 本肢では、案内所で契約の締結または契約の申込みの受付を行うか否かが不明なので、Aは、案内所等の届出義務を負うとは限らない。また、届出先は、免許権者と案内所等の所在地を管轄する都道府県知事なので、本肢では、甲県知事だけである（マンションは乙県内に所在しているが、案内所は甲県内に設置されている）。

問45　正解 4　住宅瑕疵担保履行法

参考　業法 L19

1　誤り。住宅販売瑕疵担保保証金の供託または住宅販売瑕疵担保責任保険契約の締結（＝資力確保措置）を講ずる義務を負うのは、宅建業者が自ら売主として宅建業者でない買主との間で新築住宅の売買契約を締結し、引き渡す場合である。したがって、買主も宅建業者である場合には資力確保措置を講ずる義務を負わない。

2　誤り。宅建業者は、新築住宅の売買契約を締結するまでに、保証金を供託している供託所の所在地等について記載した書面を交付して（当該書面に記載すべき事項を電磁的方法により提供する場合を含む）説明しなければならない。「引渡しまでに」ではない。

3　誤り。宅建業者は、資力確保措置の状況について届出をしなければ、当該基準日の翌日から起算して 50 日を経過した日以後においては、原則として、新たに自ら売主となる新築住宅の売買契約を締結してはならない。「基準日以後」ではない。

4　正しい。住宅販売瑕疵担保責任保険契約を締結している宅建業者は、特定住宅販売瑕疵担保責任を履行したときは、その履行によって生じた当該宅建業者の損害について保険金を請求することができる。「特定住宅販売瑕疵担保責任」とは、住宅のうち構造耐力上主要な部分または雨水の浸入を防止する部分の瑕疵（構造耐力または雨水の浸入に影響のないものを除く）についての瑕疵担保責任のことである。

問46　正解 3　住宅金融支援機構

参考　税他 L9

1　正しい。機構は、高齢者が自ら居住する住宅について行うバリアフリー工事または耐震改修工事に係る貸付けについて、債務者本人の死亡時に一括して借入金の元金を返済する制度（高齢者向け返済特例制度）を設けている。

❶証券化支援事業における住宅ローンには、高齢者向け返済特例制度が設けられていない。

2　正しい。証券化支援事業（買取型）において、機構による譲受けの対象となる貸付債権は、原則として、毎月払い（6 カ月払いとの併用払いを含む）の元金均等または元利均等の方法により償還されるものである。

3　誤り。機構は、金融機関に対し、①譲り受けた貸付債権に係る元利金の回収その他回収に関する業務、②融資保険に関する貸付債権の回収業務、③融

解説　平成27年度

341

資業務（貸付けの決定と工事等の審査を除く）等を委託することができる。

4 **正しい。**機構は、①災害復興建築物、災害予防代替建築物等の建設または購入に係る貸付金、②被災建築物等の補修に係る貸付金等について、据置期間（＝元本の返済が猶予される期間）を設けることができる。

> 肢2の元金均等の方法とは、元金の返済額が毎月均等である返済方法のことです。返済が進むにつれて利息額もだんだん少なくなっていくので、元金と利息を合わせた毎月の返済額が減っていきます。これに対し、元利均等の方法とは、元金と利息を合わせた毎月の返済額が一定になる返済方法のことです。ローンの返済方法は、元利均等の方法が一般的ですが、証券化支援事業（買取型）では、元金均等の方法による貸付債権も譲り受けの対象になっています。

★★★ 【参考正答率 98.7%】

問47 正解3 不当景品類及び不当表示防止法 [参考] 税他 L10

1 **誤り。**物件について、「完売」等著しく人気が高く、売行きがよいという印象を与える用語は、当該表示内容を裏付ける合理的な根拠を示す資料を現に有している場合を除き、使用してはならない。本肢の場合、第1期の販売分に売れ残りがある（＝完売していない）ので、第2期販売の広告に「完売」と表示すると不当表示になる。

2 **誤り。**住宅ローンについては、次に掲げる事項を明示して表示することとされている。

① 金融機関の名称もしくは商号または都市銀行、地方銀行、信用金庫等の種類

② 借入金の利率および利息を徴する方式（固定金利型、固定金利指定型、変動金利型、上限金利付変動金利型等の種別）または返済例（借入金、返済期間、利率等の返済例に係る前提条件を併記すること。また、ボーナス併用払のときは、1か月当たりの返済額の表示に続けて、ボーナス時に加算される返済額を明示すること。）

したがって、「当該ローンを扱っている金融機関等について表示する必要はない」とする本肢は誤り。

3 **正しい。**道路法の規定により道路区域が決定され、または都市計画法の告示が行われた都市計画施設の区域に係る土地についてはその旨を明示することとされている。工事に着手しているか否かは関係ない。

4 **誤り。**新発売とは、新たに造成された宅地、新築の住宅（造成工事または

建築工事完了前のものを含む）または一棟リノベーションマンションについて、一般消費者に対し、初めて購入の申込みの勧誘を行うこと（一団の宅地または建物を数期に区分して販売する場合は、期ごとの勧誘）をいい、その申込みを受けるに際して一定の期間を設ける場合においては、その期間内における勧誘をいう。本肢の分譲マンションは、一棟リノベーションマンションにあたる。したがって、新発売と表示することができないとする本肢は誤り。

★　【参考正答率 52.5%】

問48　正解 2　統計

※統計問題は、出題時の数値をそのまま掲載しています。内容を覚える必要はありません。

1　誤り。マンション指数（2010 年平均を 100 とする）は、2008 年 4 月が 102.0、2015 年 3 月が 120.6 であり、上昇している。したがって、「一貫して下落基調」とする本肢は誤り。

2　正しい。平成 26 年の新設住宅着工戸数は、89.2 万戸である。平成 25 年（98.0 万戸）と比較すると減少しているが、平成 24 年（88.3 万戸）を上回っている。

3　誤り。平成 25 年度の不動産業の売上高経常利益率は 10.9％である。前年度（9.5％）と比べて上昇しており、全産業の売上高経常利益率（4.2％）よりも高い数値である。

4　誤り。平成 26 年の全国の土地取引件数は 3 年ぶりの減少となった。「3 年連続」ではない。

★★★　【参考正答率 97.4%】

問49　正解 3　土地

参考　税他 L11

1　適当。我が国の低地は、ここ数千年の間に形成され、湿地や旧河道であった若い軟弱な地盤の地域がほとんどである。

2　適当。臨海部の低地は、洪水、高潮、地震による津波などの災害が多く、住宅地として利用するには、十分な防災対策と注意が必要である。

3　最も不適当。台地上の池沼を埋め立てた地盤は、地震の際に地盤の液状化が生じる可能性がある。したがって、液状化に対して安全とはいえない。

4　適当。都市周辺の丘陵や山麓に広がった住宅地は、土砂災害が起こる場合があり、注意する必要がある。

肢3の液状化とは、地震の際、砂地盤が振動によって液体状になる現象のことです。液状化が生ずる可能性が高いのは、地下水位の浅い砂地盤です。埋立地、三角州などのほか、台地や段丘上の浅い谷に見られる小さな池沼を埋め立てたところでも、液状化が生ずる可能性があります。

★★　【参考正答率 99.3%】

問50　正解 1　建物　　　　　　　　　　　　参考 税他 L12

1　**最も不適当。** 木造のように湿気に弱い構造の基礎は、地盤面からの基礎の立上がり（＝基礎の地面より上の部分）を十分にとる必要がある。

2　**適当。** 基礎の種類には、直接基礎（＝基礎の底面が直接支持地盤に接するもの）、杭基礎（＝地盤深くに杭を打ち込むもの）等がある。

3　**適当。** 杭基礎には、木杭、既製コンクリート杭、鋼杭等がある。

4　**適当。** 建物は、上部構造と基礎構造からなり、基礎構造は上部構造を支持する役目を負う。

平成 26 年度
解答＆解説

26

科目	問題	解答	テーマ
権利関係	1	2	債務不履行
	2	2	代理
	3	3	時効
	4	4	抵当権
	5	3	債権譲渡
	6	2	担保責任・不法行為
	7	2	賃貸借
	8	1	不法行為・時効
	9	4	制限行為能力者
	10	3	相続
	11	3	賃貸借・借地借家法（借地）
	12	3	借地借家法（借家）
	13	1	区分所有法
	14	1	不動産登記法
法令上の制限	15	3	都市計画法
	16	1	都市計画法
	17	1	建築基準法
	18	2	建築基準法
	19	4	盛土規制法
	20	4	土地区画整理法
	21	3	農地法
	22	4	法令上の制限総合
税・その他	23	4	登録免許税
	24	2	不動産取得税
	25	1	地価公示法

科目	問題	解答	テーマ
宅建業法	26	1	宅建業とは
	27	2	免許
	28	3	案内所等に関する規制
	29	2	営業保証金
	30	2	広告に関する規制
	31	3	自ら売主制限
	32	3	媒介契約
	33	3	手付金等の保全措置等
	34	4	重要事項の説明
	35	3	重要事項の説明
	36	3	重要事項の説明
	37	4	報酬に関する制限
	38	4	クーリング・オフ
	39	3	弁済業務保証金
	40	3	37 条書面
	41	1	その他の業務上の規制
	42	1	37 条書面
	43	2	その他の業務上の規制
	44	1	監督処分
	45	4	住宅瑕疵担保履行法
税・その他	46	2	住宅金融支援機構
	47	4	不当景品類及び不当表示防止法
	48	1	統計
	49	4	土地
	50	2	建物

合格ライン

合格点	科目別 目安得点			
	権利関係 (問1〜問14)	宅建業法 (問26〜問45)	法令上の制限 (問15〜問22)	税その他 (問23〜問25、問46〜問50)
32／50	7／14	15／20	5／8	5／8

あなたの得点

得点	科目別 得点			
	権利関係 (問1〜問14)	宅建業法 (問26〜問45)	法令上の制限 (問15〜問22)	税その他 (問23〜問25、問46〜問50)
／50	／14	／20	／8	／8

平成26年度　試験講評

　「個数問題」が7問、「組合せ問題」が2問、合わせて9問出題されたことが平成26年度の特徴として挙げられる。平成24年度以降、知識の正確性が問われる「個数問題」が増加し、難化傾向にあったが、その傾向がより明確になった。それ以外については、「権利関係」において「判決文問題」、「条文に規定されているもの」を問う問題が1問ずつ出題され、また、「法令上の制限」において、総合問題が1問出題され（問22）、国土利用計画法からの出題が選択肢1つにとどまるなど、平成25年度と同様の出題形式であった。内容的には、「権利関係」は難問が非常に多く、得点しにくい内容であったが、他の科目は平均的な難易度の問題構成であった。そのため、得点源とすべき「宅建業法」でどれだけ得点できたかが、合格に大きく影響を与えたと思われる。

問 1　正解 2　債務不履行　　参考 権利 L7

1　**規定されていない。**本肢の内容は、信頼関係理論・信頼関係破壊の法理などと呼ばれ、判例によって認められている。たとえば賃借人が賃料の支払を怠っても、賃貸人・賃借人間の信頼関係が破壊されていなければ、賃貸人は賃貸借契約を解除することができない。信頼関係が破壊されたかどうかは具体的な事情に応じて判断される。

2　**規定されている。**民法 420 条 1 項は「当事者は、債務の不履行について損害賠償の額を予定することができる。」と規定している。

3　**規定されていない。**本肢の内容は、履行補助者の故意・過失と呼ばれ、改正前の民法に関する判例である。民法には、本肢のような規定はない。

4　**規定されていない。**民法 416 条 2 項は「特別の事情によって生じた損害であっても、当事者がその事情を予見すべきであったときは、債権者は、その賠償を請求することができる。」と規定している。判例は、この「当事者」とは債務者のことであり、「債務者」が「債務不履行時に」予見すべきであったときは、特別事情による損害も賠償範囲に含まれるとする。なぜなら、債務者が特別事情を予見できたのにもかかわらず債務不履行をしたのであれば、特別事情による損害の賠償義務を負わせても酷ではないからである。このように、本肢の内容は判例によって認められているものである。

問 2　正解 2　代理　　参考 権利 L3

ア　**誤り。**無権代理行為を本人が追認した場合、契約の効力は、別段の意思表示がない限り、契約の時にさかのぼって生じる。「将来に向かって」ではない。

イ　**正しい。**「代理人が、本人の名において」契約をしたとは、代理人が本人であるかのように装って契約をしたという意味である。たとえば、Aから甲土地に対する抵当権設定の代理権を与えられたBが、「自分はAである」と言って、Cに甲土地を売却したようなケースが挙げられる。この場合、代理人としての契約ではないので、表見代理そのものではない。しかし、代理権を与えられた者がその代理権の範囲外のことをした点で、表見代理と類似する。そこで、判例は、相手方が本人自身の行為であると信じたことについて正当な理由があるときは（＝相手方の善意無過失）、表見代理の規定を類推適用するとしている。類推適用とは、ある条文を似たような事例に適用する

ことをいう。上記の例でも、相手方Cが善意無過失であれば、表見代理の規定の類推適用により、Cは甲土地を取得することができる。

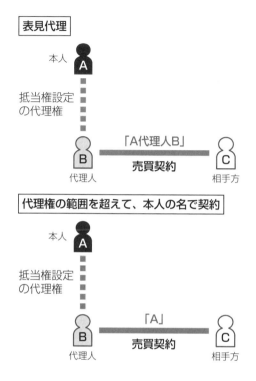

ウ 正しい。制限行為能力者が代理人としてした行為は、原則として、行為能力の制限を理由に取り消すことができない。なぜなら、本人は、最初からその者が制限行為能力者だと分かって代理人に選んでいるので、取り消せなくても仕方がないからである。これに対し、代理人が後見開始の審判を受けたときは、代理権は消滅する。こちらは、代理人になった時点では普通の人だったのに、後で成年被後見人になってしまったというケースである。そのまま代理を任せておくわけにはいかないので、代理権が消滅するとされている。

エ 誤り。ここでの「意思の不存在」とは、心裡留保、虚偽表示のことをいう。それらや錯誤・詐欺・強迫の有無、悪意や善意有過失は、原則として、代理人を基準に判断する。たとえば、代理人が知っていれば「悪意」と判断する。したがって、「本人の選択に従い、本人又は代理人のいずれか」とする本記述は誤り。

以上より、誤っているものはア、エの二つであり、肢2が正解となる。

問3 正解 3 時効

1 誤り。動産の場合には、平穏・公然・善意無過失で占有を始めたことにより即時に所有権を取得するという制度（即時取得）がある。これに対し、不動産の場合には、所有者の保護を重視する必要があるので、即時取得制度がない。本肢の場合、「即時に」（＝占有を始めたときに）ではなく、10年間占有を継続したときに、取得時効により所有権を取得する。

2 誤り。権利を一定期間行使しないと権利が消滅する制度は、消滅時効制度である。所有権は消滅時効にはかからないので、何年間行使しなくても消滅しない。

> ❗他人が所有権を時効取得することによって、もとの所有者が所有権を失うことがあるが、これは、他人の取得時効の影響を受けたからであって、消滅時効が成立するのではない。

3 正しい。債権は、原則として権利を行使することができる時から10年間（および権利を行使することができることを知った時から5年間）の消滅時効にかかる。契約不適合を担保すべき責任による損害賠償請求権も債権なので、消滅時効の規定の適用がある。そして、この場合における「権利を行使することができる時」とは、買主が目的物の引渡しを受けた時である。なぜなら、引渡しを受ければその不適合を発見して責任追及できる可能性が発生するからである。

4 誤り。所有権を時効取得するためには、所有の意思に基づき占有をすることが必要である。この所有の意思の有無は、「占有取得の原因たる事実」によって決まる。たとえば、不法占拠者や買主には所有の意思が認められるが、賃借人には所有の意思が認められない。このように、所有権を時効取得するかどうかには、「占有取得の原因たる事実」が関係するので、本肢は誤り。

問4 正解 4 抵当権

1 誤り。根抵当権の被担保債権は、たとえば「消費貸借取引から生じる債権」のように、一定の種類の取引から生じる債権等に限定する必要がある。したがって、「あらゆる範囲の不特定の債権」を被担保債権とすることができるとする本肢は誤り。なお、抵当権を設定する場合には被担保債権を特定しなければならないとする前半は正しい。

2 誤り。抵当権も根抵当権も、対抗要件は登記である。したがって、登記に

加えて異議を留めない承諾が必要とする本肢は誤り。

3 誤り。抵当権や根抵当権の実行の際に、物上保証人がまず債務者に催告するように請求できるとの規定はない。

4 正しい。抵当権の場合には、抵当権の順位の譲渡・放棄という制度が設けられている。これに対し、根抵当権の場合には、根抵当権者は元本の確定前には根抵当権の順位の譲渡・放棄ができないと定められ、別の制度として根抵当権の全部譲渡・一部譲渡が定められている。なお、根抵当権の全部譲渡の場合には、譲渡した者は根抵当権者でなくなり、譲渡を受けた者だけが根抵当権者になる。根抵当権の一部譲渡の場合には、もともとの根抵当権者と譲渡をされた者とが根抵当権を共有し、被担保債権の額に応じて弁済を受けることができる。

★★ 【参考正答率 78.3%】

問 5　正解 **3**　債権譲渡　　参考 権利 L6

> 本問は、近年の改正前の民法に関する判例です。現在の民法 466 条 2 項は「当事者が債権の譲渡を禁止し、又は制限する旨の意思表示をしたときであっても、債権の譲渡は、その効力を妨げられない」として、譲渡制限の意思表示に反する譲渡も原則として有効であるとしています。

判決文の 5 行目以降は、「債権者は　〜　債務者に譲渡の無効を主張する意思があることが明らかであるなどの特段の事情がない限り、その無効を主張することは許されない」としている。したがって、①債権者は、原則として、無効を主張することができない、②例外として、債務者に無効主張する意思があることが明らかなときは、債権者は無効を主張することができる、ということになる。

1 誤り。判決文は、債権者が無効主張できる場合を制限しており、債務者が無効主張できる場合を制限する記述はない。

2 誤り。上記②のとおり、債権者が無効主張をするためには、債務者に無効主張する意思があることが明らかなことが必要である。したがって、「債権者」に無効主張する意思があることが明らかであればとする本肢は誤り。

3 正しい。本肢は、上記②により正しい。

4 誤り。上記②のとおり、債権者は無効主張できる場合があるので、「いかなるときも」無効主張が許されないとする本肢は誤り。

問6　正解 2　担保責任・不法行為　参考 権利 L8、17

1 誤り。種類・品質に関する契約不適合の場合、買主は、その不適合を知った時から1年以内にその旨を通知しないときは、担保責任を追及することができないのが原則である。ただし、売主が引渡しの時にその不適合を知り、または重大な過失により知らなかったときは、例外である。本肢では、Aが引渡しの時に不適合を知っていたので、Cは知った時から1年以内に通知をしなくても、担保責任を追及することができる。

2 正しい。建物の建築に携わる設計者、施工者および工事監理者は、建物の建築に当たり、契約関係にない居住者を含む建物利用者、隣人、通行人等に対する関係でも、当該建物に建物としての基本的な安全性が欠けることがないように配慮すべき注意義務を負う。そして、この義務を怠ったために建築された建物に上記のような安全性を損なう瑕疵があり、それにより居住者等の生命、身体または財産が侵害された場合には、設計者等は、特段の事情がない限り、これによって生じた損害について不法行為による賠償責任を負う。

3 誤り。不法行為による損害賠償請求権は、被害者またはその法定代理人が損害および加害者を知った時から3年間（人の生命・身体の侵害の場合は5年間）行使しないときは、時効によって消滅する。不法行為の時から20年間行使しないときも同様である。

4 誤り。請負の場合、請負人は、売主と同様の担保責任を負う。したがって、引き渡した物に契約不適合がある場合、注文者は、担保責任を追及することができる。したがって、Aは解除をすることができないとする本肢は誤り。

以前は、建物その他の土地の工作物の請負契約は、瑕疵を理由に解除することができませんでした。近年の改正により、請負人の担保責任は売主と同様になり、建物等の請負契約も契約不適合を理由に解除することができるようになりました。

問7　正解 2　賃貸借　参考 権利 L14

1 誤り。Bは、Aから借りた甲土地の上にある乙建物をCに賃貸している。このように、借地上の建物を賃貸することは、借地の無断転貸にあたらない。Bは建物を貸しただけなので、土地の又貸しにはならないのである。したがって、Aは、借地の無断転貸を理由に甲土地の賃貸借契約を解除することがで

きない。

2　正しい。所有者は、不法占拠者に対して妨害排除請求権を有する。たとえば、土地所有者は、自分の土地の不法占拠者に対して「出て行け」と請求できるのである。そして、賃借人は、賃貸人（所有者）に対して「借りている物を使わせろ」と請求する権利（＝賃借権）を持っている。その権利を守るために、賃借人は、所有者が不法占拠者に対して有する妨害排除請求権を債権者代位権に基づき行使して、不法占拠者に対して妨害の排除を請求することができる。

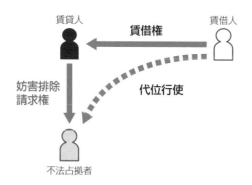

　また、対抗要件を備えた不動産賃借人は、賃借権に基づいて不法占拠者に対して妨害の停止を請求することができる。Bは借地上の建物について自己名義の登記をしているので、賃借権（借地権）の対抗要件を備えている。したがって、Bは賃借権に基づいて妨害の停止を求めることができる。

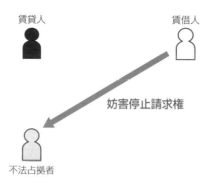

3　誤り。債務不履行を理由とする賃貸借契約の解除は、転借人に対抗することができる。したがって、AはCに解除を対抗することができる。

4　誤り。宅地や建物の賃料は、原則として、毎月末に支払わなければならな

い。すなわち、後払いが原則であり、その月の分の賃料を末日までに払うのである。したがって、「当月末日までに、翌月分の賃料」とする本肢は誤り。

肢2に出てきた債権者代位権とは、次のような権利です。たとえば、債権者Aが債務者Bに対して1,000万円の金銭債権を有しているが、Bには現金等の財産がなく、Cに対して1,000万円の金銭債権を有しているだけだとします。この場合、Aは、BのCに対する債権を行使して、Cから1,000万円を取り立てることができます。そうしなければ、（Bに財産がないので）AはBに対する債権の弁済を受けることができないからです。このように、債権者が自己の債権を保全するために（＝自分の債権を守るために）債務者の権利を行使できる権利を、債権者代位権といいます。

★★ 【参考正答率 51.5%】

問8　正解 1　不法行為・時効　参考 権利L4、17

1　正しい。 被害者が損害を知った時とは、被害者が損害の発生を現実に認識した時をいう。たとえば、「Aは、自分の名誉を毀損する記事がB新聞に掲載された可能性を知ったが、実際にその記事の存在を確認したのは後になってからだった」という場合、Aが実際にその記事の存在を確認した時点が「被害者が損害を知った時」にあたる。なぜなら、損害発生の可能性を知っただけで時効期間が進行を始めるのでは、被害者に酷だからである。

2　誤り。 不法行為による損害賠償請求権は、被害者またはその法定代理人が損害および加害者を知った時から3年間（人の生命・身体の侵害の場合は5年間）行使しないときは、時効によって消滅する。不法行為の時から20年間行使しないときも同様である。この規定は、不法行為による損害賠償債務だけでなく、その不履行に基づく遅延損害金請求権にも適用される。

3　誤り。 継続的に損害が発生する場合には、消滅時効は、被害者が各損害を知った時から別個に進行する。なぜなら、もし被害者が損害発生を最初に知った時から全部の損害について消滅時効が進行すると考えると、損害が継続して発生している最中でも賠償請求権が消滅してしまうという不都合が生じるからである。したがって、不法占拠により日々発生する損害については、日々発生する損害を知った時から別個に消滅時効が進行する。

4　誤り。 724条2号の20年の時効期間（＝不法行為の時から20年）は、加害者が海外に在住している間も進行する。

❗刑事ドラマ等では、被疑者が海外にいる場合は時効の進行が止まるという話が出てくるが、これは刑事訴訟法上の公訴時効のことであり、民法の時効制度には、そのような規

定はない。

問9 正解4 制限行為能力者 参考 権利 L2

1 誤り。成年被後見人の行為は、日用品の購入その他日常生活に関する行為以外は取り消すことができる。未成年者の場合と異なり、単に権利を得る行為も、取消しの対象になる。

2 誤り。成年後見人が、成年被後見人に代わって、その居住の用に供する建物またはその敷地について、売却、賃貸、賃貸借の解除または抵当権の設定その他これらに準ずる処分をするには、家庭裁判所の許可を得なければならない。

3 誤り。精神上の障害により事理を弁識する能力を欠く常況にある者については、家庭裁判所は、本人、配偶者、4親等内の親族、未成年後見人、未成年後見監督人、保佐人、保佐監督人、補助人、補助監督人または検察官の請求により、後見開始の審判をすることができる。したがって、未成年後見人も後見開始の審判を請求することができる。

4 正しい。成年後見人は、家庭裁判所が選任する。これに対し、未成年後見人に関しては、未成年者に対して最後に親権を行う者は、遺言で未成年後見人を指定することができるとされており、指定がない場合には、未成年者本人または利害関係者の請求により、家庭裁判所が未成年後見人を選任することができる。

 肢3のように、未成年後見人が後見開始の審判を請求する理由は、たとえば、事理弁識能力を欠く未成年者が成年になったときに備えて、未成年者の間に後見開始の審判を請求しておく場合が考えられます。

問10 正解3 相続 参考 権利 L20

相続人になるのは、配偶者と血族相続人（子等→直系尊属→兄弟姉妹等の順）である。配偶者とは、法律的に婚姻している者（＝婚姻届を出している者）のことなので、内縁の妻Eは、相続人にならない。また、Aには子がなく、両親も死亡している。そこで、Aの兄弟であるB、C、Dが相続人になりそうだが、CとDがAより先に死亡しているので、それらを代襲するF、G、H（＝Aの

甥姪）が、Bとともに相続人になる。

次は、相続分についてである。被相続人に、両親が同じ兄弟姉妹と、片方の親だけが同じ兄弟姉妹がいる場合、後者の相続分は前者の2分の1になる。したがって、Bの相続分はCやDの2分の1になるので、Bの相続分は5分の1、CとDの相続分はそれぞれ5分の2である。そして、Cの相続分をFとGが均等に代襲するので、FとGの相続分はそれぞれ5分の1になる。Hの相続分は5分の2である。

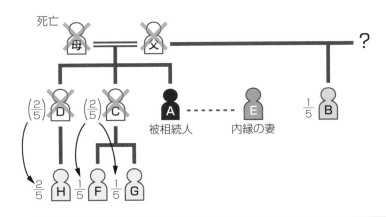

「Bの相続分はCやDの2分の1」を言い換えれば、「CやDの相続分は、Bの2倍」です。つまり、Bの相続分を「1」とすれば、CやDの相続分はそれぞれ「2」になります。相続財産全体を1＋2＋2＝5とすると、Bが1を、CとDが2ずつ相続することになります。そこで、Bの相続分は5分の1（＝全体を5に分けたうちの1）、CとDの相続分はそれぞれ5分の2（＝全体を5に分けたうちの2）になるのです。

★★　【参考正答率 54.5%】

問11　正解 3　賃貸借・借地借家法（借地）　参考 権利 L14、16

　ケース①は、建物の所有を目的とする土地の賃貸借なので「借地権」にあたり、借地借家法の適用がある。ケース②は、建物の所有を目的としない土地の賃貸借なので、民法だけが適用される。

1　誤り。「借地権」では、30年以上の存続期間の定めは、そのまま有効になる。したがって、ケース①では、60年の定めはそのまま有効となるので、30年になるとする前半は誤り。民法では、賃貸借の存続期間は最長50年であり、50年を超える定めをすると50年になる。したがって、ケース②で

は60年になるとする後半も誤り。

2 誤り。民法では、不動産賃借権の対抗要件は登記である。これに加え、「借地権」では、借地上に登記された建物を所有すること等も対抗要件になる。したがって、ケース①に関しては正しい記述であるが、ケース②では賃借権の登記をしておくという方法があるので、本肢は誤り。

3 正しい。当事者が存続期間を定めなかった場合、「借地権」では、期間30年の契約になる。そして、存続期間のある賃貸借契約の場合、一方的に中途解約（解約申入れ）することはできないのが原則である。したがって、ケース①では合意がなければ契約は終了しないので、前半は正しい。これに対し、民法では、当事者が存続期間を定めなかった場合には、期間の定めのない契約になり、当事者はいつでも解約の申入れをすることができる。この場合、土地の賃貸借は、申入れの日から1年で終了する。したがって、後半のケース②に関しても正しい。

4 誤り。「当事者が期間内に解約する権利を留保」するとは、中途解約についての合意をすることをいう。したがって、本肢では中途解約できる旨の特約がないことになる。肢3で述べたとおり、存続期間のある賃貸借契約の場合、中途解約することは原則としてできない。このことは、民法でも「借地権」でも変わりがない。したがって、ケース①について1年前の予告で中途解約できるとする点、ケース②についていつでも中途解約できるとする点のいずれも誤り。

★★★ **【参考正答率 66.9%】**

問12 **正解3** **借地借家法（借家）**　　　　**参考** 権利L15

1 正しい。定期建物賃貸借契約を締結するには、公正証書による等書面（または、電磁的記録）によって契約をしなければならない。

❗ 「公正証書による等」の部分は例示なので、公正証書でなくても、書面（または、電磁的記録）であればかまわない。

2 正しい。建物賃貸借の場合、期間を1年未満と定めると期間の定めのない建物賃貸借になるのが原則である。その例外として、定期建物賃貸借契約の場合には、期間を1年未満と定めても、そのままの期間になる。

3 誤り。定期建物賃貸借契約を締結しようとするときは、建物の賃貸人は、あらかじめ、建物の賃借人に対し、契約の更新がなく、期間の満了によって終了することについて、その旨を記載した書面を交付（または、電磁的方法

により提供）して説明しなければならない。この書面は、契約書と別個独立の書面でなければならない。

4 正しい。 建物の賃貸人が肢3で述べた説明をしなかったときは、契約の更新がないこととする旨の定めは無効になる。すなわち、更新のある普通の建物賃貸借契約になる。

★★ 【参考正答率 52.0%】

問13 正解 1 区分所有法 参考 権利 L19

1 誤り。 管理組合法人になるための要件に、区分所有者の数の要件はない。

❗ 平成 14 年の区分所有法改正前は、本肢のように 30 人以上という要件があったが、改正により人数の要件がなくなった。

2 正しい。 夫婦で 1 戸のマンションを共有している場合のように、専有部分が数人の共有に属するときは、共有者は、議決権を行使すべき者 1 人を定めなければならない。集会の招集通知は、その者にすればよく、議決権を行使すべき者が定められていない場合には、共有者のいずれか 1 人にすればよい。

3 正しい。 建物が一部滅失した場合の復旧については、2 分の 1 以下が滅失した場合（小規模一部滅失）と、2 分の 1 を超える滅失の場合（大規模一部滅失）に分けて規定されている。そして、本肢のように、建物の価格の 2 分の 1 以下に相当する部分が滅失したときは、各区分所有者は、滅失した共用部分および自己の専有部分を復旧することができるのが原則である（単独復旧）。ただし、共用部分については、復旧の工事に着手するまでに復旧決議、建替え決議、一括建替え決議（＝団地内の全部の建物を取り壊して建て替える旨の決議）があったときは、単独復旧をすることができない。なお、2 分の 1 を超える部分が滅失したときは、集会において、区分所有者および議決権の各 4 分の 3 以上の多数で、滅失した共用部分を復旧する旨の決議をすることができ、共用部分を単独で復旧することはできない。

4 正しい。 管理者が、規約の保管を怠った場合や、利害関係人からの請求に対して正当な理由がないのに規約の閲覧を拒んだ場合は、20 万円以下の過料に処せられる。

★ 【参考正答率 49.5%】

問14 正解 1 不動産登記法 参考 権利 L11

1 誤り。 権利に関する登記を申請する場合には、申請人は、法令に別段の定

めがある場合を除き、その申請情報と併せて登記原因を証する情報（たとえば、売買契約書）を提供しなければならない。これに対し、本肢のように表示に関する登記を申請する場合には、登記原因を証する情報を提供する必要はない。

2 正しい。新たに生じた土地または表題登記がない土地の所有権を取得した者は、その所有権の取得の日から1カ月以内に、表題登記を申請しなければならない。

3 正しい。信託の登記の申請は、当該信託に係る権利の保存、設定、移転または変更の登記の申請と同時にしなければならない。

4 正しい。仮登記は、①仮登記の登記義務者の承諾があるとき、②仮登記を命ずる処分があるときは、当該仮登記の登記権利者が単独で申請することができる。

★★★ 【参考正答率 52.7%】

問15 正解 3 都市計画法

参考 制限 L1

解説 平成26年度

1 正しい。地区計画は、都市計画区域のうち、①用途地域が定められている土地の区域、および、②用途地域が定められていない土地の区域のうち一定の条件に該当するものにおいて定めることができる。

2 正しい。高度利用地区は、用途地域内の市街地における土地の合理的かつ健全な高度利用と都市機能の更新とを図るため、建築物の容積率の最高限度および最低限度、建築物の建蔽率の最高限度、建築物の建築面積の最低限度ならびに壁面の位置の制限を定める地区である。

3 誤り。準都市計画区域は、都市計画区域外の区域のうち、そのまま土地利用を整序し、または環境を保全するための措置を講ずることなく放置すれば、将来における一体の都市としての整備、開発および保全に支障が生じるおそれがあると認められる一定の区域である。この準都市計画域内で定めることができる都市計画は、大規模な開発や建築がでたらめに行われることがないようにするための土地利用規制に限られ、市街地開発事業を定めることはできない。

❶準都市計画区域では、開発を進めていくための都市計画を定めることはできない。

4 正しい。高層住居誘導地区は、住居と住居以外の用途とを適正に配分し、利便性の高い高層住宅の建設を誘導するため、第一種住居地域、第二種住居地域、準住居地域、近隣商業地域または準工業地域内の一定の地域において、

建築物の容積率の最高限度、建築物の建蔽率の最高限度および建築物の敷地面積の最低限度を定める地区である。したがって、近隣商業地域および準工業地域においても定めることができる。

★★★ 【参考正答率 89.3%】

問16 正解 1 都市計画法 　　　参考 制限 L2

　開発許可を受ける必要のある開発行為については、都市計画法 34 条の 2 によって、国または都道府県等が行う場合には、当該国の機関または都道府県等と都道府県知事との協議が成立すれば、開発許可があったものとみなされることになっている。したがって、本問の都市計画法 34 条の 2 の規定に基づき協議する必要のある開発行為とは、開発許可を受ける必要のある開発行為を意味する。

ア　必要がある。 市街化調整区域において行う開発行為は、その規模に関係なく、原則として開発許可を受ける必要がある。そして、病院は、開発許可が不要となる公益上必要な建築物にはあたらない。したがって、国が行う場合であっても、都市計画法 34 条の 2 の規定に基づき協議する必要がある。

イ　必要がある。 市街化区域以外の区域においては、農林漁業を営む者の居住の用に供する建築物の建築の用に供する目的で行われる開発行為は、例外として開発許可を受ける必要はない。しかし、市街化区域内ではこのような例外はない。また、市街化区域内の場合、原則として 1,000 ㎡ 未満の開発行為は、開発許可を受ける必要はないが、本記述の開発行為の規模は 1,200 ㎡ であるから、これにもあたらない。したがって、開発許可を受ける必要がある。

ウ　必要はない。 公民館は、開発許可が不要となる公益上必要な建築物にあたる。したがって、公民館の用に供する施設である建築物の建築の用に供する目的で行われる開発行為は、規模に関係なく、開発許可を受ける必要はない。

　以上より、開発許可を受ける必要のある、または協議する必要のある開発行為はア、イであり、肢 1 が正解となる。

　「都市計画法第 34 条の 2 の規定に基づき協議する必要のある開発行為」が開発許可を受ける必要のある開発行為であることに気が付けば、平易な問題です。今後もこのような形式での出題があるかもしれませんから、とまどわないようにしてください。

問17 正解 1 建築基準法

参考 制限 L3、4、5

1 正しい。住宅の居住のための居室には、地階に設ける居室などを除き、採光のための窓その他の開口部を設け、その採光に有効な部分の面積は、原則として、その居室の床面積に対して7分の1以上としなければならない。ただし、床面において50ルックス以上の照度を確保することができるよう照明設備を設置している居室については、10分の1以上であればよいことになっている。

❗ 住宅などの居室には、原則として、「換気」のための窓その他の開口部を設け、その換気に有効な部分の面積は、その居室の床面積に対して、「20分の1以上」としなければならない。

2 誤り。建築基準法において、建築とは、建築物を新築し、増築し、改築し、または移転することをいう。したがって、建築物の移転も、建築確認の対象となり得る。

3 誤り。高さ20mを超える建築物には、周囲の状況によって安全上支障がない場合を除き、有効に避雷設備を設けなければならない。しかし、本肢の建築物は高さ15mであり、その必要はない。

4 誤り。防火地域内にある看板、広告塔、装飾塔その他これらに類する工作物で、建築物の屋上に設けるものまたは高さ3mを超えるものは、その主要な部分を不燃材料で造り、または、覆わなければならない。しかし、準防火地域については、このような規定はない。

問18 正解 2 建築基準法

参考 制限 L4

1 正しい。床面積の合計が10,000m²を超える店舗は、近隣商業地域、商業地域、準工業地域内においては建築できるが、工業地域内においては、特定行政庁の許可がなければ、建築できない。

2 誤り。都市計画区域内においては、火葬場、汚物処理場、ごみ焼却場などは、都市計画においてその敷地の位置が決定しているものでなければ、新築し、または増築してはならない。しかし、学校については、このような規定はない。

3 正しい。特別用途地区内においては、地方公共団体は、その地区の指定の目的のために必要と認める場合においては、国土交通大臣の承認を得て、条

解説 平成26年度

例で、建築基準法 48 条の規定による用途制限を緩和することができる。

4 **正しい。**建蔽率の限度が 10 分の 8 とされている地域外で、かつ、防火地域内にある耐火建築物等（耐火建築物または耐火建築物と同等以上の延焼防止性能を有する建築物）の建蔽率については、都市計画において定められた建蔽率の数値に 10 分の 1 を加えた数値が限度となる。

❗建蔽率の限度が 10 分の 8 とされている地域内で、かつ、防火地域内にある耐火建築物等については、建蔽率の制限は適用されない。

★★ **【参考正答率 63.1%】**

問19 正解 4 盛土規制法　　　参考 制限 L6

1 **正しい。**「宅地造成」とは、宅地以外の土地を宅地にするために行う盛土その他の土地の形質の変更で一定規模のものをいう。したがって、「宅地を宅地以外の土地にするために行う土地の形質の変更」は、「宅地造成」に該当しない。なお、「特定盛土等」（＝宅地または農地等において行う盛土その他の土地の形質の変更で、当該宅地または農地等に隣接し、または近接する宅地において災害を発生させるおそれが大きい一定規模のもの）に該当する可能性はある。

2 **正しい。**都道府県知事は、宅地造成等工事規制区域内において行われる宅地造成等に関する工事の許可に付した条件に違反した者に対して、その許可を取り消すことができる。

3 **正しい。**都道府県知事などが、基礎調査のために他人の占有する土地に立ち入って測量・調査を行う必要がある場合において、その必要の限度において当該土地に立ち入って測量・調査を行うときは、当該土地の占有者は、正当な理由がない限り、立入りを拒み、または妨げてはならない。

4 **誤り。**宅地造成等工事規制区域内において行われる宅地造成等に関する工事の許可を受けた者は、当該許可に係る宅地造成等に関する工事の計画の変更をしようとするときは、原則として、都道府県知事の「許可」（変更の許可）を受けなければならない。「届け出」なければならないのではない。

❗宅地造成等に関する工事の許可を受けた者が工事施行者の氏名・名称の変更など一定の軽微な変更をしたときは、遅滞なく、その旨を都道府県知事に届け出なければならない。

問20　正解 4　土地区画整理法

参考 制限 L7

1　誤り。宅地の所有者の申出または同意があった場合には、換地計画において、その宅地の全部または一部について換地を定めないことができる。この場合において、換地を定めない宅地またはその部分について、宅地を使用し、または収益することができる権利を有する者があるときは、施行者は、換地を定めないことについてこれらの者の同意を得なければならない。「補償をすれば、…換地を定めないことができる」というわけではない。

2　誤り。施行者は、施行地区内の宅地について換地処分を行うため、換地計画を定めなければならない。この場合において、施行者が個人施行者、組合、区画整理会社、市町村または機構等であるときは、その換地計画について都道府県知事の認可を受けなければならない。「市町村長」の認可ではない。

3　誤り。施行者は、換地処分があった旨の公告があった場合において、施行地区内の土地および建物について土地区画整理事業の施行により変動があったときは、遅滞なく、その変動に係る登記を申請し、または嘱託しなければならない。そして、換地処分があった旨の公告があった日後においては、この変動に係る登記がされるまでは、施行地区内の土地および建物に関しては、原則として、他の登記をすることができない。したがって、「換地処分があった旨の公告があった日以降いつでも」施行地区内の土地および建物に関する登記を行うことができるわけではない。

4　正しい。土地区画整理事業の施行により公共施設が設置された場合、その公共施設は、換地処分があった旨の公告があった日の翌日において、原則として、その公共施設の所在する市町村の管理に属するものとされている。

問21　正解 3　農地法

参考 制限 L8

1　誤り。農地法3条の許可を停止条件とする農地の売買契約を締結し、仮登記を申請する場合に、農業委員会に届出をしなければならないという規定はない。

2　誤り。耕作目的で農地の所有権を取得しようとする場合には、原則として、農地法3条の許可を受けなければならない。本肢のように、市街化区域内の農地であっても、また、競売により取得する場合であっても、例外にあたらず、原則どおり、農地法3条の許可を受ける必要がある。

3 正しい。農地に抵当権を設定する場合には、農地法3条の許可を受ける必要はない。

4 誤り。農地法の「農地」とは、耕作の目的に供される土地をいい、農地にあたるか否かは、現況（現在、耕作の目的に供されているかどうか）で判断される。登記簿上の地目は関係ない。したがって、登記簿上の地目が山林であっても、現に農地として耕作している土地は、法の適用を受ける農地である。

★　【参考正答率 75.8%】

問22　正解 4　法令上の制限総合　　参考 制限 L9

1 正しい。国土利用計画法23条の届出（＝事後届出）においては、土地の利用目的や土地売買等の対価の額について、都道府県知事に届け出なければならない。

2 正しい。保安林とは、水源のかん養、土砂の流出・崩壊の防備などの目的を達成するために、農林水産大臣または都道府県知事によって指定される森林である。そして、保安林においては、原則として、都道府県知事の許可を受けなければ、立木を伐採してはならない。

3 正しい。海岸保全区域とは、海水または地盤の変動による被害から海岸を防護するために都道府県知事により指定される区域である。そして、海岸保全区域内において、土石（砂を含む）の採取や、土地の掘削・盛土・切土などをしようとする者は、原則として、海岸管理者の許可を受けなければならない。

4 誤り。特別緑地保全地区とは、都市計画区域内の緑地で一定の条件に該当する土地の区域について、都市計画で定められるものである。そして、特別緑地保全地区内においては、建築物その他の工作物の新築・改築・増築などは、原則として、都道府県知事等の許可を受けなければ、してはならない。「公園管理者」の許可ではない。

 本問については、肢1の国土利用計画法の知識を確実にマスターしておきましょう。他の選択肢は一読しておくだけで十分です。

問23　正解 4　登録免許税

参考 税他 L5

1　誤り。住宅用家屋の所有権の移転登記に係る登録免許税の税率の軽減措置（以下「軽減措置」）は、住宅用家屋についての制度である。土地には適用されない。

2　誤り。軽減措置は、住宅用家屋を取得した個人の居住の用に供されるものにのみ適用される。つまり、個人が自分で住む場合だけが対象になる。したがって、従業員の社宅として取得した場合には適用されない。

3　誤り。軽減措置には、回数制限はない。したがって、以前に適用を受けたことがある者も適用を受けることができる。

4　正しい。軽減措置の適用対象となる住宅用家屋は、床面積が 50㎡ 以上のものである。したがって、床面積が 50㎡ 未満の場合には適用されない。

問24　正解 2　不動産取得税

参考 税他 L1

1　誤り。不動産取得税は、当該不動産の所在する都道府県において課する税である。「市町村」ではない。なお、普通徴収の方法による点は正しい。

2　正しい。共有物の分割による不動産の取得の場合、分割前の持分の割合を超えなければ、不動産取得税が課されない。

3　誤り。独立行政法人には、不動産取得税を課すことができる場合がある。すなわち、独立行政法人のうち、「非課税独立行政法人」には不動産取得税を課すことができないが、それ以外の独立行政法人には、原則として不動産取得税が課される。なお、地方独立行政法人に対して不動産取得税を課すことができない点は正しい。

4　誤り。相続による不動産の取得には、不動産取得税は課されない。

肢3の「独立行政法人」は国に代わって公共的な事務等を行う法人です。非課税独立行政法人と、そうでない独立行政法人とに分けられます。これに対し、「地方独立行政法人」は地方公共団体に代わって公共的な事務等を行う法人です。地方独立行政法人には不動産取得税は課されません。

解説

平成26年度

問25 正解 1　地価公示法

参考 税他 L7

1　正しい。土地鑑定委員会が、官報で公示すべき事項は次のとおりであり、「標準地の価格の総額」は含まれていない。

① 標準地の所在の郡、市、区、町村および字ならびに地番

② 標準地の単位面積当たりの価格および価格判定の基準日

③ 標準地の地積および形状

④ 標準地およびその周辺の土地の利用の現況

⑤ その他国土交通省令で定める事項

2　誤り。標準地は、土地鑑定委員会が、自然的および社会的条件からみて類似の利用価値を有すると認められる地域において、土地の利用状況、環境等が通常と認められる一団の土地について選定する。本肢のような制限は設けられていない。

3　誤り。標準地の鑑定評価を行った不動産鑑定士は、土地鑑定委員会に対し、鑑定評価書を提出しなければならず、本肢のような例外は設けられていない。

4　誤り。不動産鑑定士は、標準地の鑑定評価を行うにあたっては、近傍類地の取引価格から算定される推定の価格、近傍類地の地代等から算定される推定の価格および同等の効用を有する土地の造成に要する推定の費用の額を勘案して行わなければならない。したがって、「近傍類地の取引価格から算定される推定の価格を基本」とする本肢は誤り。

問26 正解 1　宅建業とは

参考 業法 L1

ア　正しい。自ら貸主・借主になって貸借を行うこと（自ら貸借）は、宅建業に当たらない。自分のビルを賃貸しているAや、ビルを借りてそのビルを転貸しているBは、自ら貸借を行っている。したがって、AとBは免許を受ける必要がない。

イ　誤り。Dは、Cの代理によりマンションを不特定多数の者に反復継続して分譲しているが、代理人の行為の効果は本人に帰属するので、法律的には、本人Dがマンションを不特定多数に反復継続して分譲していることになる。したがって、Dの行為は宅建業に当たり、免許を受ける必要がある。

ウ　誤り。不特定多数の者と反復継続して宅地の売買を行うことは、宅建業に当たる。売主が宅建業法の適用がない者に限られていても、「特定」とはい

えない。したがって、Eの行為は宅建業にあたり、免許を受ける必要がある。

エ　誤り。Fは、宅地を不特定多数の者に反復継続して売却している。したがって、Fの行為は宅建業に当たり、免許を受ける必要がある。

以上より、正しいものはアの一つであり、肢1が正解になる。

★★　【参考正答率 35.4%】

問27　正解 2　免許

参考 業法 L1、2、3

1　誤り。継続的に業務を行うことができる施設を有する場所で、宅建業に係る契約を締結する権限を有する使用人を置くものは、事務所に当たる。商業登記簿に登載されていることは必要がない。

2　正しい。国土交通大臣または都道府県知事は、免許（免許の更新を含む）に条件を付し、およびこれを変更することができる。

3　誤り。法人である宅建業者が合併・破産手続開始の決定以外の理由により解散した場合、その清算人は、その日から 30 日以内に、その旨を免許権者に届け出なければならない。「その法人を代表する役員であった者」ではない。

4　誤り。免許を受けていない者は、宅建業を営む旨の表示をし、または宅建業を営む目的をもって、広告をしてはならない。このことは、売買契約の締結を免許を受けた後に行う場合でも変わりがない。

★★　【参考正答率 95.3%】

問28　正解 3　案内所等に関する規制

参考 業法 L12

宅建業者は、一団の宅地・建物の分譲を案内所を設置して行う場合や、他の宅建業者が行う一団の宅地・建物の分譲の代理・媒介を案内所を設置して行う場合等には、当該案内所に標識を掲示しなければならない。そして、このような案内所で契約を締結し、または契約の申込みを受ける場合には、1 人以上の専任の宅建士を設置しなければならず、また、当該案内所について案内所等の届出（＝法 50 条 2 項に定める届出）をしなければならない。この案内所等の届出は、免許権者と案内所等の所在地を管轄する都道府県知事に対して、業務を開始する日の 10 日前までにしなければならない。

1　正しい。BとCは、媒介の依頼を受けて案内所を設置し、その案内所で売買契約の申込みを受けようとしているので、案内所等の届出が必要である。Bは免許権者である国土交通大臣と案内所の所在地を管轄する乙県知事に、また、Cは免許権者であると同時に案内所の所在地を管轄する甲県知事に、

業務を開始する日の10日前までに案内所等の届出をしなければならない。

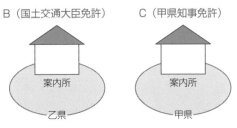

B（国土交通大臣免許）　　　C（甲県知事免許）

案内所　　　　　　　　　案内所

乙県　　　　　　　　　　　甲県

2　正しい。一団の宅地・建物の分譲をする場合における当該宅地・建物の所在場所については、案内所等の届出は必要ないが、標識の掲示は必要である。したがって、Aは案内所等の届出をする必要はないが、マンションの所在する場所に標識を掲示しなければならない。

3　誤り。Bは、媒介の依頼を受けて案内所を設置し、その案内所で売買契約の申込みを受けようとしているので、専任の宅建士の設置が必要である。しかし、その人数は、業務に従事する者の数に関係なく、1人以上で足りる。

4　正しい。同一の物件について、売主である宅建業者と代理・媒介を行う宅建業者が同一の場所で業務を行う場合、いずれかの宅建業者が専任の宅建士を1人以上置けば、専任の宅建士の設置義務を満たす。したがって、Aが専任の宅建士を設置すれば、それによって設置義務を満たすので、Cは専任の宅建士を設置する必要がない。

★★　【参考正答率 87.0%】

問29　正解 2　営業保証金　　　参考 業法 L6

1　誤り。営業保証金の供託は、免許を受けた後に行う。すなわち、①免許を受ける、②営業保証金を供託する、③供託した旨を届け出る、④事業開始という順序になる。したがって、営業保証金を供託した後に免許を受けるとする本肢は誤り。

2　正しい。宅建業者は、営業保証金の変換（＝営業保証金を差し替えること）のため新たに供託したときは、遅滞なく、その旨を免許権者に届け出なければならない。

❗営業保証金の差替えをするのは、たとえば供託していた有価証券が満期になったので別の有価証券に差し替える場合である。

3　誤り。宅建業者は、事業の開始後新たに事務所を設置したときは、当該事務所についての営業保証金を主たる事務所の最寄りの供託所に供託し、その

旨を免許権者に届け出なければならない。「従たる事務所の最寄りの供託所」
ではない。

4 誤り。宅建業者は，主たる事務所を移転したため最寄りの供託所が変更し
た場合、①金銭のみをもって営業保証金を供託しているときは、遅滞なく、
営業保証金を供託している供託所に対し、移転後の主たる事務所の最寄りの
供託所への営業保証金の保管替えを請求し、②その他のときは、遅滞なく、
営業保証金を移転後の主たる事務所のもよりの供託所に新たに供託しなけれ
ばならない。保管替えの請求ができるのは金銭のみで供託している場合だけ
なので、本肢のように金銭と有価証券で供託している場合には、保管替えを
請求することはできない。

★★　**【参考正答率 99.5%】**

問30 　正解 2 　広告に関する規制 　　　参考 業法 L9

1 誤り。宅建業者は、宅地の造成または建物の建築に関する工事の完了前に
おいては、当該工事に必要とされる開発許可・建築確認等の処分があった後
でなければ、その宅地・建物について、①広告をすることができず、また、
②自ら売買・交換をすることや、売買・交換の代理・媒介をすることができ
ない。したがって、Aは、広告も売買契約の締結もすることができない。

2 正しい。宅地の形質について、実際のものよりも著しく優良であると人を
誤認させる表示は、誇大広告に当たる。誇大広告は、それ自体が宅建業法違
反であり、注文や取引成立の有無は関係ない。そして、誇大広告等の禁止に
違反した場合、監督処分および罰則の対象になる。

3 誤り。宅建業者は、①宅地・建物の売買・交換・貸借に関する広告をする
とき、②宅地・建物の売買・交換・貸借に関する注文を受けたときに、遅滞
なく、取引態様の別を明示しなければならない。これらは別々の義務なので、
広告をするときに明示していても、注文を受けたときに改めて明示しなけれ
ばならない。

4 誤り。肢3で述べたとおり、広告をするときは取引態様の別を明示しなけ
ればならない。したがって、数回に分けて広告をするときは、その都度、取
引態様の別を明示しなければならない。

問31 正解 3 自ら売主制限　　　参考 業法 14、15

　本問は、宅建業者が売主、宅建業者でない者が買主の宅地の売買契約なので、自ら売主制限の適用がある。

ア　誤り。宅建業者が自ら売主となる売買契約においては、通知期間を引渡しの日から2年以上とするものを除き、種類・品質に関する契約不適合責任につき買主に不利な特約は無効となる。本肢の特約は、引渡しの日から3年とするものなので、「2年以上とする」特約に当たり、有効である。

イ　誤り。宅建業者は、自ら売主として、自己の所有に属しない宅地・建物の売買契約を締結することができないのが原則である。ただし、宅建業者が当該宅地・建物を取得する契約・予約（停止条件付きのものを除く）を締結している等の場合は、例外になる。本肢では、宅地の一部が甲所有なので、自己の所有に属しない宅地に当たり、払下げを申請中なので、取得する契約を締結している等の場合には当たらない。したがって、Aは売買契約を締結することができない。

ウ　誤り。宅建業者が自ら売主となる売買契約において手付が支払われたときは、相手方が履行に着手するまでは、買主は手付を放棄して、売主は手付の倍額を現実に提供して、契約を解除することができる。そして、これより買主に不利な特約は無効となる。したがって、Aが契約の履行に着手していなかったときは、Bは、手付を放棄して契約の解除をすることができる。

　以上より、誤っているものはア、イ、ウの三つであり、肢3が正解になる。

問32 正解 3 媒介契約　　　参考 業法 L8

ア　誤り。宅建業者は、専任媒介契約を締結したときは、その日から7日（専属専任媒介契約の場合は5日）以内に指定流通機構に登録しなければならない。そして、登録義務に関し宅建業法の規定に反する特約は無効なので、Bから登録しないでほしい旨の申出があっても、Aは登録義務を負う。

イ　誤り。宅建業者は、売買・交換の媒介契約を締結したときは、遅滞なく、34条の2第1項の規定に基づく書面（＝媒介契約書面）を作成・交付しなければならない。このことは、依頼者が宅建業者であるかどうかに関係がない。

ウ　誤り。専任媒介契約の有効期間の更新は、有効期間の満了に際して依頼者

の申出がなければすることができない。自動的に更新されることはない。

エ 正しい。一般媒介契約で、他の宅建業者を明示する義務がある場合は、依頼者が明示していない他の宅建業者の媒介・代理によって売買・交換の契約を成立させたときの措置を、媒介契約書面に記載しなければならない。

以上より、誤っているものはア、イ、ウの三つであり、肢3が正解になる。

★★★ 【参考正答率 92.6%】

問33 正解 **3** 手付金等の保全措置等 　　参考 業法 L15

宅建業者は、自ら売主となる売買契約においては、保全措置を講じた後でなければ、手付金等を受領してはならない。ただし、買主が登記をしたとき、または受領しようとする手付金等の額が少ないときは（本問のように工事完了前に売買契約を締結した場合は、代金額の5％以下かつ1,000万円以下。本問では250万円以下）、保全措置を講じなくても、手付金等を受領することができる。

また、宅建業者は、自ら売主となる売買契約の締結に際して、代金の2/10を超える額の手付を受領することができない（手付の額の制限）。

1 違反しない。手付金等の保全措置は、自ら売主制限なので、買主が宅建業者である場合は適用されない。

2 違反しない。1,000万円の手付は、代金5,000万円の2/10ちょうどなので、手付の額の制限に違反しない。また、保全措置を講じているので、手付金等の保全措置の規定にも違反しない。

3 違反する。保全措置が必要か否かは、既に受領した額を含めて判断する。そして、保全措置が必要な場合には、既に受領した額も含めた全額について保全措置を講じる必要がある。本肢では、中間金500万円を受領する時点で、手付金100万円を含めた600万円について保全措置を講じる必要がある。したがって、500万円の保全措置しか講じていない本肢は宅建業法の規定に違反する。

4 違反しない。買主が登記をしている場合には、保全措置は不要である。

★★ 【参考正答率 82.8%】

問34 正解 **4** 重要事項の説明 　　参考 業法 L10

1 誤り。宅建業者は、建物（昭和56年6月1日以降に新築の工事に着手したものを除く）が一定の耐震診断を受けたものであるときは、その内容を重

要事項として説明しなければならない。これは、「耐震診断を受けたものであるとき」にその内容を説明する義務なので、自ら耐震診断を実施する必要はない。

2 誤り。宅建業者は、宅地・建物が津波防護施設区域内にある旨を重要事項として説明する必要はない。これに対し、宅地・建物が津波災害警戒区域内にあるときは、その旨を重要事項として説明しなければならない。本肢は逆の記述である。

3 誤り。宅建業者は、種類・品質に関する契約不適合責任の履行に関し保証保険契約の締結その他の措置を講ずるかどうか、およびその措置を講ずる場合におけるその措置の概要を重要事項として説明しなければならない。したがって、この「措置」として、住宅販売瑕疵担保保証金の供託を行うときも、保証保険契約の締結を行うときも、その措置の概要を説明しなければならない。

4 正しい。区分所有建物の場合、専有部分の用途その他の利用の制限に関する規約の定め（案を含む）があるときは、その内容を重要事項として説明しなければならない。これに対し、区分所有建物の売買・交換の場合、1棟の建物またはその敷地の一部を特定の者にのみ使用を許す旨（＝専用使用権）の規約の定め（案を含む）があるときは、その内容を重要事項として説明しなければならないが、本肢は貸借なので、専用使用権について説明する必要はない。

問35 正解3 重要事項の説明 参考 業法 L10

1 正しい。重要事項の説明の場所については、特に規制はない。したがって、買主の自宅で行うこともできる。

2 正しい。重要事項の説明においては、登記された権利の種類・内容等を説明しなければならない。このことは、抹消される予定があるかどうかに関係がない。

3 誤り。宅建士とは、宅建士証の交付を受けた者のことをいう。宅建士証の有効期間が満了している場合、その者は宅建士ではなくなるので、35条書面に記名することも、重要事項の説明をすることもできない。

4 正しい。割賦販売の場合、現金販売価格、割賦販売価格、宅地・建物の引渡しまでに支払う金銭の額、賦払金の額・支払時期・支払方法を、重要事項

として説明しなければならない。

❗ 代金の額は、通常は重要事項の説明事項ではないが、割賦販売の場合には、現金販売価格と割賦販売価格を説明しなければならない。

★★ 【参考正答率 99.6%】

問36 正解 3 重要事項の説明　　　参考 業法 L10

1 **違反する。** 重要事項の説明をすることができるのは、宅建士のみである。したがって、宅建士でない者に重要事項の説明をさせることは、宅建業法の規定に違反する。

2 **違反する。** 宅建業者は、契約が成立するまでの間に、宅建士をして重要事項の説明をさせなければならず、これを省略することはできない。このことは、チラシに詳しい記載があっても変わりがない。

3 **違反しない。** 重要事項の説明は、宅建士であれば行うことができ、その物件の担当者である宅建士には限られない。本肢では、宅建士が重要事項説明書に記名し、宅建士証を提示して重要事項の説明をしている。したがって、本肢は宅建業法の規定に違反しない。

4 **違反する。** 宅建業者は、契約が成立するまでの間に、宅建士をして重要事項の説明をさせなければならない。したがって、契約を成立させる前に、重要事項の説明も重要事項説明書の交付もしていない本肢は、宅建業法の規定に違反する。

★★ 【参考正答率 88.4%】

問37 正解 4 報酬に関する制限　　　参考 業法 L16、17

ア **誤り。** 依頼者の特別の依頼による広告に要した実費は、報酬とは別に受領することができる。しかし、本肢では、依頼者からの依頼に基づいていない広告をしているので、報酬と別に広告料金に相当する額を請求することはできない。このことは、広告が契約の成立に寄与しても変わりがない。

イ **誤り。** 4,000万円の売買を媒介・代理した場合、報酬合計額の限度は、4,000万円×3％＋6万円＝126万円の2倍である252万円に、消費税％を上乗せした277万2,000円である。複数の宅建業者が取引に関わった場合も同じである。したがって、本肢のように合計で415万8,000円の報酬を受けることはできない。

ウ **誤り。** 宅地・建物の賃貸借を課税事業者が媒介した場合、依頼者の双方か

ら受けることができる報酬の限度額は、借賃の1.1カ月分（＝1カ月分に10％上乗せ）である。したがって、それぞれ1.1カ月分を受け取ることができるとする本肢は誤り。なお、居住用建物の賃貸借を課税事業者が媒介した場合、依頼者の一方から受けることができる報酬の限度額は、依頼を受けるにあたって承諾を得ているときを除き、借賃の0.55カ月分（＝0.5カ月分に10％上乗せ）である。本肢では承諾を得ているが、双方から合計で1.1カ月分という制限があることは変わらない。

以上より、正しいものはなく、肢4が正解になる。

★★　【参考正答率 97.6％】

問38　正解 4　クーリング・オフ　　参考 業法 L13

1　誤り。喫茶店は事務所等に当たらないので、本肢の契約には、クーリング・オフ制度の適用がある。もっとも、①クーリング・オフできる旨を書面を交付して告げられた日から起算して8日経過したとき、②買主が引渡しを受け、かつ、代金の全部を支払ったときには、クーリング・オフをすることができなくなる。本肢は②に該当するので、クーリング・オフをすることはできず、Aは契約の解除を拒むことができる。

2　誤り。喫茶店は事務所等に当たらない。このことは、買主が指定したかどうかに関係がない。したがって、本肢の契約にはクーリング・オフ制度の適用がある。

3　誤り。買受けの申込みと売買契約の締結とが異なる場所で行われた場合、クーリング・オフができるかどうかは、買受けの申込みを基準に判断する。テント張りの案内所は事務所等にあたらないので、本肢の契約にはクーリング・オフ制度の適用がある。

4　正しい。クーリング・オフについて、申込者・買主に不利な特約は無効である。しかし、本肢の特約は、クーリング・オフによる契約の解除ができる期間を8日間から14日間に延長するものなので、申込者・買主に不利ではなく有効である。したがって、Bは契約の締結の日から10日後であっても契約の解除をすることができる。

クーリング・オフ制度の適用の有無は、事務所等で買受けの申込みをしたかどうかで決まりますが、試験対策としては、まず事務所等に当たらない場所（＝クーリング・オフ制度の適用がある場所）で試験によく出るものを覚えたほうが得策です。具体的には、喫茶店、ホテルのロビー、テント張りの案内所、宅建業者から申し出た場合の買主の自宅・勤務場所などです。

問39　正解 3　弁済業務保証金

参考 業法 L7

1　**誤り。**保証協会の社員の地位を失った宅建業者について、本肢のような地位の回復に関する規定はない。

2　**誤り。**保証協会は、弁済業務保証金分担金の納付を受けたときは、その日から1週間以内に、その納付を受けた額に相当する額の弁済業務保証金を供託しなければならない。「2週間」ではない。

3　**正しい。**保証協会は、弁済業務保証金の還付があったときは、当該還付に係る社員または社員であった者に対し、当該還付額に相当する額の還付充当金を保証協会に納付すべきことを通知しなければならない。

4　**誤り。**弁済業務保証金から弁済を受けることができる者には、社員が社員となる前に（＝当該宅建業者が保証協会に加入する前に）宅建業に関し取引をした者が含まれる。そして、宅建業者に対して建物の貸借の媒介を依頼した者は、宅建業に関する取引をした者に当たる。したがって、「弁済を受ける権利を有しない」とする本肢は誤り。

❗宅建業者が保証協会の社員になると営業保証金は取り戻されてしまうので、当該宅建業者が保証協会に加入する前に取引した者も弁済業務保証金から弁済を受けることができるとされている。

問40　正解 3　37 条書面

参考 業法 L11

ア　正しい。売買・交換の 37 条書面には、種類・品質に関する契約不適合責任またはその履行に関して講ずべき保証保険契約の締結等の措置について定めがあるときは、その内容を記載しなければならない。

イ　誤り。37 条書面については、その内容を説明する義務はない。なお、宅建士の記名が必要である点は正しい記述である。

ウ　正しい。37 条書面には、宅地・建物の引渡しの時期を記載しなければな

解説

平成26年度

らない。このことは相手方が宅建業者であるかどうかに関係がない。

エ 正しい。売買・交換の 37 条書面には、租税その他の公課の負担に関する定めがあるときは、その内容を記載しなければならない。

以上より、正しいものはア、ウ、エの三つであり、肢 3 が正解になる。

問41 正解 1 その他の業務上の規制 　　参考 業法 L12

1 正しい。宅建業者は、他の宅建業者が行う一団の宅地・建物の分譲の代理・媒介を案内所を設置して行う場合、その案内所に標識を掲げなければならない。そして、その案内所が専任の宅建士を置くべき場所に該当しない（すなわち、クーリング・オフ制度の適用がある）場合は、その標識にクーリング・オフ制度の適用がある旨を表示しなければならない。

2 誤り。宅建業者は、相手方等が当該契約を締結しない旨の意思（当該勧誘を引き続き受けることを希望しない旨の意思を含む）を表示したにもかかわらず、当該勧誘を継続することをしてはならない。このことは、別の従業者に勧誘を行わせても変わりがない。

3 誤り。宅建業法 44 条の不当な履行遅延とは、その業務に関してなすべき宅地・建物の登記・引渡しや取引に係る対価の支払を不当に遅延する行為のことである。宅地・建物の取引に係る対価とは、売買代金等のことをいい、報酬は含まれない。したがって、本肢の行為は不当な履行遅延に該当しない。

4 誤り。従業者名簿の記載事項には、「当該事務所の従業者でなくなったときは、その年月日」が含まれる。すなわち、退職した従業者に関しても、その年月日を記載した上で、従業者名簿に記載しておかなければならない。なお、事務所ごとに従業者名簿を備えなければならない点は正しい記述である。

問42 正解 1 37 条書面 　　参考 業法 L11

ア 誤り。複数の宅建業者が 37 条書面の作成・交付義務を負う場合には、それぞれの宅建業者がその宅建士に記名させなければならない。

イ 誤り。宅建業者は、37 条書面に、宅建士をして記名させなければならない。このことは、公正証書によって契約を成立させた場合も変わりがない。

ウ 正しい。37 条書面には、契約の解除に関する定めがあるときは、その内容を記載しなければならない。

以上より、誤っているものはア、イであり、肢1が正解になる。

問43 正解 2 その他の業務上の規制   参考 業法 L12

1 違反する。宅建業者は、手付について信用の供与（手付貸与、後払い・分割払いを認めるなど）をすることにより、契約の締結を誘引してはならない。本肢では、複数回に分けて受領すること（＝分割払い）により契約の締結を誘引しているので、宅建業法の規定に違反する。

2 違反しない。自宅を訪問する際には事前に連絡すべき旨の規定はない。また、宅建業者は、勧誘に先立って、宅建業者の商号・名称、勧誘を行う者の氏名、契約の締結について勧誘をする目的である旨を告げなければ、勧誘を行ってはならないが、本肢ではこれらを告げている。

3 違反する。宅建業者は、相手方等が当該契約を締結しない旨の意思（当該勧誘を引き続き受けることを希望しない旨の意思を含む）を表示したにもかかわらず、当該勧誘を継続することをしてはならない。

4 違反する。宅建業者等は、宅建業に係る契約の締結の勧誘をするに際し、相手方等に対し、利益を生ずることが確実であると誤解させるべき断定的判断を提供する行為をしてはならない。「確実に値上がりする」旨の説明をすることは、この規定に違反する。

問44 正解 1 監督処分   参考 業法 L18

ア 正しい。32条（誇大広告等の禁止）違反となる広告を行ったことは、業務停止処分の対象事由である。そして、免許権者のほか、宅建業者が業務停止処分の対象行為（営業保証金・保証協会に関連する違反行為等を除く）を行った都道府県の知事も、業務停止処分をすることができる。したがって、乙県内において32条違反となる広告を行ったAは、乙県知事から業務停止処分を受けることがある。

イ 正しい。31条の3第1項（専任の宅建士の設置義務）に違反していることは、指示処分の対象事由である。そして、免許権者のほか、宅建業者が指示処分の対象行為を行った都道府県の知事も、指示処分をすることができる。したがって、乙県内において31条の3第1項に違反しているBは、乙県知事から指示処分を受けることがある。

ウ 正しい。国土交通大臣または都道府県知事は、その免許を受けた宅建業者の事務所の所在地を確知できないとき、またはその免許を受けた宅建業者の所在（法人である場合においては、その役員の所在をいう。）を確知できないときは、官報または当該都道府県の公報でその事実を公告し、その公告の日から30日を経過しても当該宅建業者から申出がないときは、当該宅建業者の免許を取り消すことができる。

エ 誤り。国土交通大臣または都道府県知事は、その免許を受けた宅建業者が業務停止処分に違反したときは、当該免許を取り消さなければならない。このことは、業務停止処分を誰から受けていたかに関係がない。したがって、業務停止処分に違反したDは、国土交通大臣から免許を取り消される。

以上より、誤っているものはエの一つであり、肢1が正解になる。

★★ **【参考正答率 57.7%】**

問45 正解 4 住宅瑕疵担保履行法 　　参考 業法 L19

1 誤り。宅建業者は、供託等の状況について届出をしなければ、当該基準日の翌日から起算して50日を経過した日以後においては、原則として、新たに自ら売主となる新築住宅の売買契約を締結してはならない。「基準日の翌日から起算」するのであり、「基準日から起算」とする本肢は誤り。

2 誤り。供託等の義務を負うのは、宅建業者が自ら売主として宅建業者でない買主との間で新築住宅の売買契約を締結し、引き渡す場合である。したがって、媒介を行った場合には、供託等を行う義務を負わない。

3 誤り。住宅販売瑕疵担保責任保険契約は、宅建業者が保険料を支払うことを約し、締結するものである。したがって、買主が保険料を支払うことを約して締結するという本肢は誤り。

4 正しい。供託所の所在地等の説明は、当該新築住宅の売買契約を締結するまでに、買主に対し、説明事項を記載した書面を交付（当該書面に記載すべき事項を電磁的方法により提供する場合を含む）して行わなければならない。説明事項には、供託している供託所の所在地、供託所の表示が含まれる。

★★★ **【参考正答率 36.1%】**

問46 正解 2 住宅金融支援機構 　　参考 税他 L9

1 正しい。機構は、地震に対する安全性の向上を主たる目的とする住宅の改良に必要な資金の貸付けを業務として行っている。

2 誤り。住宅の改良資金の貸付債権は、住宅の購入に付随するものであれば譲受けの対象になるが、本肢のような「住宅の購入に付随しない」改良資金は対象にならない。

3 正しい。機構は、高齢者の家庭に適した良好な居住性能および居住環境を有する住宅とすることを主たる目的とする住宅の改良（高齢者が自ら居住する住宅について行うものに限る）に必要な資金の貸付けを業務として行っている。

4 正しい。機構は、市街地の土地の合理的な利用に寄与する一定の建築物（＝合理的土地利用建築物）の建設に必要な資金の貸付けを、業務として行っている。

★★★　【参考正答率 95.6%】

問47　正解 4　不当景品類及び不当表示防止法　参考　税他 L10

1 誤り。採光および換気のための窓その他の開口部の面積の当該室の床面積に対する割合が建築基準法28条の規定に適合していないため、同法において居室と認められない納戸その他の部分については、その旨を「納戸」等と表示することとされている。つまり、窓等の大きさが建築基準法28条の規定に適合していなければ、「納戸」等と表示しなければならず、居室と表示することはできない。このことは、居室として利用できる程度の広さがある部屋でも変わりがない。

2 誤り。修繕積立金については、1戸当たりの月額（予定額であるときは、その旨）を表示しなければならない。ただし、住戸により修繕積立金の額が異なる場合において、そのすべての住宅の修繕積立金を示すことが困難であるときは、最低額および最高額のみで表示することができる。「平均額」ではない。

❶ 「管理費」「共益費」について、本肢と類似の規定がある。

3 誤り。新築住宅の販売広告においては、私道負担部分の面積を表示しなければならない。本肢のように、全体の5％以下であれば面積の表示を省略できる旨の規定はない。

4 正しい。建築工事に着手した後に、同工事を相当の期間にわたり中断していた新築住宅・新築分譲マンションについては、建築工事に着手した時期・中断していた期間を明示しなければならない。

問48 　正解 1 　統計

※統計問題は、出題時の数値をそのまま掲載しています。内容を覚える必要はありません。

1　正しい。平成 24 年度における不動産業の売上高は約 32 兆 7,000 億円と対前年度比で 8.5% 減少し、3 年連続で減少している。

2　誤り。平成 25 年の新設住宅着工戸数は持家、分譲住宅、貸家ともに前年に比べ増加した。

3　誤り。土地取引について、売買による所有権の移転登記の件数でその動向を見ると、平成 25 年の全国の土地取引件数は 128.1 万件となり、前年に比べ増加した。

4　誤り。平成 25 年の 1 年間の地価変動率は、全国平均、地方平均とも下落した。

問49 　正解 4 　土地　　　　　　　参考 税他 L11

1　適当。旧河道（＝昔の川の跡）は、周囲の土地より低くなっている軟弱な地盤なので、地震や洪水などによる災害を受ける危険度が高い所である。

2　適当。地盤の液状化は、地盤の条件と地震の揺れ方により、発生することがある。すなわち、地下水位の浅い砂地盤で、大きな揺れが長く続くと、液状化が生じやすくなる。

3　適当。沿岸地域は、海等に沿った場所なので、津波や高潮などの被害を受けやすい。そこで、宅地の標高や避難経路を把握しておくことが必要である。

4　最も不適当。台地や丘陵の縁辺部（＝端の部分）は崖になっているので、豪雨などによる崖崩れに対しては、安全とはいえない。

問50 　正解 2 　建物　　　　　　　参考 税他 L12

1　適当。鉄筋が腐食すると、体積が増し、まわりのコンクリートのひび割れを招く。したがって、コンクリートのひび割れは、鉄筋の腐食に関係する。

2　最も不適当。モルタルは、一般に水、セメントおよび砂を練り混ぜたものである。「砂利」（＝砂と小石が混じったもの）ではない。

3　適当。骨材とは、砂と砂利をいい、砂を細骨材、砂利を粗骨材と呼んでいる。

4 **適当。**コンクリートは、水、セメント、砂および砂利を混練したものである。

セメントは、水と反応して固まります。水、セメント、砂を練り混ぜて固めるとモルタルになり（肢2）、砂利も加えるとコンクリートになります（肢4）。モルタルは、コンクリートに比べると強度が低く、目地（レンガ・コンクリートブロック等の継ぎ目の部分）や仕上げ等に使われます。

平成 25 年度
解答&解説

25

科目	問題	解答	テーマ
権利関係	1	2	民法総合
	2	4	未成年者
	3	4	地役権
	4	4	留置権
	5	2	抵当権
	6	4	弁済
	7	3	保証
	8	4	賃貸借
	9	1	不法行為
	10	2	相続
	11	4	借地借家法（借家）
	12	3	借地借家法（借地）
	13	1	区分所有法
	14	3	不動産登記法
法令上の制限	15	2	都市計画法
	16	3	都市計画法
	17	4	建築基準法
	18	3	建築基準法
	19	1	盛土規制法
	20	1	土地区画整理法
	21	4	農地法
	22	2	法令上の制限総合
税・その他	23	3	印紙税
	24	4	固定資産税
	25	3	地価公示法

科目	問題	解答	テーマ
宅建業法	26	1	免許の基準・監督処分
	27	1	営業保証金
	28	2	媒介契約
	29	2	重要事項の説明
	30	4	重要事項の説明
	31	2	37 条書面
	32	2	広告開始時期制限・契約締結時期制限
	33	2	重要事項の説明
	34	3	クーリング・オフ
	35	2	37 条書面
	36	3	37 条書面等
	37	1	報酬に関する制限
	38	2	自ら売主制限
	39	1	弁済業務保証金
	40	3	手付金等の保全措置
	41	2	その他の業務上の規制
	42	2	監督処分
	43	4	免許・監督処分
	44	1	宅建士
	45	4	住宅瑕疵担保履行法
税・その他	46	1	住宅金融支援機構
	47	3	不当景品類及び不当表示防止法
	48	3	統計
	49	4	土地
	50	4	建物

合格ライン

合格点	科目別 目安得点			
	権利関係 (問1～問14)	宅建業法 (問26～問45)	法令上の制限 (問15～問22)	税その他 (問23～問25、問46～問50)
33／50	7／14	16／20	5／8	5／8

あなたの得点

得点	科目別 得点			
	権利関係 (問1～問14)	宅建業法 (問26～問45)	法令上の制限 (問15～問22)	税その他 (問23～問25、問46～問50)
／50	／14	／20	／8	／8

平成25年度 試験講評

　「法令上の制限」において、総合問題が1問出題され（問22）、例年1問出題されていた国土利用計画法からの出題が選択肢1つにとどまったことが、平成25年度の特徴として挙げられる。ただ、それ以外については、「個数問題」が5問、「組合せ問題」が3問、合わせて8問出題され、また、「権利関係」において「判決文問題」、「条文に規定されているもの」を問う問題が1問ずつ出題されるなど、平成24年度と同様の出題形式である。内容的には、「権利関係」は難問が非常に多く、得点しにくい内容であったが、他の科目は平均的な難易度の問題構成であった。特に「宅建業法」は、「個数問題」と「組合せ問題」が合わせて7問出題されたが、平成24年度に多かった判断に悩むような記述の出題が少なく、全体として得点しやすい構成となっていた。そのため、「宅建業法」で高得点を挙げることが、合格への近道であったと思われる。

問1　正解2　民法総合　<small>参考 権利 L1、9、8</small>

1　**規定されていない。**意思表示に錯誤がある場合、その意思表示は取り消すことができるのであって、「無効」ではない。

2　**規定されている。**民法551条1項は「贈与者は、贈与の目的である物又は権利を、贈与の目的として特定した時の状態で引き渡し、又は移転することを約したものと推定する。」と規定している。

3　**規定されていない。**引き渡された目的物が種類、品質または数量に関して契約の内容に適合しないものである場合において、買主が相当の期間を定めて履行の追完の催告をし、その期間内に履行の追完がないときは、買主は、その不適合の程度に応じて代金の減額を請求することができるのが原則である。本肢のような、催告をせずに直ちに代金減額請求をすることができるのが原則である旨の規定はない。

4　**規定されていない。**約款とは、企業等があらかじめ定めておく契約条項のことで、たとえば保険契約・銀行取引・携帯電話の契約など、様々な場面で利用されている。民法には「定型約款」に関する条文があるが、本肢のような「約款」に関する定義は規定されていない。

> 肢1と肢3は、内容が誤っているので、現行民法に規定されているはずがありません。したがって、基本的な知識だけで肢2か肢4のどちらかが正解肢と判断できます。そこから先は民法の条文を覚えていないと判断できないので、解けなくても仕方がありません。

問2　正解4　未成年者　<small>参考 権利 L2</small>

1　**誤り。**人間は生まれた時から権利能力を有するので、乳児であっても権利を取得したり義務を負ったりすることができる。したがって、本肢のような乳児も、不動産を所有することができる。

2　**誤り。**営業を許可された未成年者は、その営業に関しては成年者と同一の行為能力を有するので、法定代理人の同意なしに、その営業に関する行為をすることができる。したがって、本肢では、法定代理人の同意なしに売買契約を有効に締結することができる。

3　**誤り。**婚姻は、男女とも18歳になればすることができます（婚姻適齢）。

その際、父母の同意は不要です。

4　正しい。親権者は、子の財産に関する行為について代理権を有する。ただし、親権者が数人の子に対して親権を行う場合において、子の1人と他の子との利益が相反する行為については、親権者は、その一方のために特別代理人を選任することを家庭裁判所に請求しなければならない。本肢では、遺産の分割についてCとDの利益が相反するので、Eは特別代理人の選任を請求しなければならない。よって、EがCとDを代理して遺産分割協議を行ったことは、無権代理行為になり、有効な追認がない限り無効である。

❗CとDの利益が相反している点がポイント。Eが両方を代理できるとすると、CとDのうち一方に有利で他方に不利な遺産分割をするおそれがある。

問3　正解4　地役権　　参考 権利L14、18

1　正しい。他の土地に囲まれて公道に通じない土地の所有者は、公道に出るため、その土地を囲んでいる他の土地を通行することができる。ただし、通行の場所・方法は、通行権を有する者のために必要であり、かつ、他の土地のために損害が最も少ないものを選ばなければならない。したがって、自由に選んで通行できるわけではない。

2　正しい。分割によって公道に通じない土地が生じたときは、その土地の所有者は、公道に出るため、他の分割者の所有地のみを通行することができる。この場合は、償金を支払う必要はない。

3　正しい。賃借人は、契約に従い、賃借した物を使用・収益することができる。したがって、通行するために土地を賃借したAは、当該土地を通行することができる。このことは、甲土地が公道に通じているか否かに関係ない。

4　誤り。地役権は、継続的に行使され、かつ、外形上認識することができるものに限り、時効によって取得することができる。そして、この「継続」の要件をみたすには、承役地である土地の上に通路の開設があっただけでは足りず、その開設が要役地所有者によって行われなければならない。本肢では、通路を隣接地の所有者が開設しており、Aが開設したわけではないので、Aは時効によって通行地役権を取得することはない。

解説

平成25年度

387

問4　正解 4　留置権

　留置権は、物に関して生じた債権を有する者が、債権の弁済を受けるまで、その物の引渡しを拒むことができる（＝その物を留置することができる）権利である。たとえば、腕時計を預かって修理した者は、その修理代を払ってもらうまで、その時計の引渡しを拒むことができる。「お金を払ってくれなければ、物を渡さないよ」と相手にプレッシャーをかけることにより、弁済を間接的に強制するのである。この留置権は、法律上自動的に与えられる権利（＝法定担保物権）である。

1　誤り。建物賃借人は、造作買取請求権を行使した場合、造作代金の支払を受けるまで、造作を留置することができる。しかし、建物まで留置することはできない。造作代金請求権は、造作に関して生じた債権であって、建物に関して生じた債権ではないからである。

2　誤り。二重譲渡で、第2の買主が登記を備えた場合、第1の買主は債務不履行を理由に売主に対して損害賠償を請求することができる。しかし、第1の買主は、この損害賠償請求権を理由に不動産を留置することはできない。なぜなら、第2の買主に対して引渡しを拒んでも、売主に対して損害賠償の支払についてのプレッシャーをかけることにはならないので、留置権を認める意味がないからである。

3　誤り。不法に他人の物を占有している者は、その物に関して生じた債権を有する場合でも、その物を留置することができない。本肢では、賃借人が賃貸借契約を解除されて不法に賃貸人の物を占有するようになった後に有益費（＝目的物の価値を増加させるための費用）を支出しているので、賃借人は、有益費の償還請求権を理由として建物を留置することができない。

4　正しい。建物に関して支出した必要費（＝目的物の現状を維持するための費用。簡単にいえば、修理代）の償還請求権は、建物に関して生じた債権であって、土地に関して生じた債権ではない。また、本肢の賃借人は、建物所有者に対して必要費の償還請求権を有するので、土地所有者に対して引渡しを拒んでも意味がない。そこで、建物所有者と土地所有者が異なる場合、建物の賃借人は、建物に関して必要費を支出していても、敷地を留置することはできない。

問5 正解 2 抵当権

参考 権利 L12

1 誤り。抵当権の実行として競売手続をする場合も、賃料債権に対して物上代位をする場合も、被担保債権が債務不履行になっていることが必要である。したがって、「物上代位をしようとする場合には、被担保債権の弁済期が到来している必要はない」とする本肢は誤り。

2 正しい。借地上の建物に対する抵当権は、特段の事情がない限り、借地権にも及ぶ。すなわち、この場合、借地権がなければ建物を建てておけないので、借地権にも抵当権の効力が及ぶことにして一緒に競売できるようにしているのである。

3 誤り。第三者が不動産を不法占有することにより、不動産の交換価値の実現が妨げられ抵当権者の優先弁済請求権の行使が困難となるような状態があるときは、抵当権者は、抵当権に基づく妨害排除請求をすることができる。すなわち、不法占拠者がいると不動産は高く売れないので、抵当権者がその不動産を競売しても被担保債権を回収できないおそれがある。そのような場合には、抵当権者は、不法占拠者に対して妨害排除請求をすることができるのである。したがって、「事情にかかわらず抵当権者が当該占有者に対して妨害排除請求をすることはできない」とする本肢は誤り。

4 誤り。登記がされた後は抵当権の順位を変更できない旨の規定はない。そもそも、抵当権の順位は登記の先後で決まる。抵当権の順位の変更は、登記により決まった抵当権の順位を変更するものであるから、登記をした後に抵当権の順位の変更をできるのは当然のことである。

問6 正解 4 弁済

参考 権利 L6

（連帯）保証人、物上保証人、第三取得者等が弁済をした場合、債務者に対する求償権を取得する。そして、その求償権の履行を確保するために、債権者の有していた地位（具体的には債権者の有していた債権や抵当権など）を取得する。このことを、弁済による代位という。

本問では、連帯保証人Cと、物上保証人D・Eがいる。Cが保証債務を履行したり、DやEの不動産について抵当権が実行されたりした場合、法的には、それらの者は、債務者Bに対して求償権を行使して全額の支払を請求することができる。しかし、Bに十分な財産がないことが多いので（そうだからこそ、

保証人等が肩代わりするのである）、Bから支払を受けることは実際には期待できない。この場合、肩代わりした者が1人で全額を負担するのは不公平である。そこで、保証人・物上保証人・第三取得者間での負担部分が次のように定められており、肩代わりした者は、負担部分に応じて代位し、他の者に対して支払を請求したり、抵当権を実行して回収したりすることができる。

① 保証人は、第三取得者に対して全額代位する。

② 第三取得者は、保証人・物上保証人に対して代位しない。つまり、第三取得者と保証人・物上保証人との間では、第三取得者が全額を負担することになる。

③ 保証人と物上保証人との間では、その数に応じて、債権者に代位する。ただし、物上保証人が数人あるときは、保証人の負担部分を除いた残額について、各財産の価格に応じて、債権者に代位する。つまり、頭割りをした上で、物上保証人の負担部分は不動産の価格に応じて分け直す。

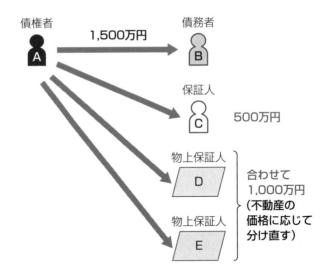

本問で、仮にDの不動産の価格が800万円、Eの不動産の価格が200万円だとする。上記のとおり、保証人Cの負担部分は頭割りの額なので、債務額1,500万円の1/3である500万円になる。また、DとEの負担部分は2人合計で1,000万円であるが、これを不動産の価格に応じて分け直すので、Dの負担部分が800万円、Eの負担部分が200万円になる。

④ 物上保証人から担保の目的となっている財産を譲り受けた者は、物上保証人とみなして、②や③を適用する。

1 誤り。本問では、DとEの不動産の価格は不明であるが、上記のとおり、D
とEの負担部分は合計で1,000万円である。したがって、Cは、DとEの不動
産に対する抵当権を実行しても、1,000万円までしか回収することができない。

2 誤り。上記のとおり、Cの負担部分は500万円である。したがって、DはC
に対して500万円を限度として求償することができる。「1,000万円」ではない。

3 誤り。本肢の第三者は、物上保証人Dから不動産を買い受けているので、
物上保証人とみなされる。したがって、保証人Cは、保証人と物上保証人の
数に応じて、本肢の第三者に対して代位することができる。

4 正しい。本肢の第三者は、物上保証人Eから不動産を買い受けているので、
物上保証人とみなされる。したがって、本肢の第三者は、保証人Cに対して、
弁済した額の一部である500万円を求償することができる。

★★ 【参考正答率 86.1%】

問7 正解3 保証

参考 権利L13

判決文は、「保証人は、特段の事情がなければ、賃貸借の更新後に発生する
債務も保証するつもりで保証契約に合意したはずなので、賃貸人の履行請求が
信義則に反する場合以外は、保証人は、更新後に発生する債務についても保証
債務を負う」という内容である。

1 正しい。判決文の2行目～4行目によれば、特段の事情のない限り、更新
後の債務についても保証する旨を合意したものと解される。保証意思の確認
をすることは条件とされていない。

2 正しい。判決文の4行目～6行目によれば、賃貸人の履行請求が信義則に
反すると認められなければ、保証人は保証債務を負う。

3 誤り。保証債務の範囲には、主たる債務に関する利息、違約金、損害賠償
等が含まれる。そして、判決文には、保証人の責任の範囲を未払賃料債務に
限定したり、責任の範囲から損害賠償債務を除外したりする記述はない。し
たがって、「損害賠償債務には保証人の責任は及ばない」とする本肢は誤り。

4 正しい。判決文の4行目～6行目によれば、賃貸人の履行請求が信義則に
反すると認められるときは、保証人は責任を負わない。

判決文問題の場合、「まず判決文を一読しておおまかな意味をつかんだ上で各肢
を見て、その肢と関係がありそうな部分の判決文を探す」という手順が効率的で
す。なお、本問は4つの肢がすべて判決文に関係していますが、そうではない問
題もあります。

問8 正解 4 賃貸借

1 誤り。義務がないのに、他人のために物事を行うことを「事務管理」という。事務管理をした者は、本人のために有益な費用を支出したときは、本人に対し、その償還を請求することができる。Bは、義務がないのに、Aのために緊急措置をとっている。したがって、Bは事務管理に基づく費用償還請求をすることができ、Aの承諾は必要ない。

2 誤り。賃借人は、契約またはその目的物の性質によって定まった用法に従い、その物の使用・収益をしなければならない。建物所有目的で土地の賃貸借をした場合、建築時に石垣や擁壁の設置、盛土や杭打ち等の変形加工をすることは、契約等で定まった土地の用法に反するとは限らないので、「必ず賃貸人の承諾を得なければならない」とする本肢は誤り。

3 誤り。修繕義務の不履行の場合、賃借人は、同時履行の抗弁権に基づいて、不履行の程度に応じ賃料の全部または一部の支払を拒絶することができる。したがって、「使用収益に関係なく賃料全額の支払を拒絶することができる」とする本肢は誤り。

4 正しい。賃貸人が賃貸物の保存に必要な行為をしようとするときは、賃借人は、これを拒むことができない。すなわち、賃貸物の修繕をすることは、賃貸人にとっても必要なことなので（たとえば、建物の雨漏りを修理しないと、建物が傷んでしまう）、賃借人は拒むことができないとされている。

問9 正解 1 不法行為

複数の者が共同で不法行為を行った場合、それらの者は各自連帯して損害賠償責任を負う（共同不法行為）。BとDは衝突事故を起こしているので、事故によってCに生じた損害を賠償する責任を連帯して負う。また、使用者は、被用者が事業の執行について第三者に与えた損害について、被用者と連帯して損害賠償責任を負う（使用者責任）。したがって、使用者Aは被用者Bと連帯して損害賠償責任を負う。そして、上記のとおり、BとDは連帯してCに対して損害賠償責任を負っているので、結果として、A、B、Dが連帯してCに対して損害賠償責任を負うことになる。

次に、共同不法行為者は、被害者に対して損害を賠償した場合、過失割合に従って、他の共同不法行為者に対して求償することができる。そして、被用者

である共同不法行為者の使用者が使用者責任を負う場合、使用者と他の共同不法行為者間では、使用者と被用者を一体と考えて、共同不法行為者の過失割合に従って求償することができる。したがって、本問では、共同不法行為者の1人である被用者Bと他の共同不法行為者Dの過失割合に従って、使用者Aと他の共同不法行為者Dとの間で求償をすることができる。

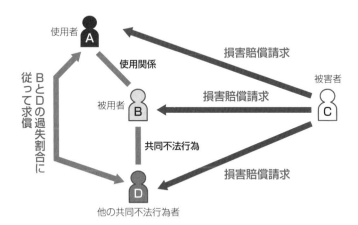

1 　正しい。上記のとおり、Aは、BとDの過失割合に従って、Dに対して求償権を行使することができる。

2 　誤り。Bは、過失により衝突事故を起こしているので、それによってDに生じた損害を賠償する責任を負い、AはBの使用者なので、やはりDに対して賠償責任を負う。そして、使用者責任に基づいて被害者に損害を賠償した使用者は、被用者に対して求償することができる。したがって、Aは、Bに対して求償権を行使することができる。

3 　誤り。上記のとおり、A、B、Dは連帯してCに対して損害賠償責任を負う。したがって、Cは、Dに対しても損害賠償を請求することができる。

4 　誤り。上記のとおり、使用者責任が成立する場合、被用者も損害賠償責任を負う。したがって、Dは、Bに対しても損害賠償を請求することができる。

★★★　【参考正答率 78.2%】

問10　正解 2　相続　　　　　　　　　　　　参考 権利 L20

1 　誤り。Aには配偶者と子がいるので、相続人は、本来は配偶者Bと子C、D、Fであるが、Dが既に死亡しているので、Dの子（Aの孫）であるEが代襲相続する。法定相続分は、配偶者Bが1/2、子が全体で1/2である。そして、

子の相続分を、本来はＣ、Ｄ、Ｆで分けるので、各自の相続分は1/6ずつであり、Ｅの相続分はＤの相続分を引き継ぐので、やはり1/6である。したがって、相続分は、Ｂが1/2、Ｃ、Ｅ、Ｆがそれぞれ1/6となる。

> ❶ 非嫡出子の相続分は嫡出子の1/2とする規定は、平成25年の判例で無効とされたが、本問のＣ、Ｄ、Ｆはいずれも嫡出子なので、この規定は関係ない（両親が離婚しても、嫡出子は嫡出子のままである）。

2 **正しい。**「相続させる」趣旨の遺言は、特段の事情のない限り、遺産分割の方法の指定であるとされ、対象となった遺産は、被相続人の死亡の時に直ちに相続により承継される。本肢では、甲土地をＣに相続させる旨の遺言があるので、特段の事情がない限り、遺産分割の方法が指定されたものとされ、ＣはＡの死亡時に甲土地の所有権を取得する。

3 **誤り。**「相続させる」旨の遺言は、当該遺言により遺産を相続させるものとされた推定相続人が遺言者の死亡以前に死亡した場合には、特段の事情のない限り、その効力を生じない。本肢の事例でいえば、遺言者Ａは、Ｄに相続させる意思で遺言をし、Ｄ以外の者（代襲相続人Ｅ）に相続させる意思までは有していないのが普通なので、ＤがＡより先に死亡した場合には、原則として遺言は無効になり代襲相続は生じないのである。したがって、Ｅが代襲相続するのが原則であるとする本肢は誤り。

4 **誤り。**遺贈の相手方には特に制限がないので、相続人へ遺贈することもできる。したがって、相続人Ｆに対する遺贈も有効である。

★★★ **【参考正答率 32.7%】**

問11 正解4 借地借家法（借家） 参考 権利L14、15

1 **誤り。**無断転貸の場合、賃貸人は、原則として賃貸借契約を解除することができる。その例外として、背信的行為と認めるに足りない特段の事情がある場合には、賃貸借契約を解除することができない。したがって、「転貸の事情のいかんにかかわらず、ＡはＡＢ間の賃貸借契約を解除することができる」とする本肢は誤り。

2 **誤り。**賃貸人は、債務不履行を理由に賃貸借契約を解除した場合には、転借人に対抗することができる。したがって、Ａは、転借人Ｃに対して甲建物の明渡しを請求することができる。

3 **誤り。**建物の賃貸借が期間満了または解約の申入れによって終了するときは、賃貸人は、転借人にその旨の通知をしなければ、その終了を建物の転借

人に対抗することができない。賃貸人がこの通知をしたときは、建物の転貸借は、その通知がされた日から6カ月で終了する。したがって、Aは通知をして6カ月を経過すれば、Cに対して甲建物の明渡しを請求することができる。BのCに対する解約申入れについての正当事由の有無は、関係ない。

4 正しい。定期建物賃貸借契約において、賃料の改定について特約がある場合には、賃料の増減額請求権の規定は適用されない。本肢はこれに該当するので、Bは、賃料の減額請求をすることができない。

★★ 【参考正答率 44.3%】

問12 正解 3 借地借家法（借地）　参考 権利L16

1 誤り。借地借家法の借地に関する規定は、建物の所有を目的とする地上権または土地賃借権に適用されるが、この「建物の所有を目的とする」とは、借地使用の主たる目的がその土地上に建物を築造し所有することにある場合を指し、建物の築造・所有が従たる目的にすぎない場合は「建物の所有を目的とする」に該当しないとされている。したがって、ゴルフ場経営を目的とする土地賃貸借契約の場合、仮にその土地上に建物の築造・所有をすることがあっても、借地借家法は適用されないのが原則である。したがって、「対象となる全ての土地について〜借地借家法第11条の規定が適用される」とする本肢は誤り。

2 誤り。借地権の存続期間が満了する際に、借地権者が更新を請求した場合、借地権設定者が、遅滞なく正当事由のある異議を述べなければ、借地契約は更新される。本肢では正当事由の有無が不明なので、「当然に終了する」とする本肢は誤り。

3 正しい。借地権の対抗要件の1つとして、借地上に登記された建物を所有することがあるが、数筆ある土地の借地契約の場合、この対抗力は建物がある土地にしか及ばない。したがって、「建物がない土地には、借地借家法第10条第1項による対抗力は及ばない」とする本肢は正しい。

4 誤り。借地権の存続期間が満了する前に建物の滅失があった場合において、借地権者が残存期間を超えて存続すべき建物を築造したときは、その建物を築造するにつき借地権設定者の承諾がある場合に限り、借地権は、承諾があった日または建物が築造された日のいずれか早い日から20年間存続する。そして、借地権者が借地権設定者に対し残存期間を超えて存続すべき建物を新たに築造する旨を通知した場合において、借地権設定者がその通知を

受けた後2カ月以内に異議を述べなかったときは、その建物を築造するにつき借地権設定者の承諾があったものとみなされる。つまり、存続期間が延長されるためには、①借地権設定者の承諾か、②借地権者の通知に対して借地権設定者が2カ月以内に異議を述べないことのどちらかが必要である。したがって、単に借地権設定者が異議を述べないだけで当然に20年間存続するとする本肢は誤り。

問13 正解 1 区分所有法　　　参考 権利L19

1　**誤り。**区分所有者の承諾を得て専有部分を占有する者（＝賃借人等）は、会議の目的たる事項につき利害関係を有する場合には、集会に出席して意見を述べることができる。しかし、議決権は区分所有者のみが有するので、占有者が議決権を行使することはできない。

2　**正しい。**集会においては、規約に別段の定めがある場合および別段の決議をした場合を除いて、管理者または集会を招集した区分所有者の1人が議長となる。本肢では、区分所有者の請求によって管理者が集会を招集している。すなわち、区分所有者は管理者に招集を請求しただけであり、招集は管理者が行っている。したがって、「集会を招集した区分所有者」は存在しないので、上記の規定により、原則として、管理者が議長となる。

3　**正しい。**管理者は、集会において、毎年1回一定の時期に、その事務に関する報告をしなければならない。

4　**正しい。**一部共用部分は、これを共用すべき区分所有者の共有に属する。

問14 正解 3 不動産登記法　　　参考 権利L11

1　**正しい。**表題部所有者または所有権の登記名義人が表示に関する登記の申請人となることができる場合において、当該表題部所有者または登記名義人について相続その他の一般承継があったときは、相続人その他の一般承継人は、当該表示に関する登記を申請することができる。たとえば、A名義の所有権登記がされている建物が増築されて床面積の変更があった場合、Aは表示に関する登記（この場合は、床面積の変更の登記）の申請人になるが、Aが死亡してBが相続した場合には、Bが表示に関する登記の申請をすることができるのである。

2 正しい。共有物分割禁止の定めに係る権利の変更の登記の申請は、当該権利の共有者であるすべての登記名義人が共同してしなければならない。この場合は、誰が登記権利者で誰が登記義務者であるかがはっきりしないので、共有者全員で申請する旨を定めている。

3 誤り。マンションの場合、分譲業者が表題登記の申請をするので、分譲業者が表題部所有者になっている。この場合、分譲業者が所有権保存登記をした上で購入者に所有権移転登記をするのでは、二度手間になって面倒である。そこで、区分建物の場合、表題部所有者（つまり分譲業者）から所有権を取得した者（つまり購入者）も、所有権の保存の登記を申請することができるとされている。この場合において、当該建物が敷地権付き区分建物であるときは、当該敷地権の登記名義人の承諾を得なければならない。敷地権とは、専有部分と分離処分できない敷地利用権（分離処分できる旨の規約がない敷地利用権）のことである。敷地権は専有部分と一緒に処分されるので、敷地権の処分は土地の登記簿に記録せず、建物の登記でまとめて公示することにしている。たとえば、マンション分譲業者AからBがマンションを購入した場合、B名義の所有権の登記は建物についてのみ行い、それによってBが敷地権を取得したことも公示されるのである。

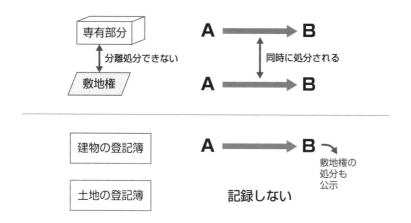

このように、敷地権の場合には、建物の所有権登記の効力が敷地権にも及ぶので、上記のように、敷地権の登記名義人の承諾を得なければならないとされている。

4 正しい。所有権に関する仮登記に基づく本登記は、登記上の利害関係を有する第三者がある場合には、当該第三者の承諾があるときに限り、申請する

ことができる。

問15 正解 2 都市計画法　　　参考 制限 L1、2

1 **正しい。** 都市計画施設の区域または市街地開発事業の施行区域内において建築物の建築をしようとする者は、原則として、都道府県知事等の許可を受けなければならない。ただし、都市計画事業の施行として行う行為については、許可は不要である。

2 **誤り。** 特定用途制限地域は、用途地域が定められていない土地の区域（市街化調整区域を除く）内において、その良好な環境の形成または保持のため当該地域の特性に応じて合理的な土地利用が行われるよう、制限すべき特定の建築物等の用途の概要を定める地域である。「用途地域の一つ」ではない。

⚠本肢は、冒頭部分が誤っており、本試験会場で解くとなると盲点になりやすい。間違えた方は、問題文に無駄な部分はないと考えて、丁寧に問題文を読む習慣を身に付ける必要がある。

3 **正しい。** 都市計画事業の認可の告示があった後、その認可に係る事業地内において、その都市計画事業の施行の障害となるおそれがある土地の形質の変更、建築物の建築、工作物の建設等を行おうとする者は、都道府県知事等の許可を受けなければならない。

4 **正しい。** 第二種住居地域・準住居地域・工業地域・用途地域が定められていない土地の区域（市街化調整区域を除く）であることなど、一定の条件に該当する土地の区域における地区計画については、特定大規模建築物（＝劇場、店舗、飲食店その他これらに類する用途に供する大規模な建築物）の整備による商業その他の業務の利便の増進を図るため、一体的かつ総合的な市街地の開発整備を実施すべき区域である開発整備促進区を都市計画に定めることができる。

問16 正解 3 都市計画法　　　参考 制限 L2

1 **誤り。** 開発行為とは、主として建築物の建築または特定工作物の建設の用に供する目的で行う土地の区画形質の変更のことをいう。したがって、ゴルフコースなどの特定工作物の建設の用に供する目的で行う土地の区画形質の変更は、開発行為に該当する。

2 誤り。市街化調整区域において開発行為を行う場合、原則として、開発許可を受けなければならない。そして、市街化調整区域においては、開発行為の規模によって、開発許可が不要となることはない。したがって、規模が300m²であっても、原則として、開発許可が必要である。

3 正しい。市街化区域において開発行為を行う場合、原則として、開発許可を受けなければならない。そして、診療所は、市町村が設置するものであっても、開発許可が不要となる公益上必要な建築物にあたらない。また、市街化区域の場合、原則として1,000m²未満の開発行為は許可不要であるが、本肢の開発行為の規模は1,500m²であるから、小規模な開発行為の例外にもあたらない。したがって、原則どおり、開発許可が必要である。

4 誤り。非常災害のため必要な応急措置として行う開発行為は、どのような区域において行われるものであっても、その規模に関係なく、開発許可を受ける必要はない。

★ 【参考正答率 11.9%】

問17 正解 4 建築基準法　　　参考 制限 L5

ア 誤り。居室の天井の高さは、2.1m以上でなければならない。この天井の高さは、室の床面から測り、一室で天井の高さの異なる部分がある場合においては、その平均の高さによる。したがって、「天井の一番低い部分までの高さ」ではない。

イ 誤り。共同住宅など一定の用途に供する特殊建築物や階数が3以上である建築物などの屋上広場または2階以上の階にあるバルコニーその他これに類するものの周囲には、安全上必要な高さが1.1m以上の手すり壁、さくまたは金網を設けなければならない。「各階」のバルコニーではない。

ウ 誤り。石綿以外の物質で居室内において衛生上の支障を生ずるおそれがあるものとして政令で定める物質は、クロルピリホスおよびホルムアルデヒドである。「ホルムアルデヒドのみ」ではない。

エ 誤り。高さ31mを超える建築物には、原則として、非常用の昇降機を設けなければならない。「高さが20mを超える建築物」ではない。

以上より、誤っている記述は、ア、イ、ウ、エの四つであり、肢4が正解となる。

本問は、個数問題であることもあって、非常に難しい問題です。今後の試験対策としては、まずはウとエの内容を優先してマスターしましょう。

問18 正解 3 建築基準法

参考 制限 L4

1 正しい。 地方公共団体は、特殊建築物、階数が 3 以上である建築物、延べ面積が 1,000 m² を超える建築物などについて、条例で、その敷地が接しなければならない道路の幅員、その敷地が道路に接する部分の長さその他その敷地または建築物と道路との関係に関して必要な制限を付加することができる。❶この場合、付加することができるだけであり、緩和することはできない。

2 正しい。 建蔽率の限度が 10 分の 8 とされている地域内で、かつ、防火地域内にある耐火建築物等（耐火建築物または耐火建築物と同等以上の延焼防止性能を有する建築物）については、建蔽率の制限は適用されない。つまり、建蔽率の限度が 10 分の 10 に緩和される。

3 誤り。 建築物が斜線制限の異なる複数の地域にまたがる場合、区域ごとに斜線制限が適用されるかどうかを判断する。本肢のように建築物が第二種中高層住居専用地域と近隣商業地域にわたって存する場合、近隣商業地域に存する部分には、北側斜線制限は適用されないが、第二種中高層住居専用地域に存する部分には、北側斜線制限が適用される。建築物の過半が近隣商業地域に存するときでも同様である。

4 正しい。 敷地が 2 以上の用途地域にわたる場合は、敷地の全部について、敷地の過半の属する用途地域の制限が適用される。本肢のように、建築物の敷地が第一種低層住居専用地域と準住居地域にわたる場合において、敷地の過半が準住居地域に存するときは、敷地の全部について、準住居地域の用途制限が適用される。そして、作業場の床面積の合計が 150 m² 以下の自動車修理工場は、準住居地域において建築することができる。したがって、本肢の 100 m² の自動車修理工場は建築可能である。

問19 正解 1 盛土規制法

参考 制限 L6

1 誤り。 宅地造成等工事規制区域内において宅地造成等に関する工事を行う場合、宅地造成等に伴う災害を防止するために行う①高さが 5 m を超える擁壁の

設置に係る工事と、②盛土または切土をする土地の面積が1,500㎡を超える土地における排水施設の設置に係る工事については一定の資格を有する者の設計によらなければならないとされている。したがって、本肢の高さ「4m」の擁壁の設置に係る工事については、その必要はない。

2 正しい。宅地造成等工事規制区域内において宅地以外の土地を宅地にするために行う盛土その他の土地の形質の変更で一定規模のもの（盛土・切土をする土地の面積が500㎡を超える場合や切土部分に生じる崖の高さが2mを超える場合など）については、「宅地造成」として、原則として、都道府県知事の許可（宅地造成等に関する工事の許可）が必要である。本肢の場合、切土をする土地の面積が「600㎡」であるので、生ずる崖の高さに関係なく、都道府県知事の許可が必要である。

3 正しい。肢2の解説で説明した場合のほか、盛土部分に生じる崖の高さが1mを超える場合などについても、「宅地造成」として、原則として、宅地造成等に関する工事の許可が必要である。本肢の場合、高さ「1.5m」の崖を生ずることとなる盛土であるので、当該盛土をする土地の面積に関係なく、都道府県知事の許可が必要である。

4 正しい。都道府県知事は、宅地造成等工事規制区域内の土地（公共施設用地を除く）について、宅地造成等に伴う災害の防止のため必要があると認める場合においては、その土地の所有者、管理者、占有者、工事主または工事施行者に対し、擁壁等の設置などの措置をとることを勧告することができる。

★★ 【参考正答率 71.8%】

問20 正解1 土地区画整理法 参考 制限 L7

1 正しい。換地処分は、原則として、換地計画に係る区域の全部について土地区画整理事業の工事が完了した後に、遅滞なくしなければならないことになっている。ただし、個人施行者の場合、規準・規約に別段の定めがあるときには、例外として、換地計画に係る区域の全部について工事が完了する前に換地処分をすることができる。

2 誤り。換地処分は、関係権利者に換地計画において定められた関係事項を通知してするものとされている。「公告」ではない。

3 誤り。地方公共団体（都道府県・市町村）などが土地区画整理事業の施行者である場合、換地計画に保留地を定めようとするときには、土地区画整理審議会の同意を得なければならない。しかし、個人施行者の場合、その必要

はない。

4 誤り。個人施行者は、仮換地を指定しようとする場合には、あらかじめ、その指定について、従前の宅地の所有者・仮換地となるべき宅地の所有者などの同意を得なければならない。

★★ 【参考正答率 70.7%】

問21 正解 4 農地法　参考 制限 L8

1 誤り。農地の賃貸借は、その登記がなくても、農地の引渡しがあったときは、その後、その農地について物権を取得した第三者に対抗することができる。本肢の場合も、引渡しを受けているので、対抗できる。

2 誤り。農地法の「農地」とは、耕作の目的に供される土地をいい、農地にあたるか否かは、現況（現在、耕作の目的に供されているかどうか）で判断される。登記簿上の地目は関係ない。したがって、登記簿上の地目が雑種地となっていても、現に畑として耕作されている土地は、農地にあたる。

3 誤り。国または都道府県等が、農地を農地以外に転用する目的で取得する場合（そもそも農地法5条の許可が不要の場合を除く）、国または都道府県等と都道府県知事等との協議が成立すれば、農地法5条の許可があったものとみなされる。したがって、別途、許可を受ける必要はない。

4 正しい。農地を農地以外のものに転用する場合、原則として、農地法4条の許可を受ける必要がある。農業者が相続により取得した市街化調整区域内の農地を転用する場合であっても、同様である。

★★ 【参考正答率 90.3%】

問22 正解 2 法令上の制限総合　参考 制限 L9

1 誤り。地すべりとは、土地の一部が地下水等に起因してすべる現象、または、これに伴って移動する現象をいう。また、地すべり防止区域とは、地すべり区域（＝地すべりしている区域、または、地すべりするおそれのきわめて大きい区域）および地すべり地域（＝地すべり区域に隣接する地域のうち、地すべり区域の地すべりを助長・誘発し、または、助長・誘発するおそれのきわめて大きいもの）であって、公共の利害に密接な関連を有するものをいう。この地すべり防止区域内において、地表水を放流し、または停滞させる行為その他地表水のしん透を助長する行為（政令で定める軽微な行為を除く。）をしようとする者は、都道府県知事の許可を受けなければならない。「市

町村長」の許可ではない。

2　**正しい。**一定面積以上の土地について、土地売買等の契約を締結した場合には、権利取得者は、原則として、その契約を締結した日から起算して2週間以内に事後届出を行わなければならない。ただし、契約当事者の一方または双方が、国や地方公共団体であれば、例外として、事後届出を行う必要はない。本肢の場合、売主が甲県（地方公共団体）であるから、事後届出を行う必要はない。

3　**誤り。**形質変更時要届出区域とは、特定有害物質によって汚染されており、その土地の形質の変更をしようとするときには届出をしなければならない区域として、都道府県知事により指定された区域のことである。この形質変更時要届出区域内において土地の形質の変更をしようとする者は、原則として、当該土地の形質の変更に着手する日の14日前までに、都道府県知事にその旨を届け出なければならない。しかし、非常災害のために必要な応急措置として行う行為については、例外として、事前に届け出る必要はない。

4　**誤り。**河川区域とは、河川の流水が継続して存する土地などの区域をいう。この河川区域内の土地において、工作物を新築・改築・除却しようとする者は、河川管理者の許可を受けなければならない。「河川管理者と協議をしなければならない」わけではない。

 本問については、正解肢である肢2の国土利用計画法の知識を確実にマスターしておきましょう。他の選択肢は一読しておくだけで十分です。

★★★　【参考正答率 90.7%】

問23　正解 3　印紙税　参考 税他3

1　**誤り。**印紙税を納付するために印紙をはり付けた場合には、当該課税文書と印紙の彩紋とにかけ、判明に印紙を消さなければならない。そして、消印は、自己・代理人・法人の代表者・従業者の印章・署名によって行わなければならない。したがって、「従業者の印章又は署名で消印しても、消印したことにはならない」とする本肢は誤り。

2　**誤り。**契約当事者以外の者に提出・交付する目的で作成される文書は、課税対象にならない。ここでいう「契約当事者」とは、その契約書において直接の当事者となっている者のみでなく、その契約に参加する者のすべてをいう。たとえば、不動産売買契約における仲介人や、消費貸借における保証人

は、ここでいう契約当事者に含まれ、それらの者に交付するものは課税対象になる。したがって、仲介人であるＣが保存する土地の売買契約書にも印紙税は課される。

3　正しい。不動産の譲渡契約と請負契約を１通の契約書にそれぞれ区分して記載した場合、請負金額が譲渡金額を超えるときは、請負契約に関する契約書に該当し、請負金額が記載金額となる。したがって、本肢の場合、請負金額である 5,000 万円が記載金額となる。

4　誤り。請負に関する契約書等において、①消費税および地方消費税の額（＝消費税額等）が区分記載されている場合、②税込価格および税抜価格が記載されていることにより、その取引に当たって課されるべき消費税額等が明らかとなる場合は、消費税額等を記載金額に含めない。したがって、本肢の記載金額は、消費税額等を控除した 2,000 万円である。

> 印紙税は税法の中では出題頻度が高く、しかも過去問と同じような肢が多く出題されるので、点の取りやすい分野です。特に、契約書の記載金額については、よく出題されています。

★　**【参考正答率 14.8%】**

問24　正解 4　固定資産税　　参考 税他 L2

1　誤り。固定資産評価員は、国会議員および地方団体の議会の議員を兼ねることができない。

2　誤り。登記所は、土地または建物の表示に関する登記をしたときは、１０日以内に、その旨を当該土地または家屋の所在地の市町村長に通知しなければならない。「30 日以内」ではない。

3　誤り。小規模住宅用地（＝ 200 ㎡ 以下の住宅用地）に対して課する固定資産税の課税標準は、当該小規模住宅用地に係る固定資産税の課税標準となるべき価格（＝固定資産課税台帳の登録価格）の 1/6 になる。したがって、1/3 とする本肢は誤り。

❗200 ㎡ 超の住宅用地の場合は、200 ㎡ までの部分は固定資産課税台帳の登録価格の 1/6、200 ㎡ 超の部分は 1/3 になる。

4　正しい。固定資産税に係る徴収金について滞納者が督促を受け、その督促状を発した日から起算して１０日を経過した日までに、その督促に係る固定資産税の徴収金について完納しないときは、市町村の徴税吏員は、滞納者の

財産を差し押さえなければならない。

問25　正解 3　地価公示法　　参考 税他 L7

1　誤り。地価公示法の目的は、都市およびその周辺の地域等において、標準地を選定し、その正常な価格を公示することにより、一般の土地の取引価格に対して指標を与え、および公共の利益となる事業の用に供する土地に対する適正な補償金の額の算定等に資し、もって適正な地価の形成に寄与することとされている。公示するのは標準地の正常な価格なので、「その周辺の土地の取引価格に関する情報を公示する」とする本肢は誤り。

2　誤り。標準地は、土地鑑定委員会が、自然的および社会的条件からみて類似の利用価値を有すると認められる地域において、土地の利用状況、環境等が通常と認められる一団の土地について選定するものとされている。「当該土地の使用又は収益を制限する権利が存しない」という限定はないので、本肢は誤り。

3　正しい。公示価格を規準とするとは、対象土地の価格を求めるに際して、当該対象土地とこれに類似する利用価値を有すると認められる1または2以上の標準地との位置、地積、環境等の土地の客観的価値に作用する諸要因についての比較を行い、その結果に基づき、当該標準地の公示価格と当該対象土地の価格との間に均衡を保たせることをいう。

4　誤り。不動産鑑定士は、土地鑑定委員会の求めに応じて標準地の鑑定評価を行うに当たっては、近傍類地の取引価格から算定される推定の価格、近傍類地の地代等から算定される推定の価格および同等の効用を有する土地の造成に要する推定の費用の額を勘案してこれを行わなければならない。したがって、「いずれかを勘案して」とする本肢は誤り。

問26　正解 1　免許の基準・監督処分　　参考 業法 L2、18

宅建業法・暴力団員による不当な行為の防止等に関する法律の規定に違反したり、傷害罪・傷害現場助勢罪・暴行罪・凶器準備集合罪・脅迫罪・背任罪・暴力行為等処罰に関する法律の罪を犯したりして罰金刑に処せられた場合には、免許欠格要件や免許取消事由に当たる。

1　正しい。A社の代表取締役は、道路交通法違反により罰金の刑に処せられ

ているので、免許欠格要件に当たらない。したがって、A社の免許は取り消されることはない。

2　**誤り。**脅迫罪を犯して罰金の刑に処せられたことは、免許欠格要件に当たる。そして、宅建業者の役員または政令で定める使用人が免許欠格要件に当たる場合、その宅建業者の免許は取り消される。支店の代表者は政令で定める使用人に当たるので、B社の支店の代表者（＝政令で定める使用人）が免許欠格要件に当たる本肢では、B社の免許は取り消される。

3　**誤り。**凶器準備集合罪により罰金の刑に処せられたことは、免許欠格要件に当たる。非常勤役員も役員なので、C社の非常勤役員が免許欠格要件に当たる本肢では、C社の免許は取り消される。

4　**誤り。**執行猶予付の禁錮以上の刑（懲役刑はこれにあたる）に処せられた場合、執行猶予期間が満了するまでは免許欠格要件に当たる。したがって、D社の代表取締役は執行猶予期間が満了するまでは免許欠格要件に当たるので、D社の免許は取り消される。

❗執行猶予期間が満了するまでは免許欠格要件にあたるが、執行猶予期間が満了すれば、すぐに免許欠格要件に当たらなくなる。

★★　**【参考正答率 90.5%】**

問27　正解 1　営業保証金　　　　　参考 業法 L1、6

1　**正しい。**免許を取り消されたことは、営業保証金の取戻し事由の1つである。

2　**誤り。**信託会社には、宅建業法のうち免許に関する規定が適用されないので、免許の取消しをされることもない。なお、（免許を受けなくても）国土交通大臣の免許を受けた宅建業者とみなされる点や、営業保証金を供託した場合にはその旨を国土交通大臣に届け出なければならない点は、正しい記述である。

3　**誤り。**宅建業者は、主たる事務所を移転したため最寄りの供託所が変更した場合、①金銭のみをもって営業保証金を供託しているときは、遅滞なく、営業保証金を供託している供託所に対し、移転後の主たる事務所の最寄りの供託所への営業保証金の保管替えを請求し、②その他のときは、遅滞なく、営業保証金を移転後の主たる事務所の最寄りの供託所に新たに供託しなければならない。本肢では、国債証券で供託しているので、②にあたり、新たに供託することが必要である。

4 誤り。宅建業者は、営業保証金が還付されたため免許を受けた国土交通大臣または都道府県知事から不足額を供託すべき旨の通知書の送付を受けたときは、その送付を受けた日から2週間以内に不足額を供託しなければならない。「不足を生じた日から」ではない。

★★　【参考正答率 76.6%】

問28　正解 2　媒介契約　　　参考 業法 L8

ア　誤り。宅建業者は、指定流通機構へ登録した宅地建物の売買・交換契約が成立したときは、遅滞なく、①登録番号、②取引価格、③契約成立年月日を、指定流通機構へ通知しなければならない。しかし、「売主及び買主の氏名」は通知すべき事項に含まれていない。

イ　正しい。宅建業者は、依頼者に対し宅地建物を売買すべき価額・評価額について意見を述べるときは、その根拠を明らかにしなければならない。

ウ　正しい。専任媒介契約の有効期間は、期間満了に際して依頼者の申出があれば、3カ月を限度として更新することができる。

以上より、正しいものはイ、ウの二つであり、肢2が正解になる。

★★　【参考正答率 84.9%】

問29　正解 2　重要事項の説明　　　参考 業法 L10

1　誤り。重要事項の説明は、物件を取得し、または借りようとしている者（＝買主、交換の両当事者、借主）に対して行わなければならない。したがって、売主に対して説明する必要はないので、本肢の宅建業者は、重要事項の説明義務を負わない。

2　正しい。区分所有建物以外の貸借の場合、当該宅地・建物の管理が委託されているときは、その委託を受けている者の氏名（法人にあっては、その商号・名称）・住所（法人にあっては、その主たる事務所の所在地）を重要事項として説明しなければならない。また、区分所有建物の場合、当該一棟の建物およびその敷地の管理が委託されているときは、その委託を受けている者の氏名（法人にあっては、その商号・名称）・住所（法人にあっては、その主たる事務所の所在地）を重要事項として説明しなければならない。したがって、貸借の媒介・代理の場合、区分所有建物であるか否かにかかわらず、上記のような説明義務が生じる。そして、本肢では、建物の管理が「管理会社」すなわち法人に委託されているので、その管理会社の商号または名称お

よびその主たる事務所の所在地を説明しなければならない。

3 誤り。区分所有建物の売買・交換において、一棟の建物の計画的な維持修繕のための費用の積立てを行う旨の規約の定め（案を含む）があるときは、その内容・既に積み立てられている額を、重要事項説明書に記載しなければならない。その際、当該区分所有建物に関し修繕積立金等についての滞納があるときはその額を記載しなければならない。

4 誤り。宅建業者は、相手方等（宅建業者に該当する者を除く）に対して、契約が成立するまでの間に、供託所等の説明をするようにしなければならない。本肢の場合、相手方が宅建業者なので、説明をする必要はない。

❗宅建業者は、営業保証金・弁済業務保証金から弁済を受けることができないので、供託所等の説明の相手方から除外されている。

★ **【参考正答率 96.5%】**

問30 正解4 重要事項の説明　参考 業法 L10

1 誤り。説明の相手方が宅建業者の場合、35 条書面は交付しなければならないが、説明をする必要はない。本肢は逆の記述である。

2 誤り。宅建士は、重要事項の説明の際に宅建士証を提示しなかったときは、10 万円以下の過料に処せられることがある。「20 万円以下の罰金」ではない。なお、重要事項の説明の際には取引の相手方から請求がなくても宅建士証を提示しなければならない点は、正しい記述である。

3 誤り。宅建業者は、建物の売買・交換・貸借において、当該建物（昭和 56 年 6 月 1 日以降に新築の工事に着手したものを除く）が一定の耐震診断を受けたものであるときは、その内容を 35 条書面に記載しなければならない。本肢の建物は、昭和 56 年 5 月 31 日以前に新築されたものなので、上記（　）内に該当しない。したがって、耐震診断の内容を 35 条書面に記載しなければならない。

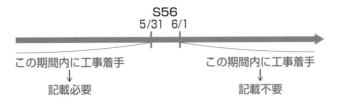

4 正しい。宅建業者は、宅地・建物が津波災害警戒区域内にあるときは、その旨を 35 条書面に記載しなければならない。

問31　正解 2　37 条書面

参考　業法 L11

ア　誤り。自ら貸借を行うことは宅建業に当たらない。したがって、A社は、自ら貸主として建物の貸借契約を締結した場合、37 条書面を交付する必要はない。

イ　正しい。37 条書面は、契約の当事者に交付しなければならない。したがって、媒介をしたA社は、各当事者のいずれに対しても、37 条書面を交付しなければならない。

ウ　正しい。天災その他不可抗力による損害の負担に関する定めがあるときは、その内容を 37 条書面に記載しなければならない。

エ　誤り。37 条書面の規定は、相手方が宅建業者であっても適用される。したがって、A社は、相手方が宅建業者であっても、37 条書面を交付しなければならない。

以上より、正しいものはイ、ウの二つであり、肢2が正解になる。

問32　正解 2　広告開始時期制限・契約締結時期制限

参考　業法 L9、11

　宅建業者は、宅地の造成または建物の建築に関する工事の完了前においては、当該工事に必要とされる開発許可・建築確認等の処分があった後でなければ、その宅地建物について、①広告をすることができず（広告開始時期制限）、また、②自ら売買・交換をすることや、売買・交換の代理・媒介をすることができない（契約締結時期制限）。すなわち、貸借の媒介・代理には、広告開始時期制限は適用されるが、契約締結時期制限は適用されない。

ア　違反する。広告開始時期制限は、貸借の媒介・代理にも適用される。したがって、建築確認の済んでいない建築工事完了前の建物について広告を行った本肢は、宅建業法の規定に違反する。

イ　違反しない。契約締結時期制限は、貸借の媒介・代理には適用されないので、本肢は宅建業法の規定に違反しない。

ウ　違反しない。本肢では、建築確認の済んだ建物について売買の媒介をしているので、宅建業法の規定に違反しない。

エ　違反する。本肢では、建築確認の済んでいない建物について売買の媒介をしているので、契約締結時期制限の規定に違反する。

以上より、違反しないものはイ、ウであり、肢2が正解になる。

解説　平成25年度

問33　正解 2　重要事項の説明
参考 業法 L10

1　誤り。管理組合の総会の議決権に関する事項は、重要事項として説明する必要はない。

2　正しい。共用部分に関する規約の定め（案を含む）があるときは、その内容を重要事項として説明しなければならない。したがって、案の段階であるときはその案の内容を説明しなければならない。

3　誤り。建物の貸借の媒介・代理を行う場合、容積率や建蔽率に関する制限の内容を重要事項として説明する必要はない。

4　誤り。代金・交換差金・借賃以外に授受される金銭の額・授受目的は、重要事項として説明しなければならない。しかし、「保管方法」は、重要事項として説明する必要はない。

問34　正解 3　クーリング・オフ
参考 業法 L13

1　誤り。喫茶店は事務所等に当たらないので、本肢の売買契約にはクーリング・オフ制度の適用がある。買主が場所を指定したことは関係がない。したがって、Bが翌日に行ったクーリング・オフは有効である。そして、クーリング・オフがされた場合、宅建業者は、速やかに、受領した手付金その他の金銭を返還しなければならない。したがって、「返還を拒むことができる」とする本肢は誤り。

2　誤り。クーリング・オフ期間は、クーリング・オフできる旨とその方法を書面で告げられた日から起算して8日間である。したがって、月曜日にクーリング・オフについて書面で告げられて契約を締結した場合、「月火水木金土日月」の8日間、すなわち翌週の月曜日までクーリング・オフすることができる。「翌週の火曜日」ではない。

3　正しい。売主である宅建業者から代理・媒介の依頼を受けた宅建業者の事務所で買受けの申込みをした場合には、クーリング・オフ制度が適用されない。しかし、本肢では売主から代理・媒介の依頼を受けていない宅建業者の事務所で買受けの申込みをしているので、クーリング・オフ制度の適用がある。買主がその場所を指定したことは関係がない。そして、クーリング・オフは、その旨の書面を発した時に効力を生じる。本肢では、クーリング・オフ期間中に書面を発送しているので、クーリング・オフの効力が生じている。

4 誤り。クーリング・オフができるかどうかは、買受けの申込みの場所を基準に判断する。テント張りの案内所は事務所等にあたらないので、そこで買受けの申込みがなされている本肢の売買契約には、クーリング・オフ制度の適用がある。もっとも、①クーリング・オフできる旨とその方法を書面で告げられた日から起算して8日間経過したとき、または、②宅地建物の引渡しを受け、かつ代金の全部を支払ったときは、クーリング・オフできなくなる。しかし、本肢はどちらにも当たらないので、A社は、クーリング・オフを拒むことができない。

★★　【参考正答率 95.6%】

問35　正解 2　37条書面　　　参考 業法 L11

ア 記載する必要はない。37条書面には、保証人の氏名および住所を記載する必要はない。

イ 必ず記載しなければならない。37条書面には、宅地・建物の引渡しの時期を必ず記載しなければならない。

ウ 必ず記載しなければならない。貸借の37条書面には、借賃の額・支払時期・支払方法を必ず記載しなければならない。

エ 記載する必要はない。37条書面には、媒介に関する報酬の額を記載する必要はない。

オ 記載する必要はない。貸借の37条書面には、借賃以外の金銭の授受に関する定めがあるときは、その額・授受時期・授受目的を記載しなければならない。しかし、授受方法は記載する必要はない。

以上より、必ず記載しなければならないものはイ、ウであり、肢2が正解になる。

> 組合せ問題では、1から4の選択肢をうまく使いましょう。本問で難しいのはオですが、オが分からなくても、アとエを記載する必要がないことが分かれば正解を出すことができます。アもエも含まれない選択肢は肢2（イ、ウ）しかないからです。

★★　【参考正答率 95.1%】

問36　正解 3　37条書面等　　　参考 業法 L10、11

1 違反する。建物の貸借の場合を除き、私道に関する負担に関する事項は、重要事項として説明しなければならない。したがって、そのことを説明しな

かった本肢は、宅建業法の規定に違反する。このことは、私道に関する負担に関する事項を 37 条書面に記載しても変わりがない。

2 **違反する。** 宅建業者は、相手方等（宅建業者に該当する者を除く）に対して、契約が成立するまでの間に、供託所等の説明をするようにしなければならない。したがって、契約成立後に説明している本肢は、宅建業法の規定に違反する。

3 **違反しない。** 宅建業者は、宅建士に 37 条書面への記名をさせなければならないが、37 条書面の交付担当者については特に規定がない。したがって、宅建士でない従業者に交付させても、宅建業法の規定に違反しない。

4 **違反する。** 売買・交換の場合、宅地・建物の種類・品質に関する契約不適合責任についての定めがあるときは、その内容を 37 条書面に記載しなければならない。そして、37 条書面の規定は、相手方が宅建業者であっても適用される。したがって、特約の内容についての記載を省略した本肢は、宅建業法の規定に違反する。

★★　**【参考正答率 69.1%】**

問37　正解 1　報酬に関する制限　参考 業法 L16、17

報酬計算のもとになるのは、本体価格（税抜価格）である。消費税・地方消費税（以下「消費税等」）を含む建物代金は、5,400 万円 − 2,100 万円 = 3,300 万円なので、建物の本体価格は 3,300 万円 ÷ 1.1 = 3,000 万円である。これに、土地代金 2,100 万円を加えた 5,100 万円が報酬計算のもとになる。したがって、報酬の合計額の限度は、5,100 万円 × 3 ％ + 6 万円 = 159 万円の 2 倍である 318 万円に消費税等 10％を上乗せした 349 万 8,000 円である。また、代理の依頼を受けた A 社の限度額は 349 万 8,000 円、媒介の依頼を受けた C 社の限度額は、159 万円に消費税等 10％を上乗せした 174 万 9,000 円になる。

ア **違反する。** 合計で 524 万円を受領している点と、C 社が 175 万円を受領している点で、宅建業法の規定に違反する。

イ **違反する。** 合計で 369 万 7,900 円を受領しているので、合計額が限度を超えており、宅建業法の規定に違反する。このことは、A 社や D の了承を得ていても変わりがない。

ウ **違反しない。** 合計で 348 万 9,000 円なので合計額は上記の限度内であり、A 社と C 社それぞれの受領額も上記の限度内である。そして、遠隔地での調査など、依頼者の特別の依頼による特別の費用については、報酬とは別に受

領することができる。したがって、上記のほかに5万円を受領したことも宅建業法の規定に違反しない。

以上より、違反しないものはウの一つであり、肢1が正解になる。

★ 【参考正答率 63.3%】

問38 正解 2 自ら売主制限

参考 業法 L14、15

ア 誤り。宅建業者が自ら売主となる売買契約においては、種類・品質に関する契約不適合責任につき買主に不利な特約は、原則として無効となる。本肢の特約は、売主が責任を負う範囲を限定しているので、買主に不利な特約である。したがって、そのような特約を定めることはできない。

イ 正しい。宅建業者が自ら売主となる売買契約において、損害賠償額の予定や違約金を定めるときは、あわせて代金額の 2/10 を超えてはならない。本肢の特約は、合計額を代金 3,500 万円の 2/10 である 700 万円とするものなので、そのような特約を定めることができる。

ウ 誤り。宅建業者が自ら売主となる売買契約において手付が支払われたときは、相手方が履行に着手するまでは、買主は手付を放棄して、売主は手付の倍額を現実に提供して、契約を解除することができる。これより買主に不利な特約は無効である。本肢の特約は、買主は中間金も放棄しないと解除できないという内容なので、買主に不利な特約であり、無効となる。

以上より、誤っているものはア、ウの二つであり、肢2が正解になる。

★★★ 【参考正答率 90.6%】

問39 正解 1 弁済業務保証金

参考 業法 L7

1 正しい。保証協会は、宅建業者の相手方等から社員の取り扱った宅建業に係る取引に関する苦情について解決の申出があったときは、その相談に応じ、申出人に必要な助言をし、当該苦情に係る事情を調査するとともに、当該社員に対し当該苦情の内容を通知してその迅速な処理を求めなければならない。そして、保証協会は、上記の申出およびその解決の結果について社員に周知させなければならない。

2 誤り。保証協会は、新たに社員が加入し、または社員がその地位を失ったときは、直ちに、その旨を当該社員である宅建業者が免許を受けた国土交通大臣または都道府県知事に報告しなければならない。このように、報告をするのは保証協会であり、宅建業者ではない。

3 誤り。保証協会は、弁済業務保証金の還付があったときは、当該還付に係る社員または社員であった者に対し、当該還付額に相当する額の還付充当金を保証協会に納付すべきことを通知しなければならない。「その主たる事務所の最寄りの供託所に供託すべきこと」ではない。なお、弁済業務保証金の補充供託は、保証協会が行う。

4 誤り。宅建業者で保証協会に加入しようとする者は、その加入しようとする日までに、弁済業務保証金分担金を保証協会に納付しなければならない。「その加入の日から2週間以内」ではない。

★★ 【参考正答率 81.7%】

問40 正解3 手付金等の保全措置 　参考 業法 L15

　宅建業者は、自ら売主となる売買契約においては、保全措置を講じた後でなければ、手付金等を受領してはならない。ただし、買主が登記をしたとき、または受領しようとする手付金等の額が少ないときは(本問のように工事完了前に売買契約を締結した場合は、代金額の5%以下かつ1,000万円以下)、保全措置を講じなくても、手付金等を受領することができる。

1 誤り。工事完了前に売買契約を締結した場合、保全措置の方法は、①銀行等による保証、②保険事業者による保証保険のいずれかであり、③指定保管機関による保管により保全措置を講じることはできない。

　❗工事完了後に売買契約を締結した場合には、③の方法で保全措置を講じることもできる。

2 誤り。手付金等の保全措置を講じる義務は、売主である宅建業者に課されている。したがって、売主であるAが保全措置を講じなければならない。したがって、AまたはCが保全措置を講ずれば代金額の5%を超える手付金を受領することができるとする本肢は誤り。

3 正しい。手付金等の保全措置の規定は、自ら売主制限の1つなので、買主も宅建業者である場合には適用されない。したがって、買主Eが宅建業者である本肢では、Aは、保存措置を講じずに、500万円の手付金を受領することができる。

4 誤り。保全措置の要否は、既に受領した額も含めて判断する。本肢の場合、中間金の受領時には、既に受領している手付金100万円と合わせて300万円を受領することになるので、代金の5%である200万円を超える。したがって、中間金を受領する際には保全措置を講ずる必要がある。

問41 正解 2 その他の業務上の規制 　参考 業法 L12

1 誤り。宅建業者は、その事務所ごとに、その業務に関する帳簿を備え、取引のあったつど、所定の事項を記載しなければならないが、当該帳簿の記載事項を事務所のパソコンのハードディスクに記録し、必要に応じ当該事務所においてパソコンやプリンターを用いて紙面に印刷することが可能な環境を整えることで、当該帳簿への記載に代えることができる。

2 正しい。宅建業者は、その事務所等に、標識を掲げなければならない。これに対し、免許証の掲示義務はない。

3 誤り。宅建業者は、その事務所ごとに、その業務に関する帳簿を備え、宅建業に関し取引のあったつど、一定の事項を記載しなければならない。「取引のあった月の翌月1日まで」ではない。

4 誤り。宅建業者は、従業者に、従業者証明書を携帯させなければ、その者をその業務に従事させてはならない。このことは、その従業者が宅建士証を携帯していても変わりがない。

問42 正解 2 監督処分 　参考 業法 L18

1 誤り。宅建士が、他人に自己の名義の使用を許し、当該他人がその名義を使用して宅建士である旨の表示をしたことは、指示処分や事務禁止処分の対象事由である。そして、指示処分や事務禁止処分は、登録をした都道府県知事と、宅建士が処分対象行為を行った都道府県の都道府県知事が行うことができる。したがって、Aは、乙県知事から、指示処分を受けることがあるだけでなく、事務禁止処分を受けることもある。

2 正しい。不正の手段により宅建士証の交付を受けたことは、登録消除処分の対象事由である。しかし、登録消除処分は登録をした都道府県知事のみが行うことができるので、甲県知事登録のAは、乙県知事から登録を消除されることはない。

3 誤り。事務禁止処分に違反したことは、登録消除処分の対象事由である。そして、登録消除処分は登録をした都道府県知事のみが行うことができるので、Aは、甲県知事から登録を消除される。

4 誤り。指示処分は、宅建士が処分対象行為を行った都道府県の都道府県知事も行うことができる。したがって、Aは、乙県知事から指示処分を受ける

ことがある。なお、国土交通大臣は、すべての宅建士に対して、都道府県知事は、その登録を受けている宅建士および当該都道府県の区域内でその事務を行う宅建士に対して、宅建士の事務の適正な遂行を確保するため必要があると認めるときは、その事務について必要な報告を求めることができる。したがって、Aが甲県知事または乙県知事から報告を求められることがある点は正しい記述である。

★★　【参考正答率 76.8%】

問43　正解 4　免許・監督処分　　参考 業法 L2、3、18

1　**誤り。**都道府県知事免許の宅建業者でも、日本全国で宅建業に関する取引をすることができる。したがって、他県所在の物件を取引する場合でも、国土交通大臣へ免許換えの申請をする必要はない。

　❗国土交通大臣への免許換えの申請が必要になるのは、2以上の都道府県内に事務所を有することとなった場合である。

2　**誤り。**都道府県知事は、他の都道府県知事の免許を受けた宅建業者に対して指示処分または業務停止処分をしたときは、遅滞なく、当該都道府県知事に通知しなければならない。宅建業者が届け出るのではない。

3　**誤り。**禁錮以上の刑に処せられ、その刑の執行を終え、または刑の執行を受けることがなくなった日から5年を経過しないことは、免許の欠格要件に当たる。そして、法人の役員または政令で定める使用人が欠格要件に当たる場合、その法人は、免許を受けることができない。したがって、本肢の使用人が取締役に就任していなくても、当該法人は免許を受けることができない。

4　**正しい。**宅建業に関し不正または不誠実な行為をするおそれが明らかな者であることは、免許の欠格要件に当たる。したがって、他の欠格要件に当たらなくても、免許を受けることができない。

★★　【参考正答率 49.0%】

問44　正解 1　宅建士　　参考 業法 L4、5

ア　**誤り。**登録を受けている者が破産手続開始の決定を受けて復権を得ない者となった場合、本人が、その日から30日以内に、登録をしている都道府県知事に届け出なければならない（死亡等の届出）。したがって、この場合についても「遅滞なく」とする本肢は誤り。なお、登録事項に変更があった場合には、遅滞なく、変更の登録申請をしなければならない点は、正しい記述

である。

❗宅建業者が破産手続開始の決定を受けて復権を得ない者となった場合には、破産管財人が届出義務を負う。これに対して、宅建士の登録を受けている者の場合には、上記のとおり、本人が届出義務を負う。

イ 誤り。宅建士証の交付を受けようとする者（合格から1年以内の者と登録の移転に伴う者を除く）は、登録をしている都道府県知事が指定する講習で、交付の申請前6カ月以内に行われるものを受講しなければならない。「90日前から30日前まで」ではない。

ウ 誤り。35条書面や37条書面への記名は、宅建士が行わなければならないが、専任の宅建士でなくてもかまわない。

エ 正しい。宅建士は、事務禁止処分を受けた場合、宅建士証をその交付を受けた都道府県知事に速やかに提出しなければならない。この提出義務に違反したときは、10万円以下の過料に処せられることがある。

以上より、正しいものはエの一つであり、肢1が正解になる。

★★ 【参考正答率 76.8%】

問45 正解 4 住宅瑕疵担保履行法 参考 業法 L19

1 誤り。住宅販売瑕疵担保保証金の供託または住宅販売瑕疵担保責任保険契約の締結（以下「資力確保措置」）を講ずる義務を負うのは、宅建業者が自ら売主として宅建業者でない買主との間で新築住宅の売買契約を締結し、引き渡す場合である。買主が建設業者かどうかは関係ない。本問の買主Bは宅建業者ではないので、Aは、資力確保措置を講ずる義務を負う。

2 誤り。宅建業者は、資力確保措置の状況について届出をしなければ、当該基準日の翌日から起算して50日を経過した日以後においては、原則として、新たに自ら売主となる新築住宅の売買契約を締結してはならない。「3週間」ではない。

3 誤り。住宅販売瑕疵担保保証金の供託をしている供託所の所在地等の説明および書面の交付（当該書面に記載すべき事項を電磁的方法により提供する場合を含む）は、売買契約を締結するまでに行わなければならない。したがって、「引き渡すまでに行えばよい」とする本肢は誤り。

4 正しい。住宅販売瑕疵担保保証金の額は、住宅供給戸数に応じて決められているが、その戸数の算定に当たって、床面積が55㎡以下の住宅は2戸をもって1戸とすると定められている。

問46　正解 1　住宅金融支援機構　参考 税他 L9

1　誤り。機構は、住宅の建設または購入や、それに付随する土地または借地権の取得に必要な資金の貸付けに係る金融機関の貸付債権の譲受けを業務として行っている。つまり、建物そのものの建設・購入資金の貸付債権だけでなく、その敷地等の取得資金の貸付債権も、機構による買取りの対象になっている。

2　正しい。機構は、災害復興建築物の建設または購入に必要な資金の貸付けを業務として行っている。

3　正しい。機構は、本肢のような団体信用生命保険に関する業務を行っている。

4　正しい。機構が証券化支援事業（買取型）により譲り受ける貸付債権の要件の１つとして、自ら居住する住宅または自ら居住する住宅以外の親族の居住の用に供する住宅を建設し、または購入する者に対する貸付けに係るものであることが定められている。つまり、貸付けを受ける本人または親族が住むための住宅の建設・購入資金であることが要件とされている。

問47　正解 3　不当景品類及び不当表示防止法　参考 税他 L10

1　誤り。宅地・建物のコンピュータグラフィックス、見取図、完成図または完成予想図は、その旨を明示して用い、当該物件の周囲の状況について表示するときは、現況に反する表示をしないこととされている。したがって、実際とは異なる旨を表示しても、現況と異なる表示をすることはできない。

2　誤り。地目は、登記簿に記載されているものを表示し、現況の地目と異なるときは、現況の地目を併記することとされている。したがって、「登記簿上の地目のみを表示すればよい」とする本肢は誤り。

3　正しい。管理費については、原則として１戸当たりの月額を表示しなければならない。ただし、住戸により管理費の額が異なる場合において、そのすべての住宅の管理費を示すことが困難であるときは、最低額および最高額のみで表示することができる。

4　誤り。新築とは、建築工事完了後１年未満であって、居住の用に供されたことがないものをいう。したがって、入居の有無にかかわらず新築と表示してもよいとする本肢は誤り。

問48 正解 3 統計

※統計問題は、出題時の数値をそのまま掲載しています。内容を覚える必要はありません。

1 **正しい**。平成23年度における不動産業の経常利益は約3兆3,000億円となっており、前年度比0.5%減となった。

2 **正しい**。平成24年の1年間の地価は、全国的に依然として下落を示したが、下落率は縮小し、上昇または横ばいの地点が大幅に増加している。

3 **誤り**。平成24年の持家戸数は3年連続で増加しており、貸家戸数も増加している。したがって、貸家戸数が減少したとする本肢は誤り。

4 **正しい**。平成24年の全国の土地取引件数（売買による所有権移転登記の件数）は120.4万件となり、9年ぶりに増加に転じた。

問49 正解 4 土地 | 参考 税他 L11

1 **適当**。国土を山地と平地に大別すると、山地の占める比率は、国土面積の約75%である。

2 **適当**。火山地は、国土面積の約7%を占め、山林や原野のままの所も多く、水利に乏しいといえる。

3 **適当**。台地・段丘は、国土面積の約12%で、地盤も安定し、土地利用に適した土地である。

4 **最も不適当**。低地は、国土面積の約13%であり、洪水や地震による液状化などの災害危険度は高いといえる。したがって、「約25%」「災害危険度は低い」とする本肢は最も不適当である。

本問は、各肢にそれぞれの地形が国土面積の何%を占めているかが書かれているので、一見難しく見えます。しかし、実際には「低地の災害危険度は高い」という基本知識だけで解ける簡単な問題です。

問50 正解 4 建物 | 参考 税他 L12

1 **適当**。耐震構造は、建物の柱、はり、耐震壁などで剛性（こうせい）を高め、地震に対して十分耐えられるようにした構造である。

❶免震・制震構造が揺れを減らす・制御する構造であるのに対し、耐震構造は揺れを減らすのではなく、建物を強くして揺れに耐えるようにした構造である。

解説

平成25年度

2 **適当**。免震構造は、建物の下部構造と上部構造との間に積層ゴムなどを設置し、揺れを減らす構造である。

3 **適当**。制震構造は、制震ダンパーなどを設置し、揺れを制御する構造である。

4 **最も不適当**。既存不適格建築物の耐震補強（耐震改修）の方法にも、耐震・免震・制震がある。したがって、制震構造や免震構造を用いることは適していないとする本肢は最も不適当である。

平成 24 年度
解答＆解説

24

科目	問題	解答	テーマ
権利関係	1	3	意思表示
	2	1	代理
	3	3	民法総合
	4	2	代理
	5	3または4	請負
	6	4	物権変動
	7	1	抵当権
	8	4	債務不履行
	9	1	不法行為
	10	4	相続
	11	4	借地借家法（借地）
	12	3	借地借家法（借家）
	13	2	区分所有法
	14	2	不動産登記法
法令上の制限	15	1	国土利用計画法
	16	1	都市計画法
	17	3	都市計画法
	18	2	建築基準法
	19	3	建築基準法
	20	4	盛土規制法
	21	2	土地区画整理法
	22	4	農地法
税・その他	23	2	所得税
	24	1	不動産取得税
	25	4	不動産鑑定評価基準

科目	問題	解答	テーマ
宅建業法	26	1	免許の基準
	27	1	免許
	28	1	広告に関する規制
	29	2	媒介契約
	30	2	重要事項の説明
	31	4	37 条書面
	32	4	宅建業法総合
	33	1	営業保証金
	34	2	手付金等の保全措置等
	35	1	報酬に関する制限
	36	4	宅建業法総合
	37	2	クーリング・オフ
	38	3	自ら売主制限
	39	4	担保責任の特約の制限
	40	3	その他の業務上の規制
	41	3	その他の業務上の規制
	42	3	案内所等に関する規制
	43	3	弁済業務保証金
	44	4	監督処分
	45	2	住宅瑕疵担保履行法
税・その他	46	3	住宅金融支援機構
	47	2	不当景品類及び不当表示防止法
	48	2	統計
	49	3	土地
	50	1	建物

合格点	科目別 目安得点			
	権利関係 (問1〜問14)	宅建業法 (問26〜問45)	法令上の制限 (問15〜問22)	税・その他 (問23〜問25、問46〜問50)
33／50	8／14	14／20	5／8	6／8

あなたの得点

得点	科目別 得点			
	権利関係 (問1〜問14)	宅建業法 (問26〜問45)	法令上の制限 (問15〜問22)	税・その他 (問23〜問25、問46〜問50)
／50	／14	／20	／8	／8

平成24年度　試験講評

　「個数問題」が5問、「組合せ問題」が3問、合わせて8問出題された。特に、通常の問題よりも得点しにくい「個数問題」が、本来得点源とすべき「宅建業法」において5問も出題されたため（従来は1〜2問）、得点が思うように伸びない受験者が多く、合格基準点も33点にとどまった。「個数問題」は、一つひとつの記述について正確な知識がなければ正解できない、難易度の高い出題形式であるから、付け焼刃の学習では歯が立たない。過去の本試験で出題されている知識を丁寧に繰り返し学習し、知識の正確性を高めておく必要がある。「宅建業法」以外の科目では、「権利関係」については、問1や問3で新しい形式の問題が出題されるなど難問も見受けられたが、科目全体としては平均的な難易度であった。また、「法令上の制限」、「税・その他」については、例年よりやや得点しやすい問題であった。

問1　正解 3　意思表示

94条2項の「第三者」とは、虚偽表示の無効を対抗できない「第三者」のことである。第三者とは、一般的には当事者やその承継人以外の者のことをいう（つまり、契約当事者やその相続人等以外は、第三者にあたる）。しかし、94条2項の「第三者」の範囲はそれより狭く、法律上の利害関係（分かりやすくいえば、法律で保護すべき強い利害関係のこと）を有する者に限定されている。94条2項の「第三者」の典型例は、「A所有の不動産につき、AB間で虚偽の売買契約が締結されたところ、Bからその不動産を買い受けたC」のように、仮装譲受人から買い受けた者である。

肢3のように、仮装譲受人に対する単なる債権者は、94条2項の「第三者」に該当しない。CはBにお金を貸しただけの人なので、甲土地とのつながりが弱いからである。

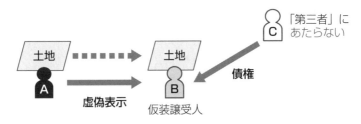

これに対し、肢1のように仮装譲渡の目的物を差し押さえれば、94条2項の「第三者」に該当するようになる。差し押さえたことによって、Cは甲土地に強い利害関係を持つようになったからである。

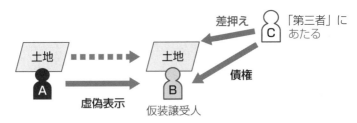

1　**該当する。**前記のとおり、仮装譲受人の債権者は、仮装譲渡の目的物を差し押さえた場合には、94条2項の「第三者」に該当する。

2　**該当する。**転抵当とは、抵当権を自分の借金等の担保に使うことをいう。仮装の抵当権者から転抵当権の設定を受けた債権者は、94条2項の「第三者」に該当する。なぜなら、Bの抵当権が無効になるとCの転抵当権も無効にな

るので、CはBの抵当権に強い利害関係を持つからである。

3 **該当しない。** 前記のとおり、仮装譲受人に対する単なる債権者は、94条2項の「第三者」に該当しない。

4 **該当する。** 仮装債権の譲受人は、94条2項の「第三者」に該当する。なぜなら、債権が無効になるとCは弁済を受けられないので、Cは債権の有効・無効に強い利害関係を持つからである。

この問題はかなり難しいので、解けなくても仕方がありません。全問正解する必要はないのですから、難しい問題が出てもあせらないことが大切です。

★★★ 【参考正答率 87.6%】

問2 正解1 代理

参考 権利 L3

1 **誤り。** 制限行為能力者が代理人としてした行為は、原則として、行為能力の制限を理由に取り消すことができない。したがって、未成年者が法定代理人の同意を得ずに代理人として契約を締結した場合、その効果は本人に有効に生じ、取消しの対象にならない。

2 **正しい。** 代理人によって取引を行う場合、善意・悪意や過失の有無は、代理人を基準に判断される。

3 **正しい。** 双方の代理人としてした行為（双方代理）は、無権代理行為となるのが原則である。その例外として、①本人があらかじめ許諾した場合、②債務の履行の場合は、有効に代理することができる。本肢では売主と買主があらかじめ承諾をしているので、有効に代理することができる。

4 **正しい。** 法定代理人は、いつでも復代理人を選任することができる。

★ 【参考正答率 29.2%】

問3 正解3 民法総合

参考 権利 L13

1 **規定されていない。** 意思能力を有しない状態でされた法律行為が無効である旨は、民法の条文に規定されているが、その無効を誰が主張することができるかについては規定されていない。

2 **規定されていない。** 本肢の内容は、事情変更の原則と呼ばれ、判例によって認められている。民法の条文には規定されていない。

3 **規定されている。** 民法446条2項は、「保証契約は、書面でしなければ、その効力を生じない。」と規定している。

4 規定されていない。住宅の品質確保の促進等に関する法律（品確法）2条5項には本肢のような規定があるが、民法の条文には規定されていない。

条文に規定されているかどうかを問う問題は条文を覚えていないと解けないので、できなくてもかまわないと割り切ることが得策です。

★★★ 【参考正答率 94.7%】

問 4 **正解 2** **代理** 参考 権利 L3

1 正しい。無権代理行為の効果は本人に生じないのが原則である。ただし、本人が追認をした場合には、契約時にさかのぼって有効になる。したがって、Aが追認をした場合、ＡＣ間の売買契約は有効になる。

2 誤り。無権代理人が本人を単独相続した場合、無権代理行為は当然に有効になる。したがって、Bは追認を拒絶することができない。

3 正しい。本人が無権代理人を相続した場合、本人は無権代理行為の追認を拒絶することができる。このことは、信義則（＝権利の行使および義務の履行は、信義に従い誠実に行わなければならないという原則）に反しない。

4 正しい。無権代理人が他の相続人と共同で相続した場合は、他の共同相続人全員の追認がなければ、無権代理人の相続分についても契約は有効にならない。したがって、他の共同相続人であるDが追認しない限り、無権代理人Bの相続分においても、ＡＣ間の売買契約は有効にはならない。

★★ 【参考正答率 70.7%】

問 5 **正解 3または4** **請負** 参考 権利 L9

※本試験で解答が2つとされましたが、そのまま掲載しています。

本問は、改正前民法における請負人の担保責任に関する問題です。近年の改正により、請負人は売主と同様の担保責任を負うことになったので、本問の問題文・解説は、現在の民法とは異なります。

改正前民法635条は「仕事の目的物に瑕疵があり、そのために契約をした目的を達することができないときは、注文者は、契約の解除をすることができる。ただし、建物その他の土地の工作物については、この限りでない。」と規定している。ただし書とは、「ただし、建物その他の土地の工作物については、この限りでない。」という部分のことであり、建物等の請負契約は瑕疵を理由に

解除することができないことを定めている。その趣旨は、解除を認めると請負人は原状回復義務に基づいて建物を取り壊す義務を負うが、そのことは①社会経済的に大きな損失をもたらすし（簡単にいえば、建物がもったいない）、②請負人に重い負担をさせることになって酷という点にある。では、建替費用相当額の損害賠償請求はできるか。この点が本問の判決文のテーマである。

この点について、建替えをするためには現在の建物を取り壊すことになるから、「建物を取り壊すのはもったいないから解除を認めないという635条ただし書が存在する以上、建物取壊しにつながる建替費用相当額の損害賠償請求も認められない」という考え方がある。しかし、判例は、そのような考え方を否定して、建替費用相当額の損害賠償請求を認めている。その理由は、①建て替えるしかない建物を取り壊しても、社会経済上の損失ではないし（使えない建物だから、壊しても、もったいなくない）、②契約の履行責任に応じた負担をさせるのだから請負人に酷ではない（請負人は瑕疵のない建物を建てる義務を負っているのだから、そのための費用を負担させても酷ではない）という点にある。このような理由で、建替費用相当額の損害賠償請求を認めても635条ただし書の趣旨に反しないとするのが本問の判決文の内容である。

1 **正しい。**仕事の目的物に瑕疵があるときは、注文者は、請負人に対し、相当の期間を定めて、その瑕疵の修補を請求することができる。ただし、瑕疵が重要でない場合において、その修補に過分の費用を要するときは、瑕疵修補請求をすることができない。

❗瑕疵修補請求ができないのは、「瑕疵が重要でない」と「修補に過分の費用を要する」の両方に該当する場合である。

2 **正しい。**前記のとおり、本問の判決文は、本肢のような建替費用相当額の損害賠償請求を認めるものである。

3 **明らかに誤り。**建物の請負契約は、635条ただし書があるので解除することができない。しかし、前記のとおり、建替費用相当額の損害賠償請求は635条ただし書の趣旨に反しないので認められる。

4 **明らかに誤り。**請負人の瑕疵担保責任の追及期間は、原則として、仕事の目的物を引き渡した時から1年である。ただし、建物その他の土地の工作物の場合には、石造、土造、れんが造、コンクリート造、金属造等であれば10年、それ以外であれば5年になる。

問6 正解 4 物権変動 参考 権利 L10

1 誤り。時効取得した者は、時効完成前の第三者に対しては、登記がなくても時効取得を対抗することができる。Cは、Bの時効完成前にAから甲土地を購入しているので、時効完成前の第三者である。したがって、Bは、登記がなくても、Cに対して時効による所有権の取得を主張することができる。

2 誤り。賃貸している土地の売買契約によって売主から買主へ賃貸人が交替した場合、買主（新賃貸人）は、所有権の移転登記をしなければ、賃貸人たる地位の移転を賃借人に対抗することができない。したがって、買主Eは、所有権移転登記を備えなければ、Dに対して自らが賃貸人であることを主張することができない。

3 誤り。二重譲渡の場合、原則として、登記を先にした者が勝つ。売買契約の先後は関係ない。本肢では、Fが所有権移転登記を備えているので、たとえ売買契約はGのほうが先であったと証明できても、GはFに自らが所有者であると主張することができない。

4 正しい。第1の買主は、背信的悪意者に対しては、登記がなくても所有権を対抗できる。しかし、背信的悪意者からの転得者に対しては、転得者自身も背信的悪意者でない限り、登記がなければ所有権を対抗できない。本肢では、転得者Jは「善意」なので、背信的悪意者ではない。したがって、登記をしていないHは、Jに対して自らが所有者であることを主張することができない。

問7 正解 1 抵当権 参考 権利 L12

1 誤り。一般債権者が賃料債権を差し押さえた後でも、抵当権者は、当該賃料債権を差し押さえて物上代位することができる。

2 正しい。抵当権が実行されている場合でも、当該抵当権が消滅するまでの間は、賃料債権に対して物上代位することができる。

3 正しい。抵当権の目的物に掛けられた保険の保険金請求権は、物上代位の対象に含まれる。

4 正しい。抵当権者は、転貸賃料債権に対しては物上代位できないのが原則である。なぜなら、賃貸人（抵当権設定者）は自分の建物に抵当権を設定しているので、自分が受け取るはずの賃料を抵当権者に差し押さえられても仕

方がないが、賃借人（転貸人）は自分が抵当権を負担しているわけではないので、自分が受け取るはずの転貸賃料を抵当権者に持って行かれる理由がないからである。したがって、Aは、原則としてCのDに対する転貸賃料債権には物上代位することができない。

❗賃料債権は物上代位の対象に含まれる。本肢は、「転貸」賃料債権である点で、通常の「賃料債権への物上代位」の話とは異なるのである。

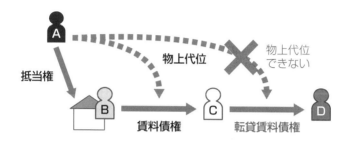

★★　【参考正答率 76.7%】

問8　正解4　債務不履行　　　参考 権利 L7

1 **正しい。** 契約の一方当事者は、契約前に、契約を締結するか否かに影響する情報を相手方に提供しなかった場合、相手方が契約を締結したことによって被った損害について、不法行為責任を負うことはあるが、当該契約上の債務不履行による賠償責任を負うことはない。なぜなら、契約を締結するか否かに影響する情報の提供義務違反は、契約締結前に生じたものなので、それを契約上の債務不履行と考えることはできないからである。

2 **正しい。** 金銭債務の不履行による損害賠償額は、法定利率によって請求できるのが原則であるが、約定利率が法定利率を超えるときは、約定利率による。本肢では、利率に関する定めがない（＝約定利率が定められていない）ので、法定利率で算出する。

3 **正しい。** 二重譲渡の場合、一方の買主へ登記が移転したときには、他方の買主は所有権を取得できなくなるので、売主は、履行不能を理由とする債務不履行責任を負う。したがって、買主Aは、売主Bに対して債務不履行に基づく損害賠償請求をすることができる。

4 **誤り。** 金銭債務においては、債務者の責めに帰すべき事由がなくても（＝不可抗力でも）、債務不履行責任が成立する。Bは、返済期限を経過しても支払いをしていないので、Bの責めに帰すべき事由の有無に関係なく債務不

履行になり、遅延損害金の支払義務を負う。

★★ 【参考正答率 78.0%】

問9 正解 1 不法行為　　　　　　　　参考 権利 L17

1　**正しい。**加害者BはCに対して不法行為責任を負う。また、BがAの事業の執行についてCに損害を与えているので、Aは、Cに対して使用者責任を負う。この場合、使用者Aと被用者Bは、連帯債務を負うので、1人についての時効の完成は他の者に影響しない。

2　**誤り。**即死の場合でも、被害者に損害賠償請求権が発生し、それを相続人が相続する。このことは、財産的損害・精神的損害のどちらでも変わりない。したがって、Aは、Cの相続人に対して慰謝料（＝精神的損害に対する賠償）についての損害賠償責任を負う。

3　**誤り。**使用者責任に基づき被害者に損害賠償をした使用者は、損害の公平な分担の見地から相当と認められる限度において、被用者に対して求償することができる。したがって、AのBに対する求償額は制限される可能性があるので、全額を常に回収できるとはいえない。

4　**誤り。**被害者側に過失がある場合には、被害者自身に過失がなくても、過失相殺をすることができる。「被害者側」とは、具体的には、未成熟の子とその親、夫婦など家族関係や生活において一体と見られる関係にある者のことである。たとえば、「幼児Xを親であるYがつれて歩いていたところ、Yが目を離したすきにXが道の真ん中に出ていってZの運転する車にひかれた」とする。この場合、XのZに対する損害賠償請求において、Xの親であるY（＝被害者側）の過失を理由に、過失相殺をすることができる。なぜなら、被害者側の落ち度による損害額は、賠償額の減額というかたちで被害者に負担させたほうが公平だからである。したがって、Aは全額を賠償しなければならないとする本肢は誤りである。

★★ 【参考正答率 55.7%】

問10 正解 4 相続　　　　　　　　参考 権利 L20

1　**誤り。**Bにはすでに配偶者がいないので、子だけが相続人になるはずだが、子Dは死亡しているのでその子Fが代襲相続する。配偶者間では代襲相続しないので、EはDを代襲しない。したがって、相続人はAとFである。もしDが生きていればAとDの法定相続分は2分の1ずつであり、Fはそれを引

き継ぐので、法定相続分は、AとFが2分の1ずつである。

2　誤り。共同相続人の1人が相続開始前から被相続人と同居していた場合、被相続人の死後、少なくとも遺産分割終了までの間は、同居相続人を借主、他の共同相続人を貸主とする使用貸借契約が成立する。したがって、Aは使用貸借契約に基づいて甲建物に居住できるので、Fは明渡しを請求することができない。

3　誤り。Aには、配偶者も子もないので、直系尊属Bのみが相続人になる。直系尊属が相続するので、Aの兄Dはたとえ生きていても相続人にならない。したがって、Dの子（Aにとっては甥または姪）Fも代襲相続しない。このように、Bのみが相続人であり、Aの遺産すべてを相続する。

4　正しい。兄弟姉妹には遺留分がないので、兄弟姉妹を代襲する者（甥・姪）にも遺留分がない。したがって、Aの甥または姪であるFには遺留分がないので、その主張をすることができない。

★★★　**【参考正答率 86.3%】**

問11　正解 4　借地借家法（借地）　参考 権利L16

1　正しい。借地権者は、借地上の建物について自己名義の登記を有するときは、借地権を第三者に対抗することができる。この「登記」は、（甲区になされる）所有権の登記のほか、（表題部になされる）表示の登記でもよいとされている。

> ❗表示の登記（表題部所有者の記録）には原則として対抗力がない。例外として、借地権の対抗要件としての建物の登記は、表示の登記でもよいとされている。

2　正しい。借地権者は、建物の登記によって借地権の対抗力を備えていた場合には、建物が滅失しても、その建物を特定するために必要な事項等を掲示すれば、滅失の日から2年間、借地権を第三者に対抗することができる。

3　正しい。賃借人の賃借権が対抗要件を備えている場合、転借人は、自己の転借権について対抗要件を備えているか否かにかかわらず、賃借人の賃借権を援用して自己の転借権を第三者に対抗することができる。たとえば、「Aは、A所有の土地をBに賃貸し、Bはその土地をCに転貸した。Bが賃借権の対抗力を備えた後に、Aがその土地をDに売却した」とする。この場合、BはDより先に対抗要件を備えているので、BはDに賃借権を対抗することができる。そして、BがDに対抗できるので、Cは自分が対抗要件を備えていなくても、Dに転借権を対抗することができるのである。

4 誤り。一時使用目的の借地権には、借地借家法のうち、存続期間、更新、借地権者の建物買取請求権、借地条件の変更・増改築の許可、一般定期借地権、事業用定期借地権、建物譲渡特約付借地権の規定が適用されない。したがって、本肢では、借地権者は建物買取請求をすることができない。

★★　【参考正答率 53.2%】

問12　正解 3　借地借家法（借家）

参考 権利 L15

1 正しい。借地借家法の規定より賃借人に不利な特約は無効になるのが原則であるが、例外として、賃借人が造作買取請求権を行使できない旨の特約は有効である。このことは、普通建物賃貸借契約でも定期建物賃貸借契約でも同様である。

2 正しい。当事者は、経済事情の変動により賃料が不相当になったときは、借賃増減額請求をすることができるのが原則だが、例外として、①一定の期間増額しない旨の特約がある場合には、その定めに従う、②定期建物賃貸借において、借賃の改定に係る特約がある場合には、借賃増減額請求の規定は適用しない、とされている。本肢では、「賃料の改定についての特約が定められていない」ので、①や②に該当しない。したがって、原則どおり、賃料の増減を請求することができる。

3 誤り。定期建物賃貸借契約を締結するためには、①更新がない旨について、あらかじめ書面を交付（または、電磁的方法により提供）して説明し、②書面（または、電磁的記録）によって契約をすることが必要である。①と②の両方を行わなければ、更新のある普通建物賃貸借契約になってしまう。したがって、「更新がない旨の特約を記載した書面を契約に先立って賃借人に交付さえしておけば当該特約は有効」とする本肢は誤りである。なお、普通建物賃貸借契約では、更新しない旨の特約は、借地借家法の規定より賃借人に不利な特約として無効になる。したがって、前半は正しい記述である。

4 正しい。期間の定めのある賃貸借の場合、途中解約できる旨の留保（＝特約）がなければ解約できないのが原則である。なぜなら、期間中は、賃貸人は賃料を受け取れる、賃借人は使用できるという利益を持っているので、それを途中で一方的に奪うことを認めるべきではないからである。ただし、居住用建物（床面積 200 ㎡ 未満）の定期建物賃貸借において、転勤・療養・親族の介護等のやむをえない事情により、賃借人が自己の生活の本拠として使用することが困難になったときは、賃借人は、解約を申し入れることがで

きる。

問13 正解 2 区分所有法 <small>参考 権利 L19</small>

1 正しい。保存行為は、原則として各区分所有者が単独ですることができる。

2 誤り。「共用部分の変更（その形状又は効用の著しい変更を伴わないものを除く。）」（＝重大変更）の場合、原則として、区分所有者および議決権の各4分の3以上の多数による集会の決議が必要である。そして、区分所有者の定数は、規約で過半数まで減じることができるが、議決権を減じることはできない。

3 正しい。管理者は、その職務に関して区分所有者を代理するので、管理者の行為の効果は、本人である区分所有者に帰属する。各区分所有者が責任を負う割合は、規約に別段の定めがない限り、共用部分の持分の割合による。

4 正しい。各区分所有者は、規約に別段の定めがない限り、その持分に応じて共用部分の負担に任じる。したがって、持分に応じて、管理費用を負担する。

問14 正解 2 不動産登記法 <small>参考 権利 L11</small>

1 正しい。本人が死亡した場合、代理人の代理権は消滅するのが原則である。例外として、登記の申請をする者の委任による代理人の権限（つまり、委任によって与えられた登記申請の代理権）は、本人の死亡によっては消滅しない。登記申請の代理権が与えられた後に本人が死亡した場合、もし代理権が消滅するとすれば、その後にされた登記申請が無権代理になってしまい不都合だからである。

2 誤り。要役地に所有権の登記がないときは、承役地に地役権の設定の登記をすることができない。なぜなら、要役地の所有者が地役権者になるので、要役地の所有権の登記がないと、地役権者が誰であるかが登記簿上明らかにならないからである。

3 正しい。①新築した建物、または、②区分建物以外の表題登記がない建物、の所有権を取得した者は、その所有権の取得の日から1カ月以内に、表題登記を申請しなければならない。そうすると、表題登記のない区分建物を相続等によって取得した者は、①と②のどちらにもあたらないので、表題登記を申請する義務を負わないことになる。しかし、表題登記がないままでは不都

合なので、相続人等は表題登記を申請することができるとされている。

4　正しい。 不動産の収用による所有権の移転の登記は、起業者が単独で申請することができる。これは、共同申請の原則に対する例外になる。収用は厳格な手続きによって行われる行政処分なので、共同申請を要求しなくても、真実に合致した正しい登記がされると期待できるからである。

★★　**【参考正答率 61.9%】**

問15　正解 1　国土利用計画法

参考 制限 L9

1　正しい。 事後届出を行う場合、その土地に関する権利の移転等の対価の額を、届出書に記載しなければならない。そして、対価が金銭以外のものであるときは、その対価を時価を基準として金銭に見積もった額に換算して、記載しなければならない。

2　誤り。 市街化調整区域内において、5,000㎡以上の面積の土地について土地売買等の契約を締結した場合、権利取得者は、事後届出を行わなければならない。本肢の場合、市街化調整区域内の4,000㎡の土地を購入したにすぎないので、Bは、事後届出を行う必要はない。

3　誤り。 当事者の一方または双方が国や地方公共団体などである場合、事後届出は不要である。したがって、地方公共団体であるE市が所有する土地を購入したCおよびDは、事後届出を行う必要はない。

4　誤り。 市街化区域内において、2,000㎡以上の面積の土地について土地売買等の契約を締結した場合、権利取得者は、その契約を締結した日から起算して2週間以内に、事後届出を行わなければならない。停止条件付きの土地売買等の契約の場合も同様である。したがって、Gは、「Gが銀行から購入資金を借り入れることができることに確定した日」から起算して2週間以内ではなく、売買契約を締結した日から起算して2週間以内に、事後届出を行わなければならない。

肢2～肢4の知識は、いずれも事後届出制が出題されるようになった平成11年度以降に複数回出題されています。正解肢である肢1は細かい知識を問うものですが、いわゆる消去法で正解したい問題です。

★★ 【参考正答率 91.1%】

問16 正解 1 都市計画法

参考 制限 L1、2

1 正しい。市街地開発事業等予定区域に関する都市計画において定められた区域内において、土地の形質の変更、建築物の建築その他工作物の建設を行おうとする者は、原則として、都道府県知事等の許可を受けなければならない。ただし、非常災害のため必要な応急措置として行う行為については、例外として、許可は不要である。

2 誤り。都市計画の決定・変更の提案は、土地所有者や借地権者だけでなく、まちづくりの推進を図る活動を行うことを目的とする特定非営利活動法人（NPO法人）なども、行うことができる。

3 誤り。市町村は、都市計画を決定しようとするときは、あらかじめ、都道府県知事に協議しなければならないが、その同意を得る必要はない。

4 誤り。地区計画の区域のうち地区整備計画が定められている区域内において、土地の区画形質の変更、建築物の建築などを行おうとする者は、原則として、その行為に着手する日の30日前までに、行為の種類、場所等を市町村長に届け出なければならない。「当該行為の完了した日から30日以内」ではない。

★★★ 【参考正答率 96.0%】

問17 正解 3 都市計画法

参考 制限 L2

ア 不要。都市計画区域または準都市計画区域において、開発行為を行う場合、原則として、都市計画法による許可（＝開発許可）を受ける必要がある。しかし、図書館など一定の公益上必要な建築物の建築の用に供する目的で行われる開発行為は、例外的に開発許可を受ける必要はない。

イ 必要。病院は、開発許可が不要となる公益上必要な建築物にあたらない。また、準都市計画区域内の場合、原則として 3,000 m² 未満の開発行為は許可不要であるが、イの開発行為の規模は 4,000 m² であるから、小規模な開発行為の例外にもあたらない。したがって、原則どおり、開発許可を受ける必要がある。

　❗図書館・公民館などと異なり、医療施設・社会福祉施設・学校などは、開発許可が不要となる公益上必要な建築物にあたらない。

ウ 必要。市街化区域内では、農林漁業を営む者の居住用の建築物などを建築するための開発行為の例外はない。また、市街化区域内の場合、原則として

1,000㎡未満の開発行為は許可不要だが、ウの開発行為の規模は1,500㎡であるから、小規模な開発行為の例外にもあたらない。したがって、原則どおり、開発許可を受ける必要がある。

以上より、都市計画法による許可を受ける必要のある開発行為はイ、ウであり、肢3が正解となる。

★★ 【参考正答率 77.7%】

問18 正解 2 建築基準法 　　　　参考 制限 L3、5

1 **誤り。** 建築基準法の改正により、現に存する建築物が改正後の建築基準法の規定に適合しなくなった場合、その建築物のことを既存不適格建築物というが、この既存不適格建築物には、原則として、改正後の建築基準法の規定は適用されない。したがって、原則として、その建築物は違反建築物とならず、「速やかに改正後の建築基準法の規定に適合」させる必要はない。

2 **正しい。** 建築物の用途を変更して規模の大きい特殊建築物（その用途に供する部分の床面積の合計が200㎡を超える特殊建築物）とする場合、原則として、建築確認を受けなければならない。飲食店は特殊建築物にあたるので、その床面積の合計が250㎡の飲食店に用途変更する場合、建築確認を受けなければならない。

3 **誤り。** 住宅などの居室には、原則として、換気のための窓その他の開口部を設け、その換気に有効な部分の面積は、その居室の床面積に対して、20分の1以上としなければならない。

4 **誤り。** 建築主事等（建築主事または建築副主事）は、建築主から建築物の確認の申請を受けた場合において、申請に係る建築物の計画が建築基準関係規定に適合しているかを審査しなければならない。この建築基準関係規定とは、建築基準法令の規定その他建築物の敷地・構造・建築設備に関する法律などの規定をいい、これには都市計画法や宅地造成及び特定盛土等規制法（盛土規制法）などの規定も含まれる。したがって、都市計画法等の建築基準法以外の法律の規定に適合しているかも、審査の対象内である。

★★★ 【参考正答率 51.2%】

問19 正解 3 建築基準法 　　　　参考 制限 L4、5

1 **誤り。** 街区の角にある敷地またはこれに準ずる敷地（＝角地）で特定行政庁が指定するものの内にある建築物の建蔽率については、都市計画において

定められた建蔽率の数値などに10分の1を加えた数値が限度となる。しかし、特定行政庁の指定がなければ、このような建蔽率制限の緩和は認められない。

2 誤り。第一種・第二種低層住居専用地域、田園住居地域内においては、建築物の高さは、原則として、10mまたは12mのうち当該地域に関する都市計画において定められた建築物の高さの限度を超えてはならない。

3 正しい。用途地域に関する都市計画において建築物の敷地面積の最低限度を定める場合においては、その最低限度は、200m²を超えてはならない。

4 誤り。特定行政庁から認可を受けた建築協定を廃止しようとする場合には、建築協定区域内の土地の所有者等の過半数の合意で足りるが、変更しようとする場合においては、土地の所有者等の全員の合意が必要である。

★★ 【参考正答率 84.7%】

問20 正解 4 盛土規制法　　参考 制限 L6

1 正しい。宅地造成または特定盛土等に関する工事について宅地造成等に関する工事の許可を受けた者（＝工事主）は、当該許可に係る工事を完了したときは、一定期間内に、その工事が宅地造成等に関する工事の技術的基準に適合しているかどうかについて、都道府県知事の検査を申請しなければならない。

2 正しい。宅地造成等工事規制区域内において行われる宅地造成等に関する工事について許可をする都道府県知事は、その許可に、工事の施行に伴う災害を防止するため必要な条件を付することができる。

3 正しい。都道府県知事は、宅地造成等工事規制区域内の土地（公共施設用地を除く）の所有者、管理者または占有者に対して、当該土地または当該土地において行われている工事の状況について報告を求めることができる。

4 誤り。造成宅地防災区域は、宅地造成等工事規制区域内に指定することはできない。

★★ 【参考正答率 50.2%】

問21 正解 2 土地区画整理法　　参考 制限 L7

1 正しい。土地区画整理組合は、総会の議決により解散する場合には、その解散について、都道府県知事など認可権者の認可を受けなければならない。

2 誤り。都道府県や市町村などの公的機関は、土地区画整理事業について都

市計画に定められた施行区域の土地についてのみ、土地区画整理事業を施行することができる。しかし、土地区画整理組合は、都市計画区域内の土地であれば、施行区域外においても、土地区画整理事業を施行することができる。

3 **正しい。** 土地区画整理組合などが施行する土地区画整理事業の換地計画においては、土地区画整理事業の施行の費用に充てるため、一定の土地を換地として定めないで、その土地を保留地として定めることができる。

4 **正しい。** 土地区画整理組合が施行する土地区画整理事業に係る施行地区内の宅地について所有権または借地権を有する者は、すべてその組合の組合員となる。

❗施行地区内の借家人は、土地区画整理組合の組合員とはならない。

★★★ 【参考正答率 86.0%】

問22 正解 4 農地法

参考 制限 L8

1 **正しい。** 農地法の「農地」とは、耕作の目的に供される土地をいい、農地にあたるか否かは、現況（現在、耕作の目的に供されているかどうか）で判断される。登記簿上の地目は関係ない。したがって、登記簿上の地目が山林となっている土地であっても、現に耕作の目的に供されている場合には、農地に該当する。

2 **正しい。** 農地法3条または5条の許可を受けないでした行為は、その効力を生じない。したがって、農地法3条または5条の許可が必要な農地の売買について、これらの許可を受けずに売買契約を締結しても、農地の所有権は移転しない。

3 **正しい。** 農地を農地以外のものに転用する場合には、原則として、農地法4条の許可を受けなければならない。ただし、市街化区域内にある農地を、あらかじめ農業委員会に届け出て、農地以外のものに転用する場合には、例外的に農地法4条の許可を受ける必要はない。

4 **誤り。** 農地を農地以外のものに転用する目的で、農地について権利移動する場合には、原則として、農地法5条の許可を受けなければならない。砂利を採取するために農地を貸し付けることは、農地を農地以外のものに転用する目的での権利移動にあたるので、原則どおり、農地法5条の許可を受けなければならない。農地を一時的に貸し付ける場合であっても同様である。

肢4の「砂利採取法による認可を受けた砂利採取計画に従って砂利を採取するため」という文言に戸惑われたかもしれませんが、肢1～肢3は基本知識を問う選択肢ですから、ぜひとも正解したい問題です。

★★★ 【参考正答率 84.5%】

問23 正解 2 所得税

参考 税他 L4

1 誤り。居住用財産の譲渡所得の3,000万円特別控除は、所有期間に関係なく適用を受けることができる。したがって、所有期間が10年以下でも適用を受けることができる。

❗ 「居住用財産を譲渡した場合の軽減税率の特例」や「特定の居住用財産の買換え特例」には、譲渡年1月1日における所有期間が10年超という適用要件がある。

2 正しい。収用交換等の場合の譲渡所得等の5,000万円特別控除と、居住用財産を譲渡した場合の軽減税率の特例は、重複して適用を受けることができる。

3 誤り。居住用財産を譲渡した場合の軽減税率の特例は、①現に自己が居住している財産の譲渡、または②居住しなくなった日から3年を経過する日の属する年の12月31日までの譲渡であることが、適用要件の1つとされている。したがって、「譲渡した時にその居住用財産を自己の居住の用に供して」いなくても、②に該当すれば、適用を受けることができる。

4 誤り。居住用財産の譲渡所得の3,000万円特別控除は、配偶者・直系血族など特別の関係にある者へ譲渡した場合には、適用を受けることができない。本肢では、「孫」すなわち直系血族に譲渡しているので、適用を受けることができない。

★★★ 【参考正答率 91.1%】

問24 正解 1 不動産取得税

参考 税他 L1

1 正しい。課税標準となるべき額が、土地の取得にあっては10万円、家屋の取得のうち建築に係るものにあっては1戸につき23万円、その他のものにあっては1戸につき12万円に満たない場合においては、不動産取得税が課されない（免税点）。

2 誤り。床面積が50㎡（戸建以外の賃貸住宅は40㎡）以上240㎡以下の新築住宅に係る不動産取得税の課税標準の算定については、当該新築住宅

の価格から1,200万円が控除される。しかし、本肢は「床面積250㎡」の住宅なので、控除の対象にならない。

3　誤り。宅地の取得に係る不動産取得税の課税標準については、当該宅地の価格の2分の1の額とする特例が設けられている。「4分の1」ではない。

4　誤り。新築の家屋については、原則として、最初の使用または譲渡が行われた日に家屋の取得がされたものとみなされる。ただし、家屋が新築された日から6カ月（宅建業者等が売り渡す住宅については1年）を経過しても当該家屋について最初の使用または譲渡が行われない場合には、当該家屋が新築された日から6カ月（1年）を経過した日において家屋の取得がなされたものとみなし、当該家屋の所有者が取得者とみなされて不動産取得税が課される。「2年」ではない。

肢1～肢3で出てくる数字はどれも重要です。赤字部分をしっかり覚えるようにしてください。なお、肢1の「その他のもの」とは、家屋を売買等によって取得した場合のことです。

★★　【参考正答率 85.0%】

問25　正解 4　不動産鑑定評価基準　参考　税他 L8

1　正しい。不動産の価格を形成する要因（価格形成要因）とは、①不動産の効用、②不動産の相対的稀少性、③不動産に対する有効需要、の三者に影響を与える要因をいう。そして、不動産の鑑定評価を行うに当たっては、価格形成要因を市場参加者の観点から明確に把握し、かつ、その推移および動向ならびに諸要因間の相互関係を十分に分析すること等が必要である。

2　正しい。不動産の鑑定評価の各手法の適用に当たって必要とされる取引事例等は、鑑定評価の各手法に即応し、適切にして合理的な計画に基づき、豊富に秩序正しく収集し、選択すべきであり、投機的取引であると認められる事例等適正さを欠くものであってはならないとされている。

3　正しい。取引事例比較法においては、取引事例は、原則として、近隣地域または同一需給圏内の類似地域に存する不動産に係るもののうちから選択するものとされている。その例外として、必要やむをえない場合においては、近隣地域の周辺の地域に存する不動産に係るもののうちから選択することができる。

4　誤り。原価法における減価修正の方法としては、耐用年数に基づく方法と、

観察減価法の二つの方法があり、これらを併用するものとされている。

問26　正解 1　免許の基準

参考 業法 L2

1　**正しい。** 禁錮以上の刑（懲役刑はこれにあたる）に処せられた場合、免許の欠格要件にあたり、そのような者を役員または政令で定める使用人にしている法人は、免許を受けることができない。ただし、執行猶予付の場合、執行猶予期間が満了すれば欠格要件に当たらなくなる。本肢では、役員の執行猶予期間が満了しているので、A社は免許を受けることができる。

2　**誤り。** 宅建業法・暴力団員による不当な行為の防止等に関する法律の規定に違反したり、傷害罪・現場助勢罪・暴行罪・凶器準備集合罪・脅迫罪・背任罪・暴力行為等処罰に関する法律の罪を犯したりして罰金刑に処せられた場合には、免許の欠格要件に当たる。本肢の役員は、現場助勢罪を犯して罰金刑に処されているので欠格要件に当たり、そのような者を役員としているB社は免許を受けることができない。

3　**誤り。** 刑の重さは、重い方から、懲役、禁錮、罰金、拘留、科料の順である。拘留や科料は罰金よりも軽い刑であり、それらに処されても免許の欠格要件に当たらない。拘留の刑に処されている本肢の役員は、欠格要件に当たらないので、C社は免許を受けることができる。

4　**誤り。** 3で述べたとおり、科料に処されても欠格要件に当たらないので、本肢の役員は欠格要件に当たらず、D社は免許を受けることができる。

問27　正解 1　免許

参考 業法 L1、3

1　**正しい。** 宅建業者が死亡した場合、その相続人は、死亡の事実を知った日から30日以内に、免許権者に届け出なければならない（廃業等の届出）。
　❗「死亡の日から30日以内」ではない点に注意

2　**誤り。** 自ら貸借を行うことは宅建業に当たらない。Cは、自分の宅地を（自らが貸主になって）賃貸しようとしているので、免許を受ける必要はない。

3　**誤り。** 賃借や転貸をすることは、自ら貸借を行うことに当たるので、Fは免許を受ける必要がない。したがって、本肢は誤り。なお、Eも自ら貸借を行っているので、Eは免許を受ける必要はない点は正しい記述である。

4　**誤り。** 法人が合併により消滅した場合、その合併消滅した法人を代表する

役員であった者は、30日以内にその旨を免許権者に届け出なければならない（廃業等の届出）。本肢では、「H社を代表する役員Ｉ」ではなく、G社を代表する役員であった者が届け出なければならない。

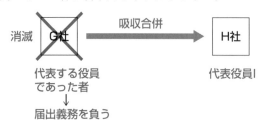

★★ 【参考正答率 46.2%】

問28　正解 1　広告に関する規制　　参考 業法 L1、9

ア　誤り。賃借や転貸をすることは、自ら貸借を行うことに当たるので、宅建業ではない。したがって、本肢の広告は宅建業法の規制を受けないので、取引態様の明示義務に違反しない。

イ　正しい。宅建業者は、工事の完了前においては、当該工事に必要とされる開発許可・建築確認等の処分があった後でなければ広告をすることができない。この広告開始時期制限は、貸借の媒介・代理にも適用される。したがって、「建築確認申請中」である本肢では、広告をすることができない。

ウ　誤り。取引できない物件の広告をすることは、おとり広告に当たり、誇大広告等の禁止に違反する。売買契約成立後の物件は、もはや取引できないので、そのような物件の広告を継続すると、誇大広告等の禁止に違反する可能性がある。

エ　誤り。イで述べたとおり、宅建業者は、工事の完了前においては、当該工事に必要とされる開発許可・建築確認等の処分があった後でなければ広告をすることができない。したがって、建築確認申請中である旨を表示したとしても、広告をすることはできない。

以上より、正しいものはイの一つであり、肢1が正解になる。

★★ 【参考正答率 93.5%】

問29　正解 2　媒介契約　　参考 業法 L8

1　正しい。宅建業者は、専任媒介契約を締結したときは、指定流通機構へ登録しなければならない。そして、宅建業者は、指定流通機構へ登録した宅地

建物の売買・交換契約が成立したときは、遅滞なく、①登録番号、②取引価格、③契約成立年月日を、指定流通機構へ通知しなければならない。

2 誤り。宅建業者は、専属専任媒介契約を締結した場合には1週間に1回以上、依頼者に対し、業務の処理状況を報告しなければならないが、報告の方法には制限がない。したがって、電子メールで行うこともできる。

3 正しい。宅建業者は、売買・交換の媒介契約を締結したときは、遅滞なく、34条の2の規定に基づく書面（媒介契約書面）を作成・交付しなければならない。このことは、一般媒介契約であっても変わりがない。

4 正しい。宅建業者は、媒介契約書面に記載した宅地・建物を売買すべき価額またはその評価額について意見を述べる場合には、その根拠を明らかにしなければならない。このことは、一般媒介契約であっても変わりがない。

★★　【参考正答率 88.1%】

問30　正解 2　重要事項の説明　参考 業法 L10

1 誤り。建物の売買・交換において、当該建物が住宅の品質確保の促進等に関する法律（品確法）に規定する住宅性能評価を受けた新築住宅である場合、その旨を重要事項の説明で説明しなければならない。しかし、本肢は、貸借の媒介なので、説明する必要はない。

2 正しい。宅建業者は、飲用水・電気・ガスの供給や排水のための施設の整備の状況（整備されていない場合は、その整備の見通し・整備についての特別の負担に関する事項）を重要事項として説明しなければならない。

3 誤り。宅建業者は、建物の売買・交換・貸借において、当該建物について石綿の使用の有無の調査の結果が記録されているときは、その内容を重要事項として説明しなければならない。したがって、「記録の内容」を説明する必要はないとする本肢は誤り。

4 誤り。宅建業者は、建物の売買・交換・貸借において、当該建物（昭和56年6月1日以降に新築の工事に着手したものを除く）が一定の耐震診断を受けたものであるときは、その内容を重要事項として説明しなければならない。この規定は、耐震診断を受けているときにはその内容を説明しなければならないというものであり、宅建業者に耐震診断の実施を義務付けるものではない。したがって、「耐震診断をした上で、その内容を説明しなければならない」とする本肢は誤り。

問31　正解 4　37 条書面

参考 業法 L11

1　**違反しない。** 宅建業者は、37 条書面を契約の当事者に交付しなければならないが、A 社は、買主に交付しているので交付義務を果たしている。また、当事者以外への交付を禁じる規定は特にないので、買主の代理である B 社へも交付したことは、宅建業法の規定に違反しない。

2　**違反しない。** 手付金等の保全措置の内容は、37 条書面の記載事項に含まれない。

3　**違反しない。** 37 条書面には、物件を特定するために必要な表示をしなければならない。この点につき、工事完了前の建物については、重要事項の説明の時に使用した図書を交付することにより行うとされている。

4　**違反する。** 37 条書面には、物件の引渡し時期について記載しなければならない。

問32　正解 4　宅建業法総合

参考 業法 L10、12

1　**違反する。** 宅建業者は、相手方等が契約の申込みの撤回を行うに際し、既に受領した預り金を返還することを拒んではならない。したがって、申込証拠金を返還しないこととした本肢は、宅建業法の規定に違反する。

2　**違反する。** 宅建業者は、売買等の契約を締結するまでの間に、重要事項の説明を行わなければならない。したがって、重要事項の説明に先立って契約を締結した本肢は、宅建業法の規定に違反する。

3　**違反する。** 重要事項説明書には、代金または交換差金に関する金銭の貸借のあっせんの内容および当該あっせんに係る金銭の貸借が成立しないときの措置を記載しなければならない。したがって、「あっせんの内容」について重要事項説明書への記載を省略した本肢は、宅建業法の規定に違反する。

4　**違反しない。** 宅建業者等は、勧誘に際して、宅地・建物の将来の環境または交通その他の利便について誤解させるべき断定的判断を提供してはならない。本肢では「確定はしていないが」と述べており、断定はしていないと考えられる。したがって、本肢は宅建業法の規定に違反しない。

問33　正解 **1**　営業保証金　　参考 業法 L6

1 **正しい。**有価証券で供託する場合、国債証券は額面金額の100%、地方債証券・政府保証債証券は額面金額の90%、その他の有価証券は額面金額の80%に評価される。

2 **誤り。**宅建業者は、営業保証金を、主たる事務所の最寄りの供託所にまとめて供託しなければならない。「それぞれ最寄りの供託所に供託」するのではない。

3 **誤り。**営業保証金の供託額は、主たる事務所について1,000万円、その他の事務所について1カ所あたり500万円である。本肢では、1,000万円＋500万円×5＝3,500万円である。

4 **誤り。**保証協会の社員ではない宅建業者は、供託所等の説明において、営業保証金を供託した主たる事務所の最寄りの供託所およびその所在地を説明するようにしなければならない。「営業保証金の額」は説明事項ではない。

問34　正解 **2**　手付金等の保全措置等　　参考 業法 L12、15

　宅建業者は、自ら売主となる売買契約においては、原則として、保全措置を講じた後でなければ、手付金等を受領してはならない。ただし、①買主が登記をしたとき、または、②受領しようとする手付金等の額が少ないとき（本問のように工事完了後に売買契約を締結した場合は、代金額の10%以下かつ1,000万円以下のとき。本問では200万円以下）は、保全措置を講じなくても手付金等を受領することができる。

ア **違反する。**保全措置の要否は、既に受領した額も含めた額で判断する。本肢では、手付金200万円を受領した後に中間金100万円を受領しているので、中間金を受領する段階で200万円を超える。よって、中間金を受領するまでに保全措置を講じなければならない。したがって、中間金を受領した後に保全措置を講じた本肢は、宅建業法の規定に違反する。

イ **違反しない。**本肢の申込証拠金は契約締結前に支払われたので、その時点では手付金等に該当しないが、代金の一部にされた時点で手付金等に該当する。したがって、本肢では、契約締結時に受領する手付金等の額が、申込証拠金を代金に充当した10万円と手付金200万円を合わせた210万円になるため、手付金を受領するまでに保全措置が必要である。A社は、保全措置を

講じた後に手付金を受領しているので、宅建業法の規定に違反しない。

ウ 違反する。宅建業者は、手付について信用の供与（手付貸与、後払い・分割払いを認めるなど）をすることにより、契約の締結を誘引してはならない。A社は、手付金の一部を貸し付けているので、この規定に違反する。

以上より、違反するものはア、ウの二つであり、肢2が正解になる。

★★ **【参考正答率 66.9%】**

問35 正解 1 報酬に関する制限 参考 業法 L16、17

報酬計算のもとになるのは、本体価格（税抜価格）である。消費税・地方消費税（以下「消費税等」）を含む建物代金は、320万円 − 100万円 = 220万円なので、建物の本体価格は 220万円 ÷ 1.1 = 200万円である。これに、土地代金100万円を加えた300万円が報酬計算のもとになる。したがって、報酬の合計額の限度は、300万円 × 4％ + 2万円 = 14万円の2倍である28万円に消費税等10％を上乗せした30万8,000円である。また、代理の依頼を受けたA社の限度額は30万8,000円、媒介の依頼を受けたC社の限度額は、14万円に消費税等10％を上乗せした15万4,000円になる。

ア 正しい。A社が30万8,000円を受領した場合、A社の受領額だけで合計額の限度に達するので、C社は報酬を受領することができない。

イ 正しい。C社の受領額の限度は15万4,000円である。合計額の限度は30万8,000円なので、C社が限度額いっぱい受領しても合計額には15万4,000円の残りがある。つまり、C社が限度額まで受領した場合のA社の受領額の限度は15万4,000円である。C社の受領額が少なくなれば、その分、A社の受領額の限度が増える。したがって、「少なくとも154,000円を上限とする」、すなわち、A社の受領額の限度は15万4,000円かそれよりも多いとする本肢は正しい記述である。

ウ 誤り。上記のとおり、C社の受領額の限度は15万4,000円である。

エ 誤り。依頼者の特別の依頼による広告に要した実費は、報酬とは別に受領することができる。したがって、「Bからの依頼の有無にかかわらず」受け取ることができるとする本肢は誤り。

以上より、正しいものはア、イの二つであり、肢1が正解になる。

イは、「少なくとも154,000円を上限とする」の意味は分かりにくいので、正誤判断が難しいです。しかし、ウとエが誤りであることが分かれば、ウもエも含まない選択肢は肢1（ア、イ）しかないので、肢1が正解になると分かります。

問36　正解 **4**　宅建業法総合　参考 業法 L3、12、18

1　誤り。宅建業者は、事務所ごとに、業務に従事する者5人に1人以上の成年者である専任の宅建士を置かなければならない。そして、設置義務を満たさなくなった場合は、2週間以内に必要な措置を執らなければならない。「30日以内」ではない。

❶肢3の変更の届出は、30日以内である。区別して覚えてほしい。

2　誤り。宅建業者は、他の宅建業者が行う一団の宅地・建物の分譲の代理・媒介を案内所を設置して行う場合において、そこで契約を締結し、または契約の申込みを受けるときは、その案内所に、1人以上の成年者である専任の宅建士を置かなければならない。事務所とは異なり、業務に従事する者の数に関係なく1人で足りる。

3　誤り。宅建業者は、その事務所に置かれる専任の宅建士の氏名に変更があったときは、30日以内に免許権者に届け出なければならない（変更の届出）。本肢では、Dの死亡により、事務所の専任の宅建士の氏名に変更があったので、C社は変更の届出をしなければならない。

4　正しい。都道府県知事は、当該都道府県の区域内において、他の都道府県知事の登録を受けている宅建士が宅建士として行う事務に関し不正または著しく不当な行為をしたときは、当該宅建士に対し、事務禁止処分をすることができる。Fは、丙県内の建物の売買について宅建士として行う事務に関し著しく不当な行為をしているので、丙県知事による事務禁止処分の対象になる。

問37　正解 **2**　クーリング・オフ　参考 業法 L13

買受けの申込みと売買契約の締結とが異なる場所で行われた場合、クーリング・オフができるかどうかは、買受けの申込みを基準に判断する。

1　誤り。モデルルームは事務所等にあたるので、そこで買受けの申込みが行われた本肢の場合、Bは契約を解除することはできない。

2　正しい。喫茶店は事務所等にあたらないので、そこで買受けの申込みが行われた本肢の契約には、クーリング・オフ制度の適用がある。もっとも、①クーリング・オフできる旨とその方法を書面で告げられた日から起算して8日間経過したとき、または、②宅地・建物の引渡しを受け、かつ代金の全部

を支払ったときは、クーリング・オフできなくなる。本肢では、契約締結の3日後にクーリング・オフについて書面で告げられているので、そこから起算して8日間、すなわち契約締結日から起算して11日目まで契約を解除することができる。

3 誤り。ホテルのロビーは事務所等にあたらないので、そこで買受けの申込みが行われた本肢の契約には、クーリング・オフ制度の適用がある。そして、クーリング・オフについて買主等に不利な特約は無効なので、クーリング・オフしない旨の特約は無効になる。したがって、A社は、原則としてBからの契約の解除を拒むことはできない。

4 誤り。本肢では、A社の事務所で買受けの申込みが行われているので、クーリング・オフ制度が適用されない。

★★ 【参考正答率 57.3%】

問38 正解 3 自ら売主制限　参考 業法 L14、15

ア 誤り。宅建業者が自ら売主となる売買契約において損害賠償額の予定や違約金の定めをするときには、それらの合計額が代金額の 2/10 を超えてはならない。2/10 を超える定めは、超える部分につき無効になる。しかし、自ら売主制限は、売主が宅建業者、買主が宅建業者でない者の売買契約にのみ適用されるので、買主Bが宅建業者である本肢の場合、代金額の 2/10（600万円）を超える特約をすることができる。

イ 誤り。本肢では、損害賠償額の予定と違約金の定めの合計額（900万円）が、代金額の 2/10（600万円）を超えている。この場合、超える部分について無効になるので、「違約金についてはすべて無効」とする本肢は誤り。

ウ 誤り。工事完了後に売買契約を締結した場合、代金額の 10%以下かつ1,000万円以下であれば、手付金等の保全措置は不要である。したがって、A社は、保全措置を講じなくても、300万円の手付金を受領することができる。

以上より、誤っているものはア、イ、ウの三つであり、肢3が正解になる。

★★ 【参考正答率 85.9%】

問39 正解 4 担保責任の特約の制限　参考 業法 L14

宅建業者が自ら売主となる売買契約においては、通知期間を引渡しの日から2年以上とするものを除き、種類・品質に関する契約不適合責任につき買主に

不利な特約は無効となる。

1 違反しない。上記のとおり、種類・品質に関する契約不適合責任に関する特約をする場合にはその内容について制限があるが、特約をすることを義務付ける規定はない。

2 違反しない。自ら売主制限は、売主が宅建業者、買主が宅建業者でない者の売買契約にのみ適用されるので、買主Dが宅建業者である本肢の場合には適用されない。

3 違反しない。上記のとおり、通知期間を引渡しの日から2年以上とする特約はすることができる。

4 違反する。解除をすることはできない旨の特約は、買主に不利な特約である。したがって、本肢は宅建業法の規定に違反する。

★★ 【参考正答率 10.0%】

問40 正解3 その他の業務上の規制 参考 業法 L12

ア 正しい。宅建業法44条は、「宅地建物取引業者は、その業務に関してなすべき宅地若しくは建物の登記若しくは引渡し又は取引に係る対価の支払を不当に遅延する行為をしてはならない。」と規定している。したがって、対象行為は本肢に掲げられているもののみである。

イ 誤り。宅建業者は、正当な理由なく、その業務上取り扱ったことについて知り得た秘密を他人に漏らしてはならない（守秘義務）。個人情報取扱事業者に該当しなくても、個人情報保護法の規定によって個人情報取扱事業者に課される義務を負わなくなるだけであって、宅建業法の規定による守秘義務を免れるわけではない。したがって、業務上取り扱った個人情報が「秘密」に該当する場合、それを正当な理由なく他に漏らせば、守秘義務に違反する。

ウ 正しい。宅建業者は、その事務所ごとに従業者名簿を備え、最終の記載をした日から10年間保存しなければならない。

エ 正しい。宅建業者は、その事務所ごとに、その業務に関する帳簿を備えなければならず、その帳簿は各事業年度の末日をもって閉鎖し、閉鎖後5年間（当該宅建業者が自ら売主となる新築住宅に係るものにあっては、10年間）保存しなければならない。

以上より、正しいものはア、ウ、エの三つであり、肢3が正解になる。

問41　正解 3　その他の業務上の規制　　参考 業法 L12

ア　**違反する。** 宅建業者等（＝宅建業者やその従業員等）は、勧誘に先立って、宅建業者の商号・名称、当該勧誘を行う者の氏名、当該契約の締結について勧誘をする目的である旨を告げなければ、勧誘を行ってはならない。本肢では、勧誘に先だって勧誘目的を告げていないので、宅建業法の規定に違反する。

イ　**違反する。** 宅建業者等は、勧誘に際して、宅地・建物の将来の環境または交通その他の利便について誤解させるべき断定的判断を提供してはならない。この規定には「故意に」という言葉がないので、故意に誤解させるつもりがなかったときでも、宅建業法の規定に違反する。

ウ　**違反しない。** 本肢は、単なる値引きであり、手付について信用の供与（手付貸与、後払い・分割払いを認めるなど）に当たらない。

エ　**違反する。** 宅建業者等は、勧誘に際して、迷惑を覚えさせるような時間に電話し、または訪問してはならない。したがって、本肢のように相手方の都合に配慮しないで訪問をすることは、宅建業法の規定に違反する。
　以上より、違反するものはア、イ、エの三つであり、肢3が正解になる。

問42　正解 3　案内所等に関する規制　　参考 業法 L12

ア　**誤り。** 宅建業者は、一団の宅地・建物の分譲をする場合における当該宅地・建物の所在場所に、標識を掲示しなければならないが、この義務は売主である宅建業者に課されている。したがって、売主B社はマンションの所在する場所に標識を掲示しなければならないが、代理をするA社はその必要がない。本肢は、逆の記述である。

イ　**誤り。** 宅建業者は、他の宅建業者が行う一団の宅地・建物の分譲の代理・媒介を案内所を設置して行う場合において、その案内所で契約を締結し、または契約の申込みを受けるときには、案内所等の届出をしなければならない。この届出をする義務は、案内所を設置した宅建業者に課されている。したがって、本肢では、A社が届出をしなければならない。

ウ　**正しい。** 案内所等の届出義務がある場所には、成年者である専任の宅建士の設置義務もある。設置義務を負うのは、そこで案内所を設置した宅建業者である。したがって、本肢では、A社が設置義務を負う。

エ　正しい。宅建業者は、他の宅建業者が行う一団の宅地・建物の分譲の代理・媒介を案内所を設置して行う場合には、その案内所に標識を掲示しなければならない。この場合の標識には、売主の商号・名称、免許証番号も記載しなければならない。

以上より、正しいものはウ、エの二つであり、肢3が正解になる。

★★★　【参考正答率 86.3%】

問43　正解 3　弁済業務保証金　参考 業法 L7

1　正しい。保証協会は、弁済業務保証金分担金の納付を受けたときは、その日から１週間以内に、その納付を受けた額に相当する額の弁済業務保証金を供託しなければならない。

2　正しい。保証協会は、弁済業務保証金の還付があったときは、国土交通大臣から還付の通知を受けた日から２週間以内に、当該還付額に相当する額の弁済業務保証金を供託しなければならない。

3　誤り。弁済業務保証金からの還付限度額は、営業保証金の場合と同じ（その宅建業者が営業保証金を供託するとした場合に供託すべき額）である。「弁済業務保証金分担金の額」の範囲内ではない。

4　正しい。弁済業務保証金から弁済を受けようとする者は、その弁済を受けることができる額について保証協会の認証を受けなければならない。

★　【参考正答率 35.8%】

問44　正解 4　監督処分　参考 業法 L18

1　誤り。国土交通大臣または都道府県知事は、宅建業者に対して指示処分をしようとするときは、聴聞を行わなければならない。弁明の機会の付与ではない。

2　誤り。都道府県知事は、国土交通大臣または他の都道府県知事の免許を受けた宅建業者に対して指示処分または業務停止処分をしたときは、遅滞なく、その旨を、当該宅建業者が国土交通大臣の免許を受けたものであるときは国土交通大臣に報告し、当該宅建業者が他の都道府県知事の免許を受けたものであるときは当該他の都道府県知事に通知しなければならない。したがって、国土交通大臣に「通知」とする本肢は誤り。また、指示処分をした場合には、公告をする必要はない。したがって、「公告しなければならない」とする点も誤り。

3 誤り。都道府県知事免許の宅建業者に関する事項は、その免許をした都道府県知事が備える宅建業者名簿に記載される。B社は丙県知事免許の宅建業者なので、宅建業者名簿に記載するのは「乙県知事」ではなく丙県知事である。

4 正しい。国土交通大臣は、重要事項の説明義務、37条書面の交付義務などの一定の規定に違反したことを理由に監督処分をしようとするときは、あらかじめ、内閣総理大臣に協議しなければならない。

★★　【参考正答率 96.2%】

問45　正解 2　住宅瑕疵担保履行法　参考 業法 L19

1 誤り。宅建業者は、基準日ごとに、当該基準日に係る資力確保措置の状況について、基準日から3週間以内に、その免許を受けた国土交通大臣または都道府県知事に届け出なければならない。「引き渡した日から」ではない。

2 正しい。宅建業者は、住宅販売瑕疵担保保証金の供託や届出をしなければ、当該基準日の翌日から起算して50日を経過した日以後においては、原則として、新たに自ら売主となる新築住宅の売買契約を締結してはならない。

3 誤り。住宅販売瑕疵担保責任保険契約の要件の1つとして、買主が住宅の引渡しを受けた時から10年以上の期間にわたって有効であることが定められている。したがって、「売買契約を締結した日から5年間」とする本肢は誤り。

4 誤り。宅建業者は、新築住宅の売買契約を締結するまでに、住宅販売瑕疵担保保証金の供託をしている供託所の所在地等について書面を交付して（当該書面に記載すべき事項を電磁的方法により提供する場合を含む）説明しなければならない。「売買契約を締結した日から引渡しまでに」ではない。

★★　【参考正答率 56.7%】

問46　正解 3　住宅金融支援機構　参考 税他 L9

1 正しい。証券化支援事業（買取型）において、機構は買い取った住宅ローン債権を担保としてMBS（＝資産担保証券）を発行している。

2 正しい。証券化支援事業（買取型）の住宅ローン金利は、各金融機関が決定するので、金融機関によって異なる場合がある。

3 誤り。債務者本人の死亡時に一括して借入金の元金を返済する制度（＝高齢者向け返済特例制度）は、機構が、高齢者が自ら居住する住宅についてバ

リアフリー工事または耐震改修工事に必要な資金を貸し付ける場合等に設けられている。証券化支援事業（買取型）における民間金融機関の住宅ローンには、高齢者向け返済特例制度は設けられていない。

4 **正しい。**証券化支援事業（買取型）において、機構による買取りの対象となる貸付債権は、新築住宅の建設・購入のための貸付債権や中古住宅の購入のための貸付債権等である。

 証券化支援事業（買取型）では、民間金融機関が長期・固定金利の住宅ローンを貸し付け、住宅金融支援機構がその住宅ローン債権を買い取り、ＭＢＳを発行して投資家に販売しています。

★★　【参考正答率 79.5%】

問47 | 正解 **2** | 不当景品類及び不当表示防止法 | 参考 | 税他 L10

1 **誤り。**取引態様は、「売主」、「貸主」、「代理」または「媒介」（「仲介」）の別をこれらの用語を用いて表示しなければならない。したがって、本肢の場合には「売主」と表示しなければならない。

2 **正しい。**建物を増築、改築、改装または改修したことを表示する場合は、その改装等の内容および時期を明示しなければならない。

3 **誤り。**デパート、スーパーマーケット、コンビニエンスストア、商店等の商業施設は、現に利用できるものを物件からの道路距離または徒歩所要時間を明示して表示しなければならない。ただし、工事中である等その施設が将来確実に利用できると認められるものにあっては、その整備予定時期を明示して表示することができる。このように、現に利用できるものでなくても広告に表示することができる場合がある。

4 **誤り。**土地の有効な利用が阻害される著しい不整形画地および区画の地盤面が2段以上に分かれている等の著しく特異な地勢の土地については、その旨を明示しなければならない。

★　【参考正答率 91.3%】

問48 | 正解 **2** | 統計

※統計問題は、出題時の数値をそのまま掲載しています。内容を覚える必要はありません。

1 **誤り。**平成23年の1年間の地価を前年1年間と比較すると、三大都市圏平均と地方平均の両方において、住宅地・商業地ともに下落率が縮小してい

る。したがって、「地方平均は住宅地・商業地ともに引き続き下落率が拡大
している」とする本肢は誤り。

2 　**正しい。**平成23年3月末現在の宅建業者数は約12.6万業者となっており、
近年、微減傾向が続いている。

3 　**誤り。**平成22年末の住宅地、工業用地等の宅地は前年より増加している。
したがって、「減少」とする本肢は誤り。

4 　**誤り。**平成23年の新設住宅着工戸数のうち貸家は約28.6万戸で、3年連
続で減少した。したがって、「2年ぶりに増加」とする本肢は誤り。

★★★　**【参考正答率 95.1%】**

問49　正解 **3**　土地　　　　　　　　　　参考 税他 L11

1 　**適当。**台地・丘陵は、一般的には、水はけがよく地盤も安定している。こ
れに対し、低地は、地震災害に対して脆弱であり、洪水、高潮、津波等の災
害の危険度も高いので、台地は、低地に比べ自然災害に対して安全度が高い
といえる。

2 　**適当。**台地や段丘上の浅い谷に見られる小さな池沼を埋め立てたところで
は、地震の際に液状化が生じる可能性がある。

3 　**最も不適当。**液状化する可能性が高いのは、地下水位が浅い（＝地表面に
近いところに地下水が流れている）砂地盤である。したがって、地下水位が
深い場所が液状化する可能性が高いとする本肢は最も不適当である。

　❗ 「地下水位が浅い」は「地下水位が高い」ともいう。地表面近くの浅いところ＝横から
　　見れば（地中奥深くの低いところではなく）地表に近い高いところだからである。

4 　**適当。**崖崩れは降雨や豪雨などで発生することが多いので、崖に近い住宅
では梅雨や台風の時期には注意が必要である。

★★　**【参考正答率 92.8%】**

問50　正解 **1**　建物　　　　　　　　　　参考 税他 L12

1 　**最も不適当。**コンクリートは、本来はアルカリ性だが、大気中の二酸化炭
素と反応すると中性化する。鉄筋コンクリート構造でコンクリートが中性化
すると、鉄筋が腐食しやすくなり、それがコンクリートのひび割れ等を招く
ので、構造体の耐久性や寿命に影響する。

2 　**適当。**木材は湿気で腐ることがあるし、虫に食われることもある。したがっ
て、木造建物の寿命は、木材の乾燥状態や防虫対策などの影響を受ける。

3 適当。鉄筋コンクリート構造のかぶり厚さとは、鉄筋の表面からこれを覆うコンクリート表面までの最短寸法をいう。つまり、鉄筋のまわりのコンクリートの厚さのことである。

4 適当。鉄骨構造は、不燃構造だが、火熱に遭うと耐力が減少するので、耐火構造にするためには、耐火材料で被覆する必要がある。

● 法改正・正誤等の情報につきましては、下記「ユーキャンの本」ウェブサイト内「追補（法改正・正誤）」をご覧ください。
https://www.u-can.co.jp/book/information

● 本書の内容についてお気づきの点は
・「ユーキャンの本」ウェブサイト内「よくあるご質問」をご参照ください。
https://www.u-can.co.jp/book/faq
・郵送・FAX でのお問い合わせをご希望の方は、書名・発行年月日・お客様のお名前・ご住所・FAX 番号をお書き添えの上、下記までご連絡ください。
【郵送】〒 169-8682 東京都新宿北郵便局 郵便私書箱第 2005 号
　　　　ユーキャン学び出版 宅建士資格書籍編集部
【FAX】03-3378-2232
◎より詳しい解説や解答方法についてのお問い合わせ、他社の書籍の記載内容等に関しては回答いたしかねます。

● お電話でのお問い合わせ・質問指導は行っておりません。

2024 年版　ユーキャンの 宅建士　過去 12 年問題集

				編　者	ユーキャン宅建士試験研究会
2014年	2月 7日	初　版	第1刷発行	発行者	品川泰一
2015年	2月 6日	第 2 版	第1刷発行	発行所	株式会社 ユーキャン 学び出版
2016年	2月 5日	第 3 版	第1刷発行		〒 151-0053
2017年	1月20日	第 4 版	第1刷発行		東京都渋谷区代々木 1-11-1
2018年	1月19日	第 5 版	第1刷発行		Tel 03-3378-1400
2019年	1月25日	第 6 版	第1刷発行		
2020年	1月24日	第 7 版	第1刷発行	DTP	有限会社 中央制作社
2021年	1月22日	第 8 版	第1刷発行	発売元	株式会社 自由国民社
2022年	2月 4日	第 9 版	第1刷発行		〒 171-0033
2023年	1月20日	第10版	第1刷発行		東京都豊島区高田 3-10-11
2024年	1月19日	第11版	第1刷発行		Tel 03-6233-0781（営業部）

印刷・製本　望月印刷株式会社

2024 年版

ユーキャンの

宅建士

過去12年
本試験問題

[平成24年～令和5年度]

令和5年度
本試験問題

05

- ●改題…法改正などにより修正を加えた問題です。
- ●参考…どのような出題がされたかを確認するための参考問題です。出題当時のまま掲載していますので内容を覚える必要はありません。

解答解説

本冊P 17〜P 50

令和5年度　試験解答用紙

解答欄

問題番号	解答番号				問題番号	解答番号			
問 1	①	②	③	④	問 26	①	②	③	④
問 2	①	②	③	④	問 27	①	②	③	④
問 3	①	②	③	④	問 28	①	②	③	④
問 4	①	②	③	④	問 29	①	②	③	④
問 5	①	②	③	④	問 30	①	②	③	④
問 6	①	②	③	④	問 31	①	②	③	④
問 7	①	②	③	④	問 32	①	②	③	④
問 8	①	②	③	④	問 33	①	②	③	④
問 9	①	②	③	④	問 34	①	②	③	④
問 10	①	②	③	④	問 35	①	②	③	④
問 11	①	②	③	④	問 36	①	②	③	④
問 12	①	②	③	④	問 37	①	②	③	④
問 13	①	②	③	④	問 38	①	②	③	④
問 14	①	②	③	④	問 39	①	②	③	④
問 15	①	②	③	④	問 40	①	②	③	④
問 16	①	②	③	④	問 41	①	②	③	④
問 17	①	②	③	④	問 42	①	②	③	④
問 18	①	②	③	④	問 43	①	②	③	④
問 19	①	②	③	④	問 44	①	②	③	④
問 20	①	②	③	④	問 45	①	②	③	④
問 21	①	②	③	④	問 46	①	②	③	④
問 22	①	②	③	④	問 47	①	②	③	④
問 23	①	②	③	④	問 48	①	②	③	④
問 24	①	②	③	④	問 49	①	②	③	④
問 25	①	②	③	④	問 50	①	②	③	④

切取線

問 1 次の1から4までの記述のうち、民法の規定、判例及び下記判決文によれば、誤っているものはどれか。

（判決文）

遺産は、相続人が数人あるときは、相続開始から遺産分割までの間、共同相続人の共有に属するものであるから、この間に遺産である賃貸不動産を使用管理した結果生ずる金銭債権たる賃料債権は、遺産とは別個の財産というべきであって、各共同相続人がその相続分に応じて分割単独債権として確定的に取得するものと解するのが相当である。

1 遺産である不動産から、相続開始から遺産分割までの間に生じた賃料債権は、遺産である不動産が遺産分割によって複数の相続人のうちの一人に帰属することとなった場合、当該不動産が帰属することになった相続人が相続開始時にさかのぼって取得する。

2 相続人が数人あるときは、相続財産は、その共有に属し、各共同相続人は、その相続分に応じて被相続人の権利義務を承継する。

3 遺産分割の効力は、相続開始の時にさかのぼって生ずる。ただし、第三者の権利を害することはできない。

4 遺産である不動産が遺産分割によって複数の相続人のうちの一人に帰属することとなった場合、当該不動産から遺産分割後に生じた賃料債権は、遺産分割によって当該不動産が帰属した相続人が取得する。

問 2 相隣関係に関する次の記述のうち、民法の規定によれば、正しいものはどれか。

1 土地の所有者は、境界標の調査又は境界に関する測量等の一定の目的のために必要な範囲内で隣地を使用することができる場合であっても、住家については、その家の居住者の承諾がなければ、当該住家に立ち入ることはできない。

2 土地の所有者は、隣地の竹木の枝が境界線を越える場合、その竹木の所有者にその枝を切除させることができるが、その枝を切除するよう催告したにもかかわらず相当の期間内に切除しなかったときであっても、自らその枝を切り取ることはできない。

3 相隣者の一人は、相隣者間で共有する障壁の高さを増すときは、他方の相隣者の承諾を得なければならない。

4 他の土地に囲まれて公道に通じない土地の所有者は、公道に出るためにその土地を囲んでいる他の土地を自由に選んで通行することができる。

問 3 Aを注文者、Bを請負人として、A所有の建物に対して独立性を有さずその構成部分となる増築部分の工事請負契約を締結し、Bは3か月間で増築工事を終了させた。この場合に関する次の記述のうち、民法の規定及び判例によれば、誤っているものはどれか。なお、この問において「契約不適合」とは品質に関して契約の内容に適合しないことをいい、当該請負契約には契約不適合責任に関する特約は定められていなかったものとする。

1 AがBに請負代金を支払っていなくても、Aは増築部分の所有権を取得する。

2 Bが材料を提供して増築した部分に契約不適合がある場合、Aは工事が終了した日から1年以内にその旨をBに通知しなければ、契約不適合を理由とした修補をBに対して請求することはできない。

3 Bが材料を提供して増築した部分に契約不適合があり、Bは不適合があることを知りながらそのことをAに告げずに工事を終了し、Aが工事終了日から3年後に契約不適合を知った場合、AはBに対して、消滅時効が完成するまでは契約不適合を理由とした修補を請求することができる。

4 増築した部分にAが提供した材料の性質によって契約不適合が生じ、Bが材料が不適当であることを知らずに工事を終了した場合、AはBに対して、Aが提供した材料によって生じた契約不適合を理由とした修補を請求することはできない。

問 4 AがBに対して貸金債権である甲債権を、BがAに対して貸金債権である乙債権をそれぞれ有している場合において、民法の規定及び判例によれば、次のアからエまでの記述のうち、Aが一方的な意思表示により甲債権と乙債権とを対当額にて相殺できないものを全て掲げたものは、次の1から4のうちどれか。なお、いずれの債権も相殺を禁止し又は制限する旨の意思表示はされていないものとする。

ア 弁済期の定めのない甲債権と、弁済期到来前に、AがBに対して期限の利益を放棄する旨の意思表示をした乙債権

イ 弁済期が到来している甲債権と、弁済期の定めのない乙債権

ウ 弁済期の定めのない甲債権と、弁済期が到来している乙債権

エ 弁済期が到来していない甲債権と、弁済期が到来している乙債権

1 ア、イ、ウ

2 イ、ウ

3 ウ、エ

4 エ

問 5 従来の住所又は居所を去った者（以下この問において「不在者」という。）の財産の管理に関する次の記述のうち、民法の規定及び判例によれば、正しいものはどれか。なお、この問において「管理人」とは、不在者の財産の管理人をいうものとする。

1 不在者が管理人を置かなかったときは、当該不在者の生死が7年間明らかでない場合に限り、家庭裁判所は、利害関係人又は検察官の請求により、その財産の管理について必要な処分を命ずることができる。

2 不在者が管理人を置いた場合において、その不在者の生死が明らかでないときは、家庭裁判所は、利害関係人又は検察官から請求があったとしても管理人を改任することはできない。

3 家庭裁判所により選任された管理人は、不在者を被告とする建物収去土地明渡請求を認容した第一審判決に対して控訴を提起するには、家庭裁判所の許可が必要である。

4 家庭裁判所により選任された管理人は、保存行為として不在者の自宅を修理することができるほか、家庭裁判所の許可を得てこれを売却することができる。

問 6 A所有の甲土地について、Bが所有の意思をもって平穏にかつ公然と時効取得に必要な期間占有を継続した場合に関する次の記述のうち、民法の規定及び判例によれば、正しいものはいくつあるか。

ア　AがCに対して甲土地を売却し、Cが所有権移転登記を備えた後にBの取得時効が完成した場合には、Bは登記を備えていなくても、甲土地の所有権の時効取得をCに対抗することができる。

イ　Bの取得時効が完成した後に、AがDに対して甲土地を売却しDが所有権移転登記を備え、Bが、Dの登記の日から所有の意思をもって平穏にかつ公然と時効取得に必要な期間占有を継続した場合、所有権移転登記を備えていなくても、甲土地の所有権の時効取得をDに対抗することができる。

ウ　Bの取得時効完成後、Bへの所有権移転登記がなされないままEがAを債務者として甲土地にAから抵当権の設定を受けて抵当権設定登記をした場合において、Bがその後引き続き所有の意思をもって平穏にかつ公然と時効取得に必要な期間占有を継続した場合、特段の事情がない限り、再度の時効取得により、Bは甲土地の所有権を取得し、Eの抵当権は消滅する。

1　一つ
2　二つ
3　三つ
4　なし

問 7 甲建物を所有するAが死亡し、Aの配偶者Bが甲建物の配偶者居住権を、Aの子Cが甲建物の所有権をそれぞれ取得する旨の遺産分割協議が成立した場合に関する次の記述のうち、民法の規定によれば、正しいものはどれか。

1　遺産分割協議において、Bの配偶者居住権の存続期間が定められなかった場合、配偶者居住権の存続期間は20年となる。

2　Bが高齢となり、バリアフリーのマンションに転居するための資金が必要になった場合、Bは、Cの承諾を得ずに甲建物を第三者Dに賃貸することができる。

3　Cには、Bに対し、配偶者居住権の設定の登記を備えさせる義務がある。

4　Cは、甲建物の通常の必要費を負担しなければならない。

問 8 未成年者Aが、法定代理人Bの同意を得ずに、Cから甲建物を買い受ける契約（以下この問において「本件売買契約」という。）を締結した場合における次の記述のうち、民法の規定によれば、正しいものはどれか。なお、Aに処分を許された財産はなく、Aは、営業を許されてはいないものとする。

1 AがBの同意を得ずに制限行為能力を理由として本件売買契約を取り消した場合、Bは、自己が本件売買契約の取消しに同意していないことを理由に、Aの当該取消しの意思表示を取り消すことができる。

2 本件売買契約締結時にAが未成年者であることにつきCが善意無過失であった場合、Bは、Aの制限行為能力を理由として、本件売買契約を取り消すことはできない。

3 本件売買契約につき、取消しがなされないままAが成年に達した場合、本件売買契約についてBが反対していたとしても、自らが取消権を有すると知ったAは、本件売買契約を追認することができ、追認後は本件売買契約を取り消すことはできなくなる。

4 本件売買契約につき、Bが追認しないまま、Aが成年に達する前にBの同意を得ずに甲建物をDに売却した場合、BがDへの売却について追認していないときでも、Aは制限行為能力を理由として、本件売買契約を取り消すことはできなくなる。

改題

問 9 Aを貸主、Bを借主として甲建物の賃貸借契約が令和6年7月1日に締結された場合の甲建物の修繕に関する次の記述のうち、民法の規定によれば、誤っているものはどれか。

1 甲建物の修繕が必要であることを、Aが知ったにもかかわらず、Aが相当の期間内に必要な修繕をしないときは、Bは甲建物の修繕をすることができる。

2 甲建物の修繕が必要である場合において、BがAに修繕が必要である旨を通知したにもかかわらず、Aが必要な修繕を直ちにしないときは、Bは甲建物の修繕をすることができる。

3 Bの責めに帰すべき事由によって甲建物の修繕が必要となった場合は、Aは甲建物を修繕する義務を負わない。

4 甲建物の修繕が必要である場合において、急迫の事情があるときは、Bは甲建物の修繕をすることができる。

問 10　債務者Aが所有する甲土地には、債権者Bが一番抵当権（債権額1,000万円）、債権者Cが二番抵当権（債権額1,200万円）、債権者Dが三番抵当権（債権額2,000万円）をそれぞれ有しているが、BがDの利益のため、Aの承諾を得て抵当権の順位を放棄した。甲土地の競売に基づく売却代金が2,400万円であった場合、Bの受ける配当額として、民法の規定によれば、正しいものはどれか。

1　0円
2　200万円
3　400万円
4　800万円

問 11　AがBとの間で、A所有の甲土地につき建物所有目的で期間を50年とする賃貸借契約（以下この問において「本件契約」という。）を締結する場合に関する次の記述のうち、借地借家法の規定及び判例によれば、正しいものはどれか。

1　本件契約に、当初の10年間は地代を減額しない旨の特約を定めた場合、その期間内は、BはAに対して地代の減額請求をすることはできない。
2　本件契約が甲土地上で専ら賃貸アパート事業用の建物を所有する目的である場合、契約の更新や建物の築造による存続期間の延長がない旨を定めるためには、公正証書で合意しなければならない。
3　本件契約に建物買取請求権を排除する旨の特約が定められていない場合、本件契約が終了したときは、その終了事由のいかんにかかわらず、BはAに対してBが甲土地上に所有している建物を時価で買い取るべきことを請求することができる。
4　本件契約がBの居住のための建物を所有する目的であり契約の更新がない旨を定めていない契約であって、期間満了する場合において甲土地上に建物があり、Bが契約の更新を請求したとしても、Aが遅滞なく異議を述べ、その異議に更新を拒絶する正当な事由があると認められる場合は、本件契約は更新されない。

改題

問 12 令和6年7月1日に締結された建物の賃貸借契約（定期建物賃貸借契約及び一時使用目的の建物の賃貸借契約を除く。）に関する次の記述のうち、民法及び借地借家法の規定並びに判例によれば、正しいものはどれか。

1　期間を1年未満とする建物の賃貸借契約は、期間を1年とするものとみなされる。

2　当事者間において、一定の期間は建物の賃料を減額しない旨の特約がある場合、現行賃料が不相当になったなどの事情が生じたとしても、この特約は有効である。

3　賃借人が建物の引渡しを受けている場合において、当該建物の賃貸人が当該建物を譲渡するに当たり、当該建物の譲渡人及び譲受人が、賃貸人たる地位を譲渡人に留保する旨及び当該建物の譲受人が譲渡人に賃貸する旨の合意をしたときは、賃貸人たる地位は譲受人に移転しない。

4　現行賃料が定められた時から一定の期間が経過していなければ、賃料増額請求は、認められない。

問 13 建物の区分所有等に関する法律（以下この問において「法」という。）に関する次の記述のうち、誤っているものはどれか。

1　集会においては、法で集会の決議につき特別の定数が定められている事項を除き、規約で別段の定めをすれば、あらかじめ通知した事項以外についても決議することができる。

2　集会は、区分所有者の4分の3以上の同意があるときは、招集の手続を経ないで開くことができる。

3　共用部分の保存行為は、規約に別段の定めがある場合を除いて、各共有者がすることができるため集会の決議を必要としない。

4　一部共用部分に関する事項で区分所有者全員の利害に関係しないものについての区分所有者全員の規約は、当該一部共用部分を共用すべき区分所有者が8人である場合、3人が反対したときは変更することができない。

問 14　不動産の登記に関する次の記述のうち、不動産登記法の規定によれば、誤っているものはどれか。

1　建物が滅失したときは、表題部所有者又は所有権の登記名義人は、その滅失の日から1か月以内に、当該建物の滅失の登記を申請しなければならない。

2　何人も、理由の有無にかかわらず、登記官に対し、手数料を納付して、登記簿の附属書類である申請書を閲覧することができる。

3　共有物分割禁止の定めに係る権利の変更の登記の申請は、当該権利の共有者である全ての登記名義人が共同してしなければならない。

4　区分建物の所有権の保存の登記は、表題部所有者から所有権を取得した者も、申請することができる。

問 15　都市計画法に関する次の記述のうち、正しいものはどれか。

1　市街化調整区域は、土地利用を整序し、又は環境を保全するための措置を講ずることなく放置すれば、将来における一体の都市としての整備に支障が生じるおそれがある区域とされている。

2　高度利用地区は、土地の合理的かつ健全な高度利用と都市機能の更新とを図るため、都市計画に、建築物の高さの最低限度を定める地区とされている。

3　特定用途制限地域は、用途地域が定められている土地の区域内において、都市計画に、制限すべき特定の建築物等の用途の概要を定める地域とされている。

4　地区計画は、用途地域が定められている土地の区域のほか、一定の場合には、用途地域が定められていない土地の区域にも定めることができる。

問 16 都市計画法に関する次の記述のうち、正しいものはどれか。ただし、この問において条例による特別の定めはないものとし、「都道府県知事」とは、地方自治法に基づく指定都市、中核市及び施行時特例市にあってはその長をいうものとする。

1 開発許可を申請しようとする者は、あらかじめ、開発行為に関係がある公共施設の管理者と協議し、その同意を得なければならない。

2 開発許可を受けた者は、当該許可を受ける際に申請書に記載した事項を変更しようとする場合においては、都道府県知事に届け出なければならないが、当該変更が国土交通省令で定める軽微な変更に当たるときは、届け出なくてよい。

3 開発許可を受けた者は、当該開発行為に関する工事が完了し、都道府県知事から検査済証を交付されたときは、遅滞なく、当該工事が完了した旨を公告しなければならない。

4 市街化調整区域のうち開発許可を受けた開発区域以外の区域内において、自己の居住用の住宅を新築しようとする全ての者は、当該建築が開発行為を伴わない場合であれば、都道府県知事の許可を受けなくてよい。

問 17 建築基準法に関する次の記述のうち、誤っているものはどれか。

1 地方公共団体は、条例で、津波、高潮、出水等による危険の著しい区域を災害危険区域として指定し、当該区域内における住居の用に供する建築物の建築を禁止することができる。

2 3階建て以上の建築物の避難階以外の階を、床面積の合計が1,500㎡を超える物品販売業の店舗の売場とする場合には、当該階から避難階又は地上に通ずる2以上の直通階段を設けなければならない。

3 建築物が防火地域及び準防火地域にわたる場合、その全部について準防火地域内の建築物に関する規定を適用する。

4 石綿等をあらかじめ添加した建築材料は、石綿等を飛散又は発散させるおそれがないものとして国土交通大臣が定めたもの又は国土交通大臣の認定を受けたものを除き、使用してはならない。

問 18 次の記述のうち、建築基準法（以下この問において「法」という。）の規定によれば、正しいものはどれか。

1 　法第53条第1項及び第2項の建蔽率制限に係る規定の適用については、準防火地域内にある準耐火建築物であり、かつ、街区の角にある敷地又はこれに準ずる敷地で特定行政庁が指定するものの内にある建築物にあっては同条第1項各号に定める数値に10分の2を加えたものをもって当該各号に定める数値とする。

2 　建築物又は敷地を造成するための擁壁は、道路内に、又は道路に突き出して建築し、又は築造してはならず、地盤面下に設ける建築物においても同様である。

3 　地方公共団体は、その敷地が袋路状道路にのみ接する建築物であって、延べ面積が150㎡を超えるものについては、一戸建ての住宅であっても、条例で、その敷地が接しなければならない道路の幅員、その敷地が道路に接する部分の長さその他その敷地又は建築物と道路との関係に関して必要な制限を付加することができる。

4 　冬至日において、法第56条の2第1項の規定による日影規制の対象区域内の土地に日影を生じさせるものであっても、対象区域外にある建築物であれば一律に、同項の規定は適用されない。

問 19 宅地造成及び特定盛土等規制法に関する次の記述のうち、誤っているものはどれか。なお、この問において「都道府県知事」とは、地方自治法に基づく指定都市、中核市及び施行時特例市にあってはその長をいうものとする。

1 都道府県知事は、関係市町村長の意見を聴いて、宅地造成等工事規制区域内で、宅地造成又は特定盛土等に伴う災害で相当数の居住者その他の者に危害を生ずるものの発生のおそれが大きい一団の造成宅地の区域であって、一定の基準に該当するものを、造成宅地防災区域として指定することができる。

2 都道府県知事は、その地方の気候、風土又は地勢の特殊性により、宅地造成及び特定盛土等規制法の規定のみによっては宅地造成、特定盛土等又は土石の堆積に伴う崖崩れ又は土砂の流出の防止の目的を達し難いと認める場合は、都道府県（地方自治法に基づく指定都市、中核市又は施行時特例市の区域にあっては、それぞれ指定都市、中核市又は施行時特例市）の規則で、宅地造成等工事規制区域内において行われる宅地造成等に関する工事の技術的基準を強化し、又は付加することができる。

3 都道府県知事は、宅地造成等工事規制区域内の土地（公共施設用地を除く。）について、宅地造成等に伴う災害の防止のため必要があると認める場合には、その土地の所有者に対して、擁壁等の設置等の措置をとることを勧告することができる。

4 宅地造成等工事規制区域内の土地（公共施設用地を除く。）において、雨水その他の地表水又は地下水を排除するための排水施設の除却工事を行おうとする場合は、一定の場合を除き、都道府県知事への届出が必要となる。

問 20 土地区画整理法に関する次の記述のうち、誤っているものはどれか。

1 換地計画において定められた清算金は、換地処分の公告があった日の翌日において確定する。

2 現に施行されている土地区画整理事業の施行地区となっている区域については、その施行者の同意を得なければ、その施行者以外の者は、土地区画整理事業を施行することができない。

3 施行者は、換地処分の公告があった場合において、施行地区内の土地及び建物について土地区画整理事業の施行により変動があったときは、遅滞なく、その変動に係る登記を申請し、又は嘱託しなければならない。

4 土地区画整理組合は、仮換地を指定しようとする場合においては、あらかじめ、その指定について、土地区画整理審議会の同意を得なければならない。

問 21 農地に関する次の記述のうち、農地法（以下この問において「法」という。）の規定によれば、誤っているものはどれか。

1 相続により農地を取得する場合は、法第3条第1項の許可を要しないが、相続人に該当しない者が特定遺贈により農地を取得する場合は、同項の許可を受ける必要がある。

2 自己の所有する面積4アールの農地を農作物の育成又は養畜の事業のための農業用施設に転用する場合は、法第4条第1項の許可を受ける必要はない。

3 法第3条第1項又は法第5条第1項の許可が必要な農地の売買について、これらの許可を受けずに売買契約を締結しても、その所有権の移転の効力は生じない。

4 社会福祉事業を行うことを目的として設立された法人（社会福祉法人）が、農地をその目的に係る業務の運営に必要な施設の用に供すると認められる場合、農地所有適格法人でなくても、農業委員会の許可を得て、農地の所有権を取得することができる。

問 22 土地を取得する場合における届出に関する次の記述のうち、正しいものはどれか。なお、この問において「事後届出」とは、国土利用計画法第23条の届出をいい、「重要土地等調査法」とは、重要施設周辺及び国境離島等における土地等の利用状況の調査及び利用の規制等に関する法律をいうものとする。

1 都市計画区域外において、国から一団の土地である6,000㎡と5,000㎡の土地を購入した者は、事後届出を行う必要はない。

2 市街化区域を除く都市計画区域内において、Aが所有する7,000㎡の土地をBが相続により取得した場合、Bは事後届出を行う必要がある。

3 市街化区域において、Cが所有する3,000㎡の土地をDが購入する契約を締結した場合、C及びDは事後届出を行わなければならない。

4 重要土地等調査法の規定による特別注視区域内にある100㎡の規模の土地に関する所有権又はその取得を目的とする権利の移転をする契約を締結する場合には、当事者は、一定の事項を、あらかじめ、内閣総理大臣に届け出なければならない。

問 23 印紙税に関する次の記述のうち、正しいものはどれか。なお、以下の契約書はいずれも書面により作成されたものとする。

1 売主Aと買主Bが土地の譲渡契約書を3通作成し、A、B及び仲介人Cがそれぞれ1通ずつ保存する場合、当該契約書3通には印紙税が課される。

2 一の契約書に土地の譲渡契約（譲渡金額5,000万円）と建物の建築請負契約（請負金額6,000万円）をそれぞれ区分して記載した場合、印紙税の課税標準となる当該契約書の記載金額は1億1,000万円である。

3 「Dの所有する甲土地（時価2,000万円）をEに贈与する」旨を記載した贈与契約書を作成した場合、印紙税の課税標準となる当該契約書の記載金額は、2,000万円である。

4 当初作成の「土地を1億円で譲渡する」旨を記載した土地譲渡契約書の契約金額を変更するために作成する契約書で、「当初の契約書の契約金額を1,000万円減額し、9,000万円とする」旨を記載した変更契約書について、印紙税の課税標準となる当該変更契約書の記載金額は、1,000万円である。

問 24 不動産取得税に関する次の記述のうち、正しいものはどれか。

1 不動産取得税の徴収については、特別徴収の方法によることができる。

2 不動産取得税は、目的税である。

3 不動産取得税は、不動産の取得に対し、当該不動産所在の市町村及び特別区において、当該不動産の取得者に課する。

4 不動産取得税は、市町村及び特別区に対して、課することができない。

問 25 不動産の鑑定評価に関する次の記述のうち、不動産鑑定評価基準によれば、正しいものはどれか。

1 原価法は、価格時点における対象不動産の収益価格を求め、この収益価格について減価修正を行って対象不動産の比準価格を求める手法である。

2 原価法は、対象不動産が建物又は建物及びその敷地である場合には適用することができるが、対象不動産が土地のみである場合においては、いかなる場合も適用することができない。

3 取引事例比較法における取引事例が、特殊事情のある事例である場合、その具体的な状況が判明し、事情補正できるものであっても採用することは許されない。

4 取引事例比較法は、近隣地域若しくは同一需給圏内の類似地域等において対象不動産と類似の不動産の取引が行われている場合又は同一需給圏内の代替競争不動産の取引が行われている場合に有効である。

問 26 宅地建物取引業法第 37 条の規定により交付すべき書面に記載すべき事項を電磁的方法により提供すること（以下この問において「37 条書面の電磁的方法による提供」という。）に関する次の記述のうち、正しいものはいくつあるか。

ア 宅地建物取引業者が自ら売主として締結する売買契約において、当該契約の相手方から宅地建物取引業法施行令第 3 条の 4 第 1 項に規定する承諾を得なければ、37 条書面の電磁的方法による提供をすることができない。

イ 宅地建物取引業者が媒介業者として関与する売買契約について、宅地建物取引業法施行令第 3 条の 4 第 1 項に規定する承諾を取得するための通知の中に宅地建物取引士を明示しておけば、37 条書面の電磁的方法による提供において提供に係る宅地建物取引士を明示する必要はない。

ウ 宅地建物取引業者が自ら売主として締結する売買契約において、37 条書面の電磁的方法による提供を行う場合、当該提供されたファイルへの記録を取引の相手方が出力することにより書面を作成できるものでなければならない。

エ 宅地建物取引業者が媒介業者として関与する建物賃貸借契約について、37 条書面の電磁的方法による提供を行う場合、当該提供するファイルに記録された記載事項について、改変が行われていないかどうかを確認することができる措置を講じなければならない。

1　一つ

2　二つ

3　三つ

4　四つ

問 27　宅地建物取引業法第34条の2第1項第4号に規定する建物状況調査（以下この問において「建物状況調査」という。）に関する次の記述のうち、誤っているものはどれか。

1　建物状況調査とは、建物の構造耐力上主要な部分又は雨水の浸入を防止する部分として国土交通省令で定めるものの状況の調査であって、経年変化その他の建物に生じる事象に関する知識及び能力を有する者として国土交通省令で定める者が実施するものをいう。

2　宅地建物取引業者が建物状況調査を実施する者のあっせんを行う場合、建物状況調査を実施する者は建築士法第2条第1項に規定する建築士であって国土交通大臣が定める講習を修了した者でなければならない。

3　既存住宅の売買の媒介を行う宅地建物取引業者が売主に対して建物状況調査を実施する者のあっせんを行った場合、宅地建物取引業者は売主から報酬とは別にあっせんに係る料金を受領することはできない。

4　既存住宅の貸借の媒介を行う宅地建物取引業者は、宅地建物取引業法第37条の規定により交付すべき書面に建物の構造耐力上主要な部分等の状況について当事者の双方が確認した事項を記載しなければならない。

問 28 宅地建物取引業者Aの業務に関する次の記述のうち、宅地建物取引業法（以下この問において「法」という。）の規定に違反するものはいくつあるか。

ア Aの従業員Bが、Cが所有する戸建住宅の買取りを目的とした訪問勧誘をCに対して行ったところ、Cから「契約の意思がないので今後勧誘に来ないでほしい」と言われたことから、後日、Aは、別の従業員Dに同じ目的で訪問勧誘を行わせて、当該勧誘を継続した。

イ Aの従業員Eは、Fが所有する戸建住宅の買取りを目的とした電話勧誘をFに対して行った際に、不実のことと認識しながら「今後5年以内にこの一帯は再開発されるので、急いで売却した方がよい。」と説明した。

ウ Aの従業員Gは、Hが所有する戸建住宅の買取りを目的とした電話勧誘をHに対して行おうと考え、23時頃にHの自宅に電話をかけ、勧誘を行い、Hの私生活の平穏を害し、Hを困惑させた。

エ Aは、Jとの間でJが所有する戸建住宅を買い取る売買契約を締結し、法第37条の規定に基づく書面をJに交付したが、Aの宅地建物取引士に、当該書面に記名のみさせ、押印させることを省略した。

1 一つ
2 二つ
3 三つ
4 四つ

問 29 宅地建物取引業の免許（以下この問において「免許」という。）に関する次の記述のうち、宅地建物取引業法の規定によれば、正しいものはどれか。

1 宅地建物取引業者A社の使用人であって、A社の宅地建物取引業を行う支店の代表者であるものが、道路交通法の規定に違反したことにより懲役の刑に処せられたとしても、A社の免許は取り消されることはない。

2 宅地建物取引業者B社の取締役が、所得税法の規定に違反したことにより罰金の刑に処せられたとしても、B社の免許は取り消されることはない。

3 宅地建物取引業者である個人Cが、宅地建物取引業法の規定に違反したことにより罰金の刑に処せられたとしても、Cの免許は取り消されることはない。

4 宅地建物取引業者D社の非常勤の取締役が、刑法第222条（脅迫）の罪を

犯したことにより罰金の刑に処せられたとしても、D社の免許は取り消されることはない。

問 30 宅地建物取引業者A（甲県知事免許）の営業保証金に関する次の記述のうち、宅地建物取引業法の規定によれば、正しいものはいくつあるか。なお、Aは宅地建物取引業保証協会の社員ではないものとする。

ア　Aが免許を受けた日から6か月以内に甲県知事に営業保証金を供託した旨の届出を行わないとき、甲県知事はその届出をすべき旨の催告をしなければならず、当該催告が到達した日から1か月以内にAが届出を行わないときは、その免許を取り消すことができる。

イ　Aは、営業保証金を供託したときは、その供託物受入れの記載のある供託書の写しを添付して、その旨を甲県知事に届け出なければならず、当該届出をした後でなければ、その事業を開始することができない。

ウ　Aは、営業保証金が還付され、甲県知事から営業保証金が政令で定める額に不足が生じた旨の通知を受け、その不足額を供託したときは、30日以内に甲県知事にその旨を届け出なければならない。

エ　Aが免許失効に伴い営業保証金を取り戻す際、供託した営業保証金につき還付を受ける権利を有する者に対し、3か月を下らない一定期間内に申し出るべき旨を公告し、期間内にその申出がなかった場合でなければ、取り戻すことができない。

1　一つ
2　二つ
3　三つ
4　四つ

問 31　宅地建物取引業者がその業務に関して行う広告に関する次の記述のうち、宅地建物取引業法（以下この問において「法」という。）の規定によれば、正しいものはどれか。なお、この問において「建築確認」とは、建築基準法第6条第1項の確認をいうものとする。

1　宅地又は建物の売買に関する注文を受けたときは、遅滞なくその注文をした者に対して取引態様の別を明らかにしなければならないが、当該注文者が事前に取引態様の別を明示した広告を見てから注文してきた場合においては、取引態様の別を遅滞なく明らかにする必要はない。

2　既存の住宅に関する広告を行うときは、法第34条の2第1項第4号に規定する建物状況調査を実施しているかどうかを明示しなければならない。

3　これから建築工事を行う予定である建築確認申請中の建物については、当該建物の売買の媒介に関する広告をしてはならないが、貸借の媒介に関する広告はすることができる。

4　販売する宅地又は建物の広告に関し、著しく事実に相違する表示をした場合、監督処分の対象となるだけでなく、懲役若しくは罰金に処せられ、又はこれを併科されることもある。

問 32　宅地建物取引業者が行う届出に関する次の記述のうち、宅地建物取引業法の規定によれば、誤っているものはどれか。

1　宅地建物取引業者A（甲県知事免許）が、新たに宅地建物取引業を営む支店を甲県内に設置した場合、Aはその日から30日以内にその旨を甲県知事に届け出なければならない。

2　宅地建物取引業者B（乙県知事免許）が、宅地建物取引業者ではないCとの合併により消滅した場合、Bを代表する役員であった者は、その日から30日以内にその旨を乙県知事に届け出なければならない。

3　宅地建物取引業者D（丙県知事免許）が、本店における専任の宅地建物取引士Eの退職に伴い、新たに専任の宅地建物取引士Fを本店に置いた場合、Dはその日から30日以内にその旨を丙県知事に届け出なければならない。

4　宅地建物取引業者G（丁県知事免許）が、その業務に関し展示会を丁県内で実施する場合、展示会を実施する場所において売買契約の締結（予約を含む。）又は売買契約の申込みの受付を行うときは、Gは展示会での業務を開始する日の5日前までに展示会を実施する場所について丁県知事に届け出なければならない。

問 33 宅地建物取引業法第35条に規定する重要事項の説明に関する次の記述のうち、正しいものはどれか。

1 甲宅地を所有する宅地建物取引業者Aが、乙宅地を所有する宅地建物取引業者ではない個人Bと、甲宅地と乙宅地の交換契約を締結するに当たって、Bに対して、甲宅地に関する重要事項の説明を行う義務はあるが、乙宅地に関する重要事項の説明を行う義務はない。

2 宅地の売買における当該宅地の引渡しの時期について、重要事項説明において説明しなければならない。

3 宅地建物取引業者が売主となる宅地の売買に関し、売主が買主から受領しようとする金銭のうち、買主への所有権移転の登記以後に受領するものに対して、宅地建物取引業法施行規則第16条の4に定める保全措置を講ずるかどうかについて、重要事項説明書に記載する必要がある。

4 重要事項説明書の電磁的方法による提供については、重要事項説明を受ける者から電磁的方法でよいと口頭で依頼があった場合、改めて電磁的方法で提供することについて承諾を得る必要はない。

　宅地建物取引業者A（消費税課税事業者）は貸主Bから建物の貸借の媒介の依頼を受け、宅地建物取引業者C（消費税課税事業者）は借主Dから建物の貸借の媒介の依頼を受け、BとDとの間で、1か月分の借賃を12万円（消費税等相当額を含まない。）とする賃貸借契約（以下この問において「本件契約」という。）を成立させた場合における次の記述のうち、宅地建物取引業法の規定に違反するものはいくつあるか。

ア　本件契約が建物を住居として貸借する契約である場合に、Cは、媒介の依頼を受けるに当たってDから承諾を得ないまま、132,000円の報酬を受領した。

イ　AはBから事前に特別な広告の依頼があったので、依頼に基づく大手新聞掲載広告料金に相当する額をBに請求し、受領した。

ウ　CはDに対し、賃貸借契約書の作成費を、Dから限度額まで受領した媒介報酬の他に請求して受領した。

エ　本件契約が建物を事務所として貸借する契約である場合に、報酬として、AはBから132,000円を、CはDから132,000円をそれぞれ受領した。

1　一つ

2　二つ

3　三つ

4　四つ

問 35 　宅地建物取引業者Aが、自ら売主として、宅地建物取引業者ではない買主Bから宅地の買受けの申込みを受けた場合における宅地建物取引業法第37条の2の規定に基づくいわゆるクーリング・オフに関する次の記述のうち、正しいものはどれか。

1　Aは、仮設テント張りの案内所でBから買受けの申込みを受けた際、以後の取引について、その取引に係る書類に関してBから電磁的方法で提供をすることについての承諾を得た場合、クーリング・オフについて電磁的方法で告げることができる。

2　Aが、仮設テント張りの案内所でBから買受けの申込みを受けた場合、Bは、クーリング・オフについて告げられた日から8日以内に電磁的方法により当該申込みの撤回を申し出れば、申込みの撤回を行うことができる。

3　Aが、Aの事務所でBから買受けの申込みを受けた場合、Bは、申込みの日から8日以内に電磁的方法により当該申込みの撤回を申し出れば、申込み

の撤回を行うことができる。

4　Aが、売却の媒介を依頼している宅地建物取引業者Cの事務所でBから買受けの申込みを受けた場合、Bは、申込みの日から8日以内に書面により当該申込みの撤回を申し出ても、申込みの撤回を行うことができない。

問 36　次の記述のうち、宅地建物取引業者Aが行う業務に関して宅地建物取引業法の規定に違反するものはいくつあるか。

ア　建物の貸借の媒介に際して、賃借の申込みをした者がその撤回を申し出たので、Aはかかった諸費用を差し引いて預り金を返還した。

イ　Aは、売主としてマンションの売買契約を締結するに際して、買主が手付として必要な額を今すぐには用意できないと申し出たので、手付金の分割払いを買主に提案した。

ウ　Aは取引のあったつど、その年月日やその取引に係る宅地又は建物の所在及び面積その他必要な記載事項を帳簿に漏らさず記載し、必要に応じて紙面にその内容を表示できる状態で、電子媒体により帳簿の保存を行っている。

エ　Aはアンケート調査を装ってその目的がマンションの売買の勧誘であることを告げずに個人宅を訪問し、マンションの売買の勧誘をした。

1　一つ
2　二つ
3　三つ
4　四つ

問 37 次の記述のうち、宅地建物取引業法の規定によれば、正しいものはどれか。

1 宅地建物取引業者は、非常勤役員には従業者であることを証する証明書を携帯させる必要はない。

2 宅地建物取引業者は、その事務所ごとに従業者名簿を備えなければならないが、取引の関係者から閲覧の請求があった場合であっても、宅地建物取引業法第45条に規定する秘密を守る義務を理由に、閲覧を拒むことができる。

3 宅地建物取引業者の従業者は、宅地の買受けの申込みをした者から請求があった場合には、その者が宅地建物取引業者であっても、その者に従業者であることを証する証明書を提示する必要がある。

4 宅地建物取引業者は、従業者名簿を最終の記載をした日から5年間保存しなければならない。

問 38 次の記述のうち、宅地建物取引業法の規定によれば、正しいものはいくつあるか。

ア 宅地建物取引業者Aが、自ら所有する複数の建物について、複数人に対し、反復継続して賃貸する行為は、宅地建物取引業に該当しない。

イ 宅地建物取引士とは、宅地建物取引士資格試験に合格し、都道府県知事の登録を受けた者をいう。

ウ 建設業者Bが、建築請負工事の受注を目的として、業として宅地の売買の媒介を行う行為は、宅地建物取引業に該当しない。

エ 宅地建物取引士は、宅地又は建物の取引に係る事務に必要な知識及び能力の維持向上に努めなければならない。

1 一つ

2 二つ

3 三つ

4 四つ

問 39 宅地建物取引業者Aが、自ら売主として、宅地建物取引業者ではない個人Bとの間で宅地の売買契約を締結する場合における手付金の保全措置に関する次の記述のうち、宅地建物取引業法の規定によれば、正しいものはどれか。なお、当該契約に係る手付金は保全措置が必要なものとする。

1 Aは、Bから手付金を受領した後に、速やかに手付金の保全措置を講じなければならない。

2 Aは、手付金の保全措置を保証保険契約を締結することにより講ずる場合、保険期間は保証保険契約が成立した時から宅地建物取引業者が受領した手付金に係る宅地の引渡しまでの期間とすればよい。

3 Aは、手付金の保全措置を保証保険契約を締結することにより講ずる場合、保険事業者との間において保証保険契約を締結すればよく、保険証券をBに交付する必要はない。

4 Aは、手付金の保全措置を保証委託契約を締結することにより講ずるときは、保証委託契約に基づいて銀行等が手付金の返還債務を連帯して保証することを約する書面のBへの交付に代えて、Bの承諾を得ることなく電磁的方法により講ずることができる。

問 40 宅地建物取引業者Aが、BからB所有の中古住宅の売却の依頼を受け、専任媒介契約（専属専任媒介契約ではないものとする。）を締結した場合に関する次の記述のうち、宅地建物取引業法（以下この問において「法」という。）の規定によれば、正しいものはどれか。

1 Aは、当該中古住宅について購入の申込みがあったときは、遅滞なく、その旨をBに報告しなければならないが、Bの希望条件を満たさない申込みだとAが判断した場合については報告する必要はない。

2 Aは、法第34条の2第1項の規定に基づく書面の交付後、速やかに、Bに対し、法第34条の2第1項第4号に規定する建物状況調査を実施する者のあっせんの有無について確認しなければならない。

3 Aは、当該中古住宅について法で規定されている事項を、契約締結の日から休業日数を含め7日以内に指定流通機構へ登録する義務がある。

4 Aは、Bが他の宅地建物取引業者の媒介又は代理によって売買の契約を成立させたときの措置を法第34条の2第1項の規定に基づく書面に記載しなければならない。

問 41 次の記述のうち、宅地建物取引業法の規定によれば、正しいものはどれか。

1 甲県知事は、宅地建物取引士に対して必要な報告を求めることができるが、その対象は、甲県知事登録の宅地建物取引士であって、適正な事務の遂行を確保するために必要な場合に限られる。

2 宅地建物取引業者A（甲県知事免許）で専任の宅地建物取引士として従事しているB（甲県知事登録）が、勤務実態のない宅地建物取引業者C（乙県知事免許）において、自らが専任の宅地建物取引士である旨の表示がされていることを許した場合には、乙県知事は、Bに対し、必要な指示をすることができる。

3 宅地建物取引士が不正の手段により宅地建物取引士証の交付を受けた場合においては、その登録をしている都道府県知事は、情状が特に重いときは、当該宅地建物取引士の登録を消除することができる。

4 都道府県知事は、宅地建物取引士に対して登録消除処分を行ったときは、適切な方法で公告しなければならない。

問 42 宅地建物取引業法第35条に規定する重要事項の説明に関する次の記述のうち、誤っているものはいくつあるか。

ア 宅地建物取引士は、重要事項説明をする場合、取引の相手方から請求されなければ、宅地建物取引士証を相手方に提示する必要はない。

イ 売主及び買主が宅地建物取引業者ではない場合、当該取引の媒介業者は、売主及び買主に重要事項説明書を交付し、説明を行わなければならない。

ウ 宅地の売買について売主となる宅地建物取引業者は、買主が宅地建物取引業者である場合、重要事項説明書を交付しなければならないが、説明を省略することはできる。

エ 宅地建物取引業者である売主は、宅地建物取引業者ではない買主に対して、重要事項として代金並びにその支払時期及び方法を説明しなければならない。

1 一つ
2 二つ
3 三つ
4 四つ

問 43 宅地建物取引業者Aが媒介により宅地の売買契約を成立させた場合における宅地建物取引業法第37条の規定により交付すべき書面（以下この問において「37条書面」という。）に関する次の記述のうち、正しいものはどれか。

1 Aは、買主が宅地建物取引業者であるときは、37条書面に移転登記の申請時期を記載しなくてもよい。

2 Aは、37条書面を売買契約成立前に、各当事者に交付しなければならない。

3 Aは、37条書面を作成したときは、専任の宅地建物取引士をして37条書面に記名させる必要がある。

4 Aは、天災その他不可抗力による損害の負担に関する定めがあるときは、その内容を37条書面に記載しなければならない。

問 44 宅地建物取引業保証協会（以下この問において「保証協会」という。）に関する次の記述のうち、宅地建物取引業法の規定によれば、正しいものはどれか。

1 保証協会の社員は、自らが取り扱った宅地建物取引業に係る取引の相手方から当該取引に関する苦情について解決の申出が保証協会にあり、保証協会から関係する資料の提出を求められたときは、正当な理由がある場合でなければ、これを拒んではならない。

2 保証協会は、社員がその一部の事務所を廃止したことに伴って弁済業務保証金分担金を当該社員に返還しようとするときは、弁済業務保証金の還付請求権者に対し、一定期間内に認証を受けるため申し出るべき旨の公告を行わなければならない。

3 保証協会は、宅地建物取引業者の相手方から、社員である宅地建物取引業者の取り扱った宅地建物取引業に係る取引に関する損害の還付請求を受けたときは、直ちに弁済業務保証金から返還しなければならない。

4 保証協会は、手付金等保管事業について国土交通大臣の承認を受けた場合、社員が自ら売主となって行う宅地又は建物の売買で、宅地の造成又は建築に関する工事の完了前における買主からの手付金等の受領について、当該事業の対象とすることができる。

問 45 宅地建物取引業者Ａが、自ら売主として、宅地建物取引業者ではない買主Ｂに新築住宅を販売する場合に関する次の記述のうち、特定住宅瑕疵担保責任の履行の確保等に関する法律の規定によれば、正しいものはどれか。

1　Ａが信託会社又は金融機関の信託業務の兼営等に関する法律第１条第１項の認可を受けた金融機関であって、宅地建物取引業を営むものである場合、住宅販売瑕疵担保保証金の供託又は住宅販売瑕疵担保責任保険契約の締結を行う義務を負わない。

2　Ａは、住宅販売瑕疵担保保証金の供託をする場合、当該住宅の売買契約を締結するまでに、Ｂに対し供託所の所在地等について、必ず書面を交付して説明しなければならず、買主の承諾を得ても書面の交付に代えて電磁的方法により提供することはできない。

3　Ａは、住宅販売瑕疵担保保証金の供託をする場合、当該住宅の最寄りの供託所へ住宅販売瑕疵担保保証金の供託をしなければならない。

4　ＡＢ間の売買契約において、当該住宅の構造耐力上主要な部分に瑕疵があってもＡが瑕疵担保責任を負わない旨の特約があった場合においても、Ａは住宅販売瑕疵担保保証金の供託又は住宅販売瑕疵担保責任保険契約の締結を行う義務を負う。

問 46 独立行政法人住宅金融支援機構（以下この問において「機構」という。）に関する次の記述のうち、誤っているものはどれか。

1　機構は、子どもを育成する家庭又は高齢者の家庭（単身の世帯を含む。）に適した良好な居住性能及び居住環境を有する賃貸住宅の建設に必要な資金の貸付けを業務として行っている。

2　機構は、証券化支援事業（買取型）において、新築住宅に対する貸付債権のみを買取りの対象としている。

3　機構は、証券化支援事業（買取型）において、ＺＥＨ（ネット・ゼロ・エネルギーハウス）及び省エネルギー性、耐震性、バリアフリー性、耐久性・可変性に優れた住宅を取得する場合に、貸付金の利率を一定期間引き下げる制度を実施している。

4　機構は、マンション管理組合や区分所有者に対するマンション共用部分の改良に必要な資金の貸付けを業務として行っている。

問 47 宅地建物取引業者が行う広告に関する次の記述のうち、不当景品類及び不当表示防止法（不動産の表示に関する公正競争規約を含む。）の規定によれば、正しいものはどれか。

1 実際には取引する意思がない物件であっても実在するものであれば、当該物件を広告に掲載しても不当表示に問われることはない。

2 直線距離で50m以内に街道が存在する場合、物件名に当該街道の名称を用いることができる。

3 物件の近隣に所在するスーパーマーケットを表示する場合は、物件からの自転車による所要時間を明示しておくことで、徒歩による所要時間を明示する必要がなくなる。

4 一棟リノベーションマンションについては、一般消費者に対し、初めて購入の申込みの勧誘を行う場合であっても、「新発売」との表示を行うことはできない。

参考
問 48 次の記述のうち、誤っているものはどれか。

1 令和3年度宅地建物取引業法の施行状況調査（令和4年9月公表）によれば、令和4年3月末における宅地建物取引業者の全事業者数は14万業者を超え、8年連続で増加した。

2 令和5年地価公示（令和5年3月公表）によれば、令和4年1月以降の1年間の地価について、地方圏平均では、全用途平均、住宅地、商業地のいずれも2年連続で上昇し、工業地は6年連続で上昇した。

3 建築着工統計調査報告（令和4年計。令和5年1月公表）によれば、令和4年の民間非居住建築物の着工床面積は、前年と比較すると、工場及び倉庫は増加したが、事務所及び店舗が減少したため、全体で減少となった。

4 年次別法人企業統計調査（令和3年度。令和4年9月公表）によれば、令和3年度における不動産業の売上高営業利益率は11.1％と2年連続で前年度と比べ上昇し、売上高経常利益率も12.5％と2年連続で前年度と比べ上昇した。

　土地に関する次の記述のうち、最も不適当なものはどれか。

1　自然堤防の後背湿地側の縁は、砂が緩く堆積していて、地下水位も浅いため、地震時に液状化被害が生じやすい地盤である。

2　谷底低地に軟弱層が厚く堆積している所では、地震動が凝縮されて、震動が小さくなる。

3　1923年の関東地震の際には、東京の谷底低地で多くの水道管や建物が被害を受けた。

4　大都市の近郊の丘陵地では、丘を削り谷部に盛土し造成宅地が造られたが、盛土造成に際しては、地下水位を下げるため排水施設を設け、締め固める等の必要がある。

問 50　建物の構造と材料に関する次の記述のうち、最も不適当なものはどれか。

1　鉄筋コンクリート構造は、地震や風の力を受けても、躯体の変形は比較的小さく、耐火性にも富んでいる。

2　鉄筋コンクリート構造は、躯体の断面が大きく、材料の質量が大きいので、建物の自重が大きくなる。

3　鉄筋コンクリート構造では、鉄筋とコンクリートを一体化するには、断面が円形の棒鋼である丸鋼の方が表面に突起をつけた棒鋼である異形棒鋼より、優れている。

4　鉄筋コンクリート構造は、コンクリートが固まって所定の強度が得られるまでに日数がかかり、現場での施工も多いので、工事期間が長くなる。

令和4年度
本試験問題

04

- ●改題…法改正などにより修正を加えた問題です。
- ●参考…どのような出題がされたかを確認するための参考問題です。出題当時のまま掲載していますので内容を覚える必要はありません。
- ●問48について…試験実施団体である不動産適正取引推進機構から、正解肢なしである旨の発表がありました。

解答解説

本冊P51〜P84

令和４年度　試験解答用紙

解答欄

問題番号	解答番号				問題番号	解答番号			
問　1	①	②	③	④	問　26	①	②	③	④
問　2	①	②	③	④	問　27	①	②	③	④
問　3	①	②	③	④	問　28	①	②	③	④
問　4	①	②	③	④	問　29	①	②	③	④
問　5	①	②	③	④	問　30	①	②	③	④
問　6	①	②	③	④	問　31	①	②	③	④
問　7	①	②	③	④	問　32	①	②	③	④
問　8	①	②	③	④	問　33	①	②	③	④
問　9	①	②	③	④	問　34	①	②	③	④
問　10	①	②	③	④	問　35	①	②	③	④
問　11	①	②	③	④	問　36	①	②	③	④
問　12	①	②	③	④	問　37	①	②	③	④
問　13	①	②	③	④	問　38	①	②	③	④
問　14	①	②	③	④	問　39	①	②	③	④
問　15	①	②	③	④	問　40	①	②	③	④
問　16	①	②	③	④	問　41	①	②	③	④
問　17	①	②	③	④	問　42	①	②	③	④
問　18	①	②	③	④	問　43	①	②	③	④
問　19	①	②	③	④	問　44	①	②	③	④
問　20	①	②	③	④	問　45	①	②	③	④
問　21	①	②	③	④	問　46	①	②	③	④
問　22	①	②	③	④	問　47	①	②	③	④
問　23	①	②	③	④	問　48	①	②	③	④
問　24	①	②	③	④	問　49	①	②	③	④
問　25	①	②	③	④	問　50	①	②	③	④

切取線

問　1　　次の1から4までの記述のうち、民法の規定、判例及び下記判決文によれば、正しいものはどれか。

（判決文）

　所有者甲から乙が不動産を買い受け、その登記が未了の間に、丙が当該不動産を甲から二重に買い受け、更に丙から転得者丁が買い受けて登記を完了した場合に、たとい丙が背信的悪意者に当たるとしても、丁は、乙に対する関係で丁自身が背信的悪意者と評価されるのでない限り、当該不動産の所有権取得をもって乙に対抗することができるものと解するのが相当である。

1　所有者AからBが不動産を買い受け、その登記が未了の間に、Cが当該不動産をAから二重に買い受けて登記を完了した場合、Cは、自らが背信的悪意者に該当するときであっても、当該不動産の所有権取得をもってBに対抗することができる。

2　所有者AからBが不動産を買い受け、その登記が未了の間に、背信的悪意者ではないCが当該不動産をAから二重に買い受けた場合、先に買い受けたBは登記が未了であっても当該不動産の所有権取得をもってCに対抗することができる。

3　所有者AからBが不動産を買い受け、その登記が未了の間に、背信的悪意者であるCが当該不動産をAから二重に買い受け、更にCから転得者Dが買い受けて登記を完了した場合、DもBに対する関係で背信的悪意者に該当するときには、Dは当該不動産の所有権取得をもってBに対抗することができない。

4　所有者AからBが不動産を買い受け、その登記が未了の間に、Cが当該不動産をAから二重に買い受け登記を完了した場合、Cが背信的悪意者に該当しなくてもBが登記未了であることにつき悪意であるときには、Cは当該不動産の所有権取得をもってBに対抗することができない。

問 2 相続に関する次の記述のうち、民法の規定によれば、誤っているものはどれか。

1　被相続人の生前においては、相続人は、家庭裁判所の許可を受けることにより、遺留分を放棄することができる。

2　家庭裁判所への相続放棄の申述は、被相続人の生前には行うことができない。

3　相続人が遺留分の放棄について家庭裁判所の許可を受けると、当該相続人は、被相続人の遺産を相続する権利を失う。

4　相続人が被相続人の兄弟姉妹である場合、当該相続人には遺留分がない。

問 3 制限行為能力者に関する次の記述のうち、民法の規定及び判例によれば、正しいものはどれか。

1　成年後見人は、後見監督人がいる場合には、後見監督人の同意を得なければ、成年被後見人の法律行為を取り消すことができない。

2　相続の放棄は相手方のない単独行為であるから、成年後見人が成年被後見人に代わってこれを行っても、利益相反行為となることはない。

3　成年後見人は成年被後見人の法定代理人である一方、保佐人は被保佐人の行為に対する同意権と取消権を有するが、代理権が付与されることはない。

4　令和4年4月1日からは、成年年齢が18歳となったため、18歳の者は、年齢を理由とする後見人の欠格事由に該当しない。

問 4 A所有の甲土地にBのCに対する債務を担保するためにCの抵当権（以下この問において「本件抵当権」という。）が設定され、その旨の登記がなされた場合に関する次の記述のうち、民法の規定によれば、正しいものはどれか。

1 Aから甲土地を買い受けたDが、Cの請求に応じてその代価を弁済したときは、本件抵当権はDのために消滅する。

2 Cに対抗することができない賃貸借により甲土地を競売手続の開始前から使用するEは、甲土地の競売における買受人Fの買受けの時から6か月を経過するまでは、甲土地をFに引き渡すことを要しない。

3 本件抵当権設定登記後に、甲土地上に乙建物が築造された場合、Cが本件抵当権の実行として競売を申し立てるときには、甲土地とともに乙建物の競売も申し立てなければならない。

4 BがAから甲土地を買い受けた場合、Bは抵当不動産の第三取得者として、本件抵当権について、Cに対して抵当権消滅請求をすることができる。

改題

問 5 期間の計算に関する次の記述のうち、民法の規定によれば、正しいものはどれか。なお、明記された日付は、日曜日、国民の祝日に関する法律に規定する休日その他の休日には当たらないものとする。

1 令和6年10月17日午前10時に、引渡日を契約締結日から1年後とする不動産の売買契約を締結した場合、令和7年10月16日が引渡日である。

2 令和6年8月31日午前10時に、弁済期限を契約締結日から1か月後とする金銭消費貸借契約を締結した場合、令和6年9月30日の終了をもって弁済期限となる。

3 期間の末日が日曜日、国民の祝日に関する法律に規定する休日その他の休日に当たるときは、その日に取引をしない慣習がある場合に限り、期間はその前日に満了する。

4 令和6年5月30日午前10時に、代金の支払期限を契約締結日から1か月後とする動産の売買契約を締結した場合、令和6年7月1日の終了をもって支払期限となる。

問 6 Aを貸主、Bを借主として、A所有の甲土地につき、資材置場とする目的で期間を2年として、AB間で、①賃貸借契約を締結した場合と、②使用貸借契約を締結した場合に関する次の記述のうち、民法の規定によれば、正しいものはどれか。

1 Aは、甲土地をBに引き渡す前であれば、①では口頭での契約の場合に限り自由に解除できるのに対し、②では書面で契約を締結している場合も自由に解除できる。

2 Bは、①ではAの承諾がなければ甲土地を適法に転貸することはできないが、②ではAの承諾がなくても甲土地を適法に転貸することができる。

3 Bは、①では期間内に解約する権利を留保しているときには期間内に解約の申入れをし解約することができ、②では期間内に解除する権利を留保していなくてもいつでも解除することができる。

4 甲土地について契約の本旨に反するBの使用によって生じた損害がある場合に、Aが損害賠償を請求するときは、①では甲土地の返還を受けた時から5年以内に請求しなければならないのに対し、②では甲土地の返還を受けた時から1年以内に請求しなければならない。

問 7 不在者Aが、家庭裁判所から失踪宣告を受けた。Aを単独相続したBは相続財産である甲土地をCに売却（以下この問において「本件売買契約」という。）して登記も移転したが、その後、生存していたAの請求によって当該失踪宣告が取り消された。本件売買契約当時に、Aの生存について、（ア）Bが善意でCが善意、（イ）Bが悪意でCが善意、（ウ）Bが善意でCが悪意、（エ）Bが悪意でCが悪意、の4つの場合があり得るが、これらのうち、民法の規定及び判例によれば、Cが本件売買契約に基づき取得した甲土地の所有権をAに対抗できる場合を全て掲げたものとして正しいものはどれか。

1 （ア）、（イ）、（ウ）

2 （ア）、（イ）

3 （ア）、（ウ）

4 （ア）

問 8 　ＡがＢ所有の甲土地を建物所有目的でなく利用するための権原が、①地上権である場合と②賃借権である場合に関する次の記述のうち、民法の規定及び判例によれば、正しいものはどれか。なお、ＡもＢも対抗要件を備えているものとする。

1　①でも②でも、特約がなくても、ＢはＡに対して、甲土地の使用及び収益に必要な修繕をする義務を負う。

2　ＣがＢに無断でＡから当該権原を譲り受け、甲土地を使用しているときは、①でも②でも、ＢはＣに対して、甲土地の明渡しを請求することができる。

3　①では、Ａは当該権原を目的とする抵当権を設定することができるが、②では、Ａは当該権原を目的とする抵当権を設定することはできない。

4　Ｄが甲土地を不法占拠してＡの土地利用を妨害している場合、①では、Ａは当該権原に基づく妨害排除請求権を行使してＤの妨害の排除を求めることができるが、②では、ＡはＤの妨害の排除を求めることはできない。

問 9 　辞任に関する次の記述のうち、民法の規定によれば、正しいものはいくつあるか。

ア　委任によって代理権を授与された者は、報酬を受ける約束をしている場合であっても、いつでも委任契約を解除して代理権を消滅させて、代理人を辞することができる。

イ　親権者は、やむを得ない事由があるときは、法務局に届出を行うことによって、親権を辞することができる。

ウ　後見人は、正当な事由があるときは、後見監督人の許可を得て、その任務を辞することができる。

エ　遺言執行者は、正当な事由があるときは、相続人の許可を得て、その任務を辞することができる。

1　一つ

2　二つ

3　三つ

4　四つ

【問 10】 AはBに対し、自己所有の甲土地を売却し、代金と引換えにBに甲土地を引き渡したが、その後にCに対しても甲土地を売却し、代金と引換えにCに甲土地の所有権登記を移転した。この場合におけるBによる甲土地の所有権の時効取得に関する次の記述のうち、民法の規定及び判例によれば、正しいものはどれか。

1 Bが甲土地をDに賃貸し、引き渡したときは、Bは甲土地の占有を失うので、甲土地の所有権を時効取得することはできない。

2 Bが、時効の完成前に甲土地の占有をEに奪われたとしても、Eに対して占有回収の訴えを提起して占有を回復した場合には、Eに占有を奪われていた期間も時効期間に算入される。

3 Bが、甲土地の引渡しを受けた時点で所有の意思を有していたとしても、AC間の売買及びCに対する登記の移転を知ったときは、その時点で所有の意思が認められなくなるので、Bは甲土地を時効により取得することはできない。

4 Bが甲土地の所有権を時効取得した場合、Bは登記を備えなければ、その所有権を時効完成時において所有者であったCに対抗することはできない。

【問 11】 建物の所有を目的とする土地の賃貸借契約（定期借地権及び一時使用目的の借地権となる契約を除く。）に関する次の記述のうち、借地借家法の規定及び判例によれば、正しいものはどれか。

1 借地権の存続期間が満了する前に建物の滅失があった場合において、借地権者が借地権の残存期間を超えて存続すべき建物を築造したときは、その建物を築造することにつき借地権設定者の承諾がない場合でも、借地権の期間の延長の効果が生ずる。

2 転借地権が設定されている場合において、転借地上の建物が滅失したときは、転借地権は消滅し、転借地権者（転借人）は建物を再築することができない。

3 借地上の建物が滅失し、借地権設定者の承諾を得て借地権者が新たに建物を築造するに当たり、借地権設定者が存続期間満了の際における借地の返還確保の目的で、残存期間を超えて存続する建物を築造しない旨の特約を借地権者と結んだとしても、この特約は無効である。

4　借地上の建物所有者が借地権設定者に建物買取請求権を適法に行使した場合、買取代金の支払があるまでは建物の引渡しを拒み得るとともに、これに基づく敷地の占有についても、賃料相当額を支払う必要はない。

問 12　Aは、B所有の甲建物（床面積 100㎡）につき、居住を目的として、期間2年、賃料月額 10 万円と定めた賃貸借契約（以下この問において「本件契約」という。）をBと締結してその日に引渡しを受けた。この場合における次の記述のうち、民法及び借地借家法の規定並びに判例によれば、誤っているものはどれか。

1　BはAに対して、本件契約締結前に、契約の更新がなく、期間の満了により賃貸借が終了する旨を記載した賃貸借契約書を交付して説明すれば、本件契約を借地借家法第 38 条に規定する定期建物賃貸借契約として締結することができる。

2　本件契約が借地借家法第 38 条に規定する定期建物賃貸借契約であるか否かにかかわらず、Aは、甲建物の引渡しを受けてから1年後に甲建物をBから購入したCに対して、賃借人であることを主張できる。

3　本件契約が借地借家法第 38 条に規定する定期建物賃貸借契約である場合、Aの中途解約を禁止する特約があっても、やむを得ない事情によって甲建物を自己の生活の本拠として使用することが困難になったときは、Aは本件契約の解約の申入れをすることができる。

4　AがBに対して敷金を差し入れている場合、本件契約が期間満了で終了するに当たり、Bは甲建物の返還を受けるまでは、Aに対して敷金を返還する必要はない。

問 13 建物の区分所有等に関する法律（以下この問において「法」という。）に関する次の記述のうち、誤っているものはどれか。

1 管理者は、規約により、その職務に関し、区分所有者のために、原告又は被告となったときは、その旨を各区分所有者に通知しなくてよい。
2 管理者がないときは、区分所有者の5分の1以上で議決権の5分の1以上を有するものは、集会を招集することができる。ただし、この定数は、規約で減ずることができる。
3 集会において、管理者の選任を行う場合、規約に別段の定めがない限り、区分所有者及び議決権の各過半数で決する。
4 管理組合（法第3条に規定する区分所有者の団体をいう。）は、区分所有者及び議決権の各4分の3以上の多数による集会の決議で法人となる旨並びにその名称及び事務所を定め、かつ、その主たる事務所の所在地において登記をすることによって法人となる。

問 14 不動産の登記に関する次の記述のうち、誤っているものはどれか。

1 所有権の移転の登記の申請をする場合には、申請人は、法令に別段の定めがある場合を除き、その申請情報と併せて登記原因を証する情報を提供しなければならない。
2 所有権の移転の登記の申請をする場合において、当該申請を登記の申請の代理を業とすることができる代理人によってするときは、登記識別情報を提供することができないことにつき正当な理由があるとみなされるため、登記義務者の登記識別情報を提供することを要しない。
3 所有権の移転の登記の申請をする場合において、登記権利者が登記識別情報の通知を希望しない旨の申出をしたときは、当該登記に係る登記識別情報は通知されない。
4 所有権の移転の登記の申請をする場合において、その登記が完了した際に交付される登記完了証を送付の方法により交付することを求めるときは、その旨及び送付先の住所を申請情報の内容としなければならない。

都市計画法に関する次の記述のうち、誤っているものはどれか。

1 市街化区域については、都市計画に、少なくとも用途地域を定めるものとされている。
2 準都市計画区域については、都市計画に、特別用途地区を定めることができる。
3 高度地区については、都市計画に、建築物の容積率の最高限度又は最低限度を定めるものとされている。
4 工業地域は、主として工業の利便を増進するため定める地域とされている。

都市計画法に関する次の記述のうち、正しいものはどれか。ただし、この問において条例による特別の定めはないものとし、「都道府県知事」とは、地方自治法に基づく指定都市、中核市及び施行時特例市にあってはその長をいうものとする。

1 市街化区域内において、市街地再開発事業の施行として行う1haの開発行為を行おうとする者は、あらかじめ、都道府県知事の許可を受けなければならない。
2 区域区分が定められていない都市計画区域内において、博物館法に規定する博物館の建築を目的とした8,000㎡の開発行為を行おうとする者は、都道府県知事の許可を受けなくてよい。
3 自己の業務の用に供する施設の建築の用に供する目的で行う開発行為にあっては、開発区域内に土砂災害警戒区域等における土砂災害防止対策の推進に関する法律に規定する土砂災害警戒区域内の土地を含んではならない。
4 市街化調整区域内における開発行為について、当該開発行為が開発区域の周辺における市街化を促進するおそれがあるかどうかにかかわらず、都道府県知事は、開発審査会の議を経て開発許可をすることができる。

建築基準法（以下この問において「法」という。）に関する次の記述のうち、正しいものはどれか。

1 法の改正により、現に存する建築物が改正後の法の規定に適合しなくなった場合には、当該建築物は違反建築物となり、速やかに改正後の法の規定に適合させなければならない。
2 延べ面積が500㎡を超える建築物について、大規模な修繕をしようとする場合、都市計画区域外であれば建築確認を受ける必要はない。
3 地方公共団体は、条例で、建築物の敷地、構造又は建築設備に関して安全上、防火上又は衛生上必要な制限を附加することができる。
4 地方公共団体が、条例で、津波、高潮、出水等による危険の著しい区域を災害危険区域として指定した場合には、災害危険区域内における住居の用に供する建築物の建築は一律に禁止されることとなる。

問 18 次の記述のうち、建築基準法（以下この問において「法」という。）の規定によれば、正しいものはどれか。

1 第一種低層住居専用地域内においては、神社、寺院、教会を建築することはできない。
2 その敷地内に一定の空地を有し、かつ、その敷地面積が一定規模以上である建築物で、特定行政庁が交通上、安全上、防火上及び衛生上支障がなく、かつ、その建蔽率、容積率及び各部分の高さについて総合的な配慮がなされていることにより市街地の環境の整備改善に資すると認めて許可したものの建蔽率、容積率又は各部分の高さは、その許可の範囲内において、関係規定による限度を超えるものとすることができる。
3 法第3章の規定が適用されるに至った際、現に建築物が立ち並んでいる幅員1.8ｍ未満の道で、あらかじめ、建築審査会の同意を得て特定行政庁が指定したものは、同章の規定における道路とみなされる。
4 第一種住居地域内においては、建築物の高さは、10ｍ又は12ｍのうち当該地域に関する都市計画において定められた建築物の高さの限度を超えてはならない。

改題

問 19 宅地造成及び特定盛土等規制法に関する次の記述のうち、誤っているものはどれか。なお、この問において「都道府県知事」とは、地方自治法に基づく指定都市、中核市及び施行時特例市にあってはその長をいうものとする。

1 宅地造成等工事規制区域内の土地（公共施設用地を除く。）において、雨水その他の地表水又は地下水を排除するための排水施設の除却工事を行おうとする場合は、一定の場合を除き、都道府県知事への届出が必要となる。

2 宅地造成等工事規制区域内において、森林を宅地にするために行う切土であって、高さ3mの崖を生ずることとなるものに関する工事については、工事主は、宅地造成等に伴う災害の発生のおそれがないと認められるものとして政令で定める工事を除き、工事に着手する前に、都道府県知事の許可を受けなければならない。

3 宅地造成等工事規制区域内の土地（公共施設用地を除く。）において、過去に宅地造成等に関する工事が行われ、現在は工事主とは異なる者がその工事が行われた土地を所有している場合において、当該土地の所有者は宅地造成等に伴う災害が生じないよう、その土地を常時安全な状態に維持するように努めなければならない。

4 宅地造成等工事規制区域外に盛土によって造成された一団の造成宅地の区域において、造成された盛土の高さが5m未満の場合は、都道府県知事は、当該区域を造成宅地防災区域として指定することができない。

問 20 次の記述のうち、土地区画整理法の規定及び判例によれば、誤っているものはどれか。

1 土地区画整理組合の設立の認可の公告があった日以後、換地処分の公告がある日までは、施行地区内において、土地区画整理事業の施行の障害となるおそれがある建築物の新築を行おうとする者は、土地区画整理組合の許可を受けなければならない。

2 土地区画整理組合は、定款に別段の定めがある場合においては、換地計画に係る区域の全部について工事が完了する以前においても換地処分をすることができる。

3 仮換地を指定したことにより、使用し、又は収益することができる者のなくなった従前の宅地については、当該宅地を使用し、又は収益することができる者のなくなった時から換地処分の公告がある日までは、施行者が当該宅地を管理する。

4 清算金の徴収又は交付に関する権利義務は、換地処分の公告によって換地についての所有権が確定することと併せて、施行者と換地処分時点の換地所有者との間に確定的に発生するものであり、換地処分後に行われた当該換地の所有権の移転に伴い当然に移転する性質を有するものではない。

問 21 農地に関する次の記述のうち、農地法（以下この問において「法」という。）の規定によれば、正しいものはどれか。

1 農地の賃貸借及び使用貸借は、その登記がなくても農地の引渡しがあったときは、これをもってその後にその農地について所有権を取得した第三者に対抗することができる。

2 法第2条第3項の農地所有適格法人の要件を満たしていない株式会社は、耕作目的で農地を借り入れることはできない。

3 法第4条第1項、第5条第1項の違反について原状回復等の措置に係る命令の対象となる者（違反転用者等）には、当該規定に違反した者又はその一般承継人は含まれるが、当該違反に係る土地について工事を請け負った者は含まれない。

4 法の適用については、土地の面積は、登記簿の地積によることとしているが、登記簿の地積が著しく事実と相違する場合及び登記簿の地積がない場合には、実測に基づき農業委員会が認定したところによる。

問 22 国土利用計画法第23条の届出（以下この問において「事後届出」という。）に関する次の記述のうち、正しいものはどれか。なお、この問において「都道府県知事」とは、地方自治法に基づく指定都市にあってはその長をいうものとする。

1 都市計画区域外において、A市が所有する面積15,000㎡の土地を宅地建物取引業者Bが購入した場合、Bは事後届出を行わなければならない。

2 事後届出において、土地売買等の契約に係る土地の土地に関する権利の移転又は設定の対価の額については届出事項ではない。

3 市街化区域を除く都市計画区域内において、一団の土地である甲土地（C所有、面積3,500㎡）と乙土地（D所有、面積2,500㎡）を宅地建物取引業者Eが購入した場合、Eは事後届出を行わなければならない。

4 都道府県知事は、土地利用審査会の意見を聴いて、事後届出をした者に対し、当該事後届出に係る土地の利用目的について必要な変更をすべきことを勧告することができ、勧告を受けた者がその勧告に従わない場合、その勧告に反する土地売買等の契約を取り消すことができる。

問 23 印紙税に関する次の記述のうち、正しいものはどれか。なお、以下の覚書又は契約書はいずれも書面により作成されたものとする。

1 土地を8,000万円で譲渡することを証した覚書を売主Aと買主Bが作成した場合、本契約書を後日作成することを文書上で明らかにしていれば、当該覚書には印紙税が課されない。

2 一の契約書に甲土地の譲渡契約（譲渡金額6,000万円）と、乙建物の譲渡契約（譲渡金額3,000万円）をそれぞれ区分して記載した場合、印紙税の課税標準となる当該契約書の記載金額は、6,000万円である。

3 当初作成した土地の賃貸借契約書において「契約期間は5年とする」旨の記載がされていた契約期間を変更するために、「契約期間は10年とする」旨を記載した覚書を貸主Cと借主Dが作成した場合、当該覚書には印紙税が課される。

4 駐車場経営者Eと車両所有者Fが、Fの所有する車両を駐車場としての設備のある土地の特定の区画に駐車させる旨の賃貸借契約書を作成した場合、土地の賃借権の設定に関する契約書として印紙税が課される。

問 24　固定資産税に関する次の記述のうち、正しいものはどれか。

1　固定資産税の徴収については、特別徴収の方法によらなければならない。
2　土地価格等縦覧帳簿及び家屋価格等縦覧帳簿の縦覧期間は、毎年4月1日から、4月20日又は当該年度の最初の納期限の日のいずれか遅い日以後の日までの間である。
3　固定資産税の賦課期日は、市町村の条例で定めることとされている。
4　固定資産税は、固定資産の所有者に課するのが原則であるが、固定資産が賃借されている場合は、当該固定資産の賃借権者に対して課される。

問 25　地価公示法に関する次の記述のうち、誤っているものはどれか。

1　土地鑑定委員会は、標準地の正常な価格を判定したときは、標準地の単位面積当たりの価格のほか、当該標準地の地積及び形状についても官報で公示しなければならない。
2　正常な価格とは、土地について、自由な取引が行われるとした場合におけるその取引（一定の場合を除く。）において通常成立すると認められる価格をいい、当該土地に建物がある場合には、当該建物が存するものとして通常成立すると認められる価格をいう。
3　公示区域内の土地について鑑定評価を行う場合において、当該土地の正常な価格を求めるときは、公示価格を規準とする必要があり、その際には、当該土地とこれに類似する利用価値を有すると認められる1又は2以上の標準地との位置、地積、環境等の土地の客観的価値に作用する諸要因についての比較を行い、その結果に基づき、当該標準地の公示価格と当該土地の価格との間に均衡を保たせる必要がある。
4　公示区域とは、都市計画法第4条第2項に規定する都市計画区域その他の土地取引が相当程度見込まれるものとして国土交通省令で定める区域のうち、国土利用計画法第12条第1項の規定により指定された規制区域を除いた区域をいう。

問 26 宅地建物取引業法第3条第1項に規定する事務所（以下この問において「事務所」という。）に関する次の記述のうち、正しいものはどれか。

1 事務所とは、契約締結権限を有する者を置き、継続的に業務を行うことができる施設を有する場所を指すものであるが、商業登記簿に登載されていない営業所又は支店は事務所には該当しない。

2 宅地建物取引業を営まず他の兼業業務のみを営んでいる支店は、事務所には該当しない。

3 宅地建物取引業者は、主たる事務所については、免許証、標識及び国土交通大臣が定めた報酬の額を掲げ、従業者名簿及び帳簿を備え付ける義務を負う。

4 宅地建物取引業者は、その事務所ごとに一定の数の成年者である専任の宅地建物取引士を置かなければならないが、既存の事務所がこれを満たさなくなった場合は、30日以内に必要な措置を執らなければならない。

問 27 宅地建物取引業者A（消費税課税事業者）が受け取ることができる報酬についての次の記述のうち、宅地建物取引業法の規定によれば、正しいものはどれか。

1 Aが、Bから売買の媒介を依頼され、Bからの特別の依頼に基づき、遠隔地への現地調査を実施した。その際、当該調査に要する特別の費用について、Bが負担することを事前に承諾していたので、Aは媒介報酬とは別に、当該調査に要した特別の費用相当額を受領することができる。

2 Aが、居住用建物について、貸主Bから貸借の媒介を依頼され、この媒介が使用貸借に係るものである場合は、当該建物の通常の借賃をもとに報酬の限度額が定まるが、その算定に当たっては、不動産鑑定業者の鑑定評価を求めなければならない。

3 Aが居住用建物の貸主B及び借主Cの双方から媒介の依頼を受けるに当たって、依頼者の一方から受けることのできる報酬の額は、借賃の1か月分の0.55倍に相当する金額以内である。ただし、媒介の依頼を受けるに当たって、依頼者から承諾を得ている場合はこの限りではなく、双方から受けることのできる報酬の合計額は借賃の1か月分の1.1倍に相当する金額を超えてもよい。

4 Aは、土地付建物について、売主Bから媒介を依頼され、代金300万円（消費税等相当額を含み、土地代金は80万円である。）で契約を成立させた。現地調査等の費用については、通常の売買の媒介に比べ5万円（消費税等相当額を含まない。）多く要する旨、Bに対して説明し、合意の上、媒介契約を締結した。この場合、AがBから受領できる報酬の限度額は20万200円である。

改題
問 28 宅地建物取引業者が行う宅地建物取引業法第35条に規定する重要事項の説明に関する次の記述のうち、正しいものはどれか。なお、重要事項説明書の交付に代えて電磁的方法により提供する場合については考慮しないものとする。

1 宅地建物取引業者が、宅地建物取引業者ではない個人から媒介業者の仲介なしに土地付建物を購入する場合、買主である宅地建物取引業者は重要事項説明書を作成しなくても宅地建物取引業法違反とはならない。

2　宅地建物取引業者が、重要事項説明書を作成する際、調査不足のため、重要事項説明書に記載された内容が事実と異なるものとなったが、意図的に事実と異なる内容を記載したものではないため、宅地建物取引業法違反とはならない。

3　宅地建物取引業者は、土地売買の媒介を行う場合、宅地建物取引業者ではない売主に対して契約が成立する前までの間に、宅地建物取引士をして重要事項説明書を交付して説明をさせなければならない。

4　宅地又は建物の取引は権利関係や法令上の制限など取引条件に関する事項が複雑で多岐にわたるため、重要事項説明書は、宅地又は建物の取引の専門的知識を有する宅地建物取引士が作成しなければならない。

問 29 　宅地建物取引士に関する次の記述のうち、宅地建物取引業法の規定によれば、誤っているものはどれか。

1　宅地建物取引士は、禁錮以上の刑に処せられた場合、刑に処せられた日から30日以内に、その旨を宅地建物取引士の登録を受けた都道府県知事に届け出なければならない。

2　宅地建物取引士は、業務に関して事務禁止の処分を受けた場合、速やかに、宅地建物取引士証をその交付を受けた都道府県知事に提出しなければならず、これを怠った場合には罰則の適用を受けることがある。

3　宅地建物取引士は、有効期間の満了日が到来する宅地建物取引士証を更新する場合、国土交通大臣が指定する講習を受講しなければならず、また、当該宅地建物取引士証の有効期間は5年である。

4　宅地建物取引士は、宅地建物取引士の信用を害するような行為をしてはならず、信用を害するような行為には、宅地建物取引士の職務に必ずしも直接関係しない行為や私的な行為も含まれる。

問 30 次の記述のうち、宅地建物取引業法（以下この問において「法」という。）及び犯罪による収益の移転防止に関する法律の規定によれば、正しいものはいくつあるか。

ア 法第35条第2項の規定による割賦販売とは、代金の全部又は一部について、目的物の引渡し後6か月以上の期間にわたり、かつ、2回以上に分割して受領することを条件として販売することをいう。

イ 犯罪による収益の移転防止に関する法律において、宅地建物取引業のうち、宅地若しくは建物の売買契約の締結又はその代理若しくは媒介が特定取引として規定されている。

ウ 宅地建物取引業者は、その従業者に対し、その業務を適正に実施させるため、必要な教育を行うよう努めなければならないと法に定められている。

エ 宅地建物取引業者の使用人その他の従業者は、正当な理由がある場合でなければ、宅地建物取引業の業務を補助したことについて知り得た秘密を他に漏らしてはならないと法に定められている。

1 一つ
2 二つ
3 三つ
4 なし

改題
問 31 宅地建物取引業者Aが、BからB所有の土地付建物の売却について媒介の依頼を受けた場合における次の記述のうち、宅地建物取引業法（以下この問において「法」という。）の規定によれば、正しいものはどれか。なお、法第34条の2第1項の規定に基づく書面の交付に代えて電磁的方法により提供する場合については考慮しないものとする。

1 Aが、Bと一般媒介契約を締結した場合、AがBに対し当該土地付建物の価額について意見を述べるために行った価額の査定に要した費用をBに請求することはできない。

2 Aは、Bとの間で締結した媒介契約が一般媒介契約である場合には、専任媒介契約の場合とは異なり、法第34条の2第1項の規定に基づく書面に、売買すべき価額を記載する必要はない。

3 Aが、Bとの間で締結した専任媒介契約については、Bからの申出により

更新することができ、その後の有効期間については、更新の時から3か月を超える内容に定めることができる。

4　Aが、当該土地付建物の購入の媒介をCから依頼され、Cとの間で一般媒介契約を締結した場合、Aは、買主であるCに対しては、必ずしも法第34条の2第1項の規定に基づく書面を交付しなくともよい。

改題

問 32　宅地建物取引業法第37条の規定により交付すべき書面（以下この問において「37条書面」という。）に関する次の記述のうち、誤っているものはどれか。なお、37条書面の交付に代えて電磁的方法により提供する場合については考慮しないものとする。

1　宅地建物取引業者である売主Aは、宅地建物取引業者であるBの媒介により、宅地建物取引業者ではないCと宅地の売買契約を締結した。AとBが共同で作成した37条書面にBの宅地建物取引士の記名がなされていれば、Aは37条書面にAの宅地建物取引士をして記名をさせる必要はない。

2　宅地建物取引士は、37条書面を交付する際、買主から請求があったときは、宅地建物取引士証を提示しなければならない。

3　宅地建物取引業者である売主Dと宅地建物取引業者ではないEとの建物の売買契約において、手付金の保全措置を講ずる場合、Dはその保全措置の概要を、重要事項説明書に記載し説明する必要があるが、37条書面には記載する必要はない。

4　宅地建物取引業者である売主と宅地建物取引業者ではない個人との建物の売買において、建物の品質に関して契約の内容に適合しない場合におけるその不適合を担保すべき責任について特約を定めたときは、37条書面にその内容を記載しなければならない。

問 33 宅地建物取引士に関する次の記述のうち、宅地建物取引業法の規定によれば、正しいものはいくつあるか。

ア　宅地建物取引士資格試験は未成年者でも受験することができるが、宅地建物取引士の登録は成年に達するまでいかなる場合にも受けることができない。

イ　甲県知事登録の宅地建物取引士が、宅地建物取引業者（乙県知事免許）の専任の宅地建物取引士に就任するためには、宅地建物取引士の登録を乙県に移転しなければならない。

ウ　丙県知事登録の宅地建物取引士が、事務の禁止の処分を受けた場合、丁県に所在する宅地建物取引業者の事務所の業務に従事しようとするときでも、その禁止の期間が満了するまで、宅地建物取引士の登録の移転を丁県知事に申請することができない。

エ　戊県知事登録の宅地建物取引士が、己県へ登録の移転の申請とともに宅地建物取引士証の交付を申請した場合、己県知事が宅地建物取引士証を交付するときは、戊県で交付された宅地建物取引士証の有効期間が経過するまでの期間を有効期間とする宅地建物取引士証を交付しなければならない。

1　一つ
2　二つ
3　三つ
4　四つ

改題
問 34 宅地建物取引業者が建物の売買の媒介の際に行う宅地建物取引業法第35条に規定する重要事項の説明に関する次の記述のうち、誤っているものはどれか。なお、説明の相手方は宅地建物取引業者ではないものとする。

1　当該建物が既存の建物であるときは、宅地建物取引業法第34条の2第1項第4号に規定する建物状況調査を過去1年以内に実施しているかどうか、及びこれを実施している場合におけるその結果の概要を説明しなければならない。

2　当該建物が宅地造成及び特定盛土等規制法の規定により指定された造成宅地防災区域内にあるときは、その旨を説明しなければならない。

3　当該建物について、石綿の使用の有無の調査の結果が記録されているとき

は、その内容を説明しなければならない。

4 当該建物（昭和56年5月31日以前に新築の工事に着手したもの）が指定確認検査機関、建築士、登録住宅性能評価機関又は地方公共団体による耐震診断を受けたものであるときは、その旨を説明しなければならない。

改題

問 35 次の記述のうち、宅地建物取引業法（以下この問において「法」という。）の規定によれば、正しいものはどれか。なお、法第35条又は第37条の規定に基づく書面に代えて電磁的方法により提供する場合については考慮しないものとする。

1 宅地建物取引業者の従業者である宅地建物取引士は、取引の関係者から事務所で従業者証明書の提示を求められたときは、この証明書に代えて従業者名簿又は宅地建物取引士証を提示することで足りる。

2 宅地建物取引業者Aが所有する甲建物を法人Bに売却するに当たり、Bが宅地建物取引業者であるか否かにかかわらず、AはBに対し、宅地建物取引士をして、法第35条の規定に基づく書面を交付し説明をさせなければならない。

3 法人Cが所有する乙建物の個人Dへの賃貸を宅地建物取引業者Eが媒介し、当該賃貸借契約が成立したときは、EはDに対し、宅地建物取引士をして、法第35条の規定に基づく書面を交付し説明をさせなければならない。

4 宅地建物取引業者Fが所有する丙宅地を法人Gに売却する契約を締結したとき、Gが宅地建物取引業者であるか否かにかかわらず、FはGに対し、法第37条の規定に基づく書面を交付しなければならない。

問 36 宅地建物取引業者が行う宅地建物取引業法第35条に規定する重要事項の説明に関する次の記述のうち、正しいものはどれか。なお、説明の相手方は宅地建物取引業者ではないものとする。

1 建物の売買の媒介を行う場合、当該建物が既存の住宅であるときは当該建物の検査済証（宅地建物取引業法施行規則第16条の2の3第2号に定めるもの）の保存の状況について説明しなければならず、当該検査済証が存在しない場合はその旨を説明しなければならない。

2 宅地の売買の媒介を行う場合、売買代金の額並びにその支払の時期及び方法について説明しなければならない。

3 建物の貸借の媒介を行う場合、当該建物が、水防法施行規則第11条第1号の規定により市町村（特別区を含む。）の長が提供する図面にその位置が表示されている場合には、当該図面が存在していることを説明すれば足りる。

4 自ら売主となって建物の売買契約を締結する場合、当該建物の引渡しの時期について説明しなければならない。

問 37 宅地建物取引業者Aがその業務に関して行う広告に関する次の記述のうち、宅地建物取引業法（以下この問において「法」という。）の規定によれば、正しいものはいくつあるか。

ア Aが未完成の建売住宅を販売する場合、建築基準法第6条第1項に基づく確認を受けた後、同項の変更の確認の申請書を提出している期間においては、変更の確認を受ける予定であることを表示し、かつ、当初の確認内容を合わせて表示すれば、変更の確認の内容を広告することができる。

イ Aが新築住宅の売買に関する広告をインターネットで行った場合、実際のものより著しく優良又は有利であると人を誤認させるような表示を行ったが、当該広告について問合せや申込みがなかったときは、法第32条に定める誇大広告等の禁止の規定に違反しない。

ウ Aが一団の宅地の販売について、数回に分けて広告をするときは、そのたびごとに広告へ取引態様の別を明示しなければならず、当該広告を見た者から売買に関する注文を受けたときも、改めて取引態様の別を明示しなければならない。

1 一つ

2　二つ
3　三つ
4　なし

問 38　宅地建物取引業者が自ら売主となる宅地の売買契約について、買受けの申込みを喫茶店で行った場合における宅地建物取引業法第37条の2の規定に基づくいわゆるクーリング・オフに関する次の記述のうち、正しいものはどれか。

1　買受けの申込みをした者が、売買契約締結後、当該宅地の引渡しを受けた場合、クーリング・オフによる当該売買契約の解除を行うことができない。
2　買受けの申込みをした者が宅地建物取引業者であった場合、クーリング・オフについて告げられていなくても、申込みを行った日から起算して8日を経過するまでは、書面により買受けの申込みの撤回をすることができる。
3　売主業者の申出により、買受けの申込みをした者の勤務先で売買契約を行った場合、クーリング・オフによる当該売買契約の解除を行うことはできない。
4　クーリング・オフによる売買契約の解除がなされた場合において、宅地建物取引業者は、買受けの申込みをした者に対し、速やかに、当該売買契約の締結に際し受領した手付金その他の金銭を返還しなければならない。

問 39 宅地建物取引業保証協会（以下この問において「保証協会」という。）に関する次の記述のうち、宅地建物取引業法の規定によれば、正しいものはどれか。

1　保証協会は、弁済業務保証金について弁済を受ける権利を有する者から認証申出書の提出があり、認証に係る事務を処理する場合には、各月ごとに、認証申出書に記載された取引が成立した時期の順序に従ってしなければならない。

2　保証協会は、当該保証協会の社員から弁済業務保証金分担金の納付を受けたときは、その納付を受けた額に相当する額の弁済業務保証金を当該社員の主たる事務所の最寄りの供託所に供託しなければならない。

3　保証協会の社員が弁済業務保証金分担金を納付した後に、新たに事務所を設置したときは、その日から2週間以内に保証協会に納付すべき弁済業務保証金分担金について、国債証券をもって充てることができる。

4　宅地建物取引業者と宅地の売買契約を締結した買主（宅地建物取引業者ではない。）は、当該宅地建物取引業者が保証協会の社員となる前にその取引により生じた債権に関し、当該保証協会が供託した弁済業務保証金について弁済を受ける権利を有する。

改題
問 40 建物の貸借の媒介を行う宅地建物取引業者が、その取引の相手方(宅地建物取引業者を除く。) に対して、次のアからエの発言に続けて宅地建物取引業法第35条の規定に基づく重要事項の説明を行った場合のうち、宅地建物取引業法の規定に違反しないものはいくつあるか。

ア　本日は重要事項の説明を行うためにお電話しました。お客様はIT環境をお持ちでなく映像を見ることができないとのことですので、宅地建物取引士である私が記名した重要事項説明書は現在お住まいの住所に郵送いたしました。このお電話にて重要事項の説明をさせていただきますので、お手元でご覧いただきながらお聞き願います。

イ　建物の貸主が宅地建物取引業者で、代表者が宅地建物取引士であり建物の事情に詳しいことから、その代表者が作成し、記名した重要事項説明書がこちらになります。当社の宅地建物取引士は同席しますが、説明は貸主の代表者が担当します。

ウ　この物件の担当である弊社の宅地建物取引士が本日急用のため対応できなくなりましたが、せっかくお越しいただきましたので、重要事項説明書にある宅地建物取引士欄を訂正の上、宅地建物取引士である私が記名をし、代わりに説明をいたします。私の宅地建物取引士証をお見せします。

エ　本日はお客様のご希望ですので、テレビ会議を用いて重要事項の説明を行います。当社の側の音声は聞こえていますでしょうか。十分に聞き取れたとのお返事、こちらにも聞こえました。では、説明を担当する私の宅地建物取引士証をお示ししますので、画面上でご確認をいただき、私の名前を読み上げていただけますでしょうか。そうです、読み方も間違いありません。それでは、双方音声・映像ともやりとりできる状況ですので、説明を始めます。事前にお送りした私が記名した重要事項説明書をお手元にご用意ください。

1　一つ
2　二つ
3　三つ
4　四つ

問 41 営業保証金及び宅地建物取引業保証協会（以下この問において「保証協会」という。）に関する次の記述のうち、宅地建物取引業法の規定によれば、誤っているものはいくつあるか。

ア 宅地建物取引業者の代表者が、その業務に関し刑法第222条（脅迫）の罪により懲役の刑に処せられたことを理由に宅地建物取引業の免許を取り消された場合、当該宅地建物取引業者であった者は、当該刑の執行を終わった日から5年間は供託した営業保証金を取り戻すことができない。

イ 営業保証金の還付により、営業保証金が政令で定める額に不足することとなったため、国土交通大臣又は都道府県知事から不足額を供託すべき旨の通知書の送付を受けた宅地建物取引業者は、その送付を受けた日から2週間以内にその不足額を供託しなければならない。

ウ 保証協会の社員は、自らが取り扱った宅地建物取引業に係る取引の相手方から当該取引に関する苦情について解決の申出が保証協会にあり、保証協会から関係する資料の提出を求められたときは、正当な理由がある場合でなければ、これを拒んではならない。

エ 保証協会の社員と宅地建物取引業に関し取引をした者は、その取引により生じた債権に関し、当該社員が納付した弁済業務保証金の額に相当する額の範囲内において弁済を受ける権利を有する。

1 一つ
2 二つ
3 三つ
4 四つ

改題
問 42 宅地建物取引業者Aが、BからB所有の宅地の売却を依頼され、Bと専属専任媒介契約（以下この問において「本件媒介契約」という。）を締結した場合に関する次の記述のうち、宅地建物取引業法の規定によれば、正しいものはどれか。なお、登録を証する書面の引渡しに代えて電磁的方法により提供する場合については考慮しないものとする。

1 AはBに対して、契約の相手方を探索するために行った措置など本件媒介契約に係る業務の処理状況を2週間に1回以上報告しなければならない。

2 AがBに対し当該宅地の価額又は評価額について意見を述べるときは、そ

の根拠を明らかにしなければならないが、根拠の明示は口頭でも書面を用いてもどちらでもよい。

3　本件媒介契約の有効期間について、あらかじめBからの書面による申出があるときは、3か月を超える期間を定めることができる。

4　Aは所定の事項を指定流通機構に登録した場合、Bから引渡しの依頼がなければ、その登録を証する書面をBに引き渡さなくてもよい。

問 43　宅地建物取引業者Aが、自ら売主として行う売買契約に関する次の記述のうち、宅地建物取引業法の規定によれば、誤っているものはどれか。なお、買主は宅地建物取引業者ではないものとする。

1　Aが、宅地又は建物の売買契約に際して手付を受領した場合、その手付がいかなる性質のものであっても、Aが契約の履行に着手するまでの間、買主はその手付を放棄して契約の解除をすることができる。

2　Aが、土地付建物の売買契約を締結する場合において、買主との間で、「売主は、売買物件の引渡しの日から1年間に限り当該物件の種類又は品質に関して契約の内容に適合しない場合におけるその不適合を担保する責任を負う」とする旨の特約を設けることができる。

3　販売代金2,500万円の宅地について、Aが売買契約の締結を行い、損害賠償の額の予定及び違約金の定めをする場合、その合計額を500万円と設定することができる。

4　Aが建物の割賦販売を行った場合、当該建物を買主に引き渡し、かつ、代金の額の10分の3を超える額の支払を受けた後は、担保の目的で当該建物を譲り受けてはならない。

問 44 宅地建物取引業法（以下この問において「法」という。）第37条の規定により交付すべき書面（以下この問において「37条書面」という。）に関する次の記述のうち、宅地建物取引業者Aが法の規定に違反するものはどれか。なお、37条書面の交付に代えて電磁的方法により提供する場合については考慮しないものとする。

1 Aは、自ら売主として宅地建物取引業者ではないBとの間で宅地の売買契約を締結した。この際、当該買主の代理として宅地建物取引業者Cが関与していたことから、37条書面をBに加え、Cにも交付した。

2 Aは、その媒介により建物の貸借の契約を成立させ、37条書面を借主に交付するに当たり、37条書面に記名した宅地建物取引士が不在であったことから、宅地建物取引士ではないAの従業員に書面を交付させた。

3 Aは、その媒介により借主Dと建物の貸借の契約を成立させた。この際、借賃以外の金銭の授受に関する定めがあるので、その額や当該金銭の授受の時期だけでなく、当該金銭の授受の目的についても37条書面に記載し、Dに交付した。

4 Aは、自ら売主として宅地建物取引業者Eの媒介により、宅地建物取引業者Fと宅地の売買契約を締結した。37条書面については、A、E、Fの三者で内容を確認した上で各自作成し、交付せずにそれぞれ自ら作成した書類を保管した。

問 45 特定住宅瑕疵担保責任の履行の確保等に関する法律に基づく住宅販売瑕疵担保保証金の供託又は住宅販売瑕疵担保責任保険契約の締結に関する次の記述のうち、正しいものはどれか。

1 宅地建物取引業者は、自ら売主として宅地建物取引業者である買主との間で新築住宅の売買契約を締結し、その住宅を引き渡す場合、住宅販売瑕疵担保保証金の供託又は住宅販売瑕疵担保責任保険契約の締結を行う義務を負う。

2 住宅販売瑕疵担保責任保険契約は、新築住宅の引渡し時から10年以上有効でなければならないが、当該新築住宅の買主の承諾があれば、当該保険契約に係る保険期間を5年間に短縮することができる。

3 自ら売主として新築住宅を販売する宅地建物取引業者は、基準日から3週

間を経過する日までの間において、当該基準日前10年間に自ら売主となる売買契約に基づき宅地建物取引業者ではない買主に引き渡した新築住宅（住宅販売瑕疵担保責任保険契約に係る新築住宅を除く。）について、住宅販売瑕疵担保保証金の供託をしていなければならない。

4　宅地建物取引業者が住宅販売瑕疵担保保証金の供託をし、その額が、基準日において、販売新築住宅の合計戸数を基礎として算定する基準額を超えることとなった場合、宅地建物取引業法の免許を受けた国土交通大臣又は都道府県知事の承認がなくても、その超過額を取り戻すことができる。

問 46　独立行政法人住宅金融支援機構（以下この問において「機構」という。）に関する次の記述のうち、誤っているものはどれか。

1　機構は、住宅の建設又は購入に必要な資金の貸付けに係る金融機関の貸付債権の譲受けを業務として行っているが、当該住宅の建設又は購入に付随する土地又は借地権の取得に必要な資金については、譲受けの対象としていない。

2　機構は、団体信用生命保険業務において、貸付けを受けた者が死亡した場合のみならず、重度障害となった場合においても、支払われる生命保険の保険金を当該貸付けに係る債務の弁済に充当することができる。

3　証券化支援事業（買取型）において、機構による譲受けの対象となる貸付債権の償還方法には、元利均等の方法であるものに加え、元金均等の方法であるものもある。

4　機構は、証券化支援事業（買取型）において、ＭＢＳ（資産担保証券）を発行することにより、債券市場（投資家）から資金を調達している。

問 47 宅地建物取引業者が行う広告に関する次の記述のうち、不当景品類及び不当表示防止法（不動産の表示に関する公正競争規約を含む。）の規定によれば、正しいものはどれか。

1　物件からスーパーマーケット等の商業施設までの徒歩所要時間は、道路距離80mにつき1分間を要するものとして算出し、1分未満の端数が生じたときは、端数を切り捨てて表示しなければならない。

2　インターネット上に掲載した賃貸物件の広告について、掲載直前に契約済みとなっていたとしても、消費者からの問合せに対して既に契約済みであり取引できない旨を説明すれば、不当表示に問われることはない。

3　マンションの管理費について、住戸により管理費の額が異なる場合において、その全ての住宅の管理費を示すことが困難であるときは、最高額のみを表示すればよい。

4　建築条件付土地の取引の広告においては、当該条件の内容、当該条件が成就しなかったときの措置の内容だけでなく、そもそも当該取引の対象が土地であることも明らかにして表示しなければならない。

参考　※正解肢なし
問 48 次の記述のうち、正しいものはどれか。

1　建築着工統計調査報告（令和3年計。令和4年1月公表）によれば、令和3年の新設住宅の着工戸数のうち、持家は前年比で増加したが、貸家及び分譲住宅は前年比で減少した。

2　令和4年地価公示（令和4年3月公表）によれば、令和3年1月以降の1年間の住宅地の地価は、三大都市圏平均では下落したものの、それ以外の地方圏平均では上昇した。

3　令和4年版土地白書（令和4年6月公表）によれば、令和3年の全国の土地取引件数は約133万件となり、土地取引件数の対前年比は令和元年以降減少が続いている。

4　国土交通省の公表する不動産価格指数のうち、全国の商業用不動産総合の季節調整値は、2021年（令和3年）においては第1四半期から第4四半期まで連続で対前期比増となった。

問 49　土地に関する次の記述のうち、最も不適当なものはどれか。

1　台地の上の浅い谷は、豪雨時には一時的に浸水することがあり、注意を要する。

2　低地は、一般に洪水や地震などに対して強く、防災的見地から住宅地として好ましい。

3　埋立地は、平均海面に対し4～5mの比高があり護岸が強固であれば、住宅地としても利用が可能である。

4　国土交通省が運営するハザードマップポータルサイトでは、洪水、土砂災害、高潮、津波のリスク情報などを地図や写真に重ねて表示できる。

問 50　建築物の構造に関する次の記述のうち、最も不適当なものはどれか。

1　木構造は、主要構造を木質系材料で構成するものであり、在来軸組構法での主要構造は、一般に軸組、小屋組、床組からなる。

2　在来軸組構法の軸組は、通常、水平材である土台、桁、胴差と、垂直材の柱及び耐力壁からなる。

3　小屋組は、屋根の骨組であり、小屋梁、小屋束、母屋、垂木等の部材を組み合わせた和小屋と、陸梁、束、方杖等の部材で形成するトラス構造の洋小屋がある。

4　軸組に仕上げを施した壁には、真壁と大壁があり、真壁のみで構成する洋風構造と、大壁のみで構成する和風構造があるが、これらを併用する場合はない。

令和3年度
本試験問題

03

令和3年度10月実施試験の内容です。

●改題…法改正などにより修正を加えた問題です。

●**参考**　どのような出題がされたかを確認するための参考問題です。出題当時の
　　　　まま掲載していますので内容を覚える必要はありません。

解答解説

本冊P 85〜P 121

令和3年度　試験解答用紙

— 解答欄 —

問題番号	解答番号			
問　1	①	②	③	④
問　2	①	②	③	④
問　3	①	②	③	④
問　4	①	②	③	④
問　5	①	②	③	④
問　6	①	②	③	④
問　7	①	②	③	④
問　8	①	②	③	④
問　9	①	②	③	④
問　10	①	②	③	④
問　11	①	②	③	④
問　12	①	②	③	④
問　13	①	②	③	④
問　14	①	②	③	④
問　15	①	②	③	④
問　16	①	②	③	④
問　17	①	②	③	④
問　18	①	②	③	④
問　19	①	②	③	④
問　20	①	②	③	④
問　21	①	②	③	④
問　22	①	②	③	④
問　23	①	②	③	④
問　24	①	②	③	④
問　25	①	②	③	④

問題番号	解答番号			
問　26	①	②	③	④
問　27	①	②	③	④
問　28	①	②	③	④
問　29	①	②	③	④
問　30	①	②	③	④
問　31	①	②	③	④
問　32	①	②	③	④
問　33	①	②	③	④
問　34	①	②	③	④
問　35	①	②	③	④
問　36	①	②	③	④
問　37	①	②	③	④
問　38	①	②	③	④
問　39	①	②	③	④
問　40	①	②	③	④
問　41	①	②	③	④
問　42	①	②	③	④
問　43	①	②	③	④
問　44	①	②	③	④
問　45	①	②	③	④
問　46	①	②	③	④
問　47	①	②	③	④
問　48	①	②	③	④
問　49	①	②	③	④
問　50	①	②	③	④

切取線

問　1　次の１から４までの記述のうち、民法の規定、判例及び下記判決文によれば、正しいものはどれか。

（判決文）
賃貸人は、特別の約定のないかぎり、賃借人から家屋明渡を受けた後に前記の敷金残額を返還すれば足りるものと解すべく、したがって、家屋明渡債務と敷金返還債務とは同時履行の関係にたつものではないと解するのが相当であり、このことは、賃貸借の終了原因が解除（解約）による場合であっても異なるところはないと解すべきである。

1　賃借人の家屋明渡債務が賃貸人の敷金返還債務に対し先履行の関係に立つと解すべき場合、賃借人は賃貸人に対し敷金返還請求権をもって家屋につき留置権を取得する余地はない。
2　賃貸借の終了に伴う賃借人の家屋明渡債務と賃貸人の敷金返還債務とは、１個の双務契約によって生じた対価的債務の関係にあるものといえる。
3　賃貸借における敷金は、賃貸借の終了時点までに生じた債権を担保するものであって、賃貸人は、賃貸借終了後賃借人の家屋の明渡しまでに生じた債権を敷金から控除することはできない。
4　賃貸借の終了に伴う賃借人の家屋明渡債務と賃貸人の敷金返還債務の間に同時履行の関係を肯定することは、家屋の明渡しまでに賃貸人が取得する一切の債権を担保することを目的とする敷金の性質にも適合する。

問 2　債務者A、B、Cの3名が、令和6年7月1日に、内部的な負担部分の割合は等しいものとして合意した上で、債権者Dに対して300万円の連帯債務を負った場合に関する次の記述のうち、民法の規定によれば、誤っているものはどれか。

1　DがAに対して裁判上の請求を行ったとしても、特段の合意がなければ、BとCがDに対して負う債務の消滅時効の完成には影響しない。
2　BがDに対して300万円の債権を有している場合、Bが相殺を援用しない間に300万円の支払の請求を受けたCは、BのDに対する債権で相殺する旨の意思表示をすることができる。
3　DがCに対して債務を免除した場合でも、特段の合意がなければ、DはAに対してもBに対しても、弁済期が到来した300万円全額の支払を請求することができる。
4　AとDとの間に更改があったときは、300万円の債権は、全ての連帯債務者の利益のために消滅する。

問 3　個人として事業を営むAが死亡した場合に関する次の記述のうち、民法の規定によれば、誤っているものはいくつあるか。なお、いずれの契約も令和6年7月1日付けで締結されたものとする。

ア　AがBとの間でB所有建物の清掃に関する準委任契約を締結していた場合、Aの相続人は、Bとの間で特段の合意をしなくても、当該準委任契約に基づく清掃業務を行う義務を負う。
イ　AがA所有の建物について賃借人Cとの間で賃貸借契約を締結している期間中にAが死亡した場合、Aの相続人は、Cに賃貸借契約を継続するか否かを相当の期間を定めて催告し、期間内に返答がなければ賃貸借契約をAの死亡を理由に解除することができる。
ウ　AがA所有の土地について買主Dとの間で売買契約を締結し、当該土地の引渡しと残代金決済の前にAが死亡した場合、当該売買契約は原始的に履行が不能となって無効となる。
エ　AがE所有の建物について貸主Eとの間で使用貸借契約を締結していた場合、Aの相続人は、Eとの間で特段の合意をしなくても、当該使用貸借契約の借主の地位を相続して当該建物を使用することができる。

1　一つ
2　二つ
3　三つ
4　四つ

問 4　被相続人Aの配偶者Bが、A所有の建物に相続開始の時に居住していたため、遺産分割協議によって配偶者居住権を取得した場合に関する次の記述のうち、民法の規定によれば、正しいものはどれか。

1　遺産分割協議でBの配偶者居住権の存続期間を20年と定めた場合、存続期間が満了した時点で配偶者居住権は消滅し、配偶者居住権の延長や更新はできない。
2　Bは、配偶者居住権の存続期間内であれば、居住している建物の所有者の承諾を得ることなく、第三者に当該建物を賃貸することができる。
3　配偶者居住権の存続期間中にBが死亡した場合、Bの相続人CはBの有していた配偶者居住権を相続する。
4　Bが配偶者居住権に基づいて居住している建物が第三者Dに売却された場合、Bは、配偶者居住権の登記がなくてもDに対抗することができる。

問 5 次の記述のうち、民法の規定及び判例によれば、正しいものはどれか。

1 令和6年4月1日において15歳の者は成年であるので、その時点で、携帯電話サービスの契約や不動産の賃貸借契約を1人で締結することができる。

2 養育費は、子供が未成熟であって経済的に自立することを期待することができない期間を対象として支払われるものであるから、子供が成年に達したときは、当然に養育費の支払義務が終了する。

3 営業を許された未成年者が、その営業に関するか否かにかかわらず、第三者から法定代理人の同意なく負担付贈与を受けた場合には、法定代理人は当該行為を取り消すことができない。

4 意思能力を有しないときに行った不動産の売買契約は、後見開始の審判を受けているか否かにかかわらず効力を有しない。

問 6 売買代金債権（以下この問において「債権」という。）の譲渡（令和6年7月1日に譲渡契約が行われたもの）に関する次の記述のうち、民法の規定によれば、誤っているものはどれか。

1 譲渡制限の意思表示がされた債権が譲渡された場合、当該債権譲渡の効力は妨げられないが、債務者は、その債権の全額に相当する金銭を供託することができる。

2 債権が譲渡された場合、その意思表示の時に債権が現に発生していないときは、譲受人は、その後に発生した債権を取得できない。

3 譲渡制限の意思表示がされた債権の譲受人が、その意思表示がされていたことを知っていたときは、債務者は、その債務の履行を拒むことができ、かつ、譲渡人に対する弁済その他の債務を消滅させる事由をもって譲受人に対抗することができる。

4 債権の譲渡は、譲渡人が債務者に通知し、又は債務者が承諾をしなければ、債務者その他の第三者に対抗することができず、その譲渡の通知又は承諾は、確定日付のある証書によってしなければ、債務者以外の第三者に対抗することができない。

問 7 Aを売主、Bを買主として、A所有の甲自動車を50万円で売却する契約（以下この問において「本件契約」という。）が令和6年7月1日に締結された場合に関する次の記述のうち、民法の規定によれば、誤っているものはどれか。

1 Bが甲自動車の引渡しを受けたが、甲自動車のエンジンに契約の内容に適合しない欠陥があることが判明した場合、BはAに対して、甲自動車の修理を請求することができる。

2 Bが甲自動車の引渡しを受けたが、甲自動車に契約の内容に適合しない修理不能な損傷があることが判明した場合、BはAに対して、売買代金の減額を請求することができる。

3 Bが引渡しを受けた甲自動車が故障を起こしたときは、修理が可能か否かにかかわらず、BはAに対して、修理を請求することなく、本件契約の解除をすることができる。

4 甲自動車について、第三者CがA所有ではなくC所有の自動車であると主張しており、Bが所有権を取得できないおそれがある場合、Aが相当の担保を供したときを除き、BはAに対して、売買代金の支払を拒絶することができる。

問 8 Aが1人で居住する甲建物の保存に瑕疵があったため、令和6年7月1日に甲建物の壁が崩れて通行人Bがケガをした場合（以下この問において「本件事故」という。）における次の記述のうち、民法の規定によれば、誤っているものはどれか。

1 Aが甲建物をCから賃借している場合、Aは甲建物の保存の瑕疵による損害の発生の防止に必要な注意をしなかったとしても、Bに対して不法行為責任を負わない。

2 Aが甲建物を所有している場合、Aは甲建物の保存の瑕疵による損害の発生の防止に必要な注意をしたとしても、Bに対して不法行為責任を負う。

3 本件事故について、AのBに対する不法行為責任が成立する場合、BのAに対する損害賠償請求権は、B又はBの法定代理人が損害又は加害者を知らないときでも、本件事故の時から20年間行使しないときには時効により消滅する。

4 本件事故について、AのBに対する不法行為責任が成立する場合、BのAに対する損害賠償請求権は、B又はBの法定代理人が損害及び加害者を知った時から5年間行使しないときには時効により消滅する。

問 9 Aには死亡した夫Bとの間に子Cがおり、Dには離婚した前妻Eとの間に子F及び子Gがいる。Fの親権はEが有し、Gの親権はDが有している。AとDが婚姻した後にDが令和6年7月1日に死亡した場合における法定相続分として、民法の規定によれば、正しいものはどれか。

1 Aが2分の1、Fが4分の1、Gが4分の1

2 Aが2分の1、Cが6分の1、Fが6分の1、Gが6分の1

3 Aが2分の1、Gが2分の1

4 Aが2分の1、Cが4分の1、Gが4分の1

問 10　ＡとＢとの間で、Ａを売主、Ｂを買主とする、等価値の美術品甲又は乙のいずれか選択によって定められる美術品の売買契約（以下この問において「本件契約」という。）が令和６年７月１日に締結された場合に関する次の記述のうち、民法の規定によれば、正しいものはどれか。

1　本件契約において、給付の目的を甲にするか乙にするかについて、第三者Ｃを選択権者とする合意がなされた場合、Ｃが選択をすることができないときは、選択権はＢに移転する。

2　本件契約において、給付の目的を甲にするか乙にするかについて、Ａを選択権者とする合意がなされた後に、Ａの失火により甲が全焼したときは、給付の目的物は乙となる。

3　本件契約において、給付の目的を甲にするか乙にするかについての選択権に関する特段の合意がない場合、Ｂが選択権者となる。

4　本件契約において、給付の目的を甲にするか乙にするかについて、第三者Ｄを選択権者とする合意がなされた場合、Ｄが選択権を行使するときは、ＡとＢの両者に対して意思表示をしなければならない。

問 11　Aは、所有している甲土地につき、Bとの間で建物所有を目的とする賃貸借契約（以下この問において「借地契約」という。）を締結する予定であるが、期間が満了した時点で、確実に借地契約が終了するようにしたい。この場合に関する次の記述のうち、借地借家法の規定によれば、誤っているものはどれか。なお、同法第22条第2項に規定する電磁的記録については考慮しないものとする。

1　事業の用に供する建物を所有する目的とし、期間を60年と定める場合には、契約の更新や建物の築造による存続期間の延長がない旨を書面で合意すれば、公正証書で合意しなくても、その旨を借地契約に定めることができる。

2　居住の用に供する建物を所有することを目的とする場合には、公正証書によって借地契約を締結するときであっても、期間を20年とし契約の更新や建物の築造による存続期間の延長がない旨を借地契約に定めることはできない。

3　居住の用に供する建物を所有することを目的とする場合には、借地契約を書面で行えば、借地権を消滅させるため、借地権の設定から20年が経過した日に甲土地上の建物の所有権を相当の対価でBからAに移転する旨の特約を有効に定めることができる。

4　借地契約がBの臨時設備の設置その他一時使用のためになされることが明らかである場合には、期間を5年と定め、契約の更新や建物の築造による存続期間の延長がない旨を借地契約に定めることができる。

問 12　Aを賃貸人、Bを賃借人とする甲建物の賃貸借契約（以下この問において「本件契約」という。）が令和6年7月1日に締結された場合に関する次の記述のうち、民法及び借地借家法の規定並びに判例によれば、正しいものはどれか。

1　本件契約について期間の定めをしなかった場合、AはBに対して、いつでも解約の申入れをすることができ、本件契約は、解約の申入れの日から3月を経過することによって終了する。

2　甲建物がBに引き渡された後、甲建物の所有権がAからCに移転した場合、本件契約の敷金は、他に特段の合意がない限り、BのAに対する未払賃料債務に充当され、残額がCに承継される。

3　甲建物が適法にBからDに転貸されている場合、AがDに対して本件契約が期間満了によって終了する旨の通知をしたときは、建物の転貸借は、その通知がされた日から3月を経過することによって終了する。

4　本件契約が借地借家法第38条の定期建物賃貸借契約で、期間を5年、契約の更新がない旨を定めた場合、Aは、期間満了の1年前から6月前までの間に、Bに対し賃貸借が終了する旨の通知をしなければ、従前の契約と同一条件で契約を更新したものとみなされる。

問 13　建物の区分所有等に関する法律（以下この問において「法」という。）に関する次の記述のうち、誤っているものはどれか。

1　法又は規約により集会において決議をすべき場合において、区分所有者が1人でも反対するときは、集会を開催せずに書面によって決議をすることはできない。

2　形状又は効用の著しい変更を伴う共用部分の変更については、区分所有者及び議決権の各4分の3以上の多数による集会の決議で決するものであるが、規約でこの区分所有者の定数を過半数まで減ずることができる。

3　敷地利用権が数人で有する所有権その他の権利である場合には、規約に別段の定めがあるときを除いて、区分所有者は、その有する専有部分とその専有部分に係る敷地利用権とを分離して処分することができない。

4　各共有者の共用部分の持分は、規約に別段の定めがある場合を除いて、その有する専有部分の床面積の割合によるが、この床面積は壁その他の区画の中心線で囲まれた部分の水平投影面積である。

不動産の登記に関する次の記述のうち、不動産登記法の規定によれば、正しいものはどれか。

1 所有権の登記の抹消は、所有権の移転の登記がある場合においても、所有権の登記名義人が単独で申請することができる。
2 登記の申請をする者の委任による代理人の権限は、本人の死亡によって消滅する。
3 法人の合併による権利の移転の登記は、登記権利者が単独で申請することができる。
4 信託の登記は、受託者が単独で申請することができない。

問 15 都市計画法に関する次の記述のうち、誤っているものはどれか。

1 地区計画については、都市計画に、当該地区計画の目標を定めるよう努めるものとされている。
2 地区計画については、都市計画に、区域の面積を定めるよう努めるものとされている。
3 地区整備計画においては、市街化区域と市街化調整区域との区分の決定の有無を定めることができる。
4 地区整備計画においては、建築物の建蔽率の最高限度を定めることができる。

問 16 都市計画法に関する次の記述のうち、正しいものはどれか。ただし、許可を要する開発行為の面積については、条例による定めはないものとし、この問において「都道府県知事」とは、地方自治法に基づく指定都市、中核市及び施行時特例市にあってはその長をいうものとする。

1 市街化区域において、都市公園法に規定する公園施設である建築物の建築を目的とした5,000㎡の土地の区画形質の変更を行おうとする者は、あらかじめ、都道府県知事の許可を受けなければならない。

2 首都圏整備法に規定する既成市街地内にある市街化区域において、住宅の建築を目的とした800㎡の土地の区画形質の変更を行おうとする者は、あらかじめ、都道府県知事の許可を受けなければならない。

3 準都市計画区域において、商業施設の建築を目的とした2,000㎡の土地の区画形質の変更を行おうとする者は、あらかじめ、都道府県知事の許可を受けなければならない。

4 区域区分が定められていない都市計画区域において、土地区画整理事業の施行として行う8,000㎡の土地の区画形質の変更を行おうとする者は、あらかじめ、都道府県知事の許可を受けなければならない。

問 17 建築基準法に関する次の記述のうち、正しいものはどれか。

1 居室の内装の仕上げには、ホルムアルデヒドを発散させる建築材料を使用することが認められていない。

2 4階建ての共同住宅の敷地内には、避難階に設けた屋外への出口から道又は公園、広場その他の空地に通ずる幅員が2m以上の通路を設けなければならない。

3 防火地域又は準防火地域内にある建築物で、外壁が防火構造であるものについては、その外壁を隣地境界線に接して設けることができる。

4 建築主は、3階建ての木造の共同住宅を新築する場合において、特定行政庁が、安全上、防火上及び避難上支障がないと認めたときは、検査済証の交付を受ける前においても、仮に、当該共同住宅を使用することができる。

次の記述のうち、建築基準法の規定によれば、誤っているものはどれか。

1 都市計画により建蔽率の限度が10分の6と定められている近隣商業地域において、準防火地域内にある耐火建築物で、街区の角にある敷地又はこれに準ずる敷地で特定行政庁が指定するものの内にある建築物については、建蔽率の限度が10分の8となる。

2 市町村は、集落地区計画の区域において、用途地域における用途の制限を補完し、当該区域の特性にふさわしい土地利用の増進等の目的を達成するため必要と認める場合においては、国土交通大臣の承認を得て、当該区域における用途制限を緩和することができる。

3 居住環境向上用途誘導地区内においては、公益上必要な一定の建築物を除き、建築物の建蔽率は、居住環境向上用途誘導地区に関する都市計画において建築物の建蔽率の最高限度が定められたときは、当該最高限度以下でなければならない。

4 都市計画区域内のごみ焼却場の用途に供する建築物について、特定行政庁が建築基準法第51条に規定する都市計画審議会の議を経てその敷地の位置が都市計画上支障がないと認めて許可した場合においては、都市計画においてその敷地の位置が決定しているものでなくても、新築することができる。

改題
問 19 宅地造成及び特定盛土等規制法（以下この問において「法」という。）に関する次の記述のうち、誤っているものはどれか。なお、この問において「都道府県知事」とは、地方自治法に基づく指定都市、中核市及び施行時特例市にあってはその長をいうものとする。

1 宅地造成等工事規制区域内において、宅地を造成するために切土をする土地の面積が500㎡であって盛土を生じない場合、切土をした部分に生じる崖の高さが1.5mであれば、都道府県知事の法第12条第1項本文の工事の許可は不要である。

2 都道府県知事は、法第12条第1項本文の工事の許可の申請があったときは、遅滞なく、許可又は不許可の処分をしなければならない。

3 都道府県知事は、一定の場合には都道府県（地方自治法に基づく指定都市、中核市又は施行時特例市の区域にあっては、それぞれ指定都市、中核市又は

施行時特例市）の規則で、宅地造成等工事規制区域内において行われる宅地造成等に関する工事の技術的基準を強化し、又は付加することができる。

4　都道府県知事は、関係市町村長の意見を聴いて、宅地造成等工事規制区域内で、宅地造成又は特定盛土等に伴う災害で相当数の居住者その他の者に危害を生ずるものの発生のおそれが大きい一団の造成宅地の区域であって一定の基準に該当するものを、造成宅地防災区域として指定することができる。

問 20　土地区画整理法に関する次の記述のうち、誤っているものはどれか。

1　換地計画において参加組合員に対して与えるべきものとして定められた宅地は、換地処分の公告があった日の翌日において、当該宅地の所有者となるべきものとして換地計画において定められた参加組合員が取得する。

2　換地計画において換地を定める場合においては、換地及び従前の宅地の位置、地積、土質、水利、利用状況、環境等が照応するように定めなければならない。

3　土地区画整理組合の設立の認可の公告があった日後、換地処分の公告がある日までは、施行地区内において、土地区画整理事業の施行の障害となるおそれがある土地の形質の変更を行おうとする者は、当該土地区画整理組合の許可を受けなければならない。

4　土地区画整理組合の組合員は、組合員の3分の1以上の連署をもって、その代表者から理由を記載した書面を土地区画整理組合に提出して、理事又は監事の解任を請求することができる。

問 21 農地に関する次の記述のうち、農地法（以下この問において「法」という。）の規定によれば、誤っているものはどれか。

1　遺産分割によって農地を取得する場合には、法第3条第1項の許可は不要であるが、農業委員会への届出が必要である。
2　法第3条第1項の許可を受けなければならない場合の売買については、その許可を受けずに農地の売買契約を締結しても、所有権移転の効力は生じない。
3　砂利採取法第16条の認可を受けて市街化調整区域内の農地を砂利採取のために一時的に借り受ける場合には、法第5条第1項の許可は不要である。
4　都道府県が市街化調整区域内の農地を取得して病院を建設する場合には、都道府県知事（法第4条第1項に規定する指定市町村の区域内にあってはその長）との協議が成立すれば、法第5条第1項の許可があったものとみなされる。

問 22 国土利用計画法第23条の届出（以下この問において「事後届出」という。）に関する次の記述のうち、正しいものはどれか。なお、この問において「都道府県知事」とは、地方自治法に基づく指定都市にあってはその長をいうものとする。

1　土地売買等の契約を締結した場合には、当事者のうち当該契約による権利取得者は、その契約を締結した日の翌日から起算して3週間以内に、事後届出を行わなければならない。
2　都道府県知事は、事後届出をした者に対し、その届出に係る土地に関する権利の移転若しくは設定後における土地の利用目的又は土地に関する権利の移転若しくは設定の対価の額について、当該土地を含む周辺の地域の適正かつ合理的な土地利用を図るために必要な助言をすることができる。
3　事後届出が必要な土地売買等の契約を締結したにもかかわらず、所定の期間内に当該届出をしなかった者は、都道府県知事からの勧告を受けるが、罰則の適用はない。
4　宅地建物取引業者Aが所有する準都市計画区域内の20,000㎡の土地について、10,000㎡をB市に、10,000㎡を宅地建物取引業者Cに売却する契約を締結した場合、B市は事後届出を行う必要はないが、Cは一定の場合を除き事後届出を行う必要がある。

所得税法に関する次の記述のうち、正しいものはどれか。

1 譲渡所得の特別控除額（50万円）は、譲渡益のうち、まず、資産の取得の日以後５年以内にされた譲渡による所得で政令で定めるものに該当しないものに係る部分の金額から控除し、なお控除しきれない特別控除額がある場合には、それ以外の譲渡による所得に係る部分の金額から控除する。

2 譲渡所得の金額の計算上、資産の譲渡に係る総収入金額から控除する資産の取得費には、その資産の取得時に支出した購入代金や購入手数料の金額は含まれるが、その資産の取得後に支出した設備費及び改良費の額は含まれない。

3 建物の全部の所有を目的とする土地の賃借権の設定の対価として支払を受ける権利金の金額が、その土地の価額の10分の５に相当する金額を超えるときは、不動産所得として課税される。

4 居住者がその取得の日以後５年以内に固定資産を譲渡した場合には、譲渡益から譲渡所得の特別控除額（50万円）を控除した後の譲渡所得の金額の２分の１に相当する金額が課税標準とされる。

改題
問 24 不動産取得税に関する次の記述のうち、正しいものはどれか。

1 平成30年に新築された既存住宅（床面積210㎡）を個人が自己の居住のために取得した場合、当該取得に係る不動産取得税の課税標準の算定については、当該住宅の価格から1,200万円が控除される。

2 家屋が新築された日から３年を経過して、なお、当該家屋について最初の使用又は譲渡が行われない場合においては、当該家屋が新築された日から３年を経過した日において家屋の取得がなされたものとみなし、当該家屋の所有者を取得者とみなして、これに対して不動産取得税を課する。

3 不動産取得税は、不動産の取得があった日の翌日から起算して２か月以内に当該不動産の所在する都道府県に申告納付しなければならない。

4 不動産取得税は、不動産を取得するという比較的担税力のある機会に相当の税負担を求める観点から創設されたものであるが、不動産取得税の税率は４％を超えることができない。

問 25 不動産の鑑定評価に関する次の記述のうち、不動産鑑定評価基準によれば、誤っているものはどれか。

1 不動産鑑定士の通常の調査の範囲では、対象不動産の価格への影響の程度を判断するための事実の確認が困難な特定の価格形成要因がある場合、鑑定評価書の利用者の利益を害するおそれがないと判断されるときに限り、当該価格形成要因について調査の範囲に係る条件を設定することができる。

2 対象不動産を価格時点において再調達することを想定した場合において必要とされる適正な原価の総額を再調達原価というが、建設資材、工法等の変遷により、対象不動産の再調達原価を求めることが困難な場合には、対象不動産と同等の有用性を持つものに置き換えて求めた原価を再調達原価とみなすものとする。

3 取引事例等に係る取引が特殊な事情を含み、これが当該取引事例等に係る価格等に影響を及ぼしている場合に、適切に補正することを時点修正という。

4 不動産の鑑定評価によって求める賃料は、一般的には正常賃料又は継続賃料であるが、鑑定評価の依頼目的に対応した条件により限定賃料を求めることができる場合がある。

問 26 宅地建物取引業者Aが、自ら売主として宅地建物取引業者ではない買主Bに対し建物の売却を行う場合における宅地建物取引業法第35条に規定する重要事項の説明に関する次の記述のうち、正しいものはどれか。

1 Aは、Bに対し、専任の宅地建物取引士をして説明をさせなければならない。

2 Aは、Bに対し、代金以外に授受される金銭の額だけでなく、当該金銭の授受の目的についても説明しなければならない。

3 Aは、Bに対し、建物の上に存する登記された権利の種類及び内容だけでなく、移転登記の申請の時期についても説明しなければならない。

4 Aは、Bに対し、売買の対象となる建物の引渡しの時期について説明しなければならない。

問 27 宅地建物取引業の免許（以下この問において「免許」という。）に関する次の記述のうち、宅地建物取引業法の規定によれば、正しいものはどれか。

1 個人Aが不正の手段により免許を受けた後、免許を取り消され、その取消しの日から5年を経過した場合、その間に免許を受けることができない事由に該当することがなかったとしても、Aは再び免許を受けることはできない。

2 免許を受けようとする個人Bが破産手続開始の決定を受けた後に復権を得た場合においても、Bは免許を受けることができない。

3 免許を受けようとするC社の役員Dが刑法第211条（業務上過失致死傷等）の罪により地方裁判所で懲役1年の判決を言い渡された場合、当該判決に対してDが高等裁判所に控訴し裁判が係属中であっても、C社は免許を受けることができない。

4 免許を受けようとするE社の役員に、宅地建物取引業法の規定に違反したことにより罰金の刑に処せられた者がいる場合、その刑の執行が終わって5年を経過しなければ、E社は免許を受けることができない。

問 28 宅地建物取引士の登録（以下この問において「登録」という。）に関する次の記述のうち、宅地建物取引業法の規定によれば、正しいものはどれか。

1 宅地建物取引士A（甲県知事登録）が、乙県に所在する宅地建物取引業者の事務所の業務に従事することとなったときは、Aは甲県知事を経由せずに、直接乙県知事に対して登録の移転を申請しなければならない。

2 甲県知事の登録を受けているが宅地建物取引士証の交付を受けていないBが、宅地建物取引士としてすべき事務を行った場合、情状のいかんを問わず、甲県知事はBの登録を消除しなければならない。

3 宅地建物取引士C（甲県知事登録）は、宅地建物取引業者D社を退職し、宅地建物取引業者E社に再就職したが、CはD社及びE社のいずれにおいても専任の宅地建物取引士ではないので、勤務先の変更の登録を申請しなくてもよい。

4 甲県で宅地建物取引士資格試験を受け、合格したFは、乙県に転勤することとなったとしても、登録は甲県知事に申請しなければならない。

問 29 次の記述のうち、宅地建物取引業法の規定によれば、正しいものはどれか。

1 宅地建物取引業者は、その事務所ごとに従業者の氏名、従業者証明書番号その他国土交通省令で定める事項を記載した従業者名簿を備えなければならず、当該名簿を最終の記載をした日から5年間保存しなければならない。

2 宅地建物取引業者は、一団の宅地の分譲を行う案内所において宅地の売買の契約の締結を行わない場合、その案内所には国土交通省令で定める標識を掲示しなくてもよい。

3 宅地建物取引業者が、一団の宅地の分譲を行う案内所において宅地の売買の契約の締結を行う場合、その案内所には国土交通大臣が定めた報酬の額を掲示しなければならない。

4 宅地建物取引業者は、事務所以外の継続的に業務を行うことができる施設を有する場所であっても、契約（予約を含む。）を締結せず、かつ、その申込みを受けない場合、当該場所に専任の宅地建物取引士を置く必要はない。

問 30 宅地建物取引業者がその業務に関して行う広告に関する次の記述のうち、宅地建物取引業法の規定によれば、正しいものはいくつあるか。

ア 宅地の販売広告において、宅地に対する将来の利用の制限について、著しく事実に相違する表示をしてはならない。

イ 建物の貸借の媒介において広告を行った場合には、依頼者の依頼の有無にかかわらず、報酬の限度額を超えて、当該広告の料金に相当する額を受領することができる。

ウ 複数の区画がある宅地の売買について、数回に分けて広告するときは、最初に行う広告に取引態様の別を明示すれば足り、それ以降は明示する必要はない。

エ 賃貸マンションの貸借に係る媒介の依頼を受け、媒介契約を締結した場合であっても、当該賃貸マンションが建築確認申請中であるときは広告をすることができない。

1 一つ
2 二つ
3 三つ
4 四つ

問 31　宅地建物取引業保証協会（以下この問において「保証協会」という。）に関する次の記述のうち、宅地建物取引業法の規定によれば、誤っているものはどれか。

1　保証協会は、当該保証協会の社員である宅地建物取引業者が社員となる前に当該宅地建物取引業者と宅地建物取引業に関し取引をした者の有するその取引により生じた債権に関し弁済業務保証金の還付が行われることにより弁済業務の円滑な運営に支障を生ずるおそれがあると認めるときは、当該社員に対し、担保の提供を求めることができる。

2　保証協会の社員である宅地建物取引業者は、取引の相手方から宅地建物取引業に係る取引に関する苦情について解決の申出が当該保証協会になされ、その解決のために当該保証協会から資料の提出の求めがあったときは、正当な理由がある場合でなければ、これを拒んではならない。

3　保証協会の社員である宅地建物取引業者は、当該宅地建物取引業者と宅地建物取引業に関し取引をした者の有するその取引により生じた債権に関し弁済業務保証金の還付がなされたときは、その日から2週間以内に還付充当金を保証協会に納付しなければならない。

4　還付充当金の未納により保証協会の社員がその地位を失ったときは、保証協会は、直ちにその旨を当該社員であった宅地建物取引業者が免許を受けた国土交通大臣又は都道府県知事に報告しなければならない。

問 32　宅地建物取引業の免許（以下この問において「免許」という。）に関する次の記述のうち、宅地建物取引業法の規定によれば、正しいものはどれか。なお、いずれの場合も、その行為を業として営むものとする。

1　A社が、都市計画法に規定する用途地域外の土地であって、ソーラーパネルを設置するための土地の売買を媒介しようとする場合、免許は必要ない。

2　B社が、土地区画整理事業の換地処分により取得した換地を住宅用地として分譲しようとする場合、免許は必要ない。

3　農業協同組合Cが、組合員が所有する宅地の売却の代理をする場合、免許は必要ない。

4　D社が、地方公共団体が定住促進策としてその所有する土地について住宅を建築しようとする個人に売却する取引の媒介をしようとする場合、免許は必要ない。

問 33 宅地建物取引業法第35条に規定する重要事項の説明における水防法施行規則第11条第1号の規定により市町村（特別区を含む。以下この問において同じ。）の長が提供する図面（以下この問において「水害ハザードマップ」という。）に関する次の記述のうち、正しいものはどれか。なお、説明の相手方は宅地建物取引業者ではないものとし、書面の交付に代えて電磁的方法により提供する場合については考慮しないものとする。

1 宅地建物取引業者は、市町村が、取引の対象となる宅地又は建物の位置を含む水害ハザードマップを作成せず、又は印刷物の配布若しくはホームページ等への掲載等をしていないことを確認できた場合は、重要事項説明書にその旨記載し、重要事項説明の際に提示すべき水害ハザードマップが存在しない旨を説明すればよい。

2 宅地建物取引業者は、市町村が取引の対象となる宅地又は建物の位置を含む「洪水」、「雨水出水（内水）」、「高潮」の水害ハザードマップを作成している場合、重要事項説明の際にいずれか1種類の水害ハザードマップを提示すればよい。

3 宅地建物取引業者は、市町村が取引の対象となる宅地又は建物の位置を含む水害ハザードマップを作成している場合、売買又は交換の媒介のときは重要事項説明の際に水害ハザードマップを提示しなければならないが、貸借の媒介のときはその必要はない。

4 宅地建物取引業者は、市町村が取引の対象となる宅地又は建物の位置を含む水害ハザードマップを作成している場合、重要事項説明書に水害ハザードマップを添付すれば足りる。

問 34 宅地建物取引業法の規定に基づく営業保証金に関する次の記述のうち、正しいものはどれか。

1 国土交通大臣から免許を受けた宅地建物取引業者が、営業保証金を主たる事務所のもよりの供託所に供託した場合、当該供託所から国土交通大臣にその旨が通知されるため、当該宅地建物取引業者は国土交通大臣にその旨を届け出る必要はない。

2 宅地建物取引業者と宅地建物取引業に関し取引をした者は、その取引により生じた債権に関し、当該宅地建物取引業者が供託した営業保証金について、

その債権の弁済を受ける権利を有するが、取引をした者が宅地建物取引業者に該当する場合は、その権利を有しない。

3 営業保証金は、金銭による供託のほか、有価証券をもって供託することができるが、金銭と有価証券とを併用して供託することはできない。

4 有価証券を営業保証金に充てる場合における当該有価証券の価額は、国債証券の場合はその額面金額の100分の90、地方債証券の場合はその額面金額の100分の80である。

問 35 宅地建物取引士の登録（以下この問において「登録」という。）及び宅地建物取引士証に関する次の記述のうち、正しいものはいくつあるか。

ア 宅地建物取引士（甲県知事登録）が事務禁止処分を受けた場合、宅地建物取引士証を甲県知事に速やかに提出しなければならず、速やかに提出しなかったときは10万円以下の過料に処せられることがある。

イ 宅地建物取引士（甲県知事登録）が宅地建物取引士としての事務禁止処分を受け、その禁止の期間中に本人の申請により登録が消除された場合は、その者が乙県で宅地建物取引士資格試験に合格したとしても、当該期間が満了していないときは、乙県知事の登録を受けることができない。

ウ 宅地建物取引士（甲県知事登録）が甲県から乙県に住所を変更したときは、乙県知事に対し、登録の移転の申請をすることができる。

エ 宅地建物取引士（甲県知事登録）が本籍を変更した場合、遅滞なく、甲県知事に変更の登録を申請しなければならない。

1 一つ
2 二つ
3 三つ
4 四つ

問 36 宅地建物取引業者が行う宅地建物取引業法第35条に規定する重要事項の説明に関する次の記述のうち、同法の規定に少なくとも説明しなければならない事項として掲げられていないものはどれか。

1 建物の貸借の媒介を行う場合における、「都市計画法第29条第1項の規定に基づく制限」

2 建物の貸借の媒介を行う場合における、「当該建物について、石綿の使用の有無の調査の結果が記録されているときは、その内容」

3 建物の貸借の媒介を行う場合における、「台所、浴室、便所その他の当該建物の設備の整備の状況」

4 宅地の貸借の媒介を行う場合における、「敷金その他いかなる名義をもって授受されるかを問わず、契約終了時において精算することとされている金銭の精算に関する事項」

改題

問 37 宅地建物取引業法第35条の規定に基づく重要事項の説明及び同法第37条の規定により交付すべき書面(以下この問において「37条書面」という。)に関する次の記述のうち、正しいものはどれか。なお、重要事項説明書又は37条書面の交付に代えて電磁的方法により提供する場合については考慮しないものとする。

1 宅地建物取引業者は、媒介により区分所有建物の賃貸借契約を成立させた場合、専有部分の用途その他の利用の制限に関する規約においてペットの飼育が禁止されているときは、その旨を重要事項説明書に記載して説明し、37条書面にも記載しなければならない。

2 宅地建物取引業者は、自ら売主となる土地付建物の売買契約において、宅地建物取引業者ではない買主から保全措置を講ずる必要のない金額の手付金を受領する場合、手付金の保全措置を講じないことを、重要事項説明書に記載して説明し、37条書面にも記載しなければならない。

3 宅地建物取引業者は、媒介により建物の敷地に供せられる土地の売買契約を成立させた場合において、当該売買代金以外の金銭の授受に関する定めがあるときは、その額並びに当該金銭の授受の時期及び目的を37条書面に記載しなければならない。

4 宅地建物取引業者は、自ら売主となる土地付建物の売買契約及び自ら貸主

となる土地付建物の賃貸借契約のいずれにおいても、37条書面を作成し、その取引の相手方に交付しなければならない。

問 38 宅地建物取引業者Aが、宅地建物取引業者BからB所有の建物の売却を依頼され、Bと一般媒介契約（以下この問において「本件契約」という。）を締結した場合に関する次の記述のうち、宅地建物取引業法の規定に違反しないものはいくつあるか。

ア　本件契約を締結する際に、Bから有効期間を6か月としたい旨の申出があったが、AとBが協議して、有効期間を3か月とした。

イ　当該物件に係る買受けの申込みはなかったが、AはBに対し本件契約に係る業務の処理状況の報告を口頭により14日に1回以上の頻度で行った。

ウ　Aは本件契約を締結した後、所定の事項を遅滞なく指定流通機構に登録したが、その登録を証する書面を、登録してから14日後にBに交付した。

エ　本件契約締結後、1年を経過しても当該物件を売却できなかったため、Bは売却をあきらめ、当該物件を賃貸することにした。そこでBはAと当該物件の貸借に係る一般媒介契約を締結したが、当該契約の有効期間を定めなかった。

1　一つ
2　二つ
3　三つ
4　四つ

問 39 宅地建物取引業者Aが、自ら売主として、宅地建物取引業者Bの媒介により、宅地建物取引業者ではないCを買主とするマンションの売買契約を締結した場合における宅地建物取引業法第37条の2の規定に基づくいわゆるクーリング・オフについて告げるときに交付すべき書面（以下この問において「告知書面」という。）に関する次の記述のうち、正しいものはどれか。

1 告知書面には、クーリング・オフによる買受けの申込みの撤回又は売買契約の解除があったときは、Aは、その買受けの申込みの撤回又は売買契約の解除に伴う損害賠償又は違約金の支払を請求することができないことを記載しなければならない。

2 告知書面には、クーリング・オフについて告げられた日から起算して8日を経過するまでの間は、Cが当該マンションの引渡しを受け又は代金の全部を支払った場合を除き、書面によりクーリング・オフによる買受けの申込みの撤回又は売買契約の解除を行うことができることを記載しなければならない。

3 告知書面には、Cがクーリング・オフによる売買契約の解除をするときは、その旨を記載した書面がAに到達した時点で、その効力が発生することを記載しなければならない。

4 告知書面には、A及びBの商号又は名称及び住所並びに免許証番号を記載しなければならない。

問 40 次の記述のうち、宅地建物取引業法の規定によれば、正しいものはどれか。

1 宅地建物取引業者は、その業務に関する帳簿を備え、取引のあったつど、その年月日、その取引に係る宅地又は建物の所在及び面積その他国土交通省令で定める事項を記載しなければならないが、支店及び案内所には備え付ける必要はない。

2 成年である宅地建物取引業者は、宅地建物取引業の業務に関し行った行為について、行為能力の制限を理由に取り消すことができる。

3 宅地建物取引業者は、一団の宅地建物の分譲をする場合における当該宅地又は建物の所在する場所に国土交通省令で定める標識を掲示しなければならない。

4　宅地建物取引業者は、業務上取り扱ったことについて知り得た秘密に関し、税務署の職員から質問検査権の規定に基づき質問を受けたときであっても、回答してはならない。

問 41　宅地建物取引業者Aが行う業務に関する次の記述のうち、宅地建物取引業法の規定によれば、正しいものはいくつあるか。なお、この問において「37条書面」とは、同法第37条の規定により交付すべき書面をいうものとし、37条書面の交付に代えて電磁的方法により提供する場合については考慮しないものとする。

ア　Aが自ら売主として建物を売却する場合、宅地建物取引業者Bに当該売却の媒介を依頼したときは、Bは宅地建物取引士をして37条書面に記名させなければならず、Aも宅地建物取引士をして37条書面に記名させなければならない。

イ　Aが自ら売主として建物を売却する場合、当該売買契約に際し、買主から支払われる手付金の額が売買代金の5％未満であるときは、当該手付金の額の記載があれば、授受の時期については37条書面に記載しなくてもよい。

ウ　Aが売主を代理して建物を売却する場合、買主が宅地建物取引業者であるときは、37条書面を交付しなくてもよい。

エ　Aが売主を代理して抵当権が設定されている建物を売却する場合、当該抵当権の内容について37条書面に記載しなければならない。

1　一つ
2　二つ
3　三つ
4　四つ

問 42 宅地建物取引業者Aが、自ら売主として宅地建物取引業者ではないBを買主とする土地付建物の売買契約（代金 3,200 万円）を締結する場合に関する次の記述のうち、民法及び宅地建物取引業法の規定によれば、正しいものはどれか。

1 割賦販売の契約を締結し、当該土地付建物を引き渡した場合、Aは、Bから 800 万円の賦払金の支払を受けるまでに、当該土地付建物に係る所有権の移転登記をしなければならない。

2 当該土地付建物の工事の完了前に契約を締結した場合、Aは、宅地建物取引業法第 41 条に定める手付金等の保全措置を講じなくても手付金 100 万円、中間金 60 万円を受領することができる。

3 当事者の債務の不履行を理由とする契約の解除に伴う損害賠償の予定額を 400 万円とし、かつ、違約金の額を 240 万円とする特約を定めた場合、当該特約は無効となる。

4 当事者の債務の不履行を理由とする契約の解除に伴う損害賠償の予定額を定めていない場合、債務の不履行による損害賠償の請求額は売買代金の額の 10 分の 2 を超えてはならない。

問 43 宅地建物取引業者の業務に関する次の記述のうち、宅地建物取引業法の規定に違反するものはいくつあるか。

ア マンションの販売に際して、買主が手付として必要な額を持ち合わせていなかったため、手付を分割受領することにより、契約の締結を誘引した。

イ 宅地の売買に際して、相手方が「契約の締結をするかどうか明日まで考えさせてほしい」と申し出たのに対し、事実を歪めて「明日では契約締結できなくなるので、今日しか待てない」と告げた。

ウ マンション販売の勧誘を電話で行った際に、勧誘に先立って電話口で宅地建物取引業者の商号又は名称を名乗らずに勧誘を行った。

エ 建物の貸借の媒介に際して、賃貸借契約の申込みをした者がその撤回を申し出たが、物件案内等に経費がかかったため、預り金を返還しなかった。

1 一つ

2 二つ

3 三つ

4 四つ

問 44 宅地建物取引業者A（消費税課税事業者）が受け取ることができる
報酬額についての次の記述のうち、宅地建物取引業法の規定によれば、正しい
ものはどれか。

1 居住の用に供する建物（1か月の借賃20万円。消費税等相当額を含まな
い。）の貸借であって100万円の権利金の授受があるものの媒介をする場合、
依頼者双方から受領する報酬の合計額は11万円を超えてはならない。

2 宅地（代金1,000万円。消費税等相当額を含まない。）の売買について、
売主から代理の依頼を受け、買主から媒介の依頼を受け、売買契約を成立さ
せて買主から303,000円の報酬を受領する場合、売主からは489,000円を上
限として報酬を受領することができる。

3 宅地（代金300万円。消費税等相当額を含まない。）の売買の媒介について、
通常の媒介と比較して現地調査等の費用が6万円（消費税等相当額を含まな
い。）多く要した場合、依頼者双方から合計で44万円を上限として報酬を受
領することができる。

4 店舗兼住宅（1か月の借賃20万円。消費税等相当額を含まない。）の貸借
の媒介をする場合、依頼者の一方から受領する報酬は11万円を超えてはな
らない。

問 45 宅地建物取引業者Aが、自ら売主として宅地建物取引業者ではない買主Bに新築住宅を販売する場合における次の記述のうち、特定住宅瑕疵担保責任の履行の確保等に関する法律の規定によれば、正しいものはどれか。

1 Bが建設業者である場合、Aは、Bに引き渡した新築住宅について、住宅販売瑕疵担保保証金の供託又は住宅販売瑕疵担保責任保険契約の締結を行う義務を負わない。

2 Aが住宅販売瑕疵担保責任保険契約を締結する場合、当該契約は、BがAから当該新築住宅の引渡しを受けた時から2年以上の期間にわたって有効なものでなければならない。

3 Aが住宅販売瑕疵担保責任保険契約を締結した場合、A及びBは、指定住宅紛争処理機関に特別住宅紛争処理の申請をすることにより、当該新築住宅の瑕疵に関するAとBとの間の紛争について、あっせん、調停又は仲裁を受けることができる。

4 AB間の新築住宅の売買契約において、当該新築住宅の構造耐力上主要な部分に瑕疵があってもAが瑕疵担保責任を負わない旨の特約があった場合、住宅販売瑕疵担保保証金の供託又は住宅販売瑕疵担保責任保険契約の締結を行う義務はない。

問 46 独立行政法人住宅金融支援機構（以下この問において「機構」という。）に関する次の記述のうち、誤っているものはどれか。

1 機構は、証券化支援事業（買取型）において、賃貸住宅の購入に必要な資金の貸付けに係る金融機関の貸付債権を譲受けの対象としている。

2 機構は、市街地の土地の合理的な利用に寄与する一定の建築物の建設に必要な資金の貸付けを業務として行っている。

3 機構は、証券化支援事業（買取型）において、省エネルギー性に優れた住宅を取得する場合について、貸付金の利率を一定期間引き下げる制度を設けている。

4 機構は、経済事情の変動に伴い、貸付けを受けた者の住宅ローンの元利金の支払が著しく困難になった場合に、償還期間の延長等の貸付条件の変更を行っている。

問 47 宅地建物取引業者が行う広告に関する次の記述のうち、不当景品類及び不当表示防止法（不動産の表示に関する公正競争規約を含む。）の規定によれば、正しいものはどれか。

1 住宅の居室の広さを畳数で表示する場合には、畳1枚当たりの広さにかかわらず、実際に当該居室に敷かれている畳の数を表示しなければならない。

2 団地（一団の宅地又は建物をいう。）と駅との間の道路距離は、取引する区画のうち駅から最も近い区画（マンション及びアパートにあっては、駅から最も近い建物の出入口）を起点として算出した数値とともに、駅から最も遠い区画（マンション及びアパートにあっては、駅から最も遠い建物の出入口）を起点として算出した数値も表示しなければならない。

3 新築分譲マンションを完成予想図により表示する場合、完成予想図である旨を表示すれば、緑豊かな環境であることを訴求するために周囲に存在しない公園等を表示することができる。

4 新築分譲住宅の販売に当たって行う二重価格表示は、実際に過去において販売価格として公表していた価格を比較対照価格として用いて行うのであれば、値下げの日から1年以内の期間は表示することができる。

問 48 次の記述のうち、正しいものはどれか。

1 建築着工統計（令和3年1月公表）によれば、令和2年1月から令和2年12月までの新設住宅着工戸数は約81.5万戸となり、4年ぶりに増加に転じた。

2 令和3年版土地白書（令和3年6月公表）によれば、土地取引について、売買による所有権移転登記の件数でその動向を見ると、令和2年の全国の土地取引件数は約128万件となり、5年連続の増加となっている。

3 令和3年地価公示（令和3年3月公表）によれば、令和2年1月以降の1年間の地価の変動を見ると、全国平均の用途別では、住宅地及び商業地は下落に転じたが、工業地は5年連続の上昇となっている。

4 年次別法人企業統計調査（令和元年度。令和2年10月公表）によれば、令和元年度における不動産業の営業利益は約5兆円を超え、前年度を上回った。

問 49 土地に関する次の記述のうち、最も不適当なものはどれか。

1 森林は、木材資源としても重要で、水源涵養、洪水防止等の大きな役割を担っている。

2 活動度の高い火山の火山麓では、火山活動に伴う災害にも留意する必要がある。

3 林相は良好でも、破砕帯や崖錐等の上の杉の植林地は、豪雨に際して崩壊することがある。

4 崖錐や小河川の出口で堆積物の多い所等は、土石流の危険が少ない。

問 50 建物の構造に関する次の記述のうち、最も不適当なものはどれか。

1 鉄骨構造は、主要構造の構造形式にトラス、ラーメン、アーチ等が用いられ、高層建築の骨組に適している。

2 鉄骨構造の床は既製気泡コンクリート板、プレキャストコンクリート板等でつくられる。

3 鉄骨構造は、耐火被覆や鋼材の加工性の問題があり、現在は住宅、店舗等の建物には用いられていない。

4 鉄骨構造は、工場、体育館、倉庫等の単層で大空間の建物に利用されている。

令和2年度
本試験問題

令和2年度10月実施試験の内容です。

● 改題…法改正などにより修正を加えた問題です。

● 参考…どのような出題がされたかを確認するための参考問題です。出題当時の
まま掲載していますので内容を覚える必要はありません。

解答解説 本冊P 123〜P 157

令和２年度　試験解答用紙

解答欄

問題番号	解答番号				問題番号	解答番号			
問 1	①	②	③	④	問 26	①	②	③	④
問 2	①	②	③	④	問 27	①	②	③	④
問 3	①	②	③	④	問 28	①	②	③	④
問 4	①	②	③	④	問 29	①	②	③	④
問 5	①	②	③	④	問 30	①	②	③	④
問 6	①	②	③	④	問 31	①	②	③	④
問 7	①	②	③	④	問 32	①	②	③	④
問 8	①	②	③	④	問 33	①	②	③	④
問 9	①	②	③	④	問 34	①	②	③	④
問 10	①	②	③	④	問 35	①	②	③	④
問 11	①	②	③	④	問 36	①	②	③	④
問 12	①	②	③	④	問 37	①	②	③	④
問 13	①	②	③	④	問 38	①	②	③	④
問 14	①	②	③	④	問 39	①	②	③	④
問 15	①	②	③	④	問 40	①	②	③	④
問 16	①	②	③	④	問 41	①	②	③	④
問 17	①	②	③	④	問 42	①	②	③	④
問 18	①	②	③	④	問 43	①	②	③	④
問 19	①	②	③	④	問 44	①	②	③	④
問 20	①	②	③	④	問 45	①	②	③	④
問 21	①	②	③	④	問 46	①	②	③	④
問 22	①	②	③	④	問 47	①	②	③	④
問 23	①	②	③	④	問 48	①	②	③	④
問 24	①	②	③	④	問 49	①	②	③	④
問 25	①	②	③	④	問 50	①	②	③	④

切取線

問　1　Aが購入した甲土地が他の土地に囲まれて公道に通じない土地であった場合に関する次の記述のうち、民法の規定及び判例によれば、正しいものはどれか。

1　甲土地が共有物の分割によって公道に通じない土地となっていた場合には、Aは公道に至るために他の分割者の所有地を、償金を支払うことなく通行することができる。
2　Aは公道に至るため甲土地を囲んでいる土地を通行する権利を有するところ、Aが自動車を所有していても、自動車による通行権が認められることはない。
3　Aが、甲土地を囲んでいる土地の一部である乙土地を公道に出るための通路にする目的で賃借した後、甲土地をBに売却した場合には、乙土地の賃借権は甲土地の所有権に従たるものとして甲土地の所有権とともにBに移転する。
4　Cが甲土地を囲む土地の所有権を時効により取得した場合には、AはCが時効取得した土地を公道に至るために通行することができなくなる。

問 2　令和6年7月1日に下記ケース①及びケース②の保証契約を締結した場合に関する次の1から4までの記述のうち、民法の規定によれば、正しいものはどれか。

（ケース①）　個人Aが金融機関Bから事業資金として1,000万円を借り入れ、CがBとの間で当該債務に係る保証契約を締結した場合

（ケース②）　個人Aが建物所有者Dと居住目的の建物賃貸借契約を締結し、EがDとの間で当該賃貸借契約に基づくAの一切の債務に係る保証契約を締結した場合

1　ケース①の保証契約は、口頭による合意でも有効であるが、ケース②の保証契約は、書面でしなければ効力を生じない。

2　ケース①の保証契約は、Cが個人でも法人でも極度額を定める必要はないが、ケース②の保証契約は、Eが個人でも法人でも極度額を定めなければ効力を生じない。

3　ケース①及びケース②の保証契約がいずれも連帯保証契約である場合、BがCに債務の履行を請求したときはCは催告の抗弁を主張することができるが、DがEに債務の履行を請求したときはEは催告の抗弁を主張することができない。

4　保証人が保証契約締結の日前1箇月以内に公正証書で保証債務を履行する意思を表示していない場合、ケース①のCがAの事業に関与しない個人であるときはケース①の保証契約は効力を生じないが、ケース②の保証契約は有効である。

問 3 次の1から4までの契約に関する記述のうち、民法の規定及び下記判決文によれば、誤っているものはどれか。なお、これらの契約は令和6年4月1日以降に締結されたものとする。

（判決文）

法律が債務の不履行による契約の解除を認める趣意は、契約の要素をなす債務の履行がないために、該契約をなした目的を達することができない場合を救済するためであり、当事者が契約をなした主たる目的の達成に必須的でない附随的義務の履行を怠ったに過ぎないような場合には、特段の事情の存しない限り、相手方は当該契約を解除することができないものと解するのが相当である。

1 土地の売買契約において、売主が負担した当該土地の税金相当額を買主が償還する付随的義務が定められ、買主が売買代金を支払っただけで税金相当額を償還しなかった場合、特段の事情がない限り、売主は当該売買契約の解除をすることができない。

2 債務者が債務を履行しない場合であっても、債務不履行について債務者の責めに帰すべき事由がないときは付随的義務の不履行となり、特段の事情がない限り、債権者は契約の解除をすることができない。

3 債務不履行に対して債権者が相当の期間を定めて履行を催告してその期間内に履行がなされない場合であっても、催告期間が経過した時における債務不履行がその契約及び取引上の社会通念に照らして軽微であるときは、債権者は契約の解除をすることができない。

4 債務者が債務を履行しない場合であって、債務者がその債務の全部の履行を拒絶する意思を明確に表示したときは、債権者は、相当の期間を定めてその履行を催告することなく、直ちに契約の解除をすることができる。

問 4 建物の賃貸借契約が期間満了により終了した場合における次の記述のうち、民法の規定によれば、正しいものはどれか。なお、賃貸借契約は、令和6年7月1日付けで締結され、原状回復義務について特段の合意はないものとする。

1 賃借人は、賃借物を受け取った後にこれに生じた損傷がある場合、通常の使用及び収益によって生じた損耗も含めてその損傷を原状に復する義務を負う。

2 賃借人は、賃借物を受け取った後にこれに生じた損傷がある場合、賃借人の帰責事由の有無にかかわらず、その損傷を原状に復する義務を負う。

3 賃借人から敷金の返還請求を受けた賃貸人は、賃貸物の返還を受けるまでは、これを拒むことができる。

4 賃借人は、未払賃料債務がある場合、賃貸人に対し、敷金をその債務の弁済に充てるよう請求することができる。

問 5 AとBとの間で令和6年7月1日に締結された委任契約において、委任者Aが受任者Bに対して報酬を支払うこととされていた場合に関する次の記述のうち、民法の規定によれば、正しいものはどれか。

1 Aの責めに帰すべき事由によって履行の途中で委任が終了した場合、Bは報酬全額をAに対して請求することができるが、自己の債務を免れたことによって得た利益をAに償還しなければならない。

2 Bは、契約の本旨に従い、自己の財産に対するのと同一の注意をもって委任事務を処理しなければならない。

3 Bの責めに帰すべき事由によって履行の途中で委任が終了した場合、BはAに対して報酬を請求することができない。

4 Bが死亡した場合、Bの相続人は、急迫の事情の有無にかかわらず、受任者の地位を承継して委任事務を処理しなければならない。

問 6 AとBとの間で令和6年7月1日に締結された売買契約に関する次の記述のうち、民法の規定によれば、売買契約締結後、AがBに対し、錯誤による取消しができるものはどれか。

1 Aは、自己所有の自動車を100万円で売却するつもりであったが、重大な過失によりBに対し「10万円で売却する」と言ってしまい、Bが過失なく「Aは本当に10万円で売るつもりだ」と信じて購入を申し込み、AB間に売買契約が成立した場合

2 Aは、自己所有の時価100万円の壺を10万円程度であると思い込み、Bに対し「手元にお金がないので、10万円で売却したい」と言ったところ、BはAの言葉を信じ「それなら10万円で購入する」と言って、AB間に売買契約が成立した場合

3 Aは、自己所有の時価100万円の名匠の絵画を贋作だと思い込み、Bに対し「贋作であるので、10万円で売却する」と言ったところ、Bも同様に贋作だと思い込み「贋作なら10万円で購入する」と言って、AB間に売買契約が成立した場合

4 Aは、自己所有の腕時計を100万円で外国人Bに売却する際、当日の正しい為替レート（1ドル100円）を重大な過失により1ドル125円で計算して「8,000ドルで売却する」と言ってしまい、Aの錯誤について過失なく知らなかったBが「8,000ドルなら買いたい」と言って、AB間に売買契約が成立した場合

問 7 保証に関する次の記述のうち、民法の規定及び判例によれば、誤っているものはどれか。なお、保証契約は令和6年4月1日以降に締結されたものとする。

1 特定物売買における売主の保証人は、特に反対の意思表示がない限り、売主の債務不履行により契約が解除された場合には、原状回復義務である既払代金の返還義務についても保証する責任がある。

2 主たる債務の目的が保証契約の締結後に加重されたときは、保証人の負担も加重され、主たる債務者が時効の利益を放棄すれば、その効力は連帯保証人に及ぶ。

3 委託を受けた保証人が主たる債務の弁済期前に債務の弁済をしたが、主たる債務者が当該保証人からの求償に対して、当該弁済日以前に相殺の原因を有していたことを主張するときは、保証人は、債権者に対し、その相殺によって消滅すべきであった債務の履行を請求することができる。

4 委託を受けた保証人は、履行の請求を受けた場合だけでなく、履行の請求を受けずに自発的に債務の消滅行為をする場合であっても、あらかじめ主たる債務者に通知をしなければ、同人に対する求償が制限されることがある。

問 8 相続（令和6年7月1日に相続の開始があったもの）に関する次の記述のうち、民法の規定によれば、誤っているものはどれか。

1 相続回復の請求権は、相続人又はその法定代理人が相続権を侵害された事実を知った時から5年間行使しないときは、時効によって消滅する。

2 被相続人の子が相続開始以前に死亡したときは、その者の子がこれを代襲して相続人となるが、さらに代襲者も死亡していたときは、代襲者の子が相続人となることはない。

3 被相続人に相続人となる子及びその代襲相続人がおらず、被相続人の直系尊属が相続人となる場合には、被相続人の兄弟姉妹が相続人となることはない。

4 被相続人の兄弟姉妹が相続人となるべき場合であっても、相続開始以前に兄弟姉妹及びその子がいずれも死亡していたときは、その者の子（兄弟姉妹の孫）が相続人となることはない。

問 9 　Aがその所有する甲建物について、Bとの間で、①Aを売主、Bを買主とする売買契約を締結した場合と、②Aを贈与者、Bを受贈者とする負担付贈与契約を締結した場合に関する次の記述のうち、民法の規定及び判例によれば、正しいものはどれか。なお、これらの契約は、令和6年7月1日に締結され、担保責任に関する特約はないものとする。

1　①の契約において、Bが手付を交付し、履行期の到来後に代金支払の準備をしてAに履行の催告をした場合、Aは、手付の倍額を現実に提供して契約の解除をすることができる。

2　②の契約が書面によらずになされた場合、Aは、甲建物の引渡し及び所有権移転登記の両方が終わるまでは、書面によらないことを理由に契約の解除をすることができる。

3　②の契約については、Aは、その負担の限度において、売主と同じく担保責任を負う。

4　①の契約については、Bの債務不履行を理由としてAに解除権が発生する場合があるが、②の契約については、Bの負担の不履行を理由としてAに解除権が発生することはない。

問 10 Aが甲土地を所有している場合の時効に関する次の記述のうち、民法の規定及び判例によれば、誤っているものはどれか。

1 Bが甲土地を所有の意思をもって平穏かつ公然に17年間占有した後、CがBを相続し甲土地を所有の意思をもって平穏かつ公然に3年間占有した場合、Cは甲土地の所有権を時効取得することができる。

2 Dが、所有者と称するEから、Eが無権利者であることについて善意無過失で甲土地を買い受け、所有の意思をもって平穏かつ公然に3年間占有した後、甲土地がAの所有であることに気付いた場合、そのままさらに7年間甲土地の占有を継続したとしても、Dは、甲土地の所有権を時効取得することはできない。

3 Dが、所有者と称するEから、Eが無権利者であることについて善意無過失で甲土地を買い受け、所有の意思をもって平穏かつ公然に3年間占有した後、甲土地がAの所有であることを知っているFに売却し、Fが所有の意思をもって平穏かつ公然に甲土地を7年間占有した場合、Fは甲土地の所有権を時効取得することができる。

4 Aが甲土地を使用しないで20年以上放置していたとしても、Aの有する甲土地の所有権が消滅時効にかかることはない。

問 11 A所有の甲土地につき、令和6年7月1日にBとの間で居住の用に供する建物の所有を目的として存続期間30年の約定で賃貸借契約（以下この問において「本件契約」という。）が締結された場合に関する次の記述のうち、民法及び借地借家法の規定並びに判例によれば、正しいものはどれか。

1 Bは、借地権の登記をしていなくても、甲土地の引渡しを受けていれば、甲土地を令和6年7月2日に購入したCに対して借地権を主張することができる。

2 本件契約で「一定期間は借賃の額の増減を行わない」旨を定めた場合には、甲土地の借賃が近傍類似の土地の借賃と比較して不相当となったときであっても、当該期間中は、AもBも借賃の増減を請求することができない。

3 本件契約で「Bの債務不履行により賃貸借契約が解除された場合には、BはAに対して建物買取請求権を行使することができない」旨を定めても、この合意は無効となる。

4 AとBが期間満了に当たり本件契約を最初に更新する場合、更新後の存続期間を15年と定めても、20年となる。

問 12 AとBとの間でA所有の甲建物をBに対して、居住の用を目的として、期間2年、賃料月額10万円で賃貸する旨の賃貸借契約（以下この問において「本件契約」という。）を締結し、Bが甲建物の引渡しを受けた場合に関する次の記述のうち、民法及び借地借家法の規定並びに判例によれば、誤っているものはどれか。

1 AがCに甲建物を売却した場合、Bは、それまでに契約期間中の賃料全額をAに前払いしていたことを、Cに対抗することができる。

2 本件契約が借地借家法第38条の定期建物賃貸借契約であって、賃料改定に関する特約がない場合、経済事情の変動により賃料が不相当となったときは、AはBに対し、賃料増額請求をすることができる。

3 本件契約が借地借家法第38条の定期建物賃貸借契約である場合、Aは、転勤、療養、親族の介護その他のやむを得ない事情があれば、Bに対し、解約を申し入れ、申入れの日から1月を経過することによって、本件契約を終了させることができる。

4 本件契約が借地借家法第38条の定期建物賃貸借契約であって、造作買取請求に関する特約がない場合、期間満了で本件契約が終了するときに、Bは、Aの同意を得て甲建物に付加した造作について買取請求をすることができる。

問 13 建物の区分所有等に関する法律に関する次の記述のうち、正しいものはどれか。

1 共用部分の変更（その形状又は効用の著しい変更を伴わないものを除く。）は、区分所有者及び議決権の各4分の3以上の多数による集会の決議で決するが、この区分所有者の定数は、規約で2分の1以上の多数まで減ずることができる。

2 共用部分の管理に係る費用については、規約に別段の定めがない限り、共有者で等分する。

3 共用部分の保存行為をするには、規約に別段の定めがない限り、集会の決議で決する必要があり、各共有者ですることはできない。

4 一部共用部分は、これを共用すべき区分所有者の共有に属するが、規約で別段の定めをすることにより、区分所有者全員の共有に属するとすることもできる。

問 14　不動産の登記に関する次の記述のうち、不動産登記法の規定によれば、正しいものはどれか。

1　敷地権付き区分建物の表題部所有者から所有権を取得した者は、当該敷地権の登記名義人の承諾を得なければ、当該区分建物に係る所有権の保存の登記を申請することができない。
2　所有権に関する仮登記に基づく本登記は、登記上の利害関係を有する第三者がある場合であっても、その承諾を得ることなく、申請することができる。
3　債権者Aが債務者Bに代位して所有権の登記名義人CからBへの所有権の移転の登記を申請した場合において、当該登記を完了したときは、登記官は、Aに対し、当該登記に係る登記識別情報を通知しなければならない。
4　配偶者居住権は、登記することができる権利に含まれない。

問 15　都市計画法に関する次の記述のうち、正しいものはどれか。

1　地区計画については、都市計画に、地区施設及び地区整備計画を定めるよう努めるものとされている。
2　都市計画事業の認可の告示があった後に当該認可に係る事業地内の土地建物等を有償で譲り渡そうとする者は、施行者の許可を受けなければならない。
3　第二種住居地域は、中高層住宅に係る良好な住居の環境を保護するため定める地域とされている。
4　市街化調整区域における地区計画は、市街化区域における市街化の状況等を勘案して、地区計画の区域の周辺における市街化を促進することがない等当該都市計画区域における計画的な市街化を図る上で支障がないように定めることとされている。

問 16 都市計画法に関する次の記述のうち、誤っているものはどれか。なお、この問において「都道府県知事」とは、地方自治法に基づく指定都市、中核市及び施行時特例市にあってはその長をいうものとする。

1 開発許可を申請しようとする者は、あらかじめ、開発行為又は開発行為に関する工事により設置される公共施設を管理することとなる者と協議しなければならない。

2 都市計画事業の施行として行う建築物の新築であっても、市街化調整区域のうち開発許可を受けた開発区域以外の区域内においては、都道府県知事の許可を受けなければ、建築物の新築をすることができない。

3 開発許可を受けた開発行為により公共施設が設置されたときは、その公共施設は、工事完了の公告の日の翌日において、原則としてその公共施設の存する市町村の管理に属するものとされている。

4 開発許可を受けた者から当該開発区域内の土地の所有権を取得した者は、都道府県知事の承認を受けて、当該開発許可を受けた者が有していた当該開発許可に基づく地位を承継することができる。

問 17 建築基準法に関する次の記述のうち、正しいものはどれか。

1 階数が2で延べ面積が200㎡の鉄骨造の共同住宅の大規模の修繕をしようとする場合、建築主は、当該工事に着手する前に、確認済証の交付を受けなければならない。

2 居室の天井の高さは、一室で天井の高さの異なる部分がある場合、室の床面から天井の最も低い部分までの高さを2.1m以上としなければならない。

3 延べ面積が1,000㎡を超える準耐火建築物は、防火上有効な構造の防火壁又は防火床によって有効に区画し、かつ、各区画の床面積の合計をそれぞれ1,000㎡以内としなければならない。

4 高さ30mの建築物には、非常用の昇降機を設けなければならない。

問 18　建築基準法に関する次の記述のうち、正しいものはどれか。

1　公衆便所及び巡査派出所については、特定行政庁の許可を得ないで、道路に突き出して建築することができる。

2　近隣商業地域内において、客席の部分の床面積の合計が200㎡以上の映画館は建築することができない。

3　建築物の容積率の算定の基礎となる延べ面積には、老人ホームの共用の廊下又は階段の用に供する部分の床面積は、算入しないものとされている。

4　日影による中高層の建築物の高さの制限に係る日影時間の測定は、夏至日の真太陽時の午前8時から午後4時までの間について行われる。

改題

問 19　宅地造成及び特定盛土等規制法に関する次の記述のうち、誤っているものはどれか。なお、この問において「都道府県知事」とは、地方自治法に基づく指定都市、中核市及び施行時特例市にあってはその長をいうものとする。

1　都道府県知事又はその命じた者若しくは委任した者が、基礎調査のために他人の占有する土地に立ち入って測量又は調査を行う必要がある場合において、その必要の限度において当該土地に立ち入って測量又は調査を行うときは、当該土地の占有者は、正当な理由がない限り、立入りを拒み、又は妨げてはならない。

2　宅地を宅地以外の土地にするために行う土地の形質の変更は、宅地造成に該当しない。

3　宅地造成等工事規制区域内において、公共施設用地を宅地又は農地等に転用した者は、宅地造成等に関する工事を行わない場合でも、都道府県知事の許可を受けなければならない。

4　宅地造成等に関する工事の許可を受けた者が、工事施行者の氏名若しくは名称又は住所を変更する場合には、遅滞なくその旨を都道府県知事に届け出ればよく、改めて許可を受ける必要はない。

問 20 土地区画整理組合（以下この問において「組合」という。）に関する次の記述のうち、土地区画整理法の規定によれば、正しいものはどれか。

1 組合の設立認可を申請しようとする者は、施行地区となるべき区域内の宅地について借地権を有するすべての者の3分の2以上の同意を得なければならないが、未登記の借地権を有する者の同意を得る必要はない。

2 組合の総会の会議は、定款に特別な定めがある場合を除くほか、組合員の半数以上が出席しなければ開くことができない。

3 組合が賦課金を徴収する場合、賦課金の額は、組合員が施行地区内に有する宅地又は借地の地積等にかかわらず一律に定めなければならない。

4 組合の施行する土地区画整理事業に参加することを希望する者のうち、当該土地区画整理事業に参加するのに必要な資力及び信用を有する者であって定款で定められたものは、参加組合員として組合員となる。

問 21 農地に関する次の記述のうち、農地法（以下この問において「法」という。）の規定によれば、正しいものはどれか。

1 法第3条第1項の許可が必要な農地の売買については、この許可を受けずに売買契約を締結しても所有権移転の効力は生じない。

2 市街化区域内の自己の農地を駐車場に転用する場合には、農地転用した後に農業委員会に届け出ればよい。

3 相続により農地を取得することとなった場合には、法第3条第1項の許可を受ける必要がある。

4 農地に抵当権を設定する場合には、法第3条第1項の許可を受ける必要がある。

問 22 国土利用計画法第23条の届出（以下この問において「事後届出」という。）に関する次の記述のうち、正しいものはどれか。

1 Aが所有する市街化区域内の1,500㎡の土地をBが購入した場合には、Bは事後届出を行う必要はないが、Cが所有する市街化調整区域内の6,000㎡の土地についてDと売買に係る予約契約を締結した場合には、Dは事後届出を行う必要がある。

2 Eが所有する市街化区域内の2,000㎡の土地をFが購入した場合、Fは当該土地の所有権移転登記を完了した日から起算して2週間以内に事後届出を行う必要がある。

3 Gが所有する都市計画区域外の15,000㎡の土地をHに贈与した場合、Hは事後届出を行う必要がある。

4 Iが所有する都市計画区域外の10,000㎡の土地とJが所有する市街化調整区域内の10,000㎡の土地を交換した場合、I及びJは事後届出を行う必要はない。

問 23 印紙税に関する次の記述のうち、正しいものはどれか。

1 「建物の電気工事に係る請負代金は1,100万円（うち消費税額及び地方消費税額100万円）とする」旨を記載した工事請負契約書について、印紙税の課税標準となる当該契約書の記載金額は1,100万円である。

2 「Aの所有する土地（価額5,000万円）とBの所有する土地（価額4,000万円）とを交換する」旨の土地交換契約書を作成した場合、印紙税の課税標準となる当該契約書の記載金額は4,000万円である。

3 国を売主、株式会社Cを買主とする土地の売買契約において、共同で売買契約書を2通作成し、国とC社がそれぞれ1通ずつ保存することとした場合、C社が保存する契約書には印紙税は課されない。

4 「契約期間は10年間、賃料は月額10万円、権利金の額は100万円とする」旨が記載された土地の賃貸借契約書は、記載金額1,300万円の土地の賃借権の設定に関する契約書として印紙税が課される。

問 24　不動産取得税に関する次の記述のうち、正しいものはどれか。

1　令和6年4月に個人が取得した住宅及び住宅用地に係る不動産取得税の税率は3%であるが、住宅用以外の土地に係る不動産取得税の税率は4%である。

2　一定の面積に満たない土地の取得に対しては、狭小な不動産の取得者に対する税負担の排除の観点から、不動産取得税を課することができない。

3　不動産取得税は、不動産の取得に対して課される税であるので、家屋を改築したことにより、当該家屋の価格が増加したとしても、不動産取得税は課されない。

4　共有物の分割による不動産の取得については、当該不動産の取得者の分割前の当該共有物に係る持分の割合を超えない部分の取得であれば、不動産取得税は課されない。

問 25　不動産の鑑定評価に関する次の記述のうち、不動産鑑定評価基準によれば、誤っているものはどれか。

1　不動産の価格は、その不動産の効用が最高度に発揮される可能性に最も富む使用を前提として把握される価格を標準として形成されるが、不動産についての現実の使用方法は当該不動産が十分な効用を発揮していない場合があることに留意すべきである。

2　対象建築物に関する工事が完了していない場合でも、当該工事の完了を前提として鑑定評価を行うことがある。

3　特殊価格とは、一般的に市場性を有しない不動産について、その利用現況等を前提とした不動産の経済価値を適正に表示する価格をいい、例としては、文化財の指定を受けた建造物について、その保存等に主眼をおいた鑑定評価を行う場合において求められる価格があげられる。

4　原価法は、対象不動産が建物及びその敷地である場合において、再調達原価の把握及び減価修正を適切に行うことができるときに有効な手法であるが、対象不動産が土地のみである場合には、この手法を適用することはできない。

問 26 宅地建物取引業の免許（以下この問において「免許」という。）に関する次の記述のうち、宅地建物取引業法の規定によれば、正しいものはどれか。

1 宅地建物取引業者A社（甲県知事免許）が宅地建物取引業者ではないB社との合併により消滅した場合には、B社は、A社が消滅した日から30日以内にA社を合併した旨を甲県知事に届け出れば、A社が受けていた免許を承継することができる。

2 信託業法第3条の免許を受けた信託会社が宅地建物取引業を営もうとする場合には、国土交通大臣の免許を受けなければならない。

3 個人Cが、転売目的で競売により取得した宅地を多数の区画に分割し、宅地建物取引業者Dに販売代理を依頼して、不特定多数の者に分譲する事業を行おうとする場合には、免許を受けなければならない。

4 宅地建物取引業者E（乙県知事免許）は、乙県内に2以上の事務所を設置してその事業を営もうとする場合には、国土交通大臣に免許換えの申請をしなければならない。

問 27 宅地建物取引業者がその業務に関して行う広告に関する次の記述のうち、宅地建物取引業法の規定によれば、正しいものはいくつあるか。

ア 建物の売却について代理を依頼されて広告を行う場合、取引態様として、代理であることを明示しなければならないが、その後、当該物件の購入の注文を受けたときは、広告を行った時点と取引態様に変更がない場合を除き、遅滞なく、その注文者に対し取引態様を明らかにしなければならない。

イ 広告をするに当たり、実際のものよりも著しく優良又は有利であると人を誤認させるような表示をしてはならないが、誤認させる方法には限定がなく、宅地又は建物に係る現在又は将来の利用の制限の一部を表示しないことにより誤認させることも禁止されている。

ウ 複数の区画がある宅地の売買について、数回に分けて広告をする場合は、広告の都度取引態様の別を明示しなければならない。

エ 宅地の造成又は建物の建築に関する工事の完了前においては、当該工事に必要な都市計画法に基づく開発許可、建築基準法に基づく建築確認その他法令に基づく許可等の申請をした後でなければ、当該工事に係る宅地又は建物の売買その他の業務に関する広告をしてはならない。

1 一つ
2 二つ
3 三つ
4 四つ

問 28 宅地建物取引士に関する次の記述のうち、宅地建物取引業法の規定によれば、正しいものはどれか。

1 宅地建物取引士資格試験に合格した者は、合格した日から10年以内に登録の申請をしなければ、その合格は無効となる。

2 宅地建物取引士証の有効期間の更新の申請は、有効期間満了の90日前から30日前までにする必要がある。

3 宅地建物取引士は、重要事項の説明をするときは説明の相手方からの請求の有無にかかわらず宅地建物取引士証を提示しなければならず、また、取引の関係者から請求があったときにも宅地建物取引士証を提示しなければならない。

4　甲県知事の登録を受けている宅地建物取引士が、乙県知事に登録の移転を申請するときは、乙県知事が指定する講習を受講しなければならない。

問 29　宅地建物取引業者Aが、BからB所有の住宅の売却の媒介を依頼された場合における次の記述のうち、宅地建物取引業法（以下この問において「法」という。）の規定によれば、正しいものはいくつあるか。なお、書面の交付又は引渡しに代えて電磁的方法により提供する場合については考慮しないものとする。

ア　Aは、Bとの間で専任媒介契約を締結し、所定の事項を指定流通機構に登録したときは、その登録を証する書面を遅滞なくBに引き渡さなければならない。

イ　Aは、Bとの間で媒介契約を締結したときは、当該契約が国土交通大臣が定める標準媒介契約約款に基づくものであるか否かの別を、法第34条の2第1項の規定に基づき交付すべき書面に記載しなければならない。

ウ　Aは、Bとの間で専任媒介契約を締結するときは、Bの要望に基づく場合を除き、当該契約の有効期間について、有効期間満了時に自動的に更新する旨の特約をすることはできない。

エ　Aは、Bとの間で専属専任媒介契約を締結したときは、Bに対し、当該契約に係る業務の処理状況を1週間に1回以上報告しなければならない。

1　一つ
2　二つ
3　三つ
4　四つ

問 30 宅地建物取引業者A及び宅地建物取引業者B（ともに消費税課税事業者）が受領する報酬に関する次の記述のうち、宅地建物取引業法の規定によれば、正しいものはどれか。なお、借賃には消費税等相当額を含まないものとする。

1 Aは売主から代理の依頼を、Bは買主から媒介の依頼を、それぞれ受けて、代金5,000万円の宅地の売買契約を成立させた場合、Aは売主から343万2,000円、Bは買主から171万6,000円、合計で514万8,000円の報酬を受けることができる。

2 Aが単独で行う居住用建物の貸借の媒介に関して、Aが依頼者の一方から受けることができる報酬の上限額は、当該媒介の依頼者から報酬請求時までに承諾を得ている場合には、借賃の1.1か月分である。

3 Aが単独で貸主と借主の双方から店舗用建物の貸借の媒介の依頼を受け、1か月の借賃25万円、権利金330万円（権利設定の対価として支払われるもので、返還されないものをいい、消費税等相当額を含む。）の賃貸借契約を成立させた場合、Aが依頼者の一方から受けることができる報酬の上限額は、30万8,000円である。

4 Aが単独で行う事務所用建物の貸借の媒介に関し、Aが受ける報酬の合計額が借賃の1.1か月分以内であれば、Aは依頼者の双方からどのような割合で報酬を受けてもよく、また、依頼者の一方のみから報酬を受けることもできる。

問 31 宅地建物取引業者が行う宅地建物取引業法第35条に規定する重要事項の説明に関する次の記述のうち、正しいものはどれか。なお、説明の相手方は宅地建物取引業者ではないものとする。

1 建物の売買の媒介だけでなく建物の貸借の媒介を行う場合においても、損害賠償額の予定又は違約金に関する事項について、説明しなければならない。
2 建物の売買の媒介を行う場合、当該建物について、石綿の使用の有無の調査の結果が記録されているか照会を行ったにもかかわらず、その存在の有無が分からないときは、宅地建物取引業者自らが石綿の使用の有無の調査を実施し、その結果を説明しなければならない。
3 建物の売買の媒介を行う場合、当該建物が既存の住宅であるときは、建物状況調査を実施しているかどうかを説明しなければならないが、実施している場合その結果の概要を説明する必要はない。
4 区分所有建物の売買の媒介を行う場合、建物の区分所有等に関する法律第2条第3項に規定する専有部分の用途その他の利用の制限に関する規約の定めがあるときは、その内容を説明しなければならないが、区分所有建物の貸借の媒介を行う場合は、説明しなくてよい。

宅地建物取引業者Aが、自ら売主として、宅地建物取引業者ではないBとの間で建物の売買契約を締結する場合における次の記述のうち、宅地建物取引業法（以下この問において「法」という。）の規定によれば、正しいものはどれか。

1 ＡＢ間の建物の売買契約において、Bが当該契約の履行に着手した後においては、Aは、契約の締結に際してBから受領した手付金の倍額をBに現実に提供したとしても、契約を解除することはできない。

2 ＡＢ間の建物の売買契約における「法第37条の２の規定に基づくクーリング・オフによる契約の解除の際に、当該契約の締結に際しAがBから受領した手付金は返還しない」旨の特約は有効である。

3 ＡＢ間の建物の割賦販売の契約において、Bからの賦払金が当初設定していた支払期日までに支払われなかった場合、Aは直ちに賦払金の支払の遅滞を理由として当該契約を解除することができる。

4 ＡＢ間で工事の完了前に当該工事に係る建物（代金5,000万円）の売買契約を締結する場合、Aは、法第41条に定める手付金等の保全措置を講じた後でなければ、Bから200万円の手付金を受領してはならない。

改題
問 33 宅地建物取引業者Aが宅地建物取引業法第37条の規定により交付すべき書面（以下この問において「37条書面」という。）に関する次の記述のうち、正しいものはどれか。なお、37条書面の交付に代えて電磁的方法により提供する場合については考慮しないものとする。

1 Aが媒介により建物の貸借の契約を成立させたときは、37条書面に借賃の額並びにその支払の時期及び方法を記載しなければならず、また、当該書面を契約の各当事者に交付しなければならない。

2 Aが媒介により宅地の貸借の契約を成立させた場合において、当該宅地の引渡しの時期について重要事項説明書に記載して説明を行ったときは、その内容を37条書面に記載する必要はない。

3 Aが自ら売主として宅地建物取引業者である買主と建物の売買契約を締結した場合、37条書面に宅地建物取引士をして記名させる必要はない。

4 Aが自ら売主として宅地の売買契約を締結した場合、代金についての金銭の貸借のあっせんに関する定めがある場合における当該あっせんに係る金銭

の貸借が成立しないときの措置については、37条書面に記載する必要はない。

問 34 宅地建物取引士の登録（以下この問において「登録」という）及び宅地建物取引士証に関する次の記述のうち、宅地建物取引業法の規定によれば、正しいものはどれか。

1　甲県で宅地建物取引士資格試験に合格した後1年以上登録の申請をしていなかった者が宅地建物取引業者（乙県知事免許）に勤務することとなったときは、乙県知事あてに登録の申請をしなければならない。

2　登録を受けている者は、住所に変更があっても、登録を受けている都道府県知事に変更の登録を申請する必要はない。

3　宅地建物取引士は、従事先として登録している宅地建物取引業者の事務所の所在地に変更があったときは、登録を受けている都道府県知事に変更の登録を申請しなければならない。

4　丙県知事の登録を受けている宅地建物取引士が、丁県知事への登録の移転の申請とともに宅地建物取引士証の交付の申請をした場合は、丁県知事から、移転前の宅地建物取引士証の有効期間が経過するまでの期間を有効期間とする新たな宅地建物取引士証が交付される。

問 35 宅地建物取引業者Ａ（甲県知事免許）の営業保証金に関する次の記述のうち、宅地建物取引業法の規定によれば、正しいものはどれか。

1 Ａから建設工事を請け負った建設業者は、Ａに対する請負代金債権について、営業継続中のＡが供託している営業保証金から弁済を受ける権利を有する。
2 Ａが甲県内に新たに支店を設置したときは、本店の最寄りの供託所に政令で定める額の営業保証金を供託すれば、当該支店での事業を開始することができる。
3 Ａは、営業保証金の還付により、営業保証金の額が政令で定める額に不足することとなったときは、甲県知事から不足額を供託すべき旨の通知書の送付を受けた日から２週間以内にその不足額を供託しなければならない。
4 Ａが甲県内に本店及び２つの支店を設置して宅地建物取引業を営もうとする場合、供託すべき営業保証金の合計額は1,200万円である。

問 36 宅地建物取引業保証協会（以下この問において「保証協会」という。）に関する次の記述のうち、宅地建物取引業法の規定によれば、正しいものはどれか。

1 保証協会の社員との宅地建物取引業に関する取引により生じた債権を有する者は、当該社員が納付した弁済業務保証金分担金の額に相当する額の範囲内で弁済を受ける権利を有する。
2 保証協会の社員と宅地建物取引業に関し取引をした者が、その取引により生じた債権に関し、弁済業務保証金について弁済を受ける権利を実行するときは、当該保証協会の認証を受けるとともに、当該保証協会に対し還付請求をしなければならない。
3 保証協会は、弁済業務保証金の還付があったときは、当該還付に係る社員又は社員であった者に対し、当該還付額に相当する額の還付充当金をその主たる事務所の最寄りの供託所に供託すべきことを通知しなければならない。
4 保証協会は、弁済業務保証金の還付があったときは、当該還付に相当する額の弁済業務保証金を供託しなければならない。

改題

問 37 宅地建物取引業者Aが、自ら売主として宅地の売買契約を締結した場合に関する次の記述のうち、宅地建物取引業法の規定によれば、正しいものはいくつあるか。なお、この問において「37条書面」とは、同法第37条の規定に基づき交付すべき書面をいうものとし、37条書面の交付に代えて電磁的方法により提供する場合については考慮しないものとする。

ア　Aは、専任の宅地建物取引士をして、37条書面の内容を当該契約の買主に説明させなければならない。

イ　Aは、供託所等に関する事項を37条書面に記載しなければならない。

ウ　Aは、買主が宅地建物取引業者であっても、37条書面を遅滞なく交付しなければならない。

エ　Aは、買主が宅地建物取引業者であるときは、当該宅地の引渡しの時期及び移転登記の申請の時期を37条書面に記載しなくてもよい。

1　一つ

2　二つ

3　三つ

4　なし

改題

問 38 宅地建物取引業者Aが、BからB所有の甲住宅の売却に係る媒介の依頼を受けて締結する一般媒介契約に関する次の記述のうち、宅地建物取引業法（以下この問において「法」という。）の規定によれば、正しいものはどれか。なお、書面の交付に代えて電磁的方法により提供する場合については考慮しないものとする。

1　Aは、法第34条の2第1項の規定に基づき交付すべき書面に、宅地建物取引士をして記名させなければならない。

2　Aは、甲住宅の価額について意見を述べる場合、Bに対してその根拠を口頭ではなく書面で明示しなければならない。

3　Aは、当該媒介契約を締結した場合、指定流通機構に甲住宅の所在等を登録しなければならない。

4　Aは、媒介契約の有効期間及び解除に関する事項を、法第34条の2第1項の規定に基づき交付すべき書面に記載しなければならない。

問 39 次の記述のうち、宅地建物取引業法の規定によれば、正しいものはどれか。

1 宅地建物取引業者は、従業者名簿の閲覧の請求があったときは、取引の関係者か否かを問わず、請求した者の閲覧に供しなければならない。

2 宅地建物取引業者は、その業務に従事させる者に従業者証明書を携帯させなければならず、その者が宅地建物取引士であり、宅地建物取引士証を携帯していても、従業者証明書を携帯させなければならない。

3 宅地建物取引業者は、その事務所ごとに従業者名簿を備えなければならないが、退職した従業者に関する事項は、個人情報保護の観点から従業者名簿から消去しなければならない。

4 宅地建物取引業者は、その業務に従事させる者に従業者証明書を携帯させなければならないが、その者が非常勤の役員や単に一時的に事務の補助をする者である場合には携帯させなくてもよい。

問 40 宅地建物取引業者Aが、自ら売主として、宅地建物取引業者ではないBとの間で宅地の売買契約を締結した場合における、宅地建物取引業法第37条の2の規定に基づくいわゆるクーリング・オフに関する次の記述のうち、Bがクーリング・オフにより契約の解除を行うことができるものはいくつあるか。

ア　Bが喫茶店で当該宅地の買受けの申込みをした場合において、Bが、Aからクーリング・オフについて書面で告げられた日の翌日から起算して8日目にクーリング・オフによる契約の解除の書面を発送し、10日目にAに到達したとき。

イ　Bが喫茶店で当該宅地の買受けの申込みをした場合において、クーリング・オフによる契約の解除ができる期間内に、Aが契約の履行に着手したとき。

ウ　Bが喫茶店で当該宅地の買受けの申込みをした場合において、AとBとの間でクーリング・オフによる契約の解除をしない旨の合意をしたとき。

エ　Aの事務所ではないがAが継続的に業務を行うことができる施設があり宅地建物取引業法第31条の3第1項の規定により専任の宅地建物取引士が置かれている場所で、Bが買受けの申込みをし、2日後に喫茶店で売買契約を締結したとき。

1　一つ
2　二つ
3　三つ
4　四つ

問 41 宅地建物取引業者が行う宅地建物取引業法第35条に規定する重要事項の説明に関する次の記述のうち、正しいものはどれか。

1 重要事項説明書には、代表者の記名押印があれば宅地建物取引士の記名は必要がない。

2 重要事項説明書に記名する宅地建物取引士は専任の宅地建物取引士でなければならないが、実際に重要事項の説明を行う者は専任の宅地建物取引士でなくてもよい。

3 宅地建物取引士証を亡失した宅地建物取引士は、その再交付を申請していても、宅地建物取引士証の再交付を受けるまでは重要事項の説明を行うことができない。

4 重要事項の説明は、宅地建物取引業者の事務所において行わなければならない。

問 42 宅地建物取引業者Aが、自ら売主として締結する売買契約に関する次の記述のうち、宅地建物取引業法（以下この問において「法」という。）及び民法の規定によれば、誤っているものはどれか。

1 Aが宅地建物取引業者ではないBとの間で締結する宅地の売買契約において、当該宅地の種類又は品質に関して契約の内容に適合しない場合におけるその不適合を担保すべき責任を負う期間をBがその不適合を知った時から2年とする特約を定めた場合、この特約は有効である。

2 Aが宅地建物取引業者ではないCとの間で建築工事の完了前に締結する建物（代金5,000万円）の売買契約においては、Aは、手付金200万円を受領した後、法第41条に定める手付金等の保全措置を講じなければ、当該建物の引渡し前に中間金300万円を受領することができない。

3 Aが宅地建物取引業者Dとの間で造成工事の完了後に締結する宅地（代金3,000万円）の売買契約においては、Aは、法第41条の2に定める手付金等の保全措置を講じないで、当該宅地の引渡し前に手付金800万円を受領することができる。

4 Aが宅地建物取引業者ではないEとの間で締結する建物の売買契約において、Aは当該建物の種類又は品質に関して契約の内容に適合しない場合におけるその不適合を担保すべき責任を一切負わないとする特約を定めた場合、この特約は無効となり、Aが当該責任を負う期間は当該建物の引渡日から2年となる。

問 43 宅地建物取引業の免許（以下この問において「免許」という。）に関する次の記述のうち、宅地建物取引業法の規定によれば、正しいものはどれか。

1 　免許を受けようとするA社の取締役が刑法第204条（傷害）の罪により懲役1年執行猶予2年の刑に処せられた場合、刑の執行猶予の言渡しを取り消されることなく猶予期間を満了し、その日から5年を経過しなければ、A社は免許を受けることができない。

2 　宅地建物取引業者である個人Bが死亡した場合、その相続人Cは、Bが締結した契約に基づく取引を結了する目的の範囲内において宅地建物取引業者とみなされ、Bが売主として締結していた売買契約の目的物を買主に引き渡すことができる。

3 　宅地建物取引業者D社について破産手続開始の決定があった場合、D社を代表する役員は廃業を届け出なければならない。また、廃業が届け出られた日にかかわらず、破産手続開始の決定の日をもって免許の効力が失われる。

4 　免許を受けようとするE社の取締役について、破産手続開始の決定があった場合、復権を得た日から5年を経過しなければ、E社は免許を受けることができない。

問 44　宅地建物取引業者が行う宅地建物取引業法第35条に規定する重要事項の説明に関する次の記述のうち、誤っているものはどれか。なお、特に断りのない限り、説明の相手方は宅地建物取引業者ではないものとする。

1　昭和55年に新築の工事に着手し完成した建物の売買の媒介を行う場合、当該建物が地方公共団体による耐震診断を受けたものであるときは、その内容を説明しなければならない。

2　貸借の媒介を行う場合、敷金その他いかなる名義をもって授受されるかを問わず、契約終了時において精算することとされている金銭の精算に関する事項を説明しなければならない。

3　自らを委託者とする宅地又は建物に係る信託の受益権の売主となる場合、取引の相手方が宅地建物取引業者であっても、重要事項説明書を交付して説明をしなければならない。

4　区分所有建物の売買の媒介を行う場合、一棟の建物の計画的な維持修繕のための費用の積立てを行う旨の規約の定めがあるときは、その内容を説明しなければならないが、既に積み立てられている額について説明する必要はない。

問 45 宅地建物取引業者Ａ（甲県知事免許）が、自ら売主として宅地建物取引業者ではない買主Ｂに新築住宅を販売する場合における次の記述のうち、特定住宅瑕疵担保責任の履行の確保等に関する法律の規定によれば、正しいものはどれか。

1　Ａが媒介を依頼した宅地建物取引業者又はＢが住宅販売瑕疵担保責任保険契約の締結をしていれば、Ａは住宅販売瑕疵担保保証金の供託又は住宅販売瑕疵担保責任保険契約の締結を行う必要はない。

2　Ａが住宅販売瑕疵担保保証金の供託をし、その額が、基準日において、販売新築住宅の合計戸数を基礎として算定する基準額を超えることとなった場合、甲県知事の承認を受けた上で、その超過額を取り戻すことができる。

3　新築住宅をＢに引き渡したＡは、基準日ごとに基準日から50日以内に、当該基準日に係る住宅販売瑕疵担保保証金の供託及び住宅販売瑕疵担保責任保険契約の締結の状況について、甲県知事に届け出なければならない。

4　Ｂが宅地建物取引業者である場合であっても、Ａは、Ｂに引き渡した新築住宅について、住宅販売瑕疵担保保証金の供託又は住宅販売瑕疵担保責任保険契約の締結を行う義務を負う。

問 46 独立行政法人住宅金融支援機構（以下この問において「機構」という。）に関する次の記述のうち、誤っているものはどれか。

1　機構は、証券化支援事業（買取型）において、金融機関から買い取った住宅ローン債権を担保としてMBS（資産担保証券）を発行している。

2　機構は、災害により住宅が滅失した場合におけるその住宅に代わるべき住宅の建設又は購入に係る貸付金については、元金据置期間を設けることができない。

3　機構は、証券化支援事業（買取型）において、賃貸住宅の建設又は購入に必要な資金の貸付けに係る金融機関の貸付債権については譲受けの対象としていない。

4　機構は、貸付けを受けた者とあらかじめ契約を締結して、その者が死亡した場合に支払われる生命保険の保険金を当該貸付けに係る債務の弁済に充当する団体信用生命保険を業務として行っている。

問 47 宅地建物取引業者が行う広告に関する次の記述のうち、不当景品類及び不当表示防止法（不動産の表示に関する公正競争規約を含む。）の規定によれば、正しいものはどれか。

1　路地状部分（敷地延長部分）のみで道路に接する土地であって、その路地状部分の面積が当該土地面積のおおむね 30% 以上を占める場合には、路地状部分を含む旨及び路地状部分の割合又は面積を明示しなければならない。

2　新築住宅を販売するに当たり、当該物件から最寄駅まで実際に歩いたときの所要時間が 15 分であれば、物件から最寄駅までの道路距離にかかわらず、広告中に「最寄駅まで徒歩 15 分」と表示することができる。

3　新築分譲住宅を販売するに当たり、予告広告である旨及び契約又は予約の申込みには応じられない旨を明瞭に表示すれば、当該物件が建築確認を受けていなくても広告表示をすることができる。

4　新築分譲マンションを販売するに当たり、住戸により管理費の額が異なる場合であって、全ての住戸の管理費を示すことが広告スペースの関係で困難なときは、全住戸の管理費の平均額を表示すればよい。

問 48 次の記述のうち、正しいものはどれか。

1　令和 2 年地価公示（令和 2 年 3 月公表）によれば、平成 31 年 1 月以降の 1 年間の地価変動は、全国平均では、住宅地については下落であったが、商業地については上昇であった。

2　令和 2 年版土地白書（令和 2 年 6 月公表）によれば、土地取引について、売買による所有権の移転登記の件数でその動向をみると、令和元年の全国の土地取引件数は約 131 万件となり、前年に比べて大きく増加した。

3　建築着工統計（令和 2 年 1 月公表）によれば、平成 31 年 1 月から令和元年 12 月までの持家及び分譲住宅の新設住宅着工戸数は前年に比べて増加したが、貸家の新設住宅着工戸数は減少した。

4　平成 30 年度法人企業統計調査（令和元年 9 月公表）によれば、不動産業の売上高経常利益率は、平成 26 年度から平成 30 年度までの 5 年間は、いずれも 5% 以下となっている。

土地に関する次の記述のうち、最も不適当なものはどれか。

1　都市の中小河川の氾濫の原因の一つは、急速な都市化、宅地化に伴い、降雨時に雨水が短時間に大量に流れ込むようになったことである。
2　中小河川に係る防災の観点から、宅地選定に当たっては、その地点だけでなく、周辺の地形と防災施設に十分注意することが必要である。
3　地盤の液状化については、宅地の地盤条件について調べるとともに、過去の地形についても古地図などで確認することが必要である。
4　地形や地質的な条件については、宅地に適しているか調査する必要があるが、周辺住民の意見は聴かなくてよい。

問 50　建築物の構造に関する次の記述のうち、最も不適当なものはどれか。

1　建物の構成は、大きく基礎構造と上部構造からなっており、基礎構造は地業と基礎盤から構成されている。
2　基礎の種類には、基礎の底面が建物を支持する地盤に直接接する直接基礎と、建物を支持する地盤が深い場合に使用する杭基礎（杭地業）がある。
3　直接基礎の種類には、形状により、柱の下に設ける独立基礎、壁体等の下に設けるべた基礎、建物の底部全体に設ける布基礎（連続基礎）等がある。
4　上部構造は、重力、風力、地震力等の荷重に耐える役目を負う主要構造と、屋根、壁、床等の仕上げ部分等から構成されている。

令和元年度
本試験問題

01

- ●改題…法改正などにより修正を加えた問題です。
- ●参考…どのような出題がされたかを確認するための参考問題です。出題当時の
  まま掲載していますので内容を覚える必要はありません。

解答解説

本冊P159〜P196

令和元年度　試験解答用紙

―― 解答欄 ――

問題番号	解答番号			
問　1	①	②	③	④
問　2	①	②	③	④
問　3	①	②	③	④
問　4	①	②	③	④
問　5	①	②	③	④
問　6	①	②	③	④
問　7	①	②	③	④
問　8	①	②	③	④
問　9	①	②	③	④
問　10	①	②	③	④
問　11	①	②	③	④
問　12	①	②	③	④
問　13	①	②	③	④
問　14	①	②	③	④
問　15	①	②	③	④
問　16	①	②	③	④
問　17	①	②	③	④
問　18	①	②	③	④
問　19	①	②	③	④
問　20	①	②	③	④
問　21	①	②	③	④
問　22	①	②	③	④
問　23	①	②	③	④
問　24	①	②	③	④
問　25	①	②	③	④

問題番号	解答番号			
問　26	①	②	③	④
問　27	①	②	③	④
問　28	①	②	③	④
問　29	①	②	③	④
問　30	①	②	③	④
問　31	①	②	③	④
問　32	①	②	③	④
問　33	①	②	③	④
問　34	①	②	③	④
問　35	①	②	③	④
問　36	①	②	③	④
問　37	①	②	③	④
問　38	①	②	③	④
問　39	①	②	③	④
問　40	①	②	③	④
問　41	①	②	③	④
問　42	①	②	③	④
問　43	①	②	③	④
問　44	①	②	③	④
問　45	①	②	③	④
問　46	①	②	③	④
問　47	①	②	③	④
問　48	①	②	③	④
問　49	①	②	③	④
問　50	①	②	③	④

切取線

問 1 Aは、Aが所有している甲土地をBに売却した。この場合に関する次の記述のうち、民法の規定及び判例によれば、誤っているものはどれか。

1 甲土地を何らの権原なく不法占有しているCがいる場合、BがCに対して甲土地の所有権を主張して明渡請求をするには、甲土地の所有権移転登記を備えなければならない。

2 Bが甲土地の所有権移転登記を備えていない場合には、Aから建物所有目的で甲土地を賃借して甲土地上にD名義の登記ある建物を有するDに対して、Bは自らが甲土地の所有者であることを主張することができない。

3 Bが甲土地の所有権移転登記を備えないまま甲土地をEに売却した場合、Eは、甲土地の所有権移転登記なくして、Aに対して甲土地の所有権を主張することができる。

4 Bが甲土地の所有権移転登記を備えた後に甲土地につき取得時効が完成したFは、甲土地の所有権移転登記を備えていなくても、Bに対して甲土地の所有権を主張することができる。

改題
問 2 AがBに甲土地を売却し、Bが所有権移転登記を備えた場合に関する次の記述のうち、民法の規定及び判例によれば、誤っているものはどれか。

1 AがBとの売買契約をBの詐欺を理由に取り消した後、CがBから甲土地を買い受けて所有権移転登記を備えた場合、AC間の関係は対抗問題となり、Aは、いわゆる背信的悪意者ではないCに対して、登記なくして甲土地の返還を請求することができない。

2 AがBとの売買契約をBの詐欺を理由に取り消す前に、Bの詐欺について悪意のCが、Bから甲土地を買い受けて所有権移転登記を備えていた場合、AはCに対して、甲土地の返還を請求することができる。

3 Aの売却の意思表示に重要な錯誤がある場合、Aに重大な過失がなくても、Aは、Aの錯誤について善意無過失でBから甲土地を買い受けたCに対して、当該意思表示の取消しを主張して甲土地の返還を請求することができない。

4 Aの売却の意思表示に重要な錯誤がある場合、Aに重大な過失があったとしても、AはBに対して、当該意思表示を取り消して、甲土地の返還を請求することができる。

問 3 事業者ではないＡが所有し居住している建物につきＡＢ間で売買契約を締結するに当たり、Ａは建物引渡しから３か月に限り担保責任を負う旨の特約を付けたが、売買契約締結時点において当該建物の構造耐力上主要な部分に不適合が存在しており、Ａはそのことを知っていたがＢに告げず、Ｂはそのことを知らなかった。この場合に関する次の記述のうち、民法の規定によれば、正しいものはどれか。なお、この問において「不適合」とは、引き渡された目的物が種類又は品質に関して契約の内容に適合しないものであることをいい、「担保責任」とは、当該不適合に関する民法第562条以下の規定に基づく責任をいう。

1 Ｂが当該不適合の存在を建物引渡しから１年が経過した時に知り、当該不適合を知った時から１年を経過した後に不適合を知った旨をＡに通知したときでも、ＢはＡに対して担保責任を追及することができる。

2 建物の構造耐力上主要な部分の不適合については、債務の不履行がＢの責めに帰すべき事由によるものであるか否かにかかわらず、Ｂは売買契約を解除することができる。

3 Ｂが不適合を理由にＡに対して損害賠償請求をすることができるのは、不適合を理由に売買契約を解除することができない場合に限られる。

4 ＡＢ間の売買をＢと媒介契約を締結した宅地建物取引業者Ｃが媒介していた場合には、ＢはＣに対して担保責任を追及することができる。

問　4　不法行為に関する次の記述のうち、民法の規定及び判例によれば、正しいものはどれか。

1　放火によって家屋が滅失し、火災保険契約の被保険者である家屋所有者が当該保険契約に基づく保険金請求権を取得した場合、当該家屋所有者は、加害者に対する損害賠償請求金額からこの保険金額を、いわゆる損益相殺として控除しなければならない。

2　被害者は、不法行為によって損害を受けると同時に、同一の原因によって損害と同質性のある利益を既に受けた場合でも、その額を加害者の賠償すべき損害額から控除されることはない。

3　第三者が債務者を教唆して、その債務の全部又は一部の履行を不能にさせたとしても、当該第三者が当該債務の債権者に対して、不法行為責任を負うことはない。

4　名誉を違法に侵害された者は、損害賠償又は名誉回復のための処分を求めることができるほか、人格権としての名誉権に基づき、加害者に対し侵害行為の差止めを求めることができる。

問 5 次の1から4までの記述のうち、民法の規定及び判例並びに下記判決文によれば、誤っているものはどれか。

（判決文）

　本人が無権代理行為の追認を拒絶した場合には、その後に無権代理人が本人を相続したとしても、無権代理行為が有効になるものではないと解するのが相当である。けだし、無権代理人がした行為は、本人がその追認をしなければ本人に対してその効力を生ぜず（民法113条1項）、本人が追認を拒絶すれば無権代理行為の効力が本人に及ばないことが確定し、追認拒絶の後は本人であっても追認によって無権代理行為を有効とすることができず、右追認拒絶の後に無権代理人が本人を相続したとしても、右追認拒絶の効果に何ら影響を及ぼすものではないからである。

1　本人が無権代理行為の追認を拒絶した場合、その後は本人であっても無権代理行為を追認して有効な行為とすることはできない。

2　本人が追認拒絶をした後に無権代理人が本人を相続した場合と、本人が追認拒絶をする前に無権代理人が本人を相続した場合とで、法律効果は同じである。

3　無権代理行為の追認は、別段の意思表示がないときは、契約の時にさかのぼってその効力を生ずる。ただし、第三者の権利を害することはできない。

4　本人が無権代理人を相続した場合、当該無権代理行為は、その相続により当然には有効とならない。

問 6 遺産分割に関する次の記述のうち、民法の規定及び判例によれば、正しいものはどれか。

1　被相続人は、遺言によって遺産分割を禁止することはできず、共同相続人は、遺産分割協議によって遺産の全部又は一部の分割をすることができる。

2　共同相続人は、既に成立している遺産分割協議につき、その全部又は一部を全員の合意により解除した上、改めて遺産分割協議を成立させることができる。

3　遺産に属する預貯金債権は、相続開始と同時に当然に相続分に応じて分割され、共同相続人は、その持分に応じて、単独で預貯金債権に関する権利を行使することができる。

4　遺産の分割は、共同相続人の遺産分割協議が成立した時から効力を生ずるが、第三者の権利を害することはできない。

問 7 Aを売主、Bを買主として甲建物の売買契約が締結された場合におけるBのAに対する代金債務（以下「本件代金債務」という。）に関する次の記述のうち、民法の規定及び判例によれば、誤っているものはどれか。

1　Bが、本件代金債務につき受領権限のないCに対して弁済した場合、Cに受領権限がないことを知らないことにつきBに過失があれば、Cが受領した代金をAに引き渡したとしても、Bの弁済は有効にならない。

2　Bが、Aの代理人と称するDに対して本件代金債務を弁済した場合、Dに受領権限がないことにつきBが善意かつ無過失であれば、Bの弁済は有効となる。

3　Bが、Aの相続人と称するEに対して本件代金債務を弁済した場合、Eに受領権限がないことにつきBが善意かつ無過失であれば、Bの弁済は有効となる。

4　Bは、本件代金債務の履行期が過ぎた場合であっても、特段の事情がない限り、甲建物の引渡しに係る履行の提供を受けていないことを理由として、Aに対して代金の支払を拒むことができる。

問 8 Aを注文者、Bを請負人とする請負契約（以下「本件契約」という。）が締結された場合における次の記述のうち、民法の規定及び判例によれば、誤っているものはどれか。

1 Aに引き渡された本件契約の目的物たる建物が種類又は品質に関して契約の内容に適合しないものである場合において、当該不適合がAの供した材料の性質又はAの与えた指図によって生じたものでなく、かつ、Aの責めに帰すべき事由によるものでないときは、AはBに対し履行の追完を請求することができる。

2 本件契約が、事務所の用に供するコンクリート造の建物の建築を目的とする場合、当該建物の種類又は品質が契約の内容に適合しないものであることに基づきAがBに対して有する損害賠償請求権の消滅時効期間を、引渡しから20年と定めることができる。

3 本件契約の目的が建物の増築である場合、Aの失火により当該建物が焼失し増築できなくなったときは、Bは本件契約に基づく未履行部分の仕事完成債務を免れる。

4 Bが仕事を完成しない間は、AはいつでもBに対して損害を賠償して本件契約を解除することができる。

問 9 AがBに対して金銭の支払を求めている場合の時効の更新に関する次の記述のうち、民法の規定によれば、誤っているものはどれか。

1 Aが金銭の支払を求めて訴えを提起した場合において、確定判決によって権利が確定したときは、時効の更新が生じる。

2 BがAの金銭支払請求権を承認したときは、時効の更新が生じる。

3 AB間で民事訴訟法第275条第1項の和解が成立し、その旨が調書に記載されることによって権利が確定したときは、時効の更新が生じる。

4 AがBに対し金銭の支払を催告したときは、その時から6カ月を経過した時に、時効の更新が生じる。

問 10 債務者Aが所有する甲土地には、債権者Bが一番抵当権（債権額2,000万円）、債権者Cが二番抵当権（債権額2,400万円）、債権者Dが三番抵当権（債権額3,000万円）をそれぞれ有しているが、BはDの利益のために抵当権の順位を譲渡した。甲土地の競売に基づく売却代金が6,000万円であった場合、Bの受ける配当額として、民法の規定によれば、正しいものはどれか。

1 600万円
2 1,000万円
3 1,440万円
4 1,600万円

改題
問 11 甲土地につき、期間を50年と定めて賃貸借契約を締結しようとする場合（以下「ケース①」という。）と、期間を15年と定めて賃貸借契約を締結しようとする場合（以下「ケース②」という。）に関する次の記述のうち、民法及び借地借家法の規定によれば、正しいものはどれか。なお、借地借家法第22条第2項に規定する電磁的記録については考慮しないものとする。

1 賃貸借契約が建物を所有する目的ではなく、資材置場とする目的である場合、ケース①は期間の定めのない契約になり、ケース②では期間は15年となる。
2 賃貸借契約が建物の所有を目的とする場合、公正証書で契約を締結しなければ、ケース①の期間は30年となり、ケース②の期間は15年となる。
3 賃貸借契約が居住の用に供する建物の所有を目的とする場合、ケース①では契約の更新がないことを書面で定めればその特約は有効であるが、ケース②では契約の更新がないことを書面で定めても無効であり、期間は30年となる。
4 賃貸借契約が専ら工場の用に供する建物の所有を目的とする場合、ケース①では契約の更新がないことを公正証書で定めた場合に限りその特約は有効であるが、ケース②では契約の更新がないことを公正証書で定めても無効である。

問 12 AがBに対し、A所有の甲建物を3年間賃貸する旨の契約をした場合における次の記述のうち、民法及び借地借家法の規定によれば、正しいものはどれか（借地借家法第39条に定める取壊し予定の建物の賃貸借及び同法第40条に定める一時使用目的の建物の賃貸借は考慮しないものとする。）。なお、借地借家法第38条第2項に規定する電磁的記録については考慮しないものとする。

1 AB間の賃貸借契約について、契約の更新がない旨を定めるには、公正証書による等書面によって契約すれば足りる。

2 甲建物が居住の用に供する建物である場合には、契約の更新がない旨を定めることはできない。

3 AがBに対して、期間満了の3月前までに更新しない旨の通知をしなければ、従前の契約と同一の条件で契約を更新したものとみなされるが、その期間は定めがないものとなる。

4 Bが適法に甲建物をCに転貸していた場合、Aは、Bとの賃貸借契約が解約の申入れによって終了するときは、特段の事情がない限り、Cにその旨の通知をしなければ、賃貸借契約の終了をCに対抗することができない。

問 13 建物の区分所有等に関する法律（以下この問において「法」という。）に関する次の記述のうち、正しいものはどれか。

1 専有部分が数人の共有に属するときは、共有者は、集会においてそれぞれ議決権を行使することができる。

2 区分所有者の承諾を得て専有部分を占有する者は、会議の目的たる事項につき利害関係を有する場合には、集会に出席して議決権を行使することができる。

3 集会においては、規約に別段の定めがある場合及び別段の決議をした場合を除いて、管理者又は集会を招集した区分所有者の1人が議長となる。

4 集会の議事は、法又は規約に別段の定めがない限り、区分所有者及び議決権の各4分の3以上の多数で決する。

問 14 不動産の登記に関する次の記述のうち、不動産登記法の規定によれば、誤っているものはどれか。

1 登記の申請に係る不動産の所在地が当該申請を受けた登記所の管轄に属しないときは、登記官は、理由を付した決定で、当該申請を却下しなければならない。
2 所有権の登記名義人が相互に異なる土地の合筆の登記は、することができない。
3 登記官は、一筆の土地の一部が別の地目となったときであっても、職権で当該土地の分筆の登記をすることはできない。
4 登記の申請をする者の委任による代理人の権限は、本人の死亡によっては、消滅しない。

問 15 都市計画法に関する次の記述のうち、誤っているものはどれか。

1 高度地区は、用途地域内において市街地の環境を維持し、又は土地利用の増進を図るため、建築物の高さの最高限度又は最低限度を定める地区とされている。
2 特定街区については、都市計画に、建築物の容積率並びに建築物の高さの最高限度及び壁面の位置の制限を定めるものとされている。
3 準住居地域は、道路の沿道としての地域の特性にふさわしい業務の利便の増進を図りつつ、これと調和した住居の環境を保護するため定める地域とされている。
4 特別用途地区は、用途地域が定められていない土地の区域（市街化調整区域を除く。）内において、その良好な環境の形成又は保持のため当該地域の特性に応じて合理的な土地利用が行われるよう、制限すべき特定の建築物等の用途の概要を定める地区とされている。

問 16 都市計画法に関する次の記述のうち、正しいものはどれか。ただし、許可を要する開発行為の面積については、条例による定めはないものとし、この問において「都道府県知事」とは、地方自治法に基づく指定都市、中核市及び施行時特例市にあってはその長をいうものとする。

1 準都市計画区域において、店舗の建築を目的とした 4,000 m² の土地の区画形質の変更を行おうとする者は、あらかじめ、都道府県知事の許可を受けなければならない。

2 市街化区域において、農業を営む者の居住の用に供する建築物の建築を目的とした 1,500 m² の土地の区画形質の変更を行おうとする者は、都道府県知事の許可を受けなくてよい。

3 市街化調整区域において、野球場の建設を目的とした 8,000 m² の土地の区画形質の変更を行おうとする者は、あらかじめ、都道府県知事の許可を受けなければならない。

4 市街化調整区域において、医療法に規定する病院の建築を目的とした 1,000 m² の土地の区画形質の変更を行おうとする者は、都道府県知事の許可を受けなくてよい。

改題
問 17 建築基準法に関する次の記述のうち、誤っているものはどれか。

1 特定行政庁は、緊急の必要がある場合においては、建築基準法の規定に違反した建築物の所有者等に対して、仮に、当該建築物の使用禁止又は使用制限の命令をすることができる。

2 地方公共団体は、条例で、津波、高潮、出水等による危険の著しい区域を災害危険区域として指定することができ、当該区域内における住居の用に供する建築物の建築の禁止その他建築物の建築に関する制限で災害防止上必要なものは当該条例で定めることとされている。

3 防火地域内にある看板で建築物の屋上に設けるものは、その主要な部分を不燃材料で造り、又は覆わなければならない。

4 共同住宅の住戸には、非常用の照明装置を設けなければならない。

問 18 建築基準法に関する次の記述のうち、正しいものはどれか。

1 第一種低層住居専用地域内においては、延べ面積の合計が $60\,\mathrm{m}^2$ であって、居住の用に供する延べ面積が $40\,\mathrm{m}^2$、クリーニング取次店の用に供する延べ面積が $20\,\mathrm{m}^2$ である兼用住宅は、建築してはならない。

2 工業地域内においては、幼保連携型認定こども園を建築することができる。

3 都市計画において定められた建蔽率の限度が10分の8とされている地域外で、かつ、防火地域内にある準耐火建築物の建蔽率については、都市計画において定められた建蔽率の数値に10分の1を加えた数値が限度となる。

4 地方公共団体は、その敷地が袋路状道路にのみ接する一戸建ての住宅について、条例で、その敷地が接しなければならない道路の幅員に関して必要な制限を付加することができる。

改題
問 19 宅地造成及び特定盛土等規制法に関する次の記述のうち、正しいものはどれか。なお、この問において「都道府県知事」とは、地方自治法に基づく指定都市、中核市及び施行時特例市にあってはその長をいうものとする。

1 宅地造成等工事規制区域及び特定盛土等規制区域外において行われる宅地造成等に関する工事については、工事主は、工事に着手する日の14日前までに都道府県知事に届け出なければならない。

2 宅地造成等工事規制区域内において行われる宅地造成等に関する工事の許可を受けた者は、主務省令で定める軽微な変更を除き、当該許可に係る工事の計画の変更をしようとするときは、遅滞なくその旨を都道府県知事に届け出なければならない。

3 宅地造成等工事規制区域の指定の際に、当該宅地造成等工事規制区域内において宅地造成等に関する工事を行っている者は、当該工事について都道府県知事の許可を受ける必要はない。

4 都道府県知事は、宅地造成等に伴い災害が生ずるおそれが大きい市街地若しくは市街地となろうとする土地の区域又は集落の区域（これらの区域に隣接し、又は近接する土地の区域を含む。）であって、宅地造成等に関する工事について規制を行う必要があるものを、造成宅地防災区域として指定することができる。

問 20 土地区画整理法に関する次の記述のうち、誤っているものはどれか。

1 仮換地の指定があった日後、土地区画整理事業の施行による施行地区内の土地及び建物の変動に係る登記がされるまでの間は、登記の申請人が確定日付のある書類によりその指定前に登記原因が生じたことを証明した場合を除き、施行地区内の土地及び建物に関しては他の登記をすることができない。

2 施行者が個人施行者、土地区画整理組合、区画整理会社、市町村、独立行政法人都市再生機構又は地方住宅供給公社であるときは、その換地計画について都道府県知事の認可を受けなければならない。

3 個人施行者以外の施行者は、換地計画を定めようとする場合においては、その換地計画を2週間公衆の縦覧に供しなければならない。

4 換地処分の公告があった場合においては、換地計画において定められた換地は、その公告があった日の翌日から従前の宅地とみなされ、換地計画において換地を定めなかった従前の宅地について存する権利は、その公告があった日が終了した時において消滅する。

問 21 農地に関する次の記述のうち、農地法（以下この問において「法」という。）の規定によれば、正しいものはどれか。

1 耕作目的で原野を農地に転用しようとする場合、法第4条第1項の許可は不要である。

2 金融機関からの資金借入れのために農地に抵当権を設定する場合、法第3条第1項の許可が必要である。

3 市街化区域内の農地を自家用駐車場に転用する場合、法第4条第1項の許可が必要である。

4 砂利採取法による認可を受けた採取計画に従って砂利採取のために農地を一時的に貸し付ける場合、法第5条第1項の許可は不要である。

問 22 国土利用計画法第23条の届出（以下この問において「事後届出」という。）に関する次の記述のうち、正しいものはどれか。

1 宅地建物取引業者Aが、自己の所有する市街化区域内の2,000m²の土地を、個人B、個人Cに1,000m²ずつに分割して売却した場合、B、Cは事後届出を行わなければならない。

2 個人Dが所有する市街化区域内の3,000m²の土地を、個人Eが相続により取得した場合、Eは事後届出を行わなければならない。

3 宅地建物取引業者Fが所有する市街化調整区域内の6,000m²の一団の土地を、宅地建物取引業者Gが一定の計画に従って、3,000m²ずつに分割して購入した場合、Gは事後届出を行わなければならない。

4 甲市が所有する市街化調整区域内の12,000m²の土地を、宅地建物取引業者Hが購入した場合、Hは事後届出を行わなければならない。

改題

問 23 個人が令和6年中に令和6年1月1日において所有期間が10年を超える居住用財産を譲渡した場合のその譲渡に係る譲渡所得の課税に関する次の記述のうち、誤っているものはどれか。

1 その譲渡について収用交換等の場合の譲渡所得等の5,000万円特別控除の適用を受ける場合であっても、その特別控除後の譲渡益について、居住用財産を譲渡した場合の軽減税率の特例の適用を受けることができる。

2 居住用財産を譲渡した場合の軽減税率の特例は、その個人が令和4年において既にその特例の適用を受けている場合であっても、令和6年中の譲渡による譲渡益について適用を受けることができる。

3 居住用財産の譲渡所得の3,000万円特別控除は、その個人がその個人と生計を一にしていない孫に譲渡した場合には、適用を受けることができない。

4 その譲渡について収用等に伴い代替資産を取得した場合の課税の特例の適用を受ける場合には、その譲渡があったものとされる部分の譲渡益について、居住用財産を譲渡した場合の軽減税率の特例の適用を受けることができない。

問 24 固定資産税に関する次の記述のうち、地方税法の規定によれば、正しいものはどれか。

1 　居住用超高層建築物（いわゆるタワーマンション）に対して課する固定資産税は、当該居住用超高層建築物に係る固定資産税額を、各専有部分の取引価格の当該居住用超高層建築物の全ての専有部分の取引価格の合計額に対する割合により按分した額を、各専有部分の所有者に対して課する。

2 　住宅用地のうち、小規模住宅用地に対して課する固定資産税の課税標準は、当該小規模住宅用地に係る固定資産税の課税標準となるべき価格の3分の1の額とされている。

3 　固定資産税の納期は、他の税目の納期と重複しないようにとの配慮から、4月、7月、12月、2月と定められており、市町村はこれと異なる納期を定めることはできない。

4 　固定資産税は、固定資産の所有者に対して課されるが、質権又は100年より永い存続期間の定めのある地上権が設定されている土地については、所有者ではなくその質権者又は地上権者が固定資産税の納税義務者となる。

問 25 地価公示法に関する次の記述のうち、正しいものはどれか。

1 　都市及びその周辺の地域等において、土地の取引を行う者は、取引の対象土地から最も近傍の標準地について公示された価格を指標として取引を行うよう努めなければならない。

2 　標準地は、都市計画区域外や国土利用計画法の規定により指定された規制区域内からは選定されない。

3 　標準地の正常な価格とは、土地について、自由な取引が行われるとした場合におけるその取引（一定の場合を除く。）において通常成立すると認められる価格をいい、当該土地に関して地上権が存する場合は、この権利が存しないものとして通常成立すると認められる価格となる。

4 　土地鑑定委員会は、自然的及び社会的条件からみて類似の利用価値を有すると認められる地域において、土地の利用状況、環境等が特に良好と認められる一団の土地について標準地を選定する。

問 26　宅地建物取引業法に関する次の記述のうち、正しいものはどれか。

1　宅地建物取引業者は、自己の名義をもって、他人に、宅地建物取引業を営む旨の表示をさせてはならないが、宅地建物取引業を営む目的をもってする広告をさせることはできる。
2　宅地建物取引業とは、宅地又は建物の売買等をする行為で業として行うものをいうが、建物の一部の売買の代理を業として行う行為は、宅地建物取引業に当たらない。
3　宅地建物取引業の免許を受けていない者が営む宅地建物取引業の取引に、宅地建物取引業者が代理又は媒介として関与していれば、当該取引は無免許事業に当たらない。
4　宅地建物取引業者の従業者が、当該宅地建物取引業者とは別に自己のために免許なく宅地建物取引業を営むことは、無免許事業に当たる。

問 27 宅地建物取引業法に関する次の記述のうち、正しいものはいくつあるか。なお、取引の相手方は宅地建物取引業者ではないものとする。

ア 宅地建物取引業者は、自己の所有に属しない宅地又は建物についての自ら売主となる売買契約を締結してはならないが、当該売買契約の予約を行うことはできる。

イ 宅地建物取引業者は、自ら売主となる宅地又は建物の売買契約において、その目的物が種類又は品質に関して契約の内容に適合しない場合におけるその不適合を担保すべき責任に関し、取引の相手方が同意した場合に限り、当該責任の通知期間を当該宅地又は建物の引渡しの日から1年とする特約を有効に定めることができる。

ウ 宅地建物取引業者は、いかなる理由があっても、その業務上取り扱ったことについて知り得た秘密を他に漏らしてはならない。

エ 宅地建物取引業者は、宅地建物取引業に係る契約の締結の勧誘をするに際し、その相手方に対し、利益を生ずることが確実であると誤解させるべき断定的判断を提供する行為をしてはならない。

1 一つ
2 二つ
3 三つ
4 なし

問 28 宅地建物取引業者が建物の貸借の媒介を行う場合における宅地建物取引業法第35条に規定する重要事項の説明に関する次の記述のうち、正しいものはどれか。なお、説明の相手方は宅地建物取引業者ではないものとする。

1 当該建物が住宅の品質確保の促進等に関する法律第5条第1項に規定する住宅性能評価を受けた新築住宅であるときは、その旨を説明しなければならない。

2 当該建物が既存の建物であるときは、既存住宅に係る住宅の品質確保の促進等に関する法律第6条第3項に規定する建設住宅性能評価書の保存の状況について説明しなければならない。

3 当該建物が既存の建物である場合、石綿使用の有無の調査結果の記録がないときは、石綿使用の有無の調査を自ら実施し、その結果について説明しなければならない。

4 当該建物が建物の区分所有等に関する法律第2条第1項に規定する区分所有権の目的であるものであって、同条第3項に規定する専有部分の用途その他の利用の制限に関する規約の定めがあるときは、その内容を説明しなければならない。

問 29 宅地建物取引業法（以下この問において「法」という。）の規定に基づく監督処分及び罰則に関する次の記述のうち、正しいものはいくつあるか。

ア　宅地建物取引業者A（国土交通大臣免許）が甲県内における業務に関し、法第37条に規定する書面を交付していなかったことを理由に、甲県知事がAに対して業務停止処分をしようとするときは、あらかじめ、内閣総理大臣に協議しなければならない。

イ　乙県知事は、宅地建物取引業者B（乙県知事免許）に対して指示処分をしようとするときは、聴聞を行わなければならず、聴聞の期日における審理は、公開により行わなければならない。

ウ　丙県知事は、宅地建物取引業者C（丙県知事免許）が免許を受けてから1年以内に事業を開始しないときは、免許を取り消さなければならない。

エ　宅地建物取引業者D（丁県知事免許）は、法第72条第1項の規定に基づき、丁県知事から業務について必要な報告を求められたが、これを怠った。この場合、Dは50万円以下の罰金に処せられることがある。

1　一つ
2　二つ
3　三つ
4　四つ

問 30 宅地建物取引業者が行う広告に関する次の記述のうち、宅地建物取引業法の規定に違反するものはいくつあるか。

ア　建築基準法第6条第1項に基づき必要とされる確認を受ける前において、建築工事着手前の賃貸住宅の貸主から当該住宅の貸借の媒介を依頼され、取引態様を媒介と明示して募集広告を行った。

イ　一団の宅地の売買について、数回に分けて広告する際に、最初に行った広告以外には取引態様の別を明示しなかった。

ウ　建物の貸借の媒介において、依頼者の依頼によらない通常の広告を行い、国土交通大臣の定める報酬限度額の媒介報酬のほか、当該広告の料金に相当する額を受領した。

エ　建築工事着手前の分譲住宅の販売において、建築基準法第6条第1項に基づき必要とされる確認を受ける前に、取引態様を売主と明示して当該住宅の広告を行った。

1　一つ
2　二つ
3　三つ
4　四つ

問 31 宅地建物取引業者Aが、BからB所有の既存のマンションの売却に係る媒介を依頼され、Bと専任媒介契約（専属専任媒介契約ではないものとする。）を締結した。この場合における次の記述のうち、宅地建物取引業法の規定によれば、正しいものはいくつあるか。

ア　Aは、専任媒介契約の締結の日から7日以内に所定の事項を指定流通機構に登録しなければならないが、その期間の計算については、休業日数を算入しなければならない。

イ　AがBとの間で有効期間を6月とする専任媒介契約を締結した場合、その媒介契約は無効となる。

ウ　Bが宅地建物取引業者である場合、Aは、当該専任媒介契約に係る業務の処理状況の報告をする必要はない。

エ　AがBに対して建物状況調査を実施する者のあっせんを行う場合、建物状況調査を実施する者は建築士法第2条第1項に規定する建築士であって国土交通大臣が定める講習を修了した者でなければならない。

1　一つ

2　二つ

3　三つ

4　四つ

問 32 宅地建物取引業者A（消費税課税事業者）が受け取ることのできる報酬額に関する次の記述のうち、宅地建物取引業法の規定によれば、誤っているものはどれか。

1　宅地（代金200万円。消費税等相当額を含まない。）の売買の代理について、通常の売買の代理と比較して現地調査等の費用が8万円（消費税等相当額を含まない。）多く要した場合、売主Bと合意していた場合には、AはBから308,000円を上限として報酬を受領することができる。

2　事務所（1か月の借賃110万円。消費税等相当額を含む。）の貸借の媒介について、Aは依頼者の双方から合計で110万円を上限として報酬を受領することができる。

3　既存住宅の売買の媒介について、Aが売主Cに対して建物状況調査を実施する者をあっせんした場合、AはCから報酬とは別にあっせんに係る料金を受領することはできない。

4　宅地（代金200万円。消費税等相当額を含まない。）の売買の媒介について、通常の売買の媒介と比較して現地調査等の費用を多く要しない場合でも、売主Dと合意していた場合には、AはDから198,000円を報酬として受領することができる。

問 33 宅地建物取引業保証協会（以下この問において「保証協会」という。）に関する次の記述のうち、宅地建物取引業法の規定によれば、正しいものはどれか。

1 宅地建物取引業者で保証協会に加入した者は、その加入の日から2週間以内に、弁済業務保証金分担金を保証協会に納付しなければならない。

2 保証協会の社員となった宅地建物取引業者が、保証協会に加入する前に供託していた営業保証金を取り戻すときは、還付請求権者に対する公告をしなければならない。

3 保証協会の社員は、新たに事務所を設置したにもかかわらずその日から2週間以内に弁済業務保証金分担金を納付しなかったときは、保証協会の社員の地位を失う。

4 還付充当金の未納により保証協会の社員の地位を失った宅地建物取引業者は、その地位を失った日から2週間以内に弁済業務保証金を供託すれば、その地位を回復する。

改題
問 34 宅地建物取引業法（以下この問において「法」という。）第37条の規定により交付すべき書面（以下この問において「37条書面」という。）に関する次の記述のうち、法の規定によれば、正しいものはどれか。なお、37条書面の交付に代えて電磁的方法により提供する場合については考慮しないものとする。

1 宅地建物取引業者が自ら売主として建物の売買を行う場合、当事者の債務の不履行を理由とする契約の解除に伴う損害賠償の額として売買代金の額の10分の2を超えない額を予定するときは、37条書面にその内容を記載しなくてよい。

2 宅地建物取引業者が既存住宅の売買の媒介を行う場合、37条書面に当該建物の構造耐力上主要な部分等の状況について当事者の双方が確認した事項を記載しなければならない。

3 宅地建物取引業者は、その媒介により売買契約を成立させた場合、当該宅地又は建物に係る租税その他の公課の負担に関する定めについて、37条書面にその内容を記載する必要はない。

4 宅地建物取引業者は、その媒介により契約を成立させ、37条書面を作成

したときは、法第35条に規定する書面に記名した宅地建物取引士をして、37条書面に記名させなければならない。

問 35 宅地建物取引業者Aが行う業務に関する次の記述のうち、宅地建物取引業法の規定に違反しないものはどれか。

1　Aは、宅地建物取引業者ではないBが所有する宅地について、Bとの間で確定測量図の交付を停止条件とする売買契約を締結した。その後、停止条件が成就する前に、Aは自ら売主として、宅地建物取引業者ではないCとの間で当該宅地の売買契約を締結した。

2　Aは、その主たる事務所に従事する唯一の専任の宅地建物取引士Dが令和元年5月15日に退職したため、同年6月10日に新たな専任の宅地建物取引士Eを置いた。

3　Aは、宅地建物取引業者Fから宅地の売買に関する注文を受けた際、Fに対して取引態様の別を明示しなかった。

4　Aは、宅地の貸借の媒介に際し、当該宅地が都市計画法第29条の許可の申請中であることを知りつつ、賃貸借契約を成立させた。

問 36 宅地建物取引業者Aが宅地建物取引業法（以下この問において「法」という。）第37条の規定により交付すべき書面（以下この問において「37条書面」という。）に関する次の記述のうち、法の規定によれば、正しいものはいくつあるか。なお、37条書面の交付に代えて電磁的方法により提供する場合については考慮しないものとする。

ア　Aは、その媒介により建築工事完了前の建物の売買契約を成立させ、当該建物を特定するために必要な表示について37条書面で交付する際、法第35条の規定に基づく重要事項の説明において使用した図書の交付により行った。

イ　Aが自ら貸主として宅地の定期賃貸借契約を締結した場合において、借賃の支払方法についての定めがあるときは、Aは、その内容を37条書面に記載しなければならず、借主が宅地建物取引業者であっても、当該書面を交付しなければならない。

ウ　土地付建物の売主Aは、買主が金融機関から住宅ローンの承認を得られなかったときは契約を無条件で解除できるという取決めをしたが、自ら住宅ローンのあっせんをする予定がなかったので、37条書面にその取決めの内容を記載しなかった。

エ　Aがその媒介により契約を成立させた場合において、契約の解除に関する定めがあるときは、当該契約が売買、貸借のいずれに係るものであるかを問わず、37条書面にその内容を記載しなければならない。

1　一つ
2　二つ
3　三つ
4　四つ

問 37 宅地建物取引業者Aが、自ら売主として、宅地建物取引業者ではないBとの間で締結する建築工事完了前のマンション（代金 3,000 万円）の売買契約に関する次の記述のうち、宅地建物取引業法（以下この問において「法」という。）の規定によれば、正しいものはどれか。

1 Aが手付金として 200 万円を受領しようとする場合、Aは、Bに対して書面で法第 41 条に定める手付金等の保全措置を講じないことを告げれば、当該手付金について保全措置を講じる必要はない。

2 Aが手付金を受領している場合、Bが契約の履行に着手する前であっても、Aは、契約を解除することについて正当な理由がなければ、手付金の倍額を現実に提供して契約を解除することができない。

3 Aが 150 万円を手付金として受領し、さらに建築工事完了前に中間金として 50 万円を受領しようとする場合、Aは、手付金と中間金の合計額 200 万円について法第 41 条に定める手付金等の保全措置を講じれば、当該中間金を受領することができる。

4 Aが 150 万円を手付金として受領し、さらに建築工事完了前に中間金として 500 万円を受領しようとする場合、Aは、手付金と中間金の合計額 650 万円について法第 41 条に定める手付金等の保全措置を講じたとしても、当該中間金を受領することができない。

問 38 宅地建物取引業者Aが、自ら売主として、宅地建物取引業者ではないBとの間で宅地の売買契約を締結した場合における、宅地建物取引業法第37条の2の規定に基づくいわゆるクーリング・オフに関する次の記述のうち、誤っているものはいくつあるか。

ア Bがクーリング・オフにより売買契約を解除した場合、当該契約の解除に伴う違約金について定めがあるときは、Aは、Bに対して違約金の支払を請求することができる。

イ Aは、Bの指定した喫茶店で買受けの申込みを受けたが、その際クーリング・オフについて何も告げず、その3日後に、クーリング・オフについて書面で告げたうえで売買契約を締結した。この契約において、クーリング・オフにより契約を解除できる期間について買受けの申込みをした日から起算して10日間とする旨の特約を定めた場合、当該特約は無効となる。

ウ Aが媒介を依頼した宅地建物取引業者Cの事務所でBが買受けの申込みをし、売買契約を締結した場合、Aからクーリング・オフについて何も告げられていなければ、当該契約を締結した日から起算して8日経過していてもクーリング・オフにより契約を解除することができる。

1 一つ
2 二つ
3 三つ
4 なし

問 39 宅地建物取引業者が行う宅地建物取引業法第35条に規定する重要事項の説明に関する次の記述のうち、正しいものはどれか。なお、説明の相手方は宅地建物取引業者ではないものとする。

1 既存住宅の貸借の媒介を行う場合、建物の建築及び維持保全の状況に関する書類の保存状況について説明しなければならない。

2 宅地の売買の媒介を行う場合、登記された抵当権について、引渡しまでに抹消される場合は説明しなくてよい。

3 宅地の貸借の媒介を行う場合、借地権の存続期間を50年とする賃貸借契約において、契約終了時における当該宅地の上の建物の取壊しに関する事項を定めようとするときは、その内容を説明しなければならない。

4 建物の売買又は貸借の媒介を行う場合、当該建物が津波防災地域づくりに関する法律第53条第1項により指定された津波災害警戒区域内にあるときは、その旨を、売買の場合は説明しなければならないが、貸借の場合は説明しなくてよい。

問 40 次の記述のうち、宅地建物取引業法の規定によれば、誤っているものはどれか。

1 宅地建物取引業者の従業者は、取引の関係者の請求があったときは、従業者証明書を提示しなければならないが、宅地建物取引士は、重要事項の説明をするときは、請求がなくても説明の相手方に対し、宅地建物取引士証を提示しなければならない。

2 宅地建物取引業者は、その業務に関する帳簿を、各取引の終了後5年間、当該宅地建物取引業者が自ら売主となる新築住宅に係るものにあっては10年間、保存しなければならない。

3 宅地建物取引業者が、一団の宅地建物の分譲を案内所を設置して行う場合、その案内所が一時的かつ移動が容易な施設であるときは、当該案内所には、クーリング・オフ制度の適用がある旨等所定の事項を表示した標識を掲げなければならない。

4 宅地建物取引業者が、一団の宅地建物の分譲を案内所を設置して行う場合、その案内所が契約を締結し、又は契約の申込みを受ける場所であるときは、当該案内所には、専任の宅地建物取引士を置かなければならない。

問 41 宅地建物取引業者が行う宅地建物取引業法第35条に規定する重要事項の説明（以下この問において「重要事項説明」という。）に関する次の記述のうち、正しいものはどれか。なお、説明の相手方は宅地建物取引業者ではないものとする。

1 建物管理が管理会社に委託されている建物の貸借の媒介をする宅地建物取引業者は、当該建物が区分所有建物であるか否かにかかわらず、その管理会社の商号及びその主たる事務所の所在地について、借主に説明しなければならない。

2 宅地建物取引業者である売主は、他の宅地建物取引業者に媒介を依頼して宅地の売買契約を締結する場合、重要事項説明の義務を負わない。

3 建物の貸借の媒介において、建築基準法に規定する建蔽率及び容積率に関する制限があるときは、その概要を説明しなければならない。

4 重要事項説明では、代金、交換差金又は借賃の額を説明しなければならないが、それ以外に授受される金銭の額については説明しなくてよい。

問 42 宅地建物取引業法第2条第1号に規定する宅地に関する次の記述のうち、誤っているものはどれか。

1 建物の敷地に供せられる土地は、都市計画法に規定する用途地域の内外を問わず宅地であるが、道路、公園、河川等の公共施設の用に供せられている土地は、用途地域内であれば宅地とされる。

2 宅地とは、現に建物の敷地に供せられている土地に限らず、広く建物の敷地に供する目的で取引の対象とされた土地をいうものであり、その地目、現況の如何を問わない。

3 都市計画法に規定する市街化調整区域内において、建物の敷地に供せられる土地は宅地である。

4 都市計画法に規定する準工業地域内において、建築資材置場の用に供せられている土地は宅地である。

問 43 宅地建物取引業の免許（以下この問において「免許」という。）に関する次の記述のうち、宅地建物取引業法の規定によれば、正しいものはどれか。

1　免許を受けようとする法人の非常勤役員が、刑法第246条（詐欺）の罪により懲役1年の刑に処せられ、その刑の執行が終わった日から5年を経過していなくても、当該法人は免許を受けることができる。

2　免許を受けようとする法人の政令で定める使用人が、刑法第252条（横領）の罪により懲役1年執行猶予2年の刑に処せられ、その刑の執行猶予期間を満了している場合、その満了の日から5年を経過していなくても、当該法人は免許を受けることができる。

3　免許を受けようとする法人の事務所に置く専任の宅地建物取引士が、刑法第261条（器物損壊等）の罪により罰金の刑に処せられ、その刑の執行が終わった日から5年を経過していない場合、当該法人は免許を受けることができない。

4　免許を受けようとする法人の代表取締役が、刑法第231条（侮辱）の罪により拘留の刑に処せられ、その刑の執行が終わった日から5年を経過していない場合、当該法人は免許を受けることができない。

問 44 宅地建物取引業法に規定する宅地建物取引士資格登録（以下この問において「登録」という。）に関する次の記述のうち、正しいものはどれか。

1 業務停止の処分に違反したとして宅地建物取引業の免許の取消しを受けた法人の政令で定める使用人であった者は、当該免許取消しの日から5年を経過しなければ、登録を受けることができない。

2 宅地建物取引業者A（甲県知事免許）に勤務する宅地建物取引士（甲県知事登録）が、宅地建物取引業者B（乙県知事免許）に勤務先を変更した場合は、乙県知事に対して、遅滞なく勤務先の変更の登録を申請しなければならない。

3 甲県知事登録を受けている者が、甲県から乙県に住所を変更した場合は、宅地建物取引士証の交付を受けていなくても、甲県知事に対して、遅滞なく住所の変更の登録を申請しなければならない。

4 宅地建物取引士資格試験に合格した者は、宅地建物取引に関する実務の経験を有しない場合でも、合格した日から1年以内に登録を受けようとするときは、登録実務講習を受講する必要はない。

問 45 特定住宅瑕疵担保責任の履行の確保等に関する法律に基づく住宅販売瑕疵担保保証金の供託又は住宅販売瑕疵担保責任保険契約の締結に関する次の記述のうち、誤っているものはどれか。

1 宅地建物取引業者は、自ら売主として新築住宅を販売する場合だけでなく、新築住宅の売買の媒介をする場合においても、住宅販売瑕疵担保保証金の供託又は住宅販売瑕疵担保責任保険契約の締結を行う義務を負う。

2 自ら売主として新築住宅を販売する宅地建物取引業者は、住宅販売瑕疵担保保証金の供託をしている場合、当該住宅の売買契約を締結するまでに、当該住宅の宅地建物取引業者ではない買主に対し、供託所の所在地等について、それらの事項を記載した書面を交付して（当該書面に記載すべき事項を電磁的方法により提供する場合を含む。）説明しなければならない。

3 自ら売主として新築住宅を宅地建物取引業者ではない買主に引き渡した宅地建物取引業者は、基準日ごとに基準日から3週間以内に、当該基準日に係る住宅販売瑕疵担保保証金の供託及び住宅販売瑕疵担保責任保険契約の締結の状況について、宅地建物取引業の免許を受けた国土交通大臣又は都道府県知事に届け出なければならない。

4 住宅販売瑕疵担保責任保険契約を締結している宅地建物取引業者は、当該保険に係る新築住宅に、構造耐力上主要な部分又は雨水の浸入を防止する部分の瑕疵（構造耐力又は雨水の浸入に影響のないものを除く。）がある場合に、特定住宅販売瑕疵担保責任の履行によって生じた損害について保険金を請求することができる。

問 46 独立行政法人住宅金融支援機構（以下この問において「機構」という。）に関する次の記述のうち、誤っているものはどれか。

1 機構は、証券化支援事業（買取型）において、中古住宅を購入するための貸付債権を買取りの対象としていない。

2 機構は、証券化支援事業（買取型）において、バリアフリー性、省エネルギー性、耐震性又は耐久性・可変性に優れた住宅を取得する場合に、貸付金の利率を一定期間引き下げる制度を実施している。

3 機構は、マンション管理組合や区分所有者に対するマンション共用部分の改良に必要な資金の貸付けを業務として行っている。

4 機構は、災害により住宅が滅失した場合において、それに代わるべき建築物の建設又は購入に必要な資金の貸付けを業務として行っている。

改題
問 47 宅地建物取引業者が行う広告に関する次の記述のうち、不当景品類及び不当表示防止法（不動産の表示に関する公正競争規約を含む。）の規定によれば、正しいものはどれか。

1 土地を取引するに当たり、購入者に対し、購入後一定期間内に当該土地に建物を建築することを条件としていても、建物建築の発注先を購入者が自由に選定できることとなっていれば、当該土地の広告に「建築条件付土地」と表示する必要はない。

2 新聞折込チラシにおいて新築賃貸マンションの賃料を表示する場合は、標準的な1住戸1か月当たりの賃料を表示すれば、不当表示に問われることはない。

3 改装済みの中古住宅については、改装済みである旨を必ず表示しなければならない。

4 分譲住宅について、住宅の購入者から買い取って再度販売する場合、当該住宅が建築工事完了後1年未満で居住の用に供されたことがないものであるときは、広告に「新築」と表示しても、不当表示に問われることはない。

問 48 次の記述のうち、正しいものはどれか。

1　平成29年度法人企業統計年報（平成30年9月公表）によれば、平成29年度における全産業の経常利益は前年度に比べ11.4%増加となったが、不動産業の経常利益は13.8%減少した。

2　平成31年地価公示（平成31年3月公表）によれば、平成30年1月以降の1年間の地価変動率は、全国平均では住宅地、商業地、工業地のいずれについても上昇となった。

3　令和元年版国土交通白書（令和元年7月公表）によれば、平成30年3月末における宅地建物取引業者数は約20万に達している。

4　建築着工統計（平成31年1月公表）によれば、平成30年の貸家の新設着工戸数は約39.6万戸となっており、7年連続の増加となった。

問 49 土地に関する次の記述のうち、最も不適当なものはどれか。

1　台地、段丘は、農地として利用され、また都市的な土地利用も多く、地盤も安定している。

2　台地を刻む谷や台地上の池沼を埋め立てた所では、地盤の液状化が発生し得る。

3　台地、段丘は、水はけも良く、宅地として積極的に利用されているが、自然災害に対して安全度の低い所である。

4　旧河道や低湿地、海浜の埋立地では、地震による地盤の液状化対策が必要である。

　建築物の構造に関する次の記述のうち、最も不適当なものはどれか。

1　地震に対する建物の安全確保においては、耐震、制震、免震という考え方がある。

2　制震は制振ダンパーなどの制振装置を設置し、地震等の周期に建物が共振することで起きる大きな揺れを制御する技術である。

3　免震はゴムなどの免震装置を設置し、上部構造の揺れを減らす技術である。

4　耐震は、建物の強度や粘り強さで地震に耐える技術であるが、既存不適格建築物の地震に対する補強には利用されていない。

平成 30 年度
本試験問題

30

- ●改題…法改正などにより修正を加えた問題です。
- ●参考…どのような出題がされたかを確認するための参考問題です。出題当時のまま掲載していますので内容を覚える必要はありません。

解答解説

本冊P 197 ～P 233

平成 30 年度　試験解答用紙

―― 解答欄 ――

問題番号	解答番号			
問　1	①	②	③	④
問　2	①	②	③	④
問　3	①	②	③	④
問　4	①	②	③	④
問　5	①	②	③	④
問　6	①	②	③	④
問　7	①	②	③	④
問　8	①	②	③	④
問　9	①	②	③	④
問　10	①	②	③	④
問　11	①	②	③	④
問　12	①	②	③	④
問　13	①	②	③	④
問　14	①	②	③	④
問　15	①	②	③	④
問　16	①	②	③	④
問　17	①	②	③	④
問　18	①	②	③	④
問　19	①	②	③	④
問　20	①	②	③	④
問　21	①	②	③	④
問　22	①	②	③	④
問　23	①	②	③	④
問　24	①	②	③	④
問　25	①	②	③	④

問題番号	解答番号			
問　26	①	②	③	④
問　27	①	②	③	④
問　28	①	②	③	④
問　29	①	②	③	④
問　30	①	②	③	④
問　31	①	②	③	④
問　32	①	②	③	④
問　33	①	②	③	④
問　34	①	②	③	④
問　35	①	②	③	④
問　36	①	②	③	④
問　37	①	②	③	④
問　38	①	②	③	④
問　39	①	②	③	④
問　40	①	②	③	④
問　41	①	②	③	④
問　42	①	②	③	④
問　43	①	②	③	④
問　44	①	②	③	④
問　45	①	②	③	④
問　46	①	②	③	④
問　47	①	②	③	④
問　48	①	②	③	④
問　49	①	②	③	④
問　50	①	②	③	④

切取線

問 1 AがBに甲土地を売却した場合に関する次の記述のうち、民法の規定及び判例によれば、誤っているものはどれか。

1 甲土地につき売買代金の支払と登記の移転がなされた後、第三者の詐欺を理由に売買契約が取り消された場合、原状回復のため、BはAに登記を移転する義務を、AはBに代金を返還する義務を負い、各義務は同時履行の関係となる。

2 Aが甲土地を売却した意思表示に錯誤があった場合でも、Bは、Aの錯誤を理由として売買契約を取り消すことはできない。

3 AB間の売買契約が仮装譲渡であり、その後BがCに甲土地を転売した場合、Cが仮装譲渡の事実を知らなければ、Aは、Cに虚偽表示による無効を対抗することができない。

4 Aが第三者の詐欺によってBに甲土地を売却し、その後BがDに甲土地を転売した場合、Bが第三者の詐欺の事実を知らず、そのことにつき過失がなかったとしても、Dが第三者の詐欺の事実を知っていれば、Aは詐欺を理由にAB間の売買契約を取り消すことができる。

問 2 Aが、所有する甲土地の売却に関する代理権をBに授与し、BがCとの間で、Aを売主、Cを買主とする甲土地の売買契約（以下この問において「本件契約」という。）を締結した場合における次の記述のうち、民法の規定によれば、正しいものはどれか。

1 Bが売買代金を着服する意図で本件契約を締結し、Cが本件契約の締結時点でこのことを知っていた場合であっても、本件契約の効果はAに帰属する。

2 AがBに代理権を授与するより前にBが補助開始の審判を受けていた場合、Bは有効に代理権を取得することができない。

3 BがCの代理人にもなって本件契約を成立させた場合、Aの許諾の有無にかかわらず、本件契約は無権代理行為となる。

4 AがBに代理権を授与した後にBが後見開始の審判を受け、その後に本件契約が締結された場合、Bによる本件契約の締結は無権代理行為となる。

問 3 AとBとの間で、5か月後に実施される試験（以下この問において「本件試験」という。）にBが合格したときにはA所有の甲建物をBに贈与する旨を書面で約した（以下この問において「本件約定」という。）。この場合における次の記述のうち、民法の規定及び判例によれば、誤っているものはどれか。

1 本件約定は、停止条件付贈与契約である。

2 本件約定の後、Aの放火により甲建物が減失し、その後にBが本件試験に合格した場合、AはBに対して損害賠償責任を負う。

3 Bは、本件試験に合格したときは、本件約定の時点にさかのぼって甲建物の所有権を取得する。

4 本件約定の時点でAに意思能力がなかった場合、Bは、本件試験に合格しても、本件約定に基づき甲建物の所有権を取得することはできない。

問 4 時効の援用に関する次の記述のうち、民法の規定及び判例によれば、誤っているものはどれか。

1 消滅時効完成後に主たる債務者が時効の利益を放棄した場合であっても、保証人は時効を援用することができる。

2 後順位抵当権者は、先順位抵当権の被担保債権の消滅時効を援用することができる。

3 詐害行為の受益者は、債権者から詐害行為取消権を行使されている場合、当該債権者の有する被保全債権について、消滅時効を援用することができる。

4 債務者が時効の完成の事実を知らずに債務の承認をした場合、その後、債務者はその完成した消滅時効を援用することはできない。

問 5 Aは、隣人Bの留守中に台風が接近して、屋根の一部が壊れていたB宅に甚大な被害が生じる差し迫ったおそれがあったため、Bからの依頼なくB宅の屋根を修理した。この場合における次の記述のうち、民法の規定によれば、誤っているものはどれか。

1 Aは、Bに対して、特段の事情がない限り、B宅の屋根を修理したことについて報酬を請求することができない。
2 Aは、Bからの請求があったときには、いつでも、本件事務処理の状況をBに報告しなければならない。
3 Aは、B宅の屋根を善良な管理者の注意をもって修理しなければならない。
4 AによるB宅の屋根の修理が、Bの意思に反することなく行われた場合、AはBに対し、Aが支出した有益な費用全額の償還を請求することができる。

問 6 Aが所有する甲土地上にBが乙建物を建築して所有権を登記していたところ、AがBから乙建物を買い取り、その後、Aが甲土地にCのために抵当権を設定し登記した。この場合の法定地上権に関する次の記述のうち、民法の規定及び判例によれば、誤っているものはどれか。

1 Aが乙建物の登記をA名義に移転する前に甲土地に抵当権を設定登記していた場合、甲土地の抵当権が実行されたとしても、乙建物のために法定地上権は成立しない。
2 Aが乙建物を取り壊して更地にしてから甲土地に抵当権を設定登記し、その後にAが甲土地上に丙建物を建築していた場合、甲土地の抵当権が実行されたとしても、丙建物のために法定地上権は成立しない。
3 Aが甲土地に抵当権を設定登記するのと同時に乙建物にもCのために共同抵当権を設定登記した後、乙建物を取り壊して丙建物を建築し、丙建物にCのために抵当権を設定しないまま甲土地の抵当権が実行された場合、丙建物のために法定地上権は成立しない。
4 Aが甲土地に抵当権を設定登記した後、乙建物をDに譲渡した場合、甲土地の抵当権が実行されると、乙建物のために法定地上権が成立する。

問 7 債権譲渡に関する次の記述のうち、民法の規定及び判例によれば、誤っているものはどれか。なお、本問の債権は民法466条の5に規定する預貯金債権ではないものとする。

1 譲渡禁止特約のある債権の譲渡を受けた第三者が、その特約の存在を知らなかったとしても、知らなかったことにつき重大な過失があれば、債務者は、その第三者に対して債務の履行を拒むことができる。

2 債権の譲受人が譲渡禁止特約の存在を知っていれば、さらにその債権を譲り受けた転得者がその特約の存在を知らなかったことにつき重大な過失がなかったとしても、債務者はその転得者に対して、債務の履行を拒むことができる。

3 譲渡禁止特約に反して債権を譲渡した者は、債務者に対して、債務の履行を請求することができない。

4 譲渡禁止特約のある債権をもって質権の目的とした場合において、質権者がその特約の存在について悪意であるときは、債務者は、質権の実行としての債権取立てに対して、支払を拒むことができる。

　次の１から４までの記述のうち、民法の規定及び下記判決文によれば、誤っているものはどれか。

（判決文）

　賃借人は、賃貸借契約が終了した場合には、賃借物件を原状に回復して賃貸人に返還する義務があるところ、賃貸借契約は、賃借人による賃借物件の使用とその対価としての賃料の支払を内容とするものであり、賃借物件の損耗の発生は、賃貸借という契約の本質上当然に予定されているものである。それゆえ、建物の賃貸借においては、賃借人が社会通念上通常の使用をした場合に生ずる賃借物件の劣化又は価値の減少を意味する通常損耗に係る投下資本の減価の回収は、通常、減価償却費や修繕費等の必要経費分を賃料の中に含ませてその支払を受けることにより行われている。そうすると、建物の賃借人にその賃貸借において生ずる通常損耗についての原状回復義務を負わせるのは、賃借人に予期しない特別の負担を課すことになるから、賃借人に同義務が認められるためには、（中略）その旨の特約（以下「通常損耗補修特約」という。）が明確に合意されていることが必要であると解するのが相当である。

1　賃借物件を賃借人がどのように使用しても、賃借物件に発生する損耗による減価の回収は、賃貸人が全て賃料に含ませてその支払を受けることにより行っている。

2　通常損耗とは、賃借人が社会通念上通常の使用をした場合に生ずる賃借物件の劣化又は価値の減少を意味する。

3　賃借人が負担する通常損耗の範囲が賃貸借契約書に明記されておらず口頭での説明等もない場合に賃借人に通常損耗についての原状回復義務を負わせるのは、賃借人に予期しない特別の負担を課すことになる。

4　賃貸借契約に賃借人が原状回復義務を負う旨が定められていても、それをもって、賃借人が賃料とは別に通常損耗の補修費を支払う義務があるとはいえない。

問 9 　Aは、令和6年10月1日、A所有の甲土地につき、Bとの間で、代金1,000万円、支払期日を同年12月1日とする売買契約を締結した。この場合の相殺に関する次の記述のうち、民法の規定及び判例によれば、正しいものはどれか。

1 　BがAに対して同年12月31日を支払期日とする貸金債権を有している場合には、Bは同年12月1日に売買代金債務と当該貸金債権を対当額で相殺することができる。

2 　同年11月1日にAの売買代金債権がAの債権者Cにより差し押さえられても、Bは、同年11月2日から12月1日までの間にAに対する別の債権を取得した場合には、同年12月1日に売買代金債務と当該債権を対当額で相殺することができる。

3 　同年10月10日、BがAの自動車事故によって身体に侵害を受け、Aに対して不法行為に基づく損害賠償債権を取得した場合には、Bは売買代金債務と当該損害賠償債権を対当額で相殺することができる。

4 　BがAに対し同年9月30日に消滅時効の期限が到来する貸金債権を有していた場合には、Aが当該消滅時効を援用したとしても、Bは売買代金債務と当該貸金債権を対当額で相殺することができる。

問 10 相続に関する次の記述のうち、民法の規定及び判例によれば、誤っているものはどれか。

1 無権代理人が本人に無断で本人の不動産を売却した後に、単独で本人を相続した場合、本人が自ら当該不動産を売却したのと同様な法律上の効果が生じる。

2 相続財産に属する不動産について、遺産分割前に単独の所有権移転登記をした共同相続人から移転登記を受けた第三取得者に対し、他の共同相続人は、自己の持分を登記なくして対抗することができる。

3 連帯債務者の一人が死亡し、その相続人が数人ある場合、相続人らは被相続人の債務の分割されたものを承継し、各自その承継した範囲において、本来の債務者とともに連帯債務者となる。

4 共同相続に基づく共有物の持分価格が過半数を超える相続人は、協議なくして単独で共有物を占有する他の相続人に対して、当然にその共有物の明渡しを請求することができる。

問 11 AとBとの間で、A所有の甲土地につき建物所有目的で賃貸借契約（以下この問において「本件契約」という。）を締結する場合に関する次の記述のうち、民法及び借地借家法の規定並びに判例によれば、正しいものはどれか。

1 本件契約が専ら事業の用に供する建物の所有を目的とする場合には、公正証書によらなければ無効となる。

2 本件契約が居住用の建物の所有を目的とする場合には、借地権の存続期間を20年とし、かつ、契約の更新請求をしない旨を定めても、これらの規定は無効となる。

3 本件契約において借地権の存続期間を60年と定めても、公正証書によらなければ、その期間は30年となる。

4 Bは、甲土地につき借地権登記を備えなくても、Bと同姓でかつ同居している未成年の長男名義で保存登記をした建物を甲土地上に所有していれば、甲土地の所有者が替わっても、甲土地の新所有者に対し借地権を対抗することができる。

問 12 ＡとＢとの間で、Ａが所有する甲建物をＢが５年間賃借する旨の契約を締結した場合における次の記述のうち、民法及び借地借家法の規定によれば、正しいものはどれか（借地借家法第39条に定める取壊し予定の建物の賃貸借及び同法第40条に定める一時使用目的の建物の賃貸借は考慮しないものとする。）。

1 ＡＢ間の賃貸借契約が借地借家法第38条の定期建物賃貸借で、契約の更新がない旨を定めた場合には、５年経過をもって当然に、ＡはＢに対して、期間満了による終了を対抗することができる。

2 ＡＢ間の賃貸借契約が借地借家法第38条の定期建物賃貸借で、契約の更新がない旨を定めた場合には、当該契約の期間中、Ｂから中途解約を申し入れることはできない。

3 ＡＢ間の賃貸借契約が借地借家法第38条の定期建物賃貸借でない場合、Ａ及びＢのいずれからも期間内に更新しない旨の通知又は条件変更しなければ更新しない旨の通知がなかったときは、当該賃貸借契約が更新され、その契約は期間の定めがないものとなる。

4 ＣがＢから甲建物を適法に賃貸された転借人で、期間満了によってＡＢ間及びＢＣ間の賃貸借契約が終了する場合、Ａの同意を得て甲建物に付加した造作について、ＢはＡに対する買取請求権を有するが、ＣはＡに対する買取請求権を有しない。

問 13 建物の区分所有等に関する法律に関する次の記述のうち、誤っているものはどれか。

1 規約の設定、変更又は廃止を行う場合は、区分所有者の過半数による集会の決議によってなされなければならない。

2 規約を保管する者は、利害関係人の請求があったときは、正当な理由がある場合を除いて、規約の閲覧を拒んではならず、閲覧を拒絶した場合は20万円以下の過料に処される。

3 規約の保管場所は、建物内の見やすい場所に掲示しなければならない。

4 占有者は、建物又はその敷地若しくは附属施設の使用方法につき、区分所有者が規約又は集会の決議に基づいて負う義務と同一の義務を負う。

問 14 不動産の登記に関する次の記述のうち、誤っているものはどれか。

1 　登記は、法令に別段の定めがある場合を除き、当事者の申請又は官庁若しくは公署の嘱託がなければ、することができない。

2 　表示に関する登記は、登記官が、職権ですることができる。

3 　所有権の登記名義人は、建物の床面積に変更があったときは、当該変更のあった日から1月以内に、変更の登記を申請しなければならない。

4 　所有権の登記名義人は、その住所について変更があったときは、当該変更のあった日から1月以内に、変更の登記を申請しなければならない。

問 15 国土利用計画法第23条の届出（以下この問において「事後届出」という。）に関する次の記述のうち、正しいものはどれか。

1 　事後届出に係る土地の利用目的について、甲県知事から勧告を受けた宅地建物取引業者Aがその勧告に従わないときは、甲県知事は、その旨及びその勧告の内容を公表することができる。

2 　乙県が所有する都市計画区域内の土地（面積6,000m²）を買い受けた者は、売買契約を締結した日から起算して2週間以内に、事後届出を行わなければならない。

3 　指定都市（地方自治法に基づく指定都市をいう。）の区域以外に所在する土地について、事後届出を行うに当たっては、市町村の長を経由しないで、直接都道府県知事に届け出なければならない。

4 　宅地建物取引業者Bが所有する市街化区域内の土地（面積2,500m²）について、宅地建物取引業者Cが購入する契約を締結した場合、Cは事後届出を行う必要はない。

問 16 都市計画法に関する次の記述のうち、誤っているものはどれか。

1 田園住居地域内の農地の区域内において、土地の形質の変更を行おうとする者は、一定の場合を除き、市町村長の許可を受けなければならない。

2 風致地区内における建築物の建築については、一定の基準に従い、地方公共団体の条例で、都市の風致を維持するため必要な規制をすることができる。

3 市街化区域については、少なくとも用途地域を定めるものとし、市街化調整区域については、原則として用途地域を定めないものとする。

4 準都市計画区域については、無秩序な市街化を防止し、計画的な市街化を図るため、都市計画に市街化区域と市街化調整区域との区分を定めなければならない。

問 17 都市計画法に関する次の記述のうち、誤っているものはどれか。ただし、許可を要する開発行為の面積については、条例による定めはないものとし、この問において「都道府県知事」とは、地方自治法に基づく指定都市、中核市及び施行時特例市にあってはその長をいうものとする。

1 非常災害のため必要な応急措置として開発行為をしようとする者は、当該開発行為が市街化調整区域内において行われるものであっても都道府県知事の許可を受けなくてよい。

2 用途地域等の定めがない土地のうち開発許可を受けた開発区域内においては、開発行為に関する工事完了の公告があった後は、都道府県知事の許可を受けなければ、当該開発許可に係る予定建築物以外の建築物を新築することができない。

3 都市計画区域及び準都市計画区域外の区域内において、8,000㎡ の開発行為をしようとする者は、都道府県知事の許可を受けなくてよい。

4 準都市計画区域内において、農業を営む者の居住の用に供する建築物の建築を目的とした 1,000㎡ の土地の区画形質の変更を行おうとする者は、あらかじめ、都道府県知事の許可を受けなければならない。

改題

問 18 建築基準法に関する次の記述のうち、正しいものはどれか。

1 建築物の高さ31 m以下の部分にある全ての階には、非常用の進入口を設けなければならない。

2 防火地域内にある3階建ての木造の建築物を増築する場合、その増築に係る部分の床面積の合計が10 m²以内であれば、その工事が完了した際に、完了検査を受ける必要はない。

3 4階建ての事務所の用途に供する建築物の2階以上の階にあるバルコニーその他これに類するものの周囲には、安全上必要な高さが1.1 m以上の手すり壁、さく又は金網を設けなければならない。

4 建築基準法の改正により、現に存する建築物が改正後の規定に適合しなくなった場合、当該建築物の所有者又は管理者は速やかに当該建築物を改正後の建築基準法の規定に適合させなければならない。

問 19 建築基準法（以下この問において「法」という。）に関する次の記述のうち、誤っているものはどれか。

1 田園住居地域内においては、建築物の高さは、一定の場合を除き、10 m又は12 mのうち当該地域に関する都市計画において定められた建築物の高さの限度を超えてはならない。

2 一の敷地で、その敷地面積の40%が第二種低層住居専用地域に、60%が第一種中高層住居専用地域にある場合は、原則として、当該敷地内には大学を建築することができない。

3 都市計画区域の変更等によって法第3章の規定が適用されるに至った際現に建築物が立ち並んでいる幅員2 mの道で、特定行政庁の指定したものは、同章の規定における道路とみなされる。

4 容積率規制を適用するに当たっては、前面道路の境界線又はその反対側の境界線からそれぞれ後退して壁面線の指定がある場合において、特定行政庁が一定の基準に適合すると認めて許可した建築物については、当該前面道路の境界線又はその反対側の境界線は、それぞれ当該壁面線にあるものとみなす。

問 20 宅地造成及び特定盛土等規制法に関する次の記述のうち、誤っているものはどれか。なお、この問において「都道府県知事」とは、地方自治法に基づく指定都市、中核市及び施行時特例市にあってはその長をいうものとする。

1 宅地造成等工事規制区域内において、過去に宅地造成に関する工事が行われ現在は工事主とは異なる者がその工事が行われた土地（公共施設用地を除く。）を所有している場合、当該土地の所有者は、宅地造成等に伴う災害が生じないよう、その土地を常時安全な状態に維持するように努めなければならない。

2 宅地造成等工事規制区域内において行われる宅地造成等に関する工事について許可をする都道府県知事は、当該許可に、工事の施行に伴う災害を防止するために必要な条件を付することができる。

3 宅地を宅地以外の土地にするために行う土地の形質の変更は、宅地造成に該当しない。

4 宅地造成等工事規制区域内において、切土であって、当該切土をする土地の面積が400㎡で、かつ、高さ1mの崖を生ずることとなるものに関する工事を行う場合には、一定の場合を除き、都道府県知事の許可を受けなければならない。

問 21 土地区画整理法に関する次の記述のうち、正しいものはどれか。

1 土地区画整理事業とは、公共施設の整備改善及び宅地の利用の増進を図るため、土地区画整理法で定めるところに従って行われる、都市計画区域内及び都市計画区域外の土地の区画形質の変更に関する事業をいう。

2 土地区画整理組合の設立の認可の公告があった日以後、換地処分の公告がある日までは、施行地区内において、土地区画整理事業の施行の障害となるおそれがある建築物その他の工作物の新築を行おうとする者は、都道府県知事及び市町村長の許可を受けなければならない。

3 土地区画整理事業の施行者は、仮換地を指定した場合において、従前の宅地に存する建築物を移転し、又は除却することが必要となったときは、当該建築物を移転し、又は除却することができる。

4 土地区画整理事業の施行者は、仮換地を指定した場合において、当該仮換地について使用又は収益を開始することができる日を当該仮換地の効力発生

の日と同一の日として定めなければならない。

問 22 農地法（以下この問において「法」という。）に関する次の記述のうち、正しいものはどれか。

1 市街化区域内の農地を宅地とする目的で権利を取得する場合は、あらかじめ農業委員会に届出をすれば法第5条の許可は不要である。
2 遺産分割により農地を取得することとなった場合、法第3条第1項の許可を受ける必要がある。
3 法第2条第3項の農地所有適格法人の要件を満たしていない株式会社は、耕作目的で農地を借り入れることはできない。
4 雑種地を開墾し耕作している土地でも、登記簿上の地目が雑種地である場合は、法の適用を受ける農地に当たらない。

改題
問 23 住宅用家屋の所有権の移転登記に係る登録免許税の税率の軽減措置に関する次の記述のうち、正しいものはどれか。

1 個人が他の個人と共有で住宅用の家屋を購入した場合、当該個人は、その住宅用の家屋の所有権の移転登記について、床面積に自己が有する共有持分の割合を乗じたものが $50m^2$ 以上でなければ、この税率の軽減措置の適用を受けることができない。
2 この税率の軽減措置は、登記の対象となる住宅用の家屋の取得原因を限定しており、交換を原因として取得した住宅用の家屋について受ける所有権の移転登記には適用されない。
3 所有権の移転登記に係る住宅用の家屋が昭和57年1月1日以後に建築されたものであっても、耐震基準適合証明書により一定の耐震基準を満たしていることが証明されないときは、この税率の軽減措置の適用を受けることができない。
4 この税率の軽減措置の適用を受けるためには、登記の申請書に、その家屋が一定の要件を満たす住宅用の家屋であることについての税務署長の証明書を添付しなければならない。

問 24 不動産取得税に関する次の記述のうち、正しいものはどれか。

1 不動産取得税は、不動産の取得があった日の翌日から起算して3月以内に当該不動産が所在する都道府県に申告納付しなければならない。

2 不動産取得税は不動産の取得に対して課される税であるので、家屋を改築したことにより当該家屋の価格が増加したとしても、新たな不動産の取得とはみなされないため、不動産取得税は課されない。

3 相続による不動産の取得については、不動産取得税は課されない。

4 一定の面積に満たない土地の取得については、不動産取得税は課されない。

問 25 不動産の鑑定評価に関する次の記述のうち、不動産鑑定評価基準によれば、正しいものはどれか。

1 不動産の価格は、その不動産の効用が最高度に発揮される可能性に最も富む使用を前提として把握される価格を標準として形成されるが、これを最有効使用の原則という。

2 収益還元法は、賃貸用不動産又は賃貸以外の事業の用に供する不動産の価格を求める場合に特に有効な手法であるが、事業の用に供さない自用の不動産の鑑定評価には適用すべきではない。

3 鑑定評価の基本的な手法は、原価法、取引事例比較法及び収益還元法に大別され、実際の鑑定評価に際しては、地域分析及び個別分析により把握した対象不動産に係る市場の特性等を適切に反映した手法をいずれか1つ選択して、適用すべきである。

4 限定価格とは、市場性を有する不動産について、法令等による社会的要請を背景とする鑑定評価目的の下で、正常価格の前提となる諸条件を満たさないことにより正常価格と同一の市場概念の下において形成されるであろう市場価値と乖離することとなる場合における不動産の経済価値を適正に表示する価格のことをいい、民事再生法に基づく鑑定評価目的の下で、早期売却を前提として求められる価格が例としてあげられる。

問 26 宅地建物取引業者が行う広告に関する次の記述のうち、宅地建物取引業法（以下この問において「法」という。）の規定によれば、正しいものはどれか。

1　宅地の売買に関する広告をインターネットで行った場合において、当該宅地の売買契約成立後に継続して広告を掲載していたとしても、当該広告の掲載を始めた時点で当該宅地に関する売買契約が成立していなかったときは、法第 32 条に規定する誇大広告等の禁止に違反しない。

2　販売する宅地又は建物の広告に著しく事実に相違する表示をした場合、監督処分の対象となるほか、6 月以下の懲役及び 100 万円以下の罰金を併科されることがある。

3　建築基準法第 6 条第 1 項の確認を申請中の建物については、当該建物の売買の媒介に関する広告をしてはならないが、貸借の媒介に関する広告はすることができる。

4　宅地建物取引業者がその業務に関して広告をするときは、実際のものより著しく優良又は有利であると人を誤認させるような表示をしてはならないが、宅地又は建物に係る現在又は将来の利用の制限の一部を表示しないことによりそのような誤認をさせる場合は、法第 32 条に規定する誇大広告等の禁止に違反しない。

問 27 宅地建物取引業者Aは、Bが所有し、居住している甲住宅の売却の媒介を、また、宅地建物取引業者Cは、Dから既存住宅の購入の媒介を依頼され、それぞれ媒介契約を締結した。その後、B及びDは、それぞれA及びCの媒介により、甲住宅の売買契約（以下この問において「本件契約」という。）を締結した。この場合における次の記述のうち、宅地建物取引業法（以下この問において「法」という。）の規定によれば、正しいものはどれか。なお、この問において「建物状況調査」とは、法第34条の2第1項第4号に規定する調査をいうものとする。

1　Aは、甲住宅の売却の依頼を受けた媒介業者として、本件契約が成立するまでの間に、Dに対し、建物状況調査を実施する者のあっせんの有無について確認しなければならない。

2　A及びCは、本件契約が成立するまでの間に、Dに対し、甲住宅について、設計図書、点検記録その他の建物の建築及び維持保全の状況に関する書類で国土交通省令で定めるものの保存の状況及びそれぞれの書類に記載されている内容について説明しなければならない。

3　CがDとの間で媒介契約を締結する2年前に、甲住宅は既に建物状況調査を受けていた。この場合において、A及びCは、本件契約が成立するまでの間に、Dに対し、建物状況調査を実施している旨及びその結果の概要について説明しなければならない。

4　A及びCは、Dが宅地建物取引業者である場合であっても、法第37条に基づき交付すべき書面において、甲住宅の構造耐力上主要な部分等の状況について当事者の双方が確認した事項があるときにその記載を省略することはできない。

問 28　次の記述のうち、宅地建物取引業法（以下この問において「法」という。）の規定によれば、正しいものはいくつあるか。なお、書面の交付に代えて電磁的方法により提供する場合については考慮しないものとする。

ア　宅地建物取引業者が、買主として、造成工事完了前の宅地の売買契約を締結しようとする場合、売主が当該造成工事に関し必要な都市計画法第 29 条第 1 項の許可を申請中であっても、当該売買契約を締結することができる。

イ　宅地建物取引業者が、買主として、宅地建物取引業者との間で宅地の売買契約を締結した場合、法第 37 条の規定により交付すべき書面を交付しなくてよい。

ウ　営業保証金を供託している宅地建物取引業者が、売主として、宅地建物取引業者との間で宅地の売買契約を締結しようとする場合、営業保証金を供託した供託所及びその所在地について、買主に対し説明をしなければならない。

エ　宅地建物取引業者が、宅地の売却の依頼者と媒介契約を締結した場合、当該宅地の購入の申込みがあったときは、売却の依頼者が宅地建物取引業者であっても、遅滞なく、その旨を当該依頼者に報告しなければならない。

1　一つ
2　二つ
3　三つ
4　なし

問 29 Aは、Bとの間で、Aが所有する建物を代金2,000万円で売却する売買契約（以下この問において「本件契約」という。）を締結した。この場合における次の記述のうち、宅地建物取引業法（以下この問において「法」という。）の規定に違反しないものはどれか。

1 A及びBがともに宅地建物取引業者である場合において、Aは、本件契約の成立後、法第37条の規定により交付すべき書面を作成し、記名は宅地建物取引士ではない者が行い、これをBに交付した。

2 A及びBがともに宅地建物取引業者である場合において、当事者の債務の不履行を理由とする契約の解除があったときの損害賠償の額を600万円とする特約を定めた。

3 Aは宅地建物取引業者であるが、Bは宅地建物取引業者ではない場合において、Aは、本件契約の締結に際して、500万円の手付を受領した。

4 Aは宅地建物取引業者であるが、Bは宅地建物取引業者ではない場合において、本件契約の目的物である建物が種類又は品質に関して契約の内容に適合しない場合におけるその不適合を担保すべき責任についての通知は引渡しの日から1年以内にしなければならないものとする旨の特約を定めた。

問 30　宅地建物取引業者A（消費税課税事業者）は、Bが所有する建物について、B及びCから媒介の依頼を受け、Bを貸主、Cを借主とし、1か月分の借賃を10万円（消費税等相当額を含まない。）、CからBに支払われる権利金（権利設定の対価として支払われる金銭であって返還されないものであり、消費税等相当額を含まない。）を150万円とする定期建物賃貸借契約を成立させた。この場合における次の記述のうち、宅地建物取引業法の規定によれば、正しいものはどれか。

1　建物が店舗用である場合、Aは、B及びCの承諾を得たときは、B及びCの双方からそれぞれ11万円の報酬を受けることができる。

2　建物が居住用である場合、Aが受け取ることができる報酬の額は、CからBに支払われる権利金の額を売買に係る代金の額とみなして算出される16万5,000円が上限となる。

3　建物が店舗用である場合、Aは、Bからの依頼に基づくことなく広告をした場合でも、その広告が賃貸借契約の成立に寄与したときは、報酬とは別に、その広告料金に相当する額をBに請求することができる。

4　定期建物賃貸借契約の契約期間が終了した直後にAが依頼を受けてBC間の定期建物賃貸借契約の再契約を成立させた場合、Aが受け取る報酬については、宅地建物取引業法の規定が適用される。

問 31 宅地建物取引業者Ａ（消費税課税事業者）が受け取ることのできる報酬の上限額に関する次の記述のうち、宅地建物取引業法の規定によれば、正しいものはどれか。

1 土地付中古住宅（代金500万円。消費税等相当額を含まない。）の売買について、Ａが売主Ｂから媒介を依頼され、現地調査等の費用が通常の売買の媒介に比べ5万円（消費税等相当額を含まない。）多く要する場合、その旨をＢに対し説明した上で、ＡがＢから受け取ることができる報酬の上限額は286,000円である。

2 土地付中古住宅（代金300万円。消費税等相当額を含まない。）の売買について、Ａが買主Ｃから媒介を依頼され、現地調査等の費用が通常の売買の媒介に比べ4万円（消費税等相当額を含まない。）多く要する場合、その旨をＣに対し説明した上で、ＡがＣから受け取ることができる報酬の上限額は198,000円である。

3 土地（代金350万円。消費税等相当額を含まない。）の売買について、Ａが売主Ｄから媒介を依頼され、現地調査等の費用が通常の売買の媒介に比べ2万円（消費税等相当額を含まない。）多く要する場合、その旨をＤに対し説明した上で、ＡがＤから受け取ることができる報酬の上限額は198,000円である。

4 中古住宅（1か月分の借賃15万円。消費税等相当額を含まない。）の貸借について、Ａが貸主Ｅから媒介を依頼され、現地調査等の費用が通常の貸借の媒介に比べ3万円（消費税等相当額を含まない。）多く要する場合、その旨をＥに対し説明した上で、ＡがＥから受け取ることができる報酬の上限額は198,000円である。

問 32 次の記述のうち、宅地建物取引業法の規定によれば、正しいものはどれか。

1 宅地建物取引士が都道府県知事から指示処分を受けた場合において、宅地建物取引業者（国土交通大臣免許）の責めに帰すべき理由があるときは、国土交通大臣は、当該宅地建物取引業者に対して指示処分をすることができる。

2 宅地建物取引士が不正の手段により宅地建物取引士の登録を受けた場合、その登録をした都道府県知事は、宅地建物取引士資格試験の合格の決定を取

り消さなければならない。

3　国土交通大臣は、すべての宅地建物取引士に対して、購入者等の利益の保護を図るため必要な指導、助言及び勧告をすることができる。

4　甲県知事の登録を受けている宅地建物取引士が、乙県知事から事務の禁止の処分を受けた場合は、速やかに、宅地建物取引士証を乙県知事に提出しなければならない。

問 33　宅地建物取引業者Aは、Bから、Bが所有し居住している甲住宅の売却について媒介の依頼を受けた。この場合における次の記述のうち、宅地建物取引業法（以下この問において「法」という。）の規定によれば、正しいものはどれか。なお、書面の交付に代えて電磁的方法により提供する場合については考慮しないものとする。

1　Aが甲住宅について、法第34条の2第1項第4号に規定する建物状況調査の制度概要を紹介し、Bが同調査を実施する者のあっせんを希望しなかった場合、Aは、同項の規定に基づき交付すべき書面に同調査を実施する者のあっせんに関する事項を記載する必要はない。

2　Aは、Bとの間で専属専任媒介契約を締結した場合、当該媒介契約締結日から7日以内（休業日を含まない。）に、指定流通機構に甲住宅の所在等を登録しなければならない。

3　Aは、甲住宅の評価額についての根拠を明らかにするため周辺の取引事例の調査をした場合、当該調査の実施についてBの承諾を得ていなくても、同調査に要した費用をBに請求することができる。

4　AとBの間で専任媒介契約を締結した場合、Aは、法第34条の2第1項の規定に基づき交付すべき書面に、BがA以外の宅地建物取引業者の媒介又は代理によって売買又は交換の契約を成立させたときの措置について記載しなければならない。

問 34 宅地建物取引業者が媒介により既存建物の貸借の契約を成立させた場合、宅地建物取引業法第 37 条の規定により、当該貸借の契約当事者に対して交付すべき書面に必ず記載しなければならない事項の組合せはどれか。なお、書面の交付に代えて電磁的方法により提供する場合については考慮しないものとする。

ア 建物が種類又は品質に関して契約の内容に適合しない場合におけるその不適合を担保すべき責任の内容

イ 当事者の氏名（法人にあっては、その名称）及び住所

ウ 建物の引渡しの時期

エ 建物の構造耐力上主要な部分等の状況について当事者双方が確認した事項

1 ア、イ
2 イ、ウ
3 イ、エ
4 ウ、エ

問 35 宅地建物取引業者間の取引における宅地建物取引業法第 35 条に規定する重要事項の説明及び重要事項を記載した書面（以下この問において「重要事項説明書」という。）の交付に関する次の記述のうち、正しいものはどれか。なお、重要事項説明書の交付に代えて電磁的方法により提供する場合については考慮しないものとする。

1 建物の売買においては、売主は取引の対象となる建物（昭和 56 年 6 月 1 日以降に新築の工事に着手したものを除く。）について耐震診断を受けなければならず、また、その診断の結果を重要事項説明書に記載しなければならない。

2 建物の売買においては、その対象となる建物が未完成である場合は、重要事項説明書を交付した上で、宅地建物取引士をして説明させなければならない。

3 建物の売買においては、その建物が種類又は品質に関して契約の内容に適合しない場合におけるその不適合を担保すべき責任の履行に関し保証保険契約の締結などの措置を講ずるかどうか、また、講ずる場合はその概要を重要事項説明書に記載しなければならない。

4　宅地の交換において交換契約に先立って交換差金の一部として30万円の預り金の授受がある場合、その預り金を受領しようとする者は、保全措置を講ずるかどうか、及びその措置を講ずる場合はその概要を重要事項説明書に記載しなければならない。

問 36　宅地建物取引業の免許（以下この問において「免許」という。）に関する次の記述のうち、宅地建物取引業法の規定によれば、正しいものはどれか。

1　宅地建物取引業者Aが免許の更新の申請を行った場合において、免許の有効期間の満了の日までにその申請について処分がなされないときは、Aの従前の免許は、有効期間の満了によりその効力を失う。
2　甲県に事務所を設置する宅地建物取引業者B（甲県知事免許）が、乙県所在の宅地の売買の媒介をする場合、Bは国土交通大臣に免許換えの申請をしなければならない。
3　宅地建物取引業を営もうとする個人Cが、懲役の刑に処せられ、その刑の執行を終えた日から5年を経過しない場合、Cは免許を受けることができない。
4　いずれも宅地建物取引士ではないDとEが宅地建物取引業者F社の取締役に就任した。Dが常勤、Eが非常勤である場合、F社はDについてのみ役員の変更を免許権者に届け出る必要がある。

問 37 宅地建物取引業者である売主Aが、宅地建物取引業者Bの媒介により宅地建物取引業者ではない買主Cと新築マンションの売買契約を締結した場合において、宅地建物取引業法第37条の2の規定に基づくいわゆるクーリング・オフに関する次の記述のうち、正しいものはいくつあるか。

ア　AとCの間で、クーリング・オフによる契約の解除に関し、Cは契約の解除の書面をクーリング・オフの告知の日から起算して8日以内にAに到達させなければ契約を解除することができない旨の特約を定めた場合、当該特約は無効である。

イ　Cは、Bの事務所で買受けの申込みを行い、その3日後に、Cの自宅近くの喫茶店で売買契約を締結した場合、クーリング・オフによる契約の解除はできない。

ウ　Cは、Bからの提案によりCの自宅で買受けの申込みを行ったが、クーリング・オフについては告げられず、その10日後に、Aの事務所で売買契約を締結した場合、クーリング・オフによる契約の解除はできない。

エ　クーリング・オフについて告げる書面には、Bの商号又は名称及び住所並びに免許証番号を記載しなければならない。

1　一つ
2　二つ
3　三つ
4　なし

問 38 宅地建物取引業者である売主は、宅地建物取引業者ではない買主との間で、戸建住宅の売買契約（所有権の登記は当該住宅の引渡し時に行うものとする。）を締結した。この場合における宅地建物取引業法第41条又は第41条の2の規定に基づく手付金等の保全措置（以下この問において「保全措置」という。）に関する次の記述のうち、正しいものはどれか。

1　当該住宅が建築工事の完了後で、売買代金が3,000万円であった場合、売主は、買主から手付金200万円を受領した後、当該住宅を引き渡す前に中間金300万円を受領するためには、手付金200万円と合わせて保全措置を講じた後でなければ、その中間金を受領することができない。

2　当該住宅が建築工事の完了前で、売買代金が2,500万円であった場合、売主は、当該住宅を引き渡す前に買主から保全措置を講じないで手付金150万円を受領することができる。

3　当該住宅が建築工事の完了前で、売主が買主から保全措置が必要となる額の手付金を受領する場合、売主は、事前に、国土交通大臣が指定する指定保管機関と手付金等寄託契約を締結し、かつ、当該契約を証する書面を買主に交付した後でなければ、買主からその手付金を受領することができない。

4　当該住宅が建築工事の完了前で、売主が買主から保全措置が必要となる額の手付金等を受領する場合において売主が銀行との間で締結する保証委託契約に基づく保証契約は、建築工事の完了までの間を保証期間とするものでなければならない。

問 39 宅地建物取引業者が建物の貸借の媒介を行う場合における宅地建物取引業法（以下この問において「法」という。）第35条に規定する重要事項の説明に関する次の記述のうち、誤っているものはどれか。なお、特に断りのない限り、当該建物を借りようとする者は宅地建物取引業者ではないものとし、書面の交付に代えて電磁的方法により提供する場合については考慮しないものとする。

1　当該建物を借りようとする者が宅地建物取引業者であるときは、貸借の契約が成立するまでの間に重要事項を記載した書面を交付しなければならないが、その内容を宅地建物取引士に説明させる必要はない。

2　当該建物が既存の住宅であるときは、法第34条の2第1項第4号に規定する建物状況調査を実施しているかどうか、及びこれを実施している場合におけるその結果の概要を説明しなければならない。

3　台所、浴室、便所その他の当該建物の設備の整備の状況について説明しなければならない。

4　宅地建物取引士は、テレビ会議等のITを活用して重要事項の説明を行うときは、相手方の承諾があれば宅地建物取引士証の提示を省略することができる。

問 40 宅地建物取引業者Aが行う業務に関する次の記述のうち、宅地建物取引業法の規定に違反するものはいくつあるか。

ア　Aは、自ら売主として、建物の売買契約を締結するに際し、買主が手付金を持ち合わせていなかったため手付金の分割払いを提案し、買主はこれに応じた。

イ　Aは、建物の販売に際し、勧誘の相手方から値引きの要求があったため、広告に表示した販売価格から100万円値引きすることを告げて勧誘し、売買契約を締結した。

ウ　Aは、土地の売買の媒介に際し重要事項の説明の前に、宅地建物取引士ではないAの従業者をして媒介の相手方に対し、当該土地の交通等の利便の状況について説明させた。

エ　Aは、投資用マンションの販売に際し、電話で勧誘を行ったところ、勧誘の相手方から「購入の意思がないので二度と電話をかけないように」と言われたことから、電話での勧誘を諦め、当該相手方の自宅を訪問して勧誘した。

1　一つ
2　二つ
3　三つ
4　四つ

問 41 次の記述のうち、宅地建物取引業の免許を要する業務が含まれるものはどれか。

1　A社は、所有する土地を10区画にほぼ均等に区分けしたうえで、それぞれの区画に戸建住宅を建築し、複数の者に貸し付けた。

2　B社は、所有するビルの一部にコンビニエンスストアや食堂など複数のテナントの出店を募集し、その募集広告を自社のホームページに掲載したほか、多数の事業者に案内を行った結果、出店事業者が決まった。

3　C社は賃貸マンションの管理業者であるが、複数の貸主から管理を委託されている物件について、入居者の募集、貸主を代理して行う賃貸借契約の締結、入居者からの苦情・要望の受付、入居者が退去した後の清掃などを行っている。

4　D社は、多数の顧客から，顧客が所有している土地に住宅や商業用ビルなどの建物を建設することを請け負って、その対価を得ている。

問 42 次の記述のうち、宅地建物取引業法（以下この問において「法」という。）の規定によれば、正しいものはどれか。

1 宅地建物取引士が死亡した場合、その相続人は、死亡した日から30日以内に、その旨を当該宅地建物取引士の登録をしている都道府県知事に届け出なければならない。

2 甲県知事の登録を受けている宅地建物取引士は、乙県に所在する宅地建物取引業者の事務所の業務に従事しようとするときは、乙県知事に対し登録の移転の申請をし、乙県知事の登録を受けなければならない。

3 宅地建物取引士は、事務禁止の処分を受けたときは宅地建物取引士証をその交付を受けた都道府県知事に提出しなくてよいが、登録消除の処分を受けたときは返納しなければならない。

4 宅地建物取引士は、法第37条に規定する書面を交付する際、取引の関係者から請求があったときは、専任の宅地建物取引士であるか否かにかかわらず宅地建物取引士証を提示しなければならない。

問 43 宅地建物取引業法に規定する営業保証金に関する次の記述のうち、正しいものはどれか。

1 宅地建物取引業者は、免許を受けた日から3月以内に営業保証金を供託した旨の届出を行わなかったことにより国土交通大臣又は都道府県知事の催告を受けた場合、当該催告が到達した日から1月以内に届出をしないときは、免許を取り消されることがある。

2 宅地建物取引業者に委託している家賃収納代行業務により生じた債権を有する者は、宅地建物取引業者が供託した営業保証金について、その債権の弁済を受けることができる。

3 宅地建物取引業者は、宅地建物取引業の開始後1週間以内に、供託物受入れの記載のある供託書の写しを添附して、営業保証金を供託した旨を免許を受けた国土交通大臣又は都道府県知事に届け出なければならない。

4 宅地建物取引業者は、新たに事務所を2か所増設するための営業保証金の供託について国債証券と地方債証券を充てる場合、地方債証券の額面金額が800万円であるときは、額面金額が200万円の国債証券が必要となる。

宅地建物取引業保証協会（以下この問において「保証協会」という。）の社員である宅地建物取引業者Aに関する次の記述のうち、宅地建物取引業法の規定によれば、正しいものはどれか。

1　Aは、保証協会の社員の地位を失った場合、Aとの宅地建物取引業に関する取引により生じた債権に関し権利を有する者に対し、6月以内に申し出るべき旨の公告をしなければならない。

2　保証協会は、Aの取引の相手方から宅地建物取引業に係る取引に関する苦情を受けた場合は、Aに対し、文書又は口頭による説明を求めることができる。

3　Aは、保証協会の社員の地位を失った場合において、保証協会に弁済業務保証金分担金として150万円の納付をしていたときは、全ての事務所で営業を継続するためには、1週間以内に主たる事務所の最寄りの供託所に営業保証金として1,500万円を供託しなければならない。

4　Aは、その一部の事務所を廃止したときは、保証協会が弁済業務保証金の還付請求権者に対し、一定期間内に申し出るべき旨の公告をした後でなければ、弁済業務保証金分担金の返還を受けることができない。

問 45 特定住宅瑕疵担保責任の履行の確保等に関する法律に基づく住宅販売瑕疵担保保証金の供託又は住宅販売瑕疵担保責任保険契約の締結に関する次の記述のうち、正しいものはどれか。

1 宅地建物取引業者は、自ら売主として新築住宅を販売する場合及び新築住宅の売買の媒介をする場合において、住宅販売瑕疵担保保証金の供託又は住宅販売瑕疵担保責任保険契約の締結を行う義務を負う。

2 自ら売主として新築住宅を宅地建物取引業者でない買主に引き渡した宅地建物取引業者は、その住宅を引き渡した日から3週間以内に、住宅販売瑕疵担保保証金の供託又は住宅販売瑕疵担保責任保険契約の締結の状況について、宅地建物取引業の免許を受けた国土交通大臣又は都道府県知事に届け出なければならない。

3 自ら売主として新築住宅を宅地建物取引業者でない買主に引き渡した宅地建物取引業者は、基準日に係る住宅販売瑕疵担保保証金の供託及び住宅販売瑕疵担保責任保険契約の締結の状況について届出をしなければ、当該基準日の翌日から起算して50日を経過した日以後においては、新たに自ら売主となる新築住宅の売買契約を締結することができない。

4 住宅販売瑕疵担保責任保険契約を締結している宅地建物取引業者は、当該住宅を引き渡した時から10年間、住宅の構造耐力上主要な部分の瑕疵によって生じた損害についてのみ保険金を請求することができる。

問 46 独立行政法人住宅金融支援機構（以下この問において「機構」という。）に関する次の記述のうち、誤っているものはどれか。

1　機構は、住宅の建設又は購入に必要な資金の貸付けに係る金融機関の貸付債権の譲受けを業務として行っているが、当該住宅の建設又は購入に付随する土地又は借地権の取得に必要な資金の貸付けに係る金融機関の貸付債権については、譲受けの対象としていない。
2　機構は、金融機関による住宅資金の供給を支援するため、金融機関が貸し付けた住宅ローンについて、住宅融資保険を引き受けている。
3　機構は、証券化支援事業（買取型）において、ＭＢＳ（資産担保証券）を発行することにより、債券市場（投資家）から資金を調達している。
4　機構は、高齢者の家庭に適した良好な居住性能及び居住環境を有する住宅とすることを主たる目的とする住宅の改良（高齢者が自ら居住する住宅について行うものに限る。）に必要な資金の貸付けを業務として行っている。

改題
問 47　宅地建物取引業者が行う広告に関する次の記述のうち、不当景品類及び不当表示防止法（不動産の表示に関する公正競争規約を含む。）の規定によれば、正しいものはどれか。

1　新築分譲住宅について、価格Ａで販売を開始してから２か月以上経過したため、価格Ａから価格Ｂに値下げをすることとし、価格Ａと価格Ｂを併記して、値下げをした旨を表示する場合、値下げ金額が明確になっていれば、価格Ａの公表日や値下げした日を表示する必要はない。
2　土地上に古家が存在する場合に、当該古家が、住宅として使用することが可能な状態と認められる場合であっても、古家がある旨を表示すれば、売地と表示して販売しても不当表示に問われることはない。
3　新築分譲マンションの広告において、当該マンションの完成図を掲載する際に、敷地内にある電柱及び電線を消去する加工を施した場合であっても、当該マンションの外観を消費者に対し明確に示すためであれば、不当表示に問われることはない。
4　複数の売買物件を１枚の広告に掲載するに当たり、取引態様が複数混在している場合には、広告の下部にまとめて表示すれば、どの物件がどの取引態様かを明示していなくても不当表示に問われることはない。

問 48 次の記述のうち、正しいものはどれか。

1 建築着工統計（平成30年1月公表）によれば、平成29年の新設住宅着工戸数は前年比0.3%の増加だったが、新設住宅のうち、分譲住宅の着工戸数は前年比1.9%の減少となった。

2 平成28年度法人企業統計年報（平成29年9月公表）によれば、平成28年度における全産業の売上高は前年度に比べ1.7%増加したが、不動産業の売上高は9.1%減少した。

3 平成30年地価公示（平成30年3月公表）によれば、平成29年1月以降の1年間の地価変動率は、住宅地の全国平均では、昨年の横ばいから10年ぶりに上昇に転じた。

4 平成30年版土地白書（平成30年6月公表）によれば、土地取引について、売買による所有権移転登記の件数でその動向を見ると、平成29年の全国の土地取引件数は132万件となり、5年連続で減少した。

問 49 土地に関する次の記述のうち、最も不適当なものはどれか。

1 山麓の地形の中で、地すべりによってできた地形は一見なだらかで、水はけもよく、住宅地として好適のように見えるが、末端の急斜面部等は斜面崩壊の危険度が高い。

2 台地の上の浅い谷は、豪雨時には一時的に浸水することがあり、現地に入っても気付かないことが多いが、住宅地としては注意を要する。

3 大都市の大部分は低地に立地しているが、この数千年の間に形成され、かつては湿地や旧河道であった地域が多く、地震災害に対して脆弱で、また洪水、高潮、津波等の災害の危険度も高い。

4 低地の中で特に災害の危険度の高い所は、扇状地の中の微高地、自然堤防、廃川敷となった旧天井川等であり、比較的危険度の低い所が沿岸部の標高の低いデルタ地域、旧河道等である。

問 50 建築物の構造に関する次の記述のうち、最も不適当なものはどれか。

1 木造建物を造る際には、強度や耐久性において、できるだけ乾燥している木材を使用するのが好ましい。

2 集成木材構造は、集成木材で骨組を構成したもので、大規模な建物にも使用されている。

3 鉄骨構造は、不燃構造であり、耐火材料による耐火被覆がなくても耐火構造にすることができる。

4 鉄筋コンクリート構造は、耐久性を高めるためには、中性化の防止やコンクリートのひび割れ防止の注意が必要である。

平成29年度 本試験問題

29

- ●改題…法改正などにより修正を加えた問題です。
- ●参考…どのような出題がされたかを確認するための参考問題です。出題当時の
  まま掲載していますので内容を覚える必要はありません。
- ●建蔽率の表記について…平成30年4月1日施行の建築基準法改正により「建
  ぺい率」の表記が「建蔽率」に変更されました。そのため、過去問題
  の表記も「建蔽率」に修正していますが、この修正のみの場合は改題
  表記を行っていません。

解答解説

本冊P 235〜P 272

平成 29 年度　試験解答用紙

————— 解答欄 —————

問題番号	解答番号			
問　1	①	②	③	④
問　2	①	②	③	④
問　3	①	②	③	④
問　4	①	②	③	④
問　5	①	②	③	④
問　6	①	②	③	④
問　7	①	②	③	④
問　8	①	②	③	④
問　9	①	②	③	④
問　10	①	②	③	④
問　11	①	②	③	④
問　12	①	②	③	④
問　13	①	②	③	④
問　14	①	②	③	④
問　15	①	②	③	④
問　16	①	②	③	④
問　17	①	②	③	④
問　18	①	②	③	④
問　19	①	②	③	④
問　20	①	②	③	④
問　21	①	②	③	④
問　22	①	②	③	④
問　23	①	②	③	④
問　24	①	②	③	④
問　25	①	②	③	④

問題番号	解答番号			
問　26	①	②	③	④
問　27	①	②	③	④
問　28	①	②	③	④
問　29	①	②	③	④
問　30	①	②	③	④
問　31	①	②	③	④
問　32	①	②	③	④
問　33	①	②	③	④
問　34	①	②	③	④
問　35	①	②	③	④
問　36	①	②	③	④
問　37	①	②	③	④
問　38	①	②	③	④
問　39	①	②	③	④
問　40	①	②	③	④
問　41	①	②	③	④
問　42	①	②	③	④
問　43	①	②	③	④
問　44	①	②	③	④
問　45	①	②	③	④
問　46	①	②	③	④
問　47	①	②	③	④
問　48	①	②	③	④
問　49	①	②	③	④
問　50	①	②	③	④

切取線

問 1 代理に関する次の記述のうち、民法の規定及び判例によれば、誤っているものはどれか。

1 売買契約を締結する権限を与えられた代理人は、特段の事情がない限り、相手方からその売買契約を取り消す旨の意思表示を受領する権限を有する。
2 委任による代理人は、本人の許諾を得たときのほか、やむを得ない事由があるときにも、復代理人を選任することができる。
3 復代理人が委任事務を処理するに当たり金銭を受領し、これを代理人に引き渡したときは、特段の事情がない限り、代理人に対する受領物引渡義務は消滅するが、本人に対する受領物引渡義務は消滅しない。
4 夫婦の一方は、個別に代理権の授権がなくとも、日常家事に関する事項について、他の一方を代理して法律行為をすることができる。

問 2 所有権の移転又は取得に関する次の記述のうち、民法の規定及び判例によれば、正しいものはどれか。

1 Aの所有する甲土地をBが時効取得した場合、Bが甲土地の所有権を取得するのは、取得時効の完成時である。
2 Aを売主、Bを買主としてCの所有する乙建物の売買契約が締結された場合、BがAの無権利について善意無過失であれば、AB間で売買契約が成立した時点で、Bは乙建物の所有権を取得する。
3 Aを売主、Bを買主として、丙土地の売買契約が締結され、代金の完済までは丙土地の所有権は移転しないとの特約が付された場合であっても、当該売買契約締結の時点で丙土地の所有権はBに移転する。
4 AがBに丁土地を売却したが、AがBの強迫を理由に売買契約を取り消した場合、丁土地の所有権はAに復帰し、初めからBに移転しなかったことになる。

問 3 次の1から4までの記述のうち、民法の規定及び下記判決文によれば、誤っているものはどれか。

（判決文）

　共有者の一部の者から共有者の協議に基づかないで共有物を占有使用することを承認された第三者は、その者の占有使用を承認しなかった共有者に対して共有物を排他的に占有する権原を主張することはできないが、現にする占有がこれを承認した共有者の持分に基づくものと認められる限度で共有物を占有使用する権原を有するので、第三者の占有使用を承認しなかった共有者は右第三者に対して当然には共有物の明渡しを請求することはできないと解するのが相当である。

1　共有者は、他の共有者との協議に基づかないで当然に共有物を排他的に占有する権原を有するものではない。
2　AとBが共有する建物につき、AB間で協議することなくAがCと使用貸借契約を締結した場合、Bは当然にはCに対して当該建物の明渡しを請求することはできない。
3　DとEが共有する建物につき、DE間で協議することなくDがFと使用貸借契約を締結した場合、Fは、使用貸借契約を承認しなかったEに対して当該建物全体を排他的に占有する権原を主張することができる。
4　GとHが共有する建物につき、Gがその持分を放棄した場合は、その持分はHに帰属する。

問 4 次の記述のうち、令和6年4月1日現在施行されている民法の条文に規定されているものはどれか。

1 債務者が、消滅時効の完成後に債務の承認をしたときは、その後その時効の援用をすることはできない旨
2 他の土地に囲まれて公道に通じない土地の所有者は、公道に至るため、その土地を囲んでいる他の土地を通行することができる旨
3 売買の目的物の所有権は、当事者が別段の意思を表示しない限り、売買契約の締結時に買主に移転する旨
4 賃借人の原状回復義務の対象となる損傷には、通常の使用及び収益によって生じた賃借物の損耗並びに賃借物の経年劣化が含まれる旨

改題
問 5 Aは、中古自動車を売却するため、Bに売買の媒介を依頼し、報酬として売買代金の3%を支払うことを約した。Bの媒介によりAは当該自動車をCに100万円で売却した。この場合に関する次の記述のうち、民法の規定によれば、正しいものはどれか。

1 Bが報酬を得て売買の媒介を行っているので、CはAから当該自動車の引渡しを受ける前に、100万円をAに支払わなければならない。
2 当該自動車が品質に関して契約の内容に適合しないものである場合には、CはAに対しても、Bに対しても、当該自動車の修補を請求することができる。
3 売買契約が締結された際に、Cが解約手付として手付金10万円をAに支払っている場合には、Aはいつでも20万円を現実に提供して売買契約を解除することができる。
4 売買契約締結時には当該自動車がAの所有物ではなく、Aの父親の所有物であったとしても、AC間の売買契約は有効に成立する。

問 6 Aが死亡し、相続人がBとCの2名であった場合に関する次の記述のうち、民法の規定及び判例によれば、正しいものはどれか。

1 ①BがAの配偶者でCがAの子である場合と、②BとCがいずれもAの子である場合とでは、Bの法定相続分は①の方が大きい。

2 Aの死亡後、いずれもAの子であるBとCとの間の遺産分割協議が成立しないうちにBが死亡したときは、Bに配偶者Dと子Eがいる場合であっても、Aの遺産分割についてはEが代襲相続人として分割協議を行う。

3 遺産分割協議が成立するまでの間に遺産である不動産から賃料債権が生じていて、BとCがその相続分に応じて当該賃料債権を分割単独債権として確定的に取得している場合、遺産分割協議で当該不動産をBが取得することになっても、Cが既に取得した賃料債権につき清算する必要はない。

4 Bが自己のために相続の開始があったことを知った時から3か月以内に家庭裁判所に対して、相続によって得た財産の限度においてのみAの債務及び遺贈を弁済すべきことを留保して相続を承認する限定承認をする旨を申述すれば、Cも限定承認をする旨を申述したとみなされる。

改題
問 7 請負契約に関する次の記述のうち、民法の規定及び判例によれば、誤っているものはどれか。

1 請負契約が請負人の責めに帰すべき事由によって中途で終了し、請負人が施工済みの部分に相当する報酬に限ってその支払を請求することができる場合、注文者が請負人に請求できるのは、注文者が残工事の施工に要した費用のうち、請負人の未施工部分に相当する請負代金額を超える額に限られる。

2 請負契約が注文者の責めに帰すべき事由によって中途で終了した場合、請負人は、残債務を免れるとともに、注文者に請負代金全額を請求できるが、自己の債務を免れたことによる利益を注文者に償還しなければならない。

3 請負人が品質に関して契約の内容に適合しない仕事の目的物を注文者に引き渡した場合、注文者は、請負人から履行の追完に代わる損害の賠償を受けていなくとも、特別の事情がない限り、報酬全額を支払わなければならない。

4 請負人が担保責任を負わない旨の特約をしたときであっても、知りながら告げなかった事実については、その責任を免れることはできない。

問 8 A、B、Cの3人がDに対して900万円の連帯債務を負っている場合に関する次の記述のうち、民法の規定及び判例によれば、正しいものはどれか。なお、A、B、Cの負担部分は等しいものとし、連帯債務者の1人に生じた事由の効力に関する特約はないものとする。

1 DがAに対して履行の請求をした場合、B及びCについても、その効力が生じる。

2 Aが、Dに対する債務と、Dに対して有する200万円の債権を対当額で相殺する旨の意思表示をDにした場合、B及びCのDに対する連帯債務も200万円が消滅する。

3 Bのために時効が完成した場合、A及びCのDに対する連帯債務も時効によって全部消滅する。

4 CがDに対して100万円を弁済した場合は、Cの負担部分の範囲内であるから、Cは、A及びBに対して求償することはできない。

問 9 1億2,000万円の財産を有するAが死亡した。Aには、配偶者はなく、子B、C、Dがおり、Bには子Eが、Cには子Fがいる。Bは相続を放棄した。また、Cは生前のAを強迫して遺言作成を妨害したため、相続人となることができない。この場合における法定相続分に関する次の記述のうち、民法の規定によれば、正しいものはどれか。

1 Dが4,000万円、Eが4,000万円、Fが4,000万円となる。

2 Dが1億2,000万円となる。

3 Dが6,000万円、Fが6,000万円となる。

4 Dが6,000万円、Eが6,000万円となる。

問 10　①不動産質権と②抵当権に関する次の記述のうち、民法の規定によれば、誤っているものはどれか。

1　①では、被担保債権の利息のうち、満期となった最後の2年分についてのみ担保されるが、②では、設定行為に別段の定めがない限り、被担保債権の利息は担保されない。
2　①は、10年を超える存続期間を定めたときであっても、その期間は10年となるのに対し、②は、存続期間に関する制限はない。
3　①は、目的物の引渡しが効力の発生要件であるのに対し、②は、目的物の引渡しは効力の発生要件ではない。
4　①も②も不動産に関する物権であり、登記を備えなければ第三者に対抗することができない。

改題
問 11　A所有の甲土地につき、令和6年10月1日にBとの間で賃貸借契約（以下「本件契約」という。）が締結された場合に関する次の記述のうち、民法及び借地借家法の規定並びに判例によれば、正しいものはどれか。なお、借地借家法第22条第2項に規定する電磁的記録については考慮しないものとする。

1　Aが甲土地につき、本件契約とは別に、令和6年9月1日にCとの間で建物所有を目的として賃貸借契約を締結していた場合、本件契約が資材置場として更地で利用することを目的とするものであるときは、本件契約よりもCとの契約が優先する。
2　賃借権の存続期間を10年と定めた場合、本件契約が居住の用に供する建物を所有することを目的とするものであるときは存続期間が30年となるのに対し、本件契約が資材置場として更地で利用することを目的とするものであるときは存続期間は10年である。
3　本件契約が建物所有を目的として存続期間60年とし、賃料につき3年ごとに1％ずつ増額する旨を公正証書で定めたものである場合、社会情勢の変化により賃料が不相当となったときであっても、AもBも期間満了まで賃料の増減額請求をすることができない。
4　本件契約が建物所有を目的としている場合、契約の更新がなく、建物の買取りの請求をしないこととする旨を定めるには、Aはあらかじめbに対してその旨を記載した書面を交付して説明しなければならない。

問 12 　Aが所有する甲建物をBに対して3年間賃貸する旨の契約をした場合における次の記述のうち、借地借家法の規定によれば、正しいものはどれか。なお、同法第38条第4項に規定する電磁的方法による提供については考慮しないものとする。

1 　AがBに対し、甲建物の賃貸借契約の期間満了の1年前に更新をしない旨の通知をしていれば、AB間の賃貸借契約は期間満了によって当然に終了し、更新されない。

2 　Aが甲建物の賃貸借契約の解約の申入れをした場合には申入れ日から3月で賃貸借契約が終了する旨を定めた特約は、Bがあらかじめ同意していれば、有効となる。

3 　Cが甲建物を適法に転借している場合、AB間の賃貸借契約が期間満了によって終了するときに、Cがその旨をBから聞かされていれば、AはCに対して、賃貸借契約の期間満了による終了を対抗することができる。

4 　AB間の賃貸借契約が借地借家法第38条の定期建物賃貸借で、契約の更新がない旨を定めるものである場合、当該契約前にAがBに契約の更新がなく期間の満了により終了する旨を記載した書面を交付して説明しなければ、契約の更新がない旨の約定は無効となる。

問 13 　建物の区分所有等に関する法律に関する次の記述のうち、誤っているものはどれか。

1 　管理者は、少なくとも毎年1回集会を招集しなければならない。

2 　区分所有者の5分の1以上で議決権の5分の1以上を有するものは、管理者に対し、会議の目的たる事項を示して、集会の招集を請求することができるが、この定数は規約で減ずることはできない。

3 　集会の招集の通知は、区分所有者が管理者に対して通知を受け取る場所をあらかじめ通知した場合には、管理者はその場所にあててすれば足りる。

4 　集会は、区分所有者全員の同意があれば、招集の手続を経ないで開くことができる。

問 14 不動産の登記に関する次の記述のうち、不動産登記法の規定によれば、誤っているものはどれか。

1 建物の名称があるときは、その名称も当該建物の表示に関する登記の登記事項となる。

2 地上権の設定の登記をする場合において、地上権の存続期間の定めがあるときは、その定めも登記事項となる。

3 賃借権の設定の登記をする場合において、敷金があるときであっても、その旨は登記事項とならない。

4 事業用定期借地権として借地借家法第23条第1項の定めのある賃借権の設定の登記をする場合、その定めも登記事項となる。

問 15 農地に関する次の記述のうち、農地法（以下この問において「法」という。）の規定によれば、正しいものはどれか。

1 市街化区域内の農地を耕作のために借り入れる場合、あらかじめ農業委員会に届出をすれば、法第3条第1項の許可を受ける必要はない。

2 市街化調整区域内の4ヘクタールを超える農地について、これを転用するために所有権を取得する場合、農林水産大臣の許可を受ける必要がある。

3 銀行から500万円を借り入れるために農地に抵当権を設定する場合、法第3条第1項又は第5条第1項の許可を受ける必要がある。

4 相続により農地の所有権を取得した者は、遅滞なく、その農地の存する市町村の農業委員会にその旨を届け出なければならない。

問 16 都市計画法に関する次の記述のうち、正しいものの組合せはどれか。

ア　都市計画施設の区域又は市街地開発事業の施行区域内において建築物の建築をしようとする者は、一定の場合を除き、都道府県知事（市の区域内にあっては、当該市の長）の許可を受けなければならない。

イ　地区整備計画が定められている地区計画の区域内において、建築物の建築を行おうとする者は、都道府県知事（市の区域内にあっては、当該市の長）の許可を受けなければならない。

ウ　都市計画事業の認可の告示があった後、当該認可に係る事業地内において、当該都市計画事業の施行の障害となるおそれがある土地の形質の変更を行おうとする者は、都道府県知事（市の区域内にあっては、当該市の長）の許可を受けなければならない。

エ　都市計画事業の認可の告示があった後、当該認可に係る事業地内の土地建物等を有償で譲り渡そうとする者は、当該事業の施行者の許可を受けなければならない。

1　ア、ウ
2　ア、エ
3　イ、ウ
4　イ、エ

問 17 都市計画法に関する次の記述のうち、正しいものはどれか。ただし、許可を要する開発行為の面積について、条例による定めはないものとし、この問において「都道府県知事」とは、地方自治法に基づく指定都市、中核市及び施行時特例市にあってはその長をいうものとする。

1　準都市計画区域内において、工場の建築の用に供する目的で1,000m²の土地の区画形質の変更を行おうとする者は、あらかじめ、都道府県知事の許可を受けなければならない。

2　市街化区域内において、農業を営む者の居住の用に供する建築物の建築の用に供する目的で1,000m²の土地の区画形質の変更を行おうとする者は、あらかじめ、都道府県知事の許可を受けなければならない。

3　都市計画区域及び準都市計画区域外の区域内において、変電所の建築の用に供する目的で1,000m²の土地の区画形質の変更を行おうとする者は、あらかじめ、都道府県知事の許可を受けなければならない。

4　区域区分の定めのない都市計画区域内において、遊園地の建設の用に供する目的で3,000m²の土地の区画形質の変更を行おうとする者は、あらかじめ、都道府県知事の許可を受けなければならない。

改題
問 18 建築基準法に関する次の記述のうち、誤っているものはどれか。

1　鉄筋コンクリート造であって、階数が2の住宅を新築する場合において、特定行政庁が、安全上、防火上及び避難上支障がないと認めたときは、検査済証の交付を受ける前においても、仮に、当該建築物を使用することができる。

2　長屋の各戸の界壁は、一定の場合を除き、小屋裏又は天井裏に達するものとしなければならない。

3　下水道法に規定する処理区域内においては、便所は、汚水管が公共下水道に連結された水洗便所としなければならない。

4　ホテルの用途に供する建築物を共同住宅（その用途に供する部分の床面積の合計が300m²）に用途変更する場合、建築確認は不要である。

問 19　建築基準法（以下この問において「法」という。）に関する次の記述のうち、正しいものはどれか。

1　都市計画区域又は準都市計画区域内における用途地域の指定のない区域内の建築物の建蔽率の上限値は、原則として、法で定めた数値のうち、特定行政庁が土地利用の状況等を考慮し当該区域を区分して都道府県都市計画審議会の議を経て定めるものとなる。

2　第二種中高層住居専用地域内では、原則として、ホテル又は旅館を建築することができる。

3　幅員4m以上であり、法が施行された時点又は都市計画区域若しくは準都市計画区域に入った時点で現に存在する道は、特定行政庁の指定がない限り、法上の道路とはならない。

4　建築物の前面道路の幅員により制限される容積率について、前面道路が2つ以上ある場合には、これらの前面道路の幅員の最小の数値（12m未満の場合に限る。）を用いて算定する。

問 20 宅地造成及び特定盛土等規制法に関する次の記述のうち、誤っているものはどれか。なお、この問において「都道府県知事」とは、地方自治法に基づく指定都市、中核市及び施行時特例市にあってはその長をいうものとする。

1　都道府県知事は、宅地造成等工事規制区域内の土地（公共施設用地を除く。）で、宅地造成又は特定盛土等に伴う災害の防止のため必要な擁壁等が設置されていないために、これを放置するときは、宅地造成等に伴う災害の発生のおそれが大きいと認められるものがある場合、一定の限度のもとに、当該土地の所有者、管理者又は占有者に対して、擁壁の設置を命ずることができる。
2　都道府県知事は、宅地造成等工事規制区域内の土地（公共施設用地を除く。）において行われている工事の状況について、その工事が宅地造成等に関する工事であるか否かにかかわらず、当該土地の所有者、管理者又は占有者に対して報告を求めることができる。
3　都道府県知事は、一定の場合には都道府県（指定都市、中核市又は施行時特例市の区域にあっては、それぞれ指定都市、中核市又は施行時特例市）の規則で、宅地造成等工事規制区域内において行われる宅地造成等に関する工事の技術的基準を強化することができる。
4　宅地造成等工事規制区域内において、政令で定める技術的基準を満たす地表水等を排除するための排水施設の除却工事を行おうとする場合は、一定の場合を除き、都道府県知事への届出が必要となるが、当該技術的基準を満たす必要のない地表水等を排除するための排水施設を除却する工事を行おうとする場合は、都道府県知事に届け出る必要はない。

問 21 土地区画整理法に関する次の記述のうち、誤っているものはどれか。なお、この問において「組合」とは、土地区画整理組合をいう。

1 組合は、事業の完成により解散しようとする場合においては、都道府県知事の認可を受けなければならない。

2 施行地区内の宅地について組合員の有する所有権の全部又は一部を承継した者がある場合においては、その組合員がその所有権の全部又は一部について組合に対して有する権利義務は、その承継した者に移転する。

3 組合を設立しようとする者は、事業計画の決定に先立って組合を設立する必要があると認める場合においては、7人以上共同して、定款及び事業基本方針を定め、その組合の設立について都道府県知事の認可を受けることができる。

4 組合が施行する土地区画整理事業に係る施行地区内の宅地について借地権のみを有する者は、その組合の組合員とはならない。

問 22 次の記述のうち、正しいものはどれか。

1 津波防災地域づくりに関する法律によれば、津波防護施設区域内において土地の掘削をしようとする者は、一定の場合を除き、津波防護施設管理者の許可を受けなければならない。

2 国土利用計画法によれば、市街化区域内の $3,000\,\mathrm{m^2}$ の土地を贈与により取得した者は、2週間以内に、都道府県知事（地方自治法に基づく指定都市にあっては、当該指定都市の長）に届け出なければならない。

3 景観法によれば、景観計画区域内において建築物の新築、増築、改築又は移転をした者は、工事着手後30日以内に、その旨を景観行政団体の長に届け出なければならない。

4 道路法によれば、道路の区域が決定された後道路の供用が開始されるまでの間であっても、道路管理者が当該区域についての土地に関する権原を取得する前であれば、道路管理者の許可を受けずに、当該区域内において工作物を新築することができる。

219

　所得税法に関する次の記述のうち、正しいものはどれか。

1　個人が台風により主として保養の用に供する目的で所有する別荘について受けた損失の金額（保険金等により補てんされる部分の金額を除く。）は、その損失を受けた日の属する年分又はその翌年分の譲渡所得の金額の計算上控除される。

2　建物の所有を目的とする土地の賃借権の設定の対価として支払を受ける権利金の金額が、その土地の価額の10分の5に相当する金額を超えるときは、不動産所得として課税される。

3　譲渡所得とは資産の譲渡による所得をいうので、不動産業者である個人が営利を目的として継続的に行っている土地の譲渡による所得は、譲渡所得として課税される。

4　個人が相続（限定承認に係るものを除く。）により取得した譲渡所得の基因となる資産を譲渡した場合における譲渡所得の金額の計算については、その資産をその相続の時における価額に相当する金額により取得したものとして計算される。

問 24 固定資産税に関する次の記述のうち、正しいものはどれか。

1 固定資産税は、固定資産が賃借されている場合、所有者ではなく当該固定資産の賃借人に対して課税される。

2 家屋に対して課する固定資産税の納税者が、その納付すべき当該年度の固定資産税に係る家屋について家屋課税台帳等に登録された価格と当該家屋が所在する市町村内の他の家屋の価格とを比較することができるよう、当該納税者は、家屋価格等縦覧帳簿をいつでも縦覧することができる。

3 固定資産税の納税者は、その納付すべき当該年度の固定資産課税に係る固定資産について、固定資産課税台帳に登録された価格について不服があるときは、一定の場合を除いて、文書をもって、固定資産評価審査委員会に審査の申出をすることができる。

4 令和6年1月1日現在において更地であっても住宅の建設が予定されている土地においては、市町村長が固定資産課税台帳に当該土地の価格を登録した旨の公示をするまでに当該住宅の敷地の用に供された場合には、当該土地に係る令和6年度の固定資産税について、住宅用地に対する課税標準の特例が適用される。

問 25 地価公示法に関する次の記述のうち、正しいものはどれか。

1 土地鑑定委員会は、標準地の単位面積当たりの価格及び当該標準地の前回の公示価格からの変化率等一定の事項を官報により公示しなければならないとされている。

2 土地鑑定委員会は、公示区域内の標準地について、毎年2回、2人以上の不動産鑑定士の鑑定評価を求め、その結果を審査し、必要な調整を行って、一定の基準日における当該標準地の単位面積当たりの正常な価格を判定し、これを公示するものとされている。

3 標準地は、土地鑑定委員会が、自然的及び社会的条件からみて類似の利用価値を有すると認められる地域において、土地の利用状況、環境等が通常であると認められる一団の土地について選定するものとされている。

4 土地の取引を行なう者は、取引の対象となる土地が標準地である場合には、当該標準地について公示された価格により取引を行なう義務を有する。

問 26　宅地建物取引業者A（消費税課税事業者）は貸主Bから建物の貸借の媒介の依頼を受け、宅地建物取引業者C（消費税課税事業者）は借主Dから建物の貸借の媒介の依頼を受け、BとDの間での賃貸借契約を成立させた。この場合における次の記述のうち、宅地建物取引業法（以下この問において「法」という。）の規定によれば、正しいものはどれか。なお、1か月分の借賃は9万円（消費税等相当額を含まない。）である。

1　建物を店舗として貸借する場合、当該賃貸借契約において200万円の権利金（権利設定の対価として支払われる金銭であって返還されないものをいい、消費税等相当額を含まない。）の授受があるときは、A及びCが受領できる報酬の限度額の合計は220,000円である。

2　AがBから49,500円の報酬を受領し、CがDから49,500円の報酬を受領した場合、AはBの依頼によって行った広告の料金に相当する額を別途受領することができない。

3　Cは、Dから報酬をその限度額まで受領できるほかに、法第35条の規定に基づく重要事項の説明を行った対価として、報酬を受領することができる。

4　建物を居住用として貸借する場合、当該賃貸借契約において100万円の保証金（Dの退去時にDに全額返還されるものとする。）の授受があるときは、A及びCが受領できる報酬の限度額の合計は110,000円である。

問 27 宅地建物取引業者Aが、自ら売主として宅地建物取引業者でない買主Bとの間で締結した宅地の売買契約に関する次の記述のうち、宅地建物取引業法及び民法の規定によれば、正しいものはいくつあるか。

ア　売買契約において、当該宅地が種類又は品質に関して契約の内容に適合しない場合におけるその不適合を担保すべき責任の通知期間を引渡しの日から２年間とする特約を定めた場合、その特約は無効となる。

イ　売買契約において、Bは売主の責めに帰すべき事由による当該宅地の種類又は品質に関する契約不適合がある場合のみ担保責任に基づく解除をすることができる旨の特約を定めた場合、その特約は無効となる。

ウ　当該宅地が種類又は品質に関して契約の内容に適合しない場合におけるその不適合を担保すべき責任をAが負う期間内においては、Bは損害賠償の請求をすることはできるが、契約を解除することはできないとする特約を定めた場合、その特約は有効である。

1　一つ
2　二つ
3　三つ
4　なし

改題
問 28 宅地建物取引業者Aが行う業務に関する次の記述のうち、宅地建物取引業法（以下この問において「法」という。）の規定に違反しないものはいくつあるか。

ア　Aは、法第49条に規定されている業務に関する帳簿について、業務上知り得た秘密が含まれているため、当該帳簿の閉鎖後、遅滞なく、専門業者に委託して廃棄した。

イ　Aは、宅地の売却を希望するBと専任代理契約を締結した。Aは、Bの要望を踏まえ、当該代理契約に指定流通機構に登録しない旨の特約を付したため、その登録をしなかった。

ウ　Aの従業者Cは、投資用マンションの販売において、勧誘に先立ちAの名称を告げず、自己の氏名及び契約締結の勧誘が目的であることを告げたうえで勧誘を行ったが、相手方から関心がない旨の意思表示があったので、勧誘の継続を断念した。

エ　Aは、自ら売主として新築マンションを分譲するに当たり、売買契約の締結に際して買主から手付を受領した。その後、当該契約の当事者の双方が契約の履行に着手する前に、Aは、受領した手付と同額を買主に現実に提供して、契約を一方的に解除した。

1　一つ
2　二つ
3　三つ
4　なし

問 29 次の記述のうち、宅地建物取引業法（以下この問において「法」という。）の規定によれば、正しいものはどれか。

1 宅地建物取引業者A（甲県知事免許）は、マンション管理業に関し、不正又は著しく不当な行為をしたとして、マンションの管理の適正化の推進に関する法律に基づき、国土交通大臣から業務の停止を命じられた。この場合、Aは、甲県知事から法に基づく指示処分を受けることがある。

2 国土交通大臣は、宅地建物取引業者B（乙県知事免許）の事務所の所在地を確知できない場合、その旨を官報及び乙県の公報で公告し、その公告の日から30日を経過してもBから申出がないときは、Bの免許を取り消すことができる。

3 国土交通大臣は、宅地建物取引業者C（国土交通大臣免許）に対し、法第35条の規定に基づく重要事項の説明を行わなかったことを理由に業務停止を命じた場合は、遅滞なく、その旨を内閣総理大臣に通知しなければならない。

4 宅地建物取引業者D（丙県知事免許）は、法第72条第1項に基づく丙県職員による事務所への立入検査を拒んだ。この場合、Dは、50万円以下の罰金に処せられることがある。

宅地建物取引業法（以下この問において「法」という。）の規定に関する次の記述のうち、誤っているものはどれか。なお、この問において「登録」とは、宅地建物取引士の登録をいうものとする。

1 宅地建物取引士A（甲県知事登録）が、甲県から乙県に住所を変更したときは、乙県知事に対し、登録の移転の申請をすることができる。

2 宅地建物取引業者B（甲県知事免許）が、乙県に所在する1棟のマンション（150戸）を分譲するため、現地に案内所を設置し契約の申込みを受けるときは、甲県知事及び乙県知事に、その業務を開始する日の10日前までに、法第50条第2項の規定に基づく届出をしなければならない。

3 宅地建物取引士資格試験合格後18月を経過したC（甲県知事登録）が、甲県知事から宅地建物取引士証の交付を受けようとする場合は、甲県知事が指定する講習を交付の申請前6月以内に受講しなければならない。

4 宅地建物取引業者D社（甲県知事免許）が、合併により消滅したときは、その日から30日以内に、D社を代表する役員であった者が、その旨を甲県知事に届け出なければならない。

問 31 宅地建物取引業者Aが、自ら売主として、宅地建物取引業者でないBとの間でマンション（代金3,000万円）の売買契約を締結しようとする場合における次の記述のうち、宅地建物取引業法（以下この問において「法」という。）の規定によれば、正しいものはいくつあるか。

ア　Bは自ら指定した自宅においてマンションの買受けの申込みをした場合においても、法第37条の2の規定に基づき、書面により買受けの申込みの撤回を行うことができる。

イ　BがAに対し、法第37条の2の規定に基づき、書面により買受けの申込みの撤回を行った場合、その効力は、当該書面をAが受け取った時に生じることとなる。

ウ　Aは、Bとの間で、当事者の債務不履行を理由とする契約解除に伴う違約金について300万円とする特約を定めた場合、加えて、損害賠償の予定額を600万円とする特約を定めることができる。

1　一つ
2　二つ
3　三つ
4　なし

問 32 宅地建物取引業法に規定する営業保証金に関する次の記述のうち、誤っているものはどれか。

1 宅地建物取引業者は、主たる事務所を移転したことにより、その最寄りの供託所が変更となった場合において、金銭のみをもって営業保証金を供託しているときは、従前の供託所から営業保証金を取り戻した後、移転後の最寄りの供託所に供託しなければならない。

2 宅地建物取引業者は、事業の開始後新たに事務所を設置するため営業保証金を供託したときは、供託物受入れの記載のある供託書の写しを添附して、その旨を免許を受けた国土交通大臣又は都道府県知事に届け出なければならない。

3 宅地建物取引業者は、一部の事務所を廃止し営業保証金を取り戻そうとする場合には、供託した営業保証金につき還付を請求する権利を有する者に対し、6月以上の期間を定めて申し出るべき旨の公告をしなければならない。

4 宅地建物取引業者は、営業保証金の還付があったために営業保証金に不足が生じたときは、国土交通大臣又は都道府県知事から不足額を供託すべき旨の通知書の送付を受けた日から2週間以内に、不足額を供託しなければならない。

改題
問 33 宅地建物取引業者が行う宅地建物取引業法第35条に規定する重要事項の説明に関する次の記述のうち、正しいものはどれか。なお、説明の相手方は宅地建物取引業者ではないものとし、書面の交付に代えて電磁的方法により提供する場合については考慮しないものとする。

1 宅地の売買の媒介を行う場合、売買の各当事者すなわち売主及び買主に対して、書面を交付して説明しなければならない。

2 宅地の売買の媒介を行う場合、代金に関する金銭の貸借のあっせんの内容及び当該あっせんに係る金銭の貸借が成立しないときの措置について、説明しなければならない。

3 建物の貸借の媒介を行う場合、私道に関する負担について、説明しなければならない。

4 建物の売買の媒介を行う場合、天災その他不可抗力による損害の負担に関する定めがあるときは、その内容について、説明しなければならない。

次の記述のうち、宅地建物取引業法（以下この問において「法」という。）の規定によれば、誤っているものはどれか。

1 宅地建物取引業者が、自ら売主として、宅地及び建物の売買の契約を締結するに際し、手付金について、当初提示した金額を減額することにより、買主に対し売買契約の締結を誘引し、その契約を締結させることは、法に違反しない。

2 宅地建物取引業者が、アンケート調査をすることを装って電話をし、その目的がマンションの売買の勧誘であることを告げずに勧誘をする行為は、法に違反する。

3 宅地建物取引業者が、宅地及び建物の売買の媒介を行うに際し、媒介報酬について、買主の要望を受けて分割受領に応じることにより、契約の締結を誘引する行為は、法に違反する。

4 宅地建物取引業者が、手付金について信用の供与をすることにより、宅地及び建物の売買契約の締結を誘引する行為を行った場合、監督処分の対象となるほか、罰則の適用を受けることがある。

問 35 次の記述のうち、宅地建物取引業法（以下この問において「法」という。）の規定によれば、正しいものはどれか。

1 宅地建物取引業者は、自ら貸主として締結した建物の賃貸借契約について、法第49条に規定されている業務に関する帳簿に、法及び国土交通省令で定められた事項を記載しなければならない。

2 宅地建物取引業者は、その業務に関する帳簿を、一括して主たる事務所に備えれば、従たる事務所に備えておく必要はない。

3 宅地建物取引業者は、その業務に関する帳簿に報酬の額を記載することが義務付けられており、違反した場合は指示処分の対象となる。

4 宅地建物取引業者は、その業務に従事する者であっても、一時的に事務の補助のために雇用した者については、従業者名簿に記載する必要がない。

問 36 次の記述のうち、宅地建物取引業法の規定によれば、正しいものはどれか。なお、この間において「免許」とは、宅地建物取引業の免許をいう。

1 宅地建物取引業者Aは、免許の更新を申請したが、免許権者である甲県知事の申請に対する処分がなされないまま、免許の有効期間が満了した。この場合、Aは、当該処分がなされるまで、宅地建物取引業を営むことができない。

2 Bは、新たに宅地建物取引業を営むため免許の申請を行った。この場合、Bは、免許の申請から免許を受けるまでの間に、宅地建物取引業を営む旨の広告を行い、取引する物件及び顧客を募ることができる。

3 宅地建物取引業者Cは、宅地又は建物の売買に関連し、兼業として、新たに不動産管理業を営むこととした。この場合、Cは兼業で不動産管理業を営む旨を、免許権者である国土交通大臣又は都道府県知事に届け出なければならない。

4 宅地建物取引業者である法人Dが、宅地建物取引業者でない法人Eに吸収合併されたことにより消滅した場合、一般承継人であるEは、Dが締結した宅地又は建物の契約に基づく取引を結了する目的の範囲内において宅地建物取引業者とみなされる。

改題
問 37 次の記述のうち、宅地建物取引業法（以下この間において「法」という。）の規定によれば、正しいものはどれか。

1 宅地建物取引士は、取引の関係者から請求があったときは、物件の買受けの申込みの前であっても宅地建物取引士証を提示しなければならないが、このときに提示した場合、後日、法第35条に規定する重要事項の説明をする際は、宅地建物取引士証を提示しなくてもよい。

2 甲県知事の登録を受けている宅地建物取引士Aは、乙県に主たる事務所を置く宅地建物取引業者Bの専任の宅地建物取引士となる場合、乙県知事に登録を移転しなければならない。

3 宅地建物取引士の登録を受けるには、宅地建物取引士資格試験に合格した者で、2年以上の実務の経験を有するもの又は国土交通大臣がその実務の経験を有するものと同等以上の能力を有すると認めたものであり、法で定める事由に該当しないことが必要である。

4 宅地建物取引士は、取引の関係者から請求があったときは、従業者証明書を提示しなければならないが、宅地建物取引業者でない者に対して法第35条に規定する重要事項の説明をする際は、宅地建物取引士証の提示が義務付けられているため、宅地建物取引士証の提示をもって、従業者証明書の提示に代えることができる。

改題

問 38 宅地建物取引業者Aが、宅地建物取引業法（以下この問において「法」という。）第37条の規定により交付すべき書面（以下この問において「37条書面」という。）に関する次の記述のうち、法の規定に違反しないものはどれか。なお、37条書面の交付に代えて電磁的方法により提供する場合については考慮しないものとする。

1 Aは、売主を代理して宅地の売買契約を締結した際、買主にのみ37条書面を交付した。

2 Aは、自ら売主となる宅地の売買契約において、手付金等を受領するにもかかわらず、37条書面に手付金等の保全措置の内容を記載しなかった。

3 Aは、媒介により宅地の売買契約を成立させた場合において、契約の解除に関する定めがあるにもかかわらず、37条書面にその内容を記載しなかった。

4 Aは、自ら売主となる宅地の売買契約において当該宅地が種類又は品質に関して契約の内容に適合しない場合におけるその不適合を担保すべき責任に関する特約を定めたが、買主が宅地建物取引業者であり、当該責任に関する特約を自由に定めることができるため、37条書面にその内容を記載しなかった。

問 39 営業保証金を供託している宅地建物取引業者Aと宅地建物取引業保証協会（以下この問において「保証協会」という。）の社員である宅地建物取引業者Bに関する次の記述のうち、宅地建物取引業法の規定によれば、正しいものはいくつあるか。

ア　A（国土交通大臣免許）は、甲県内にある主たる事務所とは別に、乙県内に新たに従たる事務所を設置したときは、営業保証金をその従たる事務所の最寄りの供託所に供託しなければならない。

イ　Aは、平成29年5月1日に、Bに手付金500万円を支払い、宅地の売買契約を締結した。宅地の引渡しの前にBが失踪し、宅地の引渡しを受けることができなくなったときは、Aは、手付金について、弁済業務保証金から弁済を受けることができる。

ウ　Bは、保証協会の社員の地位を失ったときは、その地位を失った日から1週間以内に、営業保証金を供託しなければならない。

エ　Bの取引に関して弁済業務保証金の還付があったときは、Bは、保証協会から当該還付額に相当する額の還付充当金を納付すべき旨の通知を受けた日から2週間以内に、還付充当金を保証協会に納付しなければならない。

1　一つ
2　二つ
3　三つ
4　四つ

改題

問 40 宅地建物取引業法（以下この問において「法」という。）第37条の規定により交付すべき書面（以下この問において「37条書面」という。）に関する次の記述のうち、法の規定に違反しないものはどれか。なお、37条書面の交付に代えて電磁的方法により提供する場合については考慮しないものとする。

1　宅地建物取引業者Aは、中古マンションの売買の媒介において、当該マンションの代金の支払の時期及び引渡しの時期について、重要事項説明書に記載して説明を行ったので、37条書面には記載しなかった。

2　宅地建物取引業者である売主Bは、宅地建物取引業者Cの媒介により、宅地建物取引業者ではない買主Dと宅地の売買契約を締結した。Bは、Cと共

同で作成した 37 条書面に C の宅地建物取引士の記名がなされていたため、その書面に、B の宅地建物取引士をして記名をさせなかった。

3 売主である宅地建物取引業者 E の宅地建物取引士 F は、宅地建物取引業者ではない買主 G に 37 条書面を交付する際、G から求められなかったので、宅地建物取引士証を G に提示せずに当該書面を交付した。

4 宅地建物取引業者 H は、宅地建物取引業者ではない売主 I から中古住宅を購入する契約を締結したが、I が売主であるため I に 37 条書面を交付しなかった。

問 41　宅地建物取引業者が行う宅地建物取引業法第 35 条に規定する重要事項の説明に関する次の記述のうち、誤っているものはどれか。なお、説明の相手方は宅地建物取引業者ではないものとする。

1 区分所有建物の売買の媒介を行う場合、当該 1 棟の建物及びその敷地の管理が委託されているときは、その委託を受けている者の氏名（法人にあっては、その商号又は名称）及び住所（法人にあっては、その主たる事務所の所在地）を説明しなければならない。

2 土地の売買の媒介を行う場合、移転登記の申請の時期の定めがあるときは、その内容を説明しなければならない。

3 住宅の売買の媒介を行う場合、宅地内のガス配管設備等に関して、当該住宅の売買後においても当該ガス配管設備等の所有権が家庭用プロパンガス販売業者にあるものとするときは、その旨を説明する必要がある。

4 中古マンションの売買の媒介を行う場合、当該マンションの計画的な維持修繕のための費用の積立てを行う旨の規約の定めがあるときは、その内容及び既に積み立てられている額について説明しなければならない。

問 42 宅地建物取引業者が行う広告に関する次の記述のうち、宅地建物取引業法の規定によれば、正しいものはいくつあるか。

ア　宅地の販売広告において、宅地の将来の環境について、著しく事実に相違する表示をしてはならない。

イ　宅地又は建物に係る広告の表示項目の中に、取引物件に係る現在又は将来の利用の制限があるが、この制限には、都市計画法に基づく利用制限等の公法上の制限だけではなく、借地権の有無等の私法上の制限も含まれる。

ウ　顧客を集めるために売る意思のない条件の良い物件を広告することにより他の物件を販売しようとした場合、取引の相手方が実際に誤認したか否か、あるいは損害を受けたか否かにかかわらず、監督処分の対象となる。

エ　建物の売却について代理を依頼されて広告を行う場合、取引態様として、代理であることを明示しなければならないが、その後、当該物件の購入の注文を受けたとき、広告を行った時点と取引態様に変更がない場合でも、遅滞なく、その注文者に対し取引態様を明らかにしなければならない。

1　一つ
2　二つ
3　三つ
4　四つ

問 43 宅地建物取引業者Aが、BからB所有の中古マンションの売却の依頼を受け、Bと専任媒介契約（専属専任媒介契約ではない媒介契約）を締結した場合に関する次の記述のうち、宅地建物取引業法（以下この問において「法」という。）の規定によれば、正しいものはいくつあるか。

ア　Aは、2週間に1回以上当該専任媒介契約に係る業務の処理状況をBに報告しなければならないが、これに加え、当該中古マンションについて購入の申込みがあったときは、遅滞なく、その旨をBに報告しなければならない。

イ　当該専任媒介契約の有効期間は、3月を超えることができず、また、依頼者の更新しない旨の申出がなければ自動更新とする旨の特約も認められない。ただし、Bが宅地建物取引業者である場合は、AとBの合意により、自動更新とすることができる。

ウ　Aは、当該専任媒介契約の締結の日から7日（ただし、Aの休業日は含まない。）以内に所定の事項を指定流通機構に登録しなければならず、また、法第50条の6に規定する登録を証する書面を遅滞なくBに提示しなければならない。

エ　当該専任媒介契約に係る通常の広告費用はAの負担であるが、指定流通機構への情報登録及びBがAに特別に依頼した広告に係る費用については、成約したか否かにかかわらず、国土交通大臣の定める報酬の限度額を超えてその費用をBに請求することができる。

1　一つ
2　二つ
3　三つ
4　四つ

問 44 宅地建物取引業の免許（以下この問において「免許」という。）に関する次の記述のうち、宅地建物取引業法の規定によれば、正しいものはどれか。

1 宅地建物取引業者A社が免許を受けていないB社との合併により消滅する場合、存続会社であるB社はA社の免許を承継することができる。

2 個人である宅地建物取引業者Cがその事業を法人化するため、新たに株式会社Dを設立しその代表取締役に就任する場合、D社はCの免許を承継することができる。

3 個人である宅地建物取引業者E（甲県知事免許）が死亡した場合、その相続人は、Eの死亡を知った日から30日以内に、その旨を甲県知事に届け出なければならず、免許はその届出があった日に失効する。

4 宅地建物取引業者F社（乙県知事免許）が株主総会の決議により解散することとなった場合、その清算人は、当該解散の日から30日以内に、その旨を乙県知事に届け出なければならない。

改題
問 45 宅地建物取引業者Aが自ら売主として、宅地建物取引業者でない買主Bに新築住宅を販売する場合における次の記述のうち、特定住宅瑕疵担保責任の履行の確保等に関する法律の規定によれば、正しいものはどれか。

1 Aは、住宅販売瑕疵担保保証金の供託をする場合、Bに対し、当該住宅を引き渡すまでに、供託所の所在地等について記載した書面を交付して（当該書面に記載すべき事項を電磁的方法により提供する場合を含む。）説明しなければならない。

2 自ら売主として新築住宅をBに引き渡したAが、住宅販売瑕疵担保保証金を供託する場合、その住宅の床面積が55m²以下であるときは、新築住宅の合計戸数の算定に当たって、床面積55m²以下の住宅2戸をもって1戸と数えることになる。

3 Aは、基準日に係る住宅販売瑕疵担保保証金の供託及び住宅販売瑕疵担保責任保険契約の締結の状況についての届出をしなければ、当該基準日から1月を経過した日以後においては、新たに自ら売主となる新築住宅の売買契約を締結してはならない。

4 Aは、住宅販売瑕疵担保責任保険契約の締結をした場合、当該住宅を引き渡した時から10年間、当該住宅の給水設備又はガス設備の瑕疵によって生じた損害について保険金の支払を受けることができる。

問 46 独立行政法人住宅金融支援機構（以下この問において「機構」という。）に関する次の記述のうち、誤っているものはどれか。

1 機構は、団体信用生命保険業務として、貸付けを受けた者が死亡した場合のみならず、重度障害となった場合においても、支払われる生命保険の保険金を当該貸付けに係る債務の弁済に充当することができる。

2 機構は、直接融資業務において、高齢者の死亡時に一括償還をする方法により貸付金の償還を受けるときは、当該貸付金の貸付けのために設定された抵当権の効力の及ぶ範囲を超えて、弁済の請求をしないことができる。

3 証券化支援業務（買取型）に係る貸付金の利率は、貸付けに必要な資金の調達に係る金利その他の事情を勘案して機構が定めるため、どの金融機関においても同一の利率が適用される。

4 証券化支援業務（買取型）において、機構による譲受けの対象となる住宅の購入に必要な資金の貸付けに係る金融機関の貸付債権には、当該住宅の購入に付随する改良に必要な資金も含まれる。

問 47 宅地建物取引業者がインターネット不動産情報サイトにおいて行った広告表示に関する次の記述のうち、不当景品類及び不当表示防止法(不動産の表示に関する公正競争規約を含む。)の規定によれば、正しいものはどれか。

1 物件の所有者に媒介を依頼された宅地建物取引業者Aから入手した当該物件に関する情報を、宅地建物取引業者Bが、そのままインターネット不動産情報サイトに表示し広告を行っていれば、仮に入手した物件に関する情報が間違っていたとしても不当表示に問われることはない。

2 新築の建売住宅について、建築中で外装が完成していなかったため、当該建売住宅と構造、階数、仕様は同一ではないが同じ施工業者が他の地域で手掛けた建売住宅の外観写真を、施工例である旨を明記して掲載した。この広告表示が不当表示に問われることはない。

3 取引しようとする賃貸物件から最寄りの甲駅までの徒歩所要時間を表示するため、当該物件から甲駅までの道路距離を80mで除して算出したところ5.25分であったので、1分未満を四捨五入して「甲駅から5分」と表示した。この広告表示が不当表示に問われることはない。

4 新築分譲マンションについて、パンフレットには当該マンションの全戸数の専有面積を表示したが、インターネット広告には当該マンションの全戸数の専有面積のうち、最小建物面積及び最大建物面積のみを表示した。この広告表示が不当表示に問われることはない。

問 48 次の記述のうち、正しいものはどれか。

1 平成 29 年地価公示（平成 29 年 3 月公表）によれば、住宅地の公示地価の全国平均は、9 年連続で下落した。
2 建築着工統計（平成 29 年 1 月公表）によれば、平成 28 年の持家の新設着工戸数は約 29.2 万戸となり、3 年ぶりに増加に転じた。
3 平成 29 年版土地白書（平成 29 年 5 月公表）によれば、土地取引について、売買による所有権移転登記の件数でその動向を見ると、平成 28 年の全国の土地取引件数は 129 万件となり、2 年連続の減少となった。
4 平成 27 年度法人企業統計年報（平成 28 年 9 月公表）によれば、平成 27 年度における不動産業の経常利益は約 4 兆 3,000 億円となっており、前年度比 7.5% 増となった。

問 49 土地に関する次の記述のうち、最も不適当なものはどれか。

1 扇状地は、山地から河川により運ばれてきた砂礫等が堆積して形成された地盤である。
2 三角州は、河川の河口付近に見られる軟弱な地盤である。
3 台地は、一般に地盤が安定しており、低地に比べ、自然災害に対して安全度は高い。
4 埋立地は、一般に海面に対して比高を持ち、干拓地に比べ、水害に対して危険である。

問 50 建物の構造と材料に関する次の記述のうち、最も不適当なものはどれか。

1 木材の強度は、含水率が小さい状態の方が低くなる。
2 鉄筋は、炭素含有量が多いほど、引張強度が増大する傾向がある。
3 常温、常圧において、鉄筋と普通コンクリートを比較すると、熱膨張率はほぼ等しい。
4 鉄筋コンクリート構造は、耐火性、耐久性があり、耐震性、耐風性にも優れた構造である。

平成 28 年度
本試験問題

28

- ●改題…法改正などにより修正を加えた問題です。
- ●参考…どのような出題がされたかを確認するための参考問題です。出題当時のまま掲載していますので内容を覚える必要はありません。
- ●建蔽率の表記について…平成 30 年 4 月 1 日施行の建築基準法改正により「建ぺい率」の表記が「建蔽率」に変更されました。そのため、過去問題の表記も「建蔽率」に修正していますが、この修正のみの場合は改題表記を行っていません。

解答解説

本冊 P 273〜P 306

平成 28 年度　試験解答用紙

解答欄

問題番号	解答番号				問題番号	解答番号			
問 1	①	②	③	④	問 26	①	②	③	④
問 2	①	②	③	④	問 27	①	②	③	④
問 3	①	②	③	④	問 28	①	②	③	④
問 4	①	②	③	④	問 29	①	②	③	④
問 5	①	②	③	④	問 30	①	②	③	④
問 6	①	②	③	④	問 31	①	②	③	④
問 7	①	②	③	④	問 32	①	②	③	④
問 8	①	②	③	④	問 33	①	②	③	④
問 9	①	②	③	④	問 34	①	②	③	④
問 10	①	②	③	④	問 35	①	②	③	④
問 11	①	②	③	④	問 36	①	②	③	④
問 12	①	②	③	④	問 37	①	②	③	④
問 13	①	②	③	④	問 38	①	②	③	④
問 14	①	②	③	④	問 39	①	②	③	④
問 15	①	②	③	④	問 40	①	②	③	④
問 16	①	②	③	④	問 41	①	②	③	④
問 17	①	②	③	④	問 42	①	②	③	④
問 18	①	②	③	④	問 43	①	②	③	④
問 19	①	②	③	④	問 44	①	②	③	④
問 20	①	②	③	④	問 45	①	②	③	④
問 21	①	②	③	④	問 46	①	②	③	④
問 22	①	②	③	④	問 47	①	②	③	④
問 23	①	②	③	④	問 48	①	②	③	④
問 24	①	②	③	④	問 49	①	②	③	④
問 25	①	②	③	④	問 50	①	②	③	④

切取線

問 1 次の記述のうち、令和6年4月1日現在施行されている民法の条文に規定されているものはどれか。

1 利息を生ずべき債権について別段の意思表示がないときは、その利率は、年5%とする旨
2 賃貸借終了後に賃借物の所有権が移転した場合、敷金に関する権利義務の関係は新所有者に承継されない旨
3 債権者と引受人となる者との契約による免責的債務引受は、債務者の意思に反して行うことができない旨
4 契約により当事者の一方が第三者に対してある給付をすることを約したときは、その第三者は、債務者に対して直接にその給付を請求する権利を有する旨

問 2 制限行為能力者に関する次の記述のうち、民法の規定及び判例によれば、正しいものはどれか。

1 古着の仕入販売に関する営業を許された未成年者は、成年者と同一の行為能力を有するので、法定代理人の同意を得ないで、自己が居住するために建物を第三者から購入したとしても、その法定代理人は当該売買契約を取り消すことができない。
2 被保佐人が、不動産を売却する場合には、保佐人の同意が必要であるが、贈与の申し出を拒絶する場合には、保佐人の同意は不要である。
3 成年後見人が、成年被後見人に代わって、成年被後見人が居住している建物を売却する際、後見監督人がいる場合には、後見監督人の許可があれば足り、家庭裁判所の許可は不要である。
4 被補助人が、補助人の同意を得なければならない行為について、同意を得ていないにもかかわらず、詐術を用いて相手方に補助人の同意を得たと信じさせていたときは、被補助人は当該行為を取り消すことができない。

改題

問 3　AがA所有の甲土地をBに売却した場合に関する次の記述のうち、民法の規定及び判例によれば、正しいものはどれか。

1　Aが甲土地をBに売却する前にCにも売却していた場合、Cは所有権移転登記を備えていなくても、Bに対して甲土地の所有権を主張することができる。

2　AがBの詐欺を理由に甲土地の売却の意思表示を取り消しても、取消しより前にBが甲土地をDに売却し、Dが所有権移転登記を備えた場合には、DがBの詐欺の事実を知っていたか否か等にかかわらず、AはDに対して甲土地の所有権を主張することができない。

3　Aから甲土地を購入したBは、所有権移転登記を備えていなかった。Eがこれに乗じてBに高値で売りつけて利益を得る目的でAから甲土地を購入し所有権移転登記を備えた場合、EはBに対して甲土地の所有権を主張することができない。

4　AB間の売買契約が、Bが法律行為の基礎とした事情についてのその認識が真実に反する錯誤により締結されたものである場合、Bが所有権移転登記を備えていても、AはBの錯誤を理由にAB間の売買契約を取り消すことができる。

問 4　Aは、A所有の甲土地にBから借り入れた3,000万円の担保として抵当権を設定した。この場合における次の記述のうち、民法の規定及び判例によれば、誤っているものはどれか。

1　Aが甲土地に抵当権を設定した当時、甲土地上にA所有の建物があり、当該建物をAがCに売却した後、Bの抵当権が実行されてDが甲土地を競落した場合、DはCに対して、甲土地の明渡しを求めることはできない。

2　甲土地上の建物が火災によって焼失してしまったが、当該建物に火災保険が付されていた場合、Bは、甲土地の抵当権に基づき、この火災保険契約に基づく損害保険金を請求することができる。

3　AがEから500万円を借り入れ、これを担保するために甲土地にEを抵当権者とする第2順位の抵当権を設定した場合、BとEが抵当権の順位を変更することに合意すれば、Aの同意がなくても、甲土地の抵当権の順位を変更することができる。

4　Bの抵当権設定後、Aが第三者であるFに甲土地を売却した場合、FはBに対して、民法第383条所定の書面を送付して抵当権の消滅を請求することができる。

問 5 Aが、Bに対する債権をCに譲渡した場合に関する次の記述のうち、民法の規定及び判例によれば、正しいものはどれか。なお、当該債権は民法第466条の5に規定する預貯金債権ではないものとする。

1 AのBに対する債権にその譲渡を禁止する旨の特約があり、Cがその特約の存在を知りながら債権の譲渡を受けていた場合、AからCへの債権譲渡は無効となる。

2 AがBに債権譲渡の通知を発送し、その通知がBに到達していなかった場合には、Bが債権譲渡について承諾をしても、BはCに対して当該債権に係る債務の弁済を拒否することができる。

3 AのBに対する債権に譲渡禁止の特約がなく、Cに譲渡された時点ではまだ発生していない将来の取引に関する債権であった場合、その取引の種類、金額、期間などにより当該債権が特定されていたときは、特段の事情がない限り、AからCへの債権譲渡は有効である。

4 Aに対し弁済期が到来した貸金債権を有していたBは、Aから債権譲渡の通知を受けるまでに、債権譲渡について承諾をせず、相殺の意思表示もしていなかった。その後、Bは、Cから支払請求を受けた際に、Aに対する貸金債権との相殺の意思表示をしたとしても、Cに対抗することはできない。

問 6 Aを売主、Bを買主とする甲土地の売買契約（以下この問において「本件契約」という。）が締結された場合の売主の担保責任に関する次の記述のうち、民法の規定によれば、誤っているものはどれか。

1 甲土地がCの所有物である場合において、Aの責めに帰することができない事由により、Aが甲土地の所有権を取得してBに移転することができないときは、BはAに対して、損害賠償を請求することができない。

2 甲土地がCの所有物である場合において、Bの責めに帰することができない事由により、Aが甲土地の所有権を取得してBに移転することができないときは、Bは、本件契約を解除することができる。

3 引き渡されたAの所有物であった甲土地が品質に関して契約の内容に適合しないものである場合において、その不適合がAの責めに帰することができない事由によるものであるときは、BはAに対して、履行の追完を請求することができない。

4 引き渡されたAの所有物であった甲土地が品質に関して契約の内容に適合しないものである場合において、その不適合がBの責めに帰すべき事由によるものであるときは、BはAに対して、履行の追完を請求することができない。

問 7 AがBから賃借する甲建物に、運送会社Cに雇用されているDが居眠り運転するトラックが突っ込んで甲建物の一部が損壊した場合（以下「本件事故」という。）に関する次の記述のうち、民法の規定及び判例によれば、正しいものはいくつあるか。なお、DはCの業務として運転をしていたものとする。

ア 甲建物の一部が本件事故により使用及び収益をすることができなくなった場合、AがBに支払うべき賃料は、その使用及び収益をすることができなくなった部分の割合に応じて、減額される。

イ Aは、甲建物の残りの部分だけでは賃借した目的を達することができない場合、Bとの賃貸借契約を解除することができる。

ウ Cは、使用者責任に基づき、Bに対して本件事故から生じた損害を賠償した場合、Dに対して求償することができるが、その範囲が信義則上相当と認められる限度に制限される場合がある。

1 一つ
2 二つ
3 三つ
4 なし

問 8 AがBに甲建物を月額10万円で賃貸し、BがAの承諾を得て甲建物をCに適法に月額15万円で転貸している場合における次の記述のうち、民法の規定及び判例によれば、誤っているものはどれか。

1 Aは、Bの賃料の不払いを理由に甲建物の賃貸借契約を解除するには、Cに対して、賃料支払の催告をして甲建物の賃料を支払う機会を与えなければならない。

2 BがAに対して甲建物の賃料を支払期日になっても支払わない場合、AはCに対して、賃料10万円をAに直接支払うよう請求することができる。

3 AがBの債務不履行を理由に甲建物の賃貸借契約を解除した場合、CのBに対する賃料の不払いがなくても、AはCに対して、甲建物の明渡しを求めることができる。

4 AがBとの間で甲建物の賃貸借契約を合意解除した場合、AはCに対して、Bとの合意解除に基づいて、当然には甲建物の明渡しを求めることができない。

問 9 次の1から4までの記述のうち、民法の規定及び下記判決文によれば、誤っているものはどれか。なお、買主には、身体の侵害による損害が発生しているものとする。

（判決文）

契約の一方当事者が、当該契約の締結に先立ち、信義則上の説明義務に違反して、当該契約を締結するか否かに関する判断に影響を及ぼすべき情報を相手方に提供しなかった場合には、上記一方当事者は、相手方が当該契約を締結したことにより被った損害につき、不法行為による賠償責任を負うことがあるのは格別、当該契約上の債務の不履行による賠償責任を負うことはないというべきである。（中略）上記のような場合の損害賠償請求権は不法行為により発生したものである（略）。

1　信義則上の説明義務に違反して、当該契約を締結するか否かに関する判断に影響を及ぼすべき情報を買主に提供しなかった売主に対する買主の損害賠償請求権は、買主が損害及び加害者を知った時から5年間行使しないときは、時効により消滅する。

2　信義則上の説明義務に違反して、当該契約を締結するか否かに関する判断に影響を及ぼすべき情報を買主に提供しなかった売主に対する買主の損害賠償請求権は、損害を被っていることを買主が知らない場合でも、売買契約から10年間行使しないときは、時効により消滅する。

3　買主に対して債権を有している売主は、信義則上の説明義務に違反して、当該契約を締結するか否かに関する判断に影響を及ぼすべき情報を買主に提供しなかった売主に対する買主の損害賠償請求権を受働債権とする相殺をもって、買主に対抗することができない。

4　売主が信義則上の説明義務に違反して、当該契約を締結するか否かに関する判断に影響を及ぼすべき情報を買主に提供しなかった場合、買主は、売主に対して、この説明義務違反を理由に、売買契約上の債務不履行責任を追及することはできない。

問 10 甲建物を所有するAが死亡し、相続人がそれぞれAの子であるB及びCの2名である場合に関する次の記述のうち、民法の規定及び判例によれば、誤っているものはどれか。

1 Bが甲建物を不法占拠するDに対し明渡しを求めたとしても、Bは単純承認をしたものとはみなされない。

2 Cが甲建物の賃借人Eに対し相続財産である未払賃料の支払いを求め、これを収受領得したときは、Cは単純承認をしたものとみなされる。

3 Cが単純承認をしたときは、Bは限定承認をすることができない。

4 Bが自己のために相続の開始があったことを知らない場合であっても、相続の開始から3か月が経過したときは、Bは単純承認をしたものとみなされる。

問 11 Aが居住用の甲建物を所有する目的で、期間30年と定めてBから乙土地を賃借した場合に関する次の記述のうち、借地借家法の規定及び判例によれば、正しいものはどれか。なお、Aは借地権登記を備えていないものとする。

1 Aが甲建物を所有していても、建物保存登記をAの子C名義で備えている場合には、Bから乙土地を購入して所有権移転登記を備えたDに対して、Aは借地権を対抗することができない。

2 Aが甲建物を所有していても、登記上の建物の所在地番、床面積等が少しでも実際のものと相違している場合には、建物の同一性が否定されるようなものでなくても、Bから乙土地を購入して所有権移転登記を備えたEに対して、Aは借地権を対抗することができない。

3 AB間の賃貸借契約を公正証書で行えば、当該契約の更新がなく期間満了により終了し、終了時にはAが甲建物を収去すべき旨を有効に規定することができる。

4 Aが地代を支払わなかったことを理由としてBが乙土地の賃貸借契約を解除した場合、契約に特段の定めがないときは、Bは甲建物を時価で買い取らなければならない。

問 12 AはBと、B所有の甲建物につき、居住を目的として、期間3年、賃料月額20万円と定めて賃貸借契約（以下この問において「本件契約」という。）を締結した。この場合における次の記述のうち、借地借家法の規定及び判例によれば、誤っているものはどれか。

1 AもBも相手方に対し、本件契約の期間満了前に何らの通知もしなかった場合、従前の契約と同一の条件で契約を更新したものとみなされるが、その期間は定めがないものとなる。

2 BがAに対し、本件契約の解約を申し入れる場合、甲建物の明渡しの条件として、一定額以上の財産上の給付を申し出たときは、Bの解約の申入れに正当事由があるとみなされる。

3 甲建物の適法な転借人であるCが、Bの同意を得て甲建物に造作を付加した場合、期間満了により本件契約が終了するときは、CはBに対してその造作を時価で買い取るよう請求することができる。

4 本件契約が借地借家法第38条の定期建物賃貸借で、契約の更新がない旨を定めた場合でも、BはAに対し、同条所定の通知期間内に、期間満了により本件契約が終了する旨の通知をしなければ、期間3年での終了をAに対抗することができない。

問 13 建物の区分所有等に関する法律に関する次の記述のうち、正しいものはどれか。

1 管理者は、集会において、毎年2回一定の時期に、その事務に関する報告をしなければならない。

2 管理者は、規約に特別の定めがあるときは、共用部分を所有することができる。

3 管理者は、自然人であるか法人であるかを問わないが、区分所有者でなければならない。

4 各共有者の共用部分の持分は、規約で別段の定めをしない限り、共有者数で等分することとされている。

問 14 不動産の登記に関する次の記述のうち、不動産登記法の規定によれば、誤っているものはどれか。

1 新築した建物又は区分建物以外の表題登記がない建物の所有権を取得した者は、その所有権の取得の日から1月以内に、所有権の保存の登記を申請しなければならない。
2 登記することができる権利には、抵当権及び賃借権が含まれる。
3 建物が滅失したときは、表題部所有者又は所有権の登記名義人は、その滅失の日から1月以内に、当該建物の滅失の登記を申請しなければならない。
4 区分建物の所有権の保存の登記は、表題部所有者から所有権を取得した者も、申請することができる。

問 15 国土利用計画法第23条に規定する届出（以下この問において「事後届出」という。）に関する次の記述のうち、正しいものはどれか。

1 市街化区域内の土地（面積2,500m²）を購入する契約を締結した者は、その契約を締結した日から起算して3週間以内に事後届出を行わなければならない。
2 Aが所有する監視区域内の土地（面積10,000m²）をBが購入する契約を締結した場合、A及びBは事後届出を行わなければならない。
3 都市計画区域外に所在し、一団の土地である甲土地（面積6,000m²）と乙土地（面積5,000m²）を購入する契約を締結した者は、事後届出を行わなければならない。
4 市街化区域内の甲土地（面積3,000m²）を購入する契約を締結した者が、その契約締結の1月後に甲土地と一団の土地である乙土地（面積4,000m²）を購入することとしている場合においては、甲土地の事後届出は、乙土地の契約締結後に乙土地の事後届出と併せて行うことができる。

問 16　都市計画法に関する次の記述のうち、正しいものはどれか。

1　市街地開発事業等予定区域に係る市街地開発事業又は都市施設に関する都市計画には、施行予定者をも定めなければならない。
2　準都市計画区域については、都市計画に準防火地域を定めることができる。
3　高度利用地区は、用途地域内において市街地の環境を維持し、又は土地利用の増進を図るため、建築物の高さの最高限度又は最低限度を定める地区である。
4　地区計画については、都市計画に、地区計画の種類、名称、位置、区域及び面積並びに建築物の建蔽率及び容積率の最高限度を定めなければならない。

問 17　都市計画法に関する次の記述のうち、正しいものはどれか。なお、この問において「都道府県知事」とは、地方自治法に基づく指定都市、中核市及び施行時特例市にあってはその長をいうものとする。

1　開発許可を受けた者は、開発行為に関する工事を廃止するときは、都道府県知事の許可を受けなければならない。
2　二以上の都府県にまたがる開発行為は、国土交通大臣の許可を受けなければならない。
3　開発許可を受けた者から当該開発区域内の土地の所有権を取得した者は、都道府県知事の承認を受けることなく、当該開発許可を受けた者が有していた当該開発許可に基づく地位を承継することができる。
4　都道府県知事は、用途地域の定められていない土地の区域における開発行為について開発許可をする場合において必要があると認めるときは、当該開発区域内の土地について、建築物の敷地、構造及び設備に関する制限を定めることができる。

問 18 建築基準法に関する次の記述のうち、正しいものはどれか。

1 防火地域にある建築物で、外壁が耐火構造のものについては、その外壁を隣地境界線に接して設けることができる。
2 高さ30mの建築物には、原則として非常用の昇降機を設けなければならない。
3 準防火地域内においては、延べ面積が2,000m²の共同住宅は準耐火建築物としなければならない。
4 延べ面積が1,000m²を超える耐火建築物は、防火上有効な構造の防火壁又は防火床によって有効に区画し、かつ、各区画の床面積の合計をそれぞれ1,000m²以内としなければならない。

問 19 建築基準法に関する次の記述のうち、誤っているものはどれか。

1 特定行政庁が許可した場合、第一種低層住居専用地域内においても飲食店を建築することができる。
2 前面道路の幅員による容積率制限は、前面道路の幅員が12m以上ある場合は適用されない。
3 公園内にある建築物で特定行政庁が安全上、防火上及び衛生上支障がないと認めて許可したものについては、建蔽率の制限は適用されない。
4 第一種住居地域内における建築物の外壁又はこれに代わる柱の面から敷地境界線までの距離は、当該地域に関する都市計画においてその限度が定められた場合には、当該限度以上でなければならない。

問 20 宅地造成及び特定盛土等規制法に関する次の記述のうち、誤っているものはどれか。なお、この問において「都道府県知事」とは、地方自治法に基づく指定都市、中核市及び施行時特例市にあってはその長をいうものとする。

1 宅地造成等工事規制区域外に盛土によって造成された一団の造成宅地の区域において、造成された盛土の高さが5m未満の場合は、都道府県知事は、当該区域を造成宅地防災区域として指定することができない。

2 宅地造成等工事規制区域内において、盛土又は切土をする土地の面積が600㎡である場合、その土地における排水施設は、政令で定める資格を有する者によって設計される必要はない。

3 宅地造成等工事規制区域内の土地（公共施設用地を除く。）において、高さが2mを超える擁壁を除却する工事を行おうとする者は、一定の場合を除き、その工事に着手する日の14日前までにその旨を都道府県知事に届け出なければならない。

4 宅地造成等工事規制区域内において、公共施設用地を宅地又は農地等に転用した者は、一定の場合を除き、その転用した日から14日以内に、その旨を都道府県知事に届け出なければならない。

問 21 土地区画整理法に関する次の記述のうち、誤っているものはどれか。

1 施行者は、換地処分を行う前において、換地計画に基づき換地処分を行うため必要がある場合においては、施行地区内の宅地について仮換地を指定することができる。

2 仮換地が指定された場合においては、従前の宅地について権原に基づき使用し、又は収益することができる者は、仮換地の指定の効力発生の日から換地処分の公告がある日まで、仮換地について、従前の宅地について有する権利の内容である使用又は収益と同じ使用又は収益をすることができる。

3 施行者は、仮換地を指定した場合において、特別の事情があるときは、その仮換地について使用又は収益を開始することができる日を仮換地の指定の効力発生日と別に定めることができる。

4 土地区画整理組合の設立の認可の公告があった日後、換地処分の公告がある日までは、施行地区内において、土地区画整理事業の施行の障害となるおそれがある土地の形質の変更を行おうとする者は、当該土地区画整理組合の許可を受けなければならない。

問 22 農地に関する次の記述のうち、農地法（以下この問において「法」という。）の規定によれば、正しいものはどれか。

1　相続により農地を取得する場合は、法第3条第1項の許可を要しないが、相続人に該当しない者に対する特定遺贈により農地を取得する場合も、同項の許可を受ける必要はない。

2　法第2条第3項の農地所有適格法人の要件を満たしていない株式会社は、耕作目的で農地を借り入れることはできない。

3　法第3条第1項又は法第5条第1項の許可が必要な農地の売買について、これらの許可を受けずに売買契約を締結しても、その所有権の移転の効力は生じない。

4　農業者が、市街化調整区域内の耕作しておらず遊休化している自己の農地を、自己の住宅用地に転用する場合、あらかじめ農業委員会へ届出をすれば、法第4条第1項の許可を受ける必要がない。

改題
問 23 印紙税に関する次の記述のうち、正しいものはどれか。

1　印紙税の課税文書である不動産譲渡契約書を作成したが、印紙税を納付せず、その事実が税務調査により判明した場合は、納付しなかった印紙税額と納付しなかった印紙税額の10%に相当する金額の合計額が過怠税として徴収される。

2　「Aの所有する甲土地（価額3,000万円）とBの所有する乙土地（価額3,500万円）を交換する」旨の土地交換契約書を作成した場合、印紙税の課税標準となる当該契約書の記載金額は3,500万円である。

3　「Aの所有する甲土地（価額3,000万円）をBに贈与する」旨の贈与契約書を作成した場合、印紙税の課税標準となる当該契約書の記載金額は、3,000万円である。

4　売上代金に係る金銭の受取書（領収書）は記載された受取金額が3万円未満の場合、印紙税が課されないことから、不動産売買の仲介手数料として、現金49,500円（消費税及び地方消費税を含む。）を受け取り、それを受領した旨の領収書を作成した場合、受取金額に応じた印紙税が課される。

問 24 不動産取得税に関する次の記述のうち、正しいものはどれか。

1　家屋が新築された日から3年を経過して、なお、当該家屋について最初の使用又は譲渡が行われない場合においては、当該家屋が新築された日から3年を経過した日において家屋の取得がなされたものとみなし、当該家屋の所有者を取得者とみなして、これに対して不動産取得税を課する。

2　不動産取得税は、不動産の取得に対して課される税であるので、法人の合併により不動産を取得した場合にも、不動産取得税は課される。

3　令和6年4月に取得した床面積240m²である新築住宅に係る不動産取得税の課税標準の算定については、当該新築住宅の価格から1,200万円が控除される。

4　令和6年4月に個人が取得した住宅及び住宅用地に係る不動産取得税の税率は3％であるが、住宅用以外の家屋及びその土地に係る不動産取得税の税率は4％である。

問 25 不動産の鑑定評価に関する次の記述のうち、不動産鑑定評価基準によれば、正しいものはどれか。

1　不動産の鑑定評価によって求める価格は、基本的には正常価格であるが、市場性を有しない不動産については、鑑定評価の依頼目的及び条件に応じて限定価格、特定価格又は特殊価格を求める場合がある。

2　同一需給圏とは、一般に対象不動産と代替関係が成立して、その価格の形成について相互に影響を及ぼすような関係にある他の不動産の存する圏域をいうが、不動産の種類、性格及び規模に応じた需要者の選好性によって、その地域的範囲は狭められる場合もあれば、広域的に形成される場合もある。

3　鑑定評価の各手法の適用に当たって必要とされる取引事例等については、取引等の事情が正常なものと認められるものから選択すべきであり、売り急ぎ、買い進み等の特殊な事情が存在する事例を用いてはならない。

4　収益還元法は、対象不動産が将来生み出すであろうと期待される純収益の現在価値の総和を求めることにより対象不動産の試算価格を求める手法であるが、市場における土地の取引価格の上昇が著しいときは、その価格と収益価格との乖離が増大するものであるため、この手法の適用は避けるべきである。

問 26 宅地建物取引業者Ａ（甲県知事免許）に対する監督処分に関する次の記述のうち、宅地建物取引業法（以下この問において「法」という。）の規定によれば、正しいものはどれか。

1 Ａは、自らが売主となった分譲マンションの売買において、法第35条に規定する重要事項の説明を行わなかった。この場合、Ａは、甲県知事から業務停止を命じられることがある。

2 Ａは、乙県内で宅地建物取引業に関する業務において、著しく不当な行為を行った。この場合、乙県知事は、Ａに対し、業務停止を命ずることはできない。

3 Ａは、甲県知事から指示処分を受けたが、その指示処分に従わなかった。この場合、甲県知事は、Ａに対し、1年を超える期間を定めて、業務停止を命ずることができる。

4 Ａは、自ら所有している物件について、直接賃借人Ｂと賃貸借契約を締結するに当たり、法第35条に規定する重要事項の説明を行わなかった。この場合、Ａは、甲県知事から業務停止を命じられることがある。

改題
問 27 宅地建物取引業者Ａが、ＢからＢ所有の宅地の売却に係る媒介を依頼された場合における次の記述のうち、宅地建物取引業法（以下この問において「法」という。）の規定によれば、正しいものはどれか。なお、この問において一般媒介契約とは、専任媒介契約でない媒介契約をいい、書面の交付に代えて電磁的方法により提供する場合については考慮しないものとする。

1 ＡがＢと一般媒介契約を締結した場合、当該一般媒介契約が国土交通大臣が定める標準媒介契約約款に基づくものであるか否かの別を、法第34条の2第1項に規定する書面に記載する必要はない。

2 ＡがＢと専任媒介契約を締結した場合、当該宅地の売買契約が成立しても、当該宅地の引渡しが完了していなければ、売買契約が成立した旨を指定流通機構に通知する必要はない。

3 ＡがＢと一般媒介契約を締結した場合、当該宅地の売買の媒介を担当するＡの宅地建物取引士は、法第34条の2第1項に規定する書面に記名する必要はない。

4 Ａは、Ｂとの間で締結した媒介契約が一般媒介契約であるか、専任媒介契約であるかを問わず、法第34条の2第1項に規定する書面に売買すべき価額を記載する必要はない。

改題

問 28 宅地建物取引業者Aが、自ら売主として、宅地建物取引業者でない Bとの間でマンション（代金4,000万円）の売買契約を締結した場合に関する 次の記述のうち、宅地建物取引業法（以下この問において「法」という。）の 規定に違反するものの組合せはどれか。

ア　Aは、建築工事完了前のマンションの売買契約を締結する際に、Bから手 付金200万円を受領し、さらに建築工事中に200万円を中間金として受領し た後、当該手付金と中間金について法第41条に定める保全措置を講じた。

イ　Aは、建築工事完了後のマンションの売買契約を締結する際に、法第41 条の2に定める保全措置を講じることなくBから手付金400万円を受領し た。

ウ　Aは、建築工事完了前のマンションの売買契約を締結する際に、Bから手 付金500万円を受領したが、Bに当該手付金500万円を現実に提供して、契 約を一方的に解除した。

エ　Aは、建築工事完了後のマンションの売買契約を締結する際に、当事者の 債務の不履行を理由とする契約の解除に伴う損害賠償の予定額を1,000万円 とする特約を定めた。

1　ア、ウ

2　イ、ウ

3　ア、イ、エ

4　ア、ウ、エ

問 29 　宅地建物取引業者Aの業務に関する次の記述のうち、宅地建物取引業法（以下この問において「法」という。）の規定に違反するものの組合せはどれか。

ア　Aは、マンションを分譲するに際して案内所を設置したが、売買契約の締結をせず、かつ、契約の申込みの受付も行わない案内所であったので、当該案内所に法第50条第1項に規定する標識を掲示しなかった。

イ　Aは、建物の売買の媒介に際し、買主に対して手付の貸付けを行う旨を告げて契約の締結を勧誘したが、売買は成立しなかった。

ウ　Aは、法第49条の規定によりその事務所ごとに備えるべきこととされている業務に関する帳簿について、取引関係者から閲覧の請求を受けたが、閲覧に供さなかった。

エ　Aは、自ら売主となるマンションの割賦販売の契約について、宅地建物取引業者でない買主から賦払金が支払期日までに支払われなかったので、直ちに賦払金の支払の遅延を理由として契約を解除した。

1　ア、イ
2　ア、ウ
3　ア、イ、エ
4　イ、ウ、エ

問 30 宅地建物取引業法第 35 条に規定する重要事項の説明及び同法第 37 条の規定により交付すべき書面（以下この問において「37 条書面」という。）に関する次の記述のうち、正しいものはどれか。なお、特に断りのない限り、37 条書面の交付に代えて電磁的方法により提供する場合については考慮しないものとする。

1 宅地建物取引業者は、建物の貸借の媒介における重要事項の説明において、借賃の額並びにその支払の時期及び方法について説明するとともに、37 条書面に記載しなければならない。

2 宅地建物取引士は、重要事項の説明をする際に、相手方から求められない場合は、宅地建物取引士証を提示しなくてもよい。

3 宅地建物取引業者は、37 条書面を交付する際に、当事者の承諾がなくても、書面の交付に代えて、電磁的方法で提供することができる。

4 宅地建物取引業者は、宅地建物取引士をして 37 条書面に記名させなければならないが、当該書面の交付は宅地建物取引士でない従業者に行わせることができる。

問 31 宅地建物取引業保証協会（以下この問において「保証協会」という。）の社員である宅地建物取引業者に関する次の記述のうち、宅地建物取引業法の規定によれば、正しいものはどれか。

1 保証協会に加入することは宅地建物取引業者の任意であり、一の保証協会の社員となった後に、宅地建物取引業に関し取引をした者の保護を目的として、重ねて他の保証協会の社員となることができる。

2 保証協会に加入している宅地建物取引業者（甲県知事免許）は、甲県の区域内に新たに支店を設置した場合、その設置した日から 1 月以内に当該保証協会に追加の弁済業務保証金分担金を納付しないときは、社員の地位を失う。

3 保証協会から還付充当金の納付の通知を受けた社員は、その通知を受けた日から 2 週間以内に、その通知された額の還付充当金を主たる事務所の最寄りの供託所に供託しなければならない。

4 150 万円の弁済業務保証金分担金を保証協会に納付して当該保証協会の社員となった者と宅地建物取引業に関し取引をした者（宅地建物取引業者に該当する者を除く。）は、その取引により生じた債権に関し、2,500 万円を限度として、当該保証協会が供託した弁済業務保証金から弁済を受ける権利を有

する。

問 32 宅地建物取引業者Ａ（甲県知事免許）がその業務に関して広告を行った場合における次の記述のうち、宅地建物取引業法の規定に違反しないものはどれか。

1 Ａは、宅地の造成に当たり、工事に必要とされる許可等の処分があった宅地について、当該処分があったことを明示して、工事完了前に、当該宅地の販売に関する広告を行った。

2 Ａは、自ら売主として新築マンションを分譲するに当たり、建築基準法第6条第1項の確認の申請中であったため、「建築確認申請済」と明示して、当該建物の販売に関する広告を行い、建築確認を受けた後に売買契約を締結した。

3 Ａは、中古の建物の売買において、当該建物の所有者Ｂから媒介の依頼を受け、取引態様の別を明示せずに自社ホームページに広告を掲載したが、広告を見た者からの問い合わせはなく、契約成立には至らなかった。

4 Ａは、甲県知事から業務の全部の停止を命じられ、その停止の期間中に未完成の土地付建物の販売に関する広告を行ったが、当該土地付建物の売買の契約は当該期間の経過後に締結した。

問 33 宅地建物取引業者が売買等の媒介に関して受けることができる報酬についての次の記述のうち、宅地建物取引業法の規定によれば、誤っているものはいくつあるか。

ア 宅地建物取引業者が媒介する物件の売買について、売主があらかじめ受取額を定め、実際の売却額との差額を当該宅地建物取引業者が受け取る場合は、媒介に係る報酬の限度額の適用を受けない。

イ 宅地建物取引業者は、媒介に係る報酬の限度額の他に、依頼者の依頼によらない通常の広告の料金に相当する額を報酬に合算して、依頼者から受け取ることができる。

ウ 居住用の建物の貸借の媒介に係る報酬の額は、借賃の1月分の1.1倍に相当する額以内であるが、権利金の授受がある場合は、当該権利金の額を売買に係る代金の額とみなして算定することができる。

1 一つ
2 二つ
3 三つ
4 なし

問 34 宅地建物取引業法（以下この問において「法」という。）第47条及び第47条の2に規定されている業務に関する禁止事項に関する次の記述のうち、誤っているものはどれか。なお、Aは宅地建物取引業者である。

1　Aが、賃貸アパートの媒介に当たり、入居申込者が無収入であることを知っており、入居申込書の収入欄に「年収700万円」とあるのは虚偽の記載であることを認識したまま、その事実を告げずに貸主に提出した行為は法に違反する。

2　Aが、分譲マンションの購入を勧誘するに際し、うわさをもとに「3年後には間違いなく徒歩5分の距離に新しく私鉄の駅ができる」と告げた場合、そのような計画はなかったとしても、故意にだましたわけではないので法には違反しない。

3　Aは、建売住宅の売買の相手方である買主から手付放棄による契約の解除の通知を受けたとしても、すでに所有権の移転登記を行い引渡しも済んでいる場合は、そのことを理由に当該契約の解除を拒むことができる。

4　Aが、宅地の売買契約締結の勧誘に当たり、相手方が手付金の手持ちがないため契約締結を迷っていることを知り、手付金の分割払いを持ちかけたことは、契約締結に至らなかったとしても法に違反する。

問 35 宅地建物取引業の免許（以下この問において「免許」という。）に関する次の記述のうち、宅地建物取引業法の規定によれば、正しいものはどれか。

1　個人である宅地建物取引業者A（甲県知事免許）が、免許の更新の申請を怠り、その有効期間が満了した場合、Aは、遅滞なく、甲県知事に免許証を返納しなければならない。

2　法人である宅地建物取引業者B（乙県知事免許）が、乙県知事から業務の停止を命じられた場合、Bは、免許の更新の申請を行っても、その業務の停止の期間中は免許の更新を受けることができない。

3　法人である宅地建物取引業者C（国土交通大臣免許）について破産手続開始の決定があった場合、その日から30日以内に、Cを代表する役員Dは、その旨を主たる事務所の所在地を管轄する都道府県知事を経由して国土交通大臣に届け出なければならない。

4　個人である宅地建物取引業者E（丙県知事免許）が死亡した場合、Eの一般承継人Fがその旨を丙県知事に届け出た後であっても、Fは、Eが生前締結した売買契約に基づく取引を結了する目的の範囲内においては、なお宅地建物取引業者とみなされる。

問 36 宅地建物取引業者が行う宅地建物取引業法第35条に規定する重要事項の説明に関する次の記述のうち、正しいものはいくつあるか。なお、説明の相手方は宅地建物取引業者ではないものとする。

ア 区分所有権の目的である建物の売買の媒介を行う場合、当該建物が借地借家法第22条に規定する定期借地権の設定された土地の上に存するときは、当該定期借地権が登記されたものであるか否かにかかわらず、当該定期借地権の内容について説明しなければならない。

イ 宅地の貸借の媒介を行う場合、当該宅地が流通業務市街地の整備に関する法律第4条に規定する流通業務地区にあるときは、同法第5条第1項の規定による制限の概要について説明しなければならない。

ウ 建物の売買の媒介を行う場合、当該建物の売買代金の額並びにその支払の時期及び方法について説明する義務はないが、売買代金以外に授受される金銭があるときは、当該金銭の額及び授受の目的について説明しなければならない。

エ 建物の貸借の媒介を行う場合、当該建物が建築工事の完了前であるときは、必要に応じ当該建物に係る図面を交付した上で、当該建築工事の完了時における当該建物の主要構造部、内装及び外装の構造又は仕上げ並びに設備の設置及び構造について説明しなければならない。

1 一つ
2 二つ
3 三つ
4 四つ

問 37 宅地建物取引業法（以下この問において「法」という。）の規定に関する次の記述のうち、正しいものはいくつあるか。

ア　宅地建物取引業者A（甲県知事免許）が乙県内に新たに支店を設置して宅地建物取引業を営んでいる場合において、免許換えの申請を怠っていることが判明したときは、Aは、甲県知事から業務停止の処分を受けることがある。

イ　宅地建物取引業者Bが自ら売主として宅地の売買契約を成立させた後、当該宅地の引渡しの前に免許の有効期間が満了したときは、Bは、当該契約に基づく取引を結了する目的の範囲内においては、宅地建物取引業者として当該取引に係る業務を行うことができる。

ウ　Cが免許の申請前5年以内に宅地建物取引業に関し不正又は著しく不当な行為をした場合には、その行為について刑に処せられていなかったとしても、Cは免許を受けることができない。

エ　宅地建物取引業者D（甲県知事免許）が乙県内に新たに支店を設置して宅地建物取引業を営むため、国土交通大臣に免許換えの申請を行っているときは、Dは、甲県知事免許業者として、取引の相手方等に対し、法第35条に規定する重要事項を記載した書面及び法第37条の規定により交付すべき書面を交付することができない。

1　一つ
2　二つ
3　三つ
4　四つ

問 38 宅地建物取引士資格登録（以下この問において「登録」という。）又は宅地建物取引士に関する次の記述のうち、宅地建物取引業法の規定によれば、正しいものはいくつあるか。

ア　宅地建物取引士（甲県知事登録）が、乙県で宅地建物取引業に従事することとなったため乙県知事に登録の移転の申請をしたときは、移転後新たに5年を有効期間とする宅地建物取引士証の交付を受けることができる。

イ　宅地建物取引士は、取引の関係者から宅地建物取引士証の提示を求められたときは、宅地建物取引士証を提示しなければならないが、従業者証明書の提示を求められたときは、宅地建物取引業者の代表取締役である宅地建物取引士は、当該証明書がないので提示をしなくてよい。

ウ　宅地建物取引士が精神の機能の障害により宅地建物取引士の事務を適正に行うに当たって必要な認知、判断及び意思疎通を適切に行うことができない者となったときは、本人又はその法定代理人若しくは同居の親族は、3月以内に、その旨を登録をしている都道府県知事に届け出なければならない。

エ　宅地建物取引士の氏名等が登載されている宅地建物取引士資格登録簿は一般の閲覧に供されることはないが、専任の宅地建物取引士は、その氏名が宅地建物取引業者名簿に登載され、当該名簿が一般の閲覧に供される。

1　一つ
2　二つ
3　三つ
4　なし

問 39 宅地建物取引業者が媒介により区分所有建物の貸借の契約を成立させた場合に関する次の記述のうち、宅地建物取引業法（以下この問において「法」という。）の規定によれば、正しいものはどれか。なお、この問において「重要事項説明書」とは法第35条の規定により交付すべき書面を、「37条書面」とは法第37条の規定により交付すべき書面をいい、書面の交付に代えて電磁的方法により提供する場合については考慮しないものとする。

1 専有部分の用途その他の利用の制限に関する規約において、ペットの飼育が禁止されている場合は、重要事項説明書にその旨記載し内容を説明したときも、37条書面に記載しなければならない。

2 契約の解除について定めがある場合は、重要事項説明書にその旨記載し内容を説明したときも、37条書面に記載しなければならない。

3 借賃の支払方法が定められていても、貸主及び借主の承諾を得たときは、37条書面に記載しなくてよい。

4 天災その他不可抗力による損害の負担に関して定めなかった場合には、その旨を37条書面に記載しなければならない。

問 40 宅地建物取引業者A（甲県知事免許）は、甲県に本店と支店を設け、営業保証金として1,000万円の金銭と額面金額500万円の国債証券を供託し、営業している。この場合に関する次の記述のうち宅地建物取引業法の規定によれば、正しいものはどれか。

1 Aは、本店を移転したため、その最寄りの供託所が変更した場合は、遅滞なく、移転後の本店の最寄りの供託所に新たに営業保証金を供託しなければならない。

2 Aは、営業保証金が還付され、営業保証金の不足額を供託したときは、供託書の写しを添附して、30日以内にその旨を甲県知事に届け出なければならない。

3 本店でAと宅地建物取引業に関する取引をした者（宅地建物取引業者に該当する者を除く。）は、その取引により生じた債権に関し、1,000万円を限度としてAからその債権の弁済を受ける権利を有する。

4 Aは、本店を移転したため、その最寄りの供託所が変更した場合において、従前の営業保証金を取りもどすときは、営業保証金の還付を請求する権利を有する者に対し、一定期間内に申し出るべき旨の公告をしなければならない。

問 41 宅地建物取引業者Aが行う業務に関する次の記述のうち、宅地建物取引業法（以下この問において「法」という。）の規定によれば、正しいものはどれか。なお、書面の交付に代えて電磁的方法により提供する場合については考慮しないものとする。

1　Aは、宅地建物取引業者Bから宅地の売却についての依頼を受けた場合、媒介契約を締結したときは媒介契約の内容を記載した書面を交付しなければならないが、代理契約を締結したときは代理契約の内容を記載した書面を交付する必要はない。

2　Aは、自ら売主として宅地の売買契約を締結したときは、相手方に対して、遅滞なく、法第37条の規定による書面を交付するとともに、その内容について宅地建物取引士をして説明させなければならない。

3　Aは、宅地建物取引業者でないCが所有する宅地について、自らを売主、宅地建物取引業者Dを買主とする売買契約を締結することができる。

4　Aは、宅地建物取引業者でないEから宅地の売却についての依頼を受け、専属専任媒介契約を締結したときは、当該宅地について法で規定されている事項を、契約締結の日から休業日数を含め5日以内に指定流通機構へ登録する義務がある。

問 42 宅地建物取引業法（以下この問において「法」という。）第37条の規定により交付すべき書面（以下この問において「37条書面」という。）に関する次の記述のうち、正しいものはどれか。なお、Aは宅地建物取引業者（消費税課税事業者）であり、37条書面の交付に代えて電磁的方法により提供する場合については考慮しないものとする。

1　Aは、宅地建物取引業者Bと宅地建物取引業者Cの間で締結される宅地の売買契約の媒介においては、37条書面に引渡しの時期を記載しなくてもよい。

2　Aは、自ら売主として土地付建物の売買契約を締結したときは、37条書面に代金の額を記載しなければならないが、消費税等相当額については記載しなくてもよい。

3　Aは、自ら売主として、宅地建物取引業者Dの媒介により、宅地建物取引業者Eと宅地の売買契約を締結した。Dが宅地建物取引士をして37条書面に記名させている場合、Aは宅地建物取引士をして当該書面に記名させる必要はない。

4　Aは、貸主Fと借主Gの間で締結される建物賃貸借契約について、Fの代理として契約を成立させたときは、FとGに対して37条書面を交付しなければならない。

問 43 宅地建物取引業者Aが、自ら売主として、宅地建物取引業者でないBと建築工事完了前のマンション（代金3,000万円）の売買契約を締結した場合、宅地建物取引業法第41条の規定に基づく手付金等の保全措置（以下この問において「保全措置」という。）に関する次の記述のうち、正しいものはいくつあるか。

ア　Aが、Bから手付金600万円を受領する場合において、その手付金の保全措置を講じていないときは、Bは、この手付金の支払を拒否することができる。

イ　Aが、保全措置を講じて、Bから手付金300万円を受領した場合、Bから媒介を依頼されていた宅地建物取引業者Cは、Bから媒介報酬を受領するに当たり、Aと同様、あらかじめ保全措置を講じなければ媒介報酬を受領することができない。

ウ　Aは、Bから手付金150万円を保全措置を講じないで受領し、その後引渡し前に、中間金350万円を受領する場合は、すでに受領した手付金と中間金の合計額500万円について保全措置を講じなければならない。

エ　Aは、保全措置を講じないで、Bから手付金150万円を受領した場合、その後、建築工事が完了しBに引き渡す前に中間金150万円を受領するときは、建物についてBへの所有権移転の登記がなされるまで、保全措置を講じる必要がない。

1　一つ
2　二つ
3　三つ
4　四つ

問 44 宅地建物取引業者Aが、自ら売主として、宅地建物取引業者でないBと宅地の売買契約を締結した場合、宅地建物取引業法第37条の2の規定に基づくいわゆるクーリング・オフについてAがBに告げるときに交付すべき書面の内容に関する次の記述のうち、誤っているものはどれか。

1 Aについては、その商号又は名称及び住所並びに免許証番号、Bについては、その氏名（法人の場合、その商号又は名称）及び住所が記載されていなければならない。

2 Bは、クーリング・オフについて告げられた日から起算して8日を経過するまでの間は、代金の全部を支払った場合を除き、書面によりクーリング・オフによる契約の解除を行うことができることが記載されていなければならない。

3 クーリング・オフによる契約の解除は、Bが当該契約の解除を行う旨を記載した書面を発した時にその効力を生ずることが記載されていなければならない。

4 Bがクーリング・オフによる契約の解除を行った場合、Aは、それに伴う損害賠償又は違約金の支払をBに請求することができないこと、また、売買契約の締結に際し、手付金その他の金銭が支払われているときは、遅滞なくその全額をBに返還することが記載されていなければならない。

問 45 宅地建物取引業者Aが、自ら売主として、宅地建物取引業者でないBに新築住宅を販売する場合における次の記述のうち、特定住宅瑕疵担保責任の履行の確保等に関する法律の規定によれば、正しいものはどれか。

1 Aは、住宅販売瑕疵担保保証金を供託する場合、当該住宅の床面積が100m²以下であるときは、新築住宅の合計戸数の算定に当たって、2戸をもって1戸と数えることになる。

2 Aは、当該住宅をBに引き渡した日から3週間以内に、住宅販売瑕疵担保保証金の供託又は住宅販売瑕疵担保責任保険契約の締結の状況について、宅地建物取引業の免許を受けた国土交通大臣又は都道府県知事に届け出なければならない。

3 Aは、住宅販売瑕疵担保保証金の供託をする場合、Bに対し、当該住宅の売買契約を締結するまでに、供託所の所在地等について記載した書面を交付して（当該書面に記載すべき事項を電磁的方法により提供する場合を含む。）説明しなければならない。

4 Aは、住宅瑕疵担保責任保険法人と住宅販売瑕疵担保責任保険契約の締結をした場合、Bが住宅の引渡しを受けた時から10年以内に当該住宅を転売したときは、住宅瑕疵担保責任保険法人にその旨を申し出て、当該保険契約の解除をしなければならない。

問 46 独立行政法人住宅金融支援機構（以下この問において「機構」という。）に関する次の記述のうち、誤っているものはどれか。

1 機構は、子どもを育成する家庭又は高齢者の家庭に適した良好な居住性能及び居住環境を有する賃貸住宅の建設又は改良に必要な資金の貸付けを業務として行っている。

2 機構は、証券化支援事業（買取型）において、債務者又は債務者の親族が居住する住宅のみならず、賃貸住宅の建設又は購入に必要な資金の貸付けに係る金融機関の貸付債権についても譲受けの対象としている。

3 機構は、証券化支援事業（買取型）において、バリアフリー性、省エネルギー性、耐震性、耐久性・可変性に優れた住宅を取得する場合に、貸付金の利率を一定期間引き下げる制度を実施している。

4 機構は、マンション管理組合や区分所有者に対するマンション共用部分の改良に必要な資金の貸付けを業務として行っている。

宅地建物取引業者が行う広告に関する次の記述のうち、不当景品類及び不当表示防止法（不動産の表示に関する公正競争規約を含む。）の規定によれば、正しいものはどれか。

1 インターネット上に掲載した賃貸物件の広告について、掲載直前に契約済みとなったとしても、消費者からの問合せに対し既に契約済みであり取引できない旨を説明すれば、その時点で消費者の誤認は払拭されるため、不当表示に問われることはない。

2 宅地の造成及び建物の建築が禁止されており、宅地の造成及び建物の建築が可能となる予定がない市街化調整区域内の土地を販売する際の新聞折込広告においては、当該土地が市街化調整区域内に所在する旨を16ポイント以上の大きさの文字で表示すれば、宅地の造成や建物の建築ができない旨まで表示する必要はない。

3 半径300m以内に小学校及び市役所が所在している中古住宅の販売広告においては、当該住宅からの道路距離の表示を省略して、「小学校、市役所近し」と表示すればよい。

4 近くに新駅の設置が予定されている分譲住宅の販売広告を行うに当たり、当該鉄道事業者が新駅設置及びその予定時期を公表している場合、広告の中に新駅設置の予定時期を明示して表示してもよい。

参考
問 48 次の記述のうち、正しいものはどれか。

1 平成28年地価公示（平成28年3月公表）によれば、平成27年1月以降の1年間の地価は、全国平均では、住宅地はわずかに下落しているものの下落幅は縮小しており、全用途平均では昨年までの下落から上昇に転じた。

2 平成28年版土地白書（平成28年5月公表）によれば、平成26年の住宅地、工業用地等の宅地は、全国で約193万ヘクタールあり、近年、減少傾向にある。

3 建築着工統計（平成28年1月公表）によれば、分譲住宅の着工戸数は、消費税増税の影響を受け、マンション、一戸建住宅ともに平成26年から2年連続で前年に比べ減少している。

4 平成27年度国土交通白書（平成28年6月公表）によれば、平成27年3月末時点の宅地建物取引業者数は122,685業者となっており、前年3月末時点に比べ減少した。

問 49 土地に関する次の記述のうち、最も不適当なものはどれか。

1 豪雨による深層崩壊は、山体岩盤の深い所に亀裂が生じ、巨大な岩塊が滑落し、山間の集落などに甚大な被害を及ぼす。

2 花崗岩が風化してできた、まさ土地帯においては、近年発生した土石流災害によりその危険性が再認識された。

3 山麓や火山麓の地形の中で、土石流や土砂崩壊による堆積でできた地形は危険性が低く、住宅地として好適である。

4 丘陵地や台地の縁辺部の崖崩れについては、山腹で傾斜角が25度を超えると急激に崩壊地が増加する。

問 50 建築物の構造に関する次の記述のうち、最も不適当なものはどれか。

1 鉄骨造は、自重が大きく、靱性が小さいことから、大空間の建築や高層建築にはあまり使用されない。

2 鉄筋コンクリート造においては、骨組の形式はラーメン式の構造が一般に用いられる。

3 鉄骨鉄筋コンクリート造は、鉄筋コンクリート造にさらに強度と靱性を高めた構造である。

4 ブロック造を耐震的な構造にするためには、鉄筋コンクリートの布基礎及び臥梁により壁体の底部と頂部を固めることが必要である。

平成 27 年度
本試験問題

- 改題…法改正などにより修正を加えた問題です。
- 参考…どのような出題がされたかを確認するための参考問題です。出題当時のまま掲載していますので内容を覚える必要はありません。
- 建蔽率の表記について…平成 30 年 4 月 1 日施行の建築基準法改正により「建ぺい率」の表記が「建蔽率」に変更されました。そのため、過去問題の表記も「建蔽率」に修正していますが、この修正のみの場合は改題表記を行っていません。

解答解説

本冊 P 307〜P 344

平成 27 年度　試験解答用紙

解答欄

問題番号	解答番号			
問　1	①	②	③	④
問　2	①	②	③	④
問　3	①	②	③	④
問　4	①	②	③	④
問　5	①	②	③	④
問　6	①	②	③	④
問　7	①	②	③	④
問　8	①	②	③	④
問　9	①	②	③	④
問　10	①	②	③	④
問　11	①	②	③	④
問　12	①	②	③	④
問　13	①	②	③	④
問　14	①	②	③	④
問　15	①	②	③	④
問　16	①	②	③	④
問　17	①	②	③	④
問　18	①	②	③	④
問　19	①	②	③	④
問　20	①	②	③	④
問　21	①	②	③	④
問　22	①	②	③	④
問　23	①	②	③	④
問　24	①	②	③	④
問　25	①	②	③	④

問題番号	解答番号			
問　26	①	②	③	④
問　27	①	②	③	④
問　28	①	②	③	④
問　29	①	②	③	④
問　30	①	②	③	④
問　31	①	②	③	④
問　32	①	②	③	④
問　33	①	②	③	④
問　34	①	②	③	④
問　35	①	②	③	④
問　36	①	②	③	④
問　37	①	②	③	④
問　38	①	②	③	④
問　39	①	②	③	④
問　40	①	②	③	④
問　41	①	②	③	④
問　42	①	②	③	④
問　43	①	②	③	④
問　44	①	②	③	④
問　45	①	②	③	④
問　46	①	②	③	④
問　47	①	②	③	④
問　48	①	②	③	④
問　49	①	②	③	④
問　50	①	②	③	④

切取線

問　1　次の記述のうち、令和6年4月1日現在施行されている民法の条文に規定されているものはどれか。

1　工事の設計、施工又は監理を業とする者の工事に関する債権は、工事が終了した時から3年間行使しないときは、時効によって消滅する旨
2　主たる債務の目的又は態様が保証契約の締結後に加重されたときは、保証人の負担も加重される旨
3　併存的債務引受は、債権者、債務者及び引受人となる者の三面契約によってすることができる旨
4　債務の不履行又はこれによる損害の発生若しくは拡大に関して債権者に過失があったときは、裁判所は、これを考慮して、損害賠償の責任及びその額を定める旨

問　2　Aは、その所有する甲土地を譲渡する意思がないのに、Bと通謀して、Aを売主、Bを買主とする甲土地の仮装の売買契約を締結した。この場合に関する次の記述のうち、民法の規定及び判例によれば、誤っているものはどれか。なお、この問において「善意」又は「悪意」とは、虚偽表示の事実についての善意又は悪意とする。

1　善意のCがBから甲土地を買い受けた場合、Cがいまだ登記を備えていなくても、AはAB間の売買契約の無効をCに主張することができない。
2　善意のCが、Bとの間で、Bが甲土地上に建てた乙建物の賃貸借契約（貸主B、借主C）を締結した場合、AはAB間の売買契約の無効をCに主張することができない。
3　Bの債権者である善意のCが、甲土地を差し押さえた場合、AはAB間の売買契約の無効をCに主張することができない。
4　甲土地がBから悪意のCへ、Cから善意のDへと譲渡された場合、AはAB間の売買契約の無効をDに主張することができない。

問 3 ＡＢ間で、Ａを貸主、Ｂを借主として、Ａ所有の甲建物につき、①賃貸借契約を締結した場合と、②使用貸借契約を締結した場合に関する次の記述のうち、民法の規定によれば、誤っているものはどれか。

1 Ｂが死亡した場合、①では契約は終了しないが、②では契約が終了する。

2 Ｂは、①では、甲建物のＡの負担に属する必要費を支出したときは、Ａに対しその償還を請求することができるが、②では、甲建物の通常の必要費を負担しなければならない。

3 ＡＢ間の契約は、①でも②でも諾成契約である。

4 ＡはＢに対して、甲建物の契約不適合について、①では担保責任を負う場合があるが、②では担保責任を負わない。

問 4 Ａ所有の甲土地を占有しているＢによる権利の時効取得に関する次の記述のうち、民法の規定及び判例によれば、正しいものはどれか。

1 Ｂが父から甲土地についての賃借権を相続により承継して賃料を払い続けている場合であっても、相続から20年間甲土地を占有したときは、Ｂは、時効によって甲土地の所有権を取得することができる。

2 Ｂの父が11年間所有の意思をもって平穏かつ公然に甲土地を占有した後、Ｂが相続によりその占有を承継し、引き続き9年間所有の意思をもって平穏かつ公然に占有していても、Ｂは、時効によって甲土地の所有権を取得することはできない。

3 Ａから甲土地を買い受けたＣが所有権の移転登記を備えた後に、Ｂについて甲土地所有権の取得時効が完成した場合、Ｂは、Ｃに対し、登記がなくても甲土地の所有者であることを主張することができる。

4 甲土地が農地である場合、ＢがＡと甲土地につき賃貸借契約を締結して20年以上にわたって賃料を支払って継続的に耕作していても、農地法の許可がなければ、Ｂは、時効によって甲土地の賃借権を取得することはできない。

問 5 占有に関する次の記述のうち、民法の規定及び判例によれば、正しいものはどれか。

1 甲建物の所有者Aが、甲建物の隣家に居住し、甲建物の裏口を常に監視して第三者の侵入を制止していたとしても、甲建物に錠をかけてその鍵を所持しない限り、Aが甲建物を占有しているとはいえない。

2 乙土地の所有者の相続人Bが、乙土地上の建物に居住しているCに対して乙土地の明渡しを求めた場合、Cは、占有者が占有物について行使する権利は適法であるとの推定規定を根拠として、明渡しを拒否することができる。

3 丙土地の占有を代理しているDは、丙土地の占有が第三者に妨害された場合には、第三者に対して占有保持の訴えを提起することができる。

4 占有回収の訴えは、占有を侵奪した者及びその特定承継人に対して当然に提起することができる。

問 6 抵当権に関する次の記述のうち、民法の規定及び判例によれば、誤っているものはどれか。

1 賃借地上の建物が抵当権の目的となっているときは、一定の場合を除き、敷地の賃借権にも抵当権の効力が及ぶ。

2 抵当不動産の被担保債権の主債務者は、抵当権消滅請求をすることはできないが、その債務について連帯保証をした者は、抵当権消滅請求をすることができる。

3 抵当不動産を買い受けた第三者が、抵当権者の請求に応じてその代価を抵当権者に弁済したときは、抵当権はその第三者のために消滅する。

4 土地に抵当権が設定された後に抵当地に建物が築造されたときは、一定の場合を除き、抵当権者は土地とともに建物を競売することができるが、その優先権は土地の代価についてのみ行使することができる。

問 7 債務者Aが所有する甲土地には、債権者Bが一番抵当権（債権額 2,000万円）、債権者Cが二番抵当権（債権額 2,400万円）、債権者Dが三番抵当権（債権額 4,000万円）をそれぞれ有しており、Aにはその他に担保権を有しない債権者E（債権額 2,000万円）がいる。甲土地の競売に基づく売却代金 5,400万円を配当する場合に関する次の記述のうち、民法の規定によれば、誤っているものはどれか。

1 BがEの利益のため、抵当権を譲渡した場合、Bの受ける配当は0円である。

2 BがDの利益のため、抵当権の順位を譲渡した場合、Bの受ける配当は 800万円である。

3 BがEの利益のため、抵当権を放棄した場合、Bの受ける配当は 1,000万円である。

4 BがDの利益のため、抵当権の順位を放棄した場合、Bの受ける配当は 1,000万円である。

問 8 同時履行の抗弁権に関する次の記述のうち、民法の規定及び判例によれば、正しいものはいくつあるか。

ア マンションの賃貸借契約終了に伴う賃貸人の敷金返還債務と、賃借人の明渡債務は、特別の約定のない限り、同時履行の関係に立つ。

イ マンションの売買契約がマンション引渡し後に債務不履行を理由に解除された場合、契約は遡及的に消滅するため、売主の代金返還債務と、買主の目的物返還債務は、同時履行の関係に立たない。

ウ マンションの売買契約に基づく買主の売買代金支払債務と、売主の所有権移転登記に協力する債務は、特別の事情のない限り、同時履行の関係に立つ。

1 一つ

2 二つ

3 三つ

4 なし

問 9 土地の転貸借に関する次の1から4までの記述のうち、民法の規定、判例及び下記判決文によれば、誤っているものはどれか。

（判決文）

　土地の賃借人が賃貸人の承諾を得ることなく右土地を他に転貸しても、転貸について賃貸人に対する背信行為と認めるに足りない特段の事情があるため賃貸人が民法第612条第2項により賃貸借を解除することができない場合において、賃貸人が賃借人（転貸人）と賃貸借を合意解除しても、これが賃借人の賃料不払等の債務不履行があるため賃貸人において法定解除権の行使ができるときにされたものである等の事情のない限り、賃貸人は、転借人に対して右合意解除の効果を対抗することができず、したがって、転借人に対して賃貸土地の明渡を請求することはできないものと解するのが相当である。

1　土地の賃借人が無断転貸した場合において賃貸人に対する背信行為と認めるに足りない特段の事情があるため賃貸人が無断転貸を理由に賃貸借契約を解除できないときであっても、賃貸借契約を合意解除したときは、賃貸人は転借人に対して賃貸土地の明渡しを請求することができる。
2　土地の賃貸人が転貸借について承諾を与えた場合には、賃貸人は、無断転貸を理由としては賃貸借契約を解除することはできないが、賃借人と賃貸借契約を合意解除することは可能である。
3　土地の賃借人が無断転貸した場合、賃貸人は、賃貸借契約を民法第612条第2項により解除できる場合とできない場合があり、土地の賃借人が賃料を支払わない場合にも、賃貸人において法定解除権を行使できる場合とできない場合がある。
4　土地の賃借人が無断転貸した場合、転借人は、賃貸人と賃借人との間で賃貸借契約が合意解除されたとしても、賃貸人からの賃貸土地の明渡し請求を拒絶することができる場合がある。

改題

問 10 遺言及び遺留分に関する次の記述のうち、民法の規定及び判例によれば、正しいものはどれか。

1 自筆証書の内容を遺言者が一部削除する場合、遺言者が変更する箇所に二重線を引いて、その箇所に押印するだけで、一部削除の効力が生ずる。

2 自筆証書による遺言をする場合、遺言書の本文の自署名下に押印がなければ、自署と離れた箇所に押印があっても、押印の要件として有効となることはない。

3 遺言執行者が管理する相続財産を相続人が無断で処分した場合、当該処分行為は、無効となり、その無効を善意の第三者にも対抗することができる。

4 被相続人がした不動産の贈与が遺留分を侵害する場合、遺留分権利者は、遺留分侵害額に相当する金銭の支払を請求することができる。

問 11 AがBとの間で、A所有の甲建物について、期間3年、賃料月額10万円と定めた賃貸借契約を締結した場合に関する次の記述のうち、民法及び借地借家法の規定並びに判例によれば、正しいものはどれか。

1 AがBに対し、賃貸借契約の期間満了の6か月前までに更新しない旨の通知をしなかったときは、AとBは、期間3年、賃料月額10万円の条件で賃貸借契約を更新したものとみなされる。

2 賃貸借契約を期間を定めずに合意により更新した後に、AがBに書面で解約の申入れをした場合は、申入れの日から3か月後に賃貸借契約は終了する。

3 Cが、AB間の賃貸借契約締結前に、Aと甲建物の賃貸借契約を締結していた場合、AがBに甲建物を引き渡しても、Cは、甲建物の賃借権をBに対抗することができる。

4 AB間の賃貸借契約がBの賃料不払を理由として解除された場合、BはAに対して、Aの同意を得てBが建物に付加した造作の買取りを請求することはできない。

問 12　賃貸人と賃借人との間で、建物につき、期間5年として借地借家法第38条に定める定期借家契約（以下「定期借家契約」という。）を締結する場合と、期間5年として定期借家契約ではない借家契約（以下「普通借家契約」という。）を締結する場合に関する次の記述のうち、民法及び借地借家法の規定によれば、正しいものはどれか。なお、借地借家法第40条に定める一時使用目的の賃貸借契約は考慮しないものとする。

1　賃借権の登記をしない限り賃借人は賃借権を第三者に対抗することができない旨の特約を定めた場合、定期借家契約においても、普通借家契約においても、当該特約は無効である。

2　賃貸借契約開始から3年間は賃料を増額しない旨の特約を定めた場合、定期借家契約においても、普通借家契約においても、当該特約は無効である。

3　期間満了により賃貸借契約が終了する際に賃借人は造作買取請求をすることができない旨の規定は、定期借家契約では有効であるが、普通借家契約では無効である。

4　賃貸人も賃借人も契約期間中の中途解約をすることができない旨の規定は、定期借家契約では有効であるが、普通借家契約では無効である。

改題
問 13　建物の区分所有等に関する法律に関する次の記述のうち、正しいものはどれか。

1　管理者が選任されていない場合、集会においては、規約に別段の定めがある場合及び別段の決議をした場合を除いて、集会を招集した区分所有者の1人が議長となる。

2　集会の招集の通知は、会日より少なくとも2週間前に発しなければならないが、この期間は規約で伸縮することができる。

3　集会の議事録が書面で作成されているときは、議長及び集会に出席した区分所有者の1人がこれに署名しなければならない。

4　区分所有者は、規約に別段の定めがない限り集会の決議によって、管理者を選任することができる。この場合、任期は2年以内としなければならない。

問 14 不動産の登記に関する次の記述のうち、不動産登記法の規定によれば、誤っているものはどれか。

1 　登記事項証明書の交付の請求は、利害関係を有することを明らかにすることなく、することができる。

2 　登記を申請した者以外の者は、正当な理由がある場合において、正当な理由があると認められる部分に限り、土地所在図、地積測量図、地役権図面、建物図面及び各階平面図を除く登記簿の附属書類の閲覧の請求することができる。

3 　登記事項証明書の交付の請求は、請求情報を電子情報処理組織を使用して登記所に提供する方法によりすることができる。

4 　筆界特定書の写しの交付の請求は、請求人が利害関係を有する部分に限り、することができる。

問 15 都市計画法に関する次の記述のうち、正しいものはどれか。なお、この問において「都道府県知事」とは、地方自治法に基づく指定都市、中核市及び施行時特例市にあってはその長をいうものとする。

1 　市街化区域内において開発許可を受けた者が、開発区域の規模を $100\,\text{m}^2$ に縮小しようとする場合においては、都道府県知事の許可を受けなければならない。

2 　開発許可を受けた開発区域内の土地において、当該開発許可に係る予定建築物を建築しようとする者は、当該建築行為に着手する日の30日前までに、一定の事項を都道府県知事に届け出なければならない。

3 　開発許可を受けた開発区域内において、開発行為に関する工事の完了の公告があるまでの間に、当該開発区域内に土地所有権を有する者のうち、当該開発行為に関して同意をしていない者がその権利の行使として建築物を建築する場合については、都道府県知事が支障がないと認めたときでなければ、当該建築物を建築することはできない。

4 　何人も、市街化調整区域のうち開発許可を受けた開発区域以外の区域内において、都道府県知事の許可を受けることなく、仮設建築物を新築することができる。

問 16 都市計画法に関する次の記述のうち、正しいものはどれか。

1　第二種住居地域における地区計画については、一定の条件に該当する場合、開発整備促進区を都市計画に定めることができる。

2　準都市計画区域について無秩序な市街化を防止し、計画的な市街化を図るため必要があるときは、都市計画に、区域区分を定めることができる。

3　工業専用地域は、工業の利便を増進するため定める地域であり、風致地区に隣接してはならない。

4　市町村が定めた都市計画が、都道府県が定めた都市計画と抵触するときは、その限りにおいて、市町村が定めた都市計画が優先する。

問 17 建築基準法に関する次の記述のうち、誤っているものはどれか。

1　防火地域及び準防火地域外において建築物を改築する場合で、その改築に係る部分の床面積の合計が $10m^2$ 以内であるときは、建築確認は不要である。

2　都市計画区域外において高さ $12m$、階数が 3 階の木造建築物を新築する場合、建築確認が必要である。

3　事務所の用途に供する建築物をホテル（その用途に供する部分の床面積の合計が $500m^2$）に用途変更する場合、建築確認は不要である。

4　映画館の用途に供する建築物で、その用途に供する部分の床面積の合計が $300m^2$ であるものの改築をしようとする場合、建築確認が必要である。

問 18　建築基準法に関する次の記述のうち、誤っているものはどれか。

1　建築物の容積率の算定の基礎となる延べ面積には、エレベーターの昇降路の部分又は共同住宅の共用の廊下若しくは階段の用に供する部分の床面積は、一定の場合を除き、算入しない。

2　建築物の敷地が建蔽率に関する制限を受ける地域又は区域の2以上にわたる場合においては、当該建築物の建蔽率は、当該各地域又は区域内の建築物の建蔽率の限度の合計の2分の1以下でなければならない。

3　地盤面下に設ける建築物については、道路内に建築することができる。

4　建築協定の目的となっている建築物に関する基準が建築物の借主の権限に係る場合においては、その建築協定については、当該建築物の借主は、土地の所有者等とみなす。

改題

問 19　宅地造成及び特定盛土等規制法に関する次の記述のうち、誤っているものはどれか。なお、この問において「都道府県知事」とは、地方自治法に基づく指定都市、中核市及び施行時特例市にあってはその長をいうものとする。

1　都道府県知事は、宅地造成等工事規制区域内の土地（公共施設用地を除く。）について、宅地造成等に伴う災害の防止のため必要があると認める場合においては、その土地の所有者に対して、擁壁等の設置等の措置をとることを勧告することができる。

2　宅地造成等工事規制区域の指定の際に、当該宅地造成等工事規制区域内において宅地造成等に関する工事を行っている者は、当該工事について改めて都道府県知事の許可を受けなければならない。

3　宅地造成等に関する工事の許可を受けた者が、工事施行者の氏名若しくは名称又は住所を変更する場合には、遅滞なくその旨を都道府県知事に届け出ればよく、改めて許可を受ける必要はない。

4　宅地造成等工事規制区域内において、宅地以外の土地を宅地にするために切土をする土地の面積が500㎡であって盛土が生じない場合、切土をした部分に生じる崖の高さが1.5 mであれば、都道府県知事の許可は必要ない。

土地区画整理法に関する次の記述のうち、誤っているものはどれか。

1 　仮換地の指定は、その仮換地となるべき土地の所有者及び従前の宅地の所有者に対し、仮換地の位置及び地積並びに仮換地の指定の効力発生の日を通知してする。

2 　施行地区内の宅地について存する地役権は、土地区画整理事業の施行により行使する利益がなくなった場合を除き、換地処分があった旨の公告があった日の翌日以後においても、なお従前の宅地の上に存する。

3 　換地計画において定められた保留地は、換地処分があった旨の公告があった日の翌日において、施行者が取得する。

4 　土地区画整理事業の施行により生じた公共施設の用に供する土地は、換地処分があった旨の公告があった日の翌日において、すべて市町村に帰属する。

問 21 　国土利用計画法第23条の事後届出（以下この問において「事後届出」という。）に関する次の記述のうち、正しいものはどれか。

1 　都市計画区域外においてAが所有する面積 12,000 m² の土地について、Aの死亡により当該土地を相続したBは、事後届出を行う必要はない。

2 　市街化区域においてAが所有する面積 3,000 m² の土地について、Bが購入した場合、A及びBは事後届出を行わなければならない。

3 　市街化調整区域に所在する農地法第3条第1項の許可を受けた面積 6,000 m² の農地を購入したAは、事後届出を行わなければならない。

4 　市街化区域に所在する一団の土地である甲土地（面積 1,500 m²）と乙土地（面積 1,500 m²）について、甲土地については売買によって所有権を取得し、乙土地については対価の授受を伴わず賃借権の設定を受けたAは、事後届出を行わなければならない。

農地に関する次の記述のうち、農地法（以下この問において「法」という。）の規定によれば、正しいものはどれか。

1 市街化区域内の農地を耕作目的で取得する場合には、あらかじめ農業委員会に届け出れば、法第3条第1項の許可を受ける必要はない。
2 農業者が自己所有の市街化区域外の農地に賃貸住宅を建設するため転用する場合は、法第4条第1項の許可を受ける必要はない。
3 農業者が自己所有の市街化区域外の農地に自己の居住用の住宅を建設するため転用する場合は、法第4条第1項の許可を受ける必要はない。
4 農業者が住宅の改築に必要な資金を銀行から借りるため、市街化区域外の農地に抵当権の設定が行われ、その後、返済が滞ったため当該抵当権に基づき競売が行われ第三者が当該農地を取得する場合であっても、法第3条第1項又は法第5条第1項の許可を受ける必要がある。

問 23 「直系尊属から住宅取得等資金の贈与を受けた場合の贈与税の非課税」に関する次の記述のうち、正しいものはどれか。

1 直系尊属から住宅用の家屋の贈与を受けた場合でも、この特例の適用を受けることができる。
2 日本国外に住宅用の家屋を新築した場合でも、この特例の適用を受けることができる。
3 贈与者が住宅取得等資金の贈与をした年の1月1日において60歳未満の場合でも、この特例の適用を受けることができる。
4 受贈者について、住宅取得等資金の贈与を受けた年の所得税法に定める合計所得金額が2,000万円を超える場合でも、この特例の適用を受けることができる。

問 24 固定資産税に関する次の記述のうち、正しいものはどれか。

1　令和 6 年 1 月 15 日に新築された家屋に対する令和 6 年度分の固定資産税
　は、新築住宅に係る特例措置により税額の 2 分の 1 が減額される。

2　固定資産税の税率は、1.7％を超えることができない。

3　区分所有家屋の土地に対して課される固定資産税は、各区分所有者が連帯
　して納税義務を負う。

4　市町村は、財政上その他特別の必要がある場合を除き、当該市町村の区域
　内において同一の者が所有する土地に係る固定資産税の課税標準額が 30 万
　円未満の場合には課税できない。

問 25 地価公示法に関する次の記述のうち、誤っているものはどれか。

1　都市計画区域外の区域を公示区域とすることはできない。

2　正常な価格とは、土地について、自由な取引が行われるとした場合におけ
　るその取引において通常成立すると認められる価格をいい、この「取引」に
　は住宅地とするための森林の取引も含まれる。

3　土地鑑定委員会が標準地の単位面積当たりの正常な価格を判定する際は、
　二人以上の不動産鑑定士の鑑定評価を求めなければならない。

4　土地鑑定委員会が標準地の単位面積当たりの正常な価格を判定したとき
　は、標準地の形状についても公示しなければならない。

問 26 次の記述のうち、宅地建物取引業法（以下この問において「法」という。）の規定によれば、正しいものはいくつあるか。

ア 都市計画法に規定する工業専用地域内の土地で、建築資材置き場の用に供されているものは、法第2条第1号に規定する宅地に該当する。

イ 社会福祉法人が、高齢者の居住の安定確保に関する法律に規定するサービス付き高齢者向け住宅の貸借の媒介を反復継続して営む場合は、宅地建物取引業の免許を必要としない。

ウ 都市計画法に規定する用途地域外の土地で、倉庫の用に供されているものは、法第2条第1号に規定する宅地に該当しない。

エ 賃貸住宅の管理業者が、貸主から管理業務とあわせて入居者募集の依頼を受けて、貸借の媒介を反復継続して営む場合は、宅地建物取引業の免許を必要としない。

1 一つ
2 二つ
3 三つ
4 四つ

問 27 宅地建物取引業の免許（以下この問において「免許」という。）に関する次の記述のうち、宅地建物取引業法の規定によれば、誤っているものはどれか。

1 A社は、不正の手段により免許を取得したことによる免許の取消処分に係る聴聞の期日及び場所が公示された日から当該処分がなされるまでの間に、合併により消滅したが、合併に相当の理由がなかった。この場合においては、当該公示の日の50日前にA社の取締役を退任したBは、当該消滅の日から5年を経過しなければ、免許を受けることができない。

2 C社の政令で定める使用人Dは、刑法第234条（威力業務妨害）の罪により、懲役1年、執行猶予2年の刑に処せられた後、C社を退任し、新たにE社の政令で定める使用人に就任した。この場合においてE社が免許を申請しても、Dの執行猶予期間が満了していなければ、E社は免許を受けることができない。

3 営業に関し成年者と同一の行為能力を有しない未成年者であるFの法定代理人であるGが、刑法第247条（背任）の罪により罰金の刑に処せられていた場合、その刑の執行が終わった日から5年を経過していなければ、Fは免許を受けることができない。

4 H社の取締役Iが、暴力団員による不当な行為の防止等に関する法律に規定する暴力団員に該当することが判明し、宅地建物取引業法第66条第1項第3号の規定に該当することにより、H社の免許は取り消された。その後、Iは退任したが、当該取消しの日から5年を経過しなければ、H社は免許を受けることができない。

改題

問 28 宅地建物取引業者Aが行う業務に関する次の記述のうち、宅地建物取引業法（以下この問において「法」という。）の規定によれば、正しいものはいくつあるか。なお、書面の交付に代えて電磁的方法により提供する場合については考慮しないものとする。

ア Aは、Bが所有する甲宅地の売却に係る媒介の依頼を受け、Bと専任媒介契約を締結した。このとき、Aは、法第34条の2第1項に規定する書面に記名押印し、Bに交付のうえ、宅地建物取引士をしてその内容を説明させなければならない。

イ Aは、Cが所有する乙アパートの売却に係る媒介の依頼を受け、Cと専任媒介契約を締結した。このとき、Aは、乙アパートの所在、規模、形質、売買すべき価額、依頼者の氏名、都市計画法その他の法令に基づく制限で主要なものを指定流通機構に登録しなければならない。

ウ Aは、Dが所有する丙宅地の貸借に係る媒介の依頼を受け、Dと専任媒介契約を締結した。このとき、Aは、Dに法第34条の2第1項に規定する書面を交付しなければならない。

1 一つ
2 二つ
3 三つ
4 なし

問 29 宅地建物取引業者が行う宅地建物取引業法第35条に規定する重要事項の説明及び書面の交付に関する次の記述のうち、正しいものはどれか。なお、説明の相手方は宅地建物取引業者ではないものとする。

1 宅地建物取引業者ではない売主に対しては、買主に対してと同様に、宅地建物取引士をして、契約締結時までに重要事項を記載した書面を交付して、その説明をさせなければならない。

2 重要事項の説明及び書面の交付は、取引の相手方の自宅又は勤務する場所等、宅地建物取引業者の事務所以外の場所において行うことができる。

3 宅地建物取引業者が代理人として売買契約を締結し、建物の購入を行う場合は、代理を依頼した者に対して重要事項の説明をする必要はない。

4 重要事項の説明を行う宅地建物取引士は専任の宅地建物取引士でなくてもよいが、書面に記名する宅地建物取引士は専任の宅地建物取引士でなければならない。

問 30 宅地建物取引業者Aは、Bが所有する宅地の売却を依頼され、専任媒介契約を締結した。この場合における次の記述のうち、宅地建物取引業法の規定に違反するものはいくつあるか。なお、書面の交付に代えて電磁的方法により提供する場合については考慮しないものとする。

ア Aは、Bが宅地建物取引業者であったので、宅地建物取引業法第34条の2第1項に規定する書面を作成しなかった。

イ Aは、Bの要望により、指定流通機構に当該宅地を登録しない旨の特約をし、指定流通機構に登録しなかった。

ウ Aは、短期間で売買契約を成立させることができると判断したので指定流通機構に登録せず、専任媒介契約締結の日の9日後に当該売買契約を成立させた。

エ Aは、当該契約に係る業務の処理状況の報告日を毎週金曜日とする旨の特約をした。

1 一つ

2 二つ

3 三つ

4 四つ

問 31 宅地建物取引業者が、宅地建物取引業法第35条に規定する重要事項の説明を行う場合における次の記述のうち、宅地建物取引業法の規定に違反するものはいくつあるか。なお、説明の相手方は宅地建物取引業者ではないものとする。

ア 宅地の貸借の媒介の場合、当該宅地が都市計画法の第一種低層住居専用地域内にあり、建築基準法第56条第1項第1号に基づく道路斜線制限があるときに、その概要を説明しなかった。

イ 建物の貸借の媒介の場合、当該建物が新住宅市街地開発事業により造成された宅地上にあり、新住宅市街地開発法第32条第1項に基づく建物の使用及び収益を目的とする権利の設定又は移転について都道府県知事の承認を要する旨の制限があるときに、その概要を説明しなかった。

ウ 建物の貸借の媒介の場合、当該建物が都市計画法の準防火地域内にあり、建築基準法第62条第1項に基づく建物の構造に係る制限があるときに、その概要を説明しなかった。

1 一つ
2 二つ
3 三つ
4 なし

問 32 宅地建物取引業者が行う宅地建物取引業法第35条に規定する重要事項の説明に関する次の記述のうち、正しいものはどれか。なお、説明の相手方は宅地建物取引業者ではないものとする。

1 建物の売買の媒介に関し、受領しようとする預り金について保全措置を講ずる場合において、預り金の額が売買代金の額の100分の10以下であるときは、その措置の概要を説明する必要はない。

2 宅地の貸借の媒介を行う場合、当該宅地について借地借家法第22条に規定する定期借地権を設定しようとするときは、その旨を説明しなければならない。

3 建物の貸借の媒介を行う場合、消費生活用製品安全法に規定する特定保守製品の保守点検に関する事項を説明しなければならない。

4 建物の貸借の媒介を行う場合、契約の期間については説明する必要があるが、契約の更新については、宅地建物取引業法第37条の規定により交付すべき書面への記載事項であり、説明する必要はない。

問 33 宅地建物取引業者A及びB（ともに消費税課税事業者）が受領した報酬に関する次の記述のうち、宅地建物取引業法の規定に違反するものの組合せはどれか。なお、この問において「消費税等相当額」とは、消費税額及び地方消費税額に相当する金額をいうものとする。

ア　土地付新築住宅（代金3,000万円。消費税等相当額を含まない。）の売買について、Aは売主から代理を、Bは買主から媒介を依頼され、Aは売主から211万2,000円を、Bは買主から105万6,000円を報酬として受領した。

イ　Aは、店舗用建物について、貸主と借主双方から媒介を依頼され、借賃1か月分20万円（消費税等相当額を含まない。）、権利金500万円（権利設定の対価として支払われる金銭であって返還されないもので、消費税等相当額を含まない。）の賃貸借契約を成立させ、貸主と借主からそれぞれ23万円を報酬として受領した。

ウ　居住用建物（借賃1か月分10万円）について、Aは貸主から媒介を依頼され、Bは借主から媒介を依頼され、Aは貸主から8万円、Bは借主から5万5,000円を報酬として受領した。なお、Aは、媒介の依頼を受けるに当たって、報酬が借賃の0.55か月分を超えることについて貸主から承諾を得ていた。

1　ア、イ
2　イ、ウ
3　ア、ウ
4　ア、イ、ウ

問 34 宅地建物取引業者Aが、自ら売主として、宅地建物取引業者でないBとの間で建物の売買契約を締結する場合における次の記述のうち、民法及び宅地建物取引業法の規定によれば、正しいものはどれか。

1　Cが建物の所有権を有している場合、AはBとの間で当該建物の売買契約を締結してはならない。ただし、AがCとの間で、すでに当該建物を取得する契約（当該建物を取得する契約の効力の発生に一定の条件が付されている。）を締結している場合は、この限りではない。

2　Aは、Bとの間における建物の売買契約において、「宅地が種類又は品質に関して契約の内容に適合しない場合におけるその不適合を担保すべき責任の通知期間は、建物の引渡しの日から1年間とする」旨の特約を付した。こ

の場合、当該特約は無効となり、当該責任の通知期間は、当該建物の引渡しの日から2年間となる。

3　Aは、Bから喫茶店で建物の買受けの申込みを受け、翌日、同じ喫茶店で当該建物の売買契約を締結した際に、その場で契約代金の2割を受領するとともに、残代金は5日後に決済することとした。契約を締結した日の翌日、AはBに当該建物を引き渡したが、引渡日から3日後にBから宅地建物取引業法第37条の2の規定に基づくクーリング・オフによる契約の解除が書面によって通知された。この場合、Aは、契約の解除を拒むことができない。

4　AB間の建物の売買契約における「宅地建物取引業法第37条の2の規定に基づくクーリング・オフによる契約の解除の際に、AからBに対して損害賠償を請求することができる」旨の特約は有効である。

問 35　宅地建物取引業法の規定に関する次の記述のうち、正しいものはどれか。

1　「宅地建物取引業者は、取引の関係者に対し、信義を旨とし、誠実にその業務を行わなければならない」との規定があるが、宅地建物取引士については、規定はないものの、公正かつ誠実に宅地建物取引業法に定める事務を行うとともに、宅地建物取引業に関連する業務に従事する者との連携に努めなければならないものと解されている。

2　「宅地建物取引士は、宅地建物取引業の業務に従事するときは、宅地建物取引士の信用又は品位を害するような行為をしてはならない」との規定がある。

3　「宅地建物取引士は、宅地建物取引業を営む事務所において、専ら宅地建物取引業に従事し、これに専念しなければならない」との規定がある。

4　「宅地建物取引業者は、その従業者に対し、その業務を適正に実施させるため、必要な教育を行うよう努めなければならない」との規定があり、「宅地建物取引士は、宅地又は建物の取引に係る事務に必要な知識及び能力の維持向上に努めなければならない」との規定がある。

宅地建物取引業者Aが、自ら売主として、宅地建物取引業者でない
Bとの間で建物（代金2,400万円）の売買契約を締結する場合における次の記
述のうち、宅地建物取引業法の規定によれば、正しいものはいくつあるか。

ア　Aは、Bとの間における建物の売買契約において、当事者の債務の不履行
　　を理由とする契約の解除に伴う損害賠償の予定額を480万円とし、かつ、
　　違約金の額を240万円とする特約を定めた。この場合、当該特約は全体と
　　して無効となる。

イ　Aは、Bとの間における建物の売買契約の締結の際、原則として480万
　　円を超える手付金を受領することができない。ただし、あらかじめBの承諾
　　を得た場合に限り、720万円を限度として、480万円を超える手付金を受領
　　することができる。

ウ　AがBとの間で締結する売買契約の目的物たる建物が未完成であり、Aか
　　らBに所有権の移転登記がなされていない場合において、手付金の額が120
　　万円以下であるときは、Aは手付金の保全措置を講じることなく手付金を受
　　領することができる。

1　一つ

2　二つ

3　三つ

4　なし

問 37　次の記述のうち、宅地建物取引業法の規定によれば、正しいものは
どれか。なお、この問において「建築確認」とは、建築基準法第6条第1項の
確認をいうものとする。

1　宅地建物取引業者は、建築確認が必要とされる建物の建築に関する工事の
　　完了前においては、建築確認を受けた後でなければ、当該建物の貸借の媒介
　　をしてはならない。

2　宅地建物取引業者は、建築確認が必要とされる建物の建築に関する工事の
　　完了前において、建築確認の申請中である場合は、その旨を表示すれば、自
　　ら売主として当該建物を販売する旨の広告をすることができる。

3　宅地建物取引業者は、建築確認が必要とされる建物の建築に関する工事の
　　完了前においては、建築確認を受けた後でなければ、当該建物の貸借の代理

を行う旨の広告をしてはならない。

4 　宅地建物取引業者は、建築確認が必要とされる建物の建築に関する工事の完了前において、建築確認の申請中である場合は、建築確認を受けることを停止条件とする特約を付ければ、自ら売主として当該建物の売買契約を締結することができる。

問 38　宅地建物取引業者Ａが宅地建物取引業法第37条の規定により交付すべき書面（以下この問において「37条書面」という。）に関する次の記述のうち、宅地建物取引業法の規定によれば、正しいものはいくつあるか。なお、37条書面の交付に代えて電磁的方法により提供する場合については考慮しないものとする。

ア　Ａが売主を代理して中古マンションの売買契約を締結した場合において、当該マンションが種類又は品質に関して契約の内容に適合しない場合におけるその不適合を担保すべき責任の履行に関して講ずべき保証保険契約の締結その他の措置についての定めがあるときは、Ａは、その内容を37条書面に記載しなければならず、当該書面を、売主及び買主に交付しなければならない。

イ　Ａが媒介により中古戸建住宅の売買契約を締結させた場合、Ａは、引渡しの時期又は移転登記の申請の時期のいずれかを37条書面に記載しなければならず、売主及び買主が宅地建物取引業者であっても、当該書面を交付しなければならない。

ウ　Ａが自ら貸主として宅地の定期賃貸借契約を締結した場合において、借賃の支払方法についての定めがあるときは、Ａは、その内容を37条書面に記載しなければならず、借主が宅地建物取引業者であっても、当該書面を交付しなければならない。

エ　Ａが自ら買主として宅地の売買契約を締結した場合において、当該宅地に係る租税その他の公課の負担に関する定めがあるときは、Ａは、その内容を37条書面に記載しなければならず、売主が宅地建物取引業者であっても、当該書面を交付しなければならない。

1 　一つ
2 　二つ
3 　三つ
4 　四つ

問 39 宅地建物取引業者Aが自ら売主となる売買契約に関する次の記述のうち、宅地建物取引業法（以下この問において「法」という。）の規定によれば、正しいものはどれか。

1 宅地建物取引業者でない買主Bが、法第37条の2の規定に基づくクーリング・オフについてAより書面で告げられた日から7日目にクーリング・オフによる契約の解除の書面を発送し、9日目にAに到着した場合は、クーリング・オフによる契約の解除をすることができない。

2 宅地建物取引業者でない買主Cとの間で土地付建物の売買契約を締結するに当たって、Cが建物を短期間使用後取り壊す予定である場合には、建物が種類又は品質に関して契約の内容に適合しない場合におけるその不適合を担保すべき責任を負わない旨の特約を定めることができる。

3 宅地建物取引業者Dとの間で締結した建築工事完了前の建物の売買契約において、当事者の債務の不履行を理由とする契約の解除に伴う損害賠償の予定額を代金の額の30%と定めることができる。

4 宅地建物取引業者でない買主Eとの間で締結した宅地の売買契約において、当該宅地の引渡しを当該売買契約締結の日の1月後とし、当該宅地が種類又は品質に関して契約の内容に適合しない場合におけるその不適合を担保すべき責任の通知期間について、当該売買契約を締結した日から2年間とする特約を定めることができる。

問 40 宅地建物取引業者Aが、自ら売主として宅地建物取引業者でない買主Bとの間で締結した売買契約に関する次の記述のうち、宅地建物取引業法の規定によれば、正しいものはいくつあるか。なお、宅地建物取引業法第41条に規定する電磁的方法により講じるものは考慮しないものとする。

ア　Aは、Bとの間で建築工事完了後の建物に係る売買契約（代金3,000万円）において、「Aが契約の履行に着手するまでは、Bは、売買代金の1割を支払うことで契約の解除ができる」とする特約を定め、Bから手付金10万円を受領した。この場合、この特約は有効である。

イ　Aは、Bとの間で建築工事完了前の建物に係る売買契約（代金3,000万円）を締結するに当たり、保険事業者との間において、手付金等について保証保険契約を締結して、手付金300万円を受領し、後日保険証券をBに交付した。

ウ　Aは、Bとの間で建築工事完了前のマンションに係る売買契約（代金3,000万円）を締結し、その際に手付金150万円を、建築工事完了後、引渡し及び所有権の登記までの間に、中間金150万円を受領したが、合計額が代金の10分の1以下であるので保全措置を講じなかった。

1　一つ
2　二つ
3　三つ
4　なし

　宅地建物取引業者が売主である新築分譲マンションを訪れた買主A
に対して、当該宅地建物取引業者の従業者Bが行った次の発言内容のうち、宅
地建物取引業法の規定に違反しないものはいくつあるか。

ア　A：眺望の良さが気に入った。隣接地は空地だが、将来の眺望は大丈夫な
　　　　のか。
　　B：隣接地は、市有地で、現在、建築計画や売却の予定がないことを市に
　　　　確認しました。将来、建つとしても公共施設なので、市が眺望を遮る
　　　　ような建物を建てることは絶対ありません。ご安心ください。

イ　A：先日来たとき、5年後の転売で利益が生じるのが確実だと言われたが
　　　　本当か。
　　B：弊社が数年前に分譲したマンションが、先日高値で売れました。この
　　　　マンションはそれより立地条件が良く、また、近隣のマンション価格
　　　　の動向から見ても、5年後値上がりするのは間違いありません。

ウ　A：購入を検討している。貯金が少なく、手付金の負担が重いのだが。
　　B：弊社と提携している銀行の担当者から、手付金も融資の対象になって
　　　　いると聞いております。ご検討ください。

エ　A：昨日、申込証拠金10万円を支払ったが、都合により撤回したいので
　　　　申込証拠金を返してほしい。
　　B：お預かりした10万円のうち、社内規程上、お客様の個人情報保護の
　　　　ため、申込書の処分手数料として、5,000円はお返しできませんが、
　　　　残金につきましては法令に従いお返しします。

1　一つ
2　二つ
3　三つ
4　なし

問 42 営業保証金を供託している宅地建物取引業者Aと宅地建物取引業保証協会（以下この問において「保証協会」という。）の社員である宅地建物取引業者Bに関する次の記述のうち、宅地建物取引業法の規定によれば、正しいものはどれか。

1　新たに事務所を設置する場合、Aは、主たる事務所の最寄りの供託所に供託すべき営業保証金に、Bは、保証協会に納付すべき弁済業務保証金分担金に、それぞれ金銭又は有価証券をもって充てることができる。

2　一部の事務所を廃止した場合において、営業保証金又は弁済業務保証金を取り戻すときは、A、Bはそれぞれ還付を請求する権利を有する者に対して6か月以内に申し出るべき旨を官報に公告しなければならない。

3　AとBが、それぞれ主たる事務所の他に3か所の従たる事務所を有している場合、Aは営業保証金として2,500万円の供託を、Bは弁済業務保証金分担金として150万円の納付をしなければならない。

4　宅地建物取引業に関する取引により生じた債権を有する者（宅地建物取引業者に該当する者を除く。）は、Aに関する債権にあってはAが供託した営業保証金についてその額を上限として弁済を受ける権利を有し、Bに関する債権にあってはBが納付した弁済業務保証金分担金についてその額を上限として弁済を受ける権利を有する。

問 43 宅地建物取引業法の規定に基づく監督処分等に関する次の記述のうち、誤っているものはどれか。

1 宅地建物取引業者A（甲県知事免許）は、自ら売主となる乙県内に所在する中古住宅の売買の業務に関し、当該売買の契約においてその目的物が種類又は品質に関して契約の内容に適合しない場合におけるその不適合を担保すべき責任を負わない旨の特約を付した。この場合、Aは、乙県知事から指示処分を受けることがある。

2 甲県に本店、乙県に支店を設置する宅地建物取引業者B（国土交通大臣免許）は、自ら売主となる乙県内におけるマンションの売買の業務に関し、乙県の支店において当該売買の契約を締結するに際して、代金の30％の手付金を受領した。この場合、Bは、甲県知事から著しく不当な行為をしたとして、業務停止の処分を受けることがある。

3 宅地建物取引業者C（甲県知事免許）は、乙県内に所在する土地の売買の媒介業務に関し、契約の相手方の自宅において相手を威迫し、契約締結を強要していたことが判明した。この場合、甲県知事は、情状が特に重いと判断したときは、Cの宅地建物取引業の免許を取り消さなければならない。

4 宅地建物取引業者D（国土交通大臣免許）は、甲県内に所在する事務所について、業務に関する帳簿を備えていないことが判明した。この場合、Dは、甲県知事から必要な報告を求められ、かつ、指導を受けることがある。

問 44 宅地建物取引業者A（甲県知事免許）が乙県内に所在するマンション（100戸）を分譲する場合における次の記述のうち、宅地建物取引業法（以下この問において「法」という。）の規定によれば、正しいものはどれか。

1 Aが宅地建物取引業者Bに販売の代理を依頼し、Bが乙県内に案内所を設置する場合、Aは、その案内所に、法第50条第1項の規定に基づく標識を掲げなければならない。

2 Aが案内所を設置して分譲を行う場合において、契約の締結又は契約の申込みの受付を行うか否かにかかわらず、その案内所に法第50条第1項の規定に基づく標識を掲げなければならない。

3 Aが宅地建物取引業者Cに販売の代理を依頼し、Cが乙県内に案内所を設置して契約の締結業務を行う場合、A又はCが専任の宅地建物取引士を置け

ばよいが、法第 50 条第 2 項の規定に基づく届出は C がしなければならない。

4　A が甲県内に案内所を設置して分譲を行う場合において、A は甲県知事及び乙県知事に、業務を開始する日の 10 日前までに法第 50 条第 2 項の規定に基づく届出をしなければならない。

改題
問 45　特定住宅瑕疵担保責任の履行の確保等に関する法律に基づく住宅販売瑕疵担保保証金の供託又は住宅販売瑕疵担保責任保険契約の締結に関する次の記述のうち、正しいものはどれか。

1　宅地建物取引業者は、自ら売主として宅地建物取引業者である買主との間で新築住宅の売買契約を締結し、その住宅を引き渡す場合、住宅販売瑕疵担保保証金の供託又は住宅販売瑕疵担保責任保険契約の締結を行う義務を負う。

2　自ら売主として新築住宅を販売する宅地建物取引業者は、住宅販売瑕疵担保保証金の供託をする場合、宅地建物取引業者でない買主へのその住宅の引渡しまでに、買主に対し、保証金を供託している供託所の所在地等について記載した書面を交付して（当該書面に記載すべき事項を電磁的方法により提供する場合を含む。）説明しなければならない。

3　自ら売主として新築住宅を宅地建物取引業者でない買主に引き渡した宅地建物取引業者は、基準日に係る住宅販売瑕疵担保保証金の供託及び住宅販売瑕疵担保責任保険契約の締結の状況について届出をしなければ、当該基準日以後、新たに自ら売主となる新築住宅の売買契約を締結することができない。

4　住宅販売瑕疵担保責任保険契約を締結している宅地建物取引業者は、当該保険に係る新築住宅に、構造耐力上主要な部分及び雨水の浸入を防止する部分の瑕疵（構造耐力又は雨水の浸入に影響のないものを除く。）がある場合に、特定住宅販売瑕疵担保責任の履行によって生じた損害について保険金を請求することができる。

問 46 独立行政法人住宅金融支援機構（以下この問において「機構」という。）に関する次の記述のうち、誤っているものはどれか。

1　機構は、高齢者が自ら居住する住宅に対して行うバリアフリー工事又は耐震改修工事に係る貸付けについて、貸付金の償還を高齢者の死亡時に一括して行うという制度を設けている。
2　証券化支援事業（買取型）において、機構による譲受けの対象となる貸付債権は、償還方法が毎月払いの元利均等の方法であるものに加え、毎月払いの元金均等の方法であるものもある。
3　証券化支援事業（買取型）において、機構は、いずれの金融機関に対しても、譲り受けた貸付債権に係る元金及び利息の回収その他回収に関する業務を委託することができない。
4　機構は、災害により住宅が滅失した場合におけるその住宅に代わるべき住宅の建設又は購入に係る貸付金について、一定の元金返済の据置期間を設けることができる。

改題
問 47　宅地建物取引業者が行う広告に関する次の記述のうち、不当景品類及び不当表示防止法（不動産の表示に関する公正競争規約を含む。）の規定によれば、正しいものはどれか。

1　新築分譲マンションを数期に分けて販売する場合に、第1期の販売分に売れ残りがあるにもかかわらず、第2期販売の広告に「第1期完売御礼！いよいよ第2期販売開始！」と表示しても、結果として第2期販売期間中に第1期の売れ残り分を売り切っていれば、不当表示にはならない。
2　新築分譲マンションの広告に住宅ローンについても記載する場合、返済例を表示すれば、当該ローンを扱っている金融機関等について表示する必要はない。
3　販売しようとしている土地が、都市計画法に基づく告示が行われた都市計画施設の区域に含まれている場合は、都市計画施設の工事が未着手であっても、広告においてその旨を明示しなければならない。
4　築15年の企業の社宅を買い取って一棟全体を改装し、分譲マンションとして販売する場合、一般消費者に販売することは初めてであっても、「新発売」と表示して広告を出すことができない。

問 48 次の記述のうち、正しいものはどれか。

1　国土交通省が毎月公表する不動産価格指数（住宅）のうち、全国のマンション指数は、リーマンショックが発生した年である2008年以降2015年3月まで一貫して下落基調となっている。

2　建築着工統計（平成27年1月公表）によれば、平成26年の新設住宅着工戸数は、消費税率引上げ前の駆け込み需要の影響が大きかった平成25年と比較すると減少したが、平成24年の新設住宅着工戸数を上回っていた。

3　平成25年度法人企業統計年報（平成26年9月公表）によれば、平成25年度の不動産業の売上高経常利益率は、消費税率引上げの影響もあり、前年度と比べて低下し、全産業の売上高経常利益率よりも低くなった。

4　平成27年版土地白書（平成27年6月公表）によれば、土地取引について、売買による所有権の移転登記の件数でその動向を見ると、平成26年の全国の土地取引件数は3年連続の減少となった。

問 49 土地に関する次の記述のうち、最も不適当なものはどれか。

1　我が国の低地は、ここ数千年の間に形成され、湿地や旧河道であった若い軟弱な地盤の地域がほとんどである。

2　臨海部の低地は、洪水、高潮、地震による津波などの災害が多く、住宅地として利用するには、十分な防災対策と注意が必要である。

3　台地上の池沼を埋め立てた地盤は、液状化に対して安全である。

4　都市周辺の丘陵や山麓に広がった住宅地は、土砂災害が起こる場合があり、注意する必要がある。

建物の構造に関する次の記述のうち、最も不適当なものはどれか。

1 木造は湿気に強い構造であり、地盤面からの基礎の立上がりをとる必要はない。

2 基礎の種類には、直接基礎、杭基礎等がある。

3 杭基礎には、木杭、既製コンクリート杭、鋼杭等がある。

4 建物は、上部構造と基礎構造からなり、基礎構造は上部構造を支持する役目を負うものである。

平成 26 年度
本試験問題

26

- 改題…法改正などにより修正を加えた問題です。
- 参考…どのような出題がされたかを確認するための参考問題です。出題当時のまま掲載していますので内容を覚える必要はありません。
- 建蔽率の表記について…平成 30 年 4 月 1 日施行の建築基準法改正により「建ぺい率」の表記が「建蔽率」に変更されました。そのため、過去問題の表記も「建蔽率」に修正していますが、この修正のみの場合は改題表記を行っていません。

解答解説　本冊 P 345〜P 381

平成 26 年度　試験解答用紙

―― 解答欄 ――

問題番号	解答番号			
問 1	①	②	③	④
問 2	①	②	③	④
問 3	①	②	③	④
問 4	①	②	③	④
問 5	①	②	③	④
問 6	①	②	③	④
問 7	①	②	③	④
問 8	①	②	③	④
問 9	①	②	③	④
問 10	①	②	③	④
問 11	①	②	③	④
問 12	①	②	③	④
問 13	①	②	③	④
問 14	①	②	③	④
問 15	①	②	③	④
問 16	①	②	③	④
問 17	①	②	③	④
問 18	①	②	③	④
問 19	①	②	③	④
問 20	①	②	③	④
問 21	①	②	③	④
問 22	①	②	③	④
問 23	①	②	③	④
問 24	①	②	③	④
問 25	①	②	③	④

問題番号	解答番号			
問 26	①	②	③	④
問 27	①	②	③	④
問 28	①	②	③	④
問 29	①	②	③	④
問 30	①	②	③	④
問 31	①	②	③	④
問 32	①	②	③	④
問 33	①	②	③	④
問 34	①	②	③	④
問 35	①	②	③	④
問 36	①	②	③	④
問 37	①	②	③	④
問 38	①	②	③	④
問 39	①	②	③	④
問 40	①	②	③	④
問 41	①	②	③	④
問 42	①	②	③	④
問 43	①	②	③	④
問 44	①	②	③	④
問 45	①	②	③	④
問 46	①	②	③	④
問 47	①	②	③	④
問 48	①	②	③	④
問 49	①	②	③	④
問 50	①	②	③	④

切取線

問 1 次の記述のうち、令和6年4月1日現在施行されている民法の条文に規定されているものはどれか。

1 賃借人の債務不履行を理由に、賃貸人が不動産の賃貸借契約を解除するには、信頼関係が破壊されていなければならない旨
2 当事者は、債務の不履行について損害賠償の額を予定することができる旨
3 債務の履行のために債務者が使用する者の故意又は過失は、債務者の責めに帰すべき事由に含まれる旨
4 債務不履行によって生じた特別の損害のうち、債務者が、債務不履行時に予見すべきであった損害のみが賠償範囲に含まれる旨

問 2 代理に関する次の記述のうち、民法の規定及び判例によれば、誤っているものはいくつあるか。

ア 代理権を有しない者がした契約を本人が追認する場合、その契約の効力は、別段の意思表示がない限り、追認をした時から将来に向かって生ずる。
イ 不動産を担保に金員を借り入れる代理権を与えられた代理人が、本人の名において当該不動産を売却した場合、相手方において本人自身の行為であると信じたことについて正当な理由があるときは、表見代理の規定を類推適用することができる。
ウ 制限行為能力者が代理人としてした行為は、原則として、行為能力の制限を理由に取り消すことができないが、代理人が後見開始の審判を受けたときは、代理権が消滅する。
エ 代理人が相手方に対してした意思表示の効力が意思の不存在、錯誤、詐欺、強迫又はある事情を知っていたこと若しくは知らなかったことにつき過失があったことによって影響を受けるべき場合には、その事実の有無は、本人の選択に従い、本人又は代理人のいずれかについて決する。

1 一つ
2 二つ
3 三つ
4 四つ

問 3 権利の取得や消滅に関する次の記述のうち、民法の規定及び判例によれば、正しいものはどれか。

1 売買契約に基づいて土地の引渡しを受け、平穏に、かつ、公然と当該土地の占有を始めた買主は、当該土地が売主の所有物でなくても、売主が無権利者であることにつき善意で無過失であれば、即時に当該不動産の所有権を取得する。

2 所有権は、権利を行使することができる時から20年間行使しないときは消滅し、その目的物は国庫に帰属する。

3 契約不適合を担保すべき責任による買主の売主に対する損害賠償請求権には消滅時効の規定の適用があり、この場合における10年の消滅時効は、買主が売買の目的物の引渡しを受けた時から進行する。

4 20年間、平穏に、かつ、公然と他人が所有する土地を占有した者は、占有取得の原因たる事実のいかんにかかわらず、当該土地の所有権を取得する。

問 4 AがBとの間で、CのBに対する債務を担保するためにA所有の甲土地に抵当権を設定する場合と根抵当権を設定する場合における次の記述のうち、民法の規定によれば、正しいものはどれか。

1 抵当権を設定する場合には、被担保債権を特定しなければならないが、根抵当権を設定する場合には、BC間のあらゆる範囲の不特定の債権を極度額の限度で被担保債権とすることができる。

2 抵当権を設定した旨を第三者に対抗する場合には登記が必要であるが、根抵当権を設定した旨を第三者に対抗する場合には、登記に加えて、債務者Cの異議を留めない承諾が必要である。

3 Bが抵当権を実行する場合には、AはまずCに催告するように請求することができるが、Bが根抵当権を実行する場合には、AはまずCに催告するように請求することはできない。

4 抵当権の場合には、BはCに対する他の債権者の利益のために抵当権の順位を譲渡することができるが、元本の確定前の根抵当権の場合には、Bは根抵当権の順位を譲渡することができない。

問 5 　債権譲渡に関する次の1から4までの記述のうち、下記判決文によれば、正しいものはどれか。

（判決文）

　民法は、原則として債権の譲渡性を認め（民法第466条第1項）、当事者が反対の意思を表示した場合にはこれを認めない旨定めている（同条第2項本文）ところ、債権の譲渡性を否定する意思を表示した譲渡禁止の特約は、債務者の利益を保護するために付されるものと解される。そうすると、譲渡禁止の特約に反して債権を譲渡した債権者は、同特約の存在を理由に譲渡の無効を主張する独自の利益を有しないのであって、債務者に譲渡の無効を主張する意思があることが明らかであるなどの特段の事情がない限り、その無効を主張することは許されないと解するのが相当である。

1　債権譲渡禁止特約が付されている債権が債権者から第三者に対して譲渡された場合、債権者に譲渡の無効を主張する意思があることが明らかであるときに限り、債務者が当該譲渡は無効である旨の主張をすることは許される。
2　債権譲渡禁止特約が付されている債権が債権者から第三者に対して譲渡された場合、債権者に譲渡の無効を主張する意思があることが明らかであれば、譲渡した債権者が当該譲渡は無効である旨の主張をすることは許される。
3　債権譲渡禁止特約が付されている債権が債権者から第三者に対して譲渡された場合、債務者に譲渡の無効を主張する意思があることが明らかであれば、譲渡した債権者が当該譲渡は無効である旨の主張をすることは許される。
4　債権譲渡禁止特約が付されている債権が債権者から第三者に対して譲渡された場合、債権譲渡禁止の特約は債務者の利益を保護するために付されるものであるので、債権者はいかなるときも当該譲渡が無効であることを主張することは許されない。

問 6 Aは、Bに建物の建築を注文し、完成して引渡しを受けた建物をC に対して売却した。本件建物に瑕疵又は契約不適合があった場合に関する次の 記述のうち、民法の規定及び判例によれば、正しいものはどれか。

1 Aが品質に関し契約の内容に適合しない建物をCに引き渡した場合、Aが 引渡しの時にその不適合を知っていたときでも、Cはその不適合を知った時 から1年以内にその旨をAに通知しなければ、Aに対して売買契約に基づく 担保責任を追及することができない。

2 Bが建物としての基本的な安全性が欠けることがないように配慮すべき義 務を怠ったために本件建物に基本的な安全性を損なう瑕疵がある場合には、 当該瑕疵によって損害を被ったCは、特段の事情がない限り、Bに対して不 法行為責任に基づく損害賠償を請求できる。

3 CがBに対して本件建物の瑕疵に関して不法行為責任に基づく損害賠償を 請求する場合、当該請求ができる期間は、Cが瑕疵の存在に気付いてから1 年以内である。

4 Bが品質に関し契約の内容に適合しない建物をAに引き渡した場合におい て、その不適合がBの責めに帰すべき事由によるものであるときは、AはBに 対して損害賠償を請求することができるが、契約を解除することはできない。

問 7 賃貸人Aから賃借人Bが借りたA所有の甲土地の上に、Bが乙建物 を所有する場合における次の記述のうち、民法の規定及び判例によれば、正しい ものはどれか。なお、Bは、自己名義で乙建物の保存登記をしているものとする。

1 BがAに無断で乙建物をCに月額10万円の賃料で貸した場合、Aは、借 地の無断転貸を理由に、甲土地の賃貸借契約を解除することができる。

2 Cが甲土地を不法占拠してBの土地利用を妨害している場合、Bは、Aの 有する甲土地の所有権に基づく妨害排除請求権を代位行使してCの妨害の排 除を求めることができるほか、自己の有する甲土地の賃借権に基づいてCの 妨害の停止を求めることができる。

3 BがAの承諾を得て甲土地を月額15万円の賃料でCに転貸した場合、A B間の賃貸借契約がBの債務不履行で解除されても、AはCに解除を対抗す ることができない。

4 AB間で賃料の支払時期について特約がない場合、Bは、当月末日までに、 翌月分の賃料を支払わなければならない。

問 8 不法行為に関する次の記述のうち、民法の規定及び判例によれば、正しいものはどれか。

1 不法行為による損害賠償請求権の消滅時効を定める民法第724条における、被害者が損害を知った時とは、被害者が損害の発生を現実に認識した時をいう。

2 不法行為による損害賠償債務の不履行に基づく遅延損害金債権は、当該債権が発生した時から10年間行使しないことにより、時効によって消滅する。

3 不法占拠により日々発生する損害については、加害行為が終わった時から一括して消滅時効が進行し、日々発生する損害を知った時から別個に消滅時効が進行することはない。

4 不法行為の加害者が海外に在住している間は、民法第724条第2号の20年の時効期間は進行しない。

問 9 後見人制度に関する次の記述のうち、民法の規定によれば、正しいものはどれか。

1 成年被後見人が第三者との間で建物の贈与を受ける契約をした場合には、成年後見人は、当該法律行為を取り消すことができない。

2 成年後見人が、成年被後見人に代わって、成年被後見人が居住している建物を売却する場合には、家庭裁判所の許可を要しない。

3 未成年後見人は、自ら後見する未成年者について、後見開始の審判を請求することはできない。

4 成年後見人は家庭裁判所が選任する者であるが、未成年後見人は必ずしも家庭裁判所が選任する者とは限らない。

問 10 Aには、父のみを同じくする兄Bと、両親を同じくする弟C及び弟Dがいたが、C及びDは、Aより先に死亡した。Aの両親は既に死亡しており、Aには内縁の妻Eがいるが、子はいない。Cには子F及び子Gが、Dには子Hがいる。Aが、令和6年8月1日に遺言を残さずに死亡した場合の相続財産の法定相続分として、民法の規定によれば、正しいものはどれか。

1 Eが2分の1、Bが6分の1、Fが9分の1、Gが9分の1、Hが9分の1である。

2 Bが3分の1、Fが9分の2、Gが9分の2、Hが9分の2である。

3 Bが5分の1、Fが5分の1、Gが5分の1、Hが5分の2である。

4 Bが5分の1、Fが15分の4、Gが15分の4、Hが15分の4である。

問 11 甲土地の所有者が甲土地につき、建物の所有を目的として賃貸する場合（以下「ケース①」という。）と、建物の所有を目的とせずに資材置場として賃貸する場合（以下「ケース②」という。）に関する次の記述のうち、民法及び借地借家法の規定によれば、正しいものはどれか。

1 賃貸借の存続期間を60年と定めた場合には、ケース①では書面で契約を締結しなければ期間が30年となってしまうのに対し、ケース②では口頭による合意であっても期間は60年となる。

2 ケース①では、賃借人は、甲土地の上に登記されている建物を所有している場合には、甲土地が第三者に売却されても賃借人であることを当該第三者に対抗できるが、ケース②では、甲土地が第三者に売却された場合に賃借人であることを当該第三者に対抗する方法はない。

3 期間を定めない契約を締結した後に賃貸人が甲土地を使用する事情が生じた場合において、ケース①では賃貸人が解約の申入れをしても合意がなければ契約は終了しないのに対し、ケース②では賃貸人が解約の申入れをすれば契約は申入れの日から1年を経過することによって終了する。

4 賃貸借の期間を定めた場合であって当事者が期間内に解約する権利を留保していないとき、ケース①では賃借人側は期間内であっても1年前に予告することによって中途解約することができるのに対し、ケース②では賃貸人も賃借人もいつでも一方的に中途解約することができる。

問 12 借地借家法第38条の定期建物賃貸借（以下この問において「定期建物賃貸借」という。）に関する次の記述のうち、借地借家法の規定及び判例によれば、誤っているものはどれか。なお、同法第38条第2項、第4項に規定する電磁的記録及び電磁的方法による提供については考慮しないものとする。

1 定期建物賃貸借契約を締結するには、公正証書による等書面によらなければならない。

2 定期建物賃貸借契約を締結するときは、期間を1年未満としても、期間の定めがない建物の賃貸借契約とはみなされない。

3 定期建物賃貸借契約を締結するには、当該契約に係る賃貸借は契約の更新がなく、期間の満了によって終了することを、当該契約書と同じ書面内に記載して説明すれば足りる。

4 定期建物賃貸借契約を締結しようとする場合、賃貸人が、当該契約に係る賃貸借は契約の更新がなく、期間の満了によって終了することを説明しなかったときは、契約の更新がない旨の定めは無効となる。

問 13 建物の区分所有等に関する法律（以下この問において「法」という。）に関する次の記述のうち、誤っているものはどれか。

1 区分所有者の団体は、区分所有建物が存在すれば、区分所有者を構成員として当然に成立する団体であるが、管理組合法人になることができるものは、区分所有者の数が30人以上のものに限られる。

2 専有部分が数人の共有に属するときの集会の招集の通知は、法第40条の規定に基づく議決権を行使すべき者にすればよく、共有者間で議決権を行使すべき者が定められていない場合は、共有者のいずれか一人にすればよい。

3 建物の価格の2分の1以下に相当する部分が滅失した場合、規約で別段の定めがない限り、各区分所有者は、滅失した共用部分について、復旧の工事に着手するまでに復旧決議、建替え決議又は一括建替え決議があったときは、復旧することができない。

4 管理者が、規約の保管を怠った場合や、利害関係人からの請求に対して正当な理由がないのに規約の閲覧を拒んだ場合は、20万円以下の過料に処せられる。

1　表示に関する登記を申請する場合には、申請人は、その申請情報と併せて登記原因を証する情報を提供しなければならない。

2　新たに生じた土地又は表題登記がない土地の所有権を取得した者は、その所有権の取得の日から1月以内に、表題登記を申請しなければならない。

3　信託の登記の申請は、当該信託に係る権利の保存、設定、移転又は変更の登記の申請と同時にしなければならない。

4　仮登記は、仮登記の登記義務者の承諾があるときは、当該仮登記の登記権利者が単独で申請することができる。

問 15　都市計画法に関する次の記述のうち、誤っているものはどれか。

1　都市計画区域については、用途地域が定められていない土地の区域であっても、一定の場合には、都市計画に、地区計画を定めることができる。

2　高度利用地区は、市街地における土地の合理的かつ健全な高度利用と都市機能の更新とを図るため定められる地区であり、用途地域内において定めることができる。

3　準都市計画区域においても、用途地域が定められている土地の区域については、市街地開発事業を定めることができる。

4　高層住居誘導地区は、住居と住居以外の用途とを適正に配分し、利便性の高い高層住宅の建設を誘導するために定められる地区であり、近隣商業地域及び準工業地域においても定めることができる。

問 16 次のアからウまでの記述のうち、都市計画法による開発許可を受ける必要のある、又は同法第34条の2の規定に基づき協議する必要のある開発行為の組合せとして、正しいものはどれか。ただし、開発許可を受ける必要のある、又は協議する必要のある開発行為の面積については、条例による定めはないものとする。

ア 市街化調整区域において、国が設置する医療法に規定する病院の用に供する施設である建築物の建築の用に供する目的で行われる1,500m²の開発行為

イ 市街化区域において、農林漁業を営む者の居住の用に供する建築物の建築の用に供する目的で行われる1,200m²の開発行為

ウ 区域区分が定められていない都市計画区域において、社会教育法に規定する公民館の用に供する施設である建築物の建築の用に供する目的で行われる4,000m²の開発行為

1 ア、イ
2 ア、ウ
3 イ、ウ
4 ア、イ、ウ

改題
問 17 建築基準法に関する次の記述のうち、正しいものはどれか。

1 住宅の地上階における居住のための居室には、採光のための窓その他の開口部を設け、その採光に有効な部分の面積は、原則として、その居室の床面積に対して7分の1以上としなければならないが、床面において50ルックス以上の照度を確保することができるよう照明設備を設置している居室については、その居室の床面積に対して10分の1以上であればよい。

2 建築確認の対象となり得る工事は、建築物の建築、大規模の修繕及び大規模の模様替であり、建築物の移転は対象外である。

3 高さ15mの建築物には、周囲の状況によって安全上支障がない場合を除き、有効に避雷設備を設けなければならない。

4 準防火地域内において建築物の屋上に看板を設ける場合は、その主要な部分を不燃材料で造り、又は覆わなければならない。

問 18 建築基準法（以下この問において「法」という。）に関する次の記述のうち、誤っているものはどれか。

1　店舗の用途に供する建築物で当該用途に供する部分の床面積の合計が10,000㎡を超えるものは、原則として工業地域内では建築することができない。

2　学校を新築しようとする場合には、法第48条の規定による用途制限に適合するとともに、都市計画により敷地の位置が決定されていなければ新築することができない。

3　特別用途地区内においては、地方公共団体は、国土交通大臣の承認を得て、条例で、法第48条の規定による建築物の用途制限を緩和することができる。

4　都市計画において定められた建蔽率の限度が10分の8とされている地域外で、かつ、防火地域内にある耐火建築物の建蔽率については、都市計画において定められた建蔽率の数値に10分の1を加えた数値が限度となる。

改題

問 19 宅地造成及び特定盛土等規制法に関する次の記述のうち、誤っているものはどれか。なお、この問において「都道府県知事」とは、地方自治法に基づく指定都市、中核市及び施行時特例市にあってはその長をいうものとする。

1　宅地造成等工事規制区域内において、宅地を宅地以外の土地にするために行われる切土であって、当該切土をする土地の面積が600㎡で、かつ、高さ3mの崖を生ずることとなるものに関する工事は、宅地造成に該当しない。

2　都道府県知事は、宅地造成等工事規制区域内において行われる宅地造成等に関する工事の許可に付した条件に違反した者に対して、その許可を取り消すことができる。

3　都道府県知事又はその命じた者若しくは委任した者が、基礎調査のために他人の占有する土地に立ち入って測量又は調査を行う必要がある場合において、その必要の限度において当該土地に立ち入って測量又は調査を行うときは、当該土地の占有者は、正当な理由がない限り、立入りを拒み、又は妨げてはならない。

4　宅地造成等工事規制区域内において行われる宅地造成等に関する工事の許可を受けた者は、主務省令で定める軽微な変更を除き、当該工事の計画を変更しようとするときは、遅滞なく、その旨を都道府県知事に届け出なければならない。

問 20 土地区画整理法に関する次の記述のうち、正しいものはどれか。

1 　施行者は、宅地の所有者の申出又は同意があった場合においては、その宅地を使用し、又は収益することができる権利を有する者に補償をすれば、換地計画において、その宅地の全部又は一部について換地を定めないことができる。

2 　施行者は、施行地区内の宅地について換地処分を行うため、換地計画を定めなければならない。この場合において、当該施行者が土地区画整理組合であるときは、その換地計画について市町村長の認可を受けなければならない。

3 　関係権利者は、換地処分があった旨の公告があった日以降いつでも、施行地区内の土地及び建物に関する登記を行うことができる。

4 　土地区画整理事業の施行により公共施設が設置された場合においては、その公共施設は、換地処分があった旨の公告があった日の翌日において、原則としてその公共施設の所在する市町村の管理に属することになる。

問 21 農地法（以下この問において「法」という。）に関する次の記述のうち、正しいものはどれか。

1 　農地について法第3条第1項の許可があったときは所有権が移転する旨の停止条件付売買契約を締結し、それを登記原因とする所有権移転の仮登記を申請する場合には、その買受人は農業委員会に届出をしなければならない。

2 　市街化区域内の農地について、耕作の目的に供するために競売により所有権を取得しようとする場合には、その買受人は法第3条第1項の許可を受ける必要はない。

3 　農業者が住宅の改築に必要な資金を銀行から借りるために、自己所有の農地に抵当権を設定する場合には、法第3条第1項の許可を受ける必要はない。

4 　山林を開墾し現に農地として耕作している土地であっても、土地登記簿上の地目が山林であれば、法の適用を受ける農地とはならない。

　次の記述のうち、誤っているものはどれか。

1　国土利用計画法によれば、同法第23条の届出に当たっては、土地売買等の対価の額についても都道府県知事（地方自治法に基づく指定都市にあっては、当該指定都市の長）に届け出なければならない。

2　森林法によれば、保安林において立木を伐採しようとする者は、一定の場合を除き、都道府県知事の許可を受けなければならない。

3　海岸法によれば、海岸保全区域内において土地の掘削、盛土又は切土を行おうとする者は、一定の場合を除き、海岸管理者の許可を受けなければならない。

4　都市緑地法によれば、特別緑地保全地区内において建築物の新築、改築又は増築を行おうとする者は、一定の場合を除き、公園管理者の許可を受けなければならない。

改題

問 23　住宅用家屋の所有権の移転登記に係る登録免許税の税率の軽減措置に関する次の記述のうち、正しいものはどれか。

1　この税率の軽減措置は、一定の要件を満たせばその住宅用家屋の敷地の用に供されている土地に係る所有権の移転の登記にも適用される。

2　この税率の軽減措置は、個人が自己の経営する会社の従業員の社宅として取得した住宅用家屋に係る所有権の移転の登記にも適用される。

3　この税率の軽減措置は、以前にこの措置の適用を受けたことがある者が新たに取得した住宅用家屋に係る所有権の移転の登記には適用されない。

4　この税率の軽減措置は、所有権の移転の登記に係る住宅用家屋が、昭和57年1月1日以後に建築されたものであっても、床面積が50m² 未満の場合には適用されない。

問 24 不動産取得税に関する次の記述のうち、正しいものはどれか。

1 不動産取得税は、不動産の取得に対して、当該不動産の所在する市町村において課する税であり、その徴収は普通徴収の方法によらなければならない。
2 共有物の分割による不動産の取得については、当該不動産の取得者の分割前の当該共有物に係る持分の割合を超えなければ不動産取得税が課されない。
3 不動産取得税は、独立行政法人及び地方独立行政法人に対しては、課することができない。
4 相続による不動産の取得については、不動産取得税が課される。

問 25 地価公示法に関する次の記述のうち、正しいものはどれか。

1 土地鑑定委員会は、標準地の価格の総額を官報で公示する必要はない。
2 土地の使用収益を制限する権利が存する土地を標準地として選定することはできない。
3 不動産鑑定士が土地鑑定委員会の求めに応じて標準地の鑑定評価を行うに当たっては、標準地の鑑定評価額が前年の鑑定評価額と変わらない場合は、その旨を土地鑑定委員会に申告することにより、鑑定評価書の提出に代えることができる。
4 不動産鑑定士は、土地鑑定委員会の求めに応じて標準地の鑑定評価を行うに当たっては、近傍類地の取引価格から算定される推定の価格を基本とし、必要に応じて、近傍類地の地代等から算定される推定の価格及び同等の効用を有する土地の造成に要する推定の費用の額を勘案しなければならない。

問 26 宅地建物取引業の免許（以下この問において「免許」という。）に関する次の記述のうち、宅地建物取引業法の規定によれば、正しいものはいくつあるか。

ア　Aの所有する商業ビルを賃借しているBが、フロアごとに不特定多数の者に反復継続して転貸する場合、AとBは免許を受ける必要はない。

イ　宅地建物取引業者Cが、Dを代理して、Dの所有するマンション（30戸）を不特定多数の者に反復継続して分譲する場合、Dは免許を受ける必要はない。

ウ　Eが転売目的で反復継続して宅地を購入する場合でも、売主が国その他宅地建物取引業法の適用がない者に限られているときは、Eは免許を受ける必要はない。

エ　Fが借金の返済に充てるため、自己所有の宅地を10区画に区画割りして、不特定多数の者に反復継続して売却する場合、Fは免許を受ける必要はない。

1　一つ
2　二つ
3　三つ
4　なし

問 27 宅地建物取引業法（以下この問において「法」という。）に関する次の記述のうち、正しいものはどれか。

1　契約締結権限を有する者を置き、継続的に業務を行う場所であっても、商業登記簿に登載されていない事務所は、法第3条第1項に規定する事務所には該当しない。

2　国土交通大臣又は都道府県知事は、免許に条件を付すことができるが、免許の更新に当たっても条件を付すことができる。

3　法人である宅地建物取引業者が株主総会の決議により解散することとなった場合、その法人を代表する役員であった者は、その旨を当該解散の日から30日以内に免許を受けた国土交通大臣又は都道府県知事に届け出なければならない。

4　免許申請中である者が、宅地建物取引業を営む目的をもって宅地の売買に関する新聞広告を行った場合であっても、当該宅地の売買契約の締結を免許を受けた後に行うのであれば、法第12条に違反しない。

問 28 宅地建物取引業者A（甲県知事免許）が乙県内に建設したマンション（100戸）の販売について、宅地建物取引業者B（国土交通大臣免許）及び宅地建物取引業者C（甲県知事免許）に媒介を依頼し、Bが当該マンションの所在する場所の隣接地（乙県内）に、Cが甲県内にそれぞれ案内所を設置し、売買契約の申込みを受ける業務を行う場合における次の記述のうち、宅地建物取引業法（以下この問において「法」という。）の規定によれば、誤っているものはどれか。

1 Bは国土交通大臣及び乙県知事に、Cは甲県知事に、業務を開始する日の10日前までに法第50条第2項に定める届出をしなければならない。

2 Aは、法第50条第2項に定める届出を甲県知事及び乙県知事へ届け出る必要はないが、当該マンションの所在する場所に法第50条第1項で定める標識を掲示しなければならない。

3 Bは、その設置した案内所の業務に従事する者の数5人に対して1人以上の割合となる数の専任の宅地建物取引士を当該案内所に置かなければならない。

4 Aは、Cが設置した案内所においてCと共同して契約を締結する業務を行うこととなった。この場合、Aが当該案内所に専任の宅地建物取引士を設置すれば、Cは専任の宅地建物取引士を設置する必要はない。

宅地建物取引業法に規定する営業保証金に関する次の記述のうち、正しいものはどれか。

1 新たに宅地建物取引業を営もうとする者は、営業保証金を金銭又は国土交通省令で定める有価証券により、主たる事務所の最寄りの供託所に供託した後に、国土交通大臣又は都道府県知事の免許を受けなければならない。

2 宅地建物取引業者は、既に供託した額面金額 1,000 万円の国債証券と変換するため 1,000 万円の金銭を新たに供託した場合、遅滞なく、その旨を免許を受けた国土交通大臣又は都道府県知事に届け出なければならない。

3 宅地建物取引業者は、事業の開始後新たに従たる事務所を設置したときは、その従たる事務所の最寄りの供託所に政令で定める額を供託し、その旨を免許を受けた国土交通大臣又は都道府県知事に届け出なければならない。

4 宅地建物取引業者が、営業保証金を金銭及び有価証券をもって供託している場合で、主たる事務所を移転したためその最寄りの供託所が変更したときは、金銭の部分に限り、移転後の主たる事務所の最寄りの供託所への営業保証金の保管替えを請求することができる。

問 30 宅地建物取引業者Aが行う業務に関する次の記述のうち、宅地建物取引業法の規定によれば、正しいものはどれか。

1 Aは、新築分譲マンションを建築工事の完了前に販売しようとする場合、建築基準法第 6 条第 1 項の確認を受ける前において、当該マンションの売買契約の締結をすることはできないが、当該販売に関する広告をすることはできる。

2 Aは、宅地の売買に関する広告をするに当たり、当該宅地の形質について、実際のものよりも著しく優良であると人を誤認させる表示をした場合、当該宅地に関する注文がなく、売買が成立しなかったときであっても、監督処分及び罰則の対象となる。

3 Aは、宅地又は建物の売買に関する広告をする際に取引態様の別を明示した場合、当該広告を見た者から売買に関する注文を受けたときは、改めて取引態様の別を明示する必要はない。

4 Aは、一団の宅地の販売について、数回に分けて広告をするときは、最初に行う広告以外は、取引態様の別を明示する必要はない。

問 31 宅地建物取引業者Aが、自ら売主として宅地建物取引業者ではない買主Bとの間で宅地の売買契約を締結する場合における次の記述のうち、宅地建物取引業法の規定によれば、誤っているものはいくつあるか。

ア 当該宅地が種類又は品質に関して契約の内容に適合しない場合におけるその不適合を担保すべき責任の通知期間を売買契約に係る宅地の引渡しの日から3年間とする特約は、無効である。

イ Aは、Bに売却予定の宅地の一部に甲市所有の旧道路敷が含まれていることが判明したため、甲市に払下げを申請中である。この場合、Aは、重要事項説明書に払下申請書の写しを添付し、その旨をBに説明すれば、売買契約を締結することができる。

ウ 「手付放棄による契約の解除は、契約締結後30日以内に限る」旨の特約を定めた場合、契約締結後30日を経過したときは、Aが契約の履行に着手していなかったとしても、Bは、手付を放棄して契約の解除をすることができない。

1 一つ
2 二つ
3 三つ
4 なし

問 32 宅地建物取引業者Aは、BからB所有の宅地の売却について媒介の依頼を受けた。この場合における次の記述のうち、宅地建物取引業法（以下この問において「法」という。）の規定によれば、誤っているものはいくつあるか。なお、書面の交付に代えて電磁的方法により提供する場合については考慮しないものとする。

ア　AがBとの間で専任媒介契約を締結し、Bから「売却を秘密にしておきたいので指定流通機構への登録をしないでほしい」旨の申出があった場合、Aは、そのことを理由に登録をしなかったとしても法に違反しない。

イ　AがBとの間で媒介契約を締結した場合、Aは、Bに対して遅滞なく法第34条の2第1項の規定に基づく書面を交付しなければならないが、Bが宅地建物取引業者であるときは、当該書面の交付を省略することができる。

ウ　AがBとの間で有効期間を3月とする専任媒介契約を締結した場合、期間満了前にBから当該契約の更新をしない旨の申出がない限り、当該期間は自動的に更新される。

エ　AがBとの間で一般媒介契約（専任媒介契約でない媒介契約）を締結し、当該媒介契約において、重ねて依頼する他の宅地建物取引業者を明示する義務がある場合、Aは、Bが明示していない他の宅地建物取引業者の媒介又は代理によって売買の契約を成立させたときの措置を法第34条の2第1項の規定に基づく書面に記載しなければならない。

1　一つ

2　二つ

3　三つ

4　四つ

問 33 宅地建物取引業者Aが、自ら売主として買主との間で建築工事完了前の建物を5,000万円で売買する契約をした場合において、宅地建物取引業法第41条第1項に規定する手付金等の保全措置（以下この問において「保全措置」という。）に関する次の記述のうち、同法に違反するものはどれか。

1　Aは、宅地建物取引業者であるBと契約を締結し、保全措置を講じずに、Bから手付金として1,000万円を受領した。

2　Aは、宅地建物取引業者でないCと契約を締結し、保全措置を講じた上で

Cから 1,000 万円の手付金を受領した。

3　Aは、宅地建物取引業者でないDと契約を締結し、保全措置を講じることなくDから手付金 100 万円を受領した後、500 万円の保全措置を講じた上で中間金 500 万円を受領した。

4　Aは、宅地建物取引業者でないEと契約を締結し、Eから手付金 100 万円と中間金 500 万円を受領したが、既に当該建物についてAからEへの所有権移転の登記を完了していたため、保全措置を講じなかった。

問 34　宅地建物取引業者が行う宅地建物取引業法第 35 条に規定する重要事項の説明に関する次の記述のうち、正しいものはどれか。なお、説明の相手方は宅地建物取引業者ではないものとする。

1　建物の売買の媒介を行う場合、当該建物の売主に耐震診断の記録の有無を照会したにもかかわらず、当該有無が判別しないときは、自ら耐震診断を実施し、その結果を説明する必要がある。

2　建物の貸借の媒介を行う場合、当該建物が津波防災地域づくりに関する法律第 23 条第 1 項の規定に基づく津波防護施設区域に位置しているときはその旨を説明する必要があるが、同法第 53 条第 1 項の規定に基づく津波災害警戒区域に位置しているときであってもその旨は説明する必要はない。

3　建物の売買の媒介を行う場合、売主が特定住宅瑕疵担保責任の履行の確保等に関する法律に基づく住宅販売瑕疵担保保証金の供託を行うときは、その措置の概要を説明する必要があるが、当該建物が種類又は品質に関して契約の内容に適合しない場合におけるその不適合を担保すべき責任の履行に関し保証保険契約の締結を行うときは、その措置の概要を説明する必要はない。

4　区分所有権の目的である建物の貸借の媒介を行う場合、その専有部分の用途その他の利用制限に関する規約の定めがあるときはその内容を説明する必要があるが、1 棟の建物又はその敷地の専用使用権に関する規約の定めについては説明する必要がない。

問 35　宅地建物取引業法第35条に規定する重要事項の説明及び同条の規定により交付すべき書面（以下この問において「35条書面」という。）に関する次の記述のうち、同法の規定によれば、誤っているものはどれか。なお、説明の相手方は宅地建物取引業者ではないものとする。

1　宅地建物取引業者は、買主の自宅で35条書面を交付して説明を行うことができる。

2　宅地建物取引業者は、中古マンションの売買を行う場合、抵当権が設定されているときは、契約日までにその登記が抹消される予定であっても、当該抵当権の内容について説明しなければならない。

3　宅地建物取引士は、宅地建物取引士証の有効期間が満了している場合、35条書面に記名することはできるが、取引の相手方に対し説明はできない。

4　宅地建物取引業者は、土地の割賦販売の媒介を行う場合、割賦販売価格のみならず、現金販売価格についても説明しなければならない。

問 36　建物の貸借の媒介を行う宅地建物取引業者が、その取引の相手方に対して行った次の発言内容のうち、宅地建物取引業法の規定に違反しないものはどれか。なお、この問において「重要事項説明」とは同法第35条の規定に基づく重要事項の説明をいい、「重要事項説明書」とは同条の規定により交付すべき書面をいうものとし、取引の相手方は、宅地建物取引業者ではないものとする。

1　重要事項説明のため、明日お宅にお伺いする当社の者は、宅地建物取引士ではありませんが、当社の最高責任者である代表取締役ですので、重要事項説明をする者として問題ございません。

2　この物件の契約条件につきましては、お手元のチラシに詳しく書いてありますので、重要事項説明は、内容が重複するため省略させていただきます。ただ、重要事項説明書の交付は、法律上の義務ですので、入居後、郵便受けに入れておきます。

3　この物件の担当である宅地建物取引士が急用のため対応できなくなりましたが、せっかくお越しいただきましたので、重要事項説明書にある宅地建物取引士欄を訂正の上、宅地建物取引士である私が記名をし、代わりに重要事項説明をさせていただきます。私の宅地建物取引士証をお見せします。

4　この物件は人気物件ですので、申込みをいただいた時点で契約成立とさせ
　ていただきます。後日、重要事項説明書を兼ねた契約書を送付いたしますの
　で、署名押印の上、返送していただければ、手続は全て完了いたします。

改題

問 37　宅地建物取引業者A及び宅地建物取引業者B（共に消費税課税事業
者）が受け取る報酬に関する次の記述のうち、正しいものはいくつあるか。

ア　Aが居住用建物の貸借の媒介をするに当たり、依頼者からの依頼に基づく
　ことなく広告をした場合でも、その広告が貸借の契約の成立に寄与したとき、
　Aは、報酬とは別に、その広告料金に相当する額を請求できる。
イ　Aは売主から代理の依頼を受け、Bは買主から媒介の依頼を受けて、代金
　4,000万円の宅地の売買契約を成立させた場合、Aは売主から277万2,000円、
　Bは買主から138万6,000円の報酬をそれぞれ受けることができる。
ウ　Aは貸主から、Bは借主から、それぞれ媒介の依頼を受けて、共同して居
　住用建物の賃貸借契約を成立させた場合、貸主及び借主の承諾を得ていれば、
　Aは貸主から、Bは借主からそれぞれ借賃の1.1か月分の報酬を受けること
　ができる。
1　一つ
2　二つ
3　三つ
4　なし

宅地建物取引業者Aが、自ら売主として宅地建物取引業者でない買主Bとの間で締結した宅地の売買契約について、Bが宅地建物取引業法第37条の2の規定に基づき、いわゆるクーリング・オフによる契約の解除をする場合における次の記述のうち、正しいものはどれか。

1 Aは、喫茶店でBから買受けの申込みを受け、その際にクーリング・オフについて書面で告げた上で契約を締結した。その7日後にBから契約の解除の書面を受けた場合、Aは、代金全部の支払を受け、当該宅地をBに引き渡していても契約の解除を拒むことができない。

2 Aは、Bが指定した喫茶店でBから買受けの申込みを受け、Bにクーリング・オフについて何も告げずに契約を締結し、7日が経過した。この場合、Bが指定した場所で契約を締結しているので、Aは、契約の解除を拒むことができる。

3 Bは、Aの仮設テント張りの案内所で買受けの申込みをし、その3日後にAの事務所でクーリング・オフについて書面で告げられた上で契約を締結した。この場合、Aの事務所で契約を締結しているので、Bは、契約の解除をすることができない。

4 Bは、Aの仮設テント張りの案内所で買受けの申込みをし、Aの事務所でクーリング・オフについて書面で告げられた上で契約を締結した。この書面の中で、クーリング・オフによる契約の解除ができる期間を14日間としていた場合、Bは、契約の締結の日から10日後であっても契約の解除をすることができる。

改題
宅地建物取引業保証協会（以下この問において「保証協会」という。）に関する次の記述のうち、正しいものはどれか。

1 還付充当金の未納により保証協会の社員の地位を失った宅地建物取引業者は、その地位を失った日から2週間以内に弁済業務保証金を供託すれば、その地位を回復する。

2 保証協会は、その社員である宅地建物取引業者から弁済業務保証金分担金の納付を受けたときは、その納付を受けた日から2週間以内に、その納付を受けた額に相当する額の弁済業務保証金を供託しなければならない。

3　保証協会は、弁済業務保証金の還付があったときは、当該還付に係る社員又は社員であった者に対して、当該還付額に相当する額の還付充当金を保証協会に納付すべきことを通知しなければならない。

4　宅地建物取引業者が保証協会の社員となる前に、当該宅地建物取引業者に建物の貸借の媒介を依頼した者(宅地建物取引業者に該当する者を除く。)は、その取引により生じた債権に関し、当該保証協会が供託した弁済業務保証金について弁済を受ける権利を有しない。

改題

問 40　宅地建物取引業者が行う業務に関する次の記述のうち、宅地建物取引業法の規定によれば、正しいものはいくつあるか。なお、この問において「37条書面」とは、同法第37条の規定により交付すべき書面をいうものとし、書面の交付に代えて電磁的方法により提供する場合については考慮しないものとする。

ア　宅地建物取引業者は、自ら売主として宅地建物取引業者ではない買主との間で新築分譲住宅の売買契約を締結した場合において、当該住宅が種類又は品質に関して契約の内容に適合しない場合におけるその不適合を担保すべき責任の履行に関して講ずべき保証保険契約の締結その他の措置について定めがあるときは、当該措置についても37条書面に記載しなければならない。

イ　宅地建物取引業者は、37条書面を交付するに当たり、宅地建物取引士をして、その書面に記名の上、その内容を説明させなければならない。

ウ　宅地建物取引業者は、自ら売主として宅地の売買契約を締結した場合は、買主が宅地建物取引業者であっても、37条書面に当該宅地の引渡しの時期を記載しなければならない。

エ　宅地建物取引業者は、建物の売買の媒介において、当該建物に係る租税その他の公課の負担に関する定めがあるときは、その内容を37条書面に記載しなければならない。

1　一つ

2　二つ

3　三つ

4　四つ

問 41 次の記述のうち、宅地建物取引業法（以下この問において「法」という。）の規定によれば、正しいものはどれか。

1 宅地建物取引業者が、他の宅地建物取引業者が行う一団の宅地建物の分譲の代理又は媒介を、案内所を設置して行う場合で、その案内所が専任の宅地建物取引士を置くべき場所に該当しない場合は、当該案内所には、クーリング・オフ制度の適用がある旨を表示した標識を掲げなければならない。

2 宅地建物取引業者が、その従業者をして宅地の売買の勧誘を行わせたが、相手方が明確に買う意思がない旨を表明した場合、別の従業者をして、再度同じ相手方に勧誘を行わせることは法に違反しない。

3 宅地建物取引業者が、自ら売主となる宅地建物売買契約成立後、媒介を依頼した他の宅地建物取引業者へ報酬を支払うことを拒む行為は、不当な履行遅延（法第44条）に該当する。

4 宅地建物取引業者は、その事務所ごとに従業者名簿を備えなければならないが、退職した従業者に関する事項は従業者名簿への記載の対象ではない。

問 42 宅地建物取引業者Ａが宅地建物取引業法第37条の規定により交付すべき書面（以下この問において「37条書面」という。）に関する次の記述のうち、同法の規定によれば、誤っているものの組合せはどれか。なお、37条書面の交付に代えて電磁的方法により提供する場合については考慮しないものとする。

ア Ａが売主として宅地建物取引業者Ｂの媒介により、土地付建物の売買契約を締結した場合、Ｂが37条書面を作成し、その宅地建物取引士をして当該書面に記名させれば、Ａは、宅地建物取引士による37条書面への記名を省略することができる。

イ Ａがその媒介により、事業用宅地の定期賃貸借契約を公正証書によって成立させた場合、当該公正証書とは別に37条書面を作成して交付するに当たって、宅地建物取引士をして記名させる必要はない。

ウ Ａが売主としてＣとの間で売買契約を成立させた場合（Ｃは自宅を売却して購入代金に充てる予定である。）、ＡＣ間の売買契約に「Ｃは、自宅を一定の金額以上で売却できなかった場合、本件売買契約を無条件で解除できる」旨の定めがあるときは、Ａは、37条書面にその内容を記載しなければならない。

1　ア、イ
2　ア、ウ
3　イ、ウ
4　ア、イ、ウ

問 43　宅地建物取引業者Aが行う業務に関する次の記述のうち、宅地建物取引業法の規定に違反しないものはどれか。

1　Aは、買主Bとの間で建物の売買契約を締結する当日、Bが手付金を一部しか用意できなかったため、やむを得ず、残りの手付金を複数回に分けてBから受領することとし、契約の締結を誘引した。

2　Aの従業者は、投資用マンションの販売において、相手方に事前の連絡をしないまま自宅を訪問し、その際、勧誘に先立って、業者名、自己の氏名、契約締結の勧誘が目的である旨を告げた上で勧誘を行った。

3　Aの従業者は、マンション建設に必要な甲土地の買受けに当たり、甲土地の所有者に対し、電話により売買の勧誘を行った。その際、売却の意思は一切ない旨を告げられたが、その翌日、再度の勧誘を行った。

4　Aの従業者は、宅地の売買を勧誘する際、相手方に対して「近所に幹線道路の建設計画があるため、この土地は将来的に確実に値上がりする」と説明したが、実際には当該建設計画は存在せず、当該従業者の思い込みであったことが判明した。

問 44 宅地建物取引業法（以下この問において「法」という。）の規定に基づく監督処分に関する次の記述のうち、誤っているものはいくつあるか。

ア　宅地建物取引業者A（甲県知事免許）が乙県内において法第32条違反となる広告を行った。この場合、乙県知事から業務停止の処分を受けることがある。

イ　宅地建物取引業者B（甲県知事免許）は、法第50条第2項の届出をし、乙県内にマンション分譲の案内所を設置して業務を行っていたが、当該案内所について法第31条の3第1項に違反している事実が判明した。この場合、乙県知事から指示処分を受けることがある。

ウ　宅地建物取引業者C（甲県知事免許）の事務所の所在地を確知できないため、甲県知事は確知できない旨を公告した。この場合、その公告の日から30日以内にCから申出がなければ、甲県知事は法第67条第1項により免許を取り消すことができる。

エ　宅地建物取引業者D（国土交通大臣免許）は、甲県知事から業務停止の処分を受けた。この場合、Dが当該処分に違反したとしても、国土交通大臣から免許を取り消されることはない。

1　一つ
2　二つ
3　三つ
4　なし

問 45 特定住宅瑕疵担保責任の履行の確保等に関する法律に基づく住宅販売瑕疵担保保証金の供託又は住宅販売瑕疵担保責任保険契約の締結に関する次の記述のうち、正しいものはどれか。

1 自ら売主として新築住宅を宅地建物取引業者でない買主に引き渡した宅地建物取引業者は、基準日に係る住宅販売瑕疵担保保証金の供託及び住宅販売瑕疵担保責任保険契約の締結の状況について届出をしなければ、当該基準日から起算して50日を経過した日以後、新たに自ら売主となる新築住宅の売買契約を締結してはならない。

2 宅地建物取引業者は、自ら売主として新築住宅を販売する場合だけでなく、新築住宅の売買の媒介をする場合においても、住宅販売瑕疵担保保証金の供託又は住宅販売瑕疵担保責任保険契約の締結を行う義務を負う。

3 住宅販売瑕疵担保責任保険契約は、新築住宅の買主が保険料を支払うことを約し、住宅瑕疵担保責任保険法人と締結する保険契約である。

4 自ら売主として新築住宅を販売する宅地建物取引業者は，住宅販売瑕疵担保保証金の供託をする場合、当該新築住宅の売買契約を締結するまでに、当該新築住宅の買主に対し、当該供託をしている供託所の所在地、供託所の表示等について記載した書面を交付して（当該書面に記載すべき事項を電磁的方法により提供する場合を含む。）説明しなければならない。

問 46 独立行政法人住宅金融支援機構（以下この問において「機構」という。）に関する次の記述のうち、誤っているものはどれか。

1 機構は、地震に対する安全性の向上を主たる目的とする住宅の改良に必要な資金の貸付けを業務として行っている。

2 機構は、証券化支援事業（買取型）において、住宅の購入に付随しない住宅の改良に必要な資金の貸付けに係る貸付債権について譲受けの対象としている。

3 機構は、高齢者の家庭に適した良好な居住性能及び居住環境を有する住宅とすることを主たる目的とする住宅の改良（高齢者が自ら居住する住宅について行うものに限る。）に必要な資金の貸付けを業務として行っている。

4 機構は、市街地の土地の合理的な利用に寄与する一定の建築物の建設に必要な資金の貸付りを業務として行っている。

問 47 宅地建物取引業者が行う広告に関する次の記述のうち、不当景品類及び不当表示防止法（不動産の表示に関する公正競争規約を含む。）の規定によれば、正しいものはどれか。

1 建築基準法第28条（居室の採光及び換気）の規定に適合した採光及び換気のための窓等がなくても、居室として利用できる程度の広さがあれば、広告において居室として表示できる。

2 新築分譲マンションの販売広告において、住戸により修繕積立金の額が異なる場合であって、全ての住戸の修繕積立金を示すことが困難であるときは、全住戸の平均額のみ表示すればよい。

3 私道負担部分が含まれている新築住宅を販売する際、私道負担の面積が全体の5％以下であれば、私道負担部分がある旨を表示すれば足り、その面積までは表示する必要はない。

4 建築工事に着手した後に、その工事を相当の期間にわたり中断していた新築分譲マンションについては、建築工事に着手した時期及び中断していた期間を明瞭に表示しなければならない。

参考
問 48 宅地建物の統計等に関する次の記述のうち、正しいものはどれか。

1 平成24年度法人企業統計年報（平成25年9月公表）によれば、平成24年度における不動産業の売上高は約32兆7,000億円と対前年度比で8.5％減少し、3年連続で減少した。

2 建築着工統計（平成26年1月公表）によれば、平成25年の新設住宅着工戸数は持家、分譲住宅ともに前年に比べ増加したが、貸家は3年ぶりに減少した。

3 平成26年版土地白書（平成26年6月公表）によれば、土地取引について、売買による所有権の移転登記の件数でその動向を見ると、平成25年の全国の土地取引件数は128.1万件となり、前年に比べ減少した。

4 平成26年地価公示（平成26年3月公表）によれば、平成25年の1年間の地価変動率は、全国平均で見ると全ての用途で前年に引き続き下落したが、地方平均で見ると商業地については上昇に転じた。

問 49 土地に関する次の記述のうち、最も不適当なものはどれか。

1 旧河道は、地震や洪水などによる災害を受ける危険度が高い所である。

2 地盤の液状化は、地盤の条件と地震の揺れ方により、発生することがある。

3 沿岸地域は、津波や高潮などの被害を受けやすく、宅地の標高や避難経路を把握しておくことが必要である。

4 台地や丘陵の縁辺部は、豪雨などによる崖崩れに対しては、安全である。

問 50 建築物の構造と材料に関する次の記述のうち、最も不適当なものはどれか。

1 鉄筋コンクリート構造におけるコンクリートのひび割れは、鉄筋の腐食に関係する。

2 モルタルは、一般に水、セメント及び砂利を練り混ぜたものである。

3 骨材とは、砂と砂利をいい、砂を細骨材、砂利を粗骨材と呼んでいる。

4 コンクリートは、水、セメント、砂及び砂利を混練したものである。

平成 25 年度
本試験問題

25

解答解説
本冊 P 383〜P 420

平成 25 年度　試験解答用紙

— 解答欄 —

問題番号	解答番号				問題番号	解答番号			
問 1	①	②	③	④	問 26	①	②	③	④
問 2	①	②	③	④	問 27	①	②	③	④
問 3	①	②	③	④	問 28	①	②	③	④
問 4	①	②	③	④	問 29	①	②	③	④
問 5	①	②	③	④	問 30	①	②	③	④
問 6	①	②	③	④	問 31	①	②	③	④
問 7	①	②	③	④	問 32	①	②	③	④
問 8	①	②	③	④	問 33	①	②	③	④
問 9	①	②	③	④	問 34	①	②	③	④
問 10	①	②	③	④	問 35	①	②	③	④
問 11	①	②	③	④	問 36	①	②	③	④
問 12	①	②	③	④	問 37	①	②	③	④
問 13	①	②	③	④	問 38	①	②	③	④
問 14	①	②	③	④	問 39	①	②	③	④
問 15	①	②	③	④	問 40	①	②	③	④
問 16	①	②	③	④	問 41	①	②	③	④
問 17	①	②	③	④	問 42	①	②	③	④
問 18	①	②	③	④	問 43	①	②	③	④
問 19	①	②	③	④	問 44	①	②	③	④
問 20	①	②	③	④	問 45	①	②	③	④
問 21	①	②	③	④	問 46	①	②	③	④
問 22	①	②	③	④	問 47	①	②	③	④
問 23	①	②	③	④	問 48	①	②	③	④
問 24	①	②	③	④	問 49	①	②	③	④
問 25	①	②	③	④	問 50	①	②	③	④

切取線

問　1　次の記述のうち、令和6年4月1日現在施行されている民法の条文
に規定されているものはどれか。

1　意思表示に重要な錯誤があった場合は、その意思表示は無効である旨

2　贈与者は、贈与の目的である物又は権利を、贈与の目的として特定した時
の状態で引き渡し、又は移転することを約したものと推定する旨

3　引き渡された目的物が種類、品質又は数量に関して契約の内容に適合しな
いものであるときは、買主は、履行の追完の催告をすることなく、直ちに、
その不適合の程度に応じて代金の減額を請求することができる旨

4　多数の相手方との契約の締結を予定してあらかじめ準備される契約条項の
総体であって、それらの契約の内容を画一的に定めることを目的とするもの
を約款と定義する旨

問　2　未成年者に関する次の記述のうち、民法の規定及び判例によれば、
正しいものはどれか。

1　父母とまだ意思疎通することができない乳児は、不動産を所有することが
できない。

2　営業を許可された未成年者が、その営業のための商品を仕入れる売買契約
を有効に締結するには、父母双方がいる場合、父母のどちらか一方の同意が
必要である。

3　男女ともに18歳になれば婚姻することができるが、父母双方がいる場合
には、父母双方の同意が必要である。

4　Aが死亡し、Aの妻Bと嫡出でない未成年の子CとDが相続人となった場
合に、CとDの親権者である母EがCとDを代理してBとの間で遺産分割協
議を行っても、有効な追認がない限り無効である。

問 3 甲土地の所有者Aが、他人が所有している土地を通行することに関する次の記述のうち、民法の規定及び判例によれば、誤っているものはどれか。

1 甲土地が他の土地に囲まれて公道に通じない場合、Aは、公道に出るために甲土地を囲んでいる他の土地を自由に選んで通行できるわけではない。
2 甲土地が共有物分割によって公道に通じなくなった場合、Aは、公道に出るために、通行のための償金を支払うことなく、他の分割者の土地を通行することができる。
3 甲土地が公道に通じているか否かにかかわらず、他人が所有している土地を通行するために当該土地の所有者と賃貸借契約を締結した場合、Aは当該土地を通行することができる。
4 甲土地の隣接地の所有者が自らが使用するために当該隣接地内に通路を開設し、Aもその通路を利用し続けると、甲土地が公道に通じていない場合には、Aは隣接地に関して時効によって通行地役権を取得することがある。

問 4 留置権に関する次の記述のうち、民法の規定及び判例によれば、正しいものはどれか。

1 建物の賃借人が賃貸人の承諾を得て建物に付加した造作の買取請求をした場合、賃借人は、造作買取代金の支払を受けるまで、当該建物を留置することができる。
2 不動産が二重に売買され、第2の買主が先に所有権移転登記を備えたため、第1の買主が所有権を取得できなくなった場合、第1の買主は、損害賠償を受けるまで当該不動産を留置することができる。
3 建物の賃貸借契約が賃借人の債務不履行により解除された後に、賃借人が建物に関して有益費を支出した場合、賃借人は、有益費の償還を受けるまで当該建物を留置することができる。
4 建物の賃借人が建物に関して必要費を支出した場合、賃借人は、建物所有者ではない第三者が所有する敷地を留置することはできない。

問 5 抵当権に関する次の記述のうち、民法の規定及び判例によれば、正しいものはどれか。

1 債権者が抵当権の実行として担保不動産の競売手続をする場合には、被担保債権の弁済期が到来している必要があるが、対象不動産に関して発生した賃料債権に対して物上代位をしようとする場合には、被担保債権の弁済期が到来している必要はない。

2 抵当権の対象不動産が借地上の建物であった場合、特段の事情がない限り、抵当権の効力は当該建物のみならず借地権についても及ぶ。

3 対象不動産について第三者が不法に占有している場合、抵当権は、抵当権設定者から抵当権者に対して占有を移転させるものではないので、事情にかかわらず抵当権者が当該占有者に対して妨害排除請求をすることはできない。

4 抵当権について登記がされた後は、抵当権の順位を変更することはできない。

改題
問 6 A銀行のBに対する貸付債権1,500万円につき、CがBの委託を受けて全額について連帯保証をし、D及びEは物上保証人として自己の所有する不動産にそれぞれ抵当権を設定していた場合、次の記述のうち、民法の規定及び判例によれば、正しいものはどれか。

1 CがA銀行に対して債権全額について保証債務を履行した場合、Cは、D及びEの各不動産に対する抵当権を実行して1,500万円を回収することができる。

2 A銀行がDの不動産の抵当権を実行して債権全額を回収した場合、DはCに対して、1,000万円を限度として求償することができる。

3 第三者がDの所有する担保不動産を買い受けた後、CがA銀行に対して債権全額を弁済した場合、Cは、当該第三者に対してA銀行に代位することができない。

4 Eの担保不動産を買い受けた第三者がA銀行に対して債権全額を弁済した場合、当該第三者は、Cに対して、弁済した額の一部を求償することができる。

問 7　次の1から4までの記述のうち、民法の規定及び下記判決文によれば、誤っているものはどれか。

（判決文）

　期間の定めのある建物の賃貸借において、賃借人のために保証人が賃貸人との間で保証契約を締結した場合には、反対の趣旨をうかがわせるような特段の事情のない限り、保証人が更新後の賃貸借から生ずる賃借人の債務についても保証の責めを負う趣旨で合意がされたものと解するのが相当であり、保証人は、賃貸人において保証債務の履行を請求することが信義則に反すると認められる場合を除き、更新後の賃貸借から生ずる賃借人の債務についても保証の責めを免れないというべきである。

1　保証人が期間の定めのある建物の賃貸借の賃借人のために保証契約を締結した場合は、賃貸借契約の更新の際に賃貸人から保証意思の確認がなされていなくても、反対の趣旨をうかがわせるような特段の事情がない限り、更新後の賃借人の債務について保証する旨を合意したものと解される。

2　期間の定めのある建物の賃貸借の賃借人のための保証人が更新後の賃借人の債務についても保証の責任を負う趣旨で合意した場合には、賃借人の未払賃料が1年分に及んだとしても、賃貸人が保証債務の履行を請求することが信義則に反すると認められる事情がなければ、保証人は当該金額の支払義務を負う。

3　期間の定めのある建物の賃貸借の賃借人のための保証人が更新後の賃借人の債務についても保証の責任を負う場合、更新後の未払賃料について保証人の責任は及ぶものの、更新後に賃借人が賃借している建物を故意又は過失によって損傷させた場合の損害賠償債務には保証人の責任は及ばない。

4　期間の定めのある建物の賃貸借の賃借人のための保証人が更新後の賃借人の債務についても保証の責任を負う旨の合意をしたものと解される場合であって、賃貸人において保証債務の履行を請求することが信義則に反すると認められるときには、保証人は更新後の賃借人の債務について保証の責任を負わない。

問 8 次の記述のうち、民法の規定及び判例によれば、正しいものはどれか。

1 倒壊しそうなA所有の建物や工作物について、Aが倒壊防止の措置をとらないため、Aの隣に住むBがAのために最小限度の緊急措置をとったとしても、Aの承諾がなければ、Bはその費用をAに請求することはできない。
2 建物所有を目的とする借地人は、特段の事情がない限り、建物建築時に土地に石垣や擁壁の設置、盛土や杭打ち等の変形加工をするには、必ず賃貸人の承諾を得なければならない。
3 建物の賃貸人が必要な修繕義務を履行しない場合、賃借人は目的物の使用収益に関係なく賃料全額の支払を拒絶することができる。
4 建物の賃貸人が賃貸物の保存に必要な修繕をする場合、賃借人は修繕工事のため使用収益に支障が生じても、これを拒むことはできない。

問 9 Aに雇用されているBが、勤務中にA所有の乗用車を運転し、営業活動のため顧客Cを同乗させている途中で、Dが運転していたD所有の乗用車と正面衝突した（なお、事故についてはBとDに過失がある。）場合における次の記述のうち、民法の規定及び判例によれば、正しいものはどれか。

1 Aは、Cに対して事故によって受けたCの損害の全額を賠償した。この場合、Aは、BとDの過失割合に従って、Dに対して求償権を行使することができる。
2 Aは、Dに対して事故によって受けたDの損害の全額を賠償した。この場合、Aは、被用者であるBに対して求償権を行使することはできない。
3 事故によって損害を受けたCは、AとBに対して損害賠償を請求することはできるが、Dに対して損害賠償を請求することはできない。
4 事故によって損害を受けたDは、Aに対して損害賠償を請求することはできるが、Bに対して損害賠償を請求することはできない。

改題

問 10 婚姻中の夫婦ＡＢ間には嫡出子ＣとＤがいて、Ｄは既に婚姻しており嫡出子Ｅがいたところ、Ｄは令和6年10月1日に死亡した。他方、Ａには離婚歴があり、前の配偶者との間の嫡出子Ｆがいる。Ａが令和6年10月2日に死亡した場合に関する次の記述のうち、民法の規定及び判例によれば、正しいものはどれか。

1　Ａが死亡した場合の法定相続分は、Ｂが2分の1、Ｃが5分の1、Ｅが5分の1、Ｆが10分の1である。

2　Ａが生前、Ａ所有の全財産のうち甲土地についてＣに相続させる旨の遺言をしていた場合には、特段の事情がない限り、遺産分割の方法が指定されたものとして、Ｃは甲土地の所有権を取得するのが原則である。

3　Ａが生前、Ａ所有の全財産についてＤに相続させる旨の遺言をしていた場合には、特段の事情がない限り、Ｅは代襲相続により、Ａの全財産について相続するのが原則である。

4　Ａが生前、Ａ所有の全財産のうち甲土地についてＦに遺贈する旨の意思表示をしていたとしても、Ｆは相続人であるので、当該遺贈は無効である。

問 11 Ａは、Ａ所有の甲建物につき、Ｂとの間で期間を10年とする借地借家法第38条第1項の定期建物賃貸借契約を締結し、Ｂは甲建物をさらにＣに賃貸（転貸）した。この場合に関する次の記述のうち、民法及び借地借家法の規定並びに判例によれば、正しいものはどれか。

1　ＢがＡに無断で甲建物をＣに転貸した場合には、転貸の事情のいかんにかかわらず、ＡはＡＢ間の賃貸借契約を解除することができる。

2　Ｂの債務不履行を理由にＡが賃貸借契約を解除したために当該賃貸借契約が終了した場合であっても、ＢがＡの承諾を得て甲建物をＣに転貸していたときには、ＡはＣに対して甲建物の明渡しを請求することができない。

3　ＡＢ間の賃貸借契約が期間満了で終了する場合であっても、ＢがＡの承諾を得て甲建物をＣに転貸しているときには、ＢのＣに対する解約の申入れについて正当な事由がない限り、ＡはＣに対して甲建物の明渡しを請求することができない。

4　ＡＢ間の賃貸借契約に賃料の改定について特約がある場合には、経済事情の変動によってＢのＡに対する賃料が不相当となっても、ＢはＡに対して借地借家法第32条第1項に基づく賃料の減額請求をすることはできない。

問 12 賃貸借契約に関する次の記述のうち、民法及び借地借家法の規定並びに判例によれば、正しいものはどれか。

1　ゴルフ場経営を目的とする土地賃貸借契約については、対象となる全ての土地について地代等の増減額請求に関する借地借家法第11条の規定が適用される。
2　借地権の存続期間が満了する際、借地権者の契約の更新請求に対し、借地権設定者が遅滞なく異議を述べた場合には、借地契約は当然に終了する。
3　二筆以上ある土地の借地権者が、そのうちの一筆の土地上に登記ある建物を所有し、登記ある建物がない他方の土地は庭として使用するために賃借しているにすぎない場合、登記ある建物がない土地には、借地借家法第10条第1項による対抗力は及ばない。
4　借地権の存続期間が満了する前に建物が滅失し、借地権者が残存期間を超えて存続すべき建物を建築した場合、借地権設定者が異議を述べない限り、借地権は建物が築造された日から当然に20年間存続する。

問 13 建物の区分所有等に関する法律に関する次の記述のうち、誤っているものはどれか。

1　区分所有者の承諾を得て専有部分を占有する者は、会議の目的たる事項につき利害関係を有する場合には、集会に出席して議決権を行使することができる。
2　区分所有者の請求によって管理者が集会を招集した際、規約に別段の定めがある場合及び別段の決議をした場合を除いて、管理者が集会の議長となる。
3　管理者は、集会において、毎年一回一定の時期に、その事務に関する報告をしなければならない。
4　一部共用部分は、区分所有者全員の共有に属するのではなく、これを共用すべき区分所有者の共有に属する。

　不動産の登記に関する次の記述のうち、誤っているものはどれか。

1　所有権の登記名義人が表示に関する登記の申請人となることができる場合において、当該登記名義人について相続その他の一般承継があったときは、相続人その他の一般承継人は、当該表示に関する登記を申請することができる。

2　共有物分割禁止の定めに係る権利の変更の登記の申請は、当該権利の共有者である全ての登記名義人が共同してしなければならない。

3　敷地権付き区分建物の表題部所有者から所有権を取得した者は、当該敷地権の登記名義人の承諾を得ることなく、当該区分建物に係る所有権の保存の登記を申請することができる。

4　所有権に関する仮登記に基づく本登記は、登記上の利害関係を有する第三者がある場合には、当該第三者の承諾があるときに限り、申請することができる。

問 15　都市計画法に関する次の記述のうち、誤っているものはどれか。

1　都市計画施設の区域又は市街地開発事業の施行区域内において建築物の建築をしようとする者であっても、当該建築行為が都市計画事業の施行として行う行為である場合には都道府県知事（市の区域内にあっては、当該市の長）の許可は不要である。

2　用途地域の一つである特定用途制限地域は、良好な環境の形成又は保持のため当該地域の特性に応じて合理的な土地利用が行われるよう、制限すべき特定の建築物等の用途の概要を定める地域とする。

3　都市計画事業の認可の告示があった後においては、当該事業地内において、当該都市計画事業の施行の障害となるおそれがある土地の形質の変更又は建築物の建築その他工作物の建設を行おうとする者は、都道府県知事（市の区域内にあっては、当該市の長）の許可を受けなければならない。

4　一定の条件に該当する土地の区域における地区計画については、劇場、店舗、飲食店その他これらに類する用途に供する大規模な建築物の整備による商業その他の業務の利便の増進を図るため、一体的かつ総合的な市街地の開発整備を実施すべき区域である開発整備促進区を都市計画に定めることができる。

問 16 都市計画法に関する次の記述のうち、正しいものはどれか。

1　開発行為とは、主として建築物の建築の用に供する目的で行う土地の区画形質の変更を指し、特定工作物の建設の用に供する目的で行う土地の区画形質の変更は開発行為には該当しない。

2　市街化調整区域において行う開発行為で、その規模が300 m² であるものについては、常に開発許可は不要である。

3　市街化区域において行う開発行為で、市町村が設置する医療法に規定する診療所の建築の用に供する目的で行うものであって、当該開発行為の規模が1,500 m² であるものについては、開発許可は必要である。

4　非常災害のため必要な応急措置として行う開発行為であっても、当該開発行為が市街化調整区域において行われるものであって、当該開発行為の規模が3,000 m² 以上である場合には、開発許可が必要である。

問 17 建築基準法に関する次の記述のうち、誤っているものはいくつあるか。

ア　一室の居室で天井の高さが異なる部分がある場合、室の床面から天井の一番低い部分までの高さが2.1 m 以上でなければならない。

イ　3階建ての共同住宅の各階のバルコニーには、安全上必要な高さが1.1 m 以上の手すり壁、さく又は金網を設けなければならない。

ウ　石綿以外の物質で居室内において衛生上の支障を生ずるおそれがあるものとして政令で定める物質は、ホルムアルデヒドのみである。

エ　高さが20 m を超える建築物には原則として非常用の昇降機を設けなければならない。

1　一つ

2　二つ

3　三つ

4　四つ

建築基準法（以下この問において「法」という。）に関する次の記述のうち、誤っているものはどれか。

1 地方公共団体は、延べ面積が 1,000 m² を超える建築物の敷地が接しなければならない道路の幅員について、条例で、避難又は通行の安全の目的を達するために必要な制限を付加することができる。

2 建蔽率の限度が 10 分の 8 とされている地域内で、かつ、防火地域内にある耐火建築物については、建蔽率の制限は適用されない。

3 建築物が第二種中高層住居専用地域及び近隣商業地域にわたって存する場合で、当該建築物の過半が近隣商業地域に存する場合には、当該建築物に対して法第 56 条第 1 項第 3 号の規定（北側斜線制限）は適用されない。

4 建築物の敷地が第一種低層住居専用地域及び準住居地域にわたる場合で、当該敷地の過半が準住居地域に存する場合には、作業場の床面積の合計が 100 m² の自動車修理工場は建築可能である。

改題
問 19 宅地造成及び特定盛土等規制法に関する次の記述のうち、誤っているものはどれか。なお、この問において「都道府県知事」とは、地方自治法に基づく指定都市、中核市及び施行時特例市にあってはその長をいうものとする。

1 宅地造成等工事規制区域内において宅地造成等に関する工事を行う場合、宅地造成等に伴う災害を防止するために行う高さ 4 m の擁壁の設置に係る工事については、政令で定める資格を有する者の設計によらなければならない。

2 宅地造成等工事規制区域内において、宅地以外の土地を宅地にするために行われる切土であって、当該切土をする土地の面積が 600 ㎡で、かつ、高さ 1.5 m の崖を生ずることとなるものに関する工事については、都道府県知事の許可が必要である。

3 宅地造成等工事規制区域内において、宅地以外の土地を宅地にするために行われる盛土であって、当該盛土をする土地の面積が 300 ㎡で、かつ、高さ 1.5 m の崖を生ずることとなるものに関する工事については、都道府県知事の許可が必要である。

4 都道府県知事は、宅地造成等工事規制区域内の土地（公共施設用地を除く。）について、宅地造成等に伴う災害の防止のため必要があると認める場合においては、その土地の所有者、管理者、占有者、工事主又は工事施行者に対し、

擁壁の設置等の措置をとることを勧告することができる。

問 20 土地区画整理法に関する次の記述のうち、正しいものはどれか。

1 個人施行者は、規準又は規約に別段の定めがある場合においては、換地計画に係る区域の全部について土地区画整理事業の工事が完了する以前においても換地処分をすることができる。
2 換地処分は、施行者が換地計画において定められた関係事項を公告して行うものとする。
3 個人施行者は、換地計画において、保留地を定めようとする場合においては、土地区画整理審議会の同意を得なければならない。
4 個人施行者は、仮換地を指定しようとする場合においては、あらかじめ、その指定について、従前の宅地の所有者の同意を得なければならないが、仮換地となるべき宅地の所有者の同意を得る必要はない。

改題
問 21 農地法（以下この問において「法」という。）に関する次の記述のうち、正しいものはどれか。

1 農地の賃貸借について法第３条第１項の許可を得て農地の引渡しを受けても、土地登記簿に登記をしなかった場合、その後、その農地について所有権を取得した第三者に対抗することができない。
2 雑種地を開墾し、現に畑として耕作されている土地であっても、土地登記簿上の地目が雑種地である限り、法の適用を受ける農地には当たらない。
3 国又は都道府県等（都道府県又は指定市町村をいう。）が市街化調整区域内の農地（１ヘクタール）を取得して学校を建設する場合、都道府県知事（指定市町村の区域内にあっては、指定市町村の長）との協議が成立しても法第５条第１項の許可を受ける必要がある。
4 農業者が相続により取得した市街化調整区域内の農地を自己の住宅用地として転用する場合でも、法第４条第１項の許可を受ける必要がある。

次の記述のうち、正しいものはどれか。

1 地すべり等防止法によれば、地すべり防止区域内において、地表水を放流し、又は停滞させる行為をしようとする者は、一定の場合を除き、市町村長の許可を受けなければならない。
2 国土利用計画法によれば、甲県が所有する都市計画区域内の 7,000 m² の土地を甲県から買い受けた者は、事後届出を行う必要はない。
3 土壌汚染対策法によれば、形質変更時要届出区域内において土地の形質の変更をしようとする者は、非常災害のために必要な応急措置として行う行為であっても、都道府県知事に届け出なければならない。
4 河川法によれば、河川区域内の土地において工作物を新築し、改築し、又は除却しようとする者は、河川管理者と協議をしなければならない。

改題
問 23 印紙税に関する次の記述のうち、正しいものはどれか。

1 土地譲渡契約書に課税される印紙税を納付するため当該契約書に印紙をはり付けた場合には、課税文書と印紙の彩紋とにかけて判明に消印しなければならないが、契約当事者の従業者の印章又は署名で消印しても、消印したことにはならない。
2 土地の売買契約書（記載金額 2,000 万円）を 3 通作成し、売主A、買主B及び媒介した宅地建物取引業者Cがそれぞれ 1 通ずつ保存する場合、Cが保存する契約書には、印紙税は課されない。
3 一の契約書に土地の譲渡契約（譲渡金額 4,000 万円）と建物の建築請負契約（請負金額 5,000 万円）をそれぞれ区分して記載した場合、印紙税の課税標準となる当該契約書の記載金額は、5,000 万円である。
4 「建物の電気工事に係る請負金額は 2,200 万円（うち消費税額及び地方消費税額が 200 万円）とする」旨を記載した工事請負契約書について、印紙税の課税標準となる当該契約書の記載金額は、2,200 万円である。

　固定資産税に関する次の記述のうち、正しいものはどれか。

1　国会議員及び地方団体の議会の議員は、固定資産評価員を兼ねることができる。
2　登記所は、土地又は建物の表示に関する登記をしたときは、30 日以内に、その旨を当該土地又は家屋の所在地の市町村長に通知しなければならない。
3　住宅用地のうち小規模住宅用地に対して課する固定資産税の課税標準は、当該小規模住宅用地に係る固定資産税の課税標準となるべき価格の 3 分の 1 の額である。
4　固定資産税に係る徴収金について滞納者が督促を受け、その督促状を発した日から起算して 10 日を経過した日までに、その督促に係る固定資産税の徴収金について完納しないときは、市町村の徴税吏員は、滞納者の財産を差し押さえなければならない。

問 25　地価公示法に関する次の記述のうち、正しいものはどれか。

1　地価公示法の目的は、都市及びその周辺の地域等において、標準地を選定し、その周辺の土地の取引価格に関する情報を公示することにより、適正な地価の形成に寄与することである。
2　標準地は、土地鑑定委員会が、自然的及び社会的条件からみて類似の利用価値を有すると認められる地域において、土地の利用状況、環境等が通常と認められ、かつ、当該土地の使用又は収益を制限する権利が存しない一団の土地について選定する。
3　公示価格を規準とするとは、対象土地の価格を求めるに際して、当該対象土地とこれに類似する利用価値を有すると認められる 1 又は 2 以上の標準地との位置、地積、環境等の土地の客観的価値に作用する諸要因についての比較を行い、その結果に基づき、当該標準地の公示価格と当該対象土地の価格との間に均衡を保たせることをいう。
4　不動産鑑定士は、土地鑑定委員会の求めに応じて標準地の鑑定評価を行うに当たっては、近傍類地の取引価格から算定される推定の価格、近傍類地の地代等から算定される推定の価格又は同等の効用を有する土地の造成に要する推定の費用の額のいずれかを勘案してこれを行わなければならない。

問 26 宅地建物取引業の免許（以下この問において「免許」という。）に関する次の記述のうち、宅地建物取引業法の規定によれば、正しいものはどれか。

1 宅地建物取引業者A社の代表取締役が、道路交通法違反により罰金の刑に処せられたとしても、A社の免許は取り消されることはない。
2 宅地建物取引業者B社の使用人であって、B社の宅地建物取引業を行う支店の代表者が、刑法第222条（脅迫）の罪により罰金の刑に処せられたとしても、B社の免許は取り消されることはない。
3 宅地建物取引業者C社の非常勤役員が、刑法第208条の2（凶器準備集合及び結集）の罪により罰金の刑に処せられたとしても、C社の免許は取り消されることはない。
4 宅地建物取引業者D社の代表取締役が、法人税法違反により懲役の刑に処せられたとしても、執行猶予が付されれば、D社の免許は取り消されることはない。

問 27 宅地建物取引業者の営業保証金に関する次の記述のうち、宅地建物取引業法（以下この問において「法」という。）の規定によれば、正しいものはどれか。

1 宅地建物取引業者は、不正の手段により法第3条第1項の免許を受けたことを理由に免許を取り消された場合であっても、営業保証金を取り戻すことができる。
2 信託業法第3条の免許を受けた信託会社で宅地建物取引業を営むものは、国土交通大臣の免許を受けた宅地建物取引業者とみなされるため、営業保証金を供託した旨の届出を国土交通大臣に行わない場合は、国土交通大臣から免許を取り消されることがある。
3 宅地建物取引業者は、本店を移転したためその最寄りの供託所が変更した場合、国債証券をもって営業保証金を供託しているときは、遅滞なく、従前の本店の最寄りの供託所に対し、営業保証金の保管換えを請求しなければならない。
4 宅地建物取引業者は、その免許を受けた国土交通大臣又は都道府県知事から、営業保証金の額が政令で定める額に不足することとなった旨の通知を受けたときは、供託額に不足を生じた日から2週間以内に、その不足額を供託しなければならない。

問 28 宅地建物取引業者A社が、Bから自己所有の甲宅地の売却の媒介を依頼され、Bと媒介契約を締結した場合における次の記述のうち、宅地建物取引業法の規定によれば、正しいものはいくつあるか。

ア　A社が、Bとの間に専任媒介契約を締結し、甲宅地の売買契約を成立させたときは、A社は、遅滞なく、登録番号、取引価格、売買契約の成立した年月日、売主及び買主の氏名を指定流通機構に通知しなければならない。

イ　A社は、Bとの間に媒介契約を締結し、Bに対して甲宅地を売買すべき価額又はその評価額について意見を述べるときは、その根拠を明らかにしなければならない。

ウ　A社がBとの間に締結した専任媒介契約の有効期間は、Bからの申出により更新することができるが、更新の時から3月を超えることができない。

1　一つ
2　二つ
3　三つ
4　なし

問 29 宅地建物取引業法（以下この問において「法」という。）に関する次の記述のうち、正しいものはどれか。

1 宅地建物取引業者でない売主と宅地建物取引業者である買主が、媒介業者を介さず宅地の売買契約を締結する場合、法第35条の規定に基づく重要事項の説明義務を負うのは買主の宅地建物取引業者である。

2 建物の管理が管理会社に委託されている当該建物の賃貸借契約の媒介をする宅地建物取引業者は、当該建物が区分所有建物であるか否かにかかわらず、その管理会社の商号又は名称及びその主たる事務所の所在地を、借主に説明しなければならない。

3 区分所有建物の売買において、売主及び買主が宅地建物取引業者である場合、当該売主は当該買主に対し、当該一棟の建物に係る計画的な維持修繕のための修繕積立金積立総額及び売買の対象となる専有部分に係る修繕積立金額を重要事項説明書に記載すれば、滞納があることについては記載しなくてもよい。

4 区分所有建物の売買において、売主及び買主が宅地建物取引業者である場合、当該売主は当該買主に対し、法第35条の2に規定する供託所等の説明をしなければならない。

問 30 宅地建物取引業者が行う宅地建物取引業法第35条に規定する重要事項の説明（以下この問において「重要事項説明」という。）及び同条の規定により交付すべき書面（以下この問において「35条書面」という。）に関する次の記述のうち、正しいものはどれか。なお、35条書面の交付に代えて電磁的方法により提供する場合については考慮しないものとする。

1 宅地建物取引業者は、宅地又は建物の売買について売主となる場合、買主が宅地建物取引業者であっても、重要事項説明は行わなければならないが、35条書面の交付は省略してよい。

2 宅地建物取引業者が、宅地建物取引士をして取引の相手方に対し重要事項説明をさせる場合、当該宅地建物取引士は、取引の相手方から請求がなくても、宅地建物取引士証を相手方に提示しなければならず、提示しなかったときは、20万円以下の罰金に処せられることがある。

3 宅地建物取引業者は、貸借の媒介の対象となる建物（昭和56年5月31日

以前に新築）が、指定確認検査機関、建築士、登録住宅性能評価機関又は地方公共団体による耐震診断を受けたものであっても、その内容を35条書面に記載しなくてもよい。

4　宅地建物取引業者は、重要事項説明において、取引の対象となる宅地又は建物が、津波防災地域づくりに関する法律の規定により指定された津波災害警戒区域内にあるときは、その旨を35条書面に記載しなければならない。

改題
問 31　宅地建物取引業者A社が宅地建物取引業法第37条の規定により交付すべき書面（以下この問において「37条書面」という。）に関する次の記述のうち、宅地建物取引業法の規定によれば、正しいものの組合せはどれか。なお、37条書面の交付に代えて電磁的方法により提供する場合については考慮しないものとする。

ア　A社は、建物の貸借に関し、自ら貸主として契約を締結した場合に、その相手方に37条書面を交付しなければならない。

イ　A社は、建物の売買に関し、その媒介により契約が成立した場合に、当該売買契約の各当事者のいずれに対しても、37条書面を交付しなければならない。

ウ　A社は、建物の売買に関し、その媒介により契約が成立した場合に、天災その他不可抗力による損害の負担に関する定めがあるときは、その内容を記載した37条書面を交付しなければならない。

エ　A社は、建物の売買に関し、自ら売主として契約を締結した場合に、その相手方が宅地建物取引業者であれば、37条書面を交付する必要はない。

1　ア、イ
2　イ、ウ
3　ウ、エ
4　ア、エ

問 32 次の記述のうち、宅地建物取引業法の規定に違反しないものの組合せとして、正しいものはどれか。なお、この問において「建築確認」とは、建築基準法第6条第1項の確認をいうものとする。

ア　宅地建物取引業者A社は、建築確認の済んでいない建築工事完了前の賃貸住宅の貸主Bから当該住宅の貸借の媒介を依頼され、取引態様を媒介と明示して募集広告を行った。

イ　宅地建物取引業者C社は、建築確認の済んでいない建築工事完了前の賃貸住宅の貸主Dから当該住宅の貸借の代理を依頼され、代理人として借主Eとの間で当該住宅の賃貸借契約を締結した。

ウ　宅地建物取引業者F社は、建築確認の済んだ建築工事完了前の建売住宅の売主G社（宅地建物取引業者）との間で当該住宅の売却の専任媒介契約を締結し、媒介業務を行った。

エ　宅地建物取引業者H社は、建築確認の済んでいない建築工事完了前の建売住宅の売主I社（宅地建物取引業者）から当該住宅の売却の媒介を依頼され、取引態様を媒介と明示して当該住宅の販売広告を行った。

1　ア、イ
2　イ、ウ
3　ウ、エ
4　イ、ウ、エ

改題
問 33 宅地建物取引業法第35条に規定する重要事項の説明に関する次の記述のうち、正しいものはどれか。なお、説明の相手方は宅地建物取引業者ではないものとする。

1　宅地建物取引業者は、自ら売主として分譲マンションの売買を行う場合、管理組合の総会の議決権に関する事項について、管理規約を添付して説明しなければならない。

2　宅地建物取引業者は、分譲マンションの売買の媒介を行う場合、建物の区分所有等に関する法律第2条第4項に規定する共用部分に関する規約の定めが案の段階であっても、その案の内容を説明しなければならない。

3　宅地建物取引業者は、マンションの1戸の貸借の媒介を行う場合、建築基準法に規定する容積率及び建蔽率に関する制限があるときは、その制限内容

を説明しなければならない。

4 宅地建物取引業者は、マンションの1戸の貸借の媒介を行う場合、借賃以外に授受される金銭の定めがあるときは、その金銭の額、授受の目的及び保管方法を説明しなければならない。

問 34 宅地建物取引業者A社が、自ら売主として宅地建物取引業者でない買主Bとの間で締結した宅地の売買契約について、Bが宅地建物取引業法第37条の2の規定に基づき、いわゆるクーリング・オフによる契約の解除をする場合における次の記述のうち、正しいものはどれか。

1 Bは、自ら指定した喫茶店において買受けの申込みをし、契約を締結した。Bが翌日に売買契約の解除を申し出た場合、A社は、既に支払われている手付金及び中間金の全額の返還を拒むことができる。

2 Bは、月曜日にホテルのロビーにおいて買受けの申込みをし、その際にクーリング・オフについて書面で告げられ、契約を締結した。Bは、翌週の火曜日までであれば、契約の解除をすることができる。

3 Bは、宅地の売買契約締結後に速やかに建物請負契約を締結したいと考え、自ら指定した宅地建物取引業者であるハウスメーカー（A社より当該宅地の売却について代理又は媒介の依頼は受けていない。）の事務所において買受けの申込みをし、A社と売買契約を締結した。その際、クーリング・オフについてBは書面で告げられた。その6日後、Bが契約の解除の書面をA社に発送した場合、Bは売買契約を解除することができる。

4 Bは、10区画の宅地を販売するテント張りの案内所において、買受けの申込みをし、2日後、A社の事務所で契約を締結した上で代金全額を支払った。その5日後、Bが、宅地の引渡しを受ける前に契約の解除の書面を送付した場合、A社は代金全額が支払われていることを理由に契約の解除を拒むことができる。

問 35 宅地建物取引業者が媒介により建物の貸借の契約を成立させた場合、宅地建物取引業法第37条の規定により当該貸借の契約当事者に対して交付すべき書面に必ず記載しなければならない事項の組合せとして、正しいものはどれか。なお、書面の交付に代えて電磁的方法により提供する場合については考慮しないものとする。

ア　保証人の氏名及び住所
イ　建物の引渡しの時期
ウ　借賃の額並びにその支払の時期及び方法
エ　媒介に関する報酬の額
オ　借賃以外の金銭の授受の方法

1　ア、イ
2　イ、ウ
3　ウ、エ、オ
4　ア、エ、オ

問 36 宅地建物取引業者A社が行う業務に関する次の記述のうち、宅地建物取引業法（以下この問において「法」という。）の規定に違反しないものはどれか。なお、この問において「37条書面」とは、法第37条の規定により交付すべき書面をいうものとし、37条書面の交付に代えて電磁的方法により提供する場合については考慮しないものとする。

1　A社は、宅地の売買の媒介に際して、売買契約締結の直前に、当該宅地の一部に私道に関する負担があることに気付いた。既に買主に重要事項説明を行った後だったので、A社は、私道の負担に関する追加の重要事項説明は行わず、37条書面にその旨記載し、売主及び買主の双方に交付した。
2　A社は、営業保証金を供託している供託所及びその所在地を説明しないままに、自らが所有する宅地の売買契約が成立したので、宅地建物取引業者でない買主に対し、その供託所等を37条書面に記載の上、説明した。
3　A社は、媒介により建物の貸借の契約を成立させ、37条書面を借主に交付するに当たり、37条書面に記名をした宅地建物取引士が不在であったことから、宅地建物取引士ではない従業員に37条書面を交付させた。
4　A社は、宅地建物取引業者間での宅地の売買の媒介に際し、当該売買契約

に当該宅地が種類又は品質に関して契約の内容に適合しない場合におけるその不適合を担保すべき責任に関する特約はあったが、宅地建物取引業者間の取引であったため、当該特約の内容について37条書面への記載を省略した。

改題

問 37 宅地建物取引業者A社（消費税課税事業者）は売主Bから土地付建物の売却の代理の依頼を受け、宅地建物取引業者C社（消費税課税事業者）は買主Dから戸建住宅の購入の媒介の依頼を受け、BとDの間で売買契約を成立させた。この場合における次の記述のうち、宅地建物取引業法の規定に違反しないものはいくつあるか。なお、土地付建物の代金は5,400万円（うち、土地代金は2,100万円）で、消費税額及び地方消費税額を含むものとする。

ア　A社はBから3,490,000円の報酬を受領し、C社はDから1,750,000円の報酬を受領した。

イ　A社はBから2,300,000円の報酬を受領し、C社はA社及びDの了承を得た上でDから1,397,900円の報酬を受領した。

ウ　A社はBから1,740,000円の報酬を受領し、C社はDから1,749,000円を報酬として受領したほか、Dの特別の依頼に基づき行った遠隔地への現地調査に要した特別の費用について、Dが事前に負担を承諾していたので、50,000円を受領した。

1　一つ
2　二つ
3　三つ
4　なし

問 38　宅地建物取引業者A社が、自ら売主として宅地建物取引業者でない買主Bとの間で締結した売買契約に関する次の記述のうち、宅地建物取引業法の規定によれば、誤っているものはいくつあるか。

ア　A社は、Bとの間で締結した中古住宅の売買契約において、引渡後に発見された雨漏り、シロアリの害、建物の構造耐力上主要な部分の契約不適合についてのみ責任を負うとする特約を定めることができる。

イ　A社は、Bとの間における新築分譲マンションの売買契約（代金3,500万円）の締結に際して、当事者の債務の不履行を理由とする契約の解除に伴う損害賠償の予定額と違約金の合計額を700万円とする特約を定めることができる。

ウ　A社は、Bとの間における土地付建物の売買契約の締結に当たり、手付金100万円及び中間金200万円を受領する旨の約定を設けた際、相手方が契約の履行に着手するまでは、売主は買主に受領済みの手付金及び中間金の倍額を支払い、また、買主は売主に支払済みの手付金及び中間金を放棄して、契約を解除できる旨の特約を定めた。この特約は有効である。

1　一つ
2　二つ
3　三つ
4　なし

問 39　宅地建物取引業保証協会（以下この問において「保証協会」という。）に関する次の記述のうち、宅地建物取引業法の規定によれば、正しいものはどれか。

1　保証協会は、社員の取り扱った宅地建物取引業に係る取引に関する苦情について、宅地建物取引業者の相手方等からの解決の申出及びその解決の結果を社員に周知させなければならない。

2　保証協会に加入した宅地建物取引業者は、直ちに、その旨を免許を受けた国土交通大臣又は都道府県知事に報告しなければならない。

3　保証協会は、弁済業務保証金の還付があったときは、当該還付に係る社員又は社員であった者に対し、当該還付額に相当する額の還付充当金をその主たる事務所の最寄りの供託所に供託すべきことを通知しなければならない。

4　宅地建物取引業者で保証協会に加入しようとする者は、その加入の日から2週間以内に、弁済業務保証金分担金を保証協会に納付しなければならない。

問 40　宅地建物取引業者Aが、自ら売主として買主との間で締結する売買契約に関する次の記述のうち、宅地建物取引業法（以下この問において「法」という。）の規定によれば、正しいものはどれか。なお、この問において「保全措置」とは、法第41条に規定する手付金等の保全措置をいうものとする。

1　Aは、宅地建物取引業者でない買主Bとの間で建築工事完了前の建物を4,000万円で売却する契約を締結し300万円の手付金を受領する場合、銀行等による連帯保証、保険事業者による保証保険又は指定保管機関による保管により保全措置を講じなければならない。

2　Aは、宅地建物取引業者Cに販売代理の依頼をし、宅地建物取引業者でない買主Dと建築工事完了前のマンションを3,500万円で売却する契約を締結した。この場合、A又はCのいずれかが保全措置を講ずることにより、Aは、代金の額の5％を超える手付金を受領することができる。

3　Aは、宅地建物取引業者である買主Eとの間で建築工事完了前の建物を5,000万円で売却する契約を締結した場合、保全措置を講じずに、当該建物の引渡前に500万円を手付金として受領することができる。

4　Aは、宅地建物取引業者でない買主Fと建築工事完了前のマンションを4,000万円で売却する契約を締結する際、100万円の手付金を受領し、さらに200万円の中間金を受領する場合であっても、手付金が代金の5％以内であれば保全措置を講ずる必要はない。

問 41 宅地建物取引業法の規定によれば、次の記述のうち、正しいものはどれか。

1　宅地建物取引業者は、その事務所ごとにその業務に関する帳簿を備えなければならないが、当該帳簿の記載事項を事務所のパソコンのハードディスクに記録し、必要に応じ当該事務所においてパソコンやプリンターを用いて紙面に印刷することが可能な環境を整えていたとしても、当該帳簿への記載に代えることができない。

2　宅地建物取引業者は、その主たる事務所に、宅地建物取引業者免許証を掲げなくともよいが、国土交通省令で定める標識を掲げなければならない。

3　宅地建物取引業者は、その事務所ごとに、その業務に関する帳簿を備え、宅地建物取引業に関し取引のあった月の翌月1日までに、一定の事項を記載しなければならない。

4　宅地建物取引業者は、その業務に従事させる者に、従業者証明書を携帯させなければならないが、その者が宅地建物取引士で宅地建物取引士証を携帯していれば、従業者証明書は携帯させなくてもよい。

問 42 甲県知事の宅地建物取引士資格登録（以下この問において「登録」という。）を受けている宅地建物取引士Aへの監督処分に関する次の記述のうち、宅地建物取引業法の規定によれば、正しいものはどれか。

1　Aは、乙県内の業務に関し、他人に自己の名義の使用を許し、当該他人がその名義を使用して宅地建物取引士である旨の表示をした場合、乙県知事から必要な指示を受けることはあるが、宅地建物取引士として行う事務の禁止の処分を受けることはない。

2　Aは、乙県内において業務を行う際に提示した宅地建物取引士証が、不正の手段により交付を受けたものであるとしても、乙県知事から登録を消除されることはない。

3　Aは、乙県内の業務に関し、乙県知事から宅地建物取引士として行う事務の禁止の処分を受け、当該処分に違反したとしても、甲県知事から登録を消除されることはない。

4　Aは、乙県内の業務に関し、甲県知事又は乙県知事から報告を求められることはあるが、乙県知事から必要な指示を受けることはない。

問 43 宅地建物取引業法に関する次の記述のうち、正しいものはどれか。

1　甲県に事務所を設置する宅地建物取引業者（甲県知事免許）が、乙県所在の物件を取引する場合、国土交通大臣へ免許換えの申請をしなければならない。

2　宅地建物取引業者（甲県知事免許）は、乙県知事から指示処分を受けたときは、その旨を甲県知事に届け出なければならない。

3　免許を受けようとする法人の政令で定める使用人が、覚せい剤取締法違反により懲役刑に処せられ、その刑の執行を終わった日から5年を経過していない場合、当該使用人が取締役に就任していなければ当該法人は免許を受けることができる。

4　宅地建物取引業に関し不正又は不誠実な行為をするおそれが明らかな者は、宅地建物取引業法の規定に違反し罰金の刑に処せられていなくても、免許を受けることができない。

問 44 宅地建物取引業法に規定する宅地建物取引士資格登録（以下この問において「登録」という。）、宅地建物取引士及び宅地建物取引士証に関する次の記述のうち、正しいものはいくつあるか。

ア　登録を受けている者は、登録事項に変更があった場合は変更の登録申請を、また、破産手続開始の決定を受けて復権を得ない者となった場合はその旨の届出を、遅滞なく、登録している都道府県知事に行わなければならない。

イ　宅地建物取引士証の交付を受けようとする者（宅地建物取引士資格試験合格日から1年以内の者又は登録の移転に伴う者を除く。）は、都道府県知事が指定した講習を、交付の申請の90日前から30日前までに受講しなければならない。

ウ　宅地建物取引業法第35条に規定する事項を記載した書面への記名及び同法第37条の規定により交付すべき書面への記名については、専任の宅地建物取引士でなければ行ってはならない。

エ　宅地建物取引士は、事務禁止処分を受けた場合、宅地建物取引士証をその交付を受けた都道府県知事に速やかに提出しなければならないが、提出しなかったときは10万円以下の過料に処せられることがある。

1　一つ
2　二つ
3　三つ
4　なし

問 45 宅地建物取引業者Aが自ら売主として、宅地建物取引業者でない買主Bに新築住宅を販売する場合における次の記述のうち、特定住宅瑕疵担保責任の履行の確保等に関する法律の規定によれば、正しいものはどれか。

1　Bが建設業者である場合、Aは、Bに引き渡した新築住宅について、住宅販売瑕疵担保保証金の供託又は住宅販売瑕疵担保責任保険契約の締結を行う義務を負わない。

2　Aは、基準日に係る住宅販売瑕疵担保保証金の供託及び住宅販売瑕疵担保責任保険契約の締結の状況について届出をしなければ、当該基準日から3週間を経過した日以後、新たに自ら売主となる新築住宅の売買契約を締結してはならない。

3 Aは、住宅販売瑕疵担保保証金の供託をする場合、Bに対する供託所の所在地等について記載した書面の交付（当該書面に記載すべき事項を電磁的方法により提供する場合を含む。）及び説明を、Bに新築住宅を引き渡すまでに行えばよい。

4 Aが住宅販売瑕疵担保保証金を供託する場合、当該住宅の床面積が55m²以下であるときは、新築住宅の合計戸数の算定に当たって、2戸をもって1戸と数えることになる。

問 46 独立行政法人住宅金融支援機構（以下この問において「機構」という。）に関する次の記述のうち、誤っているものはどれか。

1 機構は、住宅の建設又は購入に必要な資金の貸付けに係る金融機関の貸付債権の譲受けを業務として行っているが、当該住宅の建設又は購入に付随する土地又は借地権の取得に必要な資金の貸付けに係る貸付債権については、譲受けの対象としていない。

2 機構は、災害により、住宅が滅失した場合において、それに代わるべき建築物の建設又は購入に必要な資金の貸付けを業務として行っている。

3 機構は、貸付けを受けた者とあらかじめ契約を締結して、その者が死亡した場合に支払われる生命保険の保険金を当該貸付けに係る債務の弁済に充当する団体信用生命保険に関する業務を行っている。

4 機構が証券化支援事業（買取型）により譲り受ける貸付債権は、自ら居住する住宅又は自ら居住する住宅以外の親族の居住の用に供する住宅を建設し、又は購入する者に対する貸付けに係るものでなければならない。

　宅地建物取引業者が行う広告に関する次の記述のうち、不当景品類及び不当表示防止法（不動産の表示に関する公正競争規約を含む。）の規定によれば、正しいものはどれか。

1　新築分譲マンションの販売広告で完成予想図により周囲の状況を表示する場合、完成予想図である旨及び周囲の状況はイメージであり実際とは異なる旨を表示すれば、実際に所在しない箇所に商業施設を表示するなど現況と異なる表示をしてもよい。

2　宅地の販売広告における地目の表示は、登記簿に記載されている地目と現況の地目が異なる場合には、登記簿上の地目のみを表示すればよい。

3　住戸により管理費が異なる分譲マンションの販売広告を行う場合、全ての住戸の管理費を示すことが広告スペースの関係で困難なときには、1住戸当たりの月額の最低額及び最高額を表示すればよい。

4　完成後8か月しか経過していない分譲住宅については、入居の有無にかかわらず新築分譲住宅と表示してもよい。

参考
問 48　宅地建物の統計等に関する次の記述のうち、誤っているものはどれか。

1　平成23年度法人企業統計年報（平成24年9月公表）によれば、平成23年度における不動産業の経常利益は約3兆3,000億円となっており、前年度比0.5％減となった。

2　平成25年地価公示（平成25年3月公表）によれば、平成24年の1年間の地価は、全国的に依然として下落を示したが、下落率は縮小し、上昇又は横ばいの地点が大幅に増加している。

3　建築着工統計（平成25年1月公表）によれば、平成24年の持家戸数は3年連続で増加しているものの、貸家戸数は3年ぶりに減少している。

4　平成25年版土地白書（平成25年6月公表）によれば、土地取引について、売買による所有権移転登記の件数でその動向を見ると、平成24年の全国の土地取引件数は120.4万件となり、9年ぶりに増加に転じた。

問 49 日本の土地に関する次の記述のうち、最も不適当なものはどれか。

1 国土を山地と平地に大別すると、山地の占める比率は、国土面積の約75％である。
2 火山地は、国土面積の約7％を占め、山林や原野のままの所も多く、水利に乏しい。
3 台地・段丘は、国土面積の約12％で、地盤も安定し、土地利用に適した土地である。
4 低地は、国土面積の約25％であり、洪水や地震による液状化などの災害危険度は低い。

問 50 建築の構造に関する次の記述のうち、最も不適当なものはどれか。

1 耐震構造は、建物の柱、はり、耐震壁などで剛性を高め、地震に対して十分耐えられるようにした構造である。
2 免震構造は、建物の下部構造と上部構造との間に積層ゴムなどを設置し、揺れを減らす構造である。
3 制震構造は、制震ダンパーなどを設置し、揺れを制御する構造である。
4 既存不適格建築物の耐震補強として、制震構造や免震構造を用いることは適していない。

平成24年度
本試験問題

24

- 改題…法改正などにより修正を加えた問題です。
- 参考…どのような出題がされたかを確認するための参考問題です。出題当時のまま掲載していますので内容を覚える必要はありません。
- 問5について…試験実施団体である不動産適正取引推進機構から、正解肢2つである旨の発表がありました。
- 建蔽率の表記について…平成30年4月1日施行の建築基準法改正により「建ぺい率」の表記が「建蔽率」に変更されました。そのため、過去問題の表記も「建蔽率」に修正していますが、この修正のみの場合は改題表記を行っていません。

解答解説
本冊P 421〜P 455

平成 24 年度　試験解答用紙

解答欄

問題番号	解答番号			
問 1	①	②	③	④
問 2	①	②	③	④
問 3	①	②	③	④
問 4	①	②	③	④
問 5	①	②	③	④
問 6	①	②	③	④
問 7	①	②	③	④
問 8	①	②	③	④
問 9	①	②	③	④
問 10	①	②	③	④
問 11	①	②	③	④
問 12	①	②	③	④
問 13	①	②	③	④
問 14	①	②	③	④
問 15	①	②	③	④
問 16	①	②	③	④
問 17	①	②	③	④
問 18	①	②	③	④
問 19	①	②	③	④
問 20	①	②	③	④
問 21	①	②	③	④
問 22	①	②	③	④
問 23	①	②	③	④
問 24	①	②	③	④
問 25	①	②	③	④

問題番号	解答番号			
問 26	①	②	③	④
問 27	①	②	③	④
問 28	①	②	③	④
問 29	①	②	③	④
問 30	①	②	③	④
問 31	①	②	③	④
問 32	①	②	③	④
問 33	①	②	③	④
問 34	①	②	③	④
問 35	①	②	③	④
問 36	①	②	③	④
問 37	①	②	③	④
問 38	①	②	③	④
問 39	①	②	③	④
問 40	①	②	③	④
問 41	①	②	③	④
問 42	①	②	③	④
問 43	①	②	③	④
問 44	①	②	③	④
問 45	①	②	③	④
問 46	①	②	③	④
問 47	①	②	③	④
問 48	①	②	③	④
問 49	①	②	③	④
問 50	①	②	③	④

切取線

問 1 民法第94条第2項は、相手方と通じてした虚偽の意思表示の無効は「善意の第三者に対抗することができない。」と定めている。次の記述のうち、民法の規定及び判例によれば、同項の「第三者」に該当しないものはどれか。

1 Aが所有する甲土地につき、AとBが通謀の上で売買契約を仮装し、AからBに所有権移転登記がなされた場合に、B名義の甲土地を差し押さえたBの債権者C

2 Aが所有する甲土地につき、AとBの間には債権債務関係がないにもかかわらず、両者が通謀の上でBのために抵当権を設定し、その旨の登記がなされた場合に、Bに対する貸付債権を担保するためにBから転抵当権の設定を受けた債権者C

3 Aが所有する甲土地につき、AとBが通謀の上で売買契約を仮装し、AからBに所有権移転登記がなされた場合に、Bが甲土地の所有権を有しているものと信じてBに対して金銭を貸し付けたC

4 AとBが通謀の上で、Aを貸主、Bを借主とする金銭消費貸借契約を仮装した場合に、当該仮装債権をAから譲り受けたC

問 2 代理に関する次の記述のうち、民法の規定及び判例によれば、誤っているものはどれか。

1 未成年者が代理人となって締結した契約の効果は、当該行為を行うにつき当該未成年者の法定代理人による同意がなければ、有効に本人に帰属しない。

2 法人について即時取得の成否が問題となる場合、当該法人の代表機関が代理人によって取引を行ったのであれば、即時取得の要件である善意・無過失の有無は、当該代理人を基準にして判断される。

3 不動産の売買契約に関して、同一人物が売主及び買主の双方の代理人となった場合であっても、売主及び買主の双方があらかじめ承諾をしているときには、当該売買契約の効果は両当事者に有効に帰属する。

4 法定代理人は、やむを得ない事由がなくとも、復代理人を選任することができる。

問 3 次の記述のうち、令和6年4月1日現在施行されている民法の条文に規定されているものはどれか。

1 当事者が意思能力を有しなかったことを理由とする法律行為の無効は、当該当事者のみが主張することができる旨

2 契約締結に当たって当事者が基礎とした事情に変更が生じた場合に、当事者は契約の再交渉を求めることができる旨

3 保証契約は、書面でしなければその効力を生じない旨

4 物の瑕疵とは、種類又は品質に関して契約の内容に適合しない状態をいう旨

問 4 A所有の甲土地につき、Aから売却に関する代理権を与えられていないBが、Aの代理人として、Cとの間で売買契約を締結した場合における次の記述のうち、民法の規定及び判例によれば、誤っているものはどれか。なお、表見代理は成立しないものとする。

1 Bの無権代理行為をAが追認した場合には、AC間の売買契約は有効となる。

2 Aの死亡により、BがAの唯一の相続人として相続した場合、Bは、Aの追認拒絶権を相続するので、自らの無権代理行為の追認を拒絶することができる。

3 Bの死亡により、AがBの唯一の相続人として相続した場合、AがBの無権代理行為の追認を拒絶しても信義則には反せず、AC間の売買契約が当然に有効になるわけではない。

4 Aの死亡により、BがDとともにAを相続した場合、DがBの無権代理行為を追認しない限り、Bの相続分に相当する部分においても、AC間の売買契約が当然に有効になるわけではない。

問 5 次の1から4までの記述のうち、民法の規定及び下記判決文によれば、明らかに誤っているものはどれか。

（判決文）

請負人が建築した建物に重大な瑕疵があって建て替えるほかはない場合に、当該建物を収去することは社会経済的に大きな損失をもたらすものではなく、また、そのような建物を建て替えてこれに要する費用を請負人に負担させるこ

とは、契約の履行責任に応じた損害賠償責任を負担させるものであって、請負人にとって過酷であるともいえないのであるから、建て替えに要する費用相当額の損害賠償請求をすることを認めても、民法第635条ただし書の規定の趣旨に反するものとはいえない。

1 請負の目的物である建物の瑕疵が重要でない場合であって、その修補に過分の費用を要するときは、注文者は瑕疵の修補を請求することはできない。
2 請負の目的物である建物に重大な瑕疵があるためにこれを建て替えざるを得ない場合には、注文者は、請負人に対し、建物の建て替えに要する費用相当額の損害賠償請求をすることができる。
3 請負の目的物が建物であって、民法第635条ただし書によって注文者が請負契約の解除をすることができない場合には、その規定の趣旨に照らし、注文者は建て替えに要する費用相当額の損害賠償請求をすることは認められない。
4 請負の目的物である建物に重大な瑕疵があるためにこれを建て替えざるを得ない場合であっても、瑕疵担保責任に基づく損害賠償請求は、請負人が当該建物を引き渡した時から1年以内にしなければならない。

問 6 A所有の甲土地についての所有権移転登記と権利の主張に関する次の記述のうち、民法の規定及び判例によれば、正しいものはどれか。

1 甲土地につき、時効により所有権を取得したBは、時効完成前にAから甲土地を購入して所有権移転登記を備えたCに対して、時効による所有権の取得を主張することができない。
2 甲土地の賃借人であるDが、甲土地上に登記ある建物を有する場合に、Aから甲土地を購入したEは、所有権移転登記を備えていないときであっても、Dに対して、自らが賃貸人であることを主張することができる。
3 Aが甲土地をFとGとに対して二重に譲渡してFが所有権移転登記を備えた場合に、AG間の売買契約の方がAF間の売買契約よりも先になされたことをGが立証できれば、Gは、登記がなくても、Fに対して自らが所有者であることを主張することができる。
4 Aが甲土地をHとIとに対して二重に譲渡した場合において、Hが所有権移転登記を備えない間にIが甲土地を善意のJに譲渡してJが所有権移転登記を備えたときは、Iがいわゆる背信的悪意者であっても、Hは、Jに対して自らが所有者であることを主張することができない。

物上代位に関する次の記述のうち、民法の規定及び判例によれば、誤っているものはどれか。なお、物上代位を行う担保権者は、物上代位の対象とする目的物について、その払渡し又は引渡しの前に差し押さえるものとする。

1 Aの抵当権設定登記があるB所有の建物の賃料債権について、Bの一般債権者が差押えをした場合には、Aは当該賃料債権に物上代位することができない。

2 Aの抵当権設定登記があるB所有の建物の賃料債権について、Aが当該建物に抵当権を実行していても、当該抵当権が消滅するまでは、Aは当該賃料債権に物上代位することができる。

3 Aの抵当権設定登記があるB所有の建物が火災によって焼失してしまった場合、Aは、当該建物に掛けられた火災保険契約に基づく損害保険金請求権に物上代位することができる。

4 Aの抵当権設定登記があるB所有の建物について、CがBと賃貸借契約を締結した上でDに転貸していた場合、Aは、CのDに対する転貸賃料債権に当然に物上代位することはできない。

改題
問 8 債務不履行に基づく損害賠償請求権に関する次の記述のうち、民法の規定及び判例によれば、誤っているものはどれか。

1 AがBと契約を締結する前に、信義則上の説明義務に違反して契約締結の判断に重要な影響を与える情報をBに提供しなかった場合、Bが契約を締結したことにより被った損害につき、Aは、不法行為による賠償責任を負うことはあっても、債務不履行による賠償責任を負うことはない。

2 AB間の利息付金銭消費貸借契約において、利率に関する定めがない場合、借主Bが債務不履行に陥ったことによりAがBに対して請求することができる遅延損害金は、法定利率により算出する。

3 AB間でB所有の甲不動産の売買契約を締結した後、Bが甲不動産をCに二重譲渡してCが登記を具備した場合、AはBに対して債務不履行に基づく損害賠償請求をすることができる。

4 AB間の金銭消費貸借契約において、借主Bは当該契約に基づく金銭の返済をCからBに支払われる売掛代金で予定していたが、その入金がなかった（Bの責めに帰すべき事由はない。）ため、返済期限が経過してしまった場合、Bは債務不履行には陥らず、Aに対して遅延損害金の支払義務を負わない。

問 9 Aに雇用されているBが、勤務中にA所有の乗用車を運転し、営業活動のため得意先に向かっている途中で交通事故を起こし、歩いていたCに危害を加えた場合における次の記述のうち、民法の規定及び判例によれば、正しいものはどれか。

1 BのCに対する損害賠償義務が消滅時効にかかったとしても、AのCに対する損害賠償義務が当然に消滅するものではない。

2 Cが即死であった場合には、Cには事故による精神的な損害が発生する余地がないので、AはCの相続人に対して慰謝料についての損害賠償責任を負わない。

3 Aの使用者責任が認められてCに対して損害を賠償した場合には、AはBに対して求償することができるので、Bに資力があれば、最終的にはAはCに対して賠償した損害額の全額を常にBから回収することができる。

4 Cが幼児である場合には、被害者側に過失があるときでも過失相殺が考慮されないので、AはCに発生した損害の全額を賠償しなければならない。

改題

問 10 Aは未婚で子供がなく、父親Bが所有する甲建物にBと同居している。Aの母親Cは令和5年3月末日に死亡している。AにはBとCの実子である兄Dがいて、DはEと婚姻して実子Fがいたが、Dは令和6年3月末日に死亡している。この場合における次の記述のうち、民法の規定及び判例によれば、正しいものはどれか。

1 Bが死亡した場合の法定相続分は、Aが2分の1、Eが4分の1、Fが4分の1である。

2 Bが死亡した場合、甲建物につき法定相続分を有するFは、甲建物を1人で占有しているAに対して、当然に甲建物の明渡しを請求することができる。

3 Aが死亡した場合の法定相続分は、Bが4分の3、Fが4分の1である。

4 Bが死亡した後、Aがすべての財産を第三者Gに遺贈する旨の遺言を残して死亡した場合、FはGに対して遺留分を主張することができない。

問 11 賃貸借契約に関する次の記述のうち、民法及び借地借家法の規定並びに判例によれば、誤っているものはどれか。

1 建物の所有を目的とする土地の賃貸借契約において、借地権の登記がなくても、その土地上の建物に借地人が自己を所有者と記載した表示の登記をしていれば、借地権を第三者に対抗することができる。

2 建物の所有を目的とする土地の賃貸借契約において、建物が全焼した場合でも、借地権者は、その土地上に滅失建物を特定するために必要な事項等を掲示すれば、借地権を第三者に対抗することができる場合がある。

3 建物の所有を目的とする土地の適法な転借人は、自ら対抗力を備えていなくても、賃借人が対抗力のある建物を所有しているときは、転貸人たる賃借人の賃借権を援用して転借権を第三者に対抗することができる。

4 仮設建物を建築するために土地を一時使用として1年間賃借し、借地権の存続期間が満了した場合には、借地権者は、借地権設定者に対し、建物を時価で買い取るように請求することができる。

改題
問 12 A所有の居住用建物（床面積50m²）につき、Bが賃料月額10万円、期間を2年として、賃貸借契約（借地借家法第38条に規定する定期建物賃貸借、同法第39条に規定する取壊し予定の建物の賃貸借及び同法第40条に規定する一時使用目的の建物の賃貸借を除く。以下この問において「本件普通建物賃貸借契約」という。）を締結する場合と、同法第38条の定期建物賃貸借契約（以下この問において「本件定期建物賃貸借契約」という。）を締結する場合とにおける次の記述のうち、民法及び借地借家法の規定によれば、誤っているものはどれか。なお、借地借家法第38条第4項に規定する電磁的方法による提供については考慮しないものとする。

1 本件普通建物賃貸借契約でも、本件定期建物賃貸借契約でも、賃借人が造作買取請求権を行使できない旨の特約は、有効である。

2 本件普通建物賃貸借契約でも、本件定期建物賃貸借契約でも、賃料の改定についての特約が定められていない場合であって経済事情の変動により賃料が不相当になったときには、当事者は将来に向かって賃料の増減を請求することができる。

3 本件普通建物賃貸借契約では、更新がない旨の特約を記載した書面を契約

に先立って賃借人に交付しても当該特約は無効であるのに対し、本件定期建物賃貸借契約では、更新がない旨の特約を記載した書面を契約に先立って賃借人に交付さえしておけば当該特約は有効となる。

4　本件普通建物賃貸借契約では、中途解約できる旨の留保がなければ賃借人は２年間は当該建物を借りる義務があるのに対し、本件定期建物賃貸借契約では、一定の要件を満たすのであれば、中途解約できる旨の留保がなくても賃借人は期間の途中で解約を申し入れることができる。

問 13　建物の区分所有等に関する法律に関する次の記述のうち、誤っているものはどれか。

1　共用部分の保存行為は、規約に別段の定めがない限り、集会の決議を経ずに各区分所有者が単独ですることができる。

2　共用部分の変更（その形状又は効用の著しい変更を伴わないものを除く。）は、区分所有者及び議決権の各４分の３以上の多数による集会の決議で決するが、規約でこの区分所有者の定数及び議決権を各過半数まで減ずることができる。

3　管理者は、その職務に関して区分所有者を代理するため、その行為の効果は、規約に別段の定めがない限り、本人である各区分所有者に共用部分の持分の割合に応じて帰属する。

4　共用部分の管理に要した各区分所有者の費用の負担については、規約に別段の定めがない限り、共用部分の持分に応じて決まる。

問 14　不動産の登記に関する次の記述のうち、誤っているものはどれか。

1　登記の申請をする者の委任による代理人の権限は、本人の死亡によっては、消滅しない。

2　承役地についてする地役権の設定の登記は、要役地に所有権の登記がない場合においても、することができる。

3　区分建物である建物を新築した場合において、その所有者について相続その他の一般承継があったときは、相続人その他の一般承継人も、被承継人を表題部所有者とする当該建物についての表題登記を申請することができる。

4　不動産の収用による所有権の移転の登記は、起業者が単独で申請することができる。

国土利用計画法第23条の届出（以下この問において「事後届出」という。）に関する次の記述のうち、正しいものはどれか。

1　土地売買等の契約による権利取得者が事後届出を行う場合において、当該土地に関する権利の移転の対価が金銭以外のものであるときは、当該権利取得者は、当該対価を時価を基準として金銭に見積った額に換算して、届出書に記載しなければならない。

2　市街化調整区域においてAが所有する面積4,000m²の土地について、Bが一定の計画に従って、2,000m²ずつに分割して順次購入した場合、Bは事後届出を行わなければならない。

3　C及びDが、E市が所有する都市計画区域外の24,000m²の土地について共有持分50%ずつと定めて共同で購入した場合、C及びDは、それぞれ事後届出を行わなければならない。

4　Fが市街化区域内に所有する2,500m²の土地について、Gが銀行から購入資金を借り入れることができることを停止条件とした売買契約を、FとGとの間で締結した場合、Gが銀行から購入資金を借り入れることができることに確定した日から起算して2週間以内に、Gは事後届出を行わなければならない。

都市計画法に関する次の記述のうち、正しいものはどれか。

1　市街地開発事業等予定区域に関する都市計画において定められた区域内において、非常災害のため必要な応急措置として行う建築物の建築であれば、都道府県知事（市の区域内にあっては、当該市の長）の許可を受ける必要はない。

2　都市計画の決定又は変更の提案は、当該提案に係る都市計画の素案の対象となる土地について所有権又は借地権を有している者以外は行うことができない。

3　市町村は、都市計画を決定しようとするときは、あらかじめ、都道府県知事に協議し、その同意を得なければならない。

4　地区計画の区域のうち地区整備計画が定められている区域内において、建築物の建築等の行為を行った者は、一定の行為を除き、当該行為の完了した日から30日以内に、行為の種類、場所等を市町村長に届け出なければならない。

問 17 次の記述のうち、都市計画法による許可を受ける必要のある開発行為の組合せとして、正しいものはどれか。ただし、許可を要する開発行為の面積については、条例による定めはないものとする。

ア　市街化調整区域において、図書館法に規定する図書館の建築の用に供する目的で行われる 3,000 m² の開発行為

イ　準都市計画区域において、医療法に規定する病院の建築の用に供する目的で行われる 4,000 m² の開発行為

ウ　市街化区域内において、農業を営む者の居住の用に供する建築物の建築の用に供する目的で行われる 1,500 m² の開発行為

1　ア、イ
2　ア、ウ
3　イ、ウ
4　ア、イ、ウ

改題
問 18 建築基準法に関する次の記述のうち、正しいものはどれか。

1　建築基準法の改正により、現に存する建築物が改正後の建築基準法の規定に適合しなくなった場合、当該建築物は違反建築物となり、速やかに改正後の建築基準法の規定に適合させなければならない。

2　事務所の用途に供する建築物を、飲食店（その床面積の合計 250 m²）に用途変更する場合、建築確認を受けなければならない。

3　住宅の居室には、原則として、換気のための窓その他の開口部を設け、その換気に有効な部分の面積は、その居室の床面積に対して、25 分の 1 以上としなければならない。

4　建築主事又は建築副主事は、建築主から建築物の確認（建築副主事の確認にあっては、大規模建築物以外の建築物に係るものに限る。）の申請を受けた場合において、申請に係る建築物の計画が建築基準法令の規定に適合しているかを審査すれば足り、都市計画法等の建築基準法以外の法律の規定に適合しているかは審査の対象外である。

問 19 　建築基準法に関する次の記述のうち、正しいものはどれか。

1 　街区の角にある敷地又はこれに準ずる敷地内にある建築物の建蔽率については、特定行政庁の指定がなくとも都市計画において定められた建蔽率の数値に 10 分の 1 を加えた数値が限度となる。

2 　第一種低層住居専用地域又は第二種低層住居専用地域内においては、建築物の高さは、12m 又は 15m のうち、当該地域に関する都市計画において定められた建築物の高さの限度を超えてはならない。

3 　用途地域に関する都市計画において建築物の敷地面積の最低限度を定める場合においては、その最低限度は 200m² を超えてはならない。

4 　建築協定区域内の土地の所有者等は、特定行政庁から認可を受けた建築協定を変更又は廃止しようとする場合においては、土地所有者等の過半数の合意をもってその旨を定め、特定行政庁の認可を受けなければならない。

改題
問 20 　宅地造成及び特定盛土等規制法に関する次の記述のうち、誤っているものはどれか。なお、この問において「都道府県知事」とは、地方自治法に基づく指定都市、中核市及び施行時特例市にあってはその長をいうものとする。

1 　宅地造成又は特定盛土等に関する工事について宅地造成及び特定盛土等規制法第 12 条第 1 項の許可を受けた者は、当該許可に係る工事を完了したときは、その工事が同法第 13 条第 1 項の規定に適合しているかどうかについて、都道府県知事の検査を申請しなければならない。

2 　宅地造成等工事規制区域内において行われる宅地造成等に関する工事について許可をする都道府県知事は、当該許可に、工事の施行に伴う災害を防止するために必要な条件を付することができる。

3 　都道府県知事は、宅地造成等工事規制区域内の土地(公共施設用地を除く。)の所有者、管理者又は占有者に対して、当該土地又は当該土地において行われている工事の状況について報告を求めることができる。

4 　都道府県知事は、関係市町村長の意見を聴いて、宅地造成等工事規制区域内で、宅地造成又は特定盛土等に伴う災害で相当数の居住者その他の者に危害を生ずるものの発生のおそれが大きい一団の造成宅地の区域であって一定の基準に該当するものを、造成宅地防災区域として指定することができる。

問 21 土地区画整理法における土地区画整理組合に関する次の記述のうち、誤っているものはどれか。

1　土地区画整理組合は、総会の議決により解散しようとする場合において、その解散について、認可権者の認可を受けなければならない。
2　土地区画整理組合は、土地区画整理事業について都市計画に定められた施行区域外において、土地区画整理事業を施行することはできない。
3　土地区画整理組合が施行する土地区画整理事業の換地計画においては、土地区画整理事業の施行の費用に充てるため、一定の土地を換地として定めないで、その土地を保留地として定めることができる。
4　土地区画整理組合が施行する土地区画整理事業に係る施行地区内の宅地について所有権又は借地権を有する者は、すべてその組合の組合員とする。

問 22 農地法（以下この問において「法」という。）に関する次の記述のうち、誤っているものはどれか。

1　登記簿上の地目が山林となっている土地であっても、現に耕作の目的に供されている場合には、法に規定する農地に該当する。
2　法第3条第1項又は第5条第1項の許可が必要な農地の売買について、これらの許可を受けずに売買契約を締結しても、その所有権は移転しない。
3　市街化区域内の農地について、あらかじめ農業委員会に届け出てその所有者が自ら駐車場に転用する場合には、法第4条第1項の許可を受ける必要はない。
4　砂利採取法による認可を受けた砂利採取計画に従って砂利を採取するために農地を一時的に貸し付ける場合には、法第5条第1項の許可を受ける必要はない。

問 23 令和6年中に、個人が居住用財産を譲渡した場合における譲渡所得の課税に関する次の記述のうち、正しいものはどれか。

1 令和6年1月1日において所有期間が10年以下の居住用財産については、居住用財産の譲渡所得の3,000万円特別控除（租税特別措置法第35条第1項、第2項第1号）を適用することができない。

2 令和6年1月1日において所有期間が10年を超える居住用財産について、収用交換等の場合の譲渡所得等の5,000万円特別控除（租税特別措置法第33条の4第1項）の適用を受ける場合であっても、特別控除後の譲渡益について、居住用財産を譲渡した場合の軽減税率の特例（同法第31条の3第1項）を適用することができる。

3 令和6年1月1日において所有期間が10年を超える居住用財産について、その譲渡した時にその居住用財産を自己の居住の用に供していなければ、居住用財産を譲渡した場合の軽減税率の特例を適用することができない。

4 令和6年1月1日において所有期間が10年を超える居住用財産について、その者と生計を一にしていない孫に譲渡した場合には、居住用財産の譲渡所得の3,000万円特別控除を適用することができる。

問 24 不動産取得税に関する次の記述のうち、正しいものはどれか。

1 不動産取得税の課税標準となるべき額が、土地の取得にあっては10万円、家屋の取得のうち建築に係るものにあっては1戸につき23万円、その他のものにあっては1戸につき12万円に満たない場合においては、不動産取得税が課されない。

2 令和6年4月に取得した床面積250m² である新築住宅に係る不動産取得税の課税標準の算定については、当該新築住宅の価格から1,200万円が控除される。

3 宅地の取得に係る不動産取得税の課税標準は、当該宅地の価格の4分の1の額とされる。

4 家屋が新築された日から2年を経過して、なお、当該家屋について最初の使用又は譲渡が行われない場合においては、当該家屋が新築された日から2年を経過した日において家屋の取得がなされたものとみなし、当該家屋の所有者を取得者とみなして、これに対して不動産取得税を課する。

問 25 不動産の鑑定評価に関する次の記述のうち、不動産鑑定評価基準によれば、誤っているものはどれか。

1 不動産の価格を形成する要因とは、不動産の効用及び相対的稀少性並びに不動産に対する有効需要の三者に影響を与える要因をいう。不動産の鑑定評価を行うに当たっては、不動産の価格を形成する要因を明確に把握し、かつ、その推移及び動向並びに諸要因間の相互関係を十分に分析すること等が必要である。

2 不動産の鑑定評価における各手法の適用に当たって必要とされる事例は、鑑定評価の各手法に即応し、適切にして合理的な計画に基づき、豊富に秩序正しく収集、選択されるべきであり、例えば、投機的取引と認められる事例は用いることができない。

3 取引事例比較法においては、時点修正が可能である等の要件をすべて満たした取引事例について、近隣地域又は同一需給圏内の類似地域に存する不動産に係るもののうちから選択するものとするが、必要やむを得ない場合においては、近隣地域の周辺の地域に存する不動産に係るもののうちから選択することができる。

4 原価法における減価修正の方法としては、耐用年数に基づく方法と、観察減価法の二つの方法があるが、これらを併用することはできない。

問 26 宅地建物取引業の免許（以下この問において「免許」という。）に関する次の記述のうち、正しいものはどれか。

1 免許を受けようとするA社に、刑法第204条（傷害）の罪により懲役1年（執行猶予2年）の刑に処せられ、その刑の執行猶予期間を満了した者が役員として在籍している場合、その満了の日から5年を経過していなくとも、A社は免許を受けることができる。

2 免許を受けようとするB社に、刑法第206条（現場助勢）の罪により罰金の刑に処せられた者が非常勤役員として在籍している場合、その刑の執行が終わってから5年を経過していなくとも、B社は免許を受けることができる。

3 免許を受けようとするC社に、刑法第208条（暴行）の罪により拘留の刑に処せられた者が役員として在籍している場合、その刑の執行が終わってから5年を経過していなければ、C社は免許を受けることができない。

4 免許を受けようとするD社に、刑法第209条（過失傷害）の罪により科料の刑に処せられた者が非常勤役員として在籍している場合、その刑の執行が終わってから5年を経過していなければ、D社は免許を受けることができない。

問 27 宅地建物取引業の免許（以下この問において「免許」という。）に関する次の記述のうち、正しいものはどれか。

1 免許を受けていた個人Aが死亡した場合、その相続人Bは、死亡を知った日から30日以内にその旨をAが免許を受けた国土交通大臣又は都道府県知事に届け出なければならない。

2 Cが自己の所有する宅地を駐車場として整備し、賃貸を業として行う場合、当該賃貸の媒介を、免許を受けているD社に依頼するとしても、Cは免許を受けなければならない。

3 Eが所有するビルを賃借しているFが、不特定多数の者に反復継続して転貸する場合、Eは免許を受ける必要はないが、Fは免許を受けなければならない。

4 G社（甲県知事免許）は、H社（国土交通大臣免許）に吸収合併され、消滅した。この場合、H社を代表する役員Iは、当該合併の日から30日以内にG社が消滅したことを国土交通大臣に届け出なければならない。

問 28 宅地建物取引業者が行う広告に関する次の記述のうち、宅地建物取引業法（以下この問において「法」という。）の規定によれば、正しいものはいくつあるか。

ア　建物の所有者と賃貸借契約を締結し、当該建物を転貸するための広告をする際は、当該広告に自らが契約の当事者となって貸借を成立させる旨を明示しなければ、法第34条に規定する取引態様の明示義務に違反する。

イ　居住用賃貸マンションとする予定の建築確認申請中の建物については、当該建物の貸借に係る媒介の依頼を受け、媒介契約を締結した場合であっても、広告をすることができない。

ウ　宅地の売買に関する広告をインターネットで行った場合において、当該宅地の売買契約成立後に継続して広告を掲載していたとしても、最初の広告掲載時点で当該宅地に関する売買契約が成立していなければ、法第32条に規定する誇大広告等の禁止に違反することはない。

エ　新築分譲住宅としての販売を予定している建築確認申請中の物件については、建築確認申請中である旨を表示をすれば、広告をすることができる。

1　一つ
2　二つ
3　三つ
4　四つ

問 29　宅地建物取引業者Ａ社が、宅地建物取引業者でないＢから自己所有の土地付建物の売却の媒介を依頼された場合における次の記述のうち、宅地建物取引業法（以下この問において「法」という。）の規定によれば、誤っているものはどれか。なお、書面の交付に代えて電磁的方法により提供する場合については考慮しないものとする。

1　Ａ社がＢと専任媒介契約を締結した場合、当該土地付建物の売買契約が成立したときは、Ａ社は、遅滞なく、登録番号、取引価格及び売買契約の成立した年月日を指定流通機構に通知しなければならない。

2　Ａ社がＢと専属専任媒介契約を締結した場合、Ａ社は、Ｂに当該媒介業務の処理状況の報告を電子メールで行うことはできない。

3　Ａ社が宅地建物取引業者Ｃ社から当該土地付建物の購入の媒介を依頼され、Ｃ社との間で一般媒介契約（専任媒介契約でない媒介契約）を締結した場合、Ａ社は、Ｃ社に法第34条の2の規定に基づく書面を交付しなければならない。

4　Ａ社がＢと一般媒介契約（専任媒介契約でない媒介契約）を締結した場合、Ａ社がＢに対し当該土地付建物の価額又は評価額について意見を述べるときは、その根拠を明らかにしなければならない。

問 30　宅地建物取引業者が行う宅地建物取引業法第35条に規定する重要事項の説明に関する次の記述のうち、正しいものはどれか。なお、説明の相手方は宅地建物取引業者ではないものとする。

1　建物の貸借の媒介を行う場合、当該建物が住宅の品質確保の促進等に関する法律に規定する住宅性能評価を受けた新築住宅であるときは、その旨について説明しなければならないが、当該評価の内容までを説明する必要はない。

2　建物の売買の媒介を行う場合、飲用水、電気及びガスの供給並びに排水のための施設が整備されていないときは、その整備の見通し及びその整備についての特別の負担に関する事項を説明しなければならない。

3　建物の貸借の媒介を行う場合、当該建物について、石綿の使用の有無の調査の結果が記録されているときは、その旨について説明しなければならないが、当該記録の内容までを説明する必要はない。

4　昭和55年に竣工した建物の売買の媒介を行う場合、当該建物について耐

震診断を実施した上で、その内容を説明しなければならない。

問 31 宅地建物取引業者Ａ社が宅地建物取引業法（以下この問において「法」という。）第37条の規定により交付すべき書面（以下この問において「37条書面」という。）に関する次の記述のうち、法の規定に違反するものはどれか。なお、37条書面の交付に代えて電磁的方法により提供する場合については考慮しないものとする。

1　Ａ社は、自ら売主として宅地建物取引業者でない買主との間で宅地の売買契約を締結した。この際、当該買主の代理として宅地建物取引業者Ｂ社が関与していたことから、37条書面を買主に加えてＢ社へも交付した。

2　Ａ社は、宅地建物取引業者Ｃ社が所有する建物について、宅地建物取引業者でない買主から購入の媒介の依頼を受け、当該建物の売買契約を成立させた。この際、Ｃ社と当該買主との間では、Ｃ社が法第41条の2に規定する手付金等の保全措置を講じており、Ａ社もそのことを知っていたが、37条書面には当該措置の内容を記載しなかった。

3　Ａ社は、建築工事完了前の建物の売買を媒介し、当該売買契約を成立させた。この際、37条書面に記載する当該建物を特定するために必要な表示については、法第35条の規定に基づく重要事項の説明において使用した図書があったため、当該図書の交付により行った。

4　Ａ社は、居住用建物の貸借を媒介し、当該賃貸借契約を成立させた。この際、当該建物の引渡しの時期に関する定めがあったが、法第35条の規定に基づく重要事項の説明において、既に借主へ伝達していたことから、37条書面にはその内容を記載しなかった。

問 32 宅地建物取引業者A社が、自ら売主として宅地建物取引業者でない買主Bと宅地の売買について交渉を行う場合における次の記述のうち、宅地建物取引業法（以下この問において「法」という。）の規定に違反しないものはどれか。なお、この問において、「重要事項説明」とは、法第35条の規定に基づく重要事項の説明を、「37条書面」とは、法第37条の規定により交付すべき書面をいうものとし、書面の交付に代えて電磁的方法により提供する場合については考慮しないものとする。

1　Bは、買受けの申込みを行い、既に申込証拠金を払い込んでいたが、申込みを撤回することとした。A社は、既にBに重要事項説明を行っていたため、受領済みの申込証拠金については、解約手数料に充当するとして返還しないこととしたが、申込みの撤回には応じた。

2　Bは、事業用地として当該宅地を購入する資金を金融機関から早急に調達する必要があったため、重要事項説明に先立って37条書面の交付を行うようA社に依頼した。これを受け、A社は、重要事項説明に先立って契約を締結し、37条書面を交付した。

3　Bは、当該宅地を購入するに当たり、A社のあっせんを受けて金融機関から融資を受けることとした。この際、A社は、重要事項説明において当該あっせんが不調に終わるなどして融資が受けられなくなった場合の措置について説明をし、37条書面へも当該措置について記載することとしたが、融資額や返済方法等のあっせんの内容については、37条書面に記載するので、重要事項説明に係る書面への記載は省略することとした。

4　Bは、契約するかどうかの重要な判断要素の1つとして、当該宅地周辺の将来における交通整備の見通し等についてA社に確認した。A社は、将来の交通整備について新聞記事を示しながら、「確定はしていないが、当該宅地から徒歩2分のところにバスが運行するという報道がある」旨を説明した。

問 33 宅地建物取引業者A社の営業保証金に関する次の記述のうち、宅地建物取引業法の規定によれば、正しいものはどれか。

1　A社が地方債証券を営業保証金に充てる場合、その価額は額面金額の100分の90である。

2　A社は、営業保証金を本店及び支店ごとにそれぞれ最寄りの供託所に供託しなければならない。

3　A社が本店のほかに5つの支店を設置して宅地建物取引業を営もうとする場合、供託すべき営業保証金の合計額は210万円である。

4　A社は、自ら所有する宅地を売却するに当たっては、当該売却に係る売買契約が成立するまでの間に、その買主（宅地建物取引業者に該当する者を除く。）に対して、供託している営業保証金の額を説明しなければならない。

問 34 宅地建物取引業者A社は、自ら売主として宅地建物取引業者でない買主Bとの間で、中古マンション（代金2,000万円）の売買契約（以下「本件売買契約」という。）を締結し、その際、代金に充当される解約手付金200万円（以下「本件手付金」という。）を受領した。この場合におけるA社の行為に関する次の記述のうち、宅地建物取引業法（以下この問において「法」という。）の規定に違反するものはいくつあるか。

ア　引渡前に、A社は、代金に充当される中間金として100万円をBから受領し、その後、本件手付金と当該中間金について法第41条の2に定める保全措置を講じた。

イ　本件売買契約締結前に、A社は、Bから申込証拠金として10万円を受領した。本件売買契約締結時に、当該申込証拠金を代金の一部とした上で、A社は、法第41条の2に定める保全措置を講じた後、Bから本件手付金を受領した。

ウ　A社は、本件手付金の一部について、Bに貸付けを行い、本件売買契約の締結を誘引した。

1　一つ

2　二つ

3　三つ

4　なし

問 35 　宅地建物取引業者A社（消費税課税事業者）は売主Bから土地付中古別荘の売却の代理の依頼を受け、宅地建物取引業者C社（消費税課税事業者）は買主Dから別荘用物件の購入に係る媒介の依頼を受け、BとDの間で当該土地付中古別荘の売買契約を成立させた。この場合における次の記述のうち、宅地建物取引業法の規定によれば、正しいものの組合せはどれか。なお、当該土地付中古別荘の売買代金は320万円（うち、土地代金は100万円）で、消費税額及び地方消費税額を含むものとする。また、当該物件は、通常の売買の代理と比較して現地調査等の費用を要するものではないものとする。

ア　A社がBから受領する報酬の額によっては、C社はDから報酬を受領することができない場合がある。

イ　A社はBから、少なくとも154,000円を上限とする報酬を受領することができる。

ウ　A社がBから100,000円の報酬を受領した場合、C社がDから受領できる報酬の上限額は208,000円である。

エ　A社は、代理報酬のほかに、Bからの依頼の有無にかかわらず、通常の広告の料金に相当する額についても、Bから受け取ることができる。

1　ア、イ
2　イ、ウ
3　ウ、エ
4　ア、イ、ウ

問 36 　宅地建物取引士に関する次の記述のうち、宅地建物取引業法の規定によれば、正しいものはどれか。

1　宅地建物取引業者A社は、その主たる事務所に従事する唯一の専任の宅地建物取引士が退職したときは、30日以内に、新たな専任の宅地建物取引士を設置しなければならない。

2　宅地建物取引業者B社は、10戸の一団の建物の分譲の代理を案内所を設置して行う場合、当該案内所に従事する者が6名であるときは、当該案内所に少なくとも2名の専任の宅地建物取引士を設置しなければならない。

3　宅地建物取引業者C社（甲県知事免許）の主たる事務所の専任の宅地建物取引士Dが死亡した場合、当該事務所に従事する者17名に対し、専任の宅地

建物取引士4名が設置されていれば、C社が甲県知事に届出をする事項はない。

4　宅地建物取引業者E社（甲県知事免許）の専任の宅地建物取引士であるF（乙県知事登録）は、E社が媒介した丙県に所在する建物の売買に関する取引において宅地建物取引士として行う事務に関し著しく不当な行為をした場合、丙県知事による事務禁止処分の対象となる。

問 37　宅地建物取引業者A社が、自ら売主として宅地建物取引業者でない買主Bとの間で締結した建物の売買契約について、Bが宅地建物取引業法第37条の2の規定に基づき、いわゆるクーリング・オフによる契約の解除をする場合における次の記述のうち、正しいものはどれか。

1　Bは、モデルルームにおいて買受けの申込みをし、後日、A社の事務所において売買契約を締結した。この場合、Bは、既に当該建物の引渡しを受け、かつ、その代金の全部を支払ったときであっても、A社からクーリング・オフについて何も告げられていなければ、契約の解除をすることができる。

2　Bは、自らの希望により自宅近くの喫茶店において買受けの申込みをし、売買契約を締結した。その3日後にA社から当該契約に係るクーリング・オフについて書面で告げられた。この場合、Bは、当該契約締結日から起算して10日目において、契約の解除をすることができる。

3　Bは、ホテルのロビーにおいて買受けの申込みをし、その際にA社との間でクーリング・オフによる契約の解除をしない旨の合意をした上で、後日、売買契約を締結した。この場合、仮にBがクーリング・オフによる当該契約の解除を申し入れたとしても、A社は、当該合意に基づき、Bからの契約の解除を拒むことができる。

4　Bは、A社の事務所において買受けの申込みをし、後日、レストランにおいてA社からクーリング・オフについて何も告げられずに売買契約を締結した。この場合、Bは、当該契約締結日から起算して10日目において、契約の解除をすることができる。

問 38　宅地建物取引業者A社が、自ら売主として締結する建築工事完了後の新築分譲マンション（代金3,000万円）の売買契約に関する次の記述のうち、宅地建物取引業法の規定によれば、誤っているものはいくつあるか。

ア　A社は、宅地建物取引業者である買主Bとの当該売買契約の締結に際して、当事者の債務不履行を理由とする契約解除に伴う損害賠償の予定額を1,000万円とする特約を定めることができない。

イ　A社は、宅地建物取引業者でない買主Cとの当該売買契約の締結に際して、当事者の債務不履行を理由とする契約解除に伴う損害賠償の予定額300万円に加え、違約金を600万円とする特約を定めたが、違約金についてはすべて無効である。

ウ　A社は、宅地建物取引業者でない買主Dとの当該売買契約の締結に際して、宅地建物取引業法第41条の2の規定による手付金等の保全措置を講じた後でなければ、Dから300万円の手付金を受領することができない。

1　一つ
2　二つ
3　三つ
4　なし

問 39　宅地建物取引業者A社が、自ら売主として建物の売買契約を締結する際の特約に関する次の記述のうち、宅地建物取引業法の規定に違反するものはどれか。

1　当該建物が新築戸建住宅である場合、宅地建物取引業者でない買主Bの売買を代理する宅地建物取引業者C社との間で当該契約締結を行うに際して、A社が、当該住宅が種類又は品質に関して契約の内容に適合しない場合におけるその不適合を担保すべき責任の通知期間についての特約を定めないこと。

2　当該建物が中古建物である場合、宅地建物取引業者である買主Dとの間で、「中古建物であるため、A社は、当該建物が種類又は品質に関して契約の内容に適合しない場合におけるその不適合を担保すべき責任を負わない」旨の特約を定めること。

3　当該建物が中古建物である場合、宅地建物取引業者でない買主Eとの間で、

「当該建物が種類又は品質に関して契約の内容に適合しない場合におけるその不適合を担保すべき責任の通知期間は、売買契約締結の日にかかわらず引渡しの日から2年間とする」旨の特約を定めること。

4 当該建物が新築戸建住宅である場合、宅地建物取引業者でない買主Fとの間で、「Fは、当該住宅が種類又は品質に関して契約の内容に適合しない場合におけるその不適合を担保すべき責任をA社が負う期間内であれば、損害賠償の請求をすることはできるが、契約の解除をすることはできない」旨の特約を定めること。

問 40 次の記述のうち、宅地建物取引業法（以下この問において「法」という。）の規定によれば、正しいものはいくつあるか。

ア 不当な履行遅延の禁止（法第44条）は、宅地若しくは建物の登記若しくは引渡し又は取引に係る対価の支払を対象とするのみである。

イ 宅地建物取引業者は、個人情報の保護に関する法律第2条第3項に規定する個人情報取扱事業者に該当しない場合、業務上取り扱った個人情報について、正当な理由なく他に漏らしても、秘密を守る義務（法第45条）に違反しない。

ウ 宅地建物取引業者は、その事務所ごとに、従業者名簿を備えなければならず、当該名簿については最終の記載をした日から10年間保存しなければならない。

エ 宅地建物取引業者は、その事務所ごとに、その業務に関する帳簿を備えなければならず、帳簿の閉鎖後5年間（当該宅地建物取引業者が自ら売主となる新築住宅に係るものにあっては10年間）当該帳簿を保存しなければならない。

1 一つ
2 二つ
3 三つ
4 四つ

問 41 宅地建物取引業者A社による投資用マンションの販売の勧誘に関する次の記述のうち、宅地建物取引業法の規定に違反するものはいくつあるか。

ア　A社の従業員は、勧誘に先立ってA社の商号及び自らの氏名を告げてから勧誘を行ったが、勧誘の目的が投資用マンションの売買契約の締結である旨を告げなかった。

イ　A社の従業員は、「将来、南側に5階建て以上の建物が建つ予定は全くない。」と告げ、将来の環境について誤解させるべき断定的判断を提供したが、当該従業員には故意に誤解させるつもりはなかった。

ウ　A社の従業員は、勧誘の相手方が金銭的に不安であることを述べたため、売買代金を引き下げ、契約の締結を誘引した。

エ　A社の従業員は、勧誘の相手方から、「午後3時に訪問されるのは迷惑である。」と事前に聞いていたが、深夜でなければ迷惑にはならないだろうと判断し、午後3時に当該相手方を訪問して勧誘を行った。

1　一つ
2　二つ
3　三つ
4　四つ

改題
問 42 宅地建物取引業者A社（国土交通大臣免許）が行う宅地建物取引業者B社（甲県知事免許）を売主とする分譲マンション（100戸）に係る販売代理について、A社が単独で当該マンションの所在する場所の隣地に案内所を設けて売買契約の締結をしようとする場合における次の記述のうち、宅地建物取引業法（以下この問において「法」という。）の規定によれば、正しいものの組合せはどれか。なお、当該マンション及び案内所は甲県内に所在するものとする。

ア　A社は、マンションの所在する場所に法第50条第1項の規定に基づく標識を掲げなければならないが、B社は、その必要がない。

イ　A社が設置した案内所について、売主であるB社が法第50条第2項の規定に基づく届出を行う場合、A社は当該届出をする必要がないが、B社による届出書については、A社の商号又は名称及び免許証番号も記載しなければならない。

ウ　A社は、成年者である専任の宅地建物取引士を当該案内所に置かなければ
　　ならないが、B社は、当該案内所に成年者である専任の宅地建物取引士を置
　　く必要がない。

エ　A社は、当該案内所に法第50条第1項の規定に基づく標識を掲げなけれ
　　ばならないが、当該標識へは、B社の商号又は名称及び免許証番号も記載し
　　なければならない。

1　ア、イ

2　イ、ウ

3　ウ、エ

4　ア、エ

改題

問 43　宅地建物取引業保証協会（以下この問において「保証協会」という。）
に関する次の記述のうち、宅地建物取引業法の規定によれば、誤っているもの
はどれか。

1　保証協会は、弁済業務保証金分担金の納付を受けたときは、その納付を受
　　けた額に相当する額の弁済業務保証金を供託しなければならない。

2　保証協会は、弁済業務保証金の還付があったときは、当該還付額に相当す
　　る額の弁済業務保証金を供託しなければならない。

3　保証協会の社員との宅地建物取引業に関する取引により生じた債権を有す
　　る者（宅地建物取引業者に該当する者を除く。）は、当該社員が納付した弁
　　済業務保証金分担金の額に相当する額の範囲内で、弁済を受ける権利を有す
　　る。

4　保証協会の社員との宅地建物取引業に関する取引により生じた債権を有す
　　る者（宅地建物取引業者に該当する者を除く。）は、弁済を受ける権利を実
　　行しようとする場合、弁済を受けることができる額について保証協会の認証
　　を受けなければならない。

問 44 宅地建物取引業法の規定に基づく監督処分に関する次の記述のうち、正しいものはどれか。

1 国土交通大臣又は都道府県知事は、宅地建物取引業者に対して必要な指示をしようとするときは、行政手続法に規定する弁明の機会を付与しなければならない。

2 甲県知事は、宅地建物取引業者A社（国土交通大臣免許）の甲県の区域内における業務に関し、A社に対して指示処分をした場合、遅滞なく、その旨を国土交通大臣に通知するとともに、甲県の公報又はウェブサイトへの掲載等により公告しなければならない。

3 乙県知事は、宅地建物取引業者B社（丙県知事免許）の乙県の区域内における業務に関し、B社に対して業務停止処分をした場合は、乙県に備えるB社に関する宅地建物取引業者名簿へ、その処分に係る年月日と内容を記載しなければならない。

4 国土交通大臣は、宅地建物取引業者C社（国土交通大臣免許）が宅地建物取引業法第37条に規定する書面の交付をしていなかったことを理由に、C社に対して業務停止処分をしようとするときは、あらかじめ、内閣総理大臣に協議しなければならない。

問 45 特定住宅瑕疵担保責任の履行の確保等に関する法律に基づく住宅販売瑕疵担保保証金の供託又は住宅販売瑕疵担保責任保険契約の締結（以下この問において「資力確保措置」という。）に関する次の記述のうち、正しいものはどれか。

1 自ら売主として新築住宅を宅地建物取引業者でない買主に引き渡した宅地建物取引業者は、当該住宅を引き渡した日から3週間以内に、その住宅に関する資力確保措置の状況について、その免許を受けた国土交通大臣又は都道府県知事に届け出なければならない。

2 自ら売主として新築住宅を宅地建物取引業者でない買主に引き渡した宅地建物取引業者は、基準日に係る資力確保措置の状況の届出をしなければ、当該基準日の翌日から起算して50日を経過した日以後においては、新たに自ら売主となる新築住宅の売買契約を締結してはならない。

3 　住宅販売瑕疵担保責任保険契約は、新築住宅を自ら売主として販売する宅地建物取引業者が住宅瑕疵担保責任保険法人と締結する保険契約であり、当該住宅の売買契約を締結した日から5年間、当該住宅の瑕疵によって生じた損害について保険金が支払われる。

4 　新築住宅を自ら売主として販売する宅地建物取引業者が、住宅販売瑕疵担保保証金の供託をした場合、買主に対する当該保証金の供託をしている供託所の所在地等について記載した書面の交付（当該書面に記載すべき事項を電磁的方法により提供する場合を含む。）及び説明は、当該住宅の売買契約を締結した日から引渡しまでに行わなければならない。

問 46 　独立行政法人住宅金融支援機構（以下この問において「機構」という。）に関する次の記述のうち、誤っているものはどれか。

1 　機構は、証券化支援事業（買取型）において、民間金融機関から買い取った住宅ローン債権を担保としてMBS（資産担保証券）を発行している。

2 　証券化支援事業（買取型）における民間金融機関の住宅ローン金利は、金融機関によって異なる場合がある。

3 　機構は、証券化支援事業（買取型）における民間金融機関の住宅ローンについて、借入金の元金の返済を債務者本人の死亡時に一括して行う高齢者向け返済特例制度を設けている。

4 　機構は、証券化支援事業（買取型）において、住宅の建設や新築住宅の購入に係る貸付債権のほか、中古住宅を購入するための貸付債権も買取りの対象としている。

問 47 宅地建物取引業者が行う広告に関する次の記述のうち、不当景品類及び不当表示防止法（不動産の表示に関する公正競争規約を含む。）の規定によれば、正しいものはどれか。

1 宅地建物取引業者が自ら所有する不動産を販売する場合の広告には、取引態様の別として「直販」と表示すればよい。

2 改装済みの中古住宅について、改装済みである旨を表示して販売する場合、広告中には改装した時期及び改装の内容を明示しなければならない。

3 取引しようとする物件の周辺に存在するデパート、スーパーマーケット等の商業施設については、現に利用できるものでなければ広告に表示することはできない。

4 販売する土地が有効な利用が阻害される著しい不整形画地であっても、実際の土地を見れば不整形画地であることは認識できるため、当該土地の広告にはその旨を表示する必要はない。

問 48 宅地建物の統計等に関する次の記述のうち、正しいものはどれか。

1 平成 24 年地価公示（平成 24 年 3 月公表）によれば、平成 23 年の 1 年間の地価を前年 1 年間と比較すると、三大都市圏平均で住宅地・商業地ともに下落率が縮小したものの、地方平均は住宅地・商業地ともに引き続き下落率が拡大している。

2 平成 23 年度国土交通白書（平成 24 年 7 月公表）によれば、平成 23 年 3 月末現在の宅地建物取引業者数は約 12.6 万業者となっており、近年、微減傾向が続いている。

3 平成 24 年版土地白書（平成 24 年 6 月公表）によれば、平成 22 年末の住宅地、工業用地等の宅地は前年より減少して全国で約 190 万ヘクタールとなっている。

4 建築着工統計（平成 24 年 1 月公表）によれば、平成 23 年の新設住宅着工戸数のうち貸家は約 28.6 万戸で、2 年ぶりに増加した。

問 49 土地に関する次の記述のうち、最も不適当なものはどれか。

1　台地は、一般的に地盤が安定しており、低地に比べ自然災害に対して安全度は高い。
2　台地や段丘上の浅い谷に見られる小さな池沼を埋め立てた所では、地震の際に液状化が生じる可能性がある。
3　丘陵地帯で地下水位が深く、砂質土で形成された地盤では、地震の際に液状化する可能性が高い。
4　崖崩れは降雨や豪雨などで発生することが多いので、崖に近い住宅では梅雨や台風の時期には注意が必要である。

問 50 建物の構造に関する次の記述のうち、最も不適当なものはどれか。

1　鉄筋コンクリート構造の中性化は、構造体の耐久性や寿命に影響しない。
2　木造建物の寿命は、木材の乾燥状態や防虫対策などの影響を受ける。
3　鉄筋コンクリート構造のかぶり厚さとは、鉄筋の表面からこれを覆うコンクリート表面までの最短寸法をいう。
4　鉄骨構造は、不燃構造であるが、火熱に遭うと耐力が減少するので、耐火構造にするためには、耐火材料で被覆する必要がある。